南海涛头法仪平
Nanhai Taotou Fayi Ping

—— 广州海事法院精品案例集
Guangzhou Haishi Fayuan Jingpin Anliji

上册

叶柳东 主编

最高人民法院国际海事司法广州基地 指导编写
广州海事法官协会 组织编写

·广州·

版权所有　翻印必究

图书在版编目（CIP）数据

南海涛头法仪平：广州海事法院精品案例集：全 2 册/叶柳东主编；广州海事法官协会组织编写 . —广州：中山大学出版社，2021.1
　　ISBN 978-7-306-07107-1

Ⅰ.①南… Ⅱ.①叶…②广… Ⅲ.①海商法—案例—中国 Ⅳ.①D923.993.5

中国版本图书馆 CIP 数据核字（2021）第 014318 号

| 出 版 人：王天琪 |
| 策划编辑：王旭红 |
| 责任编辑：王旭红 |
| 封面设计：曾　婷 |
| 责任校对：叶　枫 |
| 责任技编：何雅涛 |

出版发行：中山大学出版社
电　　话：编辑部 020-84110771，84113349，84111997，84110779
　　　　　发行部 020-84111998，84111981，84111160
地　　址：广州市新港西路 135 号
邮　　编：510275　　　　　传　真：020-84036565
网　　址：http://www.zsup.com.cn　　E-mail：zdcbs@mail.sysu.edu.cn
印 刷 者：广州一龙印刷有限公司
规　　格：787mm×1092mm　1/16　47.375 印张　825 千字
版次印次：2021 年 1 月第 1 版　2021 年 1 月第 1 次印刷
定　　价：142.00 元（全 2 册）

如发现本书因印装质量影响阅读，请与出版社发行部联系调换

编委会

编委会主任 叶柳东

编委会成员 叶柳东　刘思彬　王玉飞　林晓峰
　　　　　　　董　青　李卫鹏　宋伟莉　徐元平
　　　　　　　邓宇锋　程生祥　韩海滨

主　　　编 叶柳东

编　　　辑 宋伟莉　倪学伟　李天生　刘富生
　　　　　　　骆振荣　刘佳溢

序　言

众所周知，案例研究是深入学习法律、总结审判经验、统一裁判尺度、积累立法素材的重要途径。党的十八大以来，最高人民法院紧紧围绕"努力让人民群众在每一个司法案件中感受到公平正义"的工作目标，大力推进司法公开，先后出台加强案例指导、类案检索的规定和意见，从2013年起开通中国裁判文书网、公布人民法院的裁判文书等。这既保证司法的公正严明、透明廉洁，又为自然人、法人和非法人组织从事民事活动提供充分的合理预期，也为人民法院总结司法实践经验提供规则和遵循。

法律的生命不在于逻辑，而在于经验。广州海事法院自1984年6月1日正式成立以来，植根于有着2200多年历史的商都广州，沐浴改革开放之风，发扬"敢为人先、务实进取、开放兼容、敬业奉献"之广东精神，在实践中探索进取。从海事司法之草创，广州海事法院发展成为《中华人民共和国海事诉讼特别程序法》的主要起草单位、促进保障粤港澳大湾区建设的海事司法排头兵，其间凝结了数代海事司法工作者的心血。35载历程，广州海事法院发挥专门法院的独特优势，着力打造精品案例，总结审判经验，创设裁判规则。自建院以来，相继出版了《中国海事案例评析》（1998年）、《海商法案例与评析》（2004年），分别选取1984—1997年、1998—2003年两个时间段的典型案例，汇编成册。2004年至今，广州海事法院审判工作又取得长足进步，案件类型之多、审判质量之高、社会效果之好，居全国海事法院前列。依托多年的海事海商审判经验，妥善解决不少新型、复杂疑难海事纠纷，多份裁判文书得到了国际仲裁界、司法界的支持和引用，国际海事司法实践反响较好。这是对广州海事法院审判工作的极大肯定，也为本次案例汇编工作奠定了坚实的素材基础。此次汇编，是从2004年以来广州海事法院15年司法实践中精选出的代表性案例，其中不乏为社会所广泛关注的疑难新型案件和具有典型意义的案件。案例内容按照判决要旨（提要及关键词）、基本案情、裁判理由及结论、案件典型意义等模块进行整理，并参照《中华人民共和国海商法》的章节顺序对经严格审校的案例进行分类编排。

2019年是中华人民共和国70周年华诞，也是中华民族5000多年发展历程的重要转折点。我国将迎接全面建成小康社会、实现第一个百年奋斗目标，开启全面建设社会主义现代化国家的新征程。广州海事法院以2019年为时间节点,精选一批典型案例进行汇编,具有特殊的时代意义。这是广州海事法院向党和人民交出的一份司法为民、公正司法的时代答卷,汇集了广大海事司法实践和理论工作者的思考精华。作为广州海事法院院长,我深感荣幸,特在此向之前、现在、将来为广州海事法院付出辛勤汗水的所有同仁致以最崇高的敬意。也希望案例集的出版能为业界提供有益的参考,以携手共谱海事司法新篇章。

新时代开启新征程、召唤新使命、呼唤新作为。广州海事法院将深入学习贯彻习近平新时代中国特色社会主义思想,汇集众智、敢于担当、善作善成,以新作为不负灼灼盛世,为推进海洋强国、粤港澳大湾区建设等国家战略和"一带一路"倡议提供优质高效的海事司法服务和保障。

叶柳东
广州海事法院党组书记、院长
2020年9月18日

作 者 简 介

（以姓氏拼音为序）

白厦广，男，法学硕士，三级法官助理。
常维平，男，法学硕士，海商庭副庭长，四级高级法官。
陈文志，男，法学硕士，三级法官助理。
陈振橥，男，法学硕士，湛江法庭副庭长，四级高级法官。
程　亮，男，法学硕士，四级高级法官。
程生祥，男，法律硕士，审委会委员，海事庭庭长，三级高级法官。
邓非非，女，法学硕士，四级高级法官。
邓　敏，男，大学本科，一级警长。
邓宇锋，男，法律硕士，审委会委员，立案庭庭长，三级高级法官。
付俊洋，男，法学硕士，审监庭副庭长，四级高级法官。
韩海滨，男，法律硕士，审委会委员，海商庭庭长，三级高级法官。
胡　湜，男，法学硕士。
李立菲，女，法学硕士，深圳法庭副庭长，四级高级法官。
廖林锋，男，法学学士，四级高级法官助理。
林晓彬，男，法学硕士，三级法官助理。
林依伊，男，法学硕士，深圳法庭副庭长，四级高级法官。
刘　亮，男，法学硕士，三级法官助理。
刘肖君，女，法学硕士，四级法官助理。
刘宇飞，男，法学硕士，四级法官助理。
罗　春，男，法学硕士，深圳法庭副庭长，四级高级法官。
骆振荣，男，法学硕士，三级法官助理。
倪学伟，男，法学硕士，研究室主任。
平阳丹柯，男，法学硕士，海事庭副庭长，四级高级法官。
舒　坚，男，法学硕士，一级法官助理。
宋瑞秋，女，管理学硕士，汕头法庭副庭长，三级高级法官。
宋伟莉，女，法学博士，党组成员、执行局局长，审委会委员，三级高级法官。

孙校栓，男，法学硕士，三级主任科员。
谭学文，男，法学硕士，一级法官。
王　强，男，大学本科，执行员。
王玉飞，男，大学本科，党组成员、副院长，审委会委员，二级高级法官。
文　静，女，法学硕士，湛江法庭副庭长，四级高级法官。
吴贵宁，男，法学硕士，珠海法庭庭长，四级高级法官。
谢辉程，男，大学本科，海事庭副庭长，三级高级法官。
徐春龙，男，法律硕士，海事庭副庭长，四级高级法官。
徐元平，男，法律硕士，审委会委员，二级高级法官。
闫　慧，女，法学硕士，四级高级法官。
杨良生，男，大学本科，法警支队副支队长，三级高级警长。
杨雅潇，女，法律硕士，四级高级法官。
叶柳东，男，法学硕士，党组书记、院长，审委会委员，一级高级法官。
尹忠烈，男，法律硕士，执行局副局长，四级高级法官。
翟　新，男，法律硕士，四级高级法官助理。
张科雄，男，法律硕士，海事行政庭副庭长，三级高级法官。
张　乐，女，法学硕士，四级高级法官。
张　蓉，女，法学硕士，一级法官助理。
张唯权，男，法学硕士，一级法官助理。
张子豪，男，法学硕士，一级法官。
钟　科，男，法学硕士，二级法官助理。
钟宇峰，男，法律硕士，一级法官。
周　茜，女，法学硕士，一级法官助理。
周田甜，女，法学硕士，四级高级法官。

目 录

上 册

第一编 货物运输

保利科技有限公司诉夏威夷航运有限公司等海上货物运输合同纠纷案
　　——提单受让人享有的权利以提单记载为准 ………………………… 3
大江国际投资有限公司诉港中旅华贸国际物流股份有限公司海上货物运输
　合同纠纷案
　　——"不知条款"效力以及"货不对单"时举证责任的认定 ……… 12
中化国际（控股）股份有限公司诉马来西亚国际航运公司等海上货物运输
　合同纠纷案
　　——承运人的识别与倒签提单的损害赔偿范围 …………………… 22
中国人民财产保险股份有限公司深圳市分公司诉深圳市中进国际货运代理
　有限公司海上货物运输合同纠纷案
　　——托运人的法律地位与承运人的责任期间 ……………………… 33
中国人民财产保险股份有限公司深圳市分公司诉埃塞俄比亚航运股份公司等
　多式联运合同纠纷案
　　——对域外发生的货损事故的认定 ………………………………… 42
广州市星亚金属材料有限公司诉深圳市欣运达国际货运代理有限公司海上
　货物运输合同纠纷案
　　——托运人对运抵国外目的港货物的退运请求构成新要约 ……… 50
广州市兆鹰五金有限公司诉北京康捷空货运代理有限公司广州分公司等
　海上货物运输合同纠纷案
　　——无单放货纠纷案件的性质及提单背面条款的法律适用 ……… 56
深圳市康道电子有限公司诉深圳市里洋国际物流有限公司等海上货物运输
　合同纠纷案
　　——承运人无单放货后的赔偿责任应以提单持有人遭受损失为
　　　　前提 ………………………………………………………………… 63

深圳华普数码有限公司诉达飞轮船（中国）有限公司深圳分公司等海上
　　货物运输合同纠纷案
　　——无单放货事实的认定 ················· 73
中国航空工业供销总公司诉中国外运广东湛江储运公司无单放货损害
　　赔偿纠纷案
　　——先放货后收回提货单不构成无单放货 ················· 81
地中海航运有限公司诉深圳市忆生生商贸有限公司等海上货物运输合同
　　纠纷案
　　——海上货物运输合同中收货人的提货义务 ················· 90
江门市浩银贸易有限公司诉联泰物流海上货物运输合同纠纷案
　　——海商法诉讼时效中断事由"提起诉讼"的理解与认定 ················· 96
江西稀有稀土金属钨业集团进出口公司诉宏海箱运支线有限公司等
　　海上财产损害责任纠纷案
　　——收货人的诉因选择权与承运人侵权责任的认定 ················· 105
A．P．穆勒-马士基有限公司诉上海蝉联携运物流有限公司及其深圳
　　分公司海上货物运输合同纠纷案
　　——承运人向托运人索赔目的港无人提货集装箱超期使用费的诉讼
　　　　时效起算点 ················· 113
南宁奥丝莆若技术开发有限公司诉上海亚致力物流有限公司广州分公司等
　　海上货运代理合同纠纷案
　　——海上货运代理合同与海上货物运输合同的区别 ················· 123
中国人民财产保险股份有限公司江门市分公司诉广东双水码头有限公司
　　多式联运合同纠纷案
　　——散货运输中货物损耗的界定 ················· 130
厦门市明穗粮油贸易有限公司与大西洋墨西哥私人有限公司海上货物
　　运输合同纠纷案
　　——大宗粮食散货海运货损应如何识别和认定 ················· 135
中国平安财产保险股份有限公司深圳分公司诉韩进船务有限公司等海上
　　货物运输合同纠纷案
　　——因混合过错所致的货损责任方如何承担责任 ················· 145
深圳市鑫丰源物流有限公司诉平南县顺辉船务有限责任公司水路货物
　　运输合同纠纷案
　　——挂靠经营时登记船舶经营人的法律责任 ················· 156
深圳珠船国际货运代理有限公司诉深圳市隆戈尔生态技术有限公司货运

代理合同纠纷案
　　——海上货运代理合同纠纷中"必要费用"的认定 …………… 163
广州辉锐进出口有限公司与香港华锦海运有限公司航次租船合同纠纷案
　　——航次租船合同出租人擅自解除合同应承担违约责任 …… 172
阳光财产保险股份有限公司上海市分公司诉马士基（中国）航运有限
　公司等海上货物运输合同纠纷案
　　——承运人的单位货物赔偿责任限额计算方法 ………………… 182
湛江市启航货运代理有限公司诉湛江市百事佳电器有限公司等海上货物
　运输合同纠纷案
　　——发货托运人的法律地位与权利义务 ………………………… 189
中国人民保险公司广东省分公司诉中成国际运输有限公司广州分公司等
　海上货物运输合同纠纷案
　　——保险代位求偿案件审理的范围与无船承运人的识别 ……… 197
中远集装箱运输有限公司诉理查德二世航运有限公司海上货物运输合同
　纠纷案
　　——船舶共享协议模式下实际承运人的识别及其责任认定 …… 210
中国人民财产保险股份有限公司泉州市分公司诉广州港股份有限公司等
　港口作业纠纷案
　　——台风是否构成不可抗力的认定标准 ………………………… 219
美亚财产保险有限公司广东分公司诉美国总统轮船私人有限公司等海上
　货物运输合同纠纷案
　　——承运人主张不可抗力的天灾免责应承担举证责任 ………… 230
深圳市恒通海船务有限公司诉吉安恒康航运有限公司航次租船合同纠纷
　本、反诉案
　　——判断台风是否属于不可抗力需要结合具体案情、具体当事人
　　　进行具体分析 …………………………………………………… 237
森普国际有限公司等诉太平船务有限公司等海上货物运输合同纠纷案
　　——船舶遭遇大风浪时承运人货损赔偿责任的认定 …………… 244

第二编　船舶

周亚仔诉陈成等船舶买卖合同纠纷案
　　——无处分权合同的效力及合同目的的审查 …………………… 253

第三编　船员

骆亚四等六人诉阮植源船员劳务合同纠纷系列案
　　——公正高效保障我国船员在海外务工的劳动权益 …………… 267
尹玉强诉韶关市永航船务有限公司工伤保险待遇纠纷案
　　——综合认定船员月工资数额及依法保障各项工伤保险待遇 …… 275
陈仕景等与台山市港航船务有限公司工伤保险待遇纠纷案
　　——被挂靠企业依法应承担挂靠人雇佣人员的工伤保险赔偿责任 … 283

第四编　船舶碰撞

广东省佛开高速公路有限公司诉佛山市南海裕航船务有限公司等船舶
　　触碰桥梁损害赔偿纠纷案
　　——适用既判力理论，准确回应"船撞桥"还是"桥砸船" ……… 291
台湾产物保险股份有限公司与全洋海运股份有限公司等船舶碰撞损害
　　赔偿纠纷案
　　——处理域外发生船舶碰撞纠纷彰显中国海事审判国际形象 …… 298
卢婆耀诉阮维兴船舶碰撞损害赔偿责任纠纷案
　　——证明同一船舶碰撞事实相互矛盾的证据材料之采信规则 …… 307
珠海市公路局与芜湖市晨光船务有限公司等船舶触碰损害责任纠纷案
　　——在产生优先权的一年内申请扣押当事船舶即行使船舶优先权 … 316
湛江港（集团）股份有限公司等诉福州宁顺海运有限公司等船舶触碰
　　损害责任纠纷案
　　——船舶不适航并不当然导致责任人丧失限制赔偿责任的权利 …… 323
中国外运广东湛江储运公司诉上海金海船务贸易有限公司船舶触碰损害
　　责任纠纷案
　　——2008年中国南方雪灾构成本案中的不可抗力 ……………… 331
中远集装箱运输有限公司诉乌拉尔集装箱运输有限公司船舶碰撞损害赔偿
　　纠纷本、反诉案
　　——漂航船舶的法律责任 ………………………………………… 340

第一编

货物运输

保利科技有限公司诉夏威夷航运有限公司等海上货物运输合同纠纷案

——提单受让人享有的权利以提单记载为准

【提要】

根据不告不理原则，法院对于当事人未明确是否变更诉讼请求的诉讼主张不予审理，而应依据当事人明确了的诉讼请求进行审判。提单是指用以证明海上货物运输合同和货物已经由承运人接收或者装船，以及承运人保证据以交付货物的单证。提单具有运输合同证明、物权凭证和货物收据的功能，但提单在不同的流转环节和不同的提单当事人之间所展现的功能是不一样的，笼统地以提单的三个功能来主张权利，而不论提单流转的具体情况，则可能负担败诉的高额风险。提单受让人的提单权利以提单记载为据，不能以起运港水尺计重的数据为准。

【关键词】

提单　提单批注　水尺计重　货差责任　水分含量

【基本案情】

原告（上诉人）：保利科技有限公司（以下简称"保利公司"）。

被告（被上诉人）：夏威夷航运有限公司（Hawaii Shipping Corp.）（以下简称"夏威夷公司"）。

被告（被上诉人）：达通国际航运有限公司（Daito Shipping Co., Ltd.）（以下简称"达通公司"）。

被告（被上诉人）：中国再保险（集团）公司。

2005年4月1日，原告作为买方与CHS公司签订一份阿根廷大豆买卖合同，约定：货物数量55,000吨，±10%卖方选择；大豆含油量不低于18%，蛋白质不低于33.5%，破碎粒不超过25%，杂质不超过2%，水分不超过14%，损伤粒不超过8%，热损伤粒不超过5%；2005年4月10日至30日在阿根廷任何港口装货，价格1.995美元/蒲式耳，CNF中国阳江港一个安全泊位。

被告夏威夷公司系"红郁金香"（Red Tulip）轮的船舶所有人，被告达通公司系该轮的船舶共同所有人。2005年4月17日，"红郁金香"轮在第一装货港圣彼得港（San Pedro）装运涉案大豆完毕后，船长发表了一份关于货物数量的声明，称：根据检验员和大副的联合检验，有45,275.41吨散装大豆装船，而托运人声称岸磅数量45,688吨货物装船，水尺检验结果与岸磅数量之间有412.59吨的差额。

CHL管理服务公司于2005年4月20日在尼克切港（Necochea）对"红郁金香"轮进行水尺检验，其载重量水尺报告称：根据载重量水尺检验，船上载运货物总重45,252.96吨，根据岸磅货物总重45,668吨，两者相差0.91%，即415.04吨。其后，该公司又出具一份尼克切港水尺报告，称根据2005年4月21日在尼克切港的水尺检验，该轮在尼克切港装载的散装大豆总重12,504.51吨，而岸磅货物总重12,508吨，两者相差3.49吨。

2005年4月21日，海蓝海运公司作为代理由船长授权并代表船长在布宜诺斯艾利斯签发了编号分别为01号、02号的两套提单，该两套提单均记载：托运人阿根廷ADM公司，收货人凭指示，通知方为保利公司，承运船舶"红郁金香"轮，装货港为阿根廷圣彼得港和尼克切港，卸货港为中国广东阳江港，货物为散装阿根廷大豆，装载于第1、2、3、4、5、6和第7舱，清洁提单，运费预付。01号提单的货物重量29,088吨，02号提单的货物重量29,088吨。新弗检验公司在装货过程中提取货物样品并封存，其中一份样品被送往油脂、油籽及脂肪联合协会成员的实验室进行分析，结果为：含油量20.9%，蛋白质34.72%，破碎粒9.95%，杂质0.5%，水分11.53%，损伤粒0.2%，热损伤粒未发现。同日，CHS公司向保利公司开出两份编号分别为212-01、212-02的商业发票，分别记载："红郁金香"轮所载大豆29,088吨，发票价值CFR①中国广东阳江港8,793,884.16美元。保利公司已支付了该货款。

2005年5月25日，"红郁金香"轮抵达广东阳江港；6月1日，该轮卸货完毕。中华人民共和国阳江检验检疫局（以下简称"阳江检疫局"）对该轮进行水尺计重和品质检验，其6月6日出具的检验证书记载：根据所查卸船前后之船舶水尺与船用物料重量，依照船方提供之排水量表并作必要校正后，计得所卸散装货物重量57,944.7吨；其6月10日出具的相同编号的品质证书记载：大豆杂质0.8%，损伤粒总量0.95%，其中热损粒0.01%，破碎粒

---

① Cost and Freight（简称CFR），指成本加运费。——编者注

11.47%，异色粒 0.04%，水分 12.5%，蛋白质 35.12%，脂肪 22.68%。而根据阳江市保丰码头有限公司（以下简称"保丰公司"）的卸港岸磅数记载，所卸货物最终的电子岸磅读数为 57,802.52 吨。

涉案货物于 2005 年 4 月 15 日向中国人民财产保险股份有限公司阳东县支公司投保了一切险，附加战争险、罢工险，保险金额 153,290,269.44 元，保险费 168,619.30 元，被保险人为阳江市丰源粮油工业有限公司（以下简称"丰源公司"），第一受益人为保利公司。丰源公司已支付该保险费，另外还缴纳了 01 号、02 号提单项下的进口关税共 4,372,013.52 元，进口增值税共 19,513,753.68 元。

被告中国再保险（集团）公司于 2005 年 6 月 1 日出具一份编号为 633、被担保人为"红郁金香"轮船东的担保函，为"红郁金香"轮在中国阳江卸 58,176 吨阿根廷大豆短少或货损事宜提供担保，保证向受益人支付上述纠纷而应由被担保人向受益人支付的任何不超过 20 万美元的款项。

原告保利公司诉称：被告夏威夷公司和达通公司是"红郁金香"轮的船舶所有人，原告是该轮于 2005 年 5 月 24 日运抵中国阳江港的阿根廷大豆的收货人。根据水尺检验结果，船舶在第一装货港圣彼得港装货 45,252.96 吨，在第二装货港尼克切港装货 12,504.51 吨，两港共装货 57,757.47 吨。而被告所签发的 01 号、02 号提单的货物数量均为 29,088 吨，合计 58,176 吨。提单记载的货物数量比实际装载数量多 418.53 吨，原告为此多支付货款、货物保险费、进口关税、进口增值税共 147,445 美元。夏威夷公司、达通公司违反了根据接收到的货物数量如实签发提单的义务，应赔偿原告因此受到的损失。如果考虑到货物水分变化，则目的港卸货数量与提单记载相比短少了 791.55 吨。被告中国再保险（集团）公司为上述纠纷出具了担保函，应负担保责任。故请求判令三被告连带赔偿原告损失 147,445 美元及自 2005 年 6 月 2 日起按中国人民银行同期流动资金贷款利率计算的利息，并承担案件受理费、证据保全费等诉讼费用。

被告夏威夷公司、达通公司辩称：承运人通常根据托运人提供的货物数量签发提单，在承运人自己测量的水尺检验结果与托运人提供的货物数量不符时，船长应谨慎行使批注权。被告未在提单上签注装货港水尺测量的货物数量，表明被告放弃对提单记载货物数量的质疑权。原告所称货物短量系水尺检验允许的误差，根据"无损失、无赔偿"原则，被告无须承担赔偿责任。

【裁判理由及结论】

广州海事法院经公开开庭审理后认为：本案系一宗涉外海上货物运输合同货差纠纷。因运输合同的一方当事人在中国，而货物运输的目的港在中国境内，有关纠纷与中国有密切联系，根据最密切联系原则，本案实体处理应适用中华人民共和国法律。

"红郁金香"轮在第一装货港所装货物的水尺检验数量比托运人提供的数量短412.59吨，但此时并未签发提单，而是在第二装货港装运同一托运人托运的相同货物后，才签发了编号为01、02号的两套提单。该两套提单的托运人、通知人、装货港、货物品名、重量均相同，即并未区分第一装货港和第二装货港所装货物的数量。而在航运实务中，承运人签发提单特别是大宗散装货物的提单时，对货物数量的描述通常是以托运人提供的数量为依据。因此，出庭被告签发的提单中关于货物数量的记载并无明显过错。《中华人民共和国海商法》（以下简称《海商法》）第七十五条规定："承运人或者代其签发提单的人，知道或者有合理的根据怀疑提单记载的货物的品名、标志、包数或者件数、重量或者体积与实际接收的货物不符，在签发已装船提单的情况下怀疑与已装船的货物不符，或者没有适当的方法核对提单记载的，可以在提单上批注，说明不符之处，怀疑的根据或者说明无法核对。"该规定是授予承运人批注提单的权利而不是为其设定义务，而经批注的提单可能变为不清洁提单，从而损害提单作为物权凭证的流通性。因此，承运人行使批注权时应谨慎批注，但无论如何不是义务性的"应当批注"。鉴于01、02号提单并未区分第一装货港和第二装货港所装货物的数量，因此，被告没有义务、也不可能为第一装货港的短量批注，而事实上，无论是01号提单还是02号提单所记载的货物数量都远远小于第一装货港水尺计重所得的数量。

提单正面关于货物的品名、标志、包数或者件数、重量或者体积等的记载，具有收据的性质，在承运人和托运人之间是初步证据，反证有效，而在承运人与提单受让人之间是绝对证据，反证无效。被告未在提单上进行批注，也未按起运港水尺检验的货物数量签发提单，而是在提单上直接记载了托运人提供的货物数量。为此，被告即应受该提单记载的约束，对提单受让人不得以包括船长声明在内的任何理由进行抗辩。原告作为提单受让人和收货人，其权利应以提单的记载为准，而其权利实现的程度则取决于目的港所收到的货物的数量、质量等因素，超越提单记载之外的所谓权利没有法律根据，不能受到法律的保护。涉案01、02号提单所记载的阿根廷大豆共计重量为

58,176 吨，即表明在目的港承运人受该记载的约束，应向提单受让人交付该重量的货物，相应地，提单受让人即原告也只能以提单的该项记载主张自己的权利，并以目的港所收到的货物数量、质量等考察和衡量其权利是否受到侵犯。根据阳江检疫局的水尺计重，所卸货物 57,944.7 吨，与提单记载相比短少 231.3 吨，短少率为 3.98‰，在允许的 5‰ 误差范围之内。因此，虽然原告对短少的 231.3 吨货物多支出了货款、货物保险费、进口关税、进口增值税，但因该短少的数量在允许的误差范围内，被告无须承担货物短少的责任，原告关于海上货物运输合同货差的诉讼请求没有事实根据，依法予以驳回。尽管原告代理律师在庭审及书面代理意见中，表达了可以或应该在水尺计重所得数字基础上考虑货物水分变化的观点，但从其庭审中的口头表达及书面代理意见的字里行间，看不出原告已修正了起诉状所主张的被告未如实签发提单应承担赔偿责任的观点。因此，法庭不予审理水分变化对货物数量的影响问题。

作为"红郁金香"轮船东之担保人的被告中国再保险（集团）公司，因被担保人不承担所担保事项的法律责任，担保人亦不需承担责任。

广州海事法院根据《中华人民共和国民事诉讼法》第六十四条第一款之规定，于 2006 年 12 月 24 日作出（2005）广海法初字第 274 号判决，驳回原告保利公司的诉讼请求。案件受理费 16,100 元，证据调查执行费 2,000 元，鉴定人出庭差旅费 1,500 元，均由原告负担。

保利公司不服该判决，向广东省高级人民法院提出上诉，称：一审法院认定夏威夷公司、达通公司在签发提单和提单批注问题上不存在过错，明显与事实不符，且违反了《海商法》对承运人如实签发提单义务的规定。实际装货数量与提单数量相比短 418.53 吨，短少比例为提单数量的 7.2‰，超出了误差理论所能允许的合理范围。虽然保利公司在诉状中并未指出水分变化导致短重的事实，但在证据交换和一审庭审中主张了水分变化直接导致货物的短少。一审法院即便认为承运人签发提单无过错，至少也应认定水分变化引起的货物短量，并在保利公司诉请范围内判决两公司承担赔偿责任。

被上诉人夏威夷公司、达通公司、中国再保险（集团）公司答辩称：原审判决认定事实清楚，适用法律正确，请求驳回保利公司的上诉请求。

广东省高级人民法院经审理确认了一审法院认定的事实和证据，并认为：本案为海上货物运输合同纠纷。夏威夷公司和达通公司所属"红郁金香"轮承运涉案货物，船长授权其代理人签发两套共计 58,176 吨货物的清洁提单，即意味着其应向保利公司交付外观良好的上述货物；保利公司通过付款赎单成为合法提单持有人,其有权在目的港取得外观良好的上述货物。

本案是合同纠纷,在装货港货物装船后水尺计重的结果与其他方式测试的结果不一致,夏威夷公司和达通公司是否在提单上批注,不影响保利公司依照提单记载收取货物的权利。在目的港卸货前后,阳江检疫局进行水尺计重,检验证书记载所卸货物 57,944.7 吨,比提单重量短 231.3 吨。保利公司认为是由于装货港装货短少所致,且考虑到卸货时水分含量增加的因素,实际货物短少数量超过 791.55 吨。

承运人是否应对短少的货物损失负责,是本案审理的焦点。

关于水分含量问题,装货港的品质证书记载水分含量 11.53%,卸货港的品质证书记载水分含量 12.5%,两项比较,水分含量有所增加。同样两份品质证书上记载的装、卸港的货物含油量(脂肪)分别为 20.9%、22.68%,蛋白质含量分别为 34.72%、35.12%,卸货港的两项指标都较装货港的数据高。同一货物在水分含量增加的情况下,蛋白质和脂肪含量也增加,保利公司未能做出合理解释。考虑到两份品质证书是由不同检验机构作出,取样方式、分析设备、检验手段均不能核实,上述两份证书并不能准确、全面地反映货物在装、卸两港品质方面的变化。所以保利公司以其中的水分含量增加主张货物短损,依据不充分,不予支持。

关于短少 231.3 吨是否起运港装货短少所致,保利公司负有举证责任。装货港水尺计重显示装货数量 57,757.47 吨,较提单记载短 418.53 吨,但由于水尺计重的数据不足以证明即为装船的准确数量,所以保利公司主张装货短少证据不充分,不予支持。在海上货物运输特别是在大宗散装货物运输纠纷案件中,根据《海商法》的规定,属于正常范围内的货物减量、损耗或重量误差,承运人不承担赔偿责任。本案货差 231.3 吨没有超出提单重量 5‰,属正常误差范围。

综上所述,原审法院认定事实清楚,适用法律正确,依法应予维持;保利公司上诉理由不成立,予以驳回。

广东省高级人民法院于 2007 年 7 月 11 日根据《中华人民共和国民事诉讼法》第一百五十三条第一款第(一)项的规定,作出(2007)粤高法民四终字第 106 号判决:驳回上诉,维持原判。二审案件受理费 16,100 元,由保利公司负担。

【典型意义】

本案是海事审判中常见的海上货物运输合同货差纠纷,两级法院的审判有以下亮点值得关注。

一、关于是否应该审判起诉状之外的事实和理由的问题

原告在起诉状中以被告没有按照水尺计重的结果如实签发提单，而仅以托运人申报的大豆数量签发提单为由，要求被告承担货差责任。原告代理律师在庭审中以及在书面代理意见里，表达了可以或应该在水尺计重所得数字基础上考虑货物水分变化的观点，但并未修正起诉状所主张的未如实签发提单应承担赔偿责任的主张。对此，一审根据"不告不理"原则，仅针对原告起诉状所列事实、理由审判，而不予审理水分变化对货物数量的影响。一审的处理是否具有合理性，或者说一审的做法是否具有案件审判的普适性？

保利公司关于可以或应该在水尺计重所得数字基础上考虑货物水分变化的观点，单独来看，仅是一种诉讼理由的改变，或者说是增加了一个诉讼理由，因而一般情况下法院是应该予以审判的。但是，考虑到案件具体情况，以保利公司水分变化的观点，货物短少达791.55吨，而其诉讼索赔的是未如实签发提单所致的418.53吨短量损失。因此，该水分变化的诉讼理由所支持的是短少791.55吨的索赔请求，但保利公司并未提出这种诉讼请求；我们所能发现的是，货物水分变化的诉讼理由与其书面的诉讼请求即短少418.53吨的索赔之间并不具有因果联系，即两者之间显然是河水与井水的关系。可见，关于货物水分变化的观点并不仅仅是保利公司诉讼理由的增加或改变，而是直接涉及诉讼请求的变更，但保利公司并未明示或暗示要改变其诉讼请求，亦未明示或暗示对于水分变化短量791.55吨与原先索赔的短量418.53吨之间差额予以放弃。换言之，保利公司对其诉讼请求是变更抑或是不变更并不明确，审案法官无法准确认定。因而以书面诉状所显示的诉讼请求、事实和理由进行审判，更合乎保利公司的本意。故一审法院不予审判水分变化主张，符合"不告不理"民事诉讼基本原理，也是法官中立判案的一种表现，对本案而言具有正当性。二审并未对一审判决的该观点予以否定，可见不予审判水分变化问题得到了二审法院的肯认。

保利公司在二审期间以水分变化导致货物短量为由，修正了该诉讼理由所对应的诉讼请求，即在保利公司418.53吨短量索赔请求范围内判决夏威夷公司和达通公司赔偿水分变化导致的损失，而放弃了水分变化短量791.55吨与原先索赔的短量418.53吨之间差额的赔偿要求。显然，二审期间，保利公司关于水分变化导致货物短量的主张，仅是增加了一个诉讼理由，而明确了不改变原先的诉讼请求，二审法院对水分变化问题予以审判是对诉讼理由的审判，并不是对新的诉讼请求审判，因而不违背"不告不理"原则。

一审、二审法院洞悉了保利公司关于货物水分变化主张的实际意图，准确界定了该主张的细微但却十分重要的不同含义，进而做出精确的裁判，其判决都是公正、公平的，具有显著的案例参考价值。

二、保利公司的权利根据是提单的记载还是起运港水尺计重的数据

提单是指用以证明海上货物运输合同和货物已经由承运人接收或者装船，以及承运人保证据以交付货物的单证。提单作为海上货物运输和国际货物贸易中十分重要的单证，依通说具有运输合同证明、物权凭证和货物收据的功能。然而，提单在不同的流转环节和不同的提单当事人之间所展现的功能是不一样的，如果笼统地以提单的三个功能来主张权利，而不论提单流转的具体情况，则可能把别人的权利误以为自己的权利，从而可能负担败诉的高额风险。

承运人当然负有如实签发提单的义务，这是毫无疑问的。承运人在提单正面关于货物的品名、标志、包数或者件数、重量或者体积等的记载，具有收据的性质，在承运人和托运人之间是初步证据，如果承运人未如实签发提单，托运人可据此主张权利，要求承运人承担未如实签发提单的责任。但对于提单受让人而言，承运人在提单正面关于货物情况的记载具有绝对证据的性质，禁止反言，即不得以所谓的相反证据为由予以推翻。

关于提单对货物情况的记载在承运人和提单受让人之间是绝对证据的规定，目的是对提单受让人予以保护，因为其受让提单时不可能核对提单记载的货物情况是否与货物的实际情况相符，而只能完全相信承运人在提单中的有关记载。提单受让人在受让提单时，是以提单上货物情况如货物品名、件数、重量等的记载为准的，其受让提单所支付的对价同样是根据提单对货物情况的相应记载。很明显，提单受让人的权利只能以提单的记载为据，超越提单记载的所谓权利是没有根据的——未支付对价，何来的提单记载之外的权利？提单记载是绝对证据的规定，既是对提单受让人权利的保护，同时也是对其权利的限制。应该说这是很公平的，即不能因为提单记载对提单受让人有利时就以提单记载为准，自认为提单记载对其不利时，就抛开提单的记载而另寻他途，如果允许这样，对承运人而言就很不公平了。

不论承运人对货物情况如件数、重量等的记载与货物的实际情况有何出入，即无论是多记载了还是少记载了，承运人在目的港都必须按照提单所记载的货物件数、重量等交付货物，否则即向提单受让人承担货差损失的赔偿责任。对提单受让人来说，承运人是否如实签发提单不影响其权利的行使和权利的实现。若承运人未如实签发提单，自然应向提单受让人承担相应赔偿责任，但提单受让人的权利根据仍然是提单上关于货物情况的记载，而不是承运人是否如实签发了提单。质言之，提单受让人不具有追究承运人未如实签发提单的权利，而只具有根据提单记载收受货物的权利。

保利公司受让提单时，支付了提单记载的阿根廷大豆 58,176 吨的对价，并按该重量所对应的货物价款支付了保险费、进口关税和进口增值税。保利公司在诉讼中，以起运港水尺计重的货物重量 57,757.47 吨为其权利根据，要求被告承担与提单记载货物重量 58,176 吨相比的短量损失 418.53 吨，但保利公司却未考虑到其在目的港所收到的货物重量为 57,944.7 吨，比起运港水尺计重的数量多出了 187.23 吨。因而不论如何计算，真正的短量损失仅为 231.3 吨，而不是保利公司所主张的 418.53 吨。保利公司的诉讼失误在于，把托运人的要求承运人如实签发提单的权利不恰当地认为属于自己的权利，从而丧失了可能的胜诉机会。

（倪学伟）

大江国际投资有限公司诉港中旅华贸国际物流股份有限公司海上货物运输合同纠纷案①

——"不知条款"效力以及"货不对单"时举证责任的认定

【提要】

承运人负有在船舶入境前向海关申报舱单电子数据的义务，收货人未提供中文补料，承运人不享有先履行抗辩权。在集装箱整箱运输情形下，承运人对于由托运人自行装箱、计数并封箱的货物的实际状况、数量、体积等并不负责。无论该海运单证是否可以流转，该不知条款均对海运单证合法持有人或收货人产生效力。不知条款有效时，对于承运人实际承运货物的价值的举证责任在于主张索赔的货方。如货方举证不能，应承担不利的法律后果。

【关键词】

船舶舱单申报　不知条款　货不对单　举证责任

【基本案情】

原告（上诉人）：大江国际投资有限公司（Dajiang International Investment Co., Ltd.）（以下简称"大江公司"）。

被告（被上诉人）：港中旅华贸国际物流股份有限公司（以下简称"港中旅公司"）。

2015年11月，港中旅公司自美国承运一批据称为铜锭（copper ingot）的货物到中国高栏港。2015年11月5日，港中旅公司向订舱人签发了011号全套正本指示提单（三正三副），载明托运人为亚恒能源公司、DJL公司，收货人凭指示（to order），通知方为威金国际有限公司，货物交付需联系港中

① 本案的背景是，深圳斯特威实业有限公司以铜矿砂或者铜锭为名走私进口污染环境的废弃铜矿渣。根据拱北海关通报的信息，斯特威公司所涉的刑事案件中，涉及买卖、物流、融资等多个环节。我院受理的相关系列案件，涉及货运代理人、提单持有人、无船承运人、实际承运人等不同主体，相关联的案件40余宗，案件标的超过3亿元。

旅公司在深圳的子公司深圳港中旅有限公司，装货港为美国纽约，承运船舶为"CMA CGM ATTALIA"轮090USN航次，卸货港和交付地为中国珠海高栏港，提单数量为3份，货物由托运人装载、计数并封箱，货物据称为铜锭，由编号为727号等24个集装箱装载，毛重为463,322千克。大江公司以签订买卖合同的方式为锋栢公司提供融资服务，并已通过信用证支付的方式以2,511,278.445美元的对价取得011号全套正本提单。

2015年11月18日，涉案24个集装箱货物在美国起运。2016年1月3日，涉案货物被运抵香港等待中转运输。港中旅公司要求大江公司提供货物的中文品名以便实际承运人达飞海运向我国进行船舶舱单申报。

涉案32个集装箱货物被达飞海运运送到香港中转运输时，因该公司承运的其他拟运往高栏的68个集装箱在2015年10月25日被代表货物保险人的检验人员开箱检验时发现箱内货物均非提单载明的铜锭而是土壤。该公司怀疑包括涉案货物在内的运往同一目的地的128个集装箱实际装载的货物也有可能并非铜锭而是土壤。因此，该公司委托嘉米古公证行对货物随机检验。

2016年5月31日，嘉米古公证行出具检测报告，载明在箱封完整情况下从5份提单项下抽取的各1个集装箱内实际装载的货物为黑灰色类似于土壤的物质而非铜锭，经华测检测认证集团股份有限公司成分检测，前述货物是含有铜、银、铍、镉、铬、汞、镍等金属元素的不明物质。

因向达飞海运订舱的集成船务公司以及大江公司和港中旅公司等相关主体未提取涉案货物，也未向达飞海运提交相关证据证明涉案货物的价值，达飞海运随后将涉案货物自香港运往越南胡志明市进行后续处理。2016年8月10日，负责处理涉案货物的DAT公司出具了处理证明，载明包括涉案货物在内的7票货物共计142个集装箱货物已由DAT公司在越南胡志明市予以处理。前述142个集装箱一经抵达胡志明市港口即已被收集、处理以做最后货物清理。待处理的货物经鉴定为废渣（waste sand），且所有集装箱封条编号经确认与原始提单封条编号信息一致。DAT公司确认了废弃货物经清理处理。该证明载明的涉及装载本案货物的集装箱号及封条号与011号提单载明一致。

为提起本案诉讼，大江公司向北京市中伦（深圳）律师事务所支付律师费用共计6万元。

因港中旅公司未向大江公司交付涉案货物，大江公司将港中旅公司诉至法院，请求其在目的港高栏港交付涉案货物，如拒不交付或不能交付，需按涉案提单载明的货物铜锭价值赔偿原告遭受的损失2,511,278.445美元，并承担本案受理费及律师费人民币 6 万元。

双方当事人均同意适用中华人民共和国法律解决本案纠纷。

【裁判理由及结论】

广州海事法院根据上述事实认为：本案是一宗海上货物运输合同纠纷案，应适用中国法律处理本案实体纠纷。本案争议焦点为：港中旅公司是否需要在高栏港交付涉案货物；如港中旅公司交付不能，在提单正面批注不知条款时，港中旅公司是否应按提单载明的货物铜锭价值赔偿大江公司遭受的提货不能的损失；港中旅公司是否应赔偿大江公司支付的律师费用。

大江公司和港中旅公司存在以涉案提单为证明的海上货物运输合同关系，港中旅公司为承运人，大江公司为提单持有人和收货人。根据我国关于进境货物管理的相关法律规定，自香港至高栏港的运输，需要承运人向海关进行船舶舱单申报，而收货人在拟提取进境货物时，也需要向海关申报提交据以收货的相关单证。根据涉案货物运输时施行的《中华人民共和国海关法》（2013 年）第十四条第一款以及该法第二十四条第一款、第二款的规定与《中华人民共和国海关进出境运输工具舱单管理办法》第八条、第九条的规定，承运人应在船舶入境前向海关申报舱单电子数据，而在海关接受原始舱单主要数据传输后，收货人或受委托报关企业方可向海关办理货物、物品的申报手续。鉴于海上货物运输的交付环节只有在舱单申报数据与收货人申报入关的数据信息一致时，收货人才能更有效率完成货物入关提取行为，承运人为顺利完成货物入境及交付，常不填写海关申报信息以避免承运人和收货人向海关提交的申报信息不符时发生舱单更改、货物滞留或增加货物损坏风险以及不必要的费用。船舶舱单申报时货物的中文品名以及收货人的名称、地址等中文信息一般均应由最终向海关申报入关的收货人提供。前述收货人提供中文补料信息在性质上属于为承运人履行货物交付负有的协助义务行为。但需要明确的是，承运人申报船舶舱单与收货人入关申报虽在货物交付环节存在密切关联，但在性质上仍分属不同责任主体分别承担的法定义务。

涉案货物以集装箱作为装载工具，整箱装载及运输，由托运人自行装箱、计数、封箱及自行申报品名为铜锭，港中旅公司已经在提单正面批注了对涉案货物实际状况不负责的不知条款。在集装箱整箱运输情形下，基于航运效率以及多年来集装箱运输的航运实践，承运人除在具备称重条件时需对承运货物的重量负有核查义务外，对于由托运人自行装箱、计数并封箱货物的实际状况、数量、体积等并不负责。承运人在提单等海运单证正面批注货物品名据称等不知条款,并不违反《中华人民共和国海商法》第七十五条和第七十七条的规定;无论该海运单证是否可以流转,该不知条款均对海运单证合法持有人或收货人产生效力。在海运单证批注不知条款时,承运人虽仍负有适航、管货、不得不合理绕航等《中华人民共和国海商法》第四章规定的强制义务,但除非承运人明确知悉或应当知悉该货物实际状况而作虚假批注或另有约定外,承运人仅对集装箱内实际装载的货物承担运输义务以及货损、货差或货物灭失的合法赔偿责任,而无须对单证载明的据称货物承担前述责任。

在涉及入境舱单申报时,因为承运人批注了不知条款且无法或无从知晓实际运输货物状况,承运人按海运单证记载的相关信息申报舱单,即使前述货物最终没有被实际收货人申报入境,或者实际收货人申报货物入境时的申报信息与舱单申报信息不一致,承运人的行为亦不属于恶意规避我国船舶或货物入境行政管理或刑事法律规定的行为,承运人可以通过申请更改舱单等合法方式最终实现货物交付,并可就更改舱单、海运单证等行为请求托运人或者收货人承担因未如实申报或拒绝提供协助义务而产生的合理费用。

如果承运人在海运单证上批注不知条款后,在运输途中发现承运货物与海运单证载明的货物品名存在明显不符,即"货不对单",且收货人仍要求运输及交付货物之时,因作为善意的有权提取货物的人,收货人的合理期待是提取海运单证载明的货物而非"货不对单"的货物,且前述"货不对单"系因托运人错误或虚假申报所致而非收货人所致,除非承运人能举证证明收货人明知或应知前述货物的实际状况,此时不宜为收货人设定提供"货不对单"货物的中文品名的先履行义务,进而在收货人不履行前述义务时赋予承运人中止运输的先履行抗辩权。因为此种做法既无法律依据,亦与承运人依据海商法负有的法定运输义务相悖。因此,当承运人在运输途中发现"货不对单"之时,即使收货人未履行提供"货不对单"货物中文品名等信息的协助义务,承运人仍应依普通常识标准判断货物品名,并遵守我国船舶和货物入境管理的相关法律规定,履行如实申报舱单以及后续运输货物义务。当然,如果承运人有足够证据证明前述"货不对单"货物入境将违反我国行政管理强制性法律规定或刑事法律规定,承运人亦可享有中止运输的实体抗辩权利。但是该权利并非基于收货人未履行提供"货不对单"的货物中文品名等信息的协助义务,而是基于《中华人民共和国民法总则》第八条"民事主体从事民事活动,不得违反法律,不得违背公序良俗"的规定,以及法律不得为行为人设定从事违法行为的义务的基本法理。

本案中，虽然大江公司未及时履行提供涉案货物中文品名等信息的协助义务，但根据前述关于承运人负有舱单申报以及运输义务的论述可知，在港中旅公司未能举证证明大江公司明知或应知涉案货物实际状况，也未能提交充分的证据证明涉案货物为我国明令禁止入境的货物的情形下，根据《中华人民共和国海商法》第六十六条第一款"托运人托运货物，应当妥善包装，并向承运人保证，货物装船时所提供的货物的品名、标志、包数或者件数、重量或者体积的正确性；由于包装不良或者上述资料不正确，对承运人造成损失的，托运人应当负赔偿责任"以及该法第四十一条"海上货物运输合同，是指承运人收取运费，负责将托运人托运的货物经海路由一港运至另一港的合同"的规定，港中旅公司虽可就托运人错误或虚假申报产生的合理损失向托运人索赔，但仍需承担将涉案货物继续运输至约定目的港的义务。

因涉案货物已最终在越南胡志明市与其他货物被销毁处理，标的物已无法特定化，港中旅公司负有的运输及交付义务已属客观履行不能。大江公司要求港中旅公司在高栏港交付涉案货物，已无事实基础，不能支持。此时，涉案争议转化为涉案运输合同项下港中旅公司是否需要向大江公司承担交付不能的违约赔偿责任。

涉案货物以集装箱装运，根据《中华人民共和国海商法》第四十六条第一款"承运人对集装箱装运的货物的责任期间，是指从装货港接收货物时起至卸货港交付货物时止，货物处于承运人掌管之下的全部期间。承运人对非集装箱装运的货物的责任期间，是指从货物装上船时起至卸下船时止，货物处于承运人掌管之下的全部期间。在承运人的责任期间，货物发生灭失或者损坏，除本节另有规定外，承运人应当负赔偿责任"的规定，涉案货物已在越南被销毁处理，应视为灭失，作为有权提取涉案货物方的大江公司有权要求港中旅公司承担涉案货物灭失的赔偿责任。

根据《中华人民共和国民事诉讼法》第六十四条第一款"当事人对自己提出的主张，有责任提供证据"的规定，大江公司应对涉案货物价值承担举证责任。从查明事实看，涉案727号集装箱等24个集装箱在箱封完好情况下被DAT公司在越南胡志明市打开时验明装载的货物为废渣，并非涉案提单载明的铜锭。大江公司未能举证证明港中旅公司在承运涉案货物时明知或应知其为废渣而仍在提单正面作货物据称为铜锭的虚假批注时，根据前述对不知条款效力的认定，港中旅公司只需按视为灭失的涉案货物的实际价值承担赔偿责任，无须按提单载明的铜锭承担赔偿责任。大江公司未能举证证明涉案废渣的价值等同于其主张的铜锭价值2,511,278.445美元，也未举证涉案货物的实际价值，根据《最高人民法院关于适用〈中华人民共和国民事诉讼法〉的解释》第九十条规定，大江公司应承担举证不能的不利法律后果。因此，大江公司关于港中旅公司按照提单载明的铜锭价值赔偿其提货不能损失的诉讼主张，依法不能获得支持。

诚然，大江公司无论是作为提供融资服务方还是贸易相对方，对于涉案货物的实际状况亦不知情，却支付了高昂的对价取得批注了货物品名据称为铜锭的不知条款的涉案提单，大江公司亦属于利益受损方。但大江公司宜通过融资合同或贸易合同向其合同相对方主张权利，前述损失不宜由涉案运输合同项下对货物实际状况并不知情且签发了不知条款的承运人港中旅公司承担。

大江公司未能举证就律师费用与港中旅公司有过约定，现有法律、法规及司法解释亦没有规定港中旅公司需承担该项费用，其要求港中旅公司支付6万元律师费的诉讼请求，缺乏事实和法律依据，不予支持。

广州海事法院依照《中华人民共和国民事诉讼法》第六十四条第一款以及《最高人民法院关于适用〈中华人民共和国民事诉讼法〉的解释》第九十条规定，判决如下：驳回原告大江公司的诉讼请求。案件受理费120,806.65元，由大江公司负担。

上诉人大江公司不服该判决，向广东省高级人民法院提起上诉称：一审判决认定涉案货物为废渣，证据不充分。一审判决认定港中旅公司不承担赔偿责任，法律依据不足。首先，港中旅公司作为承运人，至今没有完成提单约定的运输义务，而且在大江公司的多次书面催告下，港中旅仍然拒不履行运输义务，已经构成根本性违约。其次，在港中旅公司未能提供充分的证据证明涉案货物为我国明令禁止入境的货物的情况下，擅自处理了作为提单合法持有人的大江公司的货物，属于侵犯大江公司财产权的行为。在不存在客观不能交货的情况下，大江公司多次催告港中旅公司交付之后，港中旅公司依然拒不交货。尤其是案件在一审法院审理过程中，法院已经发出法庭令，要求港中旅公司依照提单约定在目的港交货，但港中旅公司竟然对抗法庭令至今不交付货物，最后导致货物灭失或者以侵害大江公司物权的方式擅自销毁。根据《中华人民共和国侵权责任法》第六条第一款的规定，港中旅公司应当向大江公司承担侵权责任。港中旅公司拒不交货和擅自处理货物的行为，导致大江公司丧失了按照提单所载提取货物的权利，并直接遭受了2,511,278.445美元的经济损失。港中旅公司应当全额赔偿。请求撤销一审判决，并依法改判港中旅公司按011号提单所载货物的价值赔偿大江公司的损失2,511,278.445美元（汇率同一审）并由港中旅公司承担本案一审、二审的全部诉讼费用。

港中旅公司辩称：一审判决认定事实清楚，判决驳回大江公司的诉讼请求具有事实与法律依据。请求驳回上诉，维持原判。

二审中，当事人没有提交新证据。二审对一审查明的事实予以确认。

广东省高级人民法院认为：本案的争议焦点问题是港中旅公司是否应按提单所载货物的价值2,511,278.445美元赔付大江公司的损失。

大江公司合法持有港中旅公司签发的提单，根据《中华人民共和国海商法》第七十八条第一款的规定，港中旅公司与大江公司之间的权利义务关系依据涉案指示提单确定。依据涉案指示提单的记载，港中旅公司作为承运人，负有将涉案货物从美国纽约运至中国珠海高栏港，并交付给提单持有人的义务。港中旅公司未将涉案货物运至目的港并交付给大江公司，违反了其作为承运人所负有的运输及交付义务，构成违约。由于涉案货物已被销毁，港中旅公司已无法向大江公司返还涉案货物。因此，港中旅公司应赔偿大江公司相应的货物损失。涉案货物记载为铜锭，并记载涉案货物由托运人装载、计数并封箱。在此情形下，如无相应证据证明，应认定港中旅公司作为承运人在货物装运时不知晓集装箱内实际装载的货物。当有证据证明实际装载的货物与提单记载的货物品名不符，涉案提单记载的货物品名对港中旅公司不具有当然的约束力。港中旅公司应按实际装载的货物的实际价值赔偿损失，而非按提单记载的名义上的货物的价值赔偿。涉案货物实际为废弃铜矿砂，而非提单记载的铜锭。在此情况下，港中旅公司应按废弃铜矿砂的实际价值赔偿大江公司的损失，并由大江公司举证证明该损失的具体金额。因大江公司未能举证证明涉案货物实际价值，其应承担举证不能的不利后果。

广东省高级人民法院依照《中华人民共和国民事诉讼法》第一百七十条第一款第一项的规定，判决如下：驳回上诉，维持原判。

【典型意义】

海上货物运输的融资服务方在无人付款赎单时，将可能变成提单持有人，进而在海上货物运输合同项下与承运人之间产生法定的权利义务关系。在航运实践中，提单载明不知条款时，除非承运人明知或应知实际承运货物性状故意作虚假批注，否则在箱封完整时，即使因承运人原因造成货损或货差，其也仅需按照实际承运的货物承担赔偿责任。而且此种货物价值的举证责任应由索赔方负担。在接受融资服务的主体存在"以假充真"或"以次充好"

等欺诈运输行为时，即使融资服务主体持有正本提单，其在海上运输合同项下也无法通过向承运人索赔收回融资成本。融资服务提供方在提供融资服务时，应当审慎审查其服务对象的资质、诚信等各方面要素，避免遭受不必要的法律风险。该案通过依法保护承运人的合法权益，为融资市场主体提供海运融资服务给予了明确的指引和必要的风险提示，有利于促进航运融资的规范运行。

在具体个案中，本案涉及海上货物运输合同项下有关的实践与理论问题如下：入境船舶舱单申报项下提供中文补料的义务主体、集装箱运输项下"不知条款"的效力认定，以及"货不对单"时货物价值的举证责任分配。

一、承运人是船舶舱单申报的义务主体，即使收货人不提供中文补料，承运人也无权主张先履行抗辩权并拒绝履行运输义务

根据我国关于进境货物管理的相关法律规定，自香港至高栏港的运输，需要承运人向海关进行船舶舱单申报，而收货人在拟提取进境货物时，也需要向海关申报提交据以收货的相关单证。根据涉案货物运输时施行的《中华人民共和国海关法》以及《中华人民共和国海关进出境运输工具舱单管理办法》的相关规定，承运人系船舶入境前向海关申报舱单电子数据的义务主体。虽然在实践中收货人一般会主动向承运人提供收货人名称、地址等船舶舱单申报所需的中文信息，但此种协助是收货人为更有效率地完成货物入关提取行为而主动采取的行为。该行为虽与承运人进行船舶舱单申报有关，但无论收货人是否主动向承运人提供中文补料信息，均不能代替承运人向海关申报船舶舱单的法定义务。

即使承运人在运输途中"货不对单"，除非承运人能举证证明收货人明知或应知前述货物的实际状况，因承运人运输货物是其法定义务，此时不宜为收货人设定提供"货不对单"货物的中文品名的先履行义务，进而在收货人不履行前述义务时，赋予承运人中止运输的先履行抗辩权。因为这与承运人依据海商法负有的法定运输义务相悖。承运人应依普通常识标准判断货物品名，并遵守我国船舶和货物入境管理的相关法律规定，履行如实申报舱单以及后续运输货物义务。当然，如果承运人有足够证据证明前述"货不对单"货物入境将违反我国行政管理强制性法律规定或刑事法律规定，承运人亦可享有中止运输的实体抗辩权利。

二、集装箱运输下"不知条款"的效力认定

集装箱运输模式下，一般均由承运人的代理人向订舱方（托运人）提供集装箱，由订舱人拼箱装载或整箱装载货物后，领取并自行施加承运人的封条（一般为电子锁）。由于班轮运输箱数量多、货量人、货主众多，相较于散货运输，集装箱船的船长、大副或者船员在接收集装箱时无法查看集装箱内部装载货物的实际情况，无从直接得知货物的实际品名、数量、体积等。在拼箱货运输情况下，更无从得知具体货物的重量；在整箱货运输情况下，如堆场装船前没有计重设备的，亦无从得知货物重量。因此，在集装箱整箱运输情形下，基于航运效率以及多年来集装箱运输的航运实践，承运人除在具备称重条件时需对承运货物的重量负有核查义务外，对于由托运人自行装箱、计数并封箱货物的实际状况、数量、体积等并不负责。承运人在提单等海运单证正面批注货物品名据称为某物、多少重量或体积等不知条款，也不违反《中华人民共和国海商法》第七十五条和第七十七条的规定。无论该海运单证是否可以流转，该不知条款均对海运单证合法持有人或收货人产生效力。

当然，在海运单证批注不知条款时，承运人仍负有适航、管货、不得不合理绕航等《中华人民共和国海商法》第四章规定的强制义务，但除承运人明确知悉或应当知悉该货物实际状况而作虚假批注或另有约定外，承运人仅对集装箱内实际装载的货物承担运输义务以及货损、货差或货物灭失的合法赔偿责任，其无须对单证载明的据称货物承担赔偿责任。

三、"货不对单"时承运人承运货物价值的举证责任分配

"货不对单"的货物价值的举证责任是由货方（含托运人、收货人和合法提单持有人）承担，还是由承运人（含实际承运人）承担是本案的核心争议问题。有观点认为，涉案货物已经被销毁，而作为善意持有本案提单的原告无法近距离接触涉案货物，应由可以接触涉案货物的被告来承担举证责任。虽然被告也未能实际接触涉案货物，但是实际承运人达飞海运是接受被告委托承运涉案货物的，达飞海运销毁涉案"货不对单"货物却未能对涉案货物的性质进行评估的行为后果应由被告承担。作为提单善意持有人，原告已经完成了其是涉案货物权利人的举证责任，且目前也没有证据证明原告明知涉案货物不是提单以及买卖合同项下的"铜锭"而是"废渣"。因此，在被告有机会举证涉案货物价值的情形下，被告未能实施或者指示达飞海运实施取证行为时，为保护作为善意第三人的原告，应由被告先行按照买卖合同以及提单载明的货物"铜锭"的价值赔偿原告。被告赔偿后，可另行向运输合同的托运人再行索赔。

本案裁判未采取前述观点，且认为本案的举证责任需要根据本案查明的法律事实来分配。从本案查明事实来看，本案没有证据证明被告明知或应知

涉案货物为"废渣"而在提单上作虚假批注。因此,提单上载明的"不知条款"对合法提单持有人具有效力,涉案提单记载的货物品名对被告不具有当然的约束力。被告只需按照实际装载的货物的实际价值赔偿损失,而非按提单记载的名义上的货物即铜锭的价值赔偿。从举证责任来看,此类索赔并不属于举证责任倒置的情形,应仍由原告承担举证责任。而本案中,由于涉案货物为"废渣",原告关于货物价值的举证仅限于铜锭而非"废渣",不存在举证责任转移至被告的事实条件,故应由原告承担举证责任不利的法律后果。

此类案件也给提供融资服务的主体予以警示,在提供融资服务时,应谨慎处理,切实做好对拟提供融资主体的资质、提供融资交易的真实性、标的物的真实性、需要融资主体的实际偿付能力等相关问题的调查。

(徐春龙　陈文志)

中化国际(控股)股份有限公司诉马来西亚国际航运公司等海上货物运输合同纠纷案

——承运人的识别与倒签提单的损害赔偿范围

【提要】

在本案中,四名外籍证人来华出庭作证,彰显我国诉讼程序的日趋合理化、完善化。当证人在法庭上所作的证言与一些证据吻合、与另一些证据矛盾时,审案法官必须根据有关的证据规则作出正确判断,并对相互矛盾的证据予以合理取舍,本案这方面的实践值得关注。正确识别承运人并进而确定倒签提单的侵权行为人,理顺当事人之间的权利义务关系,这是审理倒签提单侵权案的基础性工作,本案的做法值得借鉴和思考。关于倒签提单的侵权损害赔偿范围,历来都是此类案件当事人争议的焦点,而不同法院甚至同一法院的不同法官对此问题的裁决五花八门、莫衷一是。本案一审、二审的不同判决即凸显了这一情形。准确界定倒签提单的侵权损害赔偿范围、公平保护双方当事人之合法权益,乃海事司法的题中之义,本案法官的判理及其裁决结论或许对统一该类案件的赔偿范围有所助益。

【关键词】

倒签提单　外籍证人　定期租船合同　损害赔偿

【基本案情】

原告(被上诉人):中化国际(控股)股份有限公司(以下简称"中化公司")。

被告(上诉人):马来西亚国际航运公司(Malaysia International Shipping Corporation Berhad)(以下简称"马航公司")。

被告(被上诉人):泛洋航运有限公司(Pan Ocean Shipping Co., Ltd.)(以下简称"泛洋公司")。

2003年2月18日,原告与顺德市德骏贸易有限公司(以下简称"德骏公司")签订第03AC0003号销售合同,约定后者向原告购买2万吨热卷钢,单价每吨4,165元,总价8,330万元,在广州黄埔港码头仓库交货,2003年

4月30日之前装运，否则，德骏公司有权解除合同，并由原告承担总货价30%的违约金。

2月13日，原告与美国的三东贸易公司（以下简称"三东公司"）签订合同一份，记载：由三东公司将2万吨热卷钢卖与原告，总价807万美元，装运期限2003年4月30日之前；由原告开立100%合同总值见单后即付款不可撤销信用证，受益人三东公司；若三东公司不能如期交货，原告有权撤销合同。嗣后，原告向交通银行上海分行申请开立了第LCB02003P0225号信用证，记载：金额807万美元，最迟装船日期2003年4月30日。

"汉金玫瑰"（Handy Roseland）轮系马航公司所有的集装箱船，期租给前进散运公司，船长爱德加多·班路塔受雇于马航公司。涉案航次是泛洋公司从前进散运公司期租来从事运输，其期租合约第8条规定由船长根据大副收据或理货单签发提单。船长向百威船务代理公司（以下简称"百威公司"）授权代表船长签发提单，并要求签发的提单应与大副收据完全一致。百威公司又授权泛散公司代表其签发提单。

经船长爱德加多·班路塔和代理山温·埃里森签名确认的装卸事实记录记载：4月24日，"汉金玫瑰"轮到达美国费城诺吾洛格港1号码头。4月25日开始装货。4月30日0300时，5号舱停止装货并绑扎固定钢卷。5月1日，1号舱至4号舱继续装载作业：1号舱至1730时装货完成进行加固；2号舱于0100时因轮换工班停止装货和加固，0700时按照平舱要求继续装货，1140时停止装货并开始进行加固，1500时完成装货并开始进行加固；3号舱于1900时继续装货，2010时按平舱顺序完成装货并开始进行加固；4号舱2040时继续装货，2155时完成装货并开始进行加固，2320时装货作业全部完成。

"汉金玫瑰"轮最终积载图记载：涉案航次共装载四票货物，包括原告的热卷钢19,916.719吨，斯蒂莫科公司的两票热卷钢534.157吨、2,072.642吨，以及三东公司托运的案外人的冷卷钢1,516.176吨；2号舱装载货物全部为原告的货物。

由船长签名并盖有船章的大副收据记载：原告货物完成装货的时间为2003年4月30日。T01号提单记载：托运人三东公司，收货人凭指示，通知人为原告，承运船舶"汉金玫瑰"轮，承运人泛洋公司，货物为19,916.719吨的热卷钢。本提单于4月30日在纽约由泛散公司"作为代理依据收到的授权为了并代表船长爱德加多·班路塔"而签发。5月2日，"汉金玫瑰"轮离港。

6月5日，原告以信用证欺诈为由向上海市某中级人民法院申请停止支付涉案信用证项下807万美元。6月17日，原告以6月6日开证行已对外支付信用证项下款项为由撤回申请。

6月2日，原告致函德骏公司，称该批货物实际装船日期可能是5月1日，而运输单证记载的装船日期为4月30日；次日，德骏公司回函表示不能接受该批货物。6月23日，原告与德骏公司签订第03AC0004号销售合同，约定原告仍将该19,916.719吨热卷钢售与德骏公司，单价每吨3,260元，总价64,928,503.94元。德骏公司已付清了该全部货款。

5月28日，原告与中化国际仓储运输有限公司广州办事处（以下简称"中化仓储公司"）签订货代协议，约定由原告委托中化仓储公司办理本次货物进口的报关、港口作业等，费用结算采用包干形式。8月25日，中化仓储公司收到原告支付的包干费1,354,336.89元。7月1日，原告向汇盛律师事务所支付差旅调查费等3万元，律师费15万元。因进口涉案货物，原告向黄埔海关交纳进口关税2,000,470.47元，黄埔海关代征增值税11,676,079.23元；原告向上海市税务机关缴纳增值税9,434,056.13元。

原告向广东省物价局价格认证中心（以下简称"价格中心"）申请对涉案钢材价格认证。10月15日，价格中心作出粤价认〔2003〕193号钢材价格认证结论书，记载：以6月23日为价格基准日，涉案钢材的价格总额幅度为64,317,900元至65,911,200元之间。10月29日，原告向价格中心支付认证费10万元。

原告诉称：泛洋公司是涉案货物的承运人，而马航公司系"汉金玫瑰"轮所有权人，也是实际承运人。由于两被告倒签提单，造成原告市场差价损失2,063,850美元，关税损失146,000美元，转卖利润损失和向第三方支付的违约损失1,652,330美元，利息损失81,000美元，开证费用25,250元人民币，申请开证费用36,585.83美元，货物保险费36,585.83元人民币，预计三个月滞销期的资金占压费82,700美元，检验、仓储、评估等费用113,900美元。请求判令两被告连带赔偿因航运单证欺诈遭受的损失共24,067,482元人民币及其利息，并由两被告承担诉讼费、财产保全及海事证据保全申请费、执行费。

被告马航公司辩称：其并非涉案提单项下货物运输的承运人，不应承担倒签提单责任。原告诉称的损失是其未尽到合理减少损失的义务的结果；倒签提单无事实依据，货物装船后在舱内绑扎、固定的时间不能作为涉案提单应签发的日期。港口堆存费、进口关税、增值税、保险费及开证费等支出与倒签提单之间没有因果关系。请求驳回原告的诉讼请求。马航公司申请了由四名外籍证人，即"汉金玫瑰"轮船长爱德加多·班路塔和诺吾洛格装卸有限公司信息主管威廉·盖瑞·达顿、检验员亚历山大·温伯格、装货检验员珀瑞克·爱温出庭作证。他们在法庭上均证实原告货物于2003年4月30日装货完毕，5月1日2号舱未装卸作业，仅在船上移动货物，装卸事实记录中5月1日2号舱的"装货"（loading）是指在船上整理和移动货物。

被告泛洋公司辩称：T01号提单是泛散公司代表船长签发，船长代表船东，故船东马航公司才是承运人。泛洋公司作为租船人不负责签发提单，其既非承运人也非实际承运人。涉案货物在2003年4月30日已装上船，5月1日所做的仅是在船上堆垛、平舱等作业，与货物装船无关。请求驳回原告的诉讼请求。

广州海事法院经公开开庭审理后认为：本案是因倒签提单引发的侵权纠纷。被告倒签提单导致原告损失的结果发生在中国，故本案应适用中华人民共和国法律。

T01号提单由泛散公司签发，而泛散公司得到了百威公司签发提单的授权，百威公司则得到了船长的授权，且泛散公司在提单签发时注明"为了和代表船长"，故该提单是船长授权的人签发，其效力相当于船长签发提单。船长签发提单应视为船东提单，承运人为船东，即被告马航公司是涉案航次的承运人。原告以提单正面"承运人泛洋公司"的记载主张泛洋公司是承运人，与事实不符，不予支持；马航公司关于其并非承运人的抗辩，与案件事实相悖，其抗辩理由不成立。

装卸事实记录中涉及三个专用词"装货"（loading）、"加固"（securing）和"平舱"（trimming），其中装货和加固多次出现在同一句话中，如5月1日0700时"按照平舱要求继续装货"，1140时"2号舱停止装货，开始进行加固"；1500时"2号舱完成装货，开始进行加固"。可见，船长和代理在签署装卸事实记录时，对"装货""平舱"和"加固"所表达的含义是区分清楚的，即它们是先后进行的作业，该语境中"装货"的含义显然不能涵盖"平舱""加固"。装卸事实记录清楚地表明，至5月1日1500时2号舱才完成装货，继而对货物进行加固，而该舱装载的全部是原告的货物，被告在4月30日并未完成对原告货物的装货。马航公司申请的4位证人在法庭上所作的证言，与装卸事实记录记载的事实不符，不予采信。马航公司作为承运人，未按实际装完货物的时间5月1日签发提单，而将提单签发日期提前至4月30日，构成倒签提单，侵害了原告依买卖合同和信用证行使拒绝付款权，马航公司是倒签提单之侵权行为人，应承担相应赔偿责任。无证据证明泛洋公司倒签提单，原告关于泛洋公司承担倒签提单赔偿责任的诉讼请求，应依法予以驳回。

原告与德骏公司第03AC0003号销售合同约定货物数量为2万吨，该批货物实际数量19,916.719吨，故前后两份内销合同的差价应为18,024,630.70元。原告因倒签提单而遭受的损失包括：两次内销合同的差价以及钢材价格鉴定费10万元，合计18,124,630.70元。马航公司作为侵权人，应赔偿该项损失。原告所主张的货代包干费、进口关税和增值税，与马航公司倒签提单没有因果关系，对该部分诉求应予驳回。原告所主张的开证费、保险费，是其从事贸易活动本应负担的费用，与被告倒签提单无关，亦予驳回。原告索赔转卖利润损失及向第三方支付违约损失，申请许可证费用，预计三个月销货期的资金占用费，因其未提供相应证据，故予驳回。原告以律师费正继续发生、无法确定具体数额为由不在本案索赔，法庭对原告的律师费用不作处理。

广州海事法院依照《中华人民共和国民法通则》第一百零六条第二款的规定，作出如下判决：一、被告马航公司赔偿原告中化公司的损失18,124,630.70元及其利息（自2003年5月1日起至实际付清之日止，按央行同期流动资金贷款利率计算）；二、驳回原告对被告马航公司的其他诉讼请求；三、驳回原告对被告泛洋公司的诉讼请求。本案受理费149,266元，由原告负担36,316元，被告马航公司负担112,950元。扣押船舶申请费5,000元、执行费87,332元由被告马航公司负担。海事证据保全申请费5,000元、执行费5,000元及调查费1万元由原告负担。翻译费3,300元由马航公司负担。

宣判后，马航公司不服，向二审法院上诉称：定期租船合同不是运输合同，而是财产租赁和提供劳务的合同，船东与租船人之间并无运输合同关系，故上诉人不是本案承运人或实际承运人，且上诉人也未授权他人签发提单，一审对承运人的认定不正确。对装卸事实记录中的内容，应根据习惯和实际操作情况解释；出庭证人所作陈述应予采信，货物的确于2003年4月30日已装船完毕，一审认定倒签提单错误。中化公司未能善意地防止损失扩大，并有串通制造损失和损害其他当事人之嫌。请求二审法院撤销原判。

被上诉人中化公司辩称：一审判决认定事实清楚，结论正确，请求驳回上诉人的全部上诉请求。

被上诉人泛洋公司辩称：二审法院应围绕上诉人的上诉请求即马航公司

是否对中化公司负有赔偿责任这一范围审理；鉴于中化公司在法定期限内未上诉，而一审判决已驳回了中化公司对泛洋公司的诉讼请求，故二审不应涉及泛洋公司的责任问题。T01号提单是船东提单，该提单未倒签，中化公司声称的损失没有事实及法律依据。请求法院维持一审关于泛洋公司无须承担责任的判决。

【裁判理由及结论】

广东省高级人民法院经审理确认了一审法院认定的事实和证据，并认为：本案属倒签提单侵权损害赔偿纠纷。原审判决认定T01号提单是由船长授权的人签发，法律效力上相当于船长签发，是正确的，应予维持。马航公司上诉称泛洋公司是涉案货物的承运人，但除提单记载外未提供其他充足证据予以证明，不予采信。

马航公司上诉认为T01号提单没有倒签，其主要证据是理货单、航海日志、四名外籍证人的证言、大副收据和装卸事实记录。理货单系境外形成的证据，未经公证认证，在法律程序上存在瑕疵，更重要的是该理货单没有任何人签字盖章，没有记载制作时间和制作人，不能表明同本案货物运输有关，因而对该份证据不予采信。航海日志、大副收据虽属法定文件，但均为船方单方制作，所记载的货物装卸情况不能对抗经装卸公司及船长共同签署的专门记载货物装卸情况的装卸事实记录，原审判决不采信该两份证据并无不当。同理，相关个人事后证言的法律效力亦不能对抗上述装卸事实记录。原审判决认定T01号提单倒签正确。

中化公司与三东公司买卖合同约定的价格条件为CFR FO① CQD② 黄埔。在CFR条件下，卖方必须在装运港于约定的日期或期限内将货物交至船上。根据装卸事实记录，货物并非于合同约定的装船时间即2003年4月30日之前装船完毕，而是在5月1日装船完毕，这表明三东公司交货迟延。但T01号提单未如实记载货物装船时间，掩盖了三东公司迟延交付货物的事实。由于迟延交货，致中化公司违反与德骏公司2003年2月18日的买卖合同。因此，有关该合同不履行的损失，如利润损失、违约金损失等，是由于卖方迟延交付货物造成的，与马航公司倒签提单无关。原审判决未注意倒签提单行为与货物迟延交付行为的区别，未分析该两种行为所造成的损害结果的不同，

---

① Free out（简称FO），指买方负担卸货费。——编者注
② Customary Quick Dispatch（简称CQD），指按照港口习惯卸率。——编者注

以致对中化公司的损失认定存在错误。

原审判决确认中化公司主张的市场差价损失18,024,630.70元,且认定系倒签提单行为引起。本院认为,由于该损失既包括因倒签提单引起的损失,又包括国外卖方因迟延交货而产生的利润损失,原审判决未区别这两种不同性质的损失,而是都认定为倒签提单所产生的损失,并判决马航公司予以赔偿,显然错误,应予纠正。

倘若提单未倒签,因卖方的装船时间与信用证规定的最迟装船期不符,开证行可拒付信用证项下货款,买方可拒收货物并有权追究卖方违约责任。但提单倒签时,卖方迟延交付货物的事实被掩盖,买方必须对外付款并接受卖方交付的货物。因此,在倒签提单的情况下,买方所遭受的损失为:买方向卖方支付的货款减去买方处理该批货物价款、买方进口该批货物所支付的进口税费、货物等待处理所发生的各种费用。中化公司进口本案货物向三东公司支付货款8,036,396.12美元,折合66,517,250.69元,处理该批货物所得价款64,928,503.94元,差价1,588,746.75元,该损失系倒签提单导致的实际损失,马航公司应予赔偿。中化公司的税金损失,包括关税2,000,470.47元,增值税11,676,079.23元,是因倒签提单造成的,马航公司亦应赔偿。中化公司为处理货物而产生的仓储等包干费用1,354,336.89元,价格评估费10万元,均系倒签提单行为直接引起,马航公司应予赔偿。上述各项损失合计16,719,633.34元。

中化公司所主张的转卖利润损失、向第三方支付的违约损失、利息损失、预计3个月销货期的资金占压费用、申请许可证费用、货物保险费等,因其未提供充足证据,且上述损失或费用与倒签提单行为之间均无因果关系,不予支持。

综上所述,马航公司上诉部分有理,有理部分予以支持;原审判决适用法律部分有误,处理不当,应予纠正。广东省高级人民法院根据《中华人民共和国民事诉讼法》第一百五十三条第一款第(二)(三)项的规定,作出(2005)粤高法民四终字第46号判决如下。一、变更广州海事法院(2003)广海法初字第348号民事判决第一判项为:马航公司赔偿中化公司损失16,719,633.34元及其利息(按中国人民银行同期流动资金贷款利率计算,其中1,588,746.75元从2003年6月23日起,13,676,549.70元从2003年6月25日起,1,354,336.89元从2003年8月25日起,10万元从2003年10月29日起计算,均计至本判决指定付款之日止);二、维持广州海事法院(2003)广海法初字第348号民事判决第二、第三判项及诉讼费判项。

本案二审案件受理费 149,266 元，由马航公司负担 9 万元，中化公司负担 59,266 元。

【典型意义】

相对于以前的倒签提单纠纷案，本案两级法院的审理和判决有诸多新颖之处，这不仅体现在审理程序方面的闪光点，更重要的还体现在实体审理方面的突出特色，即对当事人权利义务的法律分析更透彻明晰，对被侵害之合法权利的法律保护更准确精细。对此试析如下。

一、四名外籍证人来华出庭作证，彰显我国诉讼程序的日趋合理化、完善化

曾几何时，我国民事案件的开庭审理鲜见证人的身影，更不用说外籍证人的身影。证人以提交书面证词替代出庭作证为常态，以出庭作直接的言辞、证言为例外，使得庭审的公正性、合法性时常受到方方面面的诟病。《最高人民法院关于民事诉讼证据的若干规定》公布施行后，民事审判中证人出庭作证率日渐提高，但外籍证人来华出庭作证的情形仍为罕见。在本案庭审中，以"汉金玫瑰"轮船长爱德加多·班路塔为代表的四名外籍证人出庭作证，在法庭上陈述他们对案件事实的了解和认识，这成为本案庭审中一个十分耀眼的闪光点。

根据《最高人民法院关于民事诉讼证据的若干规定》第五十五条第一款"证人应当出庭作证，接受当事人的质询"之规定，倘若证人仅提交书面证词而不出庭作证的，其证言可不予采信。但这并不意味着证人出庭作证的证言就当然应该采信，该证言是否采信，还须经过质证并与其他证据相互印证后由法庭作出决定。"汉金玫瑰"轮船长爱德加多·班路塔等四名外籍证人在法庭上作证一致认为，涉案货物于 2003 年 4 月 30 日已装船完毕，而理货单、航海日志、大副收据等关于装货时间的记载均与该证人证言一致，唯有装卸事实记录记载的装船完毕时间为 2003 年 5 月 1 日。当证人在法庭上所作的证言与一些证据吻合、与另一些证据矛盾时，审案法官必须根据有关的证据规则作出正确判断，并对相互矛盾的证据予以合理取舍。装卸事实记录是装卸公司与船长共同签署的专门记载货物装卸情况的法定文件，是由两个各自独立的主体在意志自由的情况下做出的一致的意思表示，其可信度和证明力显然大于相关个人的事后证言，也大于单独的一个主体单方面所作出的法定文件，如大副收据等。证据规则之一是，若干证明力较低的证据相加在一起，其证明力并不因此而大于一个证明力较高的证据。两级法院正是基于这

一法则作出了自己的判断,最终认定证人在法庭上的证言因与证明力更强的证据装卸事实记录相矛盾而不予采信。无疑,这一认定是正确的。

二、正确识别承运人并进而确定倒签提单的侵权行为人,理顺当事人之间的权利义务关系

正确识别承运人并进而确定倒签提单的侵权行为人,理顺当事人之间的权利义务关系,为案件公正处理奠定基础。根据《中华人民共和国海商法》第七十二条第一款"货物由承运人接收或者装船后,应托运人的要求,承运人应当签发提单"之规定,签发提单是承运人的义务之一。因此,只有首先正确识别了承运人,才能进一步认定提单的签发人并确定倒签提单的侵权行为人。在连环租船合同下发生的海事纠纷案件,对承运人的识别素来都是双方当事人争执的焦点之一,同时也是法院审判案件的重点和难点之一。若原告对承运人识别错误,本该起诉甲却告了乙,其结果可能就是诉讼失败并丧失对甲的诉讼时效。本案存在连环的两个期租船合同关系和一个航次租船合同关系,即船东马航公司将"汉金玫瑰"轮期租给二船东前进散运公司,后者又将该轮转期租给泛洋公司,泛洋公司航次出租给托运人三东公司运输货物,因而本案在承运人的识别问题上颇费思量。

我们知道,识别承运人的基础性依据当然是货物运输合同,此外还可以通过光船租赁合同、提单记载事项及签发人、船舶所有权人等情况来识别承运人。而根据《中华人民共和国海商法》第四十二条的规定,承运人可以进一步细分为契约承运人和实际承运人两类。契约承运人是指本人或者委托他人以本人名义与托运人订立海上货物运输合同的人;实际承运人是指接受承运人委托,从事货物运输或者部分运输的人,包括接受转委托从事此项运输的其他人。对于期租船合同的性质,通说认为,船舶在租期内仍由出租人即船东通过其雇佣的船长、船员占有和控制,合同的内容主要是关于货物运输的规定,因而期租船合同不是财产租赁合同而是海上货物运输合同。具体到本案而言,显然可以根据泛洋公司与前进散运公司的期租船合同即海上货物运输合同以及提单正面"承运人泛洋公司"的记载来认定泛洋公司为契约承运人,船舶所有人马航公司为实际承运人。一审、二审法院未认定泛洋公司为契约承运人,似乎值得商榷。

本案为倒签提单损害赔偿纠纷,属侵权之诉,其责任主体应当为侵权行为人,即作为承运人的提单签发人。在租船合同下,提单签发的方式有代表船舶所有人签发、代表出租人签发、代表承租人签发、代表光船承租人签发、代表船长签发、签发人仅作为代表签发等,除"代表船长签发"和"签发人仅作为代表签发"这两种方式外,其他的签发方式都直接指明被代表的人是谁,从而确定谁是承运人。在"代表船长签发"这一方式之下,则需仔细考察船长的地位,即船长是何人所雇佣、船长是何人的代表,以便正确识别签发提单的承运人。一般来说,船长通常为船舶所有人雇佣,是船舶所有人的代表,但在光船租赁时,则船长为光租人雇佣,是光租人的代表。另外,在特别说明的情况下,船长也可以是期租船人的代表或其他人的代表。在"签发人仅作为代表签发"方式下签发的提单,则不能直接确定谁是承运人。涉案提单为船长授权的人签发,且签发时特别注明"为了和代表船长",因而认定该提单为船长提单是正确的。《中华人民共和国海商法》第七十二条第二款规定"提单可以由承运人授权的人签发。提单由载货船舶的船长签发的,视为代表承运人签发"。船长签发提单显系职务行为,而本案有充分证据证明船长受雇于船东马航公司,却没有证据显示船长受雇于契约承运人泛洋公司或其他公司,因而船长签发提单的职务行为代表了马航公司,即马航公司作为承运人实施了倒签提单的侵权行为。

三、准确界定倒签提单的侵权损害赔偿范围,公平保护双方当事人之合法权益

关于倒签提单的侵权损害赔偿范围,历来都是此类案件当事人争议的焦点,而不同法院甚至同一法院的不同法官对此问题的裁决也是五花八门、莫衷一是。本案一审、二审的不同判决,即凸显了这一情形。

根据侵权法理论,侵权行为人仅对其侵权行为与损害结果之间具有直接因果关系的损害才承担赔偿责任,对与侵权行为没有直接因果关系的损害不承担赔偿责任。那么,在倒签提单损害赔偿纠纷案中,与倒签提单这一侵权行为具有直接因果关系的损失有哪些呢?本案原告与三东公司买卖合同约定的价格条件为 CFR FO CQD 黄埔,在该价格条件下,卖方三东公司必须在装运港于约定的日期或期限内将货物交至船上。显然,三东公司未能在约定的日期即 2003 年 4 月 30 日将货物交至船上,构成违约即迟延交付货物。此时假若提单不倒签,则三东公司不能结汇,原告可拒付货款并拒收货物,且原告不能履行与德骏公司的第一份合同,造成该合同项下的利润损失、违约金损失等。而提单倒签的结果则是,三东公司结汇收取了货款,原告不得拒付货款和拒收货物,原告须支付进口货物的有关税费,原告不能履行与德骏公司的第一份合同,造成该合同项下的利润损失、违约金损失等,原告须对进口货物进行处理并支付有关费用。由此可见,三东公司迟延交付货物是倒签提单的原因,迟延交付货物及倒签提单二者的结合,且迟延交付货物在前,

倒签提单在后，才导致了上述倒签提单的一系列结果。需特别注意的是，无论提单倒签与否，都必然产生如下后果：原告不能履行与德骏公司的第一份合同，造成该合同项下的利润损失、违约金损失等。这就意味着此后果与三东公司在先的迟延交付货物行为具有直接因果关系，是迟延交付的直接结果，而与在后的倒签提单行为之间没有直接因果关系，否则便不可能仅在迟延交付的情形下会产生此种后果。因此，该利润损失、违约金损失等不应由倒签提单行为人赔偿，而应根据原告与三东公司之间买卖合同的约定解决。二审判决将迟延交付行为与倒签提单行为谨慎地加以区别，并细致地分析认定该两种行为所造成的不同损害结果，从而判定马航公司仅对其倒签提单行为所引起的损害承担赔偿责任，对迟延交付行为造成的损害不承担赔偿责任。二审判决的这种认定和处理，较之一审而言，对当事人权利义务的法律定性更准确，对双方法律责任的分配更精细，因而更具有说服力。

（倪学伟）

中国人民财产保险股份有限公司深圳市分公司诉深圳市中进国际货运代理有限公司海上货物运输合同纠纷案

——托运人的法律地位与承运人的责任期间

【提要】

保险人赔付被保险人的保险损失后,依法取得代位求偿权。保险人在代位求偿诉讼中的地位及权利义务,应依据被保险人在海上货物运输合同中的地位确定。托运人将提单转让给第三人后,托运人仍然是海上货物运输合同的当事人,仍保留着对承运人的权利与义务,并因此当然地享有对承运人的诉权。承运人对集装箱货物在卸货港的责任期间至交付货物时止的规定,应考虑卸货港的法律规定及习惯做法。依我国法律,承运人在卸货港交付货物指的是实体货物的交付,而非指提单换取提货单的单据交付或拟制交付。

【关键词】

海上货物运输合同　保险人代位求偿　托运人的诉权　承运人的责任期间　货物损失　赔偿责任

【基本案情】

原告(上诉人):中国人民财产保险股份有限公司深圳市分公司(以下简称"人保深圳公司")。

被告(被上诉人):深圳市中进国际货运代理有限公司(以下简称"中进公司")。

原告人保深圳公司诉称:2009年8月18日,被告中进公司作为承运人,自中国深圳蛇口港承运一个20英尺[①]集装箱所装的3,050件干电池,卸货港为土耳其的卡姆波特(Kumport)港。9月15日货物从船上卸到卡姆波特港后,在集装箱堆场叠放作业时从高层摔落,致箱内干电池损坏,扣除货物残值14,000美元,货物损失为37,888美元。原告作为该货物的保险人,向被

---

① 1英尺=0.3048米,20英尺=6.096米。

保险人海志电池有限公司（以下简称"海志公司"）赔付37,888美元，并支付检验费5447美元，共折合人民币293,754.96元（以下未特别说明的，均指人民币）。货损发生在货物交付之前的被告责任期间，请求判令被告赔偿货物损失和检验费共293,754.96元及利息，并承担本案诉讼费。

被告中进公司辩称：中进公司签发提单时表明是承运人的代理人，其代理行为所产生的法律后果应由被代理人承担，即运输合同应直接约束承运人与发货人海志公司。发货人单方提供的发票显示货值51,888美元，出口报关单的记载为34,488.50美元，应以后者认定货物价值。货损检验费5,447美元不属于法定的代位求偿范围。海志公司既非货物的被保险人，也非保险合同的合法受让人。货损发生时，收货人已向承运人交回正本提单并提取了货物，货权已转移给收货人，人保深圳公司向海志公司赔付没有依据，更不能代位海志公司求偿。涉案货物为跟单信用证付款，买方须支付货款后才能取得运输单据，正本提单现已转移至收货人，可以推定发货人已收回货款，货损是否发生都不会造成发货人损失。请求驳回人保深圳公司的诉讼请求。

广州海事法院经审理查明：2009年7月，海志公司向恩特尔公司出口一批共3050件干电池；8月11日，装入一个20英尺的集装箱。8月18日，中进公司为该批货物的运输签发提单，记载：托运人海志公司，装货港中国深圳蛇口，卸货港和交货地为土耳其的卡姆波特港，货物为3,050件箱干电池，重量17,865千克，运费预付。该提单右下角有"作为承运人阳明公司（Yang Ming Line）代理人"的字样。同日，人保深圳公司作为保险人，为该货物签发货物运输保险单，记载：被保险人为依甘雷特（Garanti）指示，货物1050箱（3050件）干电池，保险金额57,076.80美元，依协会货物A条款承保；起运日期2009年8月18日，由"中海布里斯班"（CSCL Brisbane）轮自中国深圳蛇口港至土耳其的卡姆波特港。商业发票记载的货物总价值51,888美元，而出口报关单的记载为34,488.50美元。2009年9月10日，货物运抵目的港。9月14日，中进公司目的港代理思沃（Sea World）公司和收货人恩特尔公司在涉案提单背面签字盖章。9月15日，装有涉案货物的集装箱在港口堆场移箱时，从集装箱高堆层摔落。

经人保深圳公司和收货人恩特尔公司申请，赛博特公司于2009年9月18日检验货物损坏情况，并于10月16日签发检验报告，记载：涉案集装箱波纹顶板的左侧有一个100毫米至150毫米的洞，波纹右侧板凸出约400毫米至500毫米；打开集装箱，观察到23个托盘电池向集装箱受损的右侧倾塌、状况混乱，打开受损严重的包装，发现里面的电池外观良好，没有物理性损坏；收货人表示，此类型的摔落事故很可能导致电池内部损坏，需 48 小时充电和放电以确定电池是否受损；收货人宣布，根据货物的质量标准，摔落足以构成拒收货物的理由，不需进一步的检测。

2010 年 4 月 9 日，应人保深圳公司和收货人的申请，维斯坦公司对货物进行检验，其检验报告记载：涉案集装箱内，所有托盘和堆放在集装箱门口没有放在托盘上的干电池均移动，且部分已经散开。打开受损包装，里面的电池视觉而言处于完好状况，没有物质性损坏，但在摔落事故中遭受严重震动，其内部损坏是现实问题。电池需要进行检测，有两种选择。一是由土耳其标准协会检测，该协会报价全部电池检测费用共约 33 万美元，检测过程需 7 天，即货物应推定全损；二是将货物运回原产地中国，考虑到往返运输、检测、重新包装等的费用和中国、土耳其的海关费用，亦构成推定全损。鉴此，涉案货物应按照"现状和现地点"出售。

2010 年 5 月 10 日，残损货物出售给当地买家布尔梅特有限公司，收回 14,000 美元货款。7 月 8 日，人保深圳公司支付赛博特公司检验费 1,500 美元；8 月 17 日，支付维斯坦公司检验费 3,947 美元。中进公司在 2011 年 1 月 18 日、19 日与其目的港代理思沃公司来往的电子邮件显示，思沃公司持有涉案正本提单。

2009 年 10 月 8 日，海志公司向人保深圳公司出具权益转让书。2010 年 8 月 13 日，人保深圳公司向海志公司支付保险赔款 37,888 美元。

人保深圳公司和中进公司在一审中均同意适用中华人民共和国法律解决本案纠纷。

广州海事法院根据上述事实和证据认为：本案是人保深圳公司作为保险人在赔付了被保险人海志公司的货物损失后，代位提起的海上货物运输合同纠纷。中进公司以其名义签发提单，是涉案货物的承运人；托运人为海志公司。两公司之间成立海上货物运输合同关系。该海上货物运输合同是双方的真实意思表示，合法有效。中进公司自称是承运人阳明公司的代理人，但未提供阳明公司合法存在并取得该公司授权的证据，该主张不予支持。

人保深圳公司依保险合同向被保险人海志公司赔付，依法取得代位求偿权，可代位被保险人请求责任人赔偿货物损失。人保深圳公司在本案的诉讼地位相当于海上货物运输合同托运人即海志公司的地位。

出口报关单记载货值 34,488.50 美元，货物的商业发票显示为 51,888 美元。因报关价值为报关单位申报和海关核定的价值，而商业发票记载的货值与信用证、保险单及检验报告记载的货值一致，特别是信用证作为货物买卖付款的凭证，具有更高的可信度。因此，本案货物价值应认定为51,888美元，扣除残值14,000美元后，实际货损为37,888美元。两笔检验费共5,447美元，不属于法律规定的承运人货损赔偿责任范围，对人保深圳公司的该项请求不予支持。

2009年9月10日，货物在目的港卸货。中进公司签发的指示提单于9月14日由收货人恩特尔公司背书，即意味着该提单已经转让给收货人，提单项下的货物权利亦发生相应转移。而货损事故发生于9月15日，此时，海志公司作为托运人已不再具有提单下货物的权利，已不是海上货物运输合同的当事人。因此，人保深圳公司依据海志公司与承运人的运输合同向承运人索赔没有事实和法律依据。另外，中进公司的目的港代理思沃公司9月14日在提单上背书，并收回正本提单；9月15日货损发生时，货物已不处于承运人中进公司的掌管期间。故人保深圳公司要求中进公司赔偿货物损失的请求亦应驳回。

广州海事法院依照《中华人民共和国海商法》第四十六条第一款、第七十一条、第七十八条第一款以及第二百五十二条第一款之规定，作出如下判决：驳回人保深圳公司的诉讼请求。案件受理费5,706元，由人保深圳公司负担。

上诉人人保深圳公司不服该判决，向广东省高级人民法院上诉称：收货人恩特尔公司提交其已背书的正本提单给承运人的目的港代理思沃公司，但货损发生后，经恩特尔公司要求，提货行为已经撤销，该提单已退回恩特尔公司，目前该正本提单由人保深圳公司持有。没有证据表明思沃公司向恩特尔公司出具了提货单，即使出具，也不能说明货物已交付，只有货物实际交付给收货人时才构成交付。恩特尔公司仅是曾经的提单持有人，并非最终提单持有人和收货人，不能因为其曾经持有提单而否定海志公司的权利。即便提单因2009年9月14日由恩特尔公司办理提货手续而终止流转，海志公司也可通过转让方式获得提单下货损的索赔权。请求撤销一审判决，支持其全部诉讼请求。

被上诉人中进公司辩称：一审认定货损事故发生时海志公司已不具有提单下货物的权利是正确的。有关检验报告均表明，摔落事故发生后，货物表面状况良好，并未受到任何物理性损害，将货物推定全损没有依据。请求驳回人保深圳公司的上诉请求，维持原审判决。

二审法院确认了原审法院查明的事实和证据，另查明：中进公司具有无船承运人资格，在涉案运输中出具了抬头为中进公司的提单，该提单右下角有"阳明公司"字样，但并未注明中进公司为阳明公司代理。中进公司在二审中亦确认其为本案运输承运人。

【裁判理由及结论】

广东省高级人民法院认为：本案为保险人代位求偿提起的海上货物运输合同纠纷。人保深圳公司对被保险人海志公司保险赔付后，依法取得代位求偿权，故其在本案运输中的地位及权利义务应依海志公司的地位确定。海志公司向中进公司托运货物，中进公司签发了以海志公司为托运人的指示提单，两者成立海上货物运输合同关系。涉案货物已在目的港提货，并由人保深圳公司在目的港处理完毕，但海志公司作为运输合同托运人的地位并不因运输合同履行完毕而改变，对于因运输合同履行而造成的属于海志公司的损失，其有权索赔。货物在目的港发生摔落事故，虽其外观未见损害，但两份检验报告均认为在摔落事故中干电池遭受严重震动，内部损坏是现实问题，内部损坏无法用视觉检查确定，而必须对每个电池进行检测，由于检测费用或运输等费用过高，两份报告均认定货物推定全损。中进公司仅以电池外观良好为由主张货物没有损失，依据不足，不予采纳。受损货物在目的港处理，收回残值14,000美元，实际损失为37,888美元。海志公司主张收货人已将提单正本、信用证等退回，即收货人并未向海志公司支付货款；中进公司也确认事故发生至今，收货人并未向其提起索赔。因此，货物的损失在海志公司，其有权就该货损向责任人索赔，人保深圳公司依法取得代位求偿权后，该索赔权应由人保深圳公司行使。

收货人已向承运人中进公司的目的港代理思沃公司换领提货单，但货物在目的港码头移箱发生跌落事故时，尚未实际提取货物。承运人对集装箱装运的货物的责任期间，是指从装货港接收货物时起至卸货港交付货物时止，货物处于承运人掌管之下的全部期间；在该责任期间发生货损，除法律另有规定外，承运人应负赔偿责任。涉案货物在实际交付收货人前损坏，属承运人的责任期间，中进公司未能证明其具有法定或约定的免责事由，依法应承担赔偿责任。货物损失为37,888美元，按人保深圳公司支付保险赔款之日，即2010年8月13日美元对人民币汇率中间价1：6.6693折算为252,686元，应由中进公司予以赔偿，利息按央行同期企业流动资金贷款利率自2010年8月13日起计算至本判决确定的支付之日止。

综上所述，原审判决认定事实基本清楚，但适用法律有误，处理结果不当，依法予以纠正。人保深圳公司的上诉请求有理，予以支持。广东省高级人民法院作出（2012）粤高法民四终字第 104 号判决：一、撤销广州海事法院（2010）广海法初字第 483 号民事判决；二、中进公司赔偿人保深圳公司货物损失 252,686 元及其利息（按中国人民银行同期企业流动资金贷款利率自 2010 年 8 月 13 日起计算至本判决确定的支付之日止）；三、驳回人保深圳公司的其他诉讼请求。

【典型意义】

本案是较为典型的海商合同纠纷案件。一审、二审法院对案件事实的法律定性截然不同，反映出专门法院的海事法官与地方法院的民商事法官迥然有别的法律思维，同时也昭示海事法官的审判逻辑以及对海商法的诠释应该紧跟法律的现代化而实现与时俱进的蜕变，以便达成无限接近公平与正义的司法目标。

一、托运人在提单转让后的法律地位

一审判决认为，涉案提单已经由托运人转让给收货人并由其交给了承运人的目的港代理，因而托运人已不再是海上货物运输合同的当事人。这一认识是基于传统的海商法理论而得出的。英国 1855 年的提单法第 1 条就规定："提单记名的收货人，和因发运货物或提单背书而受让货物所有权的提单被背书人，应受让所有诉权，并承担和货物有关的义务，就如同提单所证明的合同是和他本人签订的。"① 如果说该提单法尚未明确提单转让后托运人的地位，那么英国 1992 年《海上货物运输法》第 2 条第 5 款对此的规定就更为直白了：提单权利转让后，则一方因为是运输合同的最初缔约方而取得的任何权利也因而被消灭。② 传统的海商法理论认为，提单是海上货物运输合同的证明，当提单由托运人转让给第三人后，即形成了独立于运输合同关系的提单法律关系，并以此替代了运输合同关系，托运人不复为提单法律关系的当事人。但这一理论并不排斥承运人在目的港因提货人拒绝提货、不能依提单收取到付运费等遭受损失时，转而向托运人依运输合同追索损失的权利。

显然，上述理论不周延，特别是托运人在提单转让后不享有包括诉权在内的运输合同下的权利，却要承担运输合同下的义务，更使人难以释怀。该理论与传统海商法倾斜保护承运人利益一脉相承，而在以 2008 年《鹿特丹规则》为代表的国际海运立法已经朝公平保护承托双方利益方向发展的大趋势

① 郭瑜：《提单法律制度研究》，北京大学出版社 1997 年版，第 161 页。
② 参见郭瑜《提单法律制度研究》，北京大学出版社 1997 年版，第 121 页、第 163 页。

之下，摒弃或改造这种不合时宜的理论就是顺理成章的了。

我们认为，海上货物运输合同是托运人为第三人即收货人利益而与承运人订立的合同，是典型的为第三人利益的合同。罗马法上有"任何人不得为他人订约"的古老法谚，在古典契约法上即表现为"契约仅在诸缔约当事人之间发生效力""契约不损害第三人"，除非法律另有规定，"才能使第三人享受利益"①，也就是著名的合同相对性原则。但是，随着现代商品经济对传统交易架构封闭性、孤立性的突破，在货物运输、人身保险、连锁买卖等合同领域，法律早已不再固守合同相对性原则，而准许为第三人设定合同权利义务。《中华人民共和国合同法》第六十四条、第六十五条就是这种涉他合同的表现。

在海上货物运输合同中，根据合同的性质与目的，应认定托运人与承运人约定由承运人直接向持有提单的收货人交付货物，且提单持有人享有对承运人的直接请求权。这就是合同法理论上的"向第三人给付的契约"②。受让提单的收货人即是享受合同利益的第三人，当承运人拒绝交货或发生货物损害时，其直接取得要求承运人交付货物或货损赔偿的请求权，同时也应承担支付到付运费等合同义务。但提单持有人的这种权利并非是债权让与的结果，托运人仍是海上货物运输合同的当事人，仍保留着对承运人的合同权利与义务。《中华人民共和国合同法》第六十四条"当事人约定由债务人向第三人履行债务的，债务人未向第三人履行债务或者履行债务不符合约定，应当向债权人承担违约责任"的规定，也表明提单持有人所取得的权利并非债权让与，作为"债权人"的托运人仍然享有对承运人的违约请求权，并因而当然地享有对承运人的诉权。

总之，托运人和承运人是海上货物运输合同的当事人，而提单法律关系的当事人则为提单持有人和承运人。运输合同是提单关系的基础，没有运输合同这一原因行为，就无所谓提单关系，即提单关系并非货物运输合同之外的独立的法律关系，审判实务中并无"提单纠纷"这类案由即是佐证。提单持有人对承运人的违约请求权及其诉权，是海上货物运输合同作为"向第三人给付的契约"而由法律特别赋予的权利，但并不因此而使托运人丧失了合同当事人的资格，即不产生债权让与的结果。《中华人民共和国海商法》《中华人民共和国海事诉讼特别程序法》《中华人民共和国合同法》等法律，并

---

① 《法国民法典》第1165条，罗结珍译，中国法制出版社1999年版，第293页。
② 又称使第三人取得债权的契约，或利他契约。参见郑玉波《民法债编总论》，台湾三民书局1996年版，第395页。

没有类似于英国法上的托运人转让提单后即丧失包括诉权在内的任何权利的规定。故此，在海上货物运输合同纠纷中，托运人和提单持有人均是适格的当事人，但在实务中应适当地考虑提单的持有情况以及诉讼的方便原则，以确定由谁行使诉权。本案托运人、承运人、保险人均为中国当事人，在中国诉讼更为方便，且没有收货人已支付货款的证据，由遭受货款损失的托运人索赔更为合理。因此，二审判决认定托运人海志公司在转让提单后仍然享有海上货物运输合同下的诉权，是符合我国法律规定的，无疑是正确的。

二、承运人对集装箱货物的责任期间

《中华人民共和国海商法》第六十四条规定："承运人对集装箱装运的货物的责任期间，是指从装货港接收货物时起至卸货港交付货物时止，货物处于承运人掌管之下的全部期间。"这一规定仅从字面上看是明确的，但基于世界各国的港口对承运人向收货人交付货物有不同的规定，故对承运人的责任"至卸货港交付货物时止"的理解，显然必须考虑卸货港的法律规定或习惯做法，而不能一概而论。

中国是实行外贸管制的国家，承运人向国内的收货人交付进口货物，并非直接交与收货人，而是通过港口经营人向收货人交付。具体说来，进口货物的交接关系表现为：收货人以提单向承运人或其代理人换取提货单，完成承运人与收货人之间的货物拟制交付，即并非"一手交提单，一手交货物"的直接交付；承运人向收货人委托的港口经营人实际交付货物，其效果等同于向收货人交货；收货人凭盖有海关进口货物放行章的提货单向港口经营人提取货物，从而完成整个货物的交付手续。如果港口经营人为承运人委托，则港口经营人向收货人交付货物之时才视为由承运人向收货人交付。

墨西哥及部分南美洲国家的法律规定，承运到该国港口的货物必须交付当地海关或港口当局，由收货人凭提单向当地海关或港口当局提货。因此，承运人向当地海关或港口当局交付货物后，即完成了对货物的交付责任。《汉堡规则》①第四条第二款规定，承运人"根据卸货港适用的法律或规章，将货物交付所需交付的当局或其他第三方"时，其管货责任即告终止。《最高人民法院关于审理无正本提单交付货物案件适用法律若干问题的规定》第七条规定："承运人依照提单载明的卸货港所在地法律规定，必须将承运到港的货物交付给当地海关或者港口当局的，不承担无正本提单交付货物的民事责任。"这些规定都表明，承运人对交付货物的责任应考虑不同国家港口

---

① 1978年《联合国海上货物运输公约》简称《汉堡规则》。——编者注

的具体情况。

承运人中进公司并未举证证明卸货的土耳其卡姆波特港对集装箱货物交付有何特别的规定,而本案适用中国法律,故只能按照《中华人民共和国海商法》第四十六条的规定认定责任。《中华人民共和国海商法》并无提单换取提货单后承运人即完成货物交付的规定,从法律的文义解释而言,承运人的责任"至卸货港交付货物时止"显然指的是实体货物的交付,而不是指提单换取提货单的单据交付或拟制交付。因此,二审关于货损发生在承运人责任期间的认定,相较于一审认为货损发生于货物完成交付即单据交付之后的观点,更符合法律的本意,因而也更公平。

(倪学伟　李立菲　翟新)

中国人民财产保险股份有限公司深圳市分公司诉埃塞俄比亚航运股份公司等多式联运合同纠纷案

——对域外发生的货损事故的认定

【提要】

未经特别证明程序的域外证据并不当然失权,经过特别证明程序的域外证据也不当然能被采信,是否具有证明力应进行实质审查,应该经过当事人互相质证、辨别真伪后决定是否采纳。当事人搜集的域外形成的证明域外发生的事故的证据,办理公证认证手续可大大增加证据本身真实性的证明,有助于对事故发生的证明。

【关键词】

多式联运合同 货物损失 证据 货损事故

【基本案情】

原告(上诉人):中国人民财产保险股份有限公司深圳市分公司(以下简称"人保深圳公司")。

被告(被上诉人):埃塞俄比亚航运股份有限公司(The Ethiopian Shipping Lines Share Co.)(以下简称"埃航公司")。

被告(被上诉人):中国深圳外轮代理有限公司(以下简称"深圳外代公司")。

2010年1月19日,深圳外代公司以承运人代理的身份签发了抬头为埃航公司的联合运输和港至港运输正本提单,托运人为深圳中兴通讯股份有限公司(以下简称"中兴公司"),收货人为埃塞俄比亚通信公司,装运港中国盐田,卸货港吉布提,转运交货地莫焦,运输方式为堆场至堆场(CY—CY),货物为30个集装箱通信设备电池。涉案受损货物装载于SCMU4022293号集装箱内。原告诉称:2月18日,装载货物的汽车在从吉布提至莫焦途中方向盘失灵,致涉案集装箱翻倒坠入山中,经检验货物全损。深圳外代公司未提交任何证据证明其得到埃航公司的授权签发提单。埃航公司未在中华人民共和国交通部登记备案涉案提单样本。原告请求法院判令两被告连带赔偿货物损失187,418.28美元及利息。

深圳外代公司辩称：深圳外代公司没有签发涉案提单，提单上的签章不是深圳外代公司的。原告未提供提单正本，也未提供托运人向两被告订舱、支付运费、交付货物等佐证材料，不能证明深圳外代公司与涉案运输的关系。原告依据提单要求承运人和代理人承担连带责任没有法律依据。原告诉称货损是在埃塞俄比亚的陆路运输中发生翻车事故所致，与海运没有因果关系。涉案货损应当由陆路运输的责任人承担，与海运承运人没有关系。原告提交的证据材料，不符合证据的形式要求，不能作为定案证据，原告不能证明货损的事实，所主张索赔金额没有依据，应当承担举证不能的法律后果。请求法院依法驳回原告的诉讼请求。

埃航公司未答辩。

广州海事法院经审理查明：2010年1月18日，人保深圳公司向被保险人中兴公司出具PYIE201044039303E00547号货物运输保险单，货物为1,323件通信设备部件（2V420AH胶体电池和2V1000AH洪水电池），保险金额6,271,944美元，装载运输工具为"伊期坦·马士基"轮第1002航次，启运日期为1月18日，自中国盐田运至埃塞俄比亚的斯亚贝巴，承保险别为人保一切险、战争险、罢工险、"仓至仓"条款。原告向中兴公司支付了货物运输保险单下标的物受损的赔款187,418.28美元，依法取得保险代位求偿权。

2010年1月19日，深圳外代公司以承运人代理的身份签发了抬头为埃航公司的550325721号联合运输和港至港运输正本提单，提单记载托运人为中兴公司，收货人为埃塞俄比亚通信公司，承运船舶"伊期坦·马士基"轮第1002航次，装运港中国盐田，卸货港吉布提，转运交货地莫焦，运输方式为堆场至堆场，货物为1,323件通信设备部件（电池），具体为2V420AH胶体电池和2V1000AH洪水电池，装载于30个集装箱内，同日装船。涉案受损货物装载于编号为SCMU4022293的集装箱内，包装数目为50。深圳外代公司未提交任何证据证明其得到埃航公司的授权签发提单。经查，埃航公司未在中华人民共和国交通部登记备案涉案提单的样本。

商业发票记载，2V420AH胶体电源单价为344美元，2V1000AH洪水电源单价为1,039美元。

【裁判理由及结论】

广州海事法院经审理认为：本案系保险人代位求偿含有海运区段的国际

多式联运合同纠纷，具有涉外因素，因双方当事人未一致选择适用法律，根据最密切原则适用中国法律处理实体争议。涉案正本提单证明埃航公司与中兴公司之间建立了多式联运合同关系，中兴公司为托运人、埃航公司为多式联运经营人。深圳外代公司以代理人的身份签发提单，但未证明得到埃航公司的授权，故依据《最高人民法院关于审理海上货运代理纠纷案件若干问题的规定》第四条第二款和第十二条的规定，原告主张货运代理人深圳外代公司和无船承运业务经营者埃航公司对提单项下的货损承担连带赔偿责任的，应予支持。

本案的焦点问题是诉称的事故和货损是否真实发生。原告为证明装载涉案集装箱的卡车从吉布提至莫焦的陆运段发生了侧翻事故造成货物全损的事实，提交了迪基勒区宪兵指挥警察局出具的证明复印件、百度网站查询的埃塞俄比亚日历说明、谷歌地图搜索资料、事故现场照片复印件、埃塞俄比亚通信公司仓库接收记录复印件、中兴公司提交给原告的埃塞GSM3期电池运输货损检测报告原件、生产商哈尔滨光宇蓄电池有限公司向全球检验代理公司的复函复印件、全球检验代理公司作出的检验报告原件等证据材料。深圳外代公司以原告提交的主要证据材料均为域外形成且未办理公证认证手续、不符合证据的形式要件为由，不认可其真实性，并认为其不能作为定案证据使用。法院认为，造成货损的运输事故发生在埃塞俄比亚，而原告提交的用以证明运输事故和货损事实的证据材料相应地也形成于域外，从原告提起本案诉讼至庭审之日长达2年多的时间内，原告有充足的时间办理一系列证据材料的公证认证手续而未办理。依据《最高人民法院关于民事诉讼证据的若干规定》（以下简称《证据规则》）第十一条"当事人向法院提供的证据系在中华人民共和国领域外形成的，该证据应当经所在国公证机关予以证明，并经中华人民共和国驻该国使领馆予以认证"的规定，原告提交的域外形成的证据材料未办理公证认证，不符合证据的法定要求，不予采纳。哈尔滨光宇蓄电池有限公司的刘元贵致全球检验代理公司的函件复印件虽形成于境内，但其"关于您提及的案子，若货物从卡车翻倒在地面，完全破坏上述3项（电池容器外表破裂，电池硫酸流，震动、倾斜、摔倒电池）操作规程，那么电池将不能再使用"的叙述，涉及运输事故本身，属于传来证据且来源也是域外，故法院对该证据材料亦不予采纳。中兴公司提交给原告的埃塞GSM3期电池运输货损检测报告，因原告提起的是代位求偿之诉，其诉讼地位相当于中兴公司，故该份由中兴公司做出的检测报告的性质为当事人陈述，在无其他相关证据佐证的情况下不予支持。综上所述，原告提交的证据材料不能证明运输事故及货损的事实。故在该事实不能成立的情况下，原告诉请埃航公司与深圳外代公司连带承担对货损的赔偿责任，缺乏事实依据，原告依法应当承担举证不能的不利后果。

2014年7月30日，广州海事法院作出（2012）广海法初字第303号民事判决：驳回人保深圳公司的诉讼请求。人保深圳公司不服一审判决，向广东省高级人民法院提起上诉，请求撤销一审判决，支持其全部诉讼请求。

人保深圳公司于二审法庭调查时提交了一份公证认证文件，埃航公司不予认可。由于人保深圳公司没有附上该公证认证文件所指的检验报告，经法院通知后仍未提交完整的经公证认证的检验报告，故法院在埃航公司不予认可该证据的情况下，对该证据不予采信。因此，一审查明的事实有相关的证据证实，双方当事人二审期间未提供新的有效证据推翻，对一审查明的事实予以确认。

广东省高级人民法院认为，二审期间人保深圳公司虽提交了一份公证认证文件，但文件上仅载明检验报告编号，无法证实经过公证认证的文件是指其一审所提交的检验报告，故检验报告不符合证据的形式要求，不予采信。人保深圳公司二审庭审时称可以提交经过公证认证的检验报告，但至判决作出时仍未提交。故人保深圳公司诉请埃航公司与深圳外代公司连带承担对本案货损的赔偿责任，因没有事实依据，一审法院予以驳回并无不当，予以维持。广东省高级人民法院于2016年12月7日作出（2015）粤高法民四终字第47号民事判决：驳回上诉，维持原判。

【典型意义】

本案系涉外多式联运合同纠纷，对域外发生的货损事故的认定具有典型意义，对于当事人在类似案件中做好调查举证工作有重要的指导意义。

一、当事人的举证情况分析

原告为证明诉称的在埃塞俄比亚境内发生的陆上交通事故及货损的事实，一审提交六组证据，其中四组直接证据均是形成于域外：事故发生地的警察局出具的证明、运输目的地仓库接收记录、事故现场照片、全球检验代理公司的检验报告，在形式上均未经过事故发生地所在国埃塞俄比亚公证机构公证、未经我国驻埃塞俄比亚大使馆认证，从起诉至二审判决之时长达四年的审理期间，原告始终未办理对前三组直接证据的公证认证，二审阶段补充提交了对于受损货物在域外所做的检验报告的公证认证文件仅载明了检验报告的编号，二审法院认为无法证实经过公证认证的文件是指其一审所提交的检验报告，未采信。这四组域外证据既不符合域外证据的形式性要求，也不符合实体真实性的要求，在真实性上无法自足。

另外两组为国内形成的证据。一组证据为涉案货物的生产商对域外检验机构全球检验代理公司询问的答复，主要解决的是货物发生交通侧翻事故后对电池性能是否有影响的技术问题，涉及运输事故本身的引述部分，属于传来证据，且来源于域外的全球检验代理公司的表述，传来证据不能单独作为认定事实的依据；另一组证据是中兴公司提交给原告的货损检测报告，因原告作为受损货物的保险人是向承运人提起的代位求偿之诉，其诉讼地位相当于中兴公司的托运人地位，故该份由中兴公司做出的货损检测报告的性质为当事人陈述，检测报告的目的是对货物受损后是否有使用价值的技术认定，而非对于事故发生的证明，货损检测报告本身也并未对涉案货损货物进行真实检测。《中华人民共和国民事诉讼法》第七十五条规定，人民法院对当事人的陈述，应当结合本案的其他证据，审查确定能否作为认定事实的根据。当事人的陈述本身就是一个待证事实，在无其他有证明力的证据佐证的情况下，不能作为认定事实的根据。本案中，若域外证据本身的真实性能够得到证明，并能够被采信的话，以上证据就能相互印证，从而构成完整的证据链，但是域外证据本身的真实性在本案中未得到证实。原告未对其诉称交通事故的真实性完成举证义务，最终导致败诉。

二、未经特别证明程序的域外证据的证明力分析

本案涉及的未经特别证明程序域外证据能否采信的问题，以及未经特别证明程序的域外证据能否证明待证事实的真实存在的问题在审判实践中颇具争议。域外证据的特别证明程序对其证明能力和证明力有无影响？影响的程度如何？产生影响的深层原因是什么？第一种意见认为，未经特别证明的证据不具证据能力，不能被采信。第二种意见认为，特别证明程序是对域外证据形式真实性的确认，未经特别证明程序的域外证据仍具有证据的属性，但证明能力较弱，属于补强证据。第三种意见认为，未经特别证明程序是否影响证据的真实性和证明力，要视具体案情及与其他证据是否能相互印证而定。常见的情形有：未经特别证明程序，但另一方当事人对该域外证据无异议的，可以作为定案依据；域外证据未经特别证明程序，但能够与其他证据相印证，能够作为定案依据。

要找到该问题的解析钥匙，还得追本溯源探析最高人民法院对域外证据的态度变化。从最高人民法院历年提及域外证据特别证明程序文件可看出审判实践对于该问题的认识在逐渐深化、细化，操作性指导性也更明确，而法

院对域外证据或是域外发生的待证事实的审查认定明确地回到实质性审查、内容真实性审查的轨道。

最早明确规定域外证据的特别证明程序是2002年4月1日施行的《证据规则》，这是我国第一部系统针对民事诉讼证据问题作出的司法解释。《证据规则》第十一条规定，如当事人提供的证据形成于我国领域外，该证据应当经过所在国公证机关公证，并由我国驻该国使领馆予以认证，或者履行我国与该所在国订立的有关条约中规定的证明手续。以上公证认证程序和证明手续，被统称为域外证据的特别证明程序。《证据规则》对域外证据的特别证明程序采取的是严格主义，使用的措辞是"应当"，且未区别域外证据的类型，但并未规定未经特别程序的法律后果。中国法律出版社2010年出版的《证据规则》的单行本中关于该条文的理解与适用称，"本条是关于确定域外形成的证据的真实性问题"；"此举为国际惯例"。该条文在学界颇受质疑，认为该条存在三个方面的缺陷：1. 并非所有域外产生的材料都能够通过公证；2. 是否经过公证、认证手续并不必然和证据的真实性与证据能力挂钩；3. 要求所有域外证据都必须公证，增加了当事人解决争议的成本，降低了司法效率。

2011年8月，时任最高人民法院民四庭庭长的刘贵祥在全国涉外商事审判工作庭长座谈会上，就会议反映的与涉外商事审判机制和法律适用有关的问题进行解答时谈到域外证据的公证认证事宜，明确传达了对于域外证明是否必经特别证明程序以及证明力认定的程序问题的观点，指出："对于当事人提交的身份证明之外的其他证据，无论是否办理了公证认证手续，人民法院均应组织当事人进行质证，并根据质证情况结合证据的真实性、关联性、合法性，对其证明力作出认定。对方当事人仅仅根据《证据规则》第十一条的规定拒绝质证或者否认该证据证明力的，人民法院不予支持。对方当事人拒绝质证的，人民法院应向其释明可能造成的不利后果。"该解答实质上是对《证据规则》第十一条法律后果的回应，阐明了未经特别证明程序的域外证据仍然可以作为证据提交，法院要根据质证情况结合证据的真实性、关联性、合法性，对其证明力作出认定。

最高人民法院最新的论及该问题的司法文件是2012年6月14日的一份复函《最高人民法院关于未经我国驻外使领馆认证的域外形成的证据效力问

题的请示的复函》(〔2012〕民四他字第15号)①。该复函从反面阐述了对于未经我国驻外使领馆认证的域外形成的证据效力,表达了三层意思:第一,未经认证的域外证据并不当然失权;第二,办理了公证认证手续的证据也不当然能被采信;第三,是否具有证明力应进行实质审查,应该经过当事人互相质证、辨别真伪后决定是否采纳。应该注意的是,该复函针对的个案具有以下两个背景条件:一是域外形成的证据已经所在国公证机关予以证明,二是域外证据是因特殊原因确实不能得到使领馆的认证。司法实践中,一些法官将该复函理解为对域外证据特别证明程序的放宽,是对复函核心观点理解偏离。特别证明程序的要求仍然存在,但即使完成了特别证明程序,真伪问题仍是域外证据能否被采信的核心,这也回归到《中华人民共和国民事诉讼法》第六十三条第二款的规定"证据必须查证属实,才能作为认定事实的根据"。与其他所有的证据一样,域外形成证据必须经过查证属实,才能作为认定事实的依据,也才能进而判断该证据与待证事实之间的内在联系,即证据的效力大小。查证属实才是解决域外证据能否作为认定事实的依据的本质问题。

2012年修订的《中华人民共和国民事诉讼法》第六十九条对经过公证证明的法律事实和文书的证明力作出了规定:"经过法定程序公证证明的法律事实和文书,人民法院应当作为认定事实的根据,但有相反证据足以推翻公证证明的除外。"该条文也确定了经过公证证明律事实的域外证据较强的证明力。

三、对域外证据真实性的综合认定

对于域外证据的特别证明程序的规定旨在保障域外证据的真实性,真实性有形式上的真实与内容上的真实之分。形式上的真实是指证据的载体是否为真实的,而内容上的真实是指证据所证明的内容是否为真实的。证据的真实性最终还应当立足于其内容的(实体)真实性,而形式的真实性只是判断内容真实性的基础。司法实践中发现国外的公证文书很多往往仅对签名的真

---

① 最高人民法院给北京市高级人民法院《最高人民法院关于未经我国驻外使领馆认证的域外形成的证据效力问题的请示的复函》明确称:你院《关于未经我驻外使领馆认证的域外形成的证据效力问题的请示》收悉。答复如下。一、经询外交部领事司,我驻外使领馆办理认证坚持客观、真实、不损害国家利益和社会公共利益的原则,一般不拒绝当事人的领事认证申请。长期以来,用于国内诉讼的文书领事认证运转良好。如遇国外当事人称我驻该国使领馆拒绝为其办理认证且未告知理由、人民法院认为有必要了解情况的,可以通过外交部领事司向驻外使领馆核实。二、即使相关证据或文件因特殊原因确实不能得到使领馆的认证,人民法院亦不能直接采纳。而应根据《中华人民共和国民事诉讼法》第六十五条、第六十六条的规定,由当事人互相质证、辨别真伪后决定是否采纳。

实性进行公证，所以即使经过特别证明程序的域外证据能否证明内容的真实还需要法院结合具体案情深入分析，对证据的内容的真实性的结论往往就是对待证事实本身得出的最终结论。公证认证一方面仅是为了保证域外证据形式上的真实，另一方面域外证据如若不经公证认证连形式上的真实都难以自证，何来证明而其证明内容达到实体上的真实。

能否证明实体上的真实也是在具体案件中认定域外证据证明力的关键。本案中域外证据是在事故当时当地或现场形成的，与待证事实紧密关联，对于原告主张的事故有直接的证明作用，且本案其他证据要么是传来证据要么是当事人自述，其本身证明力尚待该域外证据真实性得到确认后才具有立足的逻辑起点，如果域外证据在形式上的真实性得到自足，它就能直接证明货损事故，其他关于货损程度的证据也才因与证明事故发生的证据相印证而有了被采信的可能。证据本身真实可靠是证明案件事实的根基所在。遗憾的是本案中的域外证据在形式真实性的缺陷使证据本身的真实性处于真伪不明的状态，经过当事人质证，在承运人对涉案事故予以否认的情况下，且无有证明力的其他证据佐证，法官不能对原告诉称的事故及货损事实形成内心的确信，该案经过两审，原告仍因举证不力而败诉。因此，当事人搜集的域外形成的证明域外发生的事故的直接证据，特别是域外当局出具的文书，办理特别证明程序可大大增加证据的被采信的可能，有助于对事故发生事实的证明。

（杨雅潇）

广州市星亚金属材料有限公司诉深圳市欣运达国际货运代理有限公司海上货物运输合同纠纷案

——托运人对运抵国外目的港货物的退运请求构成新要约

【提要】

在国际海上货物运输中,国内的托运人基于目的港无人提货、买方不支付货款等买卖合同的原因,在船舶开航甚至到达国外目的港以后,在没有预先与承运人对货物退运进行约定的情况下,要求承运人将货物运回国内。此种请求,超出了原海上货物运输合同的约定,应视为新的要约。除非承运人同意,否则其对货物不负有退运的义务。《中华人民共和国合同法》第三百零八条不能直接适用于国际海上货物运输合同退运纠纷。

【关键词】

海上货物运输　退运托运人　承运人

【基本案情】

原告:广州市星亚金属材料有限公司(以下简称"星亚公司")。

被告:深圳市欣运达国际货运代理有限公司(以下简称"欣运达公司")。

原告星亚公司诉称:2016年3月,原告委托被告将价值为382,437.69元的铝板(毛重29,941千克),从广州黄埔运到沙特阿拉伯达曼。被告给原告出具了发货人为原告、装运港为黄埔、交货地为沙特阿拉伯达曼的两份提单。提单注明收货人为按照发货人指令确定。被告收到货物后,未按原告的指示,在船东提单上擅自确定了收货人。原告多次交涉,要求被告将货物转运、变更收货人或将货物运回中国,均未实现。2016年7月,被告通知原告上述货物在目的港被拍卖。被告的违约行为,导致原告货物既无法交付原告指定收货人,也无法运回中国,请求判令被告赔偿损失382,437.69元及逾期支付的利息,并承担本案诉讼费用。

被告欣运达公司辩称如下。1. 原告的诉讼主体不适格。原告无证据证明其是涉案货物的货主，无证据证明其已合法取得涉案货物的所有权。2. 原告的损失并非由于被告的违约所导致。涉案货物在目的港被拍卖并非由于原告所称的被告未按照原告指示出具船东提单以及被告未能按照原告的要求变更目的港及收货人所导致。货物运到目的地后由于国外买方公司倒闭原告无法收取货款后，原告才提出的变更船东提单上面的收货人及通知方的要求，被告已经按照原告的要求尽其所能向船公司争取改港、改单，只是由于原告无法满足船公司对改单提出的各项条件以及受制于目的港海关的要求，才导致无法改港或对船东提单进行变更。3. 原告的诉讼请求不当。形式发票及商业发票上面均显示有预付款 5,570 美元，但原告在诉讼请求金额中未予扣除。原告的利息请求无合法依据，应当按照美元的利息标准请求，并且利息应当从原告起诉之日计算。综上所述，请求驳回原告的诉讼请求。

广州海事法院经审理查明：原告向位于阿联酋迪拜的贾瓦德和马里克公司（以下简称"JM 公司"）出售两批铝板。2016 年 3 月 4 日，原告出具 JM01 的商业发票，记载：买方为 JM 公司，货物为铝板，数量为 14.405 吨，单价为每吨 1,960 美元，总值为 FOB① 黄埔 28,233.80 美元，扣已付定金 2,940 美元，未付余款为 25,293.80 美元。3 月 6 日，原告出具 JM02 的商业发票，记载：买方为 JM 公司，货物为铝板，数量为 14.468 吨，其中，规格为 6×1,220×2,440 毫米的铝板和 8×1,220×2,440 毫米的铝板单价为每吨 1,950 美元，其余规格铝板单价为每吨 1,850 美元，总值为 FOB 黄埔 27,203.20 美元，扣除已付定金 2,630 美元，未付余款为 24,573.20 美元。

2016 年 3 月，原告就本案货物委托被告运输。被告接受委托后向原告签发两份提单。其中，编号为 XYD16030097 的提单记载：托运人为原告，收货人凭指示，通知方为 JM 公司，船名航次为"圳董 198608"（ZHENDONG198608），装运港为黄埔，卸货港为沙特阿拉伯达曼，交货地同卸货港，货物为一个 20 尺集装箱铝板，共 9 托，毛重 14,856 千克，体积 15 立方米，由托运人装载和计数，集装箱号为 GESU3810822，装船日期和提单签发日期均为 2016 年 3 月 8 日，运费到付。编号为 XYD16030096 的提单记载：托运人为原告，收货人凭指示，通知方为 JM 公司，船名航次为"粤安运 12310"（YUEANYUN12310），装运港为黄埔，卸货港为沙特阿拉伯达曼，交货地同卸货港，货物为一个 20 尺集装箱铝板，共 11 托，毛重 15,085 千

---

① Free on Board（简称 FOB），指在运输工具上交货。——编者注

克，体积15立方米，由托运人装载和计数，集装箱号为APZU3369183，装船日期和提单签发日期均2016年3月10日，运费到付。3月9日，被告向原告出具两张账单，内容为包括本案两个集装箱货物的封条费、操作费等费用，两张账单的金额均为1,733元，原告于3月14日向被告支付3,466元。

被告接受委托后，将本案两个集装箱货物的运输委托美国总统轮船公司（APL）承运，美国总统轮船公司接受委托后向被告签发托运人为被告的两份提单。

2016年3月8日和10日，涉案两个集装箱从黄埔运抵香港中转，于4月3日到达目的港沙特阿拉伯达曼。

由于JM公司未支付除预付款外的货款，原告未将被告签发的两套提单交付JM公司。4月5日、4月9日，原告向被告发邮件要求不要放货，并将货物回运。被告不同意更改目的港或者退运。2016年8月25日，被告通知原告本案货物于2016年8月23日在目的港被拍卖。

【裁判理由及结论】

广州海事法院经审理认为：本案运输的起运港是中国黄埔，目的港位于沙特阿拉伯达曼，因此本案是一宗涉外海上货物运输合同纠纷。原告将本案货物委托被告运输，原告为托运人，被告接受委托后签发了提单，被告为承运人，双方成立了以提单记载为内容的海上货物运输合同。该合同意思表示真实，不违反国家法律和行政法规的强制性规定，合法有效，双方均应按照约定行使权利和履行义务。本案民事关系为涉外民事关系，双方均选择适用中华人民共和国法律解决本案争议，因此本案应适用中华人民共和国法律作为合同的准据法。本案争议焦点为：1. 原告是否适格；2. 被告是否有权拒绝原告回运货物请求；3. 原告是否有权请求被告变更美国总统轮船公司签发的提单上记载的收货人；4. 被告是否应对原告的损失承担赔偿责任；5. 原告货物损失的金额。

一、关于原告是否适格的问题

被告主张原告没有提交证据证明其是涉案货物的所有权人，无权向被告提出索赔。法院认为，原告是被告签发的提单记载的托运人，原告以海上货物运输合同为由起诉被告，请求被告赔偿货物损失，符合法律规定，原告是否为本案货物的所有权人不影响其作为托运人依据运输合同向承运人主张货物损失的权利。因此，原告的主体适格。被告关于原告未证明其是涉案货物所有人，无权向被告提出索赔的抗辩，没有法律依据，不予支持。

二、关于被告是否有权拒绝原告回运货物请求的问题

本案货物运输是由中华人民共和国港口运至国外港口,而且已经在目的港完成卸货。由于回运货物涉及进出口货物报关清关等手续,《中华人民共和国合同法》第三百零八条关于托运人在承运人将货物交付收货人之前可以要求承运人中止运输、返还货物的规定,不能当然适用于本案运输合同。根据查明的事实,被告已经将本案货物运抵目的港并卸货待交,履行了其作为承运人的主给付义务,原告要求被告回运货物,已经超出了运输合同的约定,由于双方事先并没有对回运货物作出约定,原告的请求系在原运输合同之外提出了新的要约,除非被告承诺同意,否则被告有权拒绝原告回运货物。

三、原告是否有权请求被告变更美国总统轮船公司签发的提单上记载的收货人的问题

原告主张,被告未按原告的指示,在船东提单(即美国总统轮船公司签发的提单)上擅自确定了收货人,要求被告将美国总统轮船公司签发的提单上记载的收货人变更为原告指定的收货人被拒绝。根据查明的事实,美国总统轮船公司签发的编号为APLU051681970和APLU051682116提单记载的托运人为被告,原告并非APLU051681970和APLU051682116号提单证明的运输合同的当事人,根据合同相对性原则,原告无权请求被告更改美国总统轮船公司签发的提单上记载的收货人。

四、关于被告是否应对原告的损失承担赔偿责任的问题

根据查明的事实,截至本案庭审之日,原告仍持有被告签发的涉案货物运输两套一式三份的正本提单,提单未流转,亦无人向被告出示提单提取货物。本案货物于2016年4月3日到达目的港,被告虽主张本案货物系被海关强制拍卖,但未提交证据证明该主张,故法院认定本案货物已经灭失。本案货物已经运抵目的港,但未交付收货人,货物仍处于被告责任期间,在该责任期间发生货物灭失,被告未证明是由于承运人可以免责的原因所造成,故被告应对原告的货物损失承担赔偿责任。

五、关于原告货物损失金额的问题

原告为证明涉案货物价值,提供了形式发票、商业发票、报关单等证据,以上证据与被告签发的提单能够相互印证。法院予以采信,根据商业发票记载货物价值共计55,437美元,JM公司已经分别支付定金2,940美元和2,630美元,故认定原告未收的货款为49,867美元。本案货物已经灭失,原告请求以起诉之日即2017年2月28日中国人民银行公布的美元对人民币的汇率中间价6.8750将美元计算的损失换算为人民币合理,由此计算货物损失为

342,836元，予以支持。原告还有权请求以342,836元为本金，自起诉之日起自至实际支付之日止按照中国人民银行同期贷款利率计算的利息。

广州海事法院依照《中华人民共和国海商法》第四十六条第一款，第五十五条第一款、第二款，以及《中华人民共和国民事诉讼法》第六十四条第一款的规定，作出如下判决：一、欣运达公司赔偿星亚公司货物损失342,836元及自2017年2月28日起至实际支付之日止按照中国人民银行同期贷款利率计算的利息；二、驳回星亚公司其他诉讼请求。案件受理费7,237元，由星亚公司负担969元，由欣运达公司负担6,268元。

【典型意义】

在国际海上货物运输中，国内的托运人基于目的港无人提货、买方不支付货款等买卖合同的原因，在船舶开航，甚至到达国外目的港以后，在没有预先与承运人对货物退运进行约定的情况下，要求承运人将货物运回国内。如何认定此种情形下托运人的退运请求，承运人能否拒绝，司法实践中存在不同的观点。本案结合集装箱运输的特点，探究《中华人民共和国合同法》（以下简称《合同法》）第三百零八条的立法目的，得出了《合同法》第三百零八条不能直接适用于国际海上货物运输合同退运纠纷，托运人的退运请求属于新要约的结论。

一、《合同法》关于托运人解除权的规定难以适用于国际货物运输情形

《合同法》第三百零八条规定，在承运人将货物交付收货人之前，托运人可以要求承运人中止运输、返还货物、变更到达地或者将货物交付给其他收货人，但应当赔偿承运人因此受到的损失。一般而言，运输合同作为一种涉他合同、为第三人利益的合同，主要目的是为贸易合同的履行而服务。托运人作为卖方，在贸易合同无法正常履行的时候，为了避免运输过程中货物毁损灭失的风险，确有必要向承运人行使货物控制权，承运人在占有和控制货物期间，对此负有协助托运人行使货物控制权的义务；同时，为了节约运输成本和运力，避免无效、无意义的运输行为浪费社会资源，一定条件下应赋予托运人单方合同变更权和解除权。应该说，这是《合同法》第三百零八条的立法目的之所在。但在国际海上货物运输中，集装箱运输出口货运程序包括订舱、确认、发放空箱、整（拼）箱货装运、交接签证、装船出运等环节，进口程序包括卸船准备、付费换单、卸船拆箱、交付货物、空箱回运等环节，进出口程序均涉及海关、税务、商检、卫检以及海事、边防检查等部门。国际海上货物运输是由我国港口运至国外港口，在货物抵达目的港完成

卸货的情况下退运，涉及我国与外国海关对进出口货物的检验检疫、监管和关税的负担等，货物能否退运并非承运人单方面所能决定，《合同法》第三百零八条规定的托运人的解除权的行使面临现实障碍。

二、《中华人民共和国海商法》第八十九条存在反对解释的必要性

反对解释，作为体系解释的一种具体方法，系指依照法律规定之文字，推论其反对之结果，借以阐明法律之真意者而言，亦即自相异之构成要件，以推论其相异之法律效果而言。《中华人民共和国海商法》第八十九条规定："船舶在装货港开航前，托运人可以要求解除合同。"该规定非常简单，直观地理解，法条存在不周延的弊端，仅规定了开航前托运人可以要求解除合同，那么开航以后托运人的解除权是否同样成立，本条未置可否，语焉不详，之后的条文同样没有交代。但经过前述分析的海上货物集装箱运输的流程可知，开航是海上货物运输中一个重要环节和时间点，国家对出口货物海关监督检查、检验检疫、原产地证明文书发放等各种管制全部在开航之前实现，而且海上班轮运输航程预先拟定、航线相对固定，一旦开航，短期内船舶将难以再次靠泊起运地，承运人签发的提单须注明船舶开航时间。不管处于法律的、政策的，还是经济的、技术的原因考虑，把托运人的解除权限制在开航前，具有充分且必要的理由。

三、如果赋予托运人此种情形下的解除权，将与承运人原运输合同的主给付义务相矛盾

当货物运抵国外目的港后，一般应当接受当地海关的监管，然后等待收货人办理清关、提货手续。如果收货人不为上述清关、提货事宜，持有提单的托运人也不到目的港为货物清关，承运人不能够擅自为货物办理清关手续。若要将货物重新运回装货港，就应当以收货人或者托运人履行清关、提货手续为前提。而一旦货物被清关提取后，原运输合同自然履行完毕。实际上，承运人在将货物运抵目的港后，已经完成了将货物从一地运至另一地的合同义务，托运人要求承运人回运货物，已经超出了原运输合同的约定，由于双方事先并没有对回运货物作出约定，托运人的请求系在原运输合同之外提出了新的要约，除非承运人承诺同意，否则承运人有权拒绝回运货物。

（罗春　白厦广）

广州市兆鹰五金有限公司诉北京康捷空货运代理有限公司广州分公司等海上货物运输合同纠纷案

——无单放货纠纷案件的性质及提单背面条款的法律适用

【提要】

托运人与承运人依据提单成立了海上货物运输合同关系，无提单交付货物纠纷应定性为合同纠纷。提单背面的法律适用条款属于托运人和承运人约定的法律选择条款，只要不违背我国的社会公共利益和不违反我国法律法规的强制性规定，应有效，可作为处理提单争议的准据法。根据《中华人民共和国海商法》第七十一条的规定，即使承运人签发的是记名提单，也必须凭正本提单交付货物。但若法院依法确认外国法为准据法，该法规定记名提单情况下，承运人只要将货物交付给记名提单载明的收货人即履行了其运输义务的，则提单持有人要求承运人承担无提单交付货物赔偿责任的，法院不予支持。

【关键词】

无单放货　案件性质　提单背面条款　法律适用

【基本案情】

原告（上诉人）：广州市兆鹰五金有限公司（以下简称"兆鹰公司"）。

被告（被上诉人）：北京康捷空货运代理有限公司广州分公司（以下简称"康捷空广州公司"）。

被告（被上诉人）：北京康捷空货运代理有限公司（以下简称"康捷空公司"）。

被告（被上诉人）：劲达货运股份有限公司（以下简称"劲达公司"）。

原告兆鹰公司诉称：加拿大圣弗朗西斯科礼品有限公司（以下简称"礼品公司"）向原告购买一批货物，原告委托康捷空广州公司运输，康捷空广州公司通过劲达公司向原告出具了海运提单。货物抵达目的港后在没有提单的情况下被礼品公司取走，康捷空广州公司、劲达公司作为货物的保管人，其行为已构成共同侵权。兆鹰公司请求判令康捷空广州公司、劲达公司共同赔偿兆鹰公司货物损失 36,510 美元、取回正本提单发生的银行费用损失 196.64 美元，被告康捷空公司对其分支机构被告康捷空广州公司应赔付的损失金额承担补充清偿责任。

被告康捷空公司、康捷空广州公司辩称：康捷空公司、康捷空广州公司不是本案提单所证明的海上货物运输合同的承运人和提单签发人，康捷空公司、康捷空广州公司与兆鹰公司之间没有合同关系，本案货物的交付与康捷空公司和康捷空广州公司无关。

被告劲达公司辩称：本案提单为记名提单，记名收货人为礼品公司，货物已交由礼品公司提取。提单背面条款约定，该提单受美国 1936 年《海上货物运输法》约束。根据美国 1936 年《海上货物运输法》第 3 条第 4 款和《联邦提单法》的规定，本案提单项下的货物已经由劲达公司正确交付，没有过错。后经兆鹰公司与礼品公司协商，兆鹰公司将货物另行卖给美国一公司，并由礼品公司安排运输，结果被美国海关扣押，这是兆鹰公司未能收到货款的真正原因。兆鹰公司的上述行为是对劲达公司交付货物行为的认可，也是对提单权利的放弃。

广州海事法院经审理查明：2003 年 10 月 21 日，兆鹰公司通过康捷空广州公司向劲达公司出具一份出口货物托运单，委托劲达公司将 918 箱手工艺水烟筒从广东省中山市转黄埔港运往加拿大的埃德蒙顿，运费到付。10 月 29 日，劲达公司承运了该批货物，并签发了经兆鹰公司确认的劲达公司的提单。该提单记载的托运人为兆鹰公司，收货人和通知人均为礼品公司，转运代理人为康捷空广州公司，收货地和装货港为黄埔，卸货港为加拿大的温哥华，交货地点为加拿大的埃德蒙顿，运费到付。该提单背面条款第 2 条载明：本提单的效力依据 1936 年 4 月 16 日通过的美国《海上货物运输法》的规定而定（以适用于劲达公司的保证为限）。该法应被视为并入本提单，本提单的任何规定不得被视为承运人对该法赋予它的任何权利和豁免的放弃，或者任何义务和赔偿责任的增加；承运人有权享受上述《海上货物运输法》所规定的所有权利和豁免，尽管本提单所证明的海上货物运输合同不是为了从美国港口运输或运输到美国港口的海上货物运输。货物起运后，礼品公司一直没有付款赎单。11 月 27 日，劲达公司将货物交付给礼品公司提走。2004 年 2 月 1 日，礼品公司的职员安东尼致函兆鹰公司称礼品公司已破产。2 月 9 日，兆鹰公司支付了银行费用人民币 1,630 元后取得银行退回的全套正本提单。

2004年5月至6月间，兆鹰公司多次致函一名叫耐特的人，要求耐特将本案货物从加拿大运送致美国交付给环球链接快运公司。5月19日，兆鹰公司致劲达公司和礼品公司一份传真函，兆鹰公司在该函中承诺：货物交付给环球链接快运公司时，兆鹰公司保证终止所有与该货物有关的法律诉讼，并免除劲达公司和礼品公司的全部责任；如果上述货物没有被交付给环球链接快运公司，上述关于责任免除的保证无效，兆鹰公司将保留其在中国就该争议继续诉讼的权利。

2004年7月7日，本案货物由其他运输公司从加拿大运输至美国，被美国海关以违反美国法律为由予以查封和没收。现兆鹰公司仍持有本案货物的全套正本提单。

另据查，康捷空广州公司是康捷空公司在广州设立的并领取有营业执照的分支机构。

【裁判理由及结论】

广州海事法院经审理认为：作为托运人和提单持有人的原告兆鹰公司向作为承运人的被告劲达公司依据提单提起的货物交付纠纷，应属于海上货物运输合同纠纷。原告兆鹰公司将本案纠纷定性为侵权纠纷不当，不予支持。劲达公司签发的本案货物运输提单是经过兆鹰公司确认的，是兆鹰公司和劲达公司自愿选择使用的提单。该提单的法律适用条款明确约定，提单的效力和劲达公司承运货物的权利义务应适用美国1936年《海上货物运输法》，该约定是兆鹰公司和劲达公司双方的真实意思表示，且不违反中华人民共和国的公共利益，依照《中华人民共和国海商法》第二百六十九条的规定，该约定合法有效。本案海上货物运输合同争议应适用美国1936年《海上货物运输法》。根据美国1936年《海上货物运输法》第3条第4款的规定，该法中的任何规定都不得被解释为废除或限制适用美国《联邦提单法》，而适用美国1936年《海上货物运输法》涉及提单的法律关系时只有同时适用与该法相关的美国《联邦提单法》，才能准确一致地判定当事人之间涉及提单证明的海上货物运输合同的权利义务关系。因此，本案应同时适用美国1936年《海上货物运输法》和《联邦提单法》。本案提单是记名提单，根据美国《联邦提单法》第2条、第9条（b）款的规定，承运人有理由交货给托运人在记名提单上所指定的收货人，承运人向记名提单的记名收货人交付货物时，不负有要求提货人出示或提交记名提单的义务。即承运人劲达公司已在目的港将提单项下的货物交付给了提单上载明的记名收货人礼品公司，便视为适当履行了运输义务。至于劲达公司交付货物后，兆鹰公司通过一个名叫耐特的人委托其他运输公司将劲达公司已经交付给礼品公司的货物运输至美国，造成货物被美国海关查封没收，没有证据证明该货物被没收与劲达公司有关。康捷空广州公司在本案货物运输中是承运人劲达公司的代理人，其不是涉案货物运输合同的当事人，对涉案货物运输没有权利义务，也没有实施交付货物的行为，故兆鹰公司请求康捷空广州公司赔偿货物损失及请求设立康捷空广州公司的企业法人康捷空公司承担补充清偿责任，没有事实和法律依据，不予支持。据此，广州海事法院依照美国1936年《海上货物运输法》第3条第4款和《联邦提单法》第2条、第9条（b）款的规定，判决如下：驳回原告广州市兆鹰五金有限公司的诉讼请求。

一审宣判后，原告兆鹰公司不服判决，向广东省高级人民法院提起上诉。

广东省高级人民法院认为：本案劲达公司是在美国注册成立的公司，故本案为涉外纠纷。对于涉外案件争议的识别，应当适用法院地法即中国法律。虽然兆鹰公司依据提单以劲达公司、康捷空广州公司无正本提单放货共同侵权为由提起本案诉讼，但在本案当事人之间有合约的情况下，判断劲达公司、康捷空广州公司应否承担无单放货的民事责任在于承运人是否负有凭单放货的合同义务，而非民法上的法定义务，即劲达公司、康捷空广州公司的责任基础为运输合同下的交付行为，而非侵权行为。因此，本案兆鹰公司作为合法持有正本提单的人向承运人主张无单放货损失赔偿应定性为违约纠纷，本案应按海上货物运输合同纠纷处理。本案提单背面条款第2条规定："本提单的效力依据1936年4月16日通过的美国《海上货物运输法》的规定而定（以适用于劲达公司的保证为限）。"该条款的小标题为"法律适用"，其具体条款也指明了所适用的法律——美国1936年《海上货物运输法》。虽然该条款选择法律的范围仅限于内国法的部门法，但选择法律的意思表示比较明确，据此，该条款的性质应认定为法律选择条款，系当事人对法律适用的约定。

本案法律适用条款对法律适用的选择合法有效，应当予以适用。原审判决认为解决本案争议应适用美国1936年《海上货物运输法》正确，予以维持。根据美国1936年《海上货物运输法》第3条第4款以及其指向的美国《联邦提单法》第2条、第9条（b）款的规定，本案承运人劲达公司根据记名提单的约定将货物交付给向记名收货人礼品公司，即适当地履行了海上货物运输合同中交付货物的义务，并无过错。劲达公司交付货物后，兆鹰公司通过他人委托其他运输公司将货物运至美国并被美国海关没收，没有证据显示该事实与劲达公司有关。因此，兆鹰公司要求劲达公司对不能收回货款的损失承担赔偿责任的上诉理由缺乏事实和法律依据，不予支持。康捷空广州公司不是本案运输法律关系的当事人，其未实施放货行为，对兆鹰公司主张的损失亦无过错，故兆鹰公司请求康捷空广州公司承担赔偿责任和康捷空公司承担补充清偿责任缺乏事实和法律依据。原审判决认定事实清楚，适用法律正确，程序合法，应予维持。依照《中华人民共和国民事诉讼法》第一百五十三条第一款第（一）项的规定，广东省高级人民法院判决如下：驳回上诉，维持原判。

【典型意义】

本案双方争议主要焦点是无提单放货案件的性质和法律适用问题。

一、关于无提单放货纠纷案件的性质

本案的一审、二审都将对承运人的无单放货纠纷认定为合同纠纷，而排除了侵权诉因的选择。对于无单放货纠纷案件的定性问题一直存在争论，或定性为侵权纠纷，或定性为合同纠纷，或定性为违约和侵权的竞合。将无单放货定为侵权的理论基础是，提单具有物权凭证的性质，代表着提单项下货物的物权，无单放货侵害了提单持有人依据提单享有的货物的物权。《中华人民共和国海商法》生效以前，理论界和司法实践中多持这种观点。而将对承运人的无单放货纠纷定性为合同纠纷的依据是，提单是托运人或提单持有人与承运人间海上货物运输合同的证明，双方之间的权利义务关系，依据提单的规定确定。因此，在无单放货案件中，提单持有人与承运人之间存在海上货物运输合同关系是毫无疑问的。也有人依据提单同时具有的物权凭证和海上运输合同证明的功能，将对承运人无单放货定性为违约和侵权的竞合，由主张权利的当事人选择诉因提起诉讼。本案显然采用第二种观点处理。提单确实同时具有物权凭证和海上运输合同证明的功能，但在提单流转过程中，不同的当事人持有，针对不同的当事人主张提单权利，其请求权利的基础有时是不同的。承运人的职责是将提单上载明的货物安全运抵目的港，交付给提单载明的收货人或提单持有人，其并不关心和涉及提单货物物权的转让，而承运人与持有提单的托运人或其他提单持有人之间已依据提单存在海上货物运输合同关系，且凭正本提单放货正是承运人应承担的基本合同义务。因此，将托运人或其他提单持有人起诉承运人的无单放货纠纷定性为运输合同纠纷，是有充分的法理依据的，不能定性为侵权纠纷。正是因为基于这种认识，最高人民法院对几个无单放货案件再审的案例和相关的复函都明确将对承运人的无单放货纠纷定性为合同纠纷。本案一审、二审法院正是依据上述认识将提单持有人兆鹰公司与承运人劲达公司之间的无单放货纠纷定性为合同纠纷的。持有提单的托运人或其他提单持有人如果是对承运人以外的无单放货的其他放货人，或者无单提取货物的提货人提起的无单放货纠纷，因双方要么不存在任何合同关系，要么存在涉及货物物权转让的关系，则此时提单具有的物权凭证的功能发挥作用，双方之间的无单放货纠纷符合侵权纠纷的构成要件，应定性为侵权纠纷案件。

二、提单法律适用条款的性质和效力

提单背面条款中选择法律适用的条款，一般包括有法律适用条款、首要条款和地区条款三种类型。法律适用条款是指明该提单引起争议应适用何国法律解决的条款；首要条款一般是指提单中指明该提单受某一国际公约或某一国家法律的某一特定法规制约的条款；而地区条款则是指根据某些国家国内立法适用范围的强制性规定，在提单中指明从事运往和（或）运出该国家港口的货物运输时必须适用该国国内法规的条款。一份提单有时可能同时存在上述三条款或其中两条款，造成确定法律适用条款的困难。一般认为提单中法律适用条款和地区条款是典型的法律选择条款，二者同时存在于一提单中时，根据地区条款的性质，应优先按照地区条款确定提单的准据法。对首要条款的性质，在我国仍存在争议，有人认为属于法律适用条款，其主要理论依据是当事人的意思自治原则。有人认为应将该首要条款援引的国际公约或域外法律条款作为并入的合同条款，不作为法律对待，理由是首要条款往往与法律适用条款并存于提单中，且首要条款的目的在于强制扩大公约的适用范围，排除和限制当事人对法律的选择，二者性质和作用不同。对此，最高人民法院在（1998）交提字第 3 号民事判决书中，确定在提单中没有其他法律适用条款的情况下，将首要条款作为法律选择条款适用。该民事判决书已在最高人民法院公报上公布，成为可以参考的案例。本案提单背面条款约定的法律选择条款使用了"法律适用"的标题，内容虽似为首要条款，但因为没有其他的法律适用条款，故参照最高人民法院的判例将该条款定性为法律适用条款。

《中华人民共和国海商法》第二百六十九条规定：合同当事人可以选择合同适用的法律，法律另有规定的除外。该法第四十四条规定，海上货物运输合同和作为合同凭证的提单条款，违反该法第四章规定的无效。本案涉及记名提单放货，如果根据提单背面条款的约定适用美国 1936 年《海上货物运输法》以及其指向的美国《联邦提单法》的规定，本案承运人劲达公司根据记名提单的约定将货物交付给向记名收货人礼品公司，即适当地履行了海上货物运输合同中交付货物的义务，不应承担无单放货的责任。而根据《中华人民共和国海商法》第四章中的第七十一条的规定，承运人劲达公司将货物交付给没有正本提单的记名收货人礼品公司，要承担无单放货的责任。这就牵涉到《中华人民共和国海商法》第四章关于海上货物运输合同的规定是否排除当事人法律选择的问题，即本案提单上的法律适用条款是否因违反《中华人民共和国海商法》第四章的强制性规定而无效。《中华人民共和国海商法》第四章关于海上货物运输合同的规定虽然多为强制性规定，但不是其强制适用范围的规定。强制性的法律规范一般分两类。一是内国法意义上的强制性规范，在本国法律体系内当事人不能通过合同排除适用；二是冲突法意义的强制性规范，既不能通过合同排除适用，也不能通过法律选择排除适用，该种意义的强制性规范必须在法律上明文规定。《中华人民共和国海商法》第四十四条的规定显然属于第一种意义上的强制性规范，以该条规定否定当事人选择法律的效力，显然是没有依据的。只有当海上货物运输合同的准据法为《中华人民共和国海商法》时，违反该法第四章规定的条款才无效。本案提单选择适用美国1936年《海上货物运输法》，不违反我国强制性法律规范，也不违反我国的社会公共利益。因此，一审、二审法院认定该法律选择条款有效是有充分的法律和理论依据的。

　　本案对提单法律适用条款效力的认定是影响本案审判结果的关键。在对这一关键问题未有明确法律规定的情况下，广州海事法院通过法理分析确认了提单法律适用条款的效力，准确适用美国法解决本案纠纷，并未因被告劲达公司是一家美国公司而偏袒国内当事人原告，充分体现了我国法院面向国际、公正司法、平等保护中外当事人的理念。

（徐元平　张蓉）

深圳市康道电子有限公司诉深圳市里洋国际物流有限公司等海上货物运输合同纠纷案

——承运人无单放货后的赔偿责任应以提单持有人遭受损失为前提

【提要】

部分南美洲国家的法律强制规定，承运到该国港口的货物必须交付当地海关或港口当局，由收货人凭正本提单向当地海关或港口当局提货。当事人未能充分地证明南美洲特定国家的法律或规章有该项规定的，则不能得出在该南美洲国家承运人被解除或豁免了凭正本提单交付货物义务的结论。仅有出口收汇核销和出口退税的证据，在滚动核销和总量核销的情形下，并不能直接证明外贸出口企业收取了全部外汇货款。承运人无单放货后的赔偿责任应以提单持有人遭受损失为前提条件。提单持有人已经从收货人处收取了全额货款或部分货款的，无单放货的承运人不承担赔偿责任或仅承担差额损失的赔偿责任。

【关键词】

无单放货　收汇核销　出口退税　赔偿责任

【基本案情】

原告（上诉人）：深圳市康道电子有限公司（以下简称"康道公司"）。

被告（被上诉人）：深圳市里洋国际物流有限公司（以下简称"里洋公司"）。

被告（被上诉人）：上海飞艺达国际物流有限公司（以下简称"飞艺达公司"）。

卖方康道公司与买方浙江义乌的南方进出口有限公司，于2008年8月16日签订型号KD-2186的500台21英寸纯平彩色电视机买卖合同，单价FOB深圳每台71.50美元，共35,750美元，运费和保险费由买方承担，定金10,725美元，余额凭提单复印件付清。该合同记载了户名为谢华的银行账户。银行记录显示该账户收到了10,725美元。东莞道宏电子有限公司(以下简称"道宏公司")出具的证明记载:该公司代康道公司办理本案货物的出口申报手续。出口货物报关单记载:发货单位、经营单位分别为道宏公司和广东省东莞轻工业品进出口有限公司(以下简称"东莞轻工公司"),向蛇口海关申报500台至秘鲁的21英寸彩色电视机,单价每台53美元,总价26,500美元。

康道公司于2008年9月向里洋公司订舱,托运1个40英尺集装箱装载的彩色电视机从深圳至秘鲁卡亚俄港。康道公司按照里洋公司的要求,使用里洋公司的订舱单格式填报托运信息,在订舱单落款处盖章确认。该订舱单抬头记载里洋公司为"飞达船务"指定的代理人。里洋公司随后以飞艺达公司为托运人向智利航运国际有限公司订舱。

飞艺达公司2008年10月4日向康道公司签发的提单记载:托运人胜星贸易有限公司,收货人凭指示,通知人麦迪威尔公司,装运港中国蛇口,卸货港和交货地秘鲁卡亚俄,货物为INKU2644431号集装箱装载的500箱型号为KD-2186的21英寸纯平彩色电视机和1箱备用件,由堆场运至堆场,毛重10,900千克,运费到付,交付货物请联系南威科公司(Navicon Peru Sac)。

上述货物于2008年12月3日运抵秘鲁卡亚俄港,并于当天被提取。

根据飞艺达公司的申请,广州海事法院于2009年9月25日向国家外汇管理局东莞市中心支局(以下简称"东莞外汇局")和国家税务总局东莞市税务局(以下简称"东莞国税局")调查。东莞外汇局复函称:本案货物对应的出口收汇核销单已于2008年11月5日办理了收汇核销。东莞国税局回函表示:东莞轻工公司于2009年2月对本案货物办理了出口退税手续。飞艺达公司由此主张,康道公司已收到本案货物的外汇货款。康道公司则认为,其委托道宏公司办理货物的出口报关,后者通过东莞轻工公司为经营单位报关,东莞轻工公司作为国有大型企业办理很多出口货物业务,往往滚动核销,上述复函不能证明办理核销的外汇是本案货款或者与本案有关。

飞艺达公司表示,其为里洋公司格式托运单上记载的"飞达船务",里洋公司为其代理人。根据卸货港秘鲁当地法律,承运到秘鲁的货物须交付秘鲁海关,其不清楚是否已将货物放给收货人。

里洋公司和飞艺达公司为证明秘鲁有关货物交付的法律,提交了3份经公证、认证的证据材料。

第一,玛萨诺(Marsano)律师事务所出具的海关监管货物和国际货物入境的法律报告。该报告说明秘鲁海关监管入境货物,有权对货物进行查验;

海关对货物监管完毕，方可由海关将货物交给货物所有人或收货人。

第二，南威科公司法定代表人卡林那（Carolina Calderon）出具的有关目的港海运进口货物处理流程的说明。所有集装箱一旦从船上卸下，一律运往并存放于海关监管下的仓库或存储站，直到进口商办妥海关手续、缴清进口关税、得到海关许可后，方可作为最终进口货物进入完全自由或最终进口状态。南威科公司负责向海运线或其海运代理公司支付相应海运费，同时向最终进口商收取运费，然后出两份分提单，分别给航运线和海关监管下的仓库或存储站。

第三，玛萨诺律师事务所为南威科公司出具的法律报告。针对南威科公司提供的"卡比塔（Cubita）"轮案例提供法律分析意见，并认为根据《秘鲁商业法典》等秘鲁法律和普遍的惯例做法，可仅通过递交提单原件的副本，即可视为分提单内载明的货物交付为有效货物交付行为。

各方当事人在诉讼中均选择适用中国法律解决本案争议。

原告康道公司诉称：其委托里洋公司全权办理涉案 500 台彩色电视机运输事宜，里洋公司再委托飞艺达公司办理出口运输。该货物在无正本提单情况下被人提走，原告未收到余款 25,025 美元。请求判令两被告连带赔偿货物损失 25,025 美元，并承担本案诉讼费用。

被告里洋公司辩称：其仅是货运代理人，没有签发提单，不负责交付货物，无须对无单放货承担任何责任。

被告飞艺达公司辩称：包括秘鲁在内的南美洲部分国家法律规定，运输到该国港口的货物须交付当地海关或有关当局。因此，承运人在目的港只能按当地法律向当地海关交付货物，根据《最高人民法院关于审理无正本提单交付货物案件适用法律若干问题的规定》（以下简称《无单放货适用法律规定》）第七条之规定，应免除承运人的赔偿责任。

广州海事法院经公开审理认为：本案属涉外海上货物运输合同纠纷。各方当事人在诉讼中选择适用我国法律。根据《中华人民共和国海商法》第二百六十九条的规定，本案争议应适用中华人民共和国法律解决。

康道公司通过里洋公司向飞艺达公司订舱，其订舱单上记载里洋公司为"飞达船务"的代理人，表明康道公司在订舱时知悉里洋公司的代理人身份，飞艺达公司亦确认其为"飞达船务"，因此，里洋公司为飞艺达公司的代理人。康道公司关于里洋公司为涉案货物承运人的主张，与事实不符，不予支持。飞艺达公司接受订舱后，向康道公司签发了提单，康道公司为托运人，飞艺达公司为承运人。康道公司持有全套正本提单，是该提单的合法持有人；

飞艺达公司作为签发提单的承运人,负有凭该提单交货之法定义务。

两被告向法庭提交了玛萨诺律师事务所出具的海关监管货物和国际货物入境的法律报告,试图证明承运人依卸货港所在地法律,必须将承运到港的货物交付当地海关。但是,该报告关于进出关境运输工具在规定场地装卸货物应经辖区海关许可、从他国进口并用于消费的货物经放行批准后即视为本国货物等内容,并没有明确表明承运人须将承运到港的货物交给当地海关或港口当局,或者直接解除承运人按指示人指示凭提单放货的义务。两被告提供的南威科公司关于进口海运货物处理流程的说明,以及玛萨诺律师事务所出具的案例分析法律报告,均缺乏秘鲁的相应法律根据和事实依据,后一份法律报告虽提及《秘鲁商业法典》等法律,但两被告未能提供相应法律文本,故不足以证明两被告的上述主张。

本案没有证据证明承运人依照秘鲁的法律规定,必须将运抵到港的货物交付当地海关或港口当局,或者存在免除承运人赔偿责任的其他法定事由,而涉案货物在康道公司仍持有全套正本提单的情况下被他人提取,飞艺达公司作为承运人理应对该损失承担赔偿责任。里洋公司系飞艺达公司的代理人,不负有在目的港交货的义务,不应承担无单放货责任。

涉案货物出口报关总价26,500美元,而买卖合同中该货物FOB总价为35,750美元。因报关价值为报关单位申报和海关核定的价值,康道公司销售合同价格更能反映货物的实际价值,故应以销售货物总价作为货物实际价值计算损失。康道公司已收到定金10,725美元,货款余额为25,025美元。康道公司通过东莞轻工公司向外汇管理及税务部门申报其已从境外收到全部货款,并经审核后办理了收汇核销和出口退税。康道公司认为其委托的外贸出口企业往往滚动核销,用其他外汇冲抵本案货款,并主张外汇管理及税务部门复函提到的外汇并非本案货款,但没有提供相应证据证明,故法庭对康道公司收到全部货款并办理收汇核销和出口退税的事实予以确认。康道公司诉称其仍未收到余款25,025美元,与法庭查明的事实不符,其诉讼请求不予支持。

广州海事法院于2010年10月27日依照《中华人民共和国民事诉讼法》第六十四条第一款之规定,作出(2009)广海法初字第305号判决:驳回原告康道公司对被告里洋公司、飞艺达公司的诉讼请求。案件受理费3,703元,由原告康道公司负担。

康道公司对该判决不服,向广东省高级人民法院上诉称:出口经营单位的收汇核销和出口退税不能证明康道公司实际收取了全部货款,康道公司并未收到 26,500 美元。里洋公司工商登记显示其为无船承运人，康道公司基于该业务资格，全权委托里洋公司办理货物出口海运，对其与飞艺达公司之间的关系并不知情，里洋公司收取运费并从转委托运输中赚取运费差价，故里洋公司与飞艺达公司均为承运人，应连带赔偿康道公司的损失。请求撤销一审判决，支持上诉人的诉讼请求。

被上诉人里洋公司、飞艺达公司辩称：目的港无单放货属实，但该货物对应的原出口收汇核销单已收汇核销，并办理出口退税，应推定康道公司收到全部货款，不存在损失。

【裁判理由及结论】

广东省高级人民法院经审理确认了一审法院认定的事实和证据，并认为：康道公司签章的订舱单显示其向里洋公司订舱，但订舱单另显示里洋公司为飞达船务的指定代理，飞艺达公司确认其为飞达船务，后飞艺达公司向康道公司签发提单，这表明康道公司在订舱和收取提单时均知晓里洋公司系飞艺达公司的代理人，但其始终未对该公司的代理人身份提出异议。据此可以认为，康道公司认可里洋公司是承运人的代理人，故里洋公司无须向康道公司履行承运人义务，包括无单放货后应承担的赔偿责任。

飞艺达公司在目的港未凭正本提单交付货物，其以《无单放货适用法律规定》第七条为由，主张免除无单放货赔偿责任。一审法院认定该主张缺乏依据，各方当事人对此均未提起上诉，故予以确认。飞艺达公司作为签发指示提单的承运人，负有在目的港按指示人指示交付货物的义务。其未按指示交付货物，违反了海上货物运输合同的约定，依法应向康道公司承担违约责任，赔偿相应的无单放货损失。

康道公司是否实际收取了货款，此乃康道公司与南方进出口有限公司货物买卖合同中的权利义务问题，而本案争议是康道公司和飞艺达公司之间因海上货物运输合同关系产生的无单放货赔偿纠纷。这是两个独立的法律关系，飞艺达公司以康道公司在买卖合同关系中的权利义务抗辩康道公司在海上运输合同关系中的权利义务，其理由殊难成立。买卖合同关系中康道公司是否收取货款的事实，与海上运输合同关系中康道公司是否有实际损失没有必然联系，即无论康道公司是否基于买卖合同关系实际收取了涉案货物对应的货款，飞艺达公司的无单放货行为均违反了其在海上货物运输合同中的义务，导致原本属于康道公司的货物在目的港被他人提取，侵害了康道公司在海上货物运输合同下的合法利益，故飞艺达公司应依海上货物运输合同关系向康道公司承担违约责任。

依照《无单放货适用法律规定》第六条"承运人因无正本提单交付货物造成正本提单持有人损失的赔偿额,按照货物装船时的价值加运费和保险费计算"的规定,因康道公司买卖合同约定的涉案货款更接近市场价值,据此应按买卖合同价格认定货物损失的数额。康道公司确认已收取定金10,725美元,仅要求赔偿尚未收取的货款25,025美元,此乃该公司自行处分其民事权利,予以确认。康道公司是否办理了涉案货物出口收汇核销和出口退税,以及是否实际收取了涉案货物的货款,均不影响其向承运人主张无单放货的赔偿责任。据此,飞艺达公司应向康道公司赔偿货款损失25,025美元。

原审判决认定事实基本清楚,但适用法律错误,实体处理不当,上诉人康道公司的上诉请求有理,予以支持。

广东省高级人民法院于2011年11月12日依照《中华人民共和国民事诉讼法》第一百五十三条第一款第(三)项、《最高人民法院关于审理无正本提单交付货物案件适用法律若干问题的规定》第六条、《最高人民法院关于民事诉讼证据的若干规定》第四十一条和第四十三条之规定,作出(2010)粤高法民四终字第245号判决:一、撤销广州海事法院(2009)广海法初字第305号民事判决;二、飞艺达公司于本判决生效之日起10日内向康道公司支付赔偿金25,025美元。一审案件受理费3,703元、二审案件受理费3,703元,均由飞艺达公司负担。

【典型意义】

法律规定承运人无单放货应承担相应的赔偿责任,而无单放货却是国际航运界的习惯做法,油轮船长几乎没有在目的港凭正本提单放货的①,法律规定与商业习惯的正面冲突在此类案件中至为明显。海事法院对无单放货案件的审判,曾经历过不少争论,如无单放货到底是侵权还是违约,提货人与提单持有人协商并支付部分货款的行为对提单物权凭证效力有无影响等,以致提单持有人或承运人难以根据法律的可预见性原则预测自身的诉讼命运与结果。随着2009年3月5日最高人民法院《无单放货适用法律规定》的生效施行,这一现象得以很大改观。然而,由于具体案件的复杂性、多样性,承办法官的认识局限性等原因,对无单放货案件的审判仍有诸多争议之处。本

---

① A/S Hansen – Tangens Rederi Ⅲ v. Total Transport Corporation, The Sagona [1984] 1 Lloycl's Rep. 201. 转引自[新加坡]杜建星《承运人在无单放货索赔中的抗辩》,载《中国海商法年刊·2001》,第177页。

案一审、二审法院的不同观点彰显了这种争议的现实性，而司法审判所要求的同案同判原则，急迫地需要在审判实务中消除分歧、统一认识，以期达到司法审判接近正义的目的。

一、秘鲁法律的规定能否成为承运人免除凭正本提单交货的理据

目前，墨西哥及部分南美洲国家的法律强制规定，承运到该国港口的货物必须交付当地海关或港口当局，由收货人凭正本提单向当地海关或港口当局提货。有鉴于承运人无法履行凭正本提单交付货物的义务，《汉堡规则》第四条第二款规定，承运人"根据卸货港适用的法律或规章，将货物交付所需交付的当局或其他第三方"时，其管货责任即告终止。最高人民法院《无单放货适用法律规定》第七条规定："承运人依照提单载明的卸货港所在地法律规定，必须将承运到港的货物交付给当地海关或者港口当局的，不承担无正本提单交付货物的民事责任。"这与《汉堡规则》对上述的规定一脉相承。

而问题在于，本案所涉秘鲁的法律或规章是否同样规定了承运到该国港口的货物必须交付当地海关或港口当局？中国法院通常将这一问题识别为案件的事实问题，且由当事人举证证明。本案中，里洋公司与飞艺达公司向法庭提供了两份玛萨诺律师事务所的法律报告和一份南威科公司关于进口海运货物处理流程的说明，但均未能充分地证明秘鲁的法律或规章有关"承运到该国港口的货物必须交付当地海关或港口当局"的规定，因而不能得出在秘鲁承运人被解除或豁免了凭正本提单交付货物义务的结论。一审法院的这一认定双方当事人均未提出上诉，二审法院确认了对该事实的认定。可见，尽管有最高人民法院《无单放货适用法律规定》第七条之规定，承运人在法庭上欲免除其在南美洲部分国家凭正本提单交付货物义务，仍需承担较重的举证证明责任，因而借此免除相关责任并非易事。

二、出口收汇核销和出口退税能否直接证明原告收到了涉案货款

我国实行外汇管制，同时为了鼓励出口，又实行出口退税。出口收汇核销，即是外汇管制的措施之一，同时又为出口退税提供货物已出口并已收取外汇的根据。

出口收汇核销和出口退税的一般流程是：出口企业向外汇管理部门领取加盖了"监督收汇"章的出口收汇核销单；货物出口时，将如实填写的出口收汇核销单与报关单等一起向海关申报。海关放行货物后，将海关签章的出口收汇核销单、报关单等退回出口企业。银行收到外汇货款后，按央行的当天外汇牌价买入该外汇，将相应金额的人民币打入出口企业账户，以水单形

式通知该企业。出口企业在规定期限内,凭银行签章的出口收汇核销单、外汇水单、出口报关单等单证,到外汇管理部门进行出口收汇核销。外汇管理部门经检查核对,认为该笔业务出口、收汇等事宜属实的,即认定该出口业务已经完成,予以出口收汇核销。经核销后,出口企业凭外汇管理部门出具的出口收汇核销退税联向税务部门办理出口退税,享受出口优惠政策。

货物出口后,出口企业超过预计收汇日期30天未办理出口收汇核销手续的,构成出口收汇逾期未核销。外汇管理部门会发出"催促出口收汇核销通知书",情节严重的,还会采取罚款等措施。

出口企业可能基于种种原因而未收到某一笔外贸货款,为了避免逾期未核销的情况发生,往往采取借用其他外贸合同项下的收汇来冲抵未收取的货款。这就是所谓的滚动核销。外汇管理部门并不核查出口企业收到的外汇与外贸合同的对应关系,在总量核销,即以出口企业的收汇总量核销每笔出口收汇核销单的报关总金额的情况下,更不可能确定出口收汇核销与外贸合同一对一的关系。有鉴于此,有关的出口退税当然也不能说明某一外贸合同收取货款与该退税的对应关系。

涉案货物尽管已收汇核销,并办理出口退税,但因可能存在滚动核销或总量核销的情形,因而并不能当然地得出康道公司已实际收取全部货款的结论。一审判决基于已收汇核销和出口退税,认定康道公司收取了全部货款,而未考虑到核销与退税的实际操作情况,显然过于武断,可能与客观事实不符。事实上,如果有收货人的银行汇款水单、出口企业相对应的银行收款水单,再辅之以收汇核销和出口退税的证据,则认定康道公司收取全部货款的事实才能有效成立。换言之,仅有收汇核销和出口退税的证据,在滚动核销和总量核销的情形下,并不能直接或间接地证明康道公司收取了全部货款。

三、承运人无单放货后的赔偿责任是否应以提单持有人遭受损失为前提条件

这是本案一审、二审法院严重分歧之所在。无单放货的损失,本质上是提单持有人未收到货款的损失。这是提单的物权凭证功能所决定的。持有提单,就享有了对货物的控制权,从而对货款的收取获得了保证。国际贸易中的交单结汇、付款赎单,就是提单物权凭证功能的直接体现。无单放货,使提单持有人丧失了对货物的控制以及凭提单收取货款的保证。一审法院认为,提单持有人康道公司已收到全额货款,没有实际损失,承运人不承担无单放货赔偿责任。二审法院则认为,是否收取货款是买卖合同下的权利义务关系,无单放货是运输合同下的违约行为,买卖合同与运输合同是两个完全独立的法律关系，不论康道公司在买卖合同下是否全额收取了货款，均不影响承运人飞艺达公司在运输合同下应承担的无单放货赔偿责任。

诚然，买卖合同与运输合同是两个独立的法律关系，但两者并非毫无关联、绝对独立。买卖合同的客体即货物本身，同时又是运输合同下的运输标的物，即货物本身把独立的买卖合同与运输合同关联起来，建立了某种联系。倘若对这种联系视而不见，绝对孤立地处理运输合同下的无单放货纠纷，譬如二审法院的观点，则可能导致已从收货人处收取全额货款的提单持有人又从承运人处获得了货款全额赔偿，构成不当得利。若此，要恢复到正常状态下的权利义务关系，还必须进行两个诉讼，即承运人诉请提货人赔偿损失，提货人诉请提单持有人返还不当得利。显然，法院直接驳回已收取全额货款的提单持有人的无单放货赔偿请求，既可以减少诉累，又不失公平与正义的结果。本案中，康道公司无论是买卖合同下未收到货款的损失，还是运输合同下无单放货的损失，都是指向两种合同的关联因素即货物，两种合同下损失的结果对康道公司而言，都是该货物价值的灭失，因而只要获得一种合同下的救济即可弥补其损失。二审法院关于不论买卖合同下是否全额收取了货款，均不影响承运人在运输合同下无单放货赔偿责任的观点，似可商榷。

事实上，有损失才赔偿，这是法律的基本原则，甚至可以说是一个常识。只是在法律上，损失包括了现实存在的损失和潜在可能发生的损失，这两种损失都应包括在赔偿的范围之内。譬如，在连环运输合同中，货主向无船承运人托运货物，无船承运人再向从事国际运输的实际承运人托运该货物，货物在运输途中灭失。在货主尚未要求赔偿之时，无船承运人起诉实际承运人要求赔偿时，无船承运人因货主可能向其请求赔偿而存在潜在的损失，其享有诉权并能获得赔偿。那种认为无船承运人不存在实际损失，应驳回其诉讼请求的观点是错误的。潜在的可能的损失也是法律上的损失，应与实际存在的损失同等保护。倘若货主同时也起诉了实际承运人，无船承运人没有潜在损失的可能了，则驳回无船承运人的诉请是正确的。回到本案来说，如果康道公司没有收取全额货款，但有收取全额货款的可能时，即康道公司在遭受潜在可能的损失之时，仍可以从无单放货的承运人处获得赔偿。但无论如何，在康道公司已经实际收取全额货款时，则无单放货未造成其实际的或潜在的损失，就不能获得无单放货的赔偿了。

从最高人民法院《无单放货适用法律规定》第二条"承运人违反法律规定，无正本提单交付货物，损害正本提单持有人提单权利的，正本提单持有人可以要求承运人承担由此造成损失的民事责任"的规定来看，也是要求提单持有人有损失才能获得赔偿，而不是二审法院主张的上述观点。

当然，由于康道公司未收到全额货款，二审法院改判飞艺达公司承担无单放货赔偿责任，这一结论无疑是正确的。

（倪学伟）

深圳华普数码有限公司诉达飞轮船（中国）有限公司深圳分公司等海上货物运输合同纠纷案

——无单放货事实的认定

【提要】

在国际海上货物运输中，承运人违反"整箱交接"的约定，擅自在目的港拆箱，可能是为了实施无单放货行为，也可能是因为目的港海关强制要求处理箱内货物，或者货物到港后长时间无人提取，为加快集装箱周转、减少经济损失而将货物从箱内移除放入仓库保存，等等。拆箱的事实，只能作为承运人实施了无单放货行为的初步证明，导致举证责任转移至承运人处。承运人若能证明货物仍在其控制之下或因不能归责于承运人的原因而对货物失去控制等，即可免除其责任。

【关键词】

无单放货　无人提货　整箱交接　拆箱　举证责任

【基本案情】

原告（上诉人）：深圳华普数码有限公司（以下简称"华普公司"）。

被告（被上诉人）：达飞轮船（中国）有限公司深圳分公司（以下简称"达飞深圳公司"）。

被告（被上诉人）：达飞轮船（中国）有限公司（以下简称"达飞中国公司"）。

被告（被上诉人）：法国达飞海运集团公司（CMA CGM S. A.）（以下简称"法国达飞公司"）。

原告深圳华普数码有限公司诉称：2008年12月25日，被告达飞深圳公司接受原告委托将一批总价值94万美元的电子产品从深圳运输至巴西玛瑙斯港。货物分别装载于CMAU8077425和TRLU7273391号集装箱内，达飞深圳公司以法国达飞公司代理人的名义签发了编号为SZ1477171的全套正本提单。在上述提单至今仍在原告手中的情况下，货物已分别于2009年4月27日和6

月10日被放行，导致原告无法收回货款。达飞深圳公司作为运输合同当事人、法国达飞公司作为提单的承运人，应当赔偿因无单放货给原告造成的损失。达飞深圳公司是达飞中国公司的分支机构，达飞中国公司依法应对达飞深圳公司所负债务承担清偿责任。请求判令三被告赔偿原告货款损失人民币6,426,404元及利息，并承担本案诉讼费用。

被告达飞深圳公司、达飞中国公司、法国达飞公司共同辩称：达飞深圳公司是作为法国达飞公司的代理人身份接受订舱、安排运输并签发提单的，与原告不存在任何运输合同关系，原告无权向达飞深圳公司和达飞中国公司提起诉讼。涉案货物是被海关强制拆箱取出后存放在该内陆堆场的，三被告已及时告知原告货物存放的情况，并积极协助原告办理提货或退运事宜，而原告一直迟延办理提货手续，由此产生的任何损失和风险应由原告自行承担。综上所述，请求驳回原告对三被告的全部诉讼请求。

广州海事法院经审理查明：2008年12月23日，国外的PROVIEW公司向原告订购20,200台机顶盒，产品总价值为939,906美元，运输方式为海运，贸易术语为FOB深圳，交货地为巴西玛瑙斯港。随后，达飞深圳公司接受原告委托安排了上述货物从中国深圳至巴西玛瑙斯的海上运输，并于12月25日作为法国达飞公司的代理人向原告签发了编号为SZ1477171的一式三份正本提单。该提单记载的托运人为原告，收货人和通知方为PROVIEW公司，承运人为法国达飞公司，货物由托运人装箱、积载并计数，被装载于2个40英尺的集装箱内，整箱交接，集装箱编号分别为CMAU8077425和TRLU7273391，装货港为中国深圳赤湾，卸货港为巴西玛瑙斯。

上述提单项下货物于2009年2月16日到达目的港巴西玛瑙斯。2月21日，货物通过公路运输被运至海关内部储存站AURORA EADI。4月23日，货物从集装箱内被移除至仓库存放。

2009年7月8日，原告向达飞深圳公司发送电子邮件，请其确认SZ1477171号提单项下货物是否在目的港被无单放货。8月18日，法国达飞公司向原告发送一份电子邮件告知本案提单项下货物仍在AURORA EADI储存站，已产生设备滞期费共计8,480美元，如果货物被装回要再支付270美元，并提醒原告必须立即采取行动来避免货物被海关查封。

另据查：达飞中国公司为法国达飞公司在上海、宁波、浙江、厦门、深圳、青岛、大连等区域的船舶代理，达飞深圳公司为达飞中国公司在深圳的分公司。

三被告还依据巴西财政部、农业部门出具的文件以及巴西律师出具的法律意见主张本案货物是被海关强制拆箱的事实。法院认为，上述文件均为在境外形成的证据，三被告没有履行公证认证手续，且巴西财政部、农业部门出具的文件仅能证明货物被运抵海关内部储存站AURORA EADI以及接受了农业部门检验的事实，并不能证明是在海关行政权力的强制下拆箱的；三被告没有提供具体的法律规定，仅凭巴西律师的个人意见不能证明目的港法律规定海关有权对集装箱货物强制拆箱。因此，对三被告主张的上述事实不予采信。

【裁判理由及结论】

庭审中，原告和三被告一致同意选择适用中华人民共和国法律处理本案纠纷。

广州海事法院认为：本案是一宗海上货物运输合同纠纷，广州海事法院对案件具有管辖权。本案货物运输是从中国深圳至巴西玛瑙斯，本案具有涉外因素。原、被告在诉讼中根据《中华人民共和国海商法》第二百六十九条的规定选择适用中华人民共和国法律。因此，本案应适用中华人民共和国法律处理。

根据《中华人民共和国海商法》第七十一条的规定，提单是海上货物运输合同的证明和承运人保证据以交付货物的单证。原告为本案所涉提单记载的托运人和提单持有人，被告法国达飞公司为提单记载的承运人，原告和法国达飞公司之间存在提单所证明的海上货物运输合同关系。被告法国达飞公司作为海上货物运输合同的承运人应履行在目的港凭正本提单交付货物的义务。

本案争议的焦点是无单放货的事实是否成立。对于这一事实，原告负有举证责任，原告必须举证证明承运人实施了无单放货的行为造成原告作为提单持有人在目的港凭正本提单无法提取货物。根据本案查明的事实，原告作为贸易合同的卖方、提单项下货物的托运人及正本提单的持有人，至货物到达目的港4个月后才向承运人询问货物的下落，在承运人告知货物一直滞留海关内部储存站AURORA EADI并催促其尽快处理后，原告仍未去目的港核实货物情况或要求提取货物。由此可见，原告无证据证明其在目的港凭正本提单无法提取货物，只是根据本案货物到达目的港后被拆箱的事实推定承运人已实施了无单放货行为。根据三被告提供的AURORA EADI储存站的工作人员出具的书面证明和相关电子邮件记载，本案货物拆箱后被放置在海关内部储存站内等待交付，并没有交付给收货人或其他人，在原告没有足够相反证据反驳的情况下,不能认定货物已被无提单交付给他人。虽然根据提单约定和集装箱运输的航运惯例,本案货物应当是整箱交接。但由于本案货物于2009年2月16日到达目的港后提单持有人一直未凭正本提单要求提取货物,根据《中华人民共和国海商法》第八十六条关于"在卸货港无人提取货物或者收货人迟延、拒绝提取货物的,船长可以将货物卸在仓库或者其他适当场所,由此产生的费用和风险由收货人承担"的规定,法国达飞公司有权在货物抵达目的港六十日后仍无人提取的情况下将货物从集装箱内移除存放,货物卸离集装箱并不能证明法国达飞公司实施了无单放货行为。综上所述,原告主张承运人法国达飞公司实施无单放货行为,要求法国达飞公司承担无单放货民事责任的诉讼请求,没有事实依据,依法不予支持。

达飞中国公司与法国达飞公司签订有代理协议,达飞中国公司是法国达飞公司指定的在深圳等地区的船舶代理,达飞深圳公司为达飞中国公司的分支机构,亦有权代表达飞中国公司接受法国达飞公司的委托从事代理业务。达飞深圳公司在签发的本案提单上明确表明了其是代理承运人法国达飞公司签发提单,法国达飞公司亦认可达飞深圳公司的代理人身份。被告达飞深圳公司不是本案提单项下货物运输的承运人,不负有凭单放货的义务,本案也没有证据证明达飞深圳公司实际实施了无正本提单交付货物的行为,故原告要求达飞深圳公司承担无单放货责任以及达飞中国公司对达飞深圳公司无单放货行为产生的债务承担清偿责任的诉讼请求,无事实和法律依据,不予支持。

原告支付的律师费用是其为本案诉讼自行支出的费用,原告将其作为损失向对方当事人主张赔偿无法律依据,故对原告要求三被告赔偿律师费人民币20万元的主张,不予支持。

广州海事法院依照《中华人民共和国民事诉讼法》第六十四条第一款的规定,于2011年6月27日作出(2009)广海法初字第590号民事判决:驳回原告对被告达飞深圳公司、达飞中国公司、法国达飞公司的诉讼请求。

华普公司不服原审判决,向广东省高级人民法院提起上诉:本案货物被拆箱后,由收货人委托海关内部的储存站保管,被上诉人已经失去了对货物的控制权,无单放货的事实是成立的。被上诉人否认无单放货的事实,却无法举证证明集装箱仍在堆场,其提供的证据只能证明商品仍存在储存站,但不能证明货物仍处于被上诉人控制之下,其应承担举证不能的法律后果。此外,被上诉人原审并未根据《中华人民共和国海商法》第八十六条提出抗辩,也没有提供相关证据其行符合该条款适用的前提条件,原审法院主动适用该条款违反了不告不理的原则。请求撤销原审判决，判决支付上诉人提出的诉讼请求。

达飞深圳公司、达飞中国公司、法国达飞公司二审答辩称：华普公司的上诉请求缺乏事实依据和法律依据，应予驳回。上诉人提供的集装箱跟踪记录只能说明货物拆箱的事实，无法证明货物已经无单交付；而被上诉人提交的证据充分证明了货物一直都存放在海关监管下的目的港的内陆堆场，虽然被拆箱且堆存地点发生改变，但货物一直在等待正本提单持有人前来办理提货手续，根本没有被交付给任何人。上诉人所称"对货物的控制权"并非法律上无单放货的认定标准；而且事实上，虽然货物处于卸货港海关监管之下，但被上诉人对货物并未失去控制，因此所谓无单放货不能成立。作为船舶到港后的常规做法，承运人安排货物卸到海关监管堆场/仓库，在完成报关手续前，该货物既受承运人控制也受海关监管，而且承运人的交付不能凌驾于海关监管之上。因此，不能认为货物在海关监管下就是承运人对货物失去控制。最重要的是，虽然承运人对货物没有绝对的、排他的控制权，但提单仍然是最终提取货物的必要文件。即使承运人无法对货物实施绝对、排他的控制，货物最终仍需正本提单方能提取，承运人对于放货有充分控制。此外，一审法院没有违反不告不理原则，适用《中华人民共和国海商法》第八十六条正确，不存在法律适用的错误；退一步讲，《中华人民共和国海商法》第八十六条的适用与否不影响无单放货的认定，不会改变本案未发生无单放货的事实。

广东省高级人民法院认为：本案为海上货物运输合同纠纷。原审法院对本案行使管辖权和适用中华人民共和国法律处理本案争议正确，予以维持。

上诉人华普公司以被上诉人无单放货为由要求被上诉人承担责任，根据谁主张谁举证的原则，其对于无单放货事实是否存在，负有举证责任。但上诉人没有提供证据证明被上诉人已无单放货而致使其凭正本提单无法提取货物。本案事实表明，货物到达目的港4个月后，上诉人才向承运人询问货物的下落，被上诉人提供了一系列证据证明货物仍然在海关内部储存站内。在承运人告知货物一直滞留海关储存站并催促上诉人尽快处理后，上诉人仍未去目的港核实货物情况或要求提取货物。故上诉人以无单放货为由请求被上诉人承担赔偿责任，没有事实根据和法律依据。上诉人主张涉案货物已脱离承运人控制，但没有提供充分的证据予以证明，也没提供证据证明其凭正本提单无法向海关提取货物的事实。故对上诉人以承运人对涉案货物失去控制为由主张无单放货事实成立的上诉主张，不予支持。原审法院适用《中华人民共和国海商法》第八十六条的规定，认定了被上诉人将货物从集装箱移除存放的行为的正当性并无不妥，人民法院依法适用法律不受当事人是否提出相关抗辩的限制，上诉人认为原审法院在被上诉人没有提出相关的抗辩的情况下适用该法律条款违反了不告不理的原则，该上诉理由不成立，不予支持。

综上所述，原审法院认定事实清楚，适用法律正确，处理结果得当，应予维持。华普公司的上诉理由不成立，其上诉请求不予支持。广东省高级人民法院依据《中华人民共和国民事诉讼法》第一百五十三条第一款第（一）项的规定，于2011年12月20日作出（2011）粤高法民四终字第144号民事判决：驳回上诉，维持原判。

【典型意义】

本案是一宗典型的海上货物运输合同纠纷，双方当事人争议的焦点是无单放货事实是否成立，这就涉及对各方当事人举证责任的分配、证明标准的确立以及法院如何综合证据规则对事实的认定。

一、无单放货事实的认定

《民事诉讼法》第六十四条第一款"谁主张，谁举证"的规定是我国民商事诉讼举证责任分配的一般原则，意即当事人对自己的诉讼请求所依据的事实有责任提供证据加以证明。反其道而行之，要求另一方当事人对己方诉讼请求所依据的事实加以证明，是为举证责任的倒置。目前我国法律仅对八种侵权案件明确规定了由侵权人对其否认被侵权人的主张承担举证责任，目的是保护诉讼地位处于劣势的弱者，为他们提供更多的司法救济。而海上货物运输合同中的承运人和提单持有人属于平等的商事主体，在社会经济地位、诉讼能力上并无明显优劣之分，且法律无明文规定适用"举证责任倒置"规定，故提单持有人主张无单放货损失，须对无单放货事实承担举证责任。一般来说，有以下证据之一，即可认定货物已被放行：1. 目的港提货不着的证据；2. 货物已被他人提取的证据；3. 船代、货代等告知货物已被放行的证据；4. 承运人对放货事实的自认。

在目前我国对外贸易多为出口贸易的情况下，承运人无单放货的行为绝大多数发生在国外港口，提单持有人到境外港口调查货物状况，在实务操作中存在诸多困难，亦会产生高额的诉讼成本。而货物在运输过程中一直处于承运人的掌管之下，承运人在目的港一般都有自己的分公司或代理机构，由承运人来举证证明无单放货事实的不成立，似乎更为便利和迅捷。因此，在司法实践中，只要求提单持有人举证达到可以初步证明承运人有无单放货的事实，举证责任即发生转移。也就是说，提单持有人无须提供目的港提货不着的直接的、排他的证据，提供足以作出事实推定的间接证据亦可。在货物交付将视为堆场至堆场（CY—CY）及其延伸时，承运人尚未收回提单即将货物从集装箱内移除，显然不符合航运实务中整箱交接的操作流程和运输合同的约定，这足以使法官依据经验法则来推定无单放货事实的成立。如承运人否认无单放货，则应提出反驳证据，之后举证责任再次转移至提单持有人。如此反复，直至一方证据从盖然性上优于另一方证据可据以裁判为止。

本案中，作为提单持有人的原告华普公司提供了承运人网站的打印资料，证明装载本案货物的集装箱已被重新投入使用，承运人法国达飞公司对拆箱事实亦予以认可，原告的初步举证义务已完成，如被告法国达飞公司无法提交反驳证据，关于无单放货的推定即可最终成立。针对原告的无单放货主张，法国达飞公司提出了两点抗辩理由，并提供了相应的反驳证据，法院须根据反驳证据来认定其抗辩是否成立。法国达飞公司提供的货物是在目的港被海关强制拆箱的证据在形式上不符合法律规定，且内容上不能证明目的港海关作出过强制拆箱的决定或命令，以及目的港所在国家或地区存在关于强制拆箱的法律，因此不能产生推翻无单放货事实推定的效力。法国达飞公司提交的目的港海关监管仓库出具的证明，是证明货物未被交付的直接证据，且办理了公证认证手续，形式上符合法律规定，证据效力上高于原告对其主张提供的相关证据，足以推翻对无单放货事实的推定，举证责任再一次转移至原告。原告没有对其主张进一步提供证据，应承担举证不能的法律后果。且综合电子邮件等其他证据，可以认定承运人违反整箱交接的约定是在目的港货物长期无人提取的情况下为减少损失而采取的无奈之举，承运人并未侵犯提单持有人提单项下的货物权利，因此法院作出了不予支持原告诉请的无单放货损失的判决。

二、承运人擅自拆箱的法律后果

在集装箱货物运输中，托运人如果托运的是整箱货，通常会与承运人约定"整箱交接"的交付方式，这主要是为了运输的方便及货损责任的划分。近年来，承运人违反"整箱交接"约定而擅自拆箱的纠纷在司法实践中多有出现，除无单放货外，拆箱原因主要有以下三种：1. 因当地政府强制行为；2. 货物到港后长时间无人提取，承运人为加快集装箱周转、减少损失而将货物从集装箱内移除另行存放；3. 承运人听从目的港收货人指示拆箱。下面笔者将逐一分析各类拆箱行为将导致的法律后果。

第一种原因导致的拆箱，根据《中华人民共和国海商法》第六十一条规定，因政府或者主管部门的行为、检疫限制或者司法扣押而导致货物发生的灭失或者损坏，承运人不负赔偿责任。因此，对于目的港当地政府要求的强制拆箱，承运人可以免除违约责任，但承运人必须提交目的港的相关法律规定以及作出强制行为机关的决定、命令，并按照法律规定办理公证认证手续，否则将承担举证不能的法律后果。

第二种原因导致的拆箱行为，由于《中华人民共和国海商法》第八十六条关于"在卸货港无人提取货物或者收货人迟延、拒绝提取货物的，船长可以将货物卸在仓库或者其他适当场所"的规定赋予了承运人在遭遇无人提货或迟延、拒绝提货时对货物的处置权，承运人亦可不负违约责任。但承运人行使该项权利的同时，要受到一定限制。一方面要证明无人提货或迟延、拒绝提货的事实确有发生。承运人应在货物到港后及时通知、催促收货人或提单持有人尽快提货，并给予合理的等待提货期限，如对于到港不久的货物即擅自拆箱显属滥用处置权。另一方面要将货物卸在仓库或其他适当场所。卸货场所是否适当应结合港口情况和具体货物而言。如，对于不能堆放在露天场所的货物将其卸在露天场所，就应认为不适当；将冷藏货物卸在没有冷藏设备的场所，也属不适当。

第三种原因导致的拆箱，多存在于目的港收货人联合承运人规避贸易风险的情形中。货物到港后，收货人向承运人出具保函后提货，将货物先行销售或转卖，资金回笼后再向提单持有人付款赎单。当提单持有人收不到货款而追究承运人无单放货时，收货人就将滞销货物归还给承运人。从表面看来承运人确实未实施无单放货，但实际上，提单持有人即便取回货物，市场价格已发生巨大变化，损失已不可避免。如果严格按照"付款—赎单—凭单提货"的流程，提单持有人收取货款后，无论市场如何下跌，风险都应由收货人承受。承运人实施此类拆箱行为，违反了《中华人民共和国海商法》第四十八条规定的"妥善地、谨慎地装载、搬移、积载、运输、保管、照料和卸载所运货物"的承运人义务，侵犯了提单持有人对货物享有的所有权，应当承担违约责任。关于违约责任的赔偿范围，法院应综合承运人的市场价格变化、对货物外表状况改变的程度以及回运的成本等因素酌情予以认定。

（李立菲）

中国航空工业供销总公司诉中国外运广东湛江储运公司无单放货损害赔偿纠纷案

——先放货后收回提货单不构成无单放货

【提要】

在我国外贸管制体制下,进口货物的交接流程为:收货人先以提单向承运人换取提货单;承运人向港口经营人实际交付货物;最后,收货人凭海关放行的提货单向港口经营人提取货物。港口经营人在交付货物时,应当对提货单进行审查,但审查的内容仅限于提货单上有无海关的同意放行章,而对提货单的持有人是否为提货单上记名的收货人或其代理人,则没有审查义务。无单放货是指放货当时以及放货以后不能收回提单或提货单,并造成权利人损失的行为。先放货、后收回提货单,符合凭提货单放货的本来目的,该放货行为不属于无单放货。

【关键词】

无单放货　港口经营人　提货单　提单

【基本案情】

原告(上诉人):中国航空工业供销总公司(以下简称"中航供销公司")。

被告(被上诉人):中国外运广东湛江储运公司(以下简称"外运储运公司")。

2005年12月26日,原告与香港的立美贸易(亚洲)有限公司[G. C. Luckmate Trading (Asia) Ltd.](以下简称"立美公司")签订一份编号TCS05033的买卖合同,约定:原告作为买方,向作为卖方的立美公司购买2万吨泰国产木薯干(±10%公差卖方选择),单价每吨113.50美元,价格条件CNFFO中国湛江港一个安全泊位,装运日期2006年2月1日至28日。原告通过申请开立信用证的方式,已向立美公司全额支付了货款。

2006年1月6日,原告与湛江市国跃贸易有限公司(以下简称"国跃公司")书面约定:国跃公司委托原告代理进口泰国产散装木薯干2万吨,单价每吨113.50美元,湛江码头交货;原告按进口发票金额向国跃公司收取税前0.8%的代理费,并按银行费用实际发生额向国跃公司收取代垫的手续费,国跃公司在进口合同对外付款日前5个工作日内,将全额货款及代理手续费划入原告账户;本协议基于原告以自己的名义代国跃公司与外商立美公司签订TCS05033进口合同而订立。

原告向法庭提交的编号分别为01A、01B、02、03的提单记载:收货人凭指示,通知人为原告,承运船舶"国顺"(Guo Shun)轮,装货港泰国Kohsichang港,卸货港中国湛江港,货物为泰国产散装木薯片,提单于2006年3月2日在泰国曼谷签发。其中01A号提单记载的货物重量为7,000吨,01B号提单为2,967.28吨,02号提单为1,000吨,03号提单为8,533.39吨。上述每份提单的正面都有手写的"已放货,2006年3月27日"字样。原告在法庭上解释,其于3月27日凭提单向"国顺"轮的船舶代理湛江国洋国际船务代理有限公司(以下简称"国洋公司")换取提货单,提单正面的"已放货,2006年3月27日"字样即为国洋公司所写;上述提单是因为诉讼,原告通过湛江外代国际货运有限公司(以下简称"湛江外代")从国洋公司处借出来的。

2006年3月8日,"国顺"轮抵达湛江港。湛江外代的林振华在盖有"中国航空工业供销总公司"印章的空白委托报关协议上,填写了由原告委托湛江外代就01A、01B、02、03号提单项下货物报关的内容,并在委托方经办人处代签了"朴伟"二字,填写的委托日期为3月8日,被委托方一栏盖有湛江外代的报关专用章和林振华的签字,落款日期为3月9日。

2006年3月9日,湛江外代就01A、01B、02、03号提单项下的货物向湛江海关申报,并就03号提单项下的8,533.39吨泰国木薯干向海关交纳了税款保证金185万元。3月10日,海关出具了该税款保证金的收据,在该8,533.39吨泰国木薯干提货单的报关联加盖了海关放行章,相应的报关单亦记载海关放行时间为3月10日,但征税时间为3月29日。01A、01B、02号提单项下货物,海关征税时间为3月29日,放行时间为3月30日。

2006年3月22日,国跃公司传真原告,称:TCS05033号合同项下进口木薯干,请贵司委托湛江外代办理报关、报检事宜,联系人杨绍港;委托湛江北方储运公司(以下简称"北方储运")办理控货事宜,联系人吴玉斯。

同日,原告与北方储运签订涉案货物仓储协议,约定:原告将涉案货物在进口报关后存放在北方储运仓库,货权归原告;北方储运自接到原告委托,在货物清关验货后及时入库,承担原告货物安全无损义务。协议书盖有北方储运的公章,并有其法定代表人魏宇的签名。

同日,原告与湛江外代签订涉案货物代理进口报关报检协议,约定:原告将有关的清关资料交给湛江外代,以便后者办理进口报关、报检等相关手续,而货权归原告,由原告指定货物的收货人;湛江外代应及时办理报关、报检手续,货物通关后将货物和带海关放行章的正本小提单按时交付原告指定的仓储单位北方储运,并将相关交接单传真原告;由国跃公司与湛江外代进行费用结算。

2006年3月30日,原告传真湛江外代杨绍港经理一份"货物移交仓库保管说明",称:就我司委托贵司代理报关进口的木薯干19,500.67吨,我司已与北方储运签订相关仓储协议书,目前该批货物已通关,请将货物转交北方储运吴玉斯收,并将北方储运对该批货物的签收文件传真我司。

2006年8月10日,湛江外代出具一份关于"国顺"轮工作时间的汇报,记载:2006年3月6日,我司接受原告的委托报关;3月9日,我司到国洋公司领取四票19,500.67吨木薯干的报关联,并于同日向海关进行电子申报,3月27日拿到四套提货单;3月10日,海关放行其中一票8,533.39吨(03号提单);3月29日,海关放行余下三票共10,967.28吨木薯干(01A、01B、02号提单);3月30日上午09:23,原告给我司发来放货指令,要求将此批货物转交北方储运吴玉斯先生;3月30日下午,吴玉斯来我司领取报关联及提货联共四套,我司在验证吴玉斯的身份证及留存身份证复印件后,将全套单证即四套报关联及提货联移交吴玉斯先生。该"工作时间汇报"盖有湛江外代的公章及林振华的签名。林振华在庭审中作证称,其在3月9日从"国顺"轮的船代国洋公司取得四套提货单报关联向海关申报后,一直由其保管该报关联至大约3月21日交由杨绍港保管;3月27日收到原告寄来的四套正本提单后,即交给国洋公司,换取了四套提货单的提货联,国洋公司的陈碧胜在提单上注明"已放货,2006年3月27日"字样;3月30日,由杨绍港将四套提货单的报关联和提货联交给吴玉斯。

国洋公司签发的提货单分为报关联和提货联,提货单上记载的船舶抵港日期为2006年3月8日,签发日期均为3月9日,"通知方"栏均填写中国航空工业供销总公司即原告,"收货人"栏均填写"凭指示"(to order)。提货单上到货编号001对应的提单号为01A,编号002对应的提单号为01B,编号003对应的提单号为02,编号004对应的提单号为03,货物分别为泰国木薯干7,000吨、2,967.28吨、1,000吨以及8,533.39吨。提货单报关联均盖有国洋公司的业务专用章,提货联均盖有国洋公司的货物放行章;在到货编号004的提货单报关联上海关放行日期为3月10日,其余提货单报关联上海关放行日期均为3月29日。

在湛江外代保存的上述到货编号001、002、003、004的提货单报关联复印件之"提货单位(货代)章"栏内,均有"正本已取,吴玉斯,2006年3月30日"字样。

根据被告0001524号货物出库单的记载,2006年3月10日至25日,被告向湛江市腾跃贸易有限公司(以下简称"腾跃公司")的经办人吴玉斯发货7,328.16吨。原告认为此乃无单放货,而被告主张是收到提货单后才放的货。其余货物为5月18日至7月18日放货,提货人为腾跃公司及其经办人吴玉斯、鑫龙糖业有限公司等。被告已全部收回了到货编号001、002、003、004的提货单报关联和提货联。

2006年5月14日,原告工作人员到仓库查看货物,吴玉斯在库存商品核对表上签名,确认"国顺"轮载运的TCS05033号合同木薯干当日实际库存量为13,641吨。

北方储运于2006年11月15日出具一份证明,记载:"兹证明吴玉斯不是我司职工,我司与吴玉斯没有任何关系。"

在货物全部提走后,原告因未收到货款,遂向公安机关报案。湛江市公安局2006年8月9日的湛公经立字(2006)13号立案决定书记载:根据《中华人民共和国刑事诉讼法》第八十六条之规定,决定对国跃公司的法定代表人庞伟胜以及吴玉斯、魏宇等人团伙合同诈骗案立案侦查。

原告中航供销公司诉称:2005年12月26日,原告与立美公司签订买卖合同,进口泰国产木薯干2万吨。原告支付对价后取得19,500.67吨货物的四套提单。2006年3月8日,承载该批货物的"国顺"轮抵达卸货港广东湛江港,货物卸存于被告的码头仓库。3月22日,原告与北方储运签订协议,委托该公司提取货物并提供仓储控货服务。同日,原告与湛江外代签订代理进口报关报检协议,委托湛江外代办理报关、报检手续,并将正本提货单交付北方储运。根据湛江外代的工作汇报,其于3月30日下午将全套单证即四套提货单交给北方储运的吴玉斯,在此之前,全套提货单的正本一直由湛江外代持有。然而,早在2006年3月10日,被告就已开始放货,提货人均为腾跃公司。被告未凭提货单放货侵犯了原告对货物的所有权,请求判令被告赔偿因无单放货19,500.67吨进口木薯干给原告造成的损失21,093,230元及按中国人民银行贷款利率自2006年3月10日起计算的利息。

被告外运储运公司辩称：货物委托报关日期和具体报关日期应以海关备案的报关委托书和报关单为准，原告委托报关的日期是2006年3月8日，实际报关为3月9日，海关于3月10日放行其中一票货物8,533.39吨，原告不能证明被告3月10日放货时没有拿到正本提货单。退一步而言，无论被告是在3月10日还是在3月30日取得正本提货单，只要提货单不是假的，被告都不应承担无单放货的责任。原告只是涉案货物的代理人，真正的货主是国跃公司，原告的损失是国跃公司未付货款以及吴玉斯等人的诈骗所致，该损失与被告的放货行为之间没有因果关系。

【裁判理由及结论】

广州海事法院认为：本案系无单放货损害赔偿纠纷。当事人争执的焦点是：被告收回提货单的时间是2006年3月10日还是3月30日，原告是否具有诉讼主体资格，被告是否承担原告损失的赔偿责任以及赔偿的数额。

第一个焦点问题，关于被告收回提货单的时间。

证人林振华在法庭上的证词以及湛江外代关于"国顺"轮工作时间的汇报都表明，涉案提货单的报关联在湛江外代于2006年3月10日向海关申报后，一直保管在湛江外代工作人员手中，而湛江外代于3月27日才取得提货单的提货联，对此有提单正面陈碧胜"已放货，2006年3月27日"记载佐证。原告3月30日"货物移交仓库保管说明"的传真要求湛江外代将货物转交吴玉斯的指令，与吴玉斯在湛江外代保存的提货单报关联复印件"提货单位（货代）章"栏内"正本已取，吴玉斯，2006年3月30日"的签收，是相互吻合的，可以认定吴玉斯在3月30日才取得提货单，故被告从吴玉斯处收到提货单的时间不可能早于3月30日。

被告主张自己于2006年3月10日放货之时已收回提货单，是基于以下的一种逻辑推断：提货人迫不及待地向海关交纳税款保证金，以换取海关于3月10日放行03号提单项下木薯干8,533.39吨，在不惜交纳税款保证金、努力争取到海关放行货物的前提下，提货人没有理由等到3月30日才将提货单交给被告。虽说该推断有一定的合理性，但由于被告并未在提货单上注明收到提货单的日期，即没有证据证明交接提货单的时间这一事实，而原告所举的关于提货单交付时间的证据能够形成证据链条，因而应认定被告关于3月10日放货之时已收回提货单的主张不成立。

第二个焦点问题，关于原告的诉讼主体资格。

涉案货物的提单系具有物权凭证功能的指示提单，是原告以其名义对外签订货物买卖合同并对外支付货款后取得的,因而原告在持有提单期间对货物享有合法的权利。从提单的流转程序来看,原告是涉案提单的最后持有人,其未将提单转让,因而原告享有提单项下的所有权利。虽然原告通过其代理湛江外代于2006年3月27日将该提单交付给承运人的代理国洋公司换取了提货单,然而提货单仅是一种提取货物的凭条而非物权凭证,且原告对该提货单享有完全的控制权,如原告指示将该提货单交付吴玉斯即是证明,因而原告对涉案货物仍具有法律上的权利,其以原告身份起诉,符合法律的规定,即原告具有诉讼主体资格。

第三个焦点问题,被告是否承担原告损失的赔偿责任以及赔偿的数额。

被告于2006年3月10日至25日在未收回提货单的情况下向腾跃公司的经办人吴玉斯放货7,328.16吨,其最早在3月30日才收回了该已放货的提货单,而其余货物是在收回提货单之后放行的。被告在未收回提货单的情况下放行的7,328.16吨货物,在放货当时可能构成侵权,但最终是否构成侵权,取决于是否将提货单收回,或在未能收回提货单的情况下是否造成了权利人的损失。换言之,无单放货是指在放货当时以及放货以后不能收回提单或提货单,并造成权利人损失的行为。被告放货后将有关提货单收回,符合凭提货单放货的本来目的,因而该放货行为不属于无单放货。原告关于被告无单放货侵权,其后收回该提货单时审单义务相应加重,即审查该提货单是否为权利人真实意思表示的主张,没有法律根据,不予支持。

被告作为港口经营人,在交付货物时应当对提货单进行审查,但审查的内容仅限于提货单上有无海关的同意放行章,而对提货单的持有人是否为提货单上记名的收货人或其代理人,被告没有审查义务。而事实上,涉案提货单并未记载提货人或其代理人,所以,提货单一经开出,就等于承认持单人有提货的权利,被告根据提货单上的海关同意放行章将货物交给提货单的持有人,乃正常的放货行为,符合港口经营人的惯常做法,不存在过错。原告关于被告于2006年3月30日收回提货单后将货物交付非权利人腾跃公司、构成侵权的主张,没有法律根据,不予支持。

广州海事法院经本院审判委员会讨论决定,并依照《中华人民共和国民事诉讼法》第六十四条第一款之规定,于2007年5月31日作出(2006)广海法初字第324号判决:驳回原告中航供销公司的诉讼请求。案件受理费115,476元,调查取证执行费5,000元,由原告负担。

一审宣判后,中航供销公司不服提出上诉,认为:外运储运公司作为专业的码头仓储企业,在未收回提货单的情况下即放行货物,致使中航供销公司无法实现以物权作为保证收取货款的权利，上诉人的损失客观存在，且与外运储运公司的无单放货行为之间存在必然的因果关系。因此，请求撤销原判，改判外运储运公司就2006年3月10日至25日无单放货7,328.16吨木薯干的损失7,568,028.02元及其利息。

广东省高级人民法院经审理确认了一审法院认定的事实和证据，并认为：本案为无单放货损害赔偿纠纷。二审的争议为外运储运公司于2006年3月10日至25日期间，未凭提货单放行7,328.16吨货物，于3月30日才将提货单收回的行为之性质，即先放货、后收回提货单的行为是否构成侵权，该行为与中航供销公司不能收回货款的损失之间是否存在直接的因果关系，外运储运公司是否应承担相应赔偿责任。

湛江外代依据中航供销公司的指令，向吴玉斯交付提货单，吴玉斯取得提货单，即成为提货单的持有人。外运储运公司于2006年3月10日至25日期间先放货，后于3月30日收回提货单，虽然在放货程序上有瑕疵，但其向提货单持有人吴玉斯放行货物，符合凭单放货的本来目的，亦符合中航供销公司将货物交给吴玉斯的指令。因此，外运储运公司的行为不构成无单放货。中航供销公司不能收回货款，是由于受国跃公司诱导，误认为吴玉斯是代表北方储运，错误指令湛江外代将货物交给吴玉斯，从而失去了对货物的控制。中航供销公司不能收回货款，与外运储运公司的放货行为没有直接的因果关系。中航供销公司关于外运储运公司先放货、后收回提货单构成侵权，因而造成其损失的主张，显然与本案查明的事实不符，法院不予采纳。

原审认定事实清楚，审理程序合法，处理结果正确，依法应予维持；中航供销公司上诉理据不足，应予驳回。

广东省高级人民法院于2007年12月12日根据《中华人民共和国民事诉讼法》第一百五十三条第一款第（一）项之规定，作出（2007）粤高法民四终字第194号判决：驳回上诉，维持原判。二审案件受理费64,766元，由上诉人中航供销公司负担。

【典型意义】

一、关于外运储运公司的法律地位

根据1991年《联合国国际贸易运输港站经营人赔偿责任公约》关于"运输港站经营人，是指在其业务过程中，在其控制下的某一区域内或在其有权出入或使用的某一区域内，负责接管国际运输的货物，以便对这些货物从事或安排从事与运输有关的服务的人。但是，凡属于适用货物运输的法律且身为承运人的人，不视为运输港站经营人"的规定，外运储运公司为运输港站经营人，即在中国法律语境下所谓的港口经营人。

我国是实行外贸管制的国家，根据《中华人民共和国海关法》第二十四条"进口货物自进境起到办结海关手续止，出口货物自向海关申报起到出境止，过境、转运和通运货物自进境起至出境止，应当接受海关监管"的规定，外运储运公司作为港口经营人，应该根据法律的规定或根据海关的授权，对进出口货物进行监管，以防止走私情况的发生。鉴于此，外运储运公司实际上是作为对外贸易行政管理的一方主体，受海关委托或根据法律之规定，履行外贸管理的行政权限，从而与收、发货人或承运人之间形成一种行政法律关系。在本案中的具体表现是，外运储运公司对进口货物的放行，必须凭海关的进口货物放行章，其与提货人之间的关系实质为管理与被管理的关系，即行政法律关系或曰公法关系。

在我国的外贸管制体制下，进口货物的交接关系表现为：收货人以提单向承运人换取提货单，从而完成了承运人与收货人之间的货物拟制交付，即并非"一手交提单、一手交货物"的直接交付；承运人向港口经营人实际交付货物，其效果等同于向收货人交货，货运记录关于货物交接的数量、质量等状况的记载对收货人同样有效；收货人凭海关放行的提货单向港口经营人提取货物，从而完成整个货物交付手续。作为港口经营人，外运储运公司系与作业委托人订立港口业务合同，在其所有或有权使用的设施、场所，对水路运输的船舶、货物提供与运输有关的服务的人。涉案争议发生在收货人凭海关放行的提货单向港口经营人提取货物的环节。可见，本案诉讼所要处理的是港口经营人外运储运公司与收货人中航供销公司之间的港口业务合同履行过程中的侵权纠纷，属于典型的平等主体之间的民事纠纷。

二、关于先放货、后收回提货单是否构成无单放货的问题

外运储运公司在放货当时没有收回提货单，就存在此后亦不能向提货人收回提货单的可能，还存在其他人持提货单来提货而提不到货的可能。若另有他人持提货单前来提货，因货已被提走，无货可提，无疑外运储运公司无单放货了。但如果事后收回了提货单，则不可能还有其他人持有提货单，故在放货当时没有收回提货单可能构成侵权，事后收回提货单则消除了这种侵权可能，不构成无单放货。

从先放货、后收回提货单的时间间隔上推断，上述结论也是正确的：先放货、然后立即收回提货单，无疑不构成无单放货；先放货，此后5分钟收回提货单，也不可能说是无单放货；那么，1个小时、10个小时、1天、10

天、20天以后收回提货单，同样难以认定为无单放货。倘若认为随着时间的推移，会由量变发生质变，由凭单放货质变为无单放货。那么，质变的时间点在哪里？根据是什么？我们知道，诉讼时效、除斥期间会因为时间的流逝而使案件性质或案件结果发生质的变化，但该质变的时间点是法律规定的结果，并非想当然而定。显然，针对先放货、后收回提货单的情况，并没有法律规定一个凭单放货到无单放货的质变的时间点，因而实难认定外运储运公司2006年3月10日放货、3月30日收回提货单系无单放货。因此，一审、二审法院的判决无疑是正确的。

（倪学伟）

地中海航运有限公司诉深圳市忆生生商贸有限公司等海上货物运输合同纠纷案

——海上货物运输合同中收货人的提货义务

【提要】

收货人既然有提取和处分货物的权利,就应该承担相应的义务,因收货人未及时提取货物造成承运人损失的,收货人依法应予赔偿。承运人同时负有减少损失的义务,没有采取适当措施致使损失扩大的,不得就扩大的损失要求赔偿。

【关键词】

海上货物运输　收货人　提货义务　集装箱超期使用费

【基本案情】

原告:地中海航运有限公司(Mediterranean Shipping Company S. A.)。

被告:深圳市忆生生商贸有限公司(以下简称"忆生生公司")。

被告:深圳市泰德胜物流有限公司(以下简称"泰德胜公司")。

原告地中海航运有限公司于2009年7月17日起诉:原告于2008年5月22日在法国的勒维尔东港承运一个集装箱的葡萄酒,泰德胜公司为提单上记载的收货人。货物于6月27日到达交货地深圳盐田港后,泰德胜公司将提单项下货物的物权转让给忆生生公司,并承诺因放货产生的一切费用和损失由泰德胜公司承担。随后,忆生生公司到原告处领取了提货单,但迟迟没有办妥提货手续,集装箱超期使用费、码头费与日俱增。请求法院判令被告忆生生公司马上将集装箱腾空并提走货物,同时两被告向原告支付集装箱超期使用费、码头堆存费156,560元及其利息。

被告泰德胜公司辩称:1. 泰德胜公司只是收货人忆生生公司的代理人,不是本案运输合同的当事人;2. 泰德胜公司签署的放货转让授权书仅仅是一份告知实际收货人名称的通知书或声明书,不是担保合同,泰德胜公司不应对所称的费用承担任何保证责任;3. 原告未提供证据证明其是涉案集装箱的所有人或有权收取集装箱滞期费，没有证据证明其已经向码头支付了码头堆存费、从而遭受了相应的损失，而且没有积极采取措施防止损失扩大；4. 忆生生公司是本案货物的实际收货人，其已向原告办理了换提货单手续，取得了货物的所有权，对于迟延收货产生的费用应由其承担。综上所述，请求判令驳回原告对被告泰德胜公司的全部诉讼请求。

被告忆生生公司没有答辩，也没有提供证据。

广州海事法院经审理查明：2008年5月22日，原告在法国勒维尔东港承运了一个集装箱的货物，其签发的海运提单记载托运人为Sky Faith Cargo，通知人和收货人均为泰德胜公司，卸货港代理为地中海航运（香港）有限公司深圳代表处（以下简称"地中海深圳代表处"），装货港为法国勒维尔东港，交货地为中国盐田，货物为1,281箱葡萄酒，装载于一个20英尺干货集装箱内，集装箱编号为CARU3088890。提单背面设备滞期费条款规定：设备滞期费从货物卸离船舶当天开始计算，托运人和收货人应对所有的集装箱负共同或各自的责任，应将清洁和完好的集装箱运回承运人指定的地点，否则托运人和收货人应承担由此产生的重置、运输和修理在内的一切合法费用。

上述货物于2008年6月27日到达深圳盐田港。7月1日，泰德胜公司向原告出具一份放货转让授权书，表示同意将MSCUFB719232号提单项下货物的物权转让给忆生生公司，并承诺因放货产生的一切费用和责任由泰德胜公司承担。忆生生公司拿着背面有泰德胜公司和忆生生公司盖章的正本提单换取了提货单。2008年7月31日，地中海深圳代表处告知泰德胜公司，货物仍滞留在码头，请泰德胜公司立即提货防止仓储费和集装箱超期使用费进一步增加。2008年12月1日和2009年3月4日，地中海深圳代表处都曾向泰德胜公司发出书面通知，告知费用计算方法、具体金额并催促提货。

原告于2010年6月8日以书面形式向广州海事法院确认本案货物已被海关拍卖，装载货物的集装箱已于2010年5月22日前腾空返还给原告。

【裁判理由及结论】

广州海事法院经审理认为：本案是一宗海上货物运输合同纠纷。案涉提单为记名提单，提单记载的承运人为原告，收货人为泰德胜公司。根据《中华人民共和国海商法》第七十九条第（一）项的规定，记名提单是不得转让的。虽然泰德胜公司在正本提单上盖章将提单交给忆生生公司，忆生生公司也不能因此成为提单所证明的海上货物运输合同的收货人。忆生生公司只是泰德胜公司向原告确认的到货通知方，虽然泰德胜公司在向原告出具的放货转让授权书中表示将本案提单项下货物的物权转让给忆生生公司，但两被告之间是否存在货物转让合同关系与本案海上货物运输合同无关。即使泰德胜公司向忆生生公司转让了本案货物的物权，在未经作为债权人的原告同意转让海上货物运输合同权利、义务的情况下，并不导致海上货物运输合同收货人的义务由泰德胜公司转移给忆生生公司。忆生生公司不是本案海上货物运输合同收货人，其用提单换取提货单的行为应视为代泰德胜公司向作为承运人的原告行使提货权。泰德胜公司提出的其只是忆生生公司的代理人，忆生生公司才是本案货物的实际收货人的抗辩主张，缺乏事实和法律依据，依法不予支持。

泰德胜公司是本案货物提单上记载的收货人，而且取得提单后通过忆生生公司凭提单向原告主张了提货权，根据《中华人民共和国海商法》第七十八条的规定，其依据提单与原告之间成立了海上货物运输合同关系，双方均应按照有关法律规定和提单的约定行使权利和履行义务。装载本案货物的集装箱为原告提供给托运人和收货人使用的运输工具，提单背面的设备滞期费条款规定收货人在目的港提货后应在免费使用期内将清洁和完好的集装箱运回承运人指定的地点，如未在免费使用期内归还，承运人有权要求收货人及时归还，并根据实际使用时间和费率收取设备滞期费。原告给泰德胜公司的通知中记载了计算集装箱超期使用费的起始时间和费率，泰德胜公司均没有提出异议，应视为其对原告提出的计算集装箱超期使用费的标准予以认可。本案货物于2008年6月27日即到达目的港，收货人泰德胜公司一直未去提货，导致集装箱被本案货物占用到2010年5月才返还给原告，泰德胜公司对本案集装箱的使用时间已远远超过了免费期，原告关于泰德胜公司应支付集装箱超期使用费的诉讼请求，符合法律规定和当事人约定，应予以支持。由于本案集装箱已由海关返还，原告要求泰德胜公司将集装箱腾空后返还原告的请求已不成立，依法应予驳回。但是原告明知本案集装箱因收货人泰德胜公司不提货而不能投入运营，损失在不断产生，以至于超过集装箱本身的价值，却没有采取积极行动防止损失的扩大，亦有过失。原告完全可以另行购置一个新的集装箱投入运营，以使包括本案集装箱使用的预期利润在内的损失降至最低，而不应消极地等待。根据《中华人民共和国合同法》第一百一十九条第一款的规定，原告没有采取适当措施致使损失过大的，不得就扩大的损失要求赔偿。综合原告使用集装箱的正常营运收入、集装箱价值以及泰德胜公司逾期提货给原告造成的实际损失等因素，酌情认定泰德胜公司应向原告支付的集装箱超期使用费为人民币2万元。根据上述原告的集装箱超期使用费计算标准，在货物到达目的港后118天，即2008年10月22日集装箱超期使用费已经达到人民币2万元，泰德胜公司应于该日向原告支付上述集装箱超期使用费，但泰德胜公司至今没有支付，原告主张从2009年7月1日起计算集装箱超期使用费利息的请求合理，应予支持。

《中华人民共和国海商法》第八十六条规定，在卸货港无人提取货物或者收货人迟延、拒绝提取货物的，船长可以将货物卸在仓库或者其他适当场所，由此产生的费用和风险由收货人承担。本案货物自2008年6月27日到达目的港后一直堆放在码头仓库，会不断产生码头堆存费，但原告没有提供证据证明其实际垫付了本案货物的码头堆存费，故原告要求泰德胜公司支付有关码头堆存费的诉讼请求缺乏事实依据，不予支持。

忆生生公司不是本案海上运输合同的收货人，也没有向原告作出同意承担提货义务和因提货而产生的费用的意思表示，不应承担本案货物的集装箱超期使用费和堆存费。原告要求忆生生公司连带支付本案货物的集装箱超期使用费和码头堆存费的主张没有事实和法律依据，不予支持。

综上所述，依照《中华人民共和国民事诉讼法》第一百三十条、《中华人民共和国合同法》第一百一十九条第一款、《中华人民共和国海商法》第七十八条及第八十六条的规定，广州海事法院于2010年6月10日作出（2009）广海法初字第465号判决：一、被告泰德胜公司向原告地中海航运有限公司支付集装箱超期使用费人民币2万元及利息（利息从2009年7月1日起算，按中国人民银行同期流动资金贷款利率计算至本判决确定的支付之日止）；二、驳回原告地中海航运有限公司的其他诉讼请求。

宣判后，原、被告均未上诉。

【典型意义】

本案是因海上货物运输合同收货人拒绝提取货物而产生的纠纷。近年来，受全球金融危机的影响，海上货物运输中目的港无人提货和收货人拒绝提货的纠纷层出不穷，司法实践中对该类案件的处理也存在诸多的争议，本案判决对处理类似案件有一定的参考和借鉴作用，下面简要评析该案所涉及的法律问题。

一、海上货物运输合同中收货人的提货义务

在司法实践中，对收货人在目的港提取货物是单纯的权利还是负有义务一直存在争议。一种观点认为，根据《中华人民共和国海商法》第四十二条规定"收货人，是指有权提取货物的人"，提取货物是收货人的权利，收货人没有必须提货的义务,不应承担未及时提取货物产生的责任和损失;另一种观点认为,根据《中华人民共和国海商法》第八十六条"在卸货港无人提取货物或者收货人迟延、拒绝提取货物的,船长可以将货物卸在仓库或者其他适当场所,由此产生的费用和风险由收货人承担"的规定,收货人具有及时提取货物的义务。审理本案的合议庭认为,收货人既然有提取和处分货物的权利,就应该承担相应的义务,因此采纳了后面一种观点。

关于对具体收货人的识别,根据《中华人民共和国海商法》第四十二条关于收货人定义的规定,收货人应是合法持有提单的人。空白提单和指示提单要结合提单的背书情况来识别,如果是不具有流通性的记名提单,有权提取货物的人只有托运人和提单上记名的收货人,在本案提单已转让给记名收货人的情况下,唯一有权提取货物的就是记名收货人。由于收货人与承运人并未直接订立合同,收货人承担义务的前提必须是其向承运人主张其提货的权利,只有其主张了权利,法律才要求其承担相关提货义务。泰德胜公司是涉案提单上的记名收货人,本案货物到港后,承运人与泰德胜公司进行了联络,由泰德胜公司指定的通知方凭一式三份正本提单向承运人换取了提货单,说明泰德胜公司已向承运人表明了收货人身份并主张了提货权利,其必须承担及时提取货物的义务。泰德胜公司主张货物物权转让给忆生生公司,但货物物权的归属与海上货物运输合同的收货人义务并不存在法律上的必然联系,物权转让并不能成为泰德胜公司不履行收货人义务的合法理由。及时提取货物是收货人泰德胜公司对作为承运人的原告所负有的义务。根据《中华人民共和国合同法》第八十四条的规定,债务人转让义务的,应当经债权人同意,那么只有在作为债权人的原告同意转让海上货物运输合同中提货义务的情况下,海上货物运输合同收货人的义务才能由泰德胜公司转移给忆生生公司。本案原告并未作出同意泰德胜公司将提货义务转让给忆生生公司的意思表示,泰德胜公司未履行及时提货义务给原告造成的损失,泰德胜公司应当承担赔偿责任。

二、集装箱超期使用费的计算原则

收货人拒绝提货一般会造成承运人集装箱超期使用费、堆存费、监管费、冷藏费和其他港口作业费用等损失,本案承运人索赔的损失仅包括集装箱超期使用费和堆存费。关于堆存费,由于收取的主体并非承运人,承运人也未尽举证义务证明其实际遭受了该项损失,法院未予支持。集装箱超期使用费法院也未完全支持,理由有两点。

第一,集装箱超期使用费与租金不同,其具有违约金的性质,并不是简单地按天计算。有观点认为集装箱超期使用费是占有使用的费用,性质与运费、租金并无不同,但是收取集装箱的目的在于督促托运人或提单持有人及时归还集装箱,并使承运人获得补偿,而不是鼓励托运人或提单持有人使用集装箱。集装箱超期使用费按天累计发生并分段递增,又具有惩罚性,所以集装箱超期使用费的性质应为违约金。集装箱超期使用费的数额一般是按天计算,如果按照承运人和收货人约定的集装箱超期使用费标准乘以天数计算得出的数额过分高于承运人损失的,人民法院可以根据《中华人民共和国合同法》第一百一十四条第二款予以适当减少。

第二,承运人有减少损失的义务。人民法院判断承运人主张的集装箱超期使用费是否合理的标准,就是《中华人民共和国民法通则》第一百一十二条第二款"当事人一方违反合同的赔偿责任,应当相当于另一方因此所受到的损失",以及《中华人民共和国合同法》第一百一十九条第一款"当事人一方违约后,对方应当采取适当措施防止损失的扩大;没有采取适当措施致使损失扩大的,不得就扩大的损失要求赔偿"的规定。本案中原告的损失是装载货物的集装箱不能投入营运而导致的损失,在收货人泰德胜公司已经以实际行动表明其将不履行提货义务的情况下,承运人重新购置一个同类集装箱投入营运是最好的减损方式。因此,当承运人的损失超过集装箱本身的价值时,法院对其超过部分的损失未予支持。

(李立菲)

江门市浩银贸易有限公司诉联泰物流海上货物运输合同纠纷案

——海商法诉讼时效中断事由"提起诉讼"的理解与认定

【提要】

《中华人民共和国海商法》(以下简称《海商法》) 第二百六十七条未明确界定"提起诉讼"涵盖的具体情形时,应适用民事法律法规或司法解释的规定予以界定。权利人以义务人代理人为被告提起诉讼的行为,属于《最高人民法院关于审理民事案件适用诉讼时效制度若干问题的规定》第十三条第九项规定的与"提起诉讼"具有同等诉讼时效中断效力的事项,该行为应视为《海商法》第二百六十七条第一款规定的"提起诉讼",具有中断诉讼时效的法律效力。

【关键词】

海商法 诉讼时效 中断 代理人 提起诉讼

【基本案情】

原告:江门市浩银贸易有限公司(以下简称"浩银公司")。

被告:联泰物流(Union Logistics, Inc.)。

原告诉称:2014年9月至10月间,浩银公司与美国阿多恩公司签订了12份服装买卖合同,约定浩银公司向阿多恩公司出售一批价值为86,274.32美元的女裤。按照阿多恩公司的指示,浩银公司委托联泰物流将涉案货物自广东省深圳市盐田港运至美国加利福尼亚长滩港。联泰物流安排运输后,授权其代理人广州升扬国际货运代理有限公司(以下简称"升扬公司")向浩银公司签发了GTLSE1412037号(以下简称"037号")的全套正本提单,载明托运人为浩银公司,承运人为联泰物流。浩银公司要求阿多恩公司凭正本提单交付货物,但联泰物流未听从浩银公司指示,在浩银公司持有全套正本提单的情况下,仍将涉案货物交付给阿多恩公司,造成浩银公司遭受损失。

请求判令:联泰物流赔偿浩银公司货款损失人民币546,116.45元

(86,274.32 美元按 1 美元对人民币 6.33 元折算为人民币）及其孳息损失（自 2015 年 7 月 23 日计算至联泰物流实际支付之日止，按中国人民银行同期同类人民币贷款基准利率为计算标准），并由联泰物流承担案件受理费。

被告辩称：1. 浩银公司的起诉已超过诉讼时效，应予驳回；2. 浩银公司遭受的货款损失与联泰物流的无正本提单交付货物行为并无因果关系；3. 浩银公司关于孳息的请求并无事实依据，不应支持。

广州海事法院经审理查明：2014 年 9 月至 10 月间，浩银公司向阿多恩时装有限公司出售一批价值为 86,274.32 美元的女裤。按照阿多恩公司的指示，浩银公司委托联泰物流将涉案货物自广东省深圳市盐田港运至美国加利福尼亚长滩港。联泰物流安排运输后，授权其代理人升扬公司向浩银公司签发了 037 号全套正本提单（三正三副），载明托运人为浩银公司，承运人为联泰物流。2014 年 12 月 26 日，涉案货物装船起运。2015 年 1 月 16 日，涉案货物由联泰物流在目的港美国长滩交付于阿多恩公司，而浩银公司仍持有全套正本提单。

2015 年 10 月 21 日，浩银公司以升扬公司为被告提起诉讼。广州海事法院审理后认为：升扬公司为联泰公司的签单代理人，不属于承运人；浩银公司识别错误，遂判决驳回浩银公司诉请。

2016 年 2 月 24 日，浩银公司以联泰公司为被告提起诉讼，请求联泰公司赔偿其遭受的货物损失人民币 527,895.31 元（美元折算后）及其利息。经公约送达，联泰公司到庭应诉，对无正本提单交付货物事实予以确认，但辩称浩银公司对其的起诉已超过《海商法》规定的一年诉讼时效，且本案不存在诉讼时效中止、中断的法定情形，应驳回浩银公司诉请。

双方当事人均选择适用中华人民共和国法律处理本案实体纠纷。

【裁判理由及结论】

广州海事法院认为：本案是一宗海上货物运输合同纠纷。根据《海商法》第二百六十九条的规定以及双方当事人的选择，本案准据法为中华人民共和国法律。本案的争议焦点为：浩银公司的起诉是否超过诉讼时效；如未过诉讼时效，联泰物流应承担的赔偿责任。

一、关于浩银公司的起诉是否超过诉讼时效

本案诉讼时效中断应适用《海商法》第二百六十七条的规定。《海商法》第二百六十七条规定，"时效因请求人提起诉讼、提交仲裁或者被请求人同意履行义务而中断。但是，请求人撤回起诉、撤回仲裁或者起诉被裁定驳回的，时效不中断。请求人申请扣船的，时效自申请扣船之日起中断。自中断时起，时效期间重新计算"。本案中没有证据证明浩银公司曾就涉案纠纷提起仲裁或者联泰物流同意履行赔偿义务，浩银公司也未申请扣押联泰物流的船舶，故本案诉讼时效能否中断，应审查浩银公司是否"提起诉讼"。

《海商法》第二百六十七条第一款并未明确规定构成诉讼时效中断的"提起诉讼"涵盖的具体情形，该条并未明确"提起诉讼"是仅限于浩银公司以联泰物流为被告提起诉讼，还是以其他主体为被告提起诉讼亦可视为"提起诉讼"。此时，应适用其他法律、法规或司法解释的规定界定"提起诉讼"。根据《最高人民法院关于审理民事案件适用诉讼时效制度若干问题的规定》（以下简称《2008年时效规定》）第十二条"当事人一方向人民法院提交起诉状或者口头起诉的，诉讼时效从提交起诉状或者口头起诉之日起中断"的规定，浩银公司于2016年2月24日向广州海事法院邮寄起诉状的行为构成"提起诉讼"，可以依法中断诉讼时效。根据《2008年时效规定》第十三条"下列事项之一，人民法院应当认定与提起诉讼具有同等诉讼时效中断的效力：（一）申请仲裁；（二）申请支付令；（三）申请破产、申报破产债权；（四）为主张权利而申请宣告义务人失踪或死亡；（五）申请诉前财产保全、诉前临时禁令等诉前措施；（六）申请强制执行；（七）申请追加当事人或者被通知参加诉讼；（八）在诉讼中主张抵销；（九）其他与提起诉讼具有同等诉讼时效中断效力的事项"的规定，即使浩银公司未以联泰物流为被告提起诉讼，如浩银公司举证证明其已实施前述九种情形下的相关行为，其相关行为亦应被认定为与"提起诉讼"具有同等诉讼时效中断的效力，其实施的相关行为亦可视为"提起诉讼"。至于该被视为"提起诉讼"的行为，能否构成《海商法》第二百六十七条规定的诉讼时效中断，需再依据《海商法》第二百六十七条予以认定。根据《最高人民法院关于贯彻执行〈中华人民共和国民法通则〉若干问题的意见（试行）》第173条第二款"权利人向债务保证人、债务人的代理人或者财产代管人主张权利的，可以认定诉讼时效中断"的规定，浩银公司于2015年10月21日以升扬公司为被告提起诉讼的行为可以被认定为《2008年时效规定》第十三条第九项规定的"其他与提起诉讼具有同等诉讼时效中断效力的事项"。因此，浩银公司在2015年10月21日以升扬公司为被告提起诉讼的行为应视为《海商法》第二百六十七条第一款规定的"提起诉讼"。虽然浩银公司在（2015）广海法初字第1127号案中因识别承运人不当被判决驳回诉讼请求，但判决被驳回诉讼请求并不属于《海商法》第二百六十七条第一款中的"起诉被裁定驳回"。因此，本案诉讼时效期间应于 2015 年 10 月 21 日构成中断并重新开始计算。浩银公司于 2016 年 2 月 24 日向广州海事法院邮寄起诉状对联泰物流提起诉讼,再次构成诉讼时效中断。本案诉讼时效自 2015 年 1 月 15 日起计算,于 2015 年 10 月 21 日首次中断并重新开始计算;于 2016 年 2 月 24 日再次中断并重新开始计算。前述两段期间均未超过一年诉讼时效。联泰物流关于浩银公司的起诉超过诉讼时效期间的抗辩理由,不能成立。

二、关于联泰物流的赔偿责任

浩银公司因联泰物流无正本提单交付货物行为遭受的货款损失为 86,274.32 美元。浩银公司作为国内法人,有权请求将前述美元折算为人民币。前述美元货款损失应按联泰物流无正本提单交付货物之日即 2015 年 1 月 16 日银行间外汇市场美元对人民币汇率中间价折算为人民币 527,895.31 元。联泰物流未及时向浩银公司履行赔偿货款损失的义务,浩银公司请求联泰物流自 2015 年 7 月 23 日向其支付涉案货款损失的孳息损失具有法律依据,应予支持。前述孳息应以中国人民银行公布的同期同类人民币存款基准利率计算为宜,自 2015 年 7 月 23 日计算至联泰物流实际支付货款损失 527,895.31 元之日。

【典型意义】

我国海商法作为民法的特别法,规定了有别于一般民事法律的特殊诉讼时效制度。在涉及海商法调整的权利义务关系时,应优先适用海商法的相关规定。在海商法没有明确规定时,应适用民法领域一般民事法律规定。《海商法》第二百六十七条第一款虽然规定了请求人提起诉讼方能中断诉讼时效,但该法并未明确规定"提起诉讼"的具体情形,此时应适用《中华人民共和国民法通则》(以下简称《民法通则》)等法律及相关司法解释予以界定。此案对于处理海商法与一般民事法律诉讼时效制度的关系具有重要参考价值。

一、海商法中"提起诉讼"的理解

本案所涉纠纷发生于《中华人民共和国民法总则》(以下简称《民法总则》)施行前,且联泰公司提出的时效抗辩事由亦发生于 2016 年,本案诉讼时效中断的认定应优先适用海商法;如海商法没有规定的,适用《民法通则》等民事法律及司法解释。

本案裁判过程中,存在不同认识。

少数观点认为,本案应认定浩银公司的起诉超过诉讼时效,判决驳回其诉讼请求。主要理由：参照《中华人民共和国民事诉讼法》第一百一十九条"有明确的被告"的规定可知，《海商法》第二百六十七条第1款中的"提起诉讼"是指特定的、明确的被告。而此被告只能为特定化的联泰物流而非其他主体。本案中浩银公司此前起诉的被告为升扬公司，并不是联泰物流，浩银公司主张权利的意思表示也未到达联泰物流。故不能认为其"提起诉讼"。另外，如把《2008年时效规定》第十三条规定的情形适用于《海商法》第二百六十七条，也与该条文列明式的立法相矛盾。海商法对时效中断有着不同于民法的规定，往往更加严格、苛刻，这是出于商事纠纷效率性处理、加快流转的需要，本质上是商法与民法的区别，应严格按照海商法的规定来处理。

多数观点认为，浩银公司对升扬公司的起诉构成诉讼时效中断。主要理由是：虽然海商法在诉讼时效制度上具有一定自体性特征（比如诉讼时效期间更短、起算点上更倾向货物交付或应当交付之日等，客观认知标准、时效中断的法定事由更为严格），但海商法仍属于民商事法律范畴，其合理定位是民法的特别法。从诉讼时效制度看，海商法诉讼时效制度中的"期间"保持"自体性"符合相关法律规定，也具备特定价值。但海商法诉讼时效制度中的"中止与中断"过度重视"效率"价值而忽视了民法总则诉讼时效制度具有的平衡权利人与义务人利益、保护社会交易稳定、构建诚信秩序的价值。虽然本案不适用于民法总则，但民法总则确定的前述诉讼时效制度价值仍应予以尊重。在法律解释上，如存在合理解释空间，宜尽量保持海商法诉讼时效中断与民法总则诉讼时效中断在价值的同一性。海商法及其司法解释未明确规定"提起诉讼"的具体涵摄范围，为适用民事法律合理确定海商法"提起诉讼"预留了合理解释空间。综合《最高人民法院关于贯彻执行〈中华人民共和国民法通则〉若干问题的意见（试行）》第173条第二款权利人向债务人的代理人主张权利可以认定诉讼时效中断的规定、《2008年时效规定》以及浩银公司一直在积极行使权利的特定实践，将浩银公司对联泰物流代理人升扬公司提起的诉讼视为《海商法》第二百六十七条第一款可中断诉讼时效的"提起诉讼"既不违背法律解释精神，也契合当下诉讼时效立法价值。

二、海商法诉讼时效中断制度的"自体性"特性无须保留，应予修改

《民法通则》第一百三十五条规定"法律可另行规定诉讼时效期间"，第一百四十一条规定"法律可以另行规定诉讼时效"，这为海商法单独规定诉讼时效预留立法空间。基于航运效率考量以及综合借鉴相关海事国际公约，

1989年8月，《海商法》修改稿中新增了"诉讼时效中断"条款①，并最终立法通过。由此，海商法形成了与民法通则有别的诉讼时效期间、起算点以及诉讼时效中断制度。

海商法规定的部分海事请求权适用时效期间，体现了海事海商效率原则，借鉴了有关海运国际公约的相关规定，显示了海商法自体性的特性。如海上货物运输向承运人要求赔偿的请求权以及被认定为负有责任的人向第三人提起追偿请求的诉讼时效期间，分别来源于1924年《统一提单的若干法律规定的国际公约》（简称《海牙规则》）② 以及1968年《关于修订统一提单的若干法律规定的国际公约的设定书》（简称《海牙—维斯比规则》）③；有关海上旅客运输向承运人要求赔偿的请求权的诉讼时效期间来源于1974年《海上旅客及其行李运输雅典公约》（简称《雅典公约》）④；有关船舶碰撞的请求权的诉讼时效期间来源于1910年《统一船舶碰撞若干法律规定的国际公约》（简称《船舶碰撞公约》）⑤；有关海难救助的请求权的诉讼时效期间来源于1989年《国际救助公约》⑥；有关船舶油污损害请求权的诉讼时效期间来源于调整船舶油污损害的3个公约⑦。但海商法并未吸收有关公约⑧中关于诉讼时效延长的规定。同时，海商法在借鉴公约的时效制度时，改变了某些公约⑨时效不得中止、中断的规定。我国海商法的诉讼时效中断制度是首创制度，并没有国际海运公约背景，也谈不上尊重了世界海运习惯，只是更加突

---

① 1989年8月稿第二百六十五条。参见司玉琢、张永坚、蒋跃川主编《中国海商法注释》，北京大学出版社2019年版，第417页。
② 参见《海牙规则》第3条第6款第4项。
③ 参见《海牙—维斯比规则》第1条第3款。
④ 参见《雅典公约》第16条。
⑤ 参见《船舶碰撞公约》第7条。
⑥ 参见1989年《国际救助公约》第23条。
⑦ 参见1969年《国际油污损害民事责任公约》（包括1992年议定书和2000年修正案）第8条、1971年《设立国际油污损害赔偿基金公约》（包括1992年议定书和2000年修正案第）第6条、2001年《国际燃油污染损害民事责任公约》第8条。
⑧ 目前，很多海事国际公约均允许当事人以协定或单方声明的方式延长诉讼时效，可参见1968年《海牙—维斯比规则》第1条第2款、1978年《汉堡规则》第20条第1款、1989年《国际救助公约》第23条第2款、1974年《雅典公约》第16条第4款、2008年《联合国全程或部分海上国际货物运输合同公约》（简称《鹿特丹规则》）第63条。
⑨ 部分公约将时效期间定位于除斥期间，不允许时效中止、中断。可参见1910年《船舶碰撞公约》第7条第1款、第2款，1924年《海牙规则》第3条第6款第4项，1969年《国际油污损害民事责任公约》第8条，1974年《雅典公约》第16条第2款，1989年《国际救助公约》第23条第1款。

出了海事、海商的"效率"原则。

海商法源于以自发秩序形成的海事惯例,其与传统民商法在调整对象、价值理念、技术规则等方面均存在一定差异,具备特有的"自体性"特征。但必须看到,作为主要调整海上运输和船舶经营活动中平等主体财产关系的法律,海商法仍属于民商事法律范畴,海商法的合理定位是民法的特别法。① 过分强调海商法的独立性和绝对自体性既没有理论基础,也没有实践支撑。② 还会使对海商法的研究游离于法的体系之外,将海商法封锁在孤立的空间,脱离整个法学理论体系的支撑,有可能成为无本之木、无源之水。③ 因此,海商法作为民事特别法的"自体性"应保持合理限度,而不能过度强化。

诉诸诉讼时效制度,在民法总则或民法典通过并施行之后,作为民法特别法的海商法的相关制度,继续保持原有"自体性"特性则需有明确的理论与实践支撑,否则在海商法修改时,应对没有必要保留"自体性"的相关制度予以修改或废除。如前所述,海商法规定有别于民法通则的诉讼时效制度系因为《民法通则》第一百三十五条以及第一百四十一条为此种特别制度的创设预留了立法空间。《中华人民共和国民法典》(以下简称《民法典》)通过并施行后,时效制度的子制度——期间、计算方法、中止、中断——是否仍有必要保留则应视《民法总则》或《民法典》的相关条文规定。《民法总则》和《民法典》关于诉讼时效制度规定的条文内容与序号完全一致,《民法典》只对《民法总则》第一百八十八条的标点符号进行了修改,并未改变任何语义的实质内容。根据《民法典》第一百八十八条的规定,除了《民法典》外,其他法律仍可以规定有别于民法典的时效期间以及计算方法,主要表现为该条第一款、第二款中但书条款"法律另有规定的,依照其规定"。而在规范诉讼时效中止的第一百九十四条以及诉讼时效中断的第一百九十五条,均没有第一百八十八条"法律另有规定的,依照其规定"的但书条款。从文义解释来看,对于诉讼时效中止和中断,在《民法典》施行后,其他民事法律仅可就诉讼时效的期间及计算方法有特别规定,对于时效的中止和中

---

① 参见胡正良、孙思琪《论我国民法典编纂对〈海商法〉修改之影响》,载《烟台大学学报(哲学社会科学版)》2016年第3期,第25页。

② 关于我国海商法坚持绝对自体性面临的困境可参见曹兴国《海商法自体性研究》,大连海事大学博士学位论文,2017年。

③ 参见张永坚《法之家庭的游子——我国海商法研究的回归与发展》,见北京大学法学院海商法研究中心主办《海商法研究》2001年第2辑(总第5辑),法律出版社2001年版,第222页。转引自何丽新《论新民应立法视野下〈中华人民共和国海商法〉的修订》,载《中国海商法年刊》2011年第6期,第52页。

断不能另行规定。但《民法典》第一百九十七条第一款"诉讼时效的期间、计算方法以及中止、中断的事由由法律规定,当事人约定无效"仍为前述结论增添了不确定性。有观点认为,根据《民法典》第一百九十七条第一款的规定,除了第一百八十八条规定的时效期间及计算方法外,时效中止、中断仍可由其他法律规定,而海商法属于其他法律,其规定的特殊诉讼时效中断制度,即便在民法典施行后,也与民法典现行规定并无冲突。我们认为,前述观点并不准确。从体系解释角度看,如果《民法典》第一百九十七条规定仍为其他法律规定时效中止和中断预留空间,《民法典》在第一百九十四条和第一百九十五条的条文中,只需增加第一百八十八条的"法律另有规定的,依照其规定"的但书条款即可。从目的解释来看,《民法典》第一百九十七条的目的在于明确我国民事诉讼时效的法定性,而不在于规定其他法律可以规定诉讼时效的中止和中断制度。①

近年来,为适用航运和贸易的新发展,海商法的修改也纳入了议程。交通运输部于 2019 年 12 月 18 日审议通过了《中华人民共和国海商法(修改送审稿)》,并提请国务院审议。该修改送审稿对于《海商法》第二百六十七条关于诉讼时效中断的特殊规定仍建议原文保留(修改送审稿第三百二十二条),理由是:"这是海商法在诉讼时效的价值追求上追求效率的体现,而且在征求意见的过程中,很多国际、国内保险人表示当事人请求即可中断时效将使保险人的责任处于极不确定的状况,不利于实践的稳定性。因此,综合考虑,维持现有《海商法》对于诉讼时效的特别规定,当事人仅仅提出请求不中断时效。"② 但该修改送审稿将《海商法》第二百六十六条诉讼中止制度予以删除,理由是:"海商法原来有关时效中止的规定是参照民法通则制定的,在民法总则对民法通则有关时效中止制度进行更新的背景下,海商法也应相应更新。考虑到一般法与特别法的适用关系,海商法没有必要作出与民法总则完全一样的重复规定,因此,从精简条文的角度出发,删除诉讼时效中止的规定,直接适用民法总则。"③ 我们认为,在《民法总则》以及《民法

---

① 最高人民法院的法官似乎也持类似观点。参见沈德咏主编《中华人民共和国民法总则条文理解与适用》(下),人民法院出版社 2017 年版,第 1302～1303 页。该书认为"民法总则第一百九十五条对诉讼时效中断的事由进行了规定。除该条规定的诉讼时效中断事由之外,当事人自由约定的诉讼时效中断事由无效。"虽然该观点没有明确说明其他法律不能另行规定诉讼时效中止和中断,但我们认为,从目的解释来看,无法得出其他民商事法律可另行规定与民法总则或民法典第一百九十五条不同的诉讼时效中断事由。

② 参见交通运输部海商法修改稿及理由。

③ 参见交通运输部海商法修改稿及理由。

典》第一百九十五条没有相关但书条款的情形下,交通运输部的关于保留海商法诉讼时效中断、删除诉讼时效中止的修改送审意见值得商榷。

从实践层面而言,海商法的效率价值已由较短的诉讼时效期间以及强调客观标准的诉讼时效计算方法上得到体现。由于民法典没有为其他法律特别规定诉讼时效中止和中断继续保留空间,且海商法诉讼时效中断制度也并无海运实践支撑。因此,海商法无须另行保留诉讼时效中断制度。在海商法修订时,应将规范海商法诉讼时效中断的第二百六十七条以及规范诉讼时效中止的第二百六十六条一并删除。

三、民法总则或民法典施行后海商法诉讼时效中断的处理

由于对《民法典》第一百九十七条规定的理解存在争议,可能会得出其他法律仍可规定民事诉讼时效中断的结论。且《民法典》第一百九十五条与《海商法》第二百九十七条属于《中华人民共和国立法法》第九十四条规范的"法律之间对同一事项的新的一般规定与旧的特别规定不一致"情形,在全国人民代表大会常务委员会并未明确裁决时,司法实践中直接排除《海商法》第二百六十七条的适用似乎并不妥当。从法律适用层面来看,在对权威意见未发布之前,比较稳妥的做法是仍以《海商法》第二百六十七条而非《民法总则》或《民法典》第一百九十五条作为认定特定海事请求权的诉讼时效中断的法律规范。但在技术操作上,可对《海商法》第二百六十七条第一款规定的3种法定事由作适度扩大解释。将权利人起诉义务人的关联主体被判决驳回诉讼请求的,认定为诉讼时效中断事由;对"被请求人同意履行义务"的认定标准采取从宽标准。①

(徐春龙　周茜)

---

① 对于义务人仅同意协商赔偿事宜但未就具体赔偿达成协议的,是否构成海商法规定的时效中断这一问题,2004年4月8日,最高人民法院民事审判第四庭在发布的《涉外商事海事审判实务问题解答(一)》第173条载明"义务人同意与权利人协商赔偿事宜,但未能就具体赔偿额达成协议,不能视为义务人同意履行义务,故不构成诉讼时效中断的理由"。该解答对海商法诉讼时效中断持从严认定标准。但在司法实践中,仍有不同理解。从严标准有之,见(2013)津高民四终字第4号民事判决;从宽标准亦有之,见(2007)浙民三终字第110号民事判决书。

江西稀有稀土金属钨业集团进出口有限公司诉宏海箱运支线有限公司等海上财产损害责任纠纷案

——收货人的诉因选择权与承运人侵权责任的认定

【提要】

海事司法实践中已倾向于认可集装箱货物提单"不知条款"的效力,但对于拼箱货提单中"不知条款"效力的认定,则应区别情况予以对待。收货人在目的港提取货物时发现货物灭失或损坏,有权选择按照海上货物运输合同向承运人提起违约之诉,或以提单项下货物权益受到侵犯提起侵权之诉,即赋予原告在违约责任与侵权责任竞合时的诉因选择权。收货人选择以侵权作为诉因的,应承担承运人实施了侵权行为且该侵权行为与其受到的损害具有因果关系的举证责任。因国际贸易合同下遭受的货物损失,不能通过货物运输合同的诉讼取得赔偿。

【关键词】

海上货物运输　提单不知条款　责任竞合　因果关系

【基本案情】

原告（上诉人）：江西稀有稀土金属钨业集团进出口有限公司（以下简称"稀土公司"）。

被告（被上诉人）：宏海箱运支线有限公司（以下简称"宏海公司"）。

被告（被上诉人）：宏海箱运支线菲律宾有限公司（以下简称"宏海菲律宾公司"）。

被告（被上诉人）：宏海箱运私人有限公司（以下简称"宏海私人公司"）。

2009年5月9日,稀土公司与美国阿莫须斯公司签订废铜买卖合同,约定稀土公司向阿莫须斯公司采购2号废铜500吨。德明公司为阿莫须斯公司的出口代理人,货物在装货港需由通标标准公司、中国检验认证集团或其他同等检验机构出具运往中国的废物原料装运前检验证书、数量及质量确认书。6月2日至6日，19个有宏海公司船封但无中国检验认证集团菲律宾公司（以下简称"中检菲律宾公司"）铅封的集装箱被运至马尼拉码头。6月9日，宏海菲律宾公司代表宏海公司签发了提单及附件，提单记载：托运人德明公司，转交金球公司，收货人及通知方为原告，承运船"宏中"轮，装货港马尼拉港，卸货港南海平洲码头；19个40英尺集装箱，由托运人装箱、盘点及铅封，据托运人描述，货物为503.46吨2号紫杂铜，箱号/封号栏备注了19个集装箱的箱号和船公司铅封号，并注明完整的集装箱资料请看附件。提单附件记载了19个集装箱的集装箱号、船封号、中检菲律宾公司的铅封号及每个载货集装箱重量。

2009年6月9日，"宏中"轮到达香港。编号为REGU4999571的集装箱在中转过程中受损，货物被转移到REGU4213152号集装箱，并加封了编号为075153的中国检验认证集团铅封，标准公证行出具的检验证书记载转载货物犹如"土壤及石块"。7月12日，19个集装箱由香港运往广东南海平洲港。原告、中检菲律宾公司和宏海公司代表等联合进行了查验，发现每个集装箱都有宏海公司船封，REGU4213152号集装箱还有中国检验认证集团075153号铅封；集装箱外观清洁未受损，铅封完好，箱体结构、箱门各部件均未损坏；集装箱内装运的都是泥土、石块、铁锈块和废铁渣，而非提单记载的废铜。

2009年5月19日，应原告要求，中国建设银行南昌洪都支行开具一份不可撤销信用证。信用证列明所需单据有全套清洁已装船提单（显示运费预付及船名，通知方和收货人为原告）、签字商业发票、签字装箱单、通标标准公司、中国检验认证集团或者装运港其他同等机构出具的品质及数量证明、中国检验认证集团装船前检验证书等。6月20日，原告向银行支付了货款，取得了正本提单。

2009年8月14日，宏海菲律宾公司向菲律宾国家调查局要求协查涉案集装箱的案件。2010年2月8日，菲律宾国家调查局出具调查报告，认为数人合谋欺诈了稀土公司。托运人金球公司申请中检菲律宾公司对500吨废铜进行检验，集装箱在检验地装满废铜后本该封上宏海公司船封却被封上了其他铅封，之后再封上中检菲律宾公司的铅封。集装箱装完后本应立即开往马尼拉码头，却到了其他地方，途中中检菲律宾公司铅封和伪造的铅封被破坏，箱里废铜被替换成重量大致相当的其他物质，然后再封上宏海公司船封运至码头。

稀土公司2009年8月3日向广州海事法院起诉称：宏海菲律宾公司签发提单记载的中检菲律宾公司铅封号为虚假信息，导致信用证下货款被支付。承运人宏海公司和实际承运人宏海私人公司在责任期间未尽到管货义务，致集装箱的中检菲律宾公司铅封灭失，应当承担侵权赔偿责任。

三被告共同辩称：涉案货物损失是贸易欺诈所致，货物在到达装货港堆场前已被调换，货损发生在承运人责任期间之外。集装箱船封在目的港与装货港是一致的，被告已完成交付货物的义务，提单附页记载内容不构成被告据以交付货物的依据。

【裁判理由及结论】

广州海事法院经审理认为：本案为一宗海上财产损害责任纠纷。原告作为涉案提单的收货人，在持有提单向承运人主张提取货物之时，便与承运人建立了海上货物运输合同法律关系，原告为收货人，被告宏海公司为契约承运人，被告宏海私人公司为实际承运人。在发生货损时，原告有权以违约作为责任基础起诉，也可以作为提单持有人以提单项下的权益受到侵犯为由，以侵权为责任基础起诉。原告第一次开庭时选择依据侵权为责任基础起诉三被告，在两次庭审之后，原告申请变更责任基础为违约起诉三被告。根据《最高人民法院关于适用〈中华人民共和国合同法〉若干问题的解释（一）》第三十条"债权人依照合同法第一百二十二条的规定向人民法院起诉时作出选择后，在一审开庭以前又变更诉讼请求的，人民法院应当准许。对方当事人提出管辖权异议，经审查异议成立的，人民法院应当驳回起诉"的规定，申请变更诉讼请求责任基础应当在一审开庭前提出，所以，不予支持原告变更责任基础的申请，本案应当根据原告选择的侵权为责任基础进行审理。

涉案货物于目的港广东南海平洲码头被发现货损，即侵权结果发生地为目的港。侵权行为的损害赔偿，适用侵权行为地法律。侵权行为地的法律包括侵权行为实施地法律和侵权结果发生地法律，如果两者不一致时，人民法院可以选择适用，故本案适用中华人民共和国法律进行审理。

原告对外签订买卖合同，开具信用证，并向银行支付货款后，取得以原告为收货人的记名提单。为此，原告即合法取得并持有涉案提单，并取得提单项下的相关权利。

关于货损的事实，菲律宾国家调查局作出了调查报告。该调查局系隶属于菲律宾司法部的机构，主要职能是积极主动调查犯罪及其他违反菲律宾法律规定的活动、维护公共利益，此外还负责协助其他执法部门开展调查或犯罪侦查活动。菲律宾国家调查局作出的调查报告，证据翔实、具体，具有客观性和合理性。在没有相反证据的情况下，应认定该份调查报告中相关事实的真实性。虽然没有涉案货物在装货港交付之前就已经被调包的直接证据，但调查报告在翔实、清楚的事实下进行了客观、合理的分析，根据高度盖然性原则来判断，应当认定涉案货物在交付承运人前已经被调换。

根据查明的事实，涉案货物在始发港交付承运人前已被调换，且在交付时集装箱不存在中检菲律宾公司铅封号，三被告没有实施破坏该铅封的侵权行为。所以，原告关于三被告破坏了涉案集装箱的中检菲律宾公司铅封，导致其无法在目的港提取提单项下货物的诉讼主张，没有事实依据，不予支持。

在集装箱上没有中检菲律宾公司铅封号的情况下，提单附件中予以了记载，足以认定被告宏海菲律宾公司错误签发了提单。提单签发是宏海菲律宾公司接受被告宏海公司委托而实施的行为，故宏海公司应承担错误签发提单的法律责任。在没有证据证明存在签发提单过错的情况下，被告宏海菲律宾公司不承担责任。被告宏海私人公司没有实施签发提单的行为，不对错误签发提单承担责任。原告要求被告宏海菲律宾公司和宏海私人公司承担侵权赔偿责任，没有事实依据，不予支持。

原告信用证付款所需要的单据中，对提单的要求只是全套清洁的已装船提单（显示运费预付及船名，通知方和收货人为原告），并没有要求提单记载中检菲律宾公司铅封号，提单是否记载了该铅封号都不影响信用证付款，即被告宏海公司错误签发提单的侵权行为与原告信用证付款不存在因果关系。因此，原告要求被告宏海公司承担侵权赔偿责任，没有事实及法律依据，不予支持。

广州海事法院依照《中华人民共和国民事诉讼法》第六十四条第一款的规定，判决驳回原告稀土公司的诉讼请求。

稀土公司不服一审判决提出上诉。广东省高级人民法院经审理认为，本案提单关于货物的描述及集装箱详细信息均是宏海公司根据托运人要求记载的，提单附页虽记载了相关铅封号码，但未注明该号码是中检菲律宾公司的铅封号，且交货方式为FCL/FCL（整箱货交接），在此集装箱运输方式下，宏海公司接收整箱货物后，无须检查德明公司托运的货物是否与其申报货物一致，仅需对集装箱的整箱状况负责。本案集装箱到达目的地交付给稀土公司时，外观清洁未受损、箱体未受损、船舶铅封完好，可以认定宏海公司已经按提单的记载完成了交付。稀土公司关于宏海公司在承运期间实施了侵犯其货物所有权的行为、应承担赔偿责任的上诉主张，没有事实和法律依据。

原审法院认定事实清楚,适用法律正确,处理结果得当,终审判决:驳回上诉,维持原判。

稀土公司认为判决有错误申请再审,广东省高级人民法院经最高人民法院指定再审后认为,本案提单是否记载中国检验认证集团菲律宾公司的铅封号不影响信用证付款,原审认定错误签发提单的行为与江西稀土公司信用证付款不存在因果关系并无不当,江西稀土公司主张宏海公司、宏海菲律宾公司及宏海私人公司承担侵权赔偿责任缺乏事实依据与法律依据,原二审判决认定事实清楚,适用法律正确,再审判决维持原二审判决。

【典型意义】

本案是一宗典型的海上货物运输侵权纠纷。原告稀土公司作为提单收货人,在目的港提货时经开箱查验发现货物并非提单记载的废铜,其选择以侵权为诉因起诉宏海公司等三被告。当事人争议的焦点在于涉及国际贸易合同欺诈的情况下,宏海公司作为承运人签发提单是否有过错,是否应承担货物被替换的赔偿责任。

一、违约责任与侵权责任竞合时原告的选择权

违约责任与侵权责任的竞合是指行为人的某一民事行为具有违约和侵权之双重特征,从而导致违约责任和侵权责任在法律上并存的一种法律现象。"责任竞合并非反常现象,因为社会生活千姿百态,无论法律规定如何精细,责任竞合都是不可避免的。"① 《中华人民共和国合同法》(以下简称《合同法》)第一百二十二条规定:"因当事人一方的违约行为,侵害对方人身、财产权益的,受损害方有权选择依照本法要求其承担违约责任或者依照其他法律要求其承担侵权责任。" 这是我国法律首次赋予当事人违约之诉或侵权之诉的选择权。确立责任竞合制度的目的在于强化对受害人的救济,最大限度地保护受害人的权利和利益,受害人所应受到的限制仅在于"不得就同一法律事实或法律行为,分别以不同的诉因提起两个诉讼"②,即不能双重请求。

稀土公司作为海上货物运输合同的提单持有人和收货人,有权选择以侵权为诉因要求被告承担赔偿责任。但这一选择权并非在诉讼的整个期间、每一阶段都可行使,而是有一定的时间限制,即《最高人民法院关于适用〈中

---

① 参见王利明《侵权责任法与合同法的界分——以侵权责任法的扩张为视野》,载《中国法学》2011年第3期,第122页。
② 见1989年6月12日最高人民法院下发的《全国沿海地区涉外、涉港澳经济审判工作座谈会纪要》。

华人民共和国合同法〉若干问题的解释（一）》关于诉因选择应在法院第一次开庭前完成的规定。这有利于对方当事人的抗辩准备和法院审判工作的顺利开展，也是原告对诉讼风险评估做出抉择后所应承担的守信义务。由于不同的请求权其构成要件、赔偿范围、举证责任、诉讼管辖等方面均有所不同，倘若允许原告无时间限制地选择诉因，可以在诉讼进程中根据被告的抗辩理由变换诉因，则既违背了诉讼诚信的要求，又无端地使亮出底牌的对方当事人陷入被动境地，不利于案件的公正审判。因此，原告稀土公司在两次开庭审理后提出变更诉因为违约之诉的请求，法院不予准许，从而保证了审判程序的公正。

需要注意的是，在海上货物运输中，法律特别赋予了承运人因航海过失、火灾等造成货损的免责权和限制赔偿责任的权利。就海上货物运输合同所涉及的货物灭失、损坏或者迟延交付对承运人提起的任何诉讼，不论原告是否为合同的一方，也不论是依运输合同提起违约之诉还是据侵权行为提起侵权之诉，作为被告的承运人均可援引和适用《中华人民共和国海商法》第四章关于承运人的抗辩理由和限制赔偿责任的规定。这是海事法律制度的特色之一，避免了通过诉因选择规避法律对承运人特别保护的规定。

二、集装箱提单中"不知条款"的效力

根据《海牙规则》第三条和《海牙—维斯比规则》第一条的规定，提单正面关于货物品名、标志、包数或者件数、重量或者体积等的记载，以及关于货物外表状况的记载，在承运人和托运人之间是表面证据，反证有效；"当该提单已被转让与诚实行事的第三方时，便不能接受与此相反的证据"[1]，即在承运人和提单受让人、收货人之间是绝对证据，反证无效。然而，随着集装箱运输的发展，提单上的这种关于货物情况的记载，其证据效力也在发生着微妙的变化。

在集装箱整箱货物运输的情况下，若承运人未参与货物的装箱、封箱，则提单上有关货物的品名、标志、包数、重量等详细情况均是由托运人提供，为了避免收货人的索赔，承运人通常在集装箱提单正面加注"发货人装箱、计数并加封""据称内装""据货主称""整箱货托运"，在提单背面有印刷的"不知条款"，如"货物是由发货人或其代理人装箱并加封，本提单正面所列内容（货物的标志、包数、件数、重量等），本公司均不知悉"。

在司法实践中，已倾向于认可上述"不知条款"的效力。在整箱货托运

---

[1] 《海牙—维斯比规则》第一条。

的情况下,承运人未参与货物的装箱、封箱,也不可能检查每一个集装箱内货物的实际装载情况。承运人在起运港接收箱体外表状况良好、铅封完好的集装箱,在目的港交付相同状况的集装箱,即可认定承运人适当履行了货物运输义务,对箱内货物的短少、灭失、毁损不负赔偿责任。但对于拼箱货提单中"不知条款"效力的认定,则应区别情况予以对待。如果集装箱货运站由货主委托,代表货主拼、装箱,则视同货主本人装箱,提单中的"不知条款"有效;反之,集装箱货运站由承运人委托,代表承运人拼、装箱,则提单加注"不知条款"与事实不符,应认定其无效。

本案集装箱是由托运人装箱并施加铅封,宏海公司在签发提单时注明完整的集装箱资料请看附件,并有"不知条款"的批注。提单附件记载了19个集装箱的箱号、重量、船封号、中检菲律宾公司的铅封号。该附件系托运人提供,但承运人对于附件记载的集装箱铅封号可以通过观察集装箱外表进行核实,宏海公司在起运港接收的集装箱除船封外并无其他铅封,却未将此情况如实在提单附件上记载,一审判决认定其签发提单的行为存在过错应是正确的。

三、承运人侵权行为责任的承担

在一般侵权行为中,行为人承担侵权责任的构成要件为:有加害行为,有损害事实的存在,加害行为与损害事实之间有因果关系,行为人有主观过错四个方面。具体到本案而言,宏海公司有签发与货物外表状况不完全相符的提单这一加害行为,签发提单时未尽适当谨慎义务,说明其存在主观过失,稀土公司未收到约定的货物遭受了货款损失,但如要求宏海公司承担侵权责任,还需证明宏海公司签发提单的行为与货款损失之间存在因果关系。因果关系是确定侵权责任的重要条件,判断加害行为与损害事实之间是否存在因果关系,通常采取"如果不存在加害行为,损害就不会发生,则认定该行为是损害结果发生的原因;如果即使不存在该行为,损害依旧发生,则该行为不是损害发生的原因"这一标准。

涉案货物在起运港承运人接收前就已被调换成泥土、石块、锈蚀的铁块和废渣,货损的原因是贸易合同一方当事人的欺诈,而货损发生的时间是在承运人责任期间开始之前。稀土公司约定的信用证付款条件是清洁已装船提单,不论宏海公司签发的提单有无正确的铅封号,稀土公司都应按信用证要求支付货款,并收到被调换后的货物。即宏海公司的侵权行为对损害结果的发生并不存在影响,其签发提单的行为与稀土公司未收到约定货物的损害事实之间并无法律上的因果关系。本案是因国际贸易合同欺诈引起,对于在买卖环节发生的欺诈，除非承运人和卖方存在共同致害的意思联络或有共同过错，构成共同侵权，否则稀土公司只能向买卖合同的相对方索赔，而不能将风险转嫁给运输合同的承运人。

（倪学伟　付俊洋）

A.P. 穆勒-马士基有限公司诉上海蝉联携运物流有限公司及其深圳分公司海上货物运输合同纠纷案

——承运人向托运人索赔目的港无人提货集装箱超期使用费的诉讼时效起算点

【提要】

承运人向托运人行使集装箱超期使用费请求权的诉讼时效的起算点如何认定的问题在司法实践中一直争议较大,本案经最高人民法院再审认定目的港无人提货情况下承运人向托运人索赔集装箱超期使用费的诉讼时效起算点为免箱期次日。

【关键词】

海上货物运输合同　目的港　无人提货 诉讼时效

【基本案情】

原告(被上诉人、被申请人):A.P. 穆勒-马士基有限公司(A.P. Moller-Maersk A/S)(以下简称"马士基公司")。

被告(上诉人、再审申请人):上海蝉联携运物流有限公司深圳分公司(Xen Freight Agency Ltd. Shenzhen Off)(以下简称"蝉联深圳分公司")。

被告(上诉人、再审申请人):上海蝉联携运物流有限公司(以下简称"蝉联公司")。

马士基公司诉称:2010 年,蝉联深圳分公司委托其从深圳盐田港出运编号为 859498700 的提单项下 5 个集装箱货物到印度新德里港。货物运抵中转港孟买新港前后,蝉联深圳分公司多次要求更改目的港后多次取消更改。最后,蝉联深圳分公司确认托运人将承担货物在孟买新港滞留而产生的费用,且收货人会到孟买新港清关提货。因始终无人提取涉案货物,导致货物被孟买新港海关罚没。蝉联深圳分公司作为托运人多次更改收、发货人,应对无人提货给承运人造成的损失承担赔偿责任,蝉联深圳分公司系蝉联公司的分支机构，蝉联公司应就蝉联深圳分公司的行为对承运人造成的损失承担连带赔偿责任。请求判令：两被告共同承担集装箱超期使用费8,026,425卢比（按起诉当日汇率计算折合人民币1,029,554.51元），以及共同承担本案诉讼费。

蝉联公司、蝉联深圳分公司共同辩称：其与原告不存在海上货物运输合同关系，两被告既不是托运人，也不是收货人，原告要求被告对涉案货物的集装箱超期使用费承担赔偿责任于法无据。原告未举证证明集装箱超期使用费已实际产生并实际存在。根据法律规定，承运人应于涉案货物发生无人提取之日起60日即申请法院裁定拍卖货物，并以拍卖款清偿应由托运人或者收货人向原告支付的费用，不应任由货物无人提取近1年才由海关拍卖，原告应自行承担未及时处理货物所造成的扩大损失。原告诉请的集装箱超期使用费已远远超过集装箱本身的价值，当集装箱超期使用费超过一个新集装箱的价值时，承运人可以通过购置新的集装箱来减损，集装箱超期使用费超期只应计算至货物无人提取之日起60日止，且不能超过重新购置集装箱的价格，两者之间以较低者为准。涉案货物被孟买新港海关拍卖后的拍卖款足以支付集装箱超期使用费，原告不但无权向托运人索赔该费用，且依法应将剩余的拍卖货款返还托运人。原告的起诉已经超过诉讼时效，请求法院驳回原告的诉讼请求。

广州海事法院经审理查明：2010年1月，蝉联深圳分公司向原告的起运港代理马士基深圳分公司订舱，委托原告将7个40英尺集装箱货物从广东黄埔运到印度新德里。原告接受订舱后制作了订舱确认单，记载编号为859498700，订舱方蝉联深圳分公司，服务合同号码409149，合同客户亚洲中联公司（Sinolinks Asia Ltd.），运输方式为堆场至堆场，起运港中国广东黄埔，目的港印度新德里，承运部门马士基深圳分公司，订舱情况为7个40英尺的干箱，装运执行日期2010年1月29日，预计装船时间2月7日，承运船舶"Dummy"轮，预计2月10日到达印度Da Chan湾一号码头，转由"恩诺德·欧尼亚"（Nedlloyd Oceania）轮分两批运送至印度新德里港，预计到达时间分别为2月20日和2月26日。订舱确认单同时注明"更改本次订舱内容请与本公司联系"。

订舱确认单记载的运输计划反映，中国广东至印度新德里的船期为8天至15天，涉案货物的出货指示于2010年2月10日作出，提单记载的装船时间为2月13日，蝉联深圳分公司从2月26日至6月2日期间因客户清关问题多次通过电子邮件与原告的起运港代理联系更改目的港及托运人、收货人等事宜，并于4月16日确认收货人会去孟买清关并提货，不需要转运至新德里，原告主张由此推断4月16日货物已经到港。

2010年2月10日，蝉联深圳分公司向原告发出出货指示，确认货物已装上涉案5个集装箱，货物从盐田港运至印度新德里，由其支付运费并接受提单。数据交换时间为2月10日、订舱号为859498700的出货指示记载：客户代码40600306066、客户名称蝉联深圳分公司，合同项下客户代码40900206657、公司名称亚洲中联公司，发货人公司名称蝉联深圳分公司，收货人为"Sinolinks Asia Ltd."，付款方及发票方均为蝉联深圳分公司，船名为"马士基·斯托克霍"（Maersk Stockholm）轮，装运港中国盐田港，目的港印度新德里港，集装箱号码为涉案的5个集装箱的编号，每个集装箱均已注明货物名、包装类型、包装数量、重量、体积及承运人铅封号，提单类型为已装船提单，起运港费用、起运港码头操作费、海运费为发票方预付，目的港码头操作费、目的港费用为收货人到付，文件指示将运输单据放给发票方。

2010年2月13日，涉案5个集装箱由原告承运并在盐田港装上"马士基·斯托克霍"轮运至孟买新港。抬头为马士基航运、编号为859498700的未经签发的提单记载：订舱确认单号码859498700，托运人深圳贸易出口有限公司，服务合同号码409149，收货人"Limra Traders A-3"，船舶为"马士基·斯托克霍"轮，装运港盐田港，卸货港贾瓦哈拉尔·尼赫鲁（Jawaharlal Nehru）港，涉案的5个集装箱内装有9,063卷电焊丝，运费预付，堆场至堆场，货物已装船时间2月13日。庭审中原告陈述因被告未支付运费，该提单未签发，留在系统里，原件未交给被告。

2011年2月28日，孟买新港海关处理部海关专员签发了编号67的提货单，记载：2月21日，孟买海关通过编号为56的拍卖，出售了位于马士基（旧）集装箱货运站的编号为MSKU9591614、TCNU9520396、AMFU8702814、MSKU9053162、MSKU0824459的5个集装箱（以下统称"涉案5个集装箱"）中的货物，货物必须在本提货单签发后5日内交付。该货物被描述为各类逃税的中国货品。拍卖所得26,526,500卢比，买受人M/S Bhavi Impex于2月28日支付拍卖款，12.5%增值税1,025,000卢比和5%的增值税916,325卢比归入政府财政部。同日，孟买新港海关处理部向孟买马士基（旧）集装箱货运站经理签发编号67的"关于被拍卖货物的交付"的提货单，其上记载：本海关办事处指示贵司将电子拍卖编号56的货物交付给竞拍成功的投标人M/S Bhavi Impex。从孟买新港海关的文书来看，货物被拍卖是因被认定为逃税物品，货物被拍卖时仍在马士基公司的集装箱货运站，涉案货物在起运港装船时间是2010年2月13日，被拍卖的时间是2011年2月21日。

原告在其网站上公布的孟买新港进口的40英尺集装箱的超期使用费收费标准为第1天至第5天免费，第6天至第12天每箱每天940卢比，第13天至第19天每箱每天1,598卢比，第20天至第26天每箱每天1,786卢比，之后每箱每天4,653卢比。

双方在庭审中均选择适用中华人民共和国法律处理本案纠纷。

广州海事法院认为：本案是涉外海上货物运输合同纠纷。双方在庭审中均选择适用中华人民共和国法律，根据《中华人民共和国海商法》第二百六十九条的规定，合同当事人可以选择合同适用的法律，本案实体争议应适用中华人民共和国法律解决。

双方均主张本案的时效期间为1年，分歧在于诉讼时效的起算点。依照《最高人民法院关于承运人就海上货物运输向托运人、收货人或提单持有人要求赔偿的请求权时效期间的批复》，承运人就海上货物运输向托运人要求赔偿的请求权比照适用《中华人民共和国海商法》第二百五十七条第一款的规定，时效期间为1年，自权利人知道或者应当知道权利被侵害之日起计算。本案的关键是原告"知道或者应当知道权利被侵害之日"应当如何认定。货物运抵目的港后，两被告始终未明确表示弃货，而是向原告称收货人会到目的港清关并提货，原告有理由等待收货人提货，双方均未举证证明目的港当局规定的最后清关时限，蝉联深圳分公司曾于2010年3月30日通过电子邮件承诺托运人将承担集装箱超期使用费。造成原告权利被侵害的原因是原告为完成海上货物运输合同而提供的集装箱被超期占用，该超期占用的损害事实是持续不间断发生的，且直至货物被当作逃税物品被孟买新港海关拍卖后，原告才知道收货人不可能再提货，被占用的集装箱才因中标人提货而结束被占用的状态，集装箱超期使用所造成的损害才停止，该损失构成一个完整的合同之债。故认定原告行使请求权的时效期间应从印度孟买新港海关向其发出"关于被拍卖货物的交付"文书之日起算，即2011年2月28日起算，至2012年2月27日原告向本院提起本次诉讼，未超过一年的时效期间。

原告接受蝉联深圳分公司的委托安排运输，并将货物从深圳盐田运至印度孟买新港。蝉联深圳分公司向原告订舱、发出出货指示、通过电子邮件更改目的港、托运人和收货人，以及货物已实际出运的事实表明蝉联深圳分公司是以自己的名义与原告订立海上货物运输合同，并实际履行了合同，蝉联深圳分公司为托运人，原告为承运人，蝉联深圳分公司与原告之间的海上货物运输合同关系依法成立。被告委托原告出运货物后，未按约定支付运费，未取得提单原件，双方约定由"Limra Traders A-3"到目的港提货，属当事人约定第三人履行义务的情形，当目的港无人提货时，应当视为第三人不履行义务。根据《中华人民共和国合同法》第一百二十一条关于当事人一方因第三人的原因造成违约的，应当向对方承担违约责任的规定，第三人没有履行提货义务所产生的法律后果应由蝉联深圳分公司承担。蝉联深圳分公司是蝉联公司设立的分公司，不具有法人资格，没有独立的民事责任能力，被告蝉联公司作为设立蝉联深圳分公司的法人单位，应与蝉联深圳分公司共同向原告承担托运人的责任。

集装箱是原告为履行海上货物运输合同而提供的辅助工具，托运人或收货人及时提取货物后及时归还集装箱是海上货物运输合同下的附随义务，无人提货导致涉案5个集装箱被长期占用而不能及时投入运输生产，由此给原告造成的损失是显而易见的。集装箱超期使用费是被告怠于履行运输合同义务给原告所造成损失的赔偿，依据《中华人民共和国合同法》第一百一十三条的规定，当事人一方不履行合同义务或者履行合同义务不符合约定，给对方造成损失的，损失赔偿额应当相当于因违约所造成的损失，包括合同履行后可以获得的利益。涉案5个集装箱被占用的期间为自涉案货物运抵目的港之后的第6天（免费期为5天）起算至货物被指定交付给中标人之日止，即2010年4月22日至2011年2月28日。原告收取集装箱超期使用费的标准是通过网站进行公布，通过网站公布集装箱超期使用费的标准是国内外航运业的通常作法，经审查该标准在合理范围内，且承运人收取集装箱超期使用费的目的是敦促使用人积极履约、及时返还集装箱，而非支持使用人占用集装箱，故法院采信原告网站公布的计费标准，以此计算出涉案5个集装箱超期使用费达到6,921,455卢比，该金额已超过5个集装箱总价值的数倍。按常理托运人能预见到的集装箱超期使用费的最高额度应是集装箱本身的价格。当事人一方违约后，对方应当采取适当措施防止损失的扩大；没有采取措施致使损失扩大的，不得就扩大的损失要求赔偿。依据《中华人民共和国海商法》第八十七条、第八十八条的规定，应当向承运人支付的费用没有付清，又没有提供适当担保的，自船舶抵达卸货港的次日起满60日货物无人提取的，承运人可以申请法院裁定拍卖货物，拍卖所得价款，用于清偿应当向承运人支付的有关费用；不足的金额，承运人有权向托运人追偿。据此原告有权依法采取措施处置货物以防止集装箱超期使用的损失进一步扩大，原告未举证证明其为防止损失扩大采取了相应措施、囿于当地法律规定而不能的事实存在，故两被告关于原告未采取适当措施防止损失扩大的抗辩理由成立。

当集装箱超期使用费损失累计达到重新购置一个新的集装箱的价格时，承运人完全可以重新购置一个新集装箱以防止损失继续扩大。经查，近两年一个40英尺集装箱的市场价格约为人民币3万元。综合考虑原告自身的减损义务、两被告在订立合同之初可能预见到的因违反合同可能造成的损失等因素，酌定两被告共同向原告赔偿涉案5个集装箱超期使用费损失为人民币15万元。

广州海事法院于2013年10月16日作出（2012）广海法初字第329号民事判决，依照《中华人民共和国合同法》第六十五条、第一百零七条、第一百一十三条及第一百一十九条第一款之规定，判决：一、蝉联深圳分公司、蝉联公司共同赔偿马士基公司集装箱超期使用费损失人民币15万元；二、驳回马士基公司的其他诉讼请求。

蝉联深圳分公司、蝉联公司不服一审判决，向广东省高级人民法院提出上诉称：本案集装箱超期使用费的诉讼时效应该从马士基公司知道或应当知道集装箱超期使用费产生之日起开始计算。请求二审法院依法改判。

广东省高级人民法院认为，集装箱使用的问题属于海上货物运输合同项下的附随问题，托运人及时交还集装箱应属托运人的合同义务。涉案集装箱超期使用费计算标准应定性为双方当事人专门针对托运人超期使用集装箱的违约行为的违约金。本案马士基公司诉请托运人承担集装箱超期使用费，应从马士基公司知道或者应当知道其权利受到侵害之日起算诉讼时效。涉案货物运抵目的港后，因无人提货导致马士基公司的集装箱一直处于不能归还的状态，马士基公司根据海关的指示将货物交付新的买主之后，涉案集装箱才得以归还。此时，集装箱被超期使用的损害才得以终止，集装箱超期使用费的数额才得以固定。马士基公司行使请求权的时效期间应从印度孟买新港海关向其发出"关于被拍卖货物的交付"文书之日起算，即2011年2月28日起算，至2012年2月27日马士基公司向一审法院提起本案诉讼，未超过一年的诉讼时效期间。

广东省高级人民法院于2014年6月19日作出（2013）粤高法民四终字第162号民事判决，依照《中华人民共和国民事诉讼法》第一百七十条第一款第（一）项之规定，判决驳回上诉，维持原判。

蝉联深圳分公司和蝉联公司不服，向最高人民法院申请再审称：一审、二审关于诉讼时效起算点的认定错误，将"权利人知道或应当知道权利被侵害之日起"解读为"侵害终止之日"和"损失金额确定之日"属于法律适用错误，应予纠正。涉案集装箱被超期占用后，集装箱滞箱费已经产生，在托运人或者收货人没有向马士基公司支付费用的情况下,马士基公司就应当知道权利已经受到侵害,诉讼时效就应当开始计算。根据马士基公司提交的证据,马士基公司于2010年3月30日就已经知道集装箱超期使用费的产生,马士基公司的诉讼时效就应当开始计算。即使由于多次更改收货人,从最终确定收货人的2010年6月2日开始起算,本案也已经超过诉讼时效。马士基公司作为承运人,理应知道货物被海关没收、拍卖的时间,而不是等到海关通知其交付货物后才知道货物被拍卖。涉案货物系2011年2月21日被海关拍卖,就算从该日期起算,本案也已经超过诉讼时效。最高人民法院(2002)民四提字第7号民事判决认为,集装箱超期使用费诉讼时效的起算点应从免租期届满后第二天开始。请求撤销一审、二审判决,改判驳回马士基公司的全部诉讼请求,由马士基公司承担本案全部诉讼费用。

马士基公司答辩称:1. 由于托运人并未弃货而是不断变更收货人,马士基公司一直在等待收货人提货,直到接到海关交付货物的通知才知道无法从拍卖款中取得补偿,才切实遭受了确定的损失,故从接到海关通知时起算诉讼时效完全正确;2. 马士基公司的损失是滞箱费损失,属于不断增加持续发生的损失;提取货物并没有确定履行期限,托运人并未拒绝提货或者拒付费用,反而表示会承担滞箱费,故直至海关通知拍卖后,马士基公司才能确认蝉联深圳分公司已经无法履行义务,才可以起算诉讼时效;涉案侵权行为终了之日为2011年2月28日马士基公司接到海关通知后实际交付货物,空箱返还之日;3. 即使按照蝉联公司等的主张确定诉讼时效起算日期,2011年4月16日至2012年2月28日的滞箱费请求也并未超过诉讼时效;4. 航运实践中海关拍卖货物并不通知承运人,蝉联公司等主张马士基公司应当于2011年2月21日知晓拍卖,缺乏依据。马士基公司的起诉并未超过诉讼时效,二审判决认定正确,应当予以维持。请求驳回蝉联公司的再审请求。

最高人民法院审理查明,马士基公司在再审庭审时经询问确认,涉案集装箱货物到达孟买新港的时间为2010年2月23日,涉案集装箱的免费使用期为集装箱到港次日开始起算5天,即2010年2月24日至28日,从该免费使用期届满次日,即2010年3月1日开始收取集装箱超期使用费。蝉联深圳分公司和蝉联公司对此没有异议。

【裁判理由及结论】

最高人民法院认为:本案系海上货物运输合同集装箱超期使用费纠纷。涉案货物运抵目的港后,因蝉联深圳分公司指定的收货人没有提取货物,导致涉案集装箱被长期占用而无法投入正常周转，构成违约。根据《最高人民法院关于承运人就海上货物运输向托运人、收货人或提单持有人要求赔偿的请求权时效期间批复》的规定，本案的诉讼时效期间为一年，应从马士基公司知道或者应当知道其权利被侵害之日起算。涉案货物于2010年2月23日抵达印度孟买新港，装载货物的集装箱免费使用期限于2月28日届满。因货物在目的港无人提取，涉案集装箱在免费使用期限届满后没有及时归还承运人马士基公司，从3月1日开始应当向马士基公司支付集装箱超期使用费，马士基公司请求给付集装箱超期使用费的权利已经产生，即马士基公司从2010年3月1日起就知道或者应当知道其权利被侵害。虽然蝉联深圳分公司在涉案货物抵达孟买新港之后仍然不断指示变更目的港，但最终并未实际变更，并不影响承运人马士基公司主张集装箱超期使用费的权利。马士基公司就义务人迟延履行集装箱返还义务造成的违约损失主张赔偿的权利，并不是从侵害行为终止之日才产生，赔偿数额是否最终确定也并不影响马士基公司诉权的行使。蝉联深圳分公司于2010年3月30日通过电子邮件承诺托运人将承担集装箱超期使用费，蝉联深圳分公司的该项意思表示构成《中华人民共和国海商法》第二百六十七条规定的时效因被请求人同意履行义务而中断的情形。故本案时效应当从2010年3月30日起算，马士基公司于2012年2月27日提起诉讼已经超过一年的诉讼时效。

最高人民法院于2015年11月26日作出（2015）民提字第119号民事判决书，依据《中华人民共和国民事诉讼法》第二百零七条第一款、《最高人民法院关于适用〈中华人民共和国民事诉讼法〉的解释》第四百零七条第二款之规定，判决：一、撤销广东省高级人民法院（2013）粤高法民四终字第162号民事判决；二、撤销广州海事法院（2012）广海法初字第329号民事判决；三、驳回马士基公司的诉讼请求。

【典型意义】

本案系海上货物运输合同集装箱超期使用费纠纷。本案关于诉讼时效的争议最终落脚在如何认定权利人（马士基公司）"知道或者应当知道权利被侵害"的时间。实践中对于卸货港无人提取货物或者收货人迟延、拒绝提货的情况，承运人"知道或应当知道权利被侵害之日"的认定，司法实践一直有不同观点。1. 应以承运人将集装箱货物卸在海关指定的堆场、仓库或其他适当场所之日为知道或应当知道权利被侵害之日。① 2. 装箱超期使用状态延续且非承运人所能控制的情况下，若最终还箱，承运人向货方索赔的诉讼时效应从损害终结之日起算。本案一审、二审法院持此观点。3. 从货到目的港次日起满 60 日开始计算。根据《中华人民共和国海商法》第八十八条，自船舶抵达卸货港的次日起满 60 日无人提取的，承运人可以申请法院裁定拍卖；据此，认为船舶抵达卸货港次日起满 60 日，如有权提货的收货人仍未提取货物，承运人应当知道其权利必定受到侵害，由此开始计算 1 年的诉讼时效。② 4. 从集装箱超期使用费发生之日分别计算诉讼时效，每天集装箱超期使用费的诉讼时效都从发生的当天开始计算至 1 年。③ 5. 收货人违反提货义务的情况下分类处理。(1) 收货人不明，承运人应自行减损，将集装箱货物卸载在海关指定的堆场，卸载之日为起算点，如果没有拆箱卸货，则以集装箱卸载后的一段不超过 6 个月的合理时间作为时效起算点。(2) 收货人拒绝提货，明确不提货的，以明确表示之日为起算点；以不作为方式不提货的，参考收货人不明的情况认定。该观点认为，集装箱超期使用费诉讼时效的起算不宜采取"知道或应当知道权利被侵害说"，而应持"请求权得行使说"，即从权利人能够行使请求权之时起算。④

本案明确了司法实践中长期争议的承运人行使集装箱超期使用费请求权的诉讼时效起算点如何认定的问题，使认定标准明确化。最高人民法院认为海上货物运输合同下，承运人提供的集装箱被超期占用的，承运人收取超期使用费的权利产生之日（集装箱免费使用期届满次日）即为承运人"知道或者应当知道权利被侵害"之日，诉讼时效自此起算。承运人享有集装箱超期使用费请求权的原因事实是，托运人指定的收货人违反了及时提货并还箱的义务，导致集装箱被长期占用而无法投入正常周转，构成违约。承运人"知道或应当知道权利被侵害之日"诉讼时效的起算必须具备两个条件：一是客观上权利受到侵害，二是主观上权利人知道或应当知道权利被侵害的事实。本案三级法院对诉讼时效起算点作出不同认定的根源在于：对于被侵害的"权利"为何的理解不同。最高人民法院认为集装箱超期使用费的产生之日

---

① 青岛海事法院（2010）青海法海商初字第 166 号。
② 青岛海事法院（2010）青海法海商初字第 166 号。
③ 判决认为应从集装箱超期使用费发生之日起开始计算，每天的集装箱超期使用费的诉讼时效都从当天起计算 1 年，因此即使在集装箱免费使用期届满之日 1 年后原告才主张集装箱超期使用费，判决认为承运人仍可以向用箱人主张起诉日前 1 年的集装箱超期使用费。
④ 参见谢晨、季刚、方懿等《集装箱超期使用费相关实践问题研究》，《调研与参考》2015 年第 1 期，第 27 页。

即是承运人的权利被侵害之日，此时被侵害的是及时收回集装箱的权利，此观点实际上将"权利产生之日"理解为"知道权利被侵害之日"。一审、二审法院认为超期占用的违约损害事实持续发生，至货物被目的港海关拍卖后，承运人始知收货人不可能出现，才将索赔对象转向托运人，被侵害的权利为收取集装箱超期使用费的权利。最高人民法院的观点更符合将集装箱超期使用费纠纷置于海上货物运输合同中统一考量，也利于在审判实践和航运实务中统一、便捷操作。

该案把之前多数人认为的诉讼时效起算点大大提前了，这势必要求航运企业一旦发生目的港无人提货，要更早、更积极地向托运人起诉索赔集装箱超期使用费。如果对时效问题不加重视，将可能导致胜诉权丧失。

（杨雅潇）

南宁奥丝莆若技术开发有限公司
诉上海亚致力物流有限公司广州分公司等
海上货运代理合同纠纷案

——海上货运代理合同与海上货物运输合同的区别

【提要】

货运代理合同是货运代理为货方提供海上货物运输相关服务的合同,是《中华人民共和国合同法》规定的委托合同的一种形式。建立无船承运人制度后,货运代理的身份愈加扑朔迷离。正确识别货运代理,有利于案件的公正审判、货代业务的规范操作。当事人之间合同的名称与内容、是否签发提单、合同的实际履行情况等,是识别货运代理的重要标准。货运代理有收取约定报酬、留置相应货物或提单、转委托等权利,同时应承担交付单据、货损赔偿等义务。海上货运代理合同与海上货物运输合同的区别,其简明标准是合同的名称与内容,而关键性的区别标准则是提单签发的相关情况。海上货运代理合同中的代理人只承担合同约定的代理责任,不承担承运人的责任。

【关键词】

海上货运代理合同　海上货物运输合同　提单　订舱　无单放货

【基本案情】

原告:南宁奥丝莆若技术开发有限公司(以下简称"奥丝公司")。

被告:上海亚致力物流有限公司广州分公司(以下简称"亚致力广州公司")。

被告:上海亚致力物流有限公司(以下简称"亚致力公司")。

原告奥丝公司诉称:亚致力广州公司接受原告委托,代理一批手环QQ糖从中国船运至英国南安普敦港。原告向亚致力广州公司支付了相关代理费用人民币1,610元,委托货运代理的货物手环QQ糖共695箱,价值9,757.80美元,折合人民币61,993.65元。该货物于2012年2月27日装船起运,经30天左右即应运抵目的港。但货物至今下落不明,原告亦未收到货款。被告未正确履行货运代理人的职责,请求判决两被告赔偿货物损失人民币61,993.65元。原告律师在庭审及书面代理意见中表示,原告持有全套正本提单,货物的实际运输人为香港ECT运输有限公司(ECT Transport Ltd.)(以下简称"ECT公司"),被告未取得ECT公司代为签发提单的合法授权,其以承运人身份签发提单,在未收回提单、未获得原告通知放货的情况下,将货物交给了收货人,系无单放货,被告应承担承运人的赔偿责任。

被告亚致力广州公司、亚致力公司辩称:原告并非涉案货物的所有权人,对涉案货物不具有任何权益,故其不具有诉讼主体资格。被告在涉案运输中仅仅作为货运代理人,已妥善履行了相应的代理义务;被告并非承运人,不控制货物的运输和放货,与无单放货纠纷无任何关联。请求驳回原告的诉讼请求。

广州海事法院经审理查明:2011年10月11日,厦门中舜进出口有限公司(以下简称"中舜公司")与原告奥丝公司在厦门签订一份采购合同,约定由中舜公司向原告供应695箱手环QQ糖,总金额9,757.80美元,预付30%订金2,927.34美元,70%余款6,830.46美元于货出完后见提单付款;商检、拖车、船务和报关由奥丝公司负责。

自2012年2月14日开始,原告职员以电话、电子邮件的方式与亚致力广州公司洽谈货运代理事宜。签发时间为2月17日的出口订舱单显示:托运人亚致力公司,收货地点中国黄埔,装货港中国香港,1个20英尺集装箱的货物,卸货港英国南安普敦港。该出口订舱单上有奥丝公司和亚致力广州公司的盖章。

编号为CAN6093508/001的提单显示:提单抬头"Seaquest Line",托运人奥丝公司,收货人及通知方波波芭蒂斯公司(Bon Bon Buddies),收货地中国黄埔,装货港香港,承运船舶"热格"(Apl Zeebrugge)轮010W航次,卸货港和交货地英国南安普敦港,货物为695箱手环QQ糖,由托运人装货、计数和铅封的一个20英尺集装箱,运费到付,货物于2012年2月27日装上船。提单于2012年2月20日由亚致力公司作为承运人的代理在广州签发。

2012年3月2日,奥丝公司向亚致力广州公司支付人民币1,610元。

2012年8月1日,上海市凯荣律师事务所的金玉来、王颂平律师出具一份律师函,记载:ECT公司作为承运人出具编号CAN6093508的提单,载明托运人为奥丝公司,收货人为波波芭蒂斯公司。提单于3月2日交付奥丝公司。2012年4月,根据波波芭蒂斯公司的指示,并依其将退还原来所签发的全套正本提单的承诺,ECT公司重新签发了一套以厦门博世恩国际贸易有限公司（以下简称"博世恩公司"）为托运人的提单。其后，根据博世恩公司的电放保函，ECT公司将提单项下的货物交付给了收货人波波芭蒂斯公司。该律师函未附相应的证据材料。

另查明，ECT公司在中国交通部登记备案了涉案提单的样本，亚致力公司亦作了备案登记。该内容可以在交通部政府辅助网站"中华航运"网上查阅。

2010年1月1日，ECT公司与亚致力公司签订一份海运提单签单代理协定，约定：ECT公司合法拥有商业名称为"Seaquest Line"的提单样式，并保证按照中国法律法规对该提单样式办理相应的登记手续；ECT公司委托亚致力公司作为其在中国（不含港澳台地区）的总代理，并就ECT公司开发联络的中国（不含港澳台地区）货源，进一步授权亚致力公司及其各分支机构在中国（不含港澳台地区）代表ECT公司向有关货主签发ECT公司合法拥有的"Seaquest Line"提单样式，并代理ECT公司与相关货主进行联络、安排订舱、报关、内陆运输、转交提单等货运代理事宜。本协议自签字盖章之日起生效，有效期1年。在本协议到期之前1个月内，如果双方未提出书面异议，本协定有效期将自动延期1年。该协定有ECT公司和亚致力公司的签名和盖章。2012年1月18日，中国委托公证人、香港律师周炳朝证实该协定真实有效。

【裁判理由及结论】

广州海事法院经公开审理认为：本案是一宗海上货运代理合同纠纷。被告亚致力公司所签发的提单为"Seaquest Line"抬头的ECT公司的提单，且亚致力公司表明了是作为承运人的代理人签发，即并非以承运人身份签发提单。该提单的样式在中国交通部登记备案，符合《中华人民共和国国际海运条例》第七条"经营无船承运人业务，应当向国务院交通主管部门办理提单登记，并交纳保证金"的规定，且该提单样式在相应的航运网站上可以查阅。原告作为一名谨慎的货物托运人，在取得提单后，如果对提单签发人是承运人还是承运人的代理人的身份不确定的，可以通过查阅网站核实真实情况。亚致力公司代理ECT公司签发提单，有双方于2010年1月1日签订的国际海运提单签单代理协定的明确授权，该协定虽说有效期1年，但同时又约定到期之前1个月内，若双方未提出书面异议，其有效期将自动延期1年。从中国委托公证人、香港律师周炳朝在2012年1月18日证实该协定真实有效的情况来看，该协定因上一年度双方未提出书面异议而在2012年度内继续有效。因此，亚致力公司依据该协定的约定，代理签发 ECT 公司的"Seaquest Line"抬头的提单，系经合法授权的代理行为。在该提单所证明的海上货物运输合同关系中，托运人为原告奥丝公司，承运人为 ECT 公司，被告亚致力公司为承运人 ECT 公司授权的提单签发人。原告关于被告未取得合法授权而以承运人身份签发提单，原、被告之间为海上货物运输合同关系的诉讼主张，与案件事实不符，对该主张不予支持。

自 2012 年 2 月 14 日开始，原告职员即以电话、电子邮件方式与亚致力广州公司洽谈货运代理事宜，而 2 月 17 日的出口订舱单也显示了双方的海运代理关系。另外，原告 3 月 2 日向亚致力广州公司支付人民币 1,610 元，该费用从数额来看，不应该是从中国到英国的一个 20 英尺集装箱的海运费，且提单注明了涉案货物的运费为到付。因此，原告所支付的该费用是被告履行货运代理义务后应收取的报酬与对价，即货运代理费。综上可见，原、被告之间尽管没有订立书面的货运代理合同，但双方已经通过电话、电子邮件以及行为表明双方成立了事实上的货运代理合同。该货运代理合同是双方在平等自愿基础上的真实意思表示，合法有效。原告作为海上货运代理合同的被代理人，且是有关海上货物运输合同下全套正本提单的合法持有人，因海上货运代理合同的履行而产生纠纷，不论原告是否为涉案货物的所有权人，其均有权提起本案诉讼。

鉴于原、被告没有签订书面的海上货运代理合同，被告具体的代理事项并不明确，因而应视为被告按照概括委托权限完成海上货运代理事务。原告以仍持有全套正本提单为由，诉称在目的港遭受无单放货损失，该诉讼请求能否得到支持，需要考察目的港的放货行为是否为被告所为或是否属于被告的代理事项，以及被告在所谓的放货代理或放货行为中是否存在过错。根据现有证据，目的港的放货事宜与被告无关，即被告并未实施目的港的放货行为。原告未提供证据证明货物在目的港未凭正本提单交付是因为被告行为所致且被告有过错，应承担举证不能的不利后果，故原告的诉讼请求应依法予以驳回。广州海事法院于 2012 年 11 月 19 日作出（2012）广海法初字第 513 号民事判决：驳回原告奥丝公司的诉讼请求。案件受理费 1,350 元由原告负担。

一审判决后，双方均未上诉。

【典型意义】

在海事审判实务中，海上货运代理合同纠纷时常与海上货物运输合同纠纷交织在一起，扑朔迷离，难以区分。本案原告在起诉状中主张原、被告为海上货运代理合同关系，而其代理律师在庭审及书面代理意见中又声称双方为海上货物运输合同关系。原告这种摇摆不定的诉讼方略，再次昭示了该两类合同关系的错综复杂、难以把握。而本案一审判决原告败诉，双方均服判息诉，说明法官对该两类合同关系的区分与把握是到位的，值得类似案件参考。

一、海上货运代理合同与海上货物运输合同难以区分的缘由

货运代理是国际海运业发展过程中出现的特殊的海运中间人或中介人。20世纪60年代以来，随着集装箱运输的发展，门到门运输或货场到货场运输成为先进的运输方式并能赚取到可观的收入，货运代理以其与船、货双方广泛的业务联系和娴熟的专业技能，最有条件向货方提供此种运输方式下的全方位服务。譬如，中小货主的散装货需拼箱和集运，货运代理将散装货拼箱，以整箱货与实际承运人洽定舱位签订运输合同，从而节省时间、降低成本、提高运输效率，而货量越大，船公司的运费可能会越优惠。另外，部分货运代理直接参与到货物运输的营运中来，赚取比货运代理更高的运输利润，成了我们所说的无船承运人或多式联运经营人。

在这种情况下，货运代理再也不能简单地理解为"货主的代理"或"托运人的代理"了，他既可以是单纯的委托代理人，也可以自己的名义作为独立经营人为法律行为，从而成为合同的一方当事人。货运代理在其业务运作中，既能从委托人即托运人或收货人处得到报酬，也能合法地从承运人处获得运价佣金，还能从以独立合同人身份进行的业务中赚取利润，如通过开展对货物仓储、包装、拼箱或提供车辆、集装箱的使用等业务而获得收入。即同一个货代公司，有时是代理人，有时是无船承运人，有时又是多式联运经营人。而不同身份的人都可以做同一种业务，如订舱，货运代理可以向实际承运人订舱，无船承运人和多式联运经营人亦可以向实际承运人订舱，人们无法根据业务的属性来确定从业者的身份。

据此，从法律方面考察，托运人与相对方签订的合同到底是海上货运代理合同，还是海上货物运输合同，有时就难以区分。特别是当相对方有意隐瞒甚至混淆货运代理与无船承运人、多式联运经营人的不同业务身份。如变色龙一般，哪一种角色对其有利就主张其扮演的是哪一种角色时，就使该两种合同的区分更加困难。

二、如何区别海上货运代理合同与海上货物运输合同

海上货运代理合同是《中华人民共和国合同法》中的无名合同，其与海

上货物运输合同的区别,是海事审判的难点问题。本案以2012年《最高人民法院关于审理海上货运代理纠纷案件若干问题的规定》为依据,对这两类合同加以细致甄别,厘清了原、被告之间的分歧,较好地规范了裁判标准。

合同的名称和内容是识别海上货运代理合同与海上货物运输合同的最直白的标准。货运代理合同,是指货方与货运代理人约定,由货运代理人为货方处理与进出口货物海上运输相关的事务,货方支付相应报酬的合同。其内容主要是关于进出口货物海上运输相关的事务,即合同中约定由货运代理人为货方提供订舱、仓储、监装、监卸、集装箱拼装拆箱、包装、分拨、中转、短途运输(主要是集港、疏港运输)、报关、报验、报检、保险、缮制单证、交付运费、结算交付杂费等货运服务企业所从事的具体业务。但货运代理合同中,不应包括货物运输的内容,即无船承运人业务和多式联运经营业务不是货运代理的业务范围。根据合同名称如"货运代理合同"或"海上货物运输合同"来识别货运代理,一目了然、简单易行。但由于合同主体可能存在法律知识欠缺,特别是一方主体本来就企图模糊甚至混淆其主体身份的时候,合同名称或许并不能揭示合同的真实属性和主要内容。换言之,当合同名称与合同内容不一致时,应以合同内容来识别货运代理的身份,合同名称仅是识别时的一个次要标准。显然,本案当事人之间根本没有书面的合同,因而难以根据这一标准进行识别。

是否签发提单是识别海上货运代理合同与海上货物运输合同的关键标准。提单是国际海上货物运输中的重要单据,是承运人接收货物的收据、海上货物运输合同的证明、承运人在目的港凭以交付货物的凭证。在我国,货运代理原本可以签发提单,即所谓"货代提单"。其直接的根据是《国际货物运输代理业管理规定实施细则》第2条第3款的规定:"国际货运代理企业作为独立经营人从事国际货运代理业务,是指国际货运代理企业接受进出口货物收货人、发货人或其代理人的委托,签发运输单证、履行运输合同并收取运费以及服务费的行为。"2002年1月1日起施行的《国际海运条例》,建立了无船承运人制度,并要求其办理提单登记和交纳80万元保证金。① 从此,"货代提单"被无船承运人提单所取代。因而,签发无船承运人提单者,均应被识别为无船承运人,即双方之间为海上货物运输合同关系。

在审判实践中,提单的签发有多种形式,而不同形式的提单签发可能对识别货运代理合同或货物运输合同有不同的结果。对于货运代理签发自己的

---

① 2019年3月,国务院发文取消对无船承运人的审批制,改为备案制,并退回80万元保证金。

无船承运人提单,即提单抬头为货运代理公司,则直接认定该货运代理为无船承运人,双方之间合同为海上货物运输合同;对于货运代理签发自己的未经交通行政主管部门登记的提单,仍应将签发人识别为无船承运人,对其签发该提单的违规行为可另行建议有关行政主管机关处理;对于货运代理签发船东提单,即以船公司名称为抬头的提单,并注明"代表船东签发"或"代表船长签发"字样的,则并不能当然地认定该签发人不承担承运人的责任,此时需要签发人举证证明该船东的客观存在,并有船东明确的授权手续,否则提单签发人亦可能被识别为无船承运人;在船东明确授权货运代理签发船东提单的情况下,承运人为船东,货运代理公司此时的身份为船舶代理人。

本案被告亚致力公司签发以"Seaquest Line"抬头的 ECT 公司提单,且表明了是作为承运人的代理人签发提单,同时又提供了亚致力公司与 ECT 公司双方签订的国际海运提单签单代理协定,以证明亚致力公司代理签发提单有 ECT 公司的明确授权。因此,本案有充分的证据证明亚致力公司在签发提单时的身份是承运人的代理人,而非承运人,故涉案合同应识别为海上货运代理合同,而非海上货物运输合同。需要说明的是,亚致力公司在签发提单时,是承运人 ECT 公司的代理,而在订舱、办理托运手续时则是原告奥丝公司的代理。这是一种在航运实务中常见的操作方式,并不构成严格意义的双方代理,因而都是有效的代理行为。且《中华人民共和国民法典》第一百六十八条第二款"代理人不得以被代理人的名义与自己同时代理的其他人实施民事法律行为,但是被代理的双方同意或者追认的除外"的规定,已经突破了双方代理绝对无效的边界,可以说是法律对这种实务操作的认可。

(倪学伟)

中国人民财产保险股份有限公司江门市分公司诉广东双水码头有限公司多式联运合同纠纷案
——散货运输中货物损耗的界定

【提要】

散货运输中,货物因雨淋等造成货损,货损后货物的重量在当事人约定的损耗率内,承运人是否可以免责?广州海事法院认为,内贸运输合同中关于损耗率低于0.1%属于正常损耗范围,被告无须承担责任的条款中约定了适用前提条件是货物的灭失、污染或短缺不是因被告原因导致。而本案货物受损的原因不属于该前提条件中的情形,涉案货物损失系因货物遭受水湿所致,不属于货物运输过程中的自然损耗,被告援引《中华人民共和国合同法》第三百一十一条的规定主张无须负责,不能成立。

【关键词】

甘蔗原糖　"粤信和313"轮　货物损耗率　赔偿责任

【基本案情】

原告:中国人民财产保险股份有限公司江门市分公司。

被告:广东双水码头有限公司。

原告中国人民财产保险股份有限公司江门市分公司向广州海事法院提出诉讼请求:被告向原告赔偿货物损失、公估费、检验费共计60,470.65元,并负担本案诉讼费用。事实和理由:2017年7月6日,深圳市昆商易糖供应链有限公司(以下简称"昆商公司")委托被告承运甘蔗原糖从辽宁锦州港至华糖公司仓库。7月22日,被告安排的"粤信和313"轮装载约1,100吨甘蔗原糖从珠海高栏港运至江门新会双水码头。当天晚上10时左右,"粤信和313"轮在卸货过程中遭遇降雨,导致船舱内的甘蔗原糖遭受雨淋损坏。原告作为上述货物的保险人,在对受损货物进行评估后向被保险人昆商公司支付保险赔款34,024.73元,依法取得代位求偿权。原告另支付本案货物的检验费18,867.92元和公估费7,578元。原告认为本案内贸运输合同约定的货物损耗仅指货物短量，不包括货损后的短量。本案货损也发生在被告责任期间，被告应承担赔偿责任。

被告广东双水码头有限公司辩称：1. 被告系昆商公司的货运代理人，并非货物的承运人；2. 被告不存在选任承运人的过错，也一直谨慎履行代理职责，本案卸货过程中货物遭受雨淋损坏，被告不存在过错，无须承担赔偿责任；3. 本案货物损耗率低于0.1%，属于合同约定的正常损耗范围，被告无须承担赔偿责任；4. 原告在本案货物被雨水淋湿后延误处理，导致货损进一步扩大，应由原告自行承担损失；5. 原告和广州衡准保险公估有限公司（以下简称"衡准公司"）不具有认定事故责任方的资质，衡准公司出具的公估报告不应被采纳；6. 原告提出的本案货物损失金额不合理；7. 本案公估费和检验费属于原告应承担的正常经营性支出，不应由被告承担。

广州海事法院经审理查明：2017年6月29日，昆商公司、被告和华糖公司签订内贸运输合同，约定昆商公司委托被告作为其货运代理人代理原糖的海运、卸货、汽运等全程物流工作；昆商公司负责装货港的装货工作并承担装船前的一切费用和风险；被告负责将货物从起运港运输至目的地交货给华糖公司，并承担运输费用；被告运输期间，应妥善地、谨慎地搬移、积载、运输、保管和照料所运货物并负责监控物流配送过程，确保货物不会出现因被告原因而导致灭失、污染或短缺。根据装货港过磅数据和收货工厂的过磅数据对比，如货物损耗率低于或等于0.1%的，属于正常损耗范围，被告无须承担责任；如货物损耗率高于0.1%且低于0.3%的，被告需赔偿给华糖公司，赔偿金额为每吨6,300元乘以实际装货数量（实际损耗率－0.1%）；如货物损耗率高于或等于0.3%，超出0.3%（含0.3%）的损耗被告无须承担。因不可抗力导致的货物灭失、短量、变质、污染、损坏，被告不承担赔偿责任。

2017年7月7日，被告安排"江海顺"轮装载17,993.44吨甘蔗原糖从辽宁锦州港启运。7月20日，"江海顺"轮抵达珠海高栏港后，再通过被告安排的7艘驳船将上述甘蔗原糖转运至江门新会双水码头。其中驳船"粤信和313"轮装载的1,115吨甘蔗原糖于7月22日从高栏港启运，该轮出具的水路货物运单记载托运人和收货人均为昆商公司，承运人处为空白，被告在托运人和承运人处加盖被告业务专用章，实际承运人处为"粤信和313"轮并加盖"粤信和313"轮船章。7月22日22时左右，"粤信和313"轮到达江门新会双水码头开始卸货，卸货时未下雨。7月23日1时30分正在卸货时，突降大雨，被告指挥"粤信和313"轮船员停止卸货，拉钢丝和盖帆布。

1时47分左右,"粤信和313"轮船员盖好帆布。由于盖好帆布需要一定时间,导致船舱内的甘蔗原糖被雨水淋湿。

原告作为昆商公司的保险人,本案货物出险后,原告委托衡准公司对受损货物进行查勘和检验。衡准公司对受损货物损失金额和理算金额作出认定。原告据此向昆商公司支付保险赔款后取得代位求偿权。

2018年11月15日,华糖公司出具证明,称本案内贸运输合同约定的货物损耗指货物损失及自然损耗,导致货物损失及自然损耗原因包含自然灾害、意外事故、人为因素等。

【裁判理由及结论】

广州海事法院认为:原告作为本案货物的保险人,根据其与被保险人昆商公司之间的货物运输保险合同的约定向昆商公司支付了本案货物损失的保险赔款,符合代位求偿权的法律规定。原告在保险赔偿范围内取得本案货物损失的代位求偿权,有权依据昆商公司与造成本案货物损失的责任人之间的法律关系向该责任人提出索赔请求。

关于昆商公司与被告之间是否存在多式联运合同法律关系。本案内贸运输合同虽记载被告为昆商公司的货运代理人,但亦约定了被告负责将本案货物从起运港运输至目的地、被告运输期间的义务以及被告不得擅自向任何第三方放货等义务,该义务属于承运人应承担的运输风险,因此,被告为本案货物的承运人。本案货物起运港为锦州港,目的地为广东省江门市新会区双水镇桥美村子声洲、万利围、毛窝围的华糖公司仓库,本案货物运输涉及沿海港口之间的海上运输和陆路两种运输方式。因此,昆商公司与被告之间本案货物运输合同为多式联运合同,被告为本案货物的多式联运经营人。被告关于其仅为昆商公司的货运代理人的抗辩,与事实不符,不予支持。

本案部分货物在目的港卸货期间被雨淋湿而受损,故该部分货物的货损发生在被告运输责任期间。被告主张货物受损原因是突然下雨,属于不可抗力。根据《中华人民共和国合同法》第一百一十七条第二款的规定,不可抗力是指不能预见、不能避免并不能克服的客观情况。因下雨并非不能预见、不能避免并不能克服的客观情况,不能认定为不可抗力,故被告的该项抗辩主张缺乏事实和法律依据,不予支持。根据《中华人民共和国合同法》第三百一十一条"承运人对运输过程中货物的毁损、灭失承担损害赔偿责任,但承运人证明货物的毁损、灭失是因不可抗力、货物本身的自然性质或者合理损耗以及托运人、收货人的过错造成的,不承担损害赔偿责任"的规定,在被告未能充分举证证明本案货损是因不可抗力、货物本身的自然性质或者合理损耗以及托运人、收货人的过错造成的情况下，被告应向昆商公司承担本案货损的赔偿责任。本案受损原糖11.37吨，按内贸运输合同约定，赔偿标准为每吨6,300元，原告主张受损原糖货物残值为每吨3,150元。根据《中华人民共和国合同法》第三百一十二条"货物的毁损、灭失的赔偿额，当事人有约定的，按照其约定；没有约定或者约定不明确，依照本法第六十一条的规定仍不能确定的，按照交付或者应当交付时货物到达地的市场价格计算。法律、行政法规对赔偿额的计算方法和赔偿限额另有规定的，依照其规定"的规定，原告主张按受损货物每吨6,300元减去残值单价每吨3,150元后乘以11.37吨，再扣除5%免赔额计算货物贬值损失合理，故被告应赔偿原告货物贬值损失34,024.73元。关于被告提出的原告未充分举证证明受损货物残值，原告造成货物损失扩大，以及衡准公司出具的公估报告不应被采信的抗辩，均缺乏事实和法律依据，不予支持。至于被告提出的本案货物损耗率低于0.1%，属于内贸运输合同约定的正常损耗范围，被告无须承担赔偿责任的抗辩。本院认为，内贸运输合同中关于损耗率低于0.1%属于正常损耗范围，被告无须承担责任的条款中约定了适用前提条件是货物的灭失、污染或短缺不是因被告原因导致，而本案货物受损的原因不属于该前提条件中的情形。被告援引该条款作为抗辩，缺乏事实和法律依据，不予支持。

原告主张被告应赔偿本案货物的公估费7,578元和检验费18,867.92元。根据《中华人民共和国保险法》第六十四条"保险人、被保险人为查明和确定保险事故的性质、原因和保险标的的损失程度所支付的必要的、合理的费用，由保险人承担"的规定，保险公估费和检验费用系昆商公司、原告为查明本案保险事故所支出的费用，应由原告承担。原告的该主张缺乏法律依据，不予支持。

2018年12月28日，广州海事法院作出（2018）粤72民初1251号民事判决：一、被告广东双水码头有限公司赔偿原告中国人民财产保险股份有限公司江门市分公司34,024.73元；二、驳回原告中国人民财产保险股份有限公司江门市分公司的其他诉讼请求。

被告不服一审判决，向广东省高级人民法院提起上诉。广东省高级人民法院于2019年10月10日作出（2019）粤民终427号民事判决：驳回上诉，维持原判。

【典型意义】

散货运输中，所谓货物的合理损耗，主要是指某些货物在长时间的运输过程中必然会发生的部分损失。对于这一部分损失，承运人不负赔偿责任。因货物遭受水湿所致的货物损失，不属于货物运输过程中的自然损耗，承运人不能以此主张免责。

本案中对合同条款的解释对案件的判决具有决定性的意义。本案中主要涉及的合同解释条款为"被告运输期间，应妥善地、谨慎地搬移、积载、运输、保管和照料所运货物并负责监控物流配送过程，确保货物不会出现因被告原因导致的灭失、污染或短缺"。从此条合同约定来看，前半句"被告运输期间，应妥善地、谨慎地搬移、积载、运输、保管和照料所运货物并负责监控物流配送过程"，直接规定了被告在承运货物期间管理货物的义务；后半句"确保货物不会出现因被告原因导致的灭失、污染或短缺"，间接规定了被告免除责任的情形。同时，后半句的解读也就成为本案纠纷的争议焦点。从后半句字面意思来看，无法直接推导出被告免责的情形，但结合合同该条约定的前半句关于管货责任的约定，可以推导出后半句是在间接的规定关于免除被告管货责任的情形，这一规定是以排除法的方法确定的。

《中华人民共和国合同法》第一百二十五条规定了合同解释的原则，即当事人对合同条款的理解有争议的，应当按照合同所使用的词句、合同的有关条款、合同的目的、交易习惯以及诚实信用原则，确定该条款的真实意思。一般认为该条是确定了合同解释的方法主要有文义解释、体系解释、目的解释、诚信解释和参照交易习惯解释。在本案中主要运用的是文义解释，即字面意思解释。本案的字面意思解释有其特殊性，即非从字面意思直接表达的意思来处理本案，而是结合逻辑推理中的 P 与非 P 的逻辑关系进行推导，从而推导出字面意思的反面意思，即虽然本案中直接的字面意思无法确认被告免除责任的情形，但其对立面的意思表示即为免除责任情形，从而解决了本案争议的焦点，也为本案纠纷解决奠定了基础。

（张乐 刘亮）

厦门市明穗粮油贸易有限公司与大西洋墨西哥私人有限公司海上货物运输合同纠纷案

——大宗粮食散货海运货损应如何识别和认定

【提要】

自美国进口的玉米酒糟粕在海运途中发生外观变色,虽其营养成分符合质量要求,但变色货物被迫降价销售,仍构成货物损坏。承运人主张货物损坏因其自然特性或固有缺陷造成,须证明其必然性和不可避免性。货物具体损失金额应该按照"贬值率法"计算。

【关键词】

海上货物运输 货物损坏赔偿 自然特性 固有缺陷 贬损率

【基本案情】

原告(被上诉人):厦门市明穗粮油贸易有限公司(以下简称"明穗公司")。

被告(上诉人):大西洋墨西哥私人有限公司(Atlantic Mexico Pte. Ltd.)(以下简称"墨西哥公司")。

原告明穗公司诉称:2015年6月23日,明穗公司进口40,000吨美国玉米酒糟粕(DDGS),通过进口代理与美国出口商签订买卖合同,该合同项下36,007.466吨货物于8月10日装载于墨西哥公司所属的"大西洋墨西哥"(M/V Atlantic Mexico)轮,墨西哥公司签发了全套正本提单。9月19日,"大西洋墨西哥"轮抵达目的地广东赤湾港,开舱后发现部分货物颜色明显变深,造成损失。墨西哥公司作为实际承运人,未能谨慎保管、照料货物,存在过错,应向明穗公司承担赔偿责任。请求判令:1. 墨西哥公司赔偿明穗公司货物损失1,094,945美元和人民币8,281,221元及其利息;2. 墨西哥公司赔偿明穗公司堆存费损失人民币1,321,139.30元及其利息;3. 墨西哥公司承担本案全部诉讼费用。

被告墨西哥公司辩称:明穗公司不是涉案货物的买方和被保险人,不是提单载明的收货人,对涉案货物不享有所有权,无权要求被告承担任何赔偿责任。墨西哥公司已尽到适航义务,并妥善地将涉案货物运往目的地,主观上也不存在过错,不是涉案货物受损的责任主体。涉案货物并未发生损坏,玉米酒糟粕颜色变化不会影响其实际使用价值,在各项营养成分与质量证书相符的情况下,涉案货物并未发生原告所称的损坏;玉米酒糟粕在运输中会因自身氧化而造成颜色变化,是其自然特性,被告已按照货方指示,在涉案货物运输过程中保持舱盖密闭且不进行通风,因此涉案货物颜色变化与被告无关。2015年年初至9月份,国内进口玉米酒糟粕市场价格发生较大幅度的变化,明穗公司主张的损失实际是涉案货物因市场价格下跌造成的市价损失,墨西哥公司对此没有赔偿责任;明穗公司销售受损涉案货物的价格合理性不足;有关堆存费是其他公司支付,明穗公司并未遭受堆存费损失。请求驳回原告的全部诉讼请求。

广州海事法院经审理查明:2015年,明穗公司与天津利达粮油有限公司(以下简称"利达公司")签订进口代理协议,通过利达公司与美国的ADM出口公司(ADM Export Co.)(以下简称"ADM公司")签订一份买卖合同。利达公司为买方,ADM公司为卖方,约定利达公司向ADM公司购买40,000吨美国产玉米酒糟粕(金色),价格为每吨263.50美元,货物质量指标包括脂肪蛋白、脂肪、水分等成分含量指标以及亨特色度L值(Hunter Color L Test)大于或等于50。

2015年8月10日,涉案货物在美国装上"大西洋墨西哥"轮并于同日启运。该轮船长签发了正本提单,记载涉案货物由ADM公司托运,装船时表面状况良好,承运船舶为"大西洋墨西哥"轮,装货港为美国路易斯安那州艾玛港,卸货港为中国麻涌/赤湾/黄埔/蛇口的一个安全港口的安全泊位,货物以同样完好状态交付给收货人。收货人为凭托运人或其受让人指示,通知方为利达公司。提单记载涉案货物为美国玉米酒糟粕(金色),共36,007.466吨,装载于第1至第5舱,2015年8月10日于美国路易斯安那州艾玛港清洁装船,散装,由托运人称重,数量与质量情况未知。"大西洋墨西哥"轮也出具了大副收据,记载接收美国玉米酒糟粕(金色)36,007.466吨,装载于第1至第5舱,数量与质量情况未知。

涉案货物装船后已经进行了熏蒸,并由美国当地检验公司出具了质量证书、重量证书和分析证书,其中分析证书记载涉案货物亨特色度L值为53.7,装船的时间和地点情况正常且符合销售条件。

涉案货经海路运往深圳赤湾港,该航次途中该轮未遭遇恶劣天气,也未出现上浪现象。"大西洋墨西哥"轮在涉案航次中,船员人数和等级均符合最低安全配员要求。

涉案货物完成装船后,利达公司向AMD公司支付了货款9,487,967.29美元,支付了保险费人民币46,843.03元及进口关税;明穗公司也已将相应的款项支付给利达公司;利达公司确认其为明穗公司的外贸代理人,代理原告进口4万吨美国玉米酒糟粕,并确认卸货时涉案货物的所有权人为明穗公司,一切索赔权利均由明穗享有。明穗公司另外支付了涉案货物运输运费1,620,335.97美元。

2015年9月19日,涉案货物由"大西洋墨西哥"轮运抵中国深圳赤湾港,当日开舱卸货时,发现存在一些有色差的货物,9月27日完成卸货。实际卸货共35,975.03吨,其中明穗公司在卸货过程中直接提走货物1,106.53吨,其余34,868.5吨卸入码头仓库和堆场。按变色情况依次由轻到重分为三类:其中第一类货物11,731.86吨;第二类货物17,153.18吨;第三类货物5,983.46吨。原告与利达公司在等待联合检验取样过程中,销售了11,731.86吨第一类货物,至联合取样时,第一类货物尚剩余3,000吨左右。

明穗公司与利达公司委托中检广东公司对涉案货物进行检验。中检广东公司于2017年1月25日出具了编号为441116090022的检验证书。据该证书记载,第一类货物亨特色度L值为47.2,第二类货物为44.6,第三类货物为47.2,三类货物综合样为46.3,与在装货港检测结果相差较大,且不符合买卖双方贸易合同中对此项指标的约定,影响该批货物的销售和使用。报告同时指出,2015年9月19日至27日涉案货物到港卸货期间,国内进口玉米酒糟粕的市场价格较低,从中国饲料信息网查询得知,2015年9月18日至28日的广东地区美国玉米酒糟粕的市场价格为每吨人民币1,700元左右。

墨西哥公司通过委托海江公估公司对涉案货物变色情况进行检验并出具了检验报告。报告记载收货人、货物保险人、船东等各方代表,及SGS公司取样人员对涉案货物继续了联合取样,SGS广州分公司于2015年12月11日出具了3份检测报告,记载检测结果为第一类货物亨特色度L值为50.03,第二类货物为48.16,第三类货物亨为50.14。报告认为,仅第二类货物检测色度低于合同的约定,建议进行10%的折价处理,其余货物检测色度高于合同约定,建议按无损处理。根据"天下粮仓"网站数据显示,2015年9月国内进口美国玉米酒糟粕价格约为每吨人民币1,600元。"大西洋墨西哥"轮在涉案航次处于适航和适货状态,也可以排除油舱加油等局部热源造成货物变色的推断,涉案货物变色原因可能为:1. 装货前涉案货物状况原本就不好,原本就有色差货物的存在;2. 涉案货物装船后由于货物自身发生氧化,部分货物变色。

2017年3月23日,厦门大学生命科学学院副教授郭峰接受明穗公司提出的咨询,出具1份咨询意见称:玉米酒糟粕是不易发生变质的货物,如果出现淋雨或海水浸入,在染水区域微生物就会迅速生长,此过程中会产生水和热量,在大仓储存中不易散发,会进一步促进微生物的生长,微生物的代谢作用会导致色素或脂类的氧化,外观可能表现为货物颜色变深。

2017年6月,中国农业科学院作物科学研究所研究员王步军接受墨西哥公司的委托,就涉案货物出具了专家意见并指出,亮度是玉米酒糟粕的重要物理特性,美国玉米酒糟粕出口的买家有色度要求时,一般会保证其亨特色度L值大于50,但不推荐把颜色作为玉米酒糟粕品质评价的唯一指标或最好指标。涉案货物在装船时和在卸货港测定的色泽均属正常,水分含量很低,不存在变色的条件,装货港与卸货港分别测得的亨特色度L值之间的差异应为抽样误差和实验误差。涉案货物在卸货港的抽样检测结果表明,其营养价值指标均未发生变化,所反映的饲料价值没有变化;仅凭卸货港的抽样样品的亨特色度L值测定值低于装货港判断涉案货物受损是不充分的;玉米酒糟粕水分低于11%的情况下不可能发生变质;涉案货物存在色差是正常的,涉案货物在装运过程并未发生货损。

2015年2月9日至3月30日期间,就当时尚未完成进口的美国玉米酒糟粕,明穗公司先后签订了21份销售合同,销售数量从200吨至5,000吨不等,单价从每吨人民币2,070元至每吨人民币2,120元不等。该21份合同均约定"以供方国外出口商提交的出口检验证明为准"。涉案货物运抵深圳赤湾港卸货后,就卸入码头仓库和堆场的涉案货物,明穗公司对其进行了降价销售和拍卖,合计34,799.64吨。与卸载时的码头入库数量34,868.5吨相比短少68.86吨,属于自然损耗,不计入损失总额。销售和拍卖所得货款合计人民币53,380,680.35元。

在"大西洋墨西哥"轮卸货过程中,明穗公司将1,106.53吨涉案货物直接提取出售,其中473.82吨出售给江门市鸿宝饲料有限公司,价格为每吨人民币1,580元,其余632.71吨直提货物销售价格不明。

涉案货物运抵目的港卸货堆存后,明穗公司支付了堆存费,实际支出金额为人民币1,321,139.30元。

双方当事人一致选择适用中华人民共和国法律处理本案纠纷。

【裁判理由及结论】

广州海事法院经审理认为：本案是一宗具有涉外因素的海上货物运输合同纠纷。根据当事人的选择和相关法律规定，本案实体争议适用中华人民共和国法律处理。

利达公司是涉案提单记载的通知方，也是收货人，与墨西哥公司之间成立法律规定的海上货物运输合同关系。利达公司是明穗公司的外贸进口代理人，根据《中华人民共和国合同法》第四百零三条的规定，明穗公司可以行使海上货物运输合同关系项下利达公司对墨西哥公司的权利，且明穗公司已向利达公司支付了货物，取得了货物所有权，故明穗公司有权向墨西哥公司索赔。

涉案货物的外观状况，特别是颜色亮度在运输过程中已发生明显变化。有关贸易合同已经对涉案货物的颜色外观和亨特色度 L 值予以明确约定，该约定属于对货物质量要求的约定，不符合约定的货物将导致损失，涉案货物已发生实际损失。

涉案货物损失发生在墨西哥公司责任期间内，墨西哥公司应负赔偿责任。墨西哥公司主张涉案货物颜色发生变化是因其自然特性所致，应予免责。根据《中华人民共和国海商法》第五十一条规定，墨西哥公司应承担相应的举证责任，提供证据证明涉案货物发生颜色变化系因其自然特性或者固有缺陷造成。所谓货物的自然特性或固有缺陷，应被理解为是货物本身所固有的、本质性的特性或缺陷，反映在运输过程中，就是在同类运输条件下该种货物发生损坏是必然且不可避免的。现墨西哥公司提供的证据不足以证明涉案货物存在此类自然特性或固有缺陷，墨西哥公司应承担举证不能的法律后果，其抗辩理由缺乏事实依据，不能成立。

关于明穗公司的损失，根据《中华人民共和国海商法》第五十五条的相关规定，应按照涉案货物受损前后实际价值的差额计算，即以涉案货物受损前后的到岸价之差为准。据此计算，并结合相关事实和证据，明穗公司的损失应为 1,055,022.05 美元和人民币 4,576.56 元。明穗公司主张的其他损失，缺乏事实依据，不予支持。

广州海事法院依照《中华人民共和国海商法》第四十六条、第四十八条、第五十五条、第七十八条与《中华人民共和国民事诉讼法》第六十四条第一款和《最高人民法院关于适用〈中华人民共和国民事诉讼法〉的解释》第九十条规定，作出如下判决：一、墨西哥公司赔偿明穗公司货物损失

1,055,022.05美元和人民币4,576.56元及其利息；二、驳回明穗公司其他诉讼请求。

墨西哥公司不服一审判决，向广东省高级人民法院提出上诉请求：1.撤销一审判决；2.改判驳回明穗公司的全部诉讼请求；3.一审和二审诉讼费用由明穗公司负担。事实和理由：一审法院认定明穗公司是涉案海上货物运输的收货人错误，认定涉案货物玉米酒糟粕颜色变化构成货损错误。墨西哥公司已经尽到适航、适货义务，航程中也适当履行了管货义务。一审法院认定墨西哥公司没有充分举证证明涉案货物变色系由货物的自然特性或内在缺陷引起存在错误。即使涉案货物确实发生损坏，明穗公司所称损失与货物损坏之间也不存在因果关系，墨西哥公司不应承担责任。明穗公司的进口买卖合同与进口代理协议以及信用证相互矛盾，不能证明与涉案货物的关联性。一审法院对有关检测报告的采信存在错误。玉米酒糟粕的亨特色度L值代表的是货物色泽亮度，与货物颜色的深浅并非一一对应的关系。

二审法院确认一审判决查明的事实。二审中，墨西哥公司提交了大连海事大学海事司法鉴定中心出具的专家意见，并由鉴定人之一的杨佐昌出庭作证，认为墨西哥公司已经尽到妥善监管货物之责，不存在监管货物过失，涉案货物变色不应归咎于承运人的监管货物行为。

广东省高级人民法院经审理认为：本案是一宗具有涉外因素的海上货物运输合同纠纷，双方当事人一致选择适用中华人民共和国法律解决本案实体争议。根据《中华人民共和国海商法》第二百六十九条的规定，本案实体争议适用中华人民共和国法律处理。

本案的争议焦点有三个。一是明穗公司是否有权索赔涉案货物损失；二是涉案货物颜色变化是否造成明穗公司的损失；三是如果涉案货物颜色变化构成货损，墨西哥公司是否应承担赔偿责任。

关于焦点一，涉案提单记载利达公司为通知方，利达公司实际安排收取了涉案货物，是涉案海上货物运输的收货人。根据《中华人民共和国海商法》第四十一条及第七十八条第一款的规定，利达公司与墨西哥公司之间成立法律规定的海上货物运输合同关系。同时，利达公司系明穗公司的外贸进口代理人，受明穗公司的委托进口涉案货物。根据《中华人民共和国合同法》第四百零三条的规定，明穗公司可以行使前述法律规定的海上运输合同关系项下利达公司对墨西哥公司的权利，且明穗公司也已经向利达公司支付了涉案货物的全部货款，取得了涉案货物的所有权。故明穗公司有权以收货人的身份就涉案货物损害向墨西哥公司主张索赔。

关于焦点二，涉案货物在启运港装船时外观呈金色，至目的港卸货时，部分货物的外观已经发生肉眼可见的变化，呈现出明显的与金色不同的颜色，且变色的货物与未变色的货物相混杂，无法予以区分，涉案货物外观状况已经发生变化。在有关贸易合同已经对涉案货物的颜色外观以及亨特色度 L 值予以明确约定的情况下，该约定属于对涉案货物质量要求的约定，不符合该约定的货物可以造成违约责任从而导致损失。涉案提单已经注明了涉案货物的外观颜色为金色，这表明，在涉案提单所证明的涉案海上货物运输合同关系中，承运人已经确认了涉案货物装船时的外观状态，并承担了将涉案货物按装船时的外观状态完好交付至收货人的合同义务。现运至目的港的涉案货物颜色外观发生变化，不再是单一的金色而是出现了明显的其他颜色的货物混杂，且其亨特色度 L 值低于 50，与有关贸易合同约定的货物质量标准不符。同时，明穗公司就涉案货物签订的销售合同已经约定货物"以供方国外出口商提交的出口检验证明为准"，由于涉案货物在卸货港的亨特色度 L 值低于装货港出具的分析证书的记载，导致明穗公司对部分货物降价销售，其销售价值发生了贬损。

关于焦点三，根据《中华人民共和国海商法》第四十六条第一款和第四十八条的规定，墨西哥公司作为承运人的责任期间是从涉案货物在起运港美国艾玛港装船时起，直至在目的港中国深圳赤湾港将涉案货物卸离船舶时为止，除具有法定免责事由外，被告对于涉案货物在其责任期间发生的损坏应负赔偿责任。涉案货物装船后，墨西哥公司签发了清洁提单，涉案货物到达目的港后颜色发生变化，应认定涉案货物在墨西哥公司责任期间内发生损坏。墨西哥公司抗辩称涉案货物发生损失是因其自然特性或者固有缺陷造成。但墨西哥公司一审提交的海江公估公司出具的检验报告未确定涉案货物变色的原因为其自然特性或者固有缺陷，仅仅表述为可能的原因。墨西哥公司二审提交的专家意见及证人证言亦未确定涉案货物变色的原因为其自然特性或者固有缺陷。故墨西哥公司提交的证据不足以证明涉案货物变色的原因为其自然特性或者固有缺陷。因墨西哥公司无法举证证明涉案货物的损坏属于《中华人民共和国海商法》第五十一条第一款第九项规定的原因所造成的，故墨西哥公司应依据《中华人民共和国海商法》第四十六条第一款规定承担赔偿责任。

涉案货物的损失应根据《中华人民共和国海商法》第五十五条的规定进行计算。明穗公司向 ADM 公司购买涉案货物的价格为每吨 263.50 美元，在墨西哥公司没有提交相反证据的情况下，应认定该价格为涉案货物装船时的实际价值。明穗公司于卸货港出售涉案货物的数量为 34,799.64 吨，销售所得货款为人民币 53,380,680.35 元，即按每吨 1,533.94 元的价格出售。明穗公司提交的"中国饲料信息网"显示，2015 年 9 月 18 日至 28 日的广东地区美国玉米酒糟粕的市场价格为每吨人民币 1,700 元左右。墨西哥公司上诉主张该网站的价格不能准确反映卸货港的货物价格，且明穗公司原签订的 21 份销售合同的价格亦低于同期"中国饲料信息网"公布的价格，故涉案货物卸货港的价格应按比例降低计算。但墨西哥公司未对此提交相应的证据证明"中国饲料信息网"公布价格的不合理之处，且明穗公司签订的 21 份销售合同中的销售涉案货物价格不影响其卸货港市场价格的认定。故一审判决采信上述证据认定涉案货物于卸货港的市场价格为每吨 1,700 元，并无不当。依据涉案货物的卸货港市场价格和实际售价计算，得出涉案货物的贬损率为 9.77%。依此贬损率，按涉案货物装船时的价值加上运费和保险费计算，涉案货物的损失为 1,055,022.05 美元和人民币 4,576.56 元。据此，墨西哥公司应赔偿明穗公司货物损失 1,055,022.05 美元和人民币 4,576.56 元及其利息。一审判决认定的上述损失金额及利息计算，均无不当，法院予以维持。

综上所述，墨西哥公司的上诉请求不能成立，应予驳回。一审判决认定事实清楚，适用法律正确，应予维持。广东省高级人民法院于 2020 年 4 月 2 日作出（2018）粤民终 1769 号民事判决：驳回上诉，维持原判。

【典型意义】

本案是一宗典型的大宗粮食散货在海运过程中发生货损引起的海上货物运输合同纠纷。本案充分体现了大宗粮食散货海运风险不定、货损原因难以查明、责任划分争议巨大等特点。

本案的最大争议焦点，在于玉米酒糟粕货物变色但营养成分不变是否构成货损。在普通人看来，类似玉米酒糟粕这样的主要用于饲料生产的粮食类货物，如果其营养成分符合有关质量标准，应该就是完好的货物。但本案事实表明，即使营养成分不变，玉米酒糟粕外观颜色的变化，仍对其销售价格有直接影响。虽然玉米酒糟粕的颜色不应作为其品质评价的唯一指标或最好指标，但这只是基于玉米酒糟粕本身的物理、化学性质或其营养价值而言，而不是基于玉米酒糟粕作为货物买卖的标的时买卖双方的约定或需要。本案中，在有关贸易合同已经对涉案货物的颜色外观以及亨特色度 L 值予以明确约定的情况下，该约定属于对涉案货物质量要求的约定，不符合该约定的货物可以造成违约责任并且也实际导致了货物售价下降，造成了损失。通过本案的审理，我们应当注意到，海运货物多种多样，认定其是否发生损坏的标准也是多种多样，在货损纠纷发生时应全面考虑货物性质和有关贸易情况，方可准确认定货物损失。

本案的另一个争议问题，在于承运人是否可以援引《中华人民共和国海商法》第五十一条第一款第九项规定的"货物自然属性或固有缺陷"予以免责。对此，本案承办人认为，不应被当事人提交的各种分析报告所左右，而应该从承运人主张免责所依据的法条入手，追究其真意，从而作出判断。《中华人民共和国海商法》第五十一条第一款所规定的承运人的各种免责事由，其立法来源主要是《海牙规则》第Ⅳ条第2款，其中与海商法中"货物的自然特性或固有缺陷"这一条款基本对应的是《海牙规则》第Ⅳ条第2款（m）项（《汉堡规则》中没有类似规定），即"由于货物的固有缺点、质量或缺陷所造成的容积或重量的损失，或任何其他灭失或者损害"①。也就是说，"货物的自然特性或固有缺陷"这一规定的出处或者说是定义来源应该是"inherent defect, quality or vice of goods"，而"inherent"在英语中的意义为"内在的、固有的、本质性的、与生俱来的"。承办法官由此得出判断，所谓货物的自然特性或固有缺陷，应被理解为是货物本身所固有的、本质性的特性或缺陷；反映在运输过程中，就是在同类运输条件下该种货物发生损坏是必然且不可避免的。据此认定，承运人主张因玉米酒糟粕自然特性而免责的抗辩理由缺乏事实依据，不能成立。本案二审期间，2018年12月5日，英国最高法院就"Volcafe v. CSAV ［（2018）UKSC 61］"一案作出终审判决。该案终审判决对海上货物运输货损纠纷中承运人与货主之间举证责任如何分配进行了全新阐述，因此被航运业称为"2018年度英国最重要的海上货物运输案件"。在该案中，被告也根据《海牙规则》第Ⅳ条第2款（m）项，主张免责。对此，英国最高法院在判决书中明确指出："承运人如援引固有缺陷（inherent vice）例外情形，须证明无论承运人采取什么合理步骤来防止货物损毁，货物仍会损毁，或证明承运人实际上已为货物采取了合理的谨慎措施，但货物仍然损毁。因为假如承运人能够采取某些步骤来防止货物的固有特性导致损毁，该项特性就不是固有缺陷。"以上阐述，与一审判决的裁判思路几乎完全一致。

最后，本案对货物损失金额的计算和认定，也严格遵循了《中华人民共

---

① （m） Wastage in bulk or weight or any other loss or damage arising from inherent defect, quality or vice of goods.

和国海商法》第五十五条的规定和最高人民法院在"哈池曼案"中采用的"贬值率法"。在计算中,应注意区分受损货物和完好货物,不能混淆,同时要注意去除合理损耗部分,以及无法查明如何处理的部分,尽可能准确地计算出受损货物的数量和贬值情况。

(平阳丹柯)

中国平安财产保险股份有限公司深圳分公司诉韩进船务有限公司等海上货物运输合同纠纷案
——因混合过错所致的货损责任方如何承担责任

【提要】

承运人对于非集装箱货物的责任期间,始于货物装上船、止于货物卸下船的承运人掌管之下的全部期间。船舶已做好卸货准备而由于收货人原因暂不能卸货的,承运人管货的责任仍应终止于货物卸离船舶之际,而非终止于可以卸船之时。对于混合过错导致的货损,在没有证据证明不同原因的货损数量分别是多少时,法官应对过失责任比例作出判断,从而确定责任方对货损的赔偿数额。

【关键词】

海上货物运输合同　责任期间　货损　赔偿责任

【基本案情】

原告(上诉人):中国平安财产保险股份有限公司深圳分公司(以下简称"平保深圳公司")。

被告(上诉人):韩进船务有限公司(Hanjin Shipping Co., Ltd.)(以下简称"韩进公司")。

被告(被上诉人):中国再保险(集团)股份有限公司(以下简称"中再保公司")。

2004年4月15日,广东富虹油品有限公司(以下简称"富虹公司")作为买方与卖方路易达孚亚洲私人有限公司签订买卖合同,约定:买方以信用证付款方式向卖方购买55,000吨(±10%由卖方选择)散装巴西大豆,单价为成本加运费、卖方不负责卸货(CFR FO 湛江)每吨369.26美元。要求大豆水分基本含量13.5%,最大14%,破碎粒最大为20%,总损粒最大为8%,热损粒最大为5%;船舶准备就绪通知书在周一至周五的0800时至

1300时、周六的0800时至1200时提交,卸货时间自该通知书提交的下一个工作日0800时开始计算,无论是否通关、检疫、靠泊以及港口的限制等原因,均计算卸货时间。8月23日,富虹公司通过信用证支付了人民币177,884,911.77元(以下各款项未作特别说明的,均指人民币)的货款及利息。

2004年4月27日,富虹公司就该货物向平保深圳公司投保。货物运输保险单记载:被保险人富虹公司,被保险货物57,750吨散装巴西大豆,货物单价每吨396.09美元,由"韩进大马"(Hanjin Tacoma)轮于2004年5月4日从巴西桑托斯港运至中国湛江,按照中国人民保险公司1981年1月1日修订的海洋运输货物保险条款(包括"仓至仓"条款,但短量责任为"港至港"责任)承保一切险、战争险、罢工险,保险金额22,874,197.50美元。

2004年5月4日至7日,涉案大豆在巴西桑托斯港装上韩进公司所属的韩国籍"韩进大马"轮。5月7日,泛大西洋公司作为该轮船长金锡现的代理签发了一式三份正本指示提单,记载:托运人科迈实业公司,收货人凭指示,通知方富虹公司,由"韩进大马"轮自巴西桑托斯港装运57,750吨散装巴西大豆至中国湛江港,货物清洁装船,运费预付。该提单经科迈实业公司背书后,由富虹公司持有。

巴西BSI检疫有限公司出具的质量证书载明:57,750吨大豆在装运时水分含量12.7%,杂质0.97%,破碎粒10.89%,损伤粒7.22%,热损伤粒0.75%,油分19.58%,蛋白质35.7%。

2004年6月16日0400时,"韩进大马"轮抵湛江港并抛锚等泊位。6月18日,富虹公司与路易达孚亚洲私人有限公司分别获得中国农业部①就本案进口大豆颁发的《中华人民共和国农业转基因生物标识审查认可批准文件》《中华人民共和国农业转基因生物安全证书(进口)》。6月19日1024时,船长递交了装卸准备就绪通知书,做好了卸货准备。6月23日,中国国家质量监督检验检疫总局②发布2004年第76号公告,称:"2004年6月11日前已启运在途的巴西大豆,如混有种衣剂大豆,应在卸货前进行挑选处理,符合中方相关要求后方可准许入境。"7月27日,富虹公司获得国家质量监督检验检疫总局为涉案进口大豆颁发的《中华人民共和国进境动植物检疫许可证》。8月1日1612时,"韩进大马"轮从锚泊地起锚,靠向湛江港405号泊位;

---

① 现中华人民共和国农业农村部。——编者注
② 现中华人民共和国国家市场监督管理总局,下同。——编者注

2130时该轮第5、第6舱开始卸货，随后其他舱陆续卸货。其间因下雨、移泊等原因暂停卸货，9月3日0540时卸货完毕。

2004年8月1日1600时，富虹公司在与其他检验人员对涉案货物抽样时发现大豆有霉变、受损现象；同日电话通知平保深圳公司；次日向平保深圳公司发出险通知书，告知货损情况。富虹公司于8月6日书面通知"韩进大马"轮船长货物有霉变情况。8月23日，富虹公司申请广州海事法院对"韩进大马"轮的航海日志等资料进行保全；8月25日，再向法院申请扣押"韩进大马"轮。法院分别裁定准许了上述申请。9月2日，中再保公司为该轮所有人向富虹公司和平保深圳公司提供了赔偿限额为400万美元的担保函。

2004年8月2日至23日，湛江检验检疫局对上述货物进行检验；于9月3日出具重量通知单，记载："韩进大马"轮所卸巴西大豆重量57,750吨；于9月24日出具检验证书，记载：该批货物的水分含量11.7%，杂质1.9%，破碎粒12.5%，损伤粒（总量）13.6%，热损伤粒8.9%，油分21.26%，蛋白质35.03%。

中国进出口商品检验广东公司自2004年8月2日至9月10日在湛江港对涉案大豆进行检验；于10月11日出具检验报告，记载如下。第一，货物被散装于船舶的第1舱至第7舱，其中第1舱6,750吨，第2舱至第6舱各8,800吨，第7舱7,000吨，共57,750吨。各舱两边共有面积约30厘米×30厘米的6个通风孔，货物未堵塞通风孔。第7舱左右两边为燃油柜。根据航海日志记录，自5月8日至6月16日航行期间，全部通风口均关闭；自6月16日至8月2日靠泊期间，除恶劣天气外，晚上打开全部自然通风口至次日早上关闭；船员于7月29日8时在第7舱发现货损。第二，第1舱货物受损程度较轻，可归为完好货物。第2舱至第6舱，从表层到0.3米至1米深处的大部分货物呈灰色且发霉，约2米至5米深处有大量热损货物，表面呈淡黄色或褐色。在第7舱，从表层到约3米深处，货物成黑褐色，有焦味；在3米至5米深处有热损货物；在深6米以下货物完好。第三，将第2舱至第6舱表层霉变结块货物分卸至港口第12仓后人工灌包，霉变结块货物47,081包，重2,433.31吨。将第7舱表层之严重烧伤至黑色、红黑色货物卸至码头机械灌包，严重烧伤货物70,101包，重3,353.36吨。将第2舱至第7舱内混卸并存放于港口第16仓、第20仓的热损货物丈量并计算，共11,931.056立方米，计算热损货物的实际重量为8,244.36吨。上述三类货物共计14,031.03吨，分别按60%、70%、25%的贬值率折算，货损相当于净重5,868.428吨货物灭失。第四，货损的主要原因是该轮经86天航行到港待泊，未进行通风或通风不良，其中第2舱至第6舱表层货物之霉变、结块、发臭，系缺乏通风而产生大量汗水所致；第7舱严重烧伤为黑色、褐色的货物，系船舶在航行和等泊期间缺乏通风，加上燃油柜和机舱的大量热量直接传导并积聚于舱内上层货物所致；第2舱至第7舱之热损货物，系缺乏通风而产生高温所致。

在广州海事法院（2005）广海法初字第211号富虹公司诉平保深圳公司海上货物运输保险合同纠纷一案中，判决书认为，"韩进大马"轮在涉案航次中舱内一直通风不良，因缺乏通风而产生的高温与舱汗是导致被保险货物霉变、烧伤、热损的重要原因之一。霉变结块货物、严重烧伤货物、热损货物共计14,031.03吨，分别按60%、70%、25%的贬值率折算，相当于净重5,868.428吨货物灭失。平保深圳公司扣减0.3%的免赔额，实际应赔付货物损失17,422,973.76元，赔付货物残损检验费、港口灌包费、港口困难作业费合计345,966.72元。为此，判决平保深圳公司向富虹公司赔付17,768,940.48元及其利息。

平保深圳公司不服该判决，向广东省高级人民法院提起上诉。二审法院在（2005）粤高法民四终字第304号判决中指出，航行迟延、交货迟延是指船舶实际的航行时间及交货时间晚于运输合同约定的相应时间，而涉案提单并未明确约定航行时间及交货时间，因而平保深圳公司主张航行迟延、交货迟延造成的涉案78%的货损不承担赔偿责任缺乏事实根据，判决驳回上诉，维持原判。

平保深圳公司在上述（2005）粤高法民四终字第304号民事判决生效后，于2006年6月1日向富虹公司支付了全部保险赔款及其利息共计19,245,818元。富虹公司出具赔款收据及权益转让书，将赔款范围内保险标的的一切权益转让给平保深圳公司。

原告平保深圳公司诉称：韩进公司是货物的实际承运人，负有将货物完好运抵目的港的义务。富虹公司系提单持有人及收货人，有权就该货损向韩进公司索赔。在诉前扣押"韩进大马"轮后，中再保公司为韩进公司提供了400万美元的连带担保。根据有关生效判决书的要求，平保深圳公司支付了保险责任范围内对被保险人富虹公司的全部保险赔款19,245,818元，取得了相应的保险代位求偿权，故请求判令两被告向其赔偿货物等相关损失19,245,818元及其利息。

被告韩进公司辩称："韩进大马"轮适航、适货，船舶于2004年5月7日启航，6月12日已到达湛江港外锚地，只因货方未取得进口许可证不得不停航等待，其间船员关闭所有通风口，未发生货损；6月19日到达湛江港，并递交了卸货准备就绪通知书。此后，因货方原因导致船舶不能靠泊卸货，不得不在锚地等待长达42天，尽管船员谨慎照料货物，但部分货物在此期间发生货损已不可避免。对于不同原因造成货损的比例是可以合理确定的，韩进公司有权对由于货方原因和货物的固有缺陷、自然特性造成的货损免责。货方违反中国对涉案大豆的进口管制措施，是导致船舶不能及时卸货、只能在锚地长时间等待的唯一原因。平保深圳公司的保险赔款是因其在富虹公司与平保深圳公司的保险合同纠纷诉讼中消极和不当抗辩造成的，没有证据证明富虹公司因涉案货损而实际遭受了损失，故原告无权要求韩进公司赔偿。

【裁判理由及结论】

广州海事法院经公开审理认为：本案系保险人平保深圳公司根据保险合同赔付被保险人富虹公司货物损失后，代位被保险人提起的涉外海上货物运输合同纠纷案。

平保深圳公司已向被保险人富虹公司赔付了全部保险赔款及利息共计19,245,818元，其有权在该范围内代位向韩进公司提出赔偿要求。在代位求偿诉讼中，平保深圳公司的诉讼地位相当于海上货物运输提单持有人即收货人富虹公司的地位，平保深圳公司享有相当于富虹公司的诉讼权利，同时也需承担相当于富虹公司的诉讼义务。

富虹公司通过申请开立信用证的方式付款赎单，成为涉案提单的合法持有人和涉案大豆的合法提货人。被告韩进公司与富虹公司之间成立了以提单为证明的海上货物运输合同关系。作为承运人，韩进公司负有使船舶适航的责任和对货物进行管理的责任。"韩进大马"轮在巴西桑托斯港开航前和开航当时，已经配备了足够的适格船长和船员，并且取得了熏蒸证明、清舱证明等文件，因而可以证明船舶在开航前和开航当时对涉案航次是适航的，对所运载的大豆是适货的。

根据《中华人民共和国海商法》第四十六条"承运人对非集装箱装运的货物的责任期间，是指从货物装上船时起至卸下船时止，货物处于承运人掌管之下的全部期间"的规定，韩进公司在2004年5月4日至9月3日对涉案的在船大豆负有责任，对装船前和卸货后的大豆不承担责任。虽说6月19日船长递交了装卸准备就绪通知书，卸货时间自该通知书提交的下一个工作日0800时开始计算。但由于种种原因货物并未依时卸船，因而韩进公司对在船货物的保管、照料等责任并未因提交了装卸准备就绪通知书而终止，其对货物的责任依法应终止于货物实际卸离船舶之时，而不是货物可以卸船之日。

"韩进大马"轮从正处于冬季的南半球巴西桑托斯港到处于夏季的北半球中国湛江港，温度跨度较大。船舶在这种特定时间的预定航线上航行，如果对货舱没有良好的温度和通风控制，即如果不严格控制货舱内的温度及湿度，任由大豆的温度自由变化，则随着船舶从寒冷海域向热带海域航行，必然会使暖空气中的湿气遇冷凝聚成水滴，从而增加大豆的含水量、使货物受损。作为一个从事专业运输的谨慎的承运人，韩进公司并没有关于货舱温度、湿度的控制方案，在5月8日至6月16日航行期间，全部通风口均处于关闭状态，而这期间船舶已从正处于冬季的南半球巴西航行到了正处于夏季的北半球中国海域，因而实难认定韩进公司尽到了一个承运人妥善管理货物的责任。自6月16日至8月1日卸货时止，"韩进大马"轮除恶劣天气外，晚上打开全部自然通风口至次日早上关闭，这表明韩进公司对货物进行了管理，但显然未取得满意的效果。

船长于2004年6月19日1024时即递交装卸装备就绪通知书，从承运人方面来说已做好了卸货准备，可以卸货。按照货物买卖合同的约定，卸货时间将从6月20日0800时开始计算。但因涉案大豆属转基因生物，应经中国政府特别许可方能进口，而收货人富虹公司并未在6月20日之前办妥有关的特别许可手续，该公司迟至7月27日才获得中国国家质量监督检验检疫总局颁发的《中华人民共和国进境动植物检疫许可证》，此时货方才满足了涉案大豆进口的法律要求，货物才可以卸下船舶。富虹公司迟延38天办妥转基因大豆进口许可手续，直接导致了货物在船上多滞留38天之久，由此导致的损失扩大的后果理应由富虹公司承担法律责任。

根据庭审查明的事实，货损主要是由于船舶未进行通风或通风不良，从而产生高温及热量聚集、使货物产生大量汗水等原因造成。船舶未进行通风或通风不良，是承运人韩进公司未妥善而谨慎地履行管货责任的表现，由此产生的货损应由其承担赔偿责任。虽说货物在船时，韩进公司负有法定的管货责任，但在已递交装卸准备就绪通知书、船舶已做好了卸货准备时，及时将货物卸下显然可以减轻货物损坏的程度。在货物已经受损的情况下，采取适当措施防止损失的进一步扩大就具有特别重要的意义，而如果并不需要额外地采取措施，仅仅是要求及时采取本来就应采取的措施即可防止损失进一步扩大时，则有义务采取该措施的一方更应积极而为，而不是放任损失程度的不断加重和损失数量的持续扩大。因此，根据《中华人民共和国合同法》第一百一十九条"当事人一方违约后，对方应当采取适当措施防止损失的扩大;没有采取适当措施致使损失扩大的,不得就扩大的损失要求赔偿"的规定,收货人富虹公司有义务防止损失的扩大,在船舶递交了装卸准备就绪通知书的情况下,理当及时安排卸货,其未能及时安排卸货,在船舶递交装卸准备就绪通知书后38天才取得货物的进口许可手续,因而富虹公司不得就扩大的损失推卸其应负的责任。综合考虑韩进公司的管货责任、富虹公司应采取适当措施防止损失扩大的责任等情况,韩进公司承担70%货损责任,富虹公司承担30%货损责任为宜。

广东省高级人民法院(2005)粤高法民四终字第304号生效判决书已经认定经过磅和丈量,霉变结块货物2,433.31吨、严重烧伤货物3,353.36吨、热损货物8,244.36吨,共计14,031.03吨,分别按60%、70%、25%的贬值率折算,货损相当于净重5,868.428吨货物灭失。虽说韩进公司认为此乃平保深圳公司在该案中消极抗辩所致,但其在本案诉讼中并未举出充分证据证明货物损失的合理数额,因此,以相当于净重5,868.428吨货物灭失认定本案的货损数量并无不当。平保深圳公司对富虹公司的货损保险赔款已减去了0.3%的免赔额,而作为承运人的韩进公司是不享有该项免赔权利的;平保深圳公司向富虹公司赔偿的货物损失和施救费用为17,768,940.48元,包括利息共赔付19,245,818元。平保深圳公司以其赔付的19,245,818元代位求偿,符合法律规定,韩进公司应在该范围内承担70%的赔偿责任,即应赔偿平保深圳公司13,472,072.60元的损失,利息则自平保深圳公司向富虹公司支付保险赔款的2006年6月1日起按中国人民银行同期流动资金贷款利率计算。被告中再保公司作为韩进公司的诉讼担保人,应与韩进公司共同承担对平保深圳公司的连带赔偿责任。

广州海事法院于2008年10月30日根据《中华人民共和国海商法》第四十六条、第四十八条与《中华人民共和国合同法》第一百一十九条第一款之规定,作出(2004)广海法初字第321号判决:一、被告韩进公司、中再保公司连带赔偿原告平保深圳公司货物损失13,472,072.60元及自2006年6月1日起至本判决确定的支付之日止按中国人民银行同期流动资金贷款利率计算的利息;二、驳回原告平保深圳公司的其他诉讼请求。案件受理费130,010元,由原告负担57,031元,被告韩进公司、中再保公司负担72,979元。

原告平保深圳公司和被告韩进公司均不服该判决,向广东省高级人民法院提起上诉。二审期间,在法院主持下,双方达成如下调解协议:1. 韩进公司、中再保公司于2012年1月15日前向平保深圳公司连带赔偿3,105,000

美元,作为平保深圳公司所提起本案索赔及由此产生的无论何种性质的纠纷的全部和最终解决方案,包括所有的利息和费用;2. 各方各自支付的检验费、诉讼费、保全申请费、执行费及其他各种费用,由支付方自行负担。

【典型意义】

海上运输大宗散货发生货损导致的诉讼,是海事审判的传统典型案件。本案受损货物涉及国家严格控制的转基因食品,诉讼标的巨大,法律关系错综复杂,当事人对抗激烈尖锐,案件审理难度大、敏感性强。一审判决后,二审调解结案,个中的审判思路与技巧颇具价值,耐人寻味。

一、承运人的管货责任及其责任期间

所谓管货责任,是指《中华人民共和国海商法》第四十八条"承运人应当妥善地、谨慎地装载、搬移、积载、运输、保管、照料和卸载所运货物"的责任。"妥善"管货,要求承运人在装载、搬移、积载、运输、保管、照料和卸载货物的七个环节中,都要有一个良好的技术性系统,其本质是"技术性",需要一定的专业技能与业务水平;"谨慎"管货,则要求承运人从装船到卸船的整个过程均要以专业水平对货物予以合理注意,以专业人员通常的、合理的方式处理货物。管货责任是承运人法定的最低限度责任,属于强行法的性质,无论提单条款如何规定,承运人都必须承担这一责任,而不能通过合同条款予以降低或免除。

作为承运人的韩进公司是否履行了法定的管货责任,是本案争议的焦点之一。韩进公司以货损系转基因大豆的自然属性和固有缺陷所致进行抗辩,但该抗辩因"韩进大马"轮第1舱中的同批次大豆基本完好而不攻自破。本案运输的特殊性在于,船舶从正处于冬季的南半球巴西桑托斯港到处于夏季的北半球中国湛江港,温度跨度大,如何控制温度和通风,避免从寒冷海域向热带海域航行时暖空气遇冷凝水、使货物增加水分而受损,就是一个"妥善"管货的技术活。韩进公司没有关于温度、湿度的控制方案,未进行技术可行的操作处理,在整个航行期间全部通风口均被关闭,因而实难认定其履行了"妥善"管货之责。

承运人管货的责任期间,是指承运人对承运货物的责任从何时开始到何时结束的一段时间。在责任期间内发生的货损,除法律明确规定可以免责的情况外,承运人都应承担赔偿责任。《中华人民共和国海商法》第四十六条规定:"承运人对非集装箱装运的货物的责任期间,是指从货物装上船时起至卸下船时止,货物处于承运人掌管之下的全部期间。"这一规定与《海牙规则》的"海牙时间"完全相同。在航运实务中，如果使用船舶自备吊杆装卸货物，"海牙时间"是指"吊钩至吊钩"，即承运人的责任从货物在起运港开始装船、吊钩一受力的时刻开始，直到货物在目的港卸下船舶脱离吊钩的时间点为止；若使用码头设备装卸货物，则"海牙时间"为"船舷至船舷"，即货物从起运港进入船舷起到目的港离开船舷为止的一段时间。对于本案而言，韩进公司管货的责任期间，就是货物在"韩进大马"轮上的全部期间。这一认定对案件处理具有重要意义。"韩进大马"轮船长于2004年6月19日递交装卸准备就绪通知书，船舶做好了卸货准备，但货物迟至8月1日才开始卸货。显然，不能因为船舶已做好卸货准备而由于收货人的原因暂不能卸货，承运人就可以解除管货的责任了。在此情形下，其管货的责任期间仍然应终止于货物卸离船舶之时。

二、承运人的责任不同于保险人的责任

本案是平保深圳公司根据货物运输保险合同案的生效判决，在赔付被保险人富虹公司的货损后，代位提起的海上货物运输合同之诉。是否可以认为保险人在保险合同诉讼中赔付被保险人的损失和费用，都可以通过代位求偿之诉从货物运输合同诉讼里全额追回？若是，则无必要代位求偿诉讼而直接对责任人适用保险合同案的判决即可，因而答案显然是否定的。这主要是因为，货物运输合同与货物运输保险合同虽有一定的关联，却是两个独立的契约，承运人的责任期间、赔偿范围、免责事项等，并不等同于保险人的责任期间、保险范围和除外责任，那种认为保险人通过代位求偿之诉可以向责任方追回全部保险赔款的认识，是对代位求偿诉讼的简单化，是一种去法律思维的浪漫主义解读。

在平保深圳公司与富虹公司的货物运输保险合同案中，保险人承保一切险、战争险和罢工险，除短量责任为"港至港"期间外，其他责任为"仓至仓"期间。涉案大豆并不短量，因而保险人的责任期间应适用"仓至仓"期间，即自被保险货物运离保险单所载明的起运地仓库或储存处所开始运输时生效，包括正常运输过程中的海上、陆上、内河和驳船运输在内，直至该项货物到达保险单所载明目的地收货人的最后仓库或储存处所或被保险人用作分配、分派或非正常运输的其他储存处所为止。不言而喻，保险人的"仓至仓"责任期间长于承运人管货的责任期间即"海牙时间"。

《中华人民共和国海商法》第二百四十三条规定，除非合同另有约定，对于航行迟延、交货迟延或者行市变化造成的货损，保险人不负赔偿责任。即航行迟延本身造成的损失属于法定的保险除外责任，而航行迟延期间仍属于"仓至仓"的责任期间，该期间内因为保险事故造成的损失，保险人应予赔付。那么，"韩进大马"轮是否航行迟延呢？根据《中华人民共和国海商法》第五十条第一款"货物未能在明确约定的时间内，在约定的卸货港交付的，为迟延交付"的规定，正如广东省高级法院在（2005）粤高法民四终字第304号判决中指出的那样，涉案提单并未明确约定航行时间及交货时间，因而不存在航行迟延、交货迟延的保险人免责事由。退一步讲，即使按《汉堡规则》第五条第2款关于勤勉承运人未能在合理时间内交付即构成迟延交付的规定，则有关评估报告并未分清承保风险与除外风险各自造成货损的比例，即没有证据证明航行迟延所造成的损失，保险人也应承担举证不能的不利后果。而对于承运人来说，并无航行迟延造成的损失予以法定免责的规定，因而承运人这方面的责任大于保险人的责任。

三、混合过错的责任判断与划分

涉案大豆的货损，是原、被告过失竞合的结果，既有韩进公司未正确履行管货责任的原因，也有富虹公司未履行法定减损义务的原因，即混合过错导致了货损的发生。没有证据显示不同原因导致的货损数量分别是多少，法官不可能凭空对不同原因导致的货损的数量妄下结论。但是，法官应该行使判断权，对导致货损的有关法律责任作出判断。正如在双方互有过失的船舶碰撞案件中，法官对碰撞责任比例作出判断一样。我们不可想象，在船舶碰撞案件审判中，海事行政主管部门或评估鉴定部门需要给出甲船造成乙船具体损失的数额、否则法院以举证不能予以驳回的处理方式。事实上，在案件审判中，对法律责任作出判断，是审判权的题中之义，理当由法官来行使；评估鉴定部门只能客观地表述案件事实，但不具有对法律责任作出权威判断的职责和能力。倘若一个案件的审判，事无巨细都需要评估鉴定部门给出意见，则审判权功能的发挥难说充分和完善，并可能产生审判权被蚕食或木偶化、傀儡化的结果。

本案一审判决，对韩进公司未妥善管货的责任和富虹公司未行使减免损失的责任作出判断，确定由韩进公司对相关损失承担70%的法律责任，富虹公司承担30%的法律责任。法官对法律责任作出判断，如上所述，责无旁贷，这也是本案审理的最大亮点和最成功之处。当然，三七开的责任比例划分是法官行使自由裁量权的结果，对此显然没有一个绝对正确的标准而只能追求一种相对的公正，即我们不能说本案按照80%和20%的责任比例划分就完全错了。实际上，我们可以参照二审原被告达成的调解协议，来检验三七开的比例划分是否恰当，以及韩进公司是否应该按照货物运输保险合同案的判决予以全额赔偿。韩进公司和中再保公司根据调解协议，向平保深圳公司最终实际连带赔偿 3,105,000 美元，折合人民币约 2,120 万元；本案一审判决的数额加上贷款利息约 1,930 万元，保险合同案判决的数额加上贷款利息约 2,675 万元。可见，本案一审以 70% 和 30% 的责任比例确定的赔偿责任，最接近双方自愿达成的最终赔偿数额，两者相差仅 190 万元；而保险合同案的数额与双方协议的最终赔偿数额相差约 555 万元。考虑到调解过程中双方的博弈与让步，调解方案与一审数额有出入是正常的，但两者的较为接近，说明一审关于保险人与承运人根据具体情况承担不同的责任、承运人与收货人对货损的责任比例分担等司法处理都是公正公平的，可资今后类似案件参考和借鉴。

（倪学伟）

深圳市鑫丰源物流有限公司诉平南县顺辉船务有限责任公司水路货物运输合同纠纷案

——挂靠经营时登记船舶经营人的法律责任

【提要】

船舶挂靠对外经营时,登记船舶经营人并不能被视为应然的合同相对方,其是否能成为适格的责任主体,仍应从合同的订立、履行过程中体现的当事人意思表示以及客观事实来综合认定。

【关键词】

水路货物运输　挂靠经营　登记船舶经营人　合同相对方

【基本案情】

原告(上诉人):深圳市鑫丰源物流有限公司(以下简称"鑫丰源公司")。

被告(被上诉人):平南县顺辉船务有限责任公司(以下简称"顺辉公司")。

原告鑫丰源公司诉称:2012年4月10日,鑫丰源公司与富川广东温氏畜牧有限公司(以下简称"富川温氏公司")签订货物运输合同,约定合同期内由鑫丰源公司委派驳船为富川温氏公司运输货物,合同有效期为1年。2013年1月,鑫丰源公司承运富川温氏公司玉米1,400吨,自深圳蛇口运输至广西梧州越新赤水港码头(以下简称"赤水码头")。2013年1月25日,鑫丰源公司委托顺辉公司经营的船舶"平南顺辉268"轮运输,并于当日将1,400吨玉米装船,运单号为2013300442。"平南顺辉268"轮运货到目的港后,收货人富川温氏公司发现部分玉米因水湿霉变损毁。经统计,扣除正常损耗后货损玉米为375.064吨。鑫丰源公司与富川温氏公司经协商,由鑫丰源公司先行承担货物损坏赔偿责任,赔偿货物损失265,562.08元。鑫丰源公司认为,鑫丰源公司委托"平南顺辉268"轮运输涉案货物、通过货票约定了货物数量、航次、港口航程且"平南顺辉268"轮由顺辉公司经营，鑫丰源公司与顺辉公司之间成立通海水域货物运输合同法律关系。因顺辉公司过错导致运输货物水浸受损，顺辉公司应承担赔偿责任，扣除顺辉公司在此次运输中应得运费30,800元，顺辉公司需向鑫丰源公司支付赔偿金234,762.08元。请求判令：顺辉公司赔偿鑫丰源公司货物损失234,762.08元，向鑫丰源公司支付公证费6,000元并承担本案诉讼费用。

被告顺辉公司辩称：鑫丰源公司主体不适格，涉案货票载明的托运人、收货人均不是鑫丰源公司；顺辉公司不应当承担货物损失的责任，顺辉公司只是涉案船舶的经营人，且涉案水湿系因为船长、船员过失导致；涉案货物损失数量不明、货物损失价值不明；鑫丰源公司和收货人应对货物扩大损失承担责任。请求驳回鑫丰源公司的诉讼请求。

【裁判理由及结论】

广州海事法院经审理查明："平南顺辉268"轮挂靠于顺辉公司经营，该船舶登记所有人为陈航斌，登记经营人为顺辉公司。2013年1月24日，鑫丰源公司直接与"平南顺辉268"轮的所有人陈航斌取得联系，双方口头约定由"平南顺辉268"轮承运1,400吨散装玉米自深圳蛇口港至赤水码头、运费按22元/吨计算、货物损耗按2‰计算，涉案运费由鑫丰源公司在货到目的港后按卸货数量结算并向陈航斌支付。

2013年1月26日，"平南顺辉268"轮在深圳蛇口港装载玉米1,396.32吨。货票上的起运港承运人处加盖了刻有"平南顺辉268"字样的船章。2月6日，"平南顺辉268"轮开始卸货，于3月6日卸货完毕，共卸载玉米1,410.22吨。2月15日，收货人发现涉案玉米遭受水湿。3月1日、3月5日，鑫丰源公司委托公证部门进行证据保全和检测，发现玉米水湿，已经变黑。鑫丰源公司支付公证费6,000元。后收货人向鑫丰源公司发出淋湿玉米确认函，向鑫丰源公司索赔玉米货损款265,562.08元。鑫丰源公司全额支付。

广州海事法院根据查明的事实认为，本案争议焦点为鑫丰源公司与顺辉公司之间是否成立通海水域货物运输合同关系。根据《最高人民法院关于民事诉讼证据的若干规定》第五条第一款规定，鑫丰源公司应负证明其与顺辉公司成立合同关系的举证责任。根据已查明事实，就涉案运输合同订立而言，鑫丰源公司、顺辉公司均确认鑫丰源公司是和"平南顺辉268"轮船舶所有人陈航斌达成涉案货物运输协议，没有证据表明鑫丰源公司与顺辉公司就涉案运输达成意思表示的一致。涉案货票上加盖的船章仅有"平南顺辉268"字样,并未体现顺辉公司的名称。因此,涉案运输合同是在鑫丰源公司与陈航斌之间订立的,顺辉公司并非合同相对方。就涉案运输合同履行而言,涉案运输是由陈航斌所有的"平南顺辉268"轮实际完成的。就涉案货损处理而言,鑫丰源公司直接通知陈航斌进行处理,而未通知或联系顺辉公司。顺辉公司虽然是"平南顺辉268"轮的登记船舶经营人,但没有证据证明顺辉公司实际控制使用"平南顺辉268"轮履行了涉案运输合同义务,鑫丰源公司也未举证证明本案存在陈航斌表见代理顺辉公司的法定情形。因此,顺辉公司既未与鑫丰源公司订立合同也未实际履行涉案运输合同义务,鑫丰源公司仅以顺辉公司为"平南顺辉268"轮登记船舶经营人的身份而主张其与顺辉公司建立通海水域货物运输合同关系的主张没有事实和法律依据,不予支持。

广州海事法院依照《中华人民共和国民事诉讼法》第六十四条第一款、《最高人民法院关于民事诉讼证据的若干规定》第二条第二款、第五条第一款的规定,作出如下判决:驳回原告鑫丰源公司的诉讼请求。案件受理费4,911.43元由鑫丰源公司负担。

上诉人鑫丰源公司不服该判决,向广东省高级人民法院提起上诉称:1. 顺辉公司是涉案运输合同的相对方,应对涉案货损承担赔偿责任。顺辉公司于原审庭审中已经确认其与"平南顺辉268"轮的所有人陈航斌之间存在船舶挂靠关系。按照挂靠关系的特征,陈航斌对外以顺辉公司的名义进行经营,该轮的名称亦可印证该事实。陈航斌作为该轮的所有人,其基于挂靠关系以顺辉名义经营的同时具备了履行职务的特定身份。一审判决无视上述事实而免除了顺辉公司应负的责任,难以令人信服。2. 富川温氏公司拒收1,018.47吨正常玉米货物以外的受损货物为不争事实,鑫丰源公司按照受损货物与正常货物之间的差额向富川温氏公司折价赔偿,但该赔偿并未涉及水湿以外的其他货物损失,富川温氏公司所出具的确认函所记载的数量亦不能与装船数量一一对应。一审判决推断其中16.69吨玉米未发生损失,显属不当。3. 涉案玉米货物于卸货港被发现受损后,顺辉公司对确定货物受损状况等事宜拒不配合,而拖延处置势必会使损失扩大,鑫丰源公司无奈之下才向公证机关救助,由此所产生的6,000元公证费用理应由顺辉公司承担。请求依法撤销一审判决,改判顺辉公司向鑫丰源公司赔偿货物损失234,762.08元、支付公证费6,000元,并由顺辉公司承担一审、二审的全部诉讼费用。

二审法院对原审法院查明涉案水路货物运输合同缔结、涉案货物运输等事实和证据予以确认。鑫丰源公司在二审法庭调查中陈述,就涉案货物运输有关事宜,其直接与"平南顺辉268"轮船舶所有人陈航斌进行联系,除此以外未曾与顺辉公司的人员有过联系;按约定,涉案运费由鑫丰源公司在货到目的港后按卸货数量结算并向陈航斌支付,后因发生货损事故,涉案运费未实际支付。

广东省高级人民法院认为:根据查明事实,鑫丰源公司通过与陈航斌联系、协商,双方就涉案货物运输事宜达成一致意见,并由陈航斌所有的"平南顺辉268"轮实际完成运输工作。鑫丰源公司未曾与顺辉公司的人员联系过涉案运输事宜,其虽主张陈航斌与顺辉公司之间存在挂靠关系,陈航斌联系、协商运输的行为属职务行为,但本案并无证据证明陈航斌为顺辉公司的职员或其联系、协商运输事宜的行为代表了顺辉公司,涉案运费原定的支付对象亦非顺辉公司,不足以认定涉案运输合同关系形成于鑫丰源公司与顺辉公司之间,故顺辉公司并非涉案运输的承运人。顺辉公司虽为"平南顺辉268"轮的登记经营人,但本案的证据和事实不能证明该轮由顺辉公司实际使用、控制或顺辉公司实际参与了涉案运输工作,故其不是涉案运输的实际承运人。顺辉公司既非涉案货物运输合同的承运人或实际承运人,本案亦无证据证明存在顺辉公司对涉案货物受损负有责任的其他情形,故其并非涉案货损赔偿的责任主体。鑫丰源公司关于顺辉公司为涉案运输合同的相对方、应向其赔偿货物损失及公证费的主张缺乏事实和法律依据,二审不予支持。二审判决:驳回上诉,维持原判。

【典型意义】

船舶挂靠经营下登记船舶经营人的被告在本案水路运输合同中的法律地位及法律责任存在较大争议,本案的裁判为类似案件审理提供了一定指引。

一、《最高人民法院关于国内水路货物运输纠纷案件法律问题的指导意见》未规范本案挂靠情形

基于水路公共安全的考虑,我国水路运输实际经营准入制度。出于利益考虑,无法凭借个体资格获得水路运输经营资质的部分内河船舶的实际所有人(登记所有人),往往会采取挂靠在有水路运输经营资质的企业的方式进行实际经营,从中获取利益。此种挂靠协议,一般会规定船舶仍由挂靠的真实所有人所有并负责实际运营,而被挂靠方只负责办理相关水路运输许可证件、负责形式上的监管,并固定收取或按营业额收取管理费。挂靠经营方式在具有公示性质的船舶登记证书上的表现一般有如下三种主要情形。1. 船舶

所有人和船舶经营人均登记为被挂靠的水路运输企业；2. 船舶所有人登记为按份共有，实际船舶所有人占多数比例，被挂靠企业占少数比例；3. 船舶所有人登记为实际所有人，船舶经营人登记为被挂靠企业。

对于船舶挂靠所涉纠纷处理，2012 年 12 月 24 日，最高人民法院发布了《关于国内水路货物运输纠纷案件法律问题的指导意见》（以下简称《指导意见》）。《指导意见》规范了前述第一种形式即登记船舶所有人和船舶经营人均为被挂靠的水路运输企业的船舶挂靠经营，但对于本案的挂靠经营形式并未予以规范。

二、本案可参照适用《指导意见》的精神

《指导意见》第 9 条至第 11 条规范的是前述第 1 种挂靠形式下的合同责任。第 9 条规定，"挂靠船舶的实际所有人以自己的名义签订运输合同，应当认定其为运输合同承运人，承担相应的合同责任"；第 10 条规定，"挂靠船舶的实际所有人以被挂靠企业的名义签订运输合同，被挂靠企业亦签章予以确认，应当认定被挂靠企业为运输合同承运人，承担相应的合同责任"；第 11 条规定，"在没有签订水路货物运输合同的情形下，可以依照运单上承运人的记载判断运输合同的承运人。如果运单上仅仅加盖了承运船舶的船名章，应当认定该承运船舶的登记所有人为运输合同的承运人，承担相应的合同责任"。

本案的情形能否适用《指导意见》，一审合议庭成员有不同认识。少数意见认为，因本案的挂靠情形（实际所有人与登记所有人一致），不同于《指导意见》规范的挂靠情形（登记所有人为被挂靠企业），故《指导意见》所有关于挂靠的规定均不适用于本案。多数意见认为，虽然本案并不存在书面的运输合同以及《指导意见》规范的挂靠情形与本案并不一致，可能本案不能直接适用《指导意见》第 9 条和第 11 条，但《指导意见》第 8 条"人民法院在审理与船舶挂靠有关的合同纠纷时，应当严格依照现行船舶管理的法律规范确定法律关系，坚持合同相对性的基本原则，根据合同的签订主体和合同的履行等基本事实，准确认定合同当事人"的规定，仍可适用本案。

三、登记船舶经营人如未签订合同且未实际使用、控制船舶参与运输，不能被认定为承运人或实际承运人

一审合议庭少数意见认为，挂靠行为实际上是将根本没有运输资质的个人或企业投放到市场中，对于运输管理和运输安全风险极高，严重冲击了航运市场的安全秩序。因此，即便从《指导意见》的规定来看，只在《指导意见》第 9 条"实际所有人以自己名义与第三方签订书面运输合同"的情形下,才体现了合同相对性以及意思自治。而《指导意见》第10条和第11条的规定,实际上均是要求允许他人挂靠的被挂靠方承担法律责任,而且这种责任是单方的,并没有要求其与船舶实际所有人承担连带责任。从《指导意见》的精神看,实际上是加重了被挂靠方的法律责任,基于这种责任的加重,使具有运输经营资质的企业意识到可能承担的巨大法律风险,进而规范经营,不敢也不愿让没有资质的个人或企业挂靠,从而使挂靠经营行为因法律的指引而逐渐减少。另外,根据《中华人民共和国船舶登记条例》第十四条第一款第(十)项"船舶所有人不实际使用和控制船舶的,还应当载明光船承租人或者船舶经营人的名称、地址及其法定代表人的姓名"的规定以及登记公示原则,只要船舶所有人和经营人登记不一致,则应推定船舶所有人并不实际使用和控制船舶,而由登记的经营人实际使用和控制船舶,相应的权利义务自然应由登记经营人承担。对于船舶经营人是否实际经营不应过分考虑。因为对于善意第三人而言,其只需知道船舶登记经营人即可,至于谁在船上接受营运业务、谁实际经营业务并不是第三人关注的重点,其也未必能够关注得到,这也是登记公信原则的体现。而本案中承运的船舶为"平南顺辉268"轮,从船名上来看,已经指向顺辉公司,因此,顺辉公司在本案中应当承担相应法律责任。

一审合议庭多数意见及二审认为,挂靠经营合同相对方的认定仍应遵循最基本的合同相对性原则和意思自治原则,不能只因船舶登记经营人为顺辉公司,其就应然地承担合同责任。从《指导意见》第8条也可知悉,《指导意见》对于挂靠经营也是强调合同相对性的,即要根据合同的签订主体和合同的履行等基本事实,准确认定合同当事人。而从本案的合同签订、履行、运费收取、船舶的实际使用、控制、货损之后的联系沟通等事实来看,鑫丰源公司的合同相对方均非顺辉公司,且也没有证据证明陈航斌的行为表见代理或职务代理顺辉公司,故相对于鑫丰源公司的合同相对方并非顺辉公司,顺辉公司无须向鑫丰源公司承担法律责任。

本案一审多数意见和二审对挂靠经营时水路运输合同的合同主体采取"动态认定",即合同相对方需根据水路运输合同在签订、履行过程中展现的动态事实综合认定。从法理上说,前述动态观点相较于"静态登记"代表动态事实(一审合议庭的少数意见——船舶登记经营人为共同经营人)的观点,更为契合本案的实际。但一审合议庭少数意见——基于船舶登记的公示效力,静态登记的船舶经营人可从外观上识别为共同经营人,也具有一定的现实合理性。因为,采取前述认定方式,实际上是加重了被挂靠方承担的法律风险。基于经济理性人的考量，具备水路运输经营资质的企业，将可能会因前述法律风险的增加，选择退出挂靠市场，进而有利于促进航运市场的规范发展，取得良好的社会效果。在法律对于挂靠经营并没有明确规定的情况下，也是一种可以考虑的选择。

（徐春龙）

深圳珠船国际货运代理有限公司诉深圳市隆戈尔生态技术有限公司货运代理合同纠纷案

——海上货运代理合同纠纷中"必要费用"的认定

【提要】

海上货运代理合同纠纷的一种常见形态是货运代理企业在垫付了费用后向委托人追索,根据《中华人民共和国合同法》的有关规定,只有"为处理委托事务垫付的必要费用",委托人方有义务偿还。而对于什么费用是"必要费用",有关当事人需要证明到何种程度,尚无定论。本案二审判决明确阐述了认定"必要费用"的标准,即系在处理委托事务过程中必然发生的费用,或是实际发生且已向有权收取费用的收费主体所实际支付的费用。

【关键词】

货运代理合同　必要费用　垫付费用　收费主体

【基本案情】

原告(被上诉人):深圳珠船国际货运代理有限公司(以下简称"珠船公司")。

被告(上诉人):深圳市隆戈尔生态技术有限公司(以下简称"隆戈尔公司")。

原告珠船公司诉称:被告隆戈尔公司于2010年6月委托珠船公司承运两个20英尺集装箱装载的50吨熟石灰。珠船公司接受委托后向太平集运服务(中国)有限公司深圳分公司(以下简称"太平集运深圳公司")订舱,并将太平集运深圳公司提供的两个集装箱运至隆戈尔公司指定工厂装货后再运至深圳蛇口码头后,被海关扣留至2011年2月19日。珠船公司因此支出集装箱租金、堆存费、取消费、码头吊柜费、装货拖车费、海关查验场吊柜费、海关查验场到海关仓库拖车费、海关仓库卸货费、SCT系统更改费等合计82,632元。请求判令隆戈尔公司支付珠船公司82,632元,并承担诉讼费用。

被告隆戈尔公司辩称：1. 珠船公司为隆戈尔公司的代理人，支付费用需经隆戈尔公司许可；2. 费用系由海关扣押行政行为引起，珠船公司应向海关提出赔偿请求；3. 隆戈尔公司没有侵权或违约行为，珠船公司的起诉没有依据；4. 珠船公司主张的集装箱租金和堆存费费率过高；5. 隆戈尔公司在2010年8月即要求珠船公司进行货箱分离，是珠船公司的过错造成未能分离导致损失。请求驳回珠船公司的诉讼请求。

广州海事法院经审理查明：2010年6月8日，隆戈尔公司委托珠船公司代为订舱托运两个20英尺集装箱装的50吨熟石灰，从深圳蛇口运输至马来西亚巴西古丹。珠船公司向太平集运深圳公司订舱，太平集运深圳公司于6月10日向珠船公司提供两个20英尺集装箱，由珠船公司安排前往隆戈尔公司工厂装载货物后，于6月11日运至蛇口集装箱码头堆场。珠船公司支付拖车费1,900元。6月12日，蛇口海关以涉嫌走私扣留涉案货物。

2010年8月12日，隆戈尔公司向蛇口海关申请将涉案货物转入海关仓库存放。8月24日，隆戈尔公司向珠船公司提出箱货分离申请。8月25日，珠船公司按隆戈尔公司的指示，以隆戈尔公司的名义向太平集运深圳公司申请办理箱货分离。8月26日，隆戈尔公司向蛇口海关仓库申请对涉案货物减免仓租费。但涉案货物最终未能从集装箱内卸出。11月，隆戈尔公司向珠船公司发函称涉案货物被海关扣留，所产生费用隆戈尔公司将在海关最后处理后联系珠船公司处理。

2011年1月21日，蛇口海关缉私科发文称涉案货物被没收，通知按规定办理有关集装箱的手续。2月19日，涉案货物自两个集装箱内卸出。太平集运深圳公司通知珠船公司称，2010年6月10日至2011年2月19日被海关扣押期间，两个集装箱产生费用共计75,200元。2011年2月，太平集运深圳公司出具发票、证明和收条，称收到珠船公司缴付的、隆戈尔公司托运的两个集装箱因受海关扣留产生的费用75,200元，包括码头吊柜费500元、取消费700元、集装箱租金2,000元、堆存费4,900元、SCT系统更改费800元等费用。2月18日，珠船公司另支付两个集装箱的海关吊柜费800元，拖车费1,900元。

珠船公司与隆戈尔公司在货运代理合同中未约定解决争议适用的法律，在诉讼过程中未选择适用的法律。

珠船公司申请诉前财产保全，冻结隆戈尔公司的存款90,000元，一审法院裁定准许，珠船公司预交了财产保全申请费920元。

广州海事法院根据上述事实和证据认为：本案是一宗与船舶运输有关的

货运代理合同纠纷。珠船公司代理的货物运输是从中国深圳至马来西亚巴西古丹,具有涉外因素。珠船公司与隆戈尔公司没有选择处理本案合同争议所适用的法律,因珠船公司与隆戈尔公司均是在中国的企业法人,且本案合同履行地为中国深圳,因此与本案争议具有最密切联系的法律应为中华人民共和国法律。依照《中华人民共和国合同法》第一百二十六条第一款的规定,本案应适用中华人民共和国法律处理。

货运代理合同属于《中华人民共和国合同法》分则中没有规定的无名合同,依照《中华人民共和国合同法》第一百二十四条的规定,适用该法总则,并参照该法分则中与货运代理合同最相类似的委托合同的有关规定处理。珠船公司与隆戈尔公司达成的本案货运代理合同是当事人的真实意思表示,且不违反我国法律、行政法规的强制性规定,合法有效。隆戈尔公司为委托人,珠船公司为受托人,双方当事人均应按照合同约定行使权利和履行义务。珠船公司在履行该货运代理合同过程中,因隆戈尔公司涉嫌走私,造成PCIU3524608 和 PCIU3817490 号集装箱货物被海关扣留,致使珠船公司支付太平集运深圳公司码头吊柜费、取消费、集装箱租金、堆存费、SCT 系统更改费等费用共 75,200 元,并支付了拖车费 1,900 元、海关吊柜费 800 元,共计 77,900 元。根据《中华人民共和国合同法》第三百九十八条"受托人为处理委托事务垫付的必要费用,委托人应当偿还该费用及其利息"的规定,以及该法第四百零七条"受托人处理委托事务时,因不可归责于自己的事由受到损失的,可以向委托人要求赔偿损失"的规定,珠船公司为履行货运代理合同所支付的上述费用,均应由隆戈尔公司承担偿还责任。

至于隆戈尔公司提出本案中珠船公司的损失系由蛇口海关的行政行为造成,与隆戈尔公司无关的主张。本案中,珠船公司的损失系由于隆戈尔公司涉嫌走私所造成,蛇口海关扣留本案货物系依法行使其行政权力的行为,并非造成珠船公司损失的原因。隆戈尔公司的主张缺乏事实和法律依据,不予支持。

至于隆戈尔公司提出的是由于珠船公司过错导致本案货物与有关集装箱分离未能成功,致使产生费用损失的主张,在本案中,如隆戈尔公司提出的货物与集装箱相分离的申请获得准许,确可提前归还有关集装箱,从而减少集装箱所产生的部分费用。现本案货物未能与集装箱相分离,但隆戈尔公司所提供的证据不足以证明这是由于珠船公司的过错所致。故隆戈尔公司的主张缺乏事实依据,不予支持。

至于隆戈尔公司提出珠船公司向第三方缴纳费用需经隆戈尔公司许可的

主张。本案中，珠船公司与隆戈尔公司之间存在货运代理合同关系，根据《中华人民共和合同法》第三百九十八条"委托人应当预付处理委托事务的费用"的规定，隆戈尔公司委托珠船公司处理本案货物运输事务，理应预付相关费用；在隆戈尔公司没有预付费用的情况下，其应明知珠船公司必然要支付相关的必要费用。珠船公司支付上述费用的行为既是为了隆戈尔公司的利益，也是完成委托事务所必需，符合货运代理合同的目的，隆戈尔公司应当予以返还或赔偿。同时，本案货运代理合同中也无关于珠船公司需经隆戈尔公司同意方可向第三方缴纳费用的约定。故隆戈尔公司的主张缺乏事实和法律依据，不予支持。

至于隆戈尔公司提出的珠船公司所主张的集装箱租金和堆存费费率过高的主张。因珠船公司支付的上述费用正是通过与承认人协商减半支付的费用，且该费用的产生是因货物被海关查扣，无证据表明珠船公司有扩大损失的情形，隆戈尔公司的主张缺乏事实依据，不予支持。

依据《诉讼费用交纳办法》第三十八条第三款的规定，珠船公司可以将财产保全申请费列入诉讼请求。珠船公司申请财产保全，系因隆戈尔公司的拖欠行为所致，故珠船公司为此交纳的申请费920元，隆戈尔公司应予赔偿。

广州海事法院依照《中华人民共和国合同法》第三百九十八条、第四百零七条的规定，作出如下判决：隆戈尔公司偿付珠船公司集装箱租金、堆存费、取消费、码头吊柜费、SCT系统更改费、拖车费、海关吊柜费共计77,900元；隆戈尔公司偿付珠船公司财产保全申请费920元；驳回珠船公司的其他诉讼请求。

上诉人隆戈尔公司不服一审判决，向广东省高级人民法院提起上诉称如下。1. 深圳海关未就本案货物的存放收取包括仓储费在内任何费用。太平集运深圳公司不承担海关调查期间的集装箱仓储费用，珠船公司也不存在有损失。珠船公司称太平集运深圳公司即太平货柜的代理人，但未提供证据证明太平货柜收取费用的委托手续。因此，一审判决认定隆戈尔公司应就珠船公司支付的费用承担责任错误。2. 珠船公司安排本案货物的运输，货物在其或者其委托的人控制之下，珠船公司除应举证证明其已依照隆戈尔公司的指示办理了相关的货物与集装箱分离的手续外，还应举证证明未能办理货物与集装箱分离非因自身过错的原因所致。由于珠船公司的错误造成货物与集装箱未能分离，由此产生的任何费用均不应由隆戈尔公司承担。3. 珠船公司未能提供其向码头支付本案货物相关费用的收据或证明及太平货柜与码头关于堆存费的合同。根据本案的证据，堆存费是通过拍卖本案货物后所得的价款支付的。一审判决仅凭太平集运深圳公司出具的发票认定太平集运因海关调查受到损失，有权收取费用依据不足。请求依法撤销一审判决，驳回珠船公司1,900元拖车费以外的其他诉讼请求，并由珠船公司承担一审、二审诉讼费用。

被上诉人珠船公司辩称如下。1. 本案货物在海关查验期间确实没有向海关交纳任何费用，但货物由码头运到查验中心，转运、吊装、占用码头堆场的费用由提供其他服务的单位收取。珠船公司、隆戈尔公司于原审提供的证据均证明了这一事实。本案货物的堆存费由蛇口码头收取，收费标准已由蛇口码头及太平船务公司公布。2. 珠船公司仅代为办理本案货物出口运输手续，货物报关、配合查验均由隆戈尔公司自行办理。向海关申请货物和集装箱分离是隆戈尔公司作为货主的法定责任。在本案货物被海关查扣后，珠船公司多次要求尽快办理货物和集装箱分离手续，由于隆戈尔公司没有向海关交纳此前发生的仓储费，故最终没有办毕货物和集装箱分离。珠船公司已履行了货运代理人的义务。3. 隆戈尔公司指定珠船公司向太平船务公司订舱，太平船务公司指定其子公司太平集运深圳公司向隆戈尔公司放柜。珠船公司向集装箱的所有人支付了滞箱费和超期堆存费，有权向隆戈尔公司请求支付相应费用。一审判决应予维持。请求驳回隆戈尔公司的上诉请求。

二审法院确认一审法院认定的事实。隆戈尔公司二审期间提交了深圳海关机关服务中心仓储部出具的《关于PCIU3524608等4个集装箱货物存仓情况的复函》。该复函属于二审出现的新证据。经质证二审法院予以采信。该复函称：有关集装箱货物于2010年7月8日由蛇口海关查验二科存放于该部蛇口查验中心仓库。后经拍卖处理，于2011年4月8日办理出仓。按规定此期间产生的仓储费用无须向货主收取，该部也未向任何方面收取该笔仓储费用或其他费用。

珠船公司于二审期间提供了其代理人与深圳西部集中查验中心叶文经理和深圳海关机关服务中心仓储部职员杨先生的录音材料及太平船务公司深圳分公司出具的证明。三份证据均形成于二审期间，属于二审出现的新证据。经质证二审法院予以采信。三份证据记载：海关未就涉案货物在查验期间向任何人收取费用。海关罚没货物，由海关进行处理，有价值的由海关进行拍卖，拍卖所得用来支付仓储费、承运人的费用；如果货主申请货物与集装箱分离，不放弃货物，需向海关交纳查验期间的仓储保管费；海关查验中心作为码头的一部分或码头的外延堆场，产生的堆存费由码头收取。船公司与码头有协议的按协议收取。太平集运公司已为本案两个集装箱向太平船务公司深圳分公司支付了租金和堆存费。

【裁判理由及结论】

广东省高级人民法院认为：本案系货运代理合同纠纷。珠船公司与隆戈尔公司之间成立的货运代理合同并非海上货物运输合同，双方当事人均为国内当事人。虽然本案货运代理合同约定了珠船公司为隆戈尔公司代为办理货物出口运输国外的事宜，但合同的签订地、履行地均在我国国内，故本案不具有涉外因素，因此不属于涉外案件。

本案争议的焦点有两个。第一，隆戈尔公司是否应承担珠船公司支付的费用；第二，珠船公司是否应对本案货箱未能分离造成的损失承担责任。

关于焦点一。根据《中华人民共和国合同法》第三百九十八条的规定，珠船公司主张为隆戈尔公司垫付了本案货物于海关查扣期间产生的集装箱租金、堆存费、取消费、码头吊柜费、SCT系统更改费、海关吊柜费，需证明上述费用为处理委托事务的必要费用。隆戈尔公司于二审期间提供证据证明了海关未收取本案货物于查扣期间产生的堆存费。堆存费的收取方应为码头并非承运人。珠船公司提供的录音材料虽显示码头有权收取货物于查扣期间产生的堆存费，但本案中未有其他证据证明码头已收取本案货物查扣期间的堆存费。珠船公司在未核实堆存费是否已实际发生的情况下，仅依赖于承运人出具的账单支付了堆存费，并未尽到其作为货运代理人的合理谨慎义务，其代为垫付的堆存费也并非为处理委托事务的必要费用，无权向隆戈尔公司请求偿还。至于取消费、码头吊柜费、SCT系统更改费、海关吊柜费均是为本案货物查扣期间所支出的合理费用，且珠船公司已实际支付，故隆戈尔公司应向珠船公司偿还上述费用。因此，隆戈尔公司关于其不承担堆存费的上诉主张，予以支持；而隆戈尔公司关于其不承担取消费、码头吊柜费、SCT系统更改费、海关吊柜费的上诉主张，予以驳回。关于集装箱租金，本案有关集装箱为太平船务公司所有，因隆戈尔公司致集装箱不能按时返还，太平船务公司有权收取集装箱租金，珠船公司代为垫付的集装箱租金为处理委托事务而支出的必要费用，隆戈尔公司作为委托人应予偿还。故隆戈尔公司有关不应承担集装箱租金的上诉主张，不予支持。

关于焦点二。隆戈尔公司上诉主张因珠船公司过错导致货箱未能分离，由此产生的费用损失应由珠船公司承担。本案已查明，隆戈尔公司仅委托珠船公司代为向承运人申请办理清空集装箱返还码头的相关手续。珠船公司不承担向海关办理货箱分离手续的责任。隆戈尔公司的上诉主张，没有事实依据，予以驳回。

关于财产保全申请费。珠船公司请求的财产保全申请费应按判决确定的隆戈尔公司实际承担的费用与珠船公司申请保全的费用的比例计算，即287.24元。

综上所述，一审判决认定事实部分不清，适用法律错误，处理结果不当，依法予以纠正；上诉人隆戈尔公司的上诉部分请求有理，予以支持。广东省高级人民法院于2011年12月12日作出（2011）粤高法民四终字第132号判决：一、撤销广州海事法院（2011）广海法初字第229号民事判决第一项、第二项及诉讼费用负担部分；二、维持广州海事法院（2011）广海法初字第229号民事判决第三项；三、隆戈尔公司偿付珠船公司集装箱租金、取消费、码头吊柜费、SCT系统更改费、拖车费、海关吊柜费共计28,100元；四、隆戈尔公司偿付珠船公司财产保全申请费287.24元；五、驳回珠船公司的其他诉讼请求。

【典型意义】

当前，物流等现代服务业在我国迅猛发展，其中货运代理行业又凭借其得天独厚的优势成为物流业发展的主体。但现阶段我国货运代理市场可谓鱼龙混杂，货运代理企业操作不规范导致货运代理纠纷不断，由此引起的法律纠纷和诉讼案件也日渐增多。在海上货运代理纠纷中，最为常见的当属货运代理企业因办理委托事务的需要垫付费用后，向委托人追偿而委托人拒绝偿还所引发的欠费纠纷。本案的典型意义就在于确立了此类纠纷的基本裁判规则和尺度。

根据《中华人民共和国合同法》第三百九十八条关于"委托人应当预付处理委托事务的必要费用"的规定，作为受托人的货运代理企业并没有为委托事务垫付费用的法定义务，但在海上货运代理实务中，几乎所有的货运代理企业都会先行垫付相关费用，之后再要求委托人偿还。同样是根据《中华人民共和国合同法》第三百九十八条关于"受托人为处理委托事务垫付的必要费用，受托人应当偿还该费用及其利息"的规定，这种情况下，委托人对货运代理企业垫付的"必要费用"应予偿还。但对于如何认定海上货运代理合同履行过程中的"必要费用"，在法律、行政法规和司法解释中都没有明确的规定。海上货运代理业务环节多，至少包括订舱、报关、报检、报验、保险、包装货物、监装、监卸、集装箱装拆箱、分拨、中转、缮制交付有关单证、仓储、陆路运输等，其中每个环节都可能产生相关费用，而哪些是合理的就只能由法院根据案件的不同情况予以认定。

从"必要费用"的基本文意来看，货运代理企业接受委托人委托处理与海上货物运输有关的货运代理事务，并正常提供前述业务服务过程中所必然发生的费用，如报关报检费用、装卸操作费用等，货运代理企业对之进行垫付是为处理委托事务所必需。委托人在向货运代理企业进行委托时也应当预见到其发生，当然属于"必要费用"，在无其他特别约定的情况下，委托人应予偿付。

若海上货运代理合同所涉及的海上货物运输未能正常进行，此时有关货物或其装载工具往往会产生一些额外费用，如集装箱超期使用费、码头堆存费等，货运代理企业对其一般也会予以垫付后再行追偿，此类费用是否属于委托人需要偿还的"必要费用"往往会引起较大争议。由于此类费用不是正常的海上货运代理服务过程中必然发生的，如要证明其属于"必要费用"，货运代理企业必须证明该费用与委托人所委托事务相关，且已实际发生。从海上货运代理实务和司法实践上看，由于费用单据上大多记载有费用明细和用途等内容，法院对其是否与委托事务相关比较容易认定，货运代理企业也容易举证证明。至于费用是否实际发生，其判断标准在司法实践中存在不同观点。一种观点认为只要货运代理企业实际对外支付了费用，且费用与委托事务相关，即足以证明费用已经实际发生，属于"必要费用"，而与支付费用的对象无关。本案一审判决采取的即为此种观点，据此认定珠船公司向太平集运深圳公司支付的堆存费为垫付的"必要费用"，隆戈尔公司应予赔偿。另一种观点认为应从最终收取费用的主体角度进行判断，即货运代理企业必须证明费用系由有权收取的主体所主张，如码头公司对于码头堆存费、集装箱所有人对于集装箱超期使用费，且货运代理企业所支付的费用也已实际支付至该有权主体，方可认为费用已实际发生。本案二审判决即采取此观点，并据此驳回了珠船公司对堆存费的请求。

相比较上述两种认定标准，第二种标准显得更为严格，明显加重了货运代理企业的举证责任。考虑到海上货运代理市场的实际运行状况，应该承认这种严格的认定标准是非常有必要的。货运代理企业在办理与海上货物运输合同相关的委托事务时，往往会与其他货运代理企业、无船承运人、实际承运人等发生联系，因此很多费用并非由货运代理企业直接向有权收费主体支付，而是层层代收，经过多手转递后方支付至有权收费主体。如果法院在审理案件中按照第一种标准判断"必要费用"，则很可能出现货运代理企业与第三人相互勾结，通过虚假的垫付费用行为骗取委托人的赔偿的局面。特别是对于出口货物，当货物启程运往国外后，委托人基本不可能自行了解货物和运输状况，大多需要向货运代理企业或承运人查询，这就给了货运代理企业进行操作的空间。为减少发生这种风险的可能性，应加重货运代理企业的举证义务，要求其证明垫付的有关费用已交付至有权收费主体处，以核实费用实际发生。而且相对于海上货运代理合同的委托人（多为货物所有人），货运代理企业也更具备条件和能力去查明有关费用的实际发生和支付情况。

货运代理企业向海上货运代理合同委托人之外的第三人支付与委托事项有关的费用，除非该第三人即为最终有权收取该费用的主体，否则仅凭该单（付款事实）不足以证明该费用已被支付至最终有权收取该费用的主体处，也不能证明该费用属于货运代理企业为处理委托事务所垫付的"必要费用"。

（平阳丹柯）

广州辉锐进出口有限公司与香港华锦海运有限公司航次租船合同纠纷案

——航次租船合同出租人擅自解除合同应承担违约责任

【提要】

在航次租船合同承租人努力备货的情况下，尽管迟延，但不会影响出租人完成航次运输、收取运费的合同目的；出租人单方面宣布取消航次租船合同，拒绝装载货物，应承担违约责任。出租人对订立该航次租船合同时应当预见到的因其违反合同而导致的承租人贸易合同项下货物转售利润损失，应承担赔偿责任。但出租人不是该贸易合同当事人，对贸易合同约定的罚金等内容没有行为选择的自由，不应受贸易合同条款的约束。涉案水灾阻碍能够克服，并非不可抗力，承租人迟延提供货物，应支付滞期费以赔偿违约损失。

【关键词】

承租人迟延履行　出租人单方解约　不可抗力　可得利益　滞期费

【基本案情】

原告（反诉被告、上诉人）：广州辉锐进出口有限公司（以下简称"辉锐公司"）。

被告（反诉原告、上诉人）：香港华锦海运有限公司（以下简称"华锦公司"）。

2008年4月18日，辉锐公司与供货商欧诺公司签订煤炭买卖合约书，购买3万吨（±10%公差）印度尼西亚加里曼丹省出产的动力煤，单价为每吨FOB 44美元，装货地点印度尼西亚南加里曼丹海域锚地，装船时间2008年5月2日至8日。辉锐公司与广东省东莞轻工业品进出口有限公司（以下简称"东莞轻工公司"）签订代理进口协议书，委托东莞轻工公司办理信用证、购汇支付运费、进口通关手续，手续费为货物总值（FOB价×货物总数量）的0.7%（不含税）。

同日，辉锐公司与华锦公司签订航次租船合同约定：辉锐公司租用华锦公司"华锦沃"轮；货物为28,500吨±5%船东决定散装煤；受载期是2008年5月2日至5月8日；装货港为印度尼西亚南加里曼丹一个安全锚地；卸货港是中国广东黄埔（或东莞港）一个安全港口；运费为每吨23.70美元，在合同签订的3个银行工作日以内租方应支付20%的保证金给船东，在装货完毕后的7个银行工作日以内支付余下的80%。合同第8条约定装货率每晴天工作日7,000吨，节假日除非使用；卸货率每晴天工作日12,000吨，节假日除非使用。合同第10条约定滞期费率为每晴天工作日16,000美元，不足一天按比例计算。合同第18条约定"如果仲裁在广州海事法院"。合同签订后，辉锐公司向华锦公司支付了运费保证金135,000美元。

4月23日，辉锐公司作为供方与需方深圳市壹时通供应链管理有限公司（以下简称"壹时通公司"）签订煤炭购销合同，出售印度尼西亚烟煤，约定：交货期为2008年5月14日至6月30日；数量为28,500±5%吨；单价为每吨人民币690元，如果交货时煤炭市场价格发生调整，供方有权根据华南煤炭交易中心挂牌指导价与需方协商确定新的成交价格。合同第7条约定：合同签订同时，供方向需方交纳货物总值的15%作为履约保证金（按29,000吨货量计，总计人民币300万元整）。4月26日，壹时通公司开具0202729号收款收据，收到辉锐公司煤炭购销合同履约保证金人民币300万元。

4月25日，华锦公司致函辉锐公司称，由于前船东的法律纠纷，造成"华锦沃"轮被香港高等海事法院扣船。4月29日，华锦公司再次致函辉锐公司称，其无法知道"华锦沃"轮何时能解除扣押，请辉锐公司对货物运输采取适当措施。同日，辉锐公司复函称，印尼发货人已经提前租订4艘驳船按照预定的装货期将煤炭从煤矿运抵预定的装货锚地。如果驳船按照预定时间将货物运抵装货锚地，而"华锦沃"轮在2008年5月7日前仍未到达装货锚地，4艘驳船将收取一定的延滞费（3,200美元/艘/天）。

5月16日，双方签订航次租船合同补充协议书，约定：1. 双方继续按照航次租船合同履行，但船舶受载期改为2008年5月23日至5月27日；2. 华锦公司支付辉锐公司3万美元作为更改船舶受载期对辉锐公司的补偿，该款项从辉锐公司支付给华锦公司运费中予以扣除；3. 装货率改为每天4000吨，航次租船合同其他条款不变。

5月24日22：30，"华锦沃"轮船长向该轮目的港代理递交装货准备就绪通知，在该通知上有船长签名并盖有该轮船章，有代理方的签名盖章，但在托运人签收处是空白。

5月25日，印尼供货商欧诺公司致函辉锐公司称，船舶延迟16天，辉锐公司必须承担驳船延滞费3,260美元×4组驳船×16天＝208,640美元；船舶逾期抵达后国际煤炭市场价格均大幅上涨，新的执行价格为每吨73美元，辉锐公司必须现金支付煤炭提价费30,000吨×29美元＝870,000美元才能提货。5月26日，辉锐公司与壹时通公司签订煤炭购销合同补充协议，将合同的基准单价调整为每吨人民币825元（不含税平仓价）。5月27日，辉锐公司与卖方欧诺公司签订煤炭买卖合约书补充协议，将合同基准单价由每吨44美元调整为73美元，按28,500吨计算，溢价部分826,500美元由辉锐公司在第三组驳船装货前支付给卖方。

6月2日，华锦公司致函辉锐公司称，船舶根据补充协议已于2008年5月24日23：00时到达装货港，但至今没有安排装货。6月3日，辉锐公司回复称预计6月5日可以装货。6月10日，华锦公司致函辉锐公司，称"贵公司关于船舶装货时间的所有告知均被取消，现在船舶已经等货达16天。特请贵公司告知何时船舶能实际装货，并提供船舶自到港至装货时形成的滞期费的全额担保，否则我司代表船东在本函件发出的4天后则正式解除以上航次租船合同"。同日，辉锐公司回复：由于印尼突发严重洪水，印尼加里曼丹南部内河流域、沿线公路和桥梁均被淹没，致使印尼发货人不能按期转运煤炭至装货锚地。发货人承诺4条驳船总计3万吨煤炭将在2008年6月16日前到达装货锚地。关于滞期费用问题，我司同意支付3万美金作为对贵司的补偿。

6月17日10：08，华锦公司致函辉锐公司称，即日起取消本航次租船合同。同日11：00，PT. Dana Huda Aldira托运的6,616.955吨散煤，由TB. Amurang/BG. Apol 3006拖驳船组运至"华锦沃"轮船艉。

根据航海日志记载，5月31日16：00云天转毛毛雨、20：00时云天转雨、24：00云天转毛毛雨；至6月4日24：00，没有雨天记录；自6月18日11：00开始至28日16：00均无雨天。

6月26日，欧诺公司向辉锐公司发出索赔函件，索赔6项费用共计1,435,140美元。6月29日，双方签订赔偿协议，由辉锐公司支付违约金100万美元，最终和全部解决卖方因买方无法继续履行合同所导致的一切和全部索赔。

辉锐公司诉称：华锦公司没有法定或约定事由而单方终止合同，应承担违约责任。并请求判令：1. 华锦公司向辉锐公司双倍返还航次租船合同定金

27万美元及利息；2. 撤销2008年5月16日辉锐公司与华锦公司签订的航次租船合同补充协议；3. 华锦公司赔偿辉锐公司外贸经济赔偿损失100万美元、内贸经济赔偿损失人民币300万元、预期利润损失人民币4,411,621.82元及利息。

华锦公司辩称：华锦公司所收135,000美元保证金不是定金，双倍返还请求没有法律依据；补充协议没有出现法定应当撤销情形；辉锐公司索赔的损失没有依据。为此反诉称：至2008年6月17日，船舶滞期已达23天，辉锐公司对何时装货仍不明确，华锦公司迫于无奈撤船，滞期费依约应由辉锐公司承担。请求判令辉锐公司赔偿华锦公司船舶滞期费368,000美元及利息。

辉锐公司辩称：华锦公司单方取消合同，没有装卸货，谈不上滞期费问题。合同约定的受载期为2008年5月2日至8日，而"华锦沃"轮却迟至5月24日抵达，故所称滞期系船舶延迟到达所致，依约应由华锦公司自行承担。延迟装货系由于当地突发洪水造成，属不可抗力，辉锐公司依法不承担违约责任。

【裁判理由及结论】

广州海事法院经审理认为：本、反诉两案是涉外航次租船合同纠纷，属于海事海商纠纷。涉案航次租船合同第18条约定"如果仲裁在广州海事法院"，应解释为当事人协议选择该院为管辖法院，该院属于与本、反诉案件争议有实际联系地点的法院，具有管辖权。当事人庭审期间均明确表示涉案合同争议应适用中华人民共和国法律。

往来函件表明，"华锦沃"轮被扣后，双方一直友好协商，没有辉锐公司所称的胁迫情形，没有证据证明2008年5月16日航次租船合同补充协议书是在违背辉锐公司真实意思的情况下订立。辉锐公司请求撒销该航次租船合同补充协议，没有事实、法律依据，不予支持。

"华锦沃"轮抵达时，该轮锚泊地区的确发生了水灾，装货地点灾情严重，交通和经济活动瘫痪。但加里曼丹东部并没有受到水灾的影响，辉锐公司所称水灾阻碍能够克服，不符合法定的不可抗力条件。

变更后的船舶受载期为2008年5月23日至5月27日。"华锦沃"轮于2008年5月24日（星期六）22：30抵达装货锚地，履行了合同约定义务。在该轮依约递交装卸准备就绪通知书后，装货时间开始起算。由于辉锐公司没有如约备妥货物，违反了合同约定，约定的装货时间用尽，依约应计算滞期费。辉锐公司主张"滞期"系由于华锦公司船舶延迟抵达所致，依据的是合同变更前的事实，而不是变更后的相应事实基础，抗辩理由不成立。

涉案通知书有船代签字盖章，符合合同约定，2008年5月24日（星期六）22：30递交，依照航次租船合同第11条规定，应视为是在星期一（5月26日）上午8：00递交。据此，装货时间应从2008年5月26日下午13：00起算。新约定的装货率为每晴天工作日4,000吨，节假日除非使用。故此，合同允许使用的装货时间为28,500÷4,000＝7.125（7天3小时）晴天工作日。毛毛雨不影响煤炭装卸，但5月26日13：00至17：00下雨，6月1日是星期日，属于非晴天、非工作日时间，应予扣除，即5月27日8：00时开始计算合同约定的7天3小时晴天工作日，截至6月4日11：00装货时间用尽，开始按约定计算滞期费。根据一旦滞期永远滞期原则，一直计算至华锦公司宣布解除航次租船合同时止，即6月4日11：00至6月17日10：08，共计12天23小时8分＝12.96天。据此，装货港产生滞期费16,000美元/天×12.96天＝207,360美元。涉案滞期费金额为207,360美元。

涉案滞期费已经开始起算，华锦公司6月17日宣布取消合同，滞期费停止计算，至此已经具备计算条件，双方应在6月22日之前结算。6月23日开始涉案滞期费债权存在。辉锐公司应赔偿华锦公司船舶滞期费207,360美元及其利息。

涉案水灾不属于不可抗力。辉锐公司一直强烈要求履行航次租船合同。在华锦公司宣布解除合同当日，已经有煤炭运出，并在次日运抵仍锚泊在原地的涉案船舶船艇，不存在经催告后在合理期限内仍未履行的情况。对华锦公司而言，航次租船合同的目的是完成航次运输，收取运费。辉锐公司迟延履行，相对于一个长航次时间并不算长：6月10日当地水灾已经结束，取消航次租船合同，船舶离开装货锚地之前，已经有煤炭运至船边，不会导致合同目的落空，可计算滞期费，船期损失有补偿保障，货物装船后，船方有留置权保障，给其造成实际损失的可能性很小，不会影响华锦公司的航次租船合同目的。华锦公司6月17日单方宣布取消航次租船合同，拒绝装运约定货物，没有合同及法律依据，应承担违约责任。

航次租船合同约定，租方应支付20%运费作为保证金给船东，并没有约定定金罚则。辉锐公司双倍返还合同定金270,000美元及利息的主张，不予支持。由于辉锐公司请求了可得利益损失，该运费预付款135,000美元应作为必要的交易成本从辉锐公司主张的可得利益损失总额中予以扣除。

辉锐公司主张的经济赔偿损失100万美元，是买卖双方按照买卖合同确定的。华锦公司不是辉锐公司与印尼发货人之间煤炭买卖合同的当事人，对他们之间约定的罚金等合同内容没有选择的自由，不应受买卖合同条款的约束。上述损失赔偿对华锦公司而言，有不可预见因素，不能以此作为航次租船合同项下守约方的直接损失。

根据2008年6月26日印尼卖方向辉锐公司发出的索赔函件，辉锐公司遭受索赔的延迟受载的驳船延滞费、驳运费、装卸费、延滞费、驳运费订金、堆场费以及因合同无法履行造成卖方向矿主的赔偿等7项损失。收取主体或是驳船公司，或是矿主，均不是印尼卖方欧诺公司。是否实际发生，辉锐公司没有举证证明。目前有证据证明的只有一组拖驳船组装载了6,616.955吨煤炭，该拖驳船组将煤炭运至锚地船艉，再因华锦公司拒绝装货而运回的运输费用应是确定发生。基于只发生一次出口文件费用和一次装卸费用，以华锦公司在变更航次租船合同时知道的拖驳船组运输费用标准计算，其应当预见的损失为688,163,320印尼盾，折合74,782.71美元。其他所称损失或没有证据证明实际发生，或与解除合同没有因果关系，不予认定。综上所述，外贸经济赔偿损失认定为74,782.71美元，利息请求应予支持。

华锦公司不是辉锐公司与壹时通公司之间煤炭购销合同的当事人，不应受煤炭购销合同条款的约束。辉锐公司对内贸经济赔偿损失的索赔主张不予支持。

辉锐公司在2008年5月1日已经致函华锦公司，告知其与国内客户也签订了销售合同。可见，华锦公司应当预见到一旦违约将会造成转售利益损失。该项损失的核定，应当综合运用可预见规则、减损规则、损益相抵规则以及过失相抵规则等，从非违约方主张的可得利益赔偿总额中扣除违约方不可预见的损失、非违约方不当扩大的损失、非违约方因违约获得的利益、非违约方亦有过失所造成的损失以及必要的交易成本。辉锐公司主张的损失包括直接损失74,782.71美元和可得利益损失人民币5,095,092.98元，有事实、法律依据，应予支持。

依照《中华人民共和国合同法》第一百零七条和第一百一十三条第一款的规定，判决：一、驳回辉锐公司要求华锦公司双倍返还运输合同定金27万美元及其利息的本诉请求，已经支付的135,000美元运费预付款在计算第三判项可得利益损失时已作扣减，不另清退；二、驳回辉锐公司撤销2008年5月16日航次运输合同补充协议的本诉请求；三、华锦公司赔偿辉锐公司直接损失74,782.71美元（等值人民币按2008年7月2日中国人民银行公布的美元对人民币汇率中间价1:6.8621计算）和可得利益损失人民币5,095,092.98元，以及自起诉之日起计算至本判决确定履行之日止，按中国人民银行同期企业流动资金贷款利率计算的相应利息；四、华锦公司偿付辉锐公司本诉财产保全申请费人民币1,520元；五、辉锐公司应赔偿华锦公司船舶滞期费207,360美元（等值人民币按2008年6月23日中国人民银行公布的美元对人民币汇率中间价计算）及其从2008年6月23日起计至本判决确定履行之日止，按中国人民银行同期企业流动资金贷款利率计算的相应利息；六、驳回华锦公司要求辉锐公司负担其保全费用的反诉请求。

华锦公司、辉锐公司对该判决均提出上诉。二审法院判决：驳回上诉，维持原判。

【典型意义】

本案是航次租船合同纠纷，承租人未能在约定时间在装货港提供货物装船出运，违反了合同约定，出租人毁约撤船，主张自己享有合同解除权，争议的焦点是承租人是否享有法定解除权，是否应当就解除合同承担违约责任。

一方当事人违反合同义务时，法律应当给另一方当事人提供救济途径，直至使其有权解除合同，从所受到的合同约束中解脱出来，许多国家法律中都有类似的规定。但这并不等于一旦出现违约行为，守约方就可以单方面解除合同，法律在赋予守约方法定解除权的同时，也会同时规定解除的条件，对在违约情况下的合同解除进行限制。

根本违约（fundamental breach/substantial breach）制度发源于英国判例法。英国法在传统上区分合同的"条件条款"和"保证条款"。违反条件条款，系违反了合同法的重要的和根本性条款，非违约方有权解除合同并要求赔偿损失；而违反保证条款，系违反了合同次要或附加的条款，非违约方只能要求赔偿损失而无权解除合同。这种区分导致违反条件的行为即使就其性质来说无关紧要，也未造成损失，非违约方也可以解除合同。近年来，英国法院对解除合同的权利进行限制，又从条件条款中区分出"中间条款"，一方违反这种条款，无过失的另一当事人未必有权利免除自己的履行义务，19世纪的能否解除合同的条件和保证条款区分标准，已为以违约及其后果的严重性为基础的灵活判断标准所取代。[①] 可见，为了应对限制合同解除权之客观现实需要，英国根本违约的判定标准经历了条款主义向结果主义的转变。

《联合国国际货物销售合同公约》根据违约的后果和违约方的主观过失

---

① 参见〔英〕A.G.盖斯特《英国合同法与案例》，中国大百科全书出版社1998年版，第119页。

来判断是否构成根本性违约。① 该公约第 25 条规定："一方当事人违反合同的结果，如使另一方当事人蒙受损害，以至于实际上剥夺了他根据合同规定有权期待得到的东西，即为根本违反合同，除非违反合同一方并不预知而且一个同等资格、通情达理的人处于相同情况下也没有理由预知会发生这种结果。"该规定为根本违约制度设置了两个构成要件：一是违约后果严重，必须实际上剥夺了非违约方根据合同规定有权期待得到的东西；二是违约后果的可预见性，这是根本违约的主观要件。但这与早期英国法中"条件"理论的主观性是完全不同的，它实际上是对构成根本违约的进一步限制，而非判断违约后果是否严重的标准。需要注意的是，该公约对根本违约采用的是过错责任，而对于一般违约则适用无过错责任。

美国法中无根本违约的概念，普遍使用的是"重大违约"（material breach）。当一方违约致使另一方订立合同的主要目的难以实现时，为重大违约。这一定义与后期英国法以及与《联合国国际货物销售合同公约》的客观标准都颇为类似，只是其并未采用该公约的主观标准，而是采用的无过错责任。这本身也是英美合同法的特色。值得关注的是，虽然美国法并未采用《联合国国际货物销售合同公约》中的过错责任，但对非违约方解除权的行使仍持审慎的态度。美国法院在确认一方构成重大违约的情况下，并不当然允许对方直接解除合同，而是要求其给违约方一个自行补救的机会。美国法院在决定应当给违约方多长时间进行自行补救时，要考虑各种相关因素。其重要因素之一是，违约方的拖延将在多大程度上剥夺受害方有权期望从该交易中获得的利益。另一个与之相对的因素是，允许受害方即时解除合同给违约方造成重大的损失。美国法院的最终决定应当权衡这两种因素的结果。②

欧洲合同法委员会制定的《欧洲合同法原则》第 8 条至第 103 条规定了"根本不履行"；该原则第 9 条至第 301 条还规定，如果对方当事人的不履行是根本性的，当事人可以解除合同。构成根本不履行的条件是：不履行实质上剥夺了受害方依合同有权期待的东西，除非另一方当事人没有预见到而且不能预见到该结果；不履行是故意的，而且使受害方有理由认为它不能再信赖对方当事人未来的履行。③

《中华人民共和国合同法》在第九十四条第（四）项将守约方解除合同

---

① 参见沈达明、冯大同《国际贸易法新论》，法律出版社 1988 年版，第 94 页。
② 参见叶巍《根本违约与中国合同法》，载《当代法学》2001 年第 1 期。
③ 参见宋海萍、何志、毕海星等《合同法总则判例研究与运用》，人民法院出版社 2001 年版，第 873 页。

的条件规定为"致使不能实现合同目的"。从这一规定来看，我国合同法也以根本违约作为解除合同的法定条件，同样采用国际主流的结果主义立法思想。单方法定合同解除权行使的条件是违约且"不能"实现合同目的。这里的合同目的"不能"实现，不能等同于英国法中的契约落空，因为是指到合同履行期时一方违约致合同目的没有实现，而无论是否还有能力。但我国合同法中的合同目的"不能"实现，应当是指违约方的违约使得合同目的没有能力或可能实现了。没有能力实现，是指违约方已经没有履行能力。因此，如果违约方还有履行能力，比如交货方迟延交货，但其仍有能力交货，只是时间可能迟延，那么非违约方也不能解除合同。没有实现的可能，是指违约方没有履行能力了或违约方虽有履行能力，但非违约方已经不能从履行合同中得到合同适当履行应当得到的利益，比如特定的教师节贺卡未能在约定的节前交付日期交货。显然，"不能实现合同目的"这一条件不是以违约发生时合同目的是否实现为条件，而是以是否能实现合同目的为条件。其具体判定标准有四个。1. 迟延履行的债务是合同的主要债务。2. 债权人催告后，债务人在合理期限内仍未履行债务。在履行期限届满后，发生履行迟延，债权人应向债务人作出请求给付的意思表示，并给予债务人合理的宽限期限履行合同，而当宽限期限届满时，债务人仍未能履行债务。3. 时间因素对于合同目的的实现是否至关重要的。4. 迟延时间是否过长，继续履行于他方已无意义或是将遭受重大损害。①

根据这一规定，非违约方如果主张以此理由解除合同，依照我国民事诉讼举证分担原则，不仅要举证对方违约而且还要举证违约方没有履行能力或继续履行合同已经不能实现合同目的；如果非违约方不能证明继续履行合同已不能实现合同目的，而违约方举证证明自己有继续履行合同的能力，则非违约方不能主张解除合同。

在航运实务界一般也认为，出租人不能仅以承租人迟延提供货物而解除合同。"迟延提供货物一般只会是一个保证条款（warranty）的违约。毕竟，这情况也常会发生。如果装货时间已起算，甚至已出现滞期费（因在港外久候码头，已用光了装货时间），则租船人得支付滞期费作为这违约的损失赔偿。"②

本案例中，对华锦公司而言，其订立航次租船合同的目的是赚取运费。

---

① 参见李国光《合同法解释与适用》（上册），新华出版社1999年版，第370页。
② 杨良宜编著：《程租合约》，大连海事大学出版社1998年版，第226页。

在华锦公司撤船前，货物已经运至承运船舶所在锚地，具备装船条件，合同目的有可能实现；等待时间可计算滞期费，船期损失有补偿保障；货物装船后，船方有留置权保障，给其造成实际损失的可能性很小，不会影响华锦公司实现航次租船合同目的。故此，华锦公司没有解除合同的法定事由，其单方宣布解除合同，拒绝装运约定货物，属于违约。判令其承担相应的违约责任，具有法律依据。

（邓宇锋）

阳光财产保险股份有限公司上海市分公司诉马士基（中国）航运有限公司等海上货物运输合同纠纷案

——承运人的单位货物赔偿责任限额计算方法

【提要】

在根据《中华人民共和国海商法》第五十六条计算承运人对货物损失的单位赔偿限额时，应具体考察每件货物的实际损失额是否超过法定的赔偿限额，如超过则应按照法定限额赔偿，如未超过则应按照货物的实际损失额赔偿。

【关键词】

海上货物运输　赔偿责任限额　海牙—维斯比规则　实际损失

【基本案情】

原告：阳光财产保险股份有限公司上海市分公司。

被告：马士基（中国）航运有限公司（以下简称"马士基中国公司"）。

被告：马士基（中国）航运有限公司深圳分公司（以下简称"马士基深圳分公司"）。

原告诉称：2011年12月，华为技术有限公司（以下简称"华为技术公司"）的1批通信设备从中国深圳盐田港运往喀麦隆杜阿拉港，承运人为两被告，共有9个集装箱货物。2012年1月21日货物运抵目的地后，卸货时发现MSKU1162830号集装箱顶部破洞，集装箱内货物大量水湿，损失共254,195.03美元。上述货物由原告承保，原告赔付保险赔款203,906.17美元，并取得代位求偿权。请求判令：1. 两被告连带赔偿原告经济损失人民币1,289,686.13元（203,906.17美元以2012年7月6日汇率1:6.3249折算为人民币）及其利息（自2012年7月7日起按中国人民银行同期人民币贷款利率计至实际支付之日止）；2. 两被告连带承担本案的诉讼费用。

被告马士基中国公司、马士基深圳分公司共同辩称：1. 涉案货损不是发生在两被告的责任期间内。涉案集装箱货物已于2012年2月18日交付,在交付时该集装箱顶部完好,而发现该集装箱顶部破洞以及因该破洞引起的货物湿损的时间为2月24日。因此,货物损失并非发生在两被告的责任期间,两被告不应承担责任。2. 原告主张的索赔金额没有事实和法律依据,应根据损坏货物的实际价值计算损失,两被告也有权根据《中华人民共和国海商法》第五十六条的规定享受赔偿责任限制。湿损货物存在残值,应按比例在每件湿损货物的损失中减去部分残值。据此计算,两被告应承担的最大责任限额应为14,750.52美元。请求驳回原告的诉讼请求。

广州海事法院经审理查明:2011年2月11日,华为技术公司作为被保险人与保险人阳光财产保险股份有限公司签订《2011—2012年华为全球物流保险采购协议》,约定被保险人向保险人投保全球物流保险,保单类型为全球范围内的货物运输和仓储物预约保险。

2011年12月,华为技术公司向喀麦隆邮政公司(Cameroon Postal Services)出口1批通信设备,并委托被告马士基中国公司进行运输。12月9日,被告马士基深圳分公司以被告马士基中国公司的名义签发了863115586号正本已装船提单,记载托运人为华为技术公司,收货人和通知方为喀麦隆邮政公司,货物为9个集装箱装的通信设备,均由托运人装箱、堆放、称重和计数,其中编号为MSKU1162830的40英尺集装箱内装有176件货物,总重6,560.96千克。上述货物于2012年1月21日被运抵喀麦隆杜阿拉港。

2012年2月29日,华为技术公司告知原告称有1个集装箱上方发现破洞,导致雨水进入浸湿集装箱内货物,初步估计损失为30万美元,并提交了保险出险/索赔通知书。

3月8日至9日,有关各方在杜阿拉港对MSKU1162830号集装箱货物进行了联合检验。欧米茄海事公司代表托运人华为技术公司及其保险人参加联合检验,并于6月29日出具了公估报告,认为集装箱内货物水湿受损可合理归咎于该集装箱在海路运输途中或在杜阿拉港卸货时产生的集装箱顶部破裂渗水。

3月21日,华为技术公司出具报告,称MSKU1162830号集装箱因顶部出现破洞,水从破洞流入造成该集装箱内部分货物损坏,共有14种69件货物报废,并出具了保险财产损失计算清单。据上述文件记载,MSKU1162830号集装箱内共有14种69件货物受损报废,损失总额为231,086.39美元,按前述保险协议约定的保险金额计算方法,保险财产报损金额为254,195.03美元。5月8日,华为技术公司向被告马士基中国公司提交了索赔通知,要求被告马士基中国公司承担全部责任。

6月24日至7月2日，原告对华为技术公司就涉案货物损失提出的保险索赔进行了理算，确定保险标的损失为254,195.03美元，保险标的残值为50,288.86美元，保险赔偿金为203,906.17美元，原告向华为技术公司支付了保险赔偿，并取得代位求偿权。

【裁判理由及结论】

广州海事法院经审理认为：原告作为保险人向被保险人华为技术公司支付了保险赔偿金203,906.17美元，根据《中华人民共和国海商法》第二百五十二条的规定，原告取得代位求偿权，有权代位行使华为技术公司对第三人请求赔偿的权利。涉案货物由华为技术公司委托被告马士基中国公司进行运输，被告马士基中国公司接受委托，承运了涉案货物，并签发了863115586号提单。华为技术公司与被告马士基中国公司之间存在海上货物运输合同关系，华为技术公司为托运人，被告马士基中国公司为承运人。

根据《中华人民共和国海商法》第四十六条第一款的规定，被告马士基中国公司作为承运人的责任期间是从起运港中国深圳盐田港集装箱装卸区堆场接收涉案货物时起，直至在目的港喀麦隆杜阿拉港集装箱装卸区堆场向收货人喀麦隆邮政公司交付涉案货物，货物转为由收货人掌管时为止。除具有法定免责事由外，被告马士基中国公司对于涉案货物在其责任期间发生的损坏应负赔偿责任。本案现有证据表明涉案集装箱顶部破裂渗水应发生在海路运输途中或在杜阿拉港卸货时，在承运人责任期间内。被告马士基中国公司作为涉案货物运输的全程承运人，涉案货物的灭失发生在其责任期间内，且没有证据证明本案存在《中华人民共和国海商法》第五十一条规定的免责事由，依法应就涉案货物的损坏向原告承担赔偿责任。本案已查明，因遭水湿而损坏报废的涉案货物共14种69件，损失总额为231,086.39美元，各方当事人对此均无异议，故认定上述水湿报废货物已经灭失，其损失总额为231,086.39美元。

被告马士基中国公司作为承运人，已经安排了适当的承运船舶，尽到了相关义务，原告也无法提供证据证明存在《中华人民共和国海商法》第五十九条第一款规定的情况，故被告马士基中国公司有权按照《中华人民共和国海商法》第五十六条规定的赔偿限额赔偿损失，《中华人民共和国海商法》第五十六条第一款规定："承运人对货物的灭失或者损坏的赔偿限额，按照货物件数或者其他货运单位数计算，每件或者每个其他货运单位为666.67计算单位,或者按照货物毛重计算,每千克为 2 计算单位,以二者中赔偿限额较高的为准。"MSKU1162830 号集装箱内共装有货物 176 件,总重 6,560.96 千克,现有 69 件货物灭失,因没有证据能证明 69 件灭失货物的总重量,故涉案货物的赔偿限额,应按照灭失货物的件数计算。根据《中华人民共和国海商法》第二百七十七条关于"本法所称计算单位,是指国际货币基金组织规定的特别提款权"的规定,及货物灭失时间 2012 年 3 月 21 日特别提款权对美元的比率 1:1.539760 计算,单件涉案货物的赔偿限额为 1,026.51 美元。华为公司已报告了每件灭失货物的损失额,各方当事人对此均无异议,灭失货物损失额未超过 1,026.51 美元的,按货物的实际损失额计算赔偿;超过 1,026.51 美元的,则按照 1,026.51 美元的限额计算赔偿。据此计算,在已查明的 14 种 69 件报废货物中,有 6 种共 58 件报废货物的单件损失额未超过 1,026.51 美元,应按其实际损失计算赔偿,共 5,765.06 美元;其余 8 种共 11 件报废货物的单件损失额均超过 1,026.51 美元的赔偿限额,应按该限额计算赔偿,共 11,291.61 美元。故涉案货物的赔偿总限额合计 17,056.67 美元,原告请求的超过赔偿限额部分的损失,不予支持。涉案货物损失的利息也应由被告马士基中国公司承担。

原告主张两被告连带承担赔偿责任。托运人华为技术公司系与被告马士基中国公司形成海上货物运输合同关系,被告马士基深圳分公司与华为技术公司之间不存在海上货物运输合同关系,故有关赔偿责任应由被告马士基中国公司承担。本案也没有其他事实或证据证明华为技术公司或原告与两被告之间存在由两被告承担连带赔偿责任的约定,故原告的主张缺乏事实和法律依据,不予支持。

广州海事法院依照《中华人民共和国海商法》第四十六条及第五十六条第一款规定,作出如下判决:一、被告马士基(中国)航运有限公司赔偿原告阳光财产保险股份有限公司上海市分公司货物损失 17,056.67 美元及其利息;二、驳回原告阳光财产保险股份有限公司上海市分公司的其他诉讼请求。

宣判后,各方当事人均未提起上诉。

【典型意义】

本案的典型意义在于对《中华人民共和国海商法》第五十六条中有关承运人对货物损失赔偿的单位责任限额的规定进行了深入解读和适用分析。

承运人对货物的灭失或损坏的单位责任限额(package limitation),是海事赔偿责任限制制度的内容之一,也是海上货物运输法中的特有制度,虽然该制度尚存在一定的争议,但其至少有两项重要的现实意义。其一是保护承运人免受未披露的高价值货物所带来的风险;其二是可以通过标准化的责任限额,让承运人能确定统一的运费。① 因此,无论是《海牙—维斯比规则》《汉堡规则》,还是最新的《鹿特丹规则》之中,都有相关条文予以规制。②

我国海商法在汲取海牙—维斯比规则和汉堡规则相关条文规定的基础上,确立了承运人对货物损失赔偿的单位责任限额制度,《中华人民共和国海商法》第五十六条第一款规定:"承运人对货物的灭失或者损坏的赔偿限额,按照货物件数或者其他货运单位数计算,每件或者每个其他货运单位为666.67 计算单位,或者按照货物毛重计算,每千克为 2 计算单位,以二者中赔偿限额较高的为准。"为适应集装箱运输的情况,该法第五十六条第二款进一步规定:"货物用集装箱、货盘或者类似装运器具集装的,提单中载明装在此类装运器具中的货物件数或者其他货运单位数,视为前款所指的货物件数或者其他货运单位数;未载明的,每一装运器具视为一件或者一个单位。"

上述法律条文规定了发生货物损失时,应如何计算承运人对单位货物损失的赔偿责任限额。但该条文并未说明的是,在适用单位责任限额时,是应该具体审查每个单位货物的实际损失数额是否超过了法定的赔偿限额,超过者按法定限额赔偿,未超过者按照货物的实际损失额赔偿;还是无须考虑每个单位货物的实际损失数额,仅需按损失货物的单位数乘以法定单位责任限额的结果作为承运人的赔偿限额。

应该注意的是,基于海上货物运输的特性,当货物发生损失时,在绝大多数情况下,损失的都是同类货物,同一单位的货物在价值和损失数额上并无差异,上述两种对相关法律条文的理解和适用的结果是相同的,也无须具体逐件对货物予以审查。但是,当损失的货物在单件价值上存在较大差异时,两种理解就会得出不同的结果。以本案为例,受损的 14 种 69 件货物的总价值为 231,086.39 美元。其中单价最高的是 3 件防火墙部件,单价在 7 万美元以上;单价最低的是 48 件光学收发机,单价不足 50 美元。如果无须考虑单件货物的价值,则以单件货物 1,026.51 美元的赔偿限额乘以 69 件货物的数量,承运人的赔偿限额超过 7 万美元;如果考察单件货物的价值是否超过赔

---

① John F. Wilson, *Carriage of Goods by Sea* (New York: Pearson Education Limited, 2010, 7th Ed.), p. 195.

② 《海牙规则》第四条;《海牙—维斯比规则》第二条;《汉堡规则》第六条;《鹿特丹规则》第 59~61 条。

偿限额，并对未超过赔偿限额者按实际损失额进行赔偿，则承运人的赔偿限额即为17,056.67美元。上述两个计算结果相差较大，应以何为准呢？

应该承认的是，如果仅就《中华人民共和国海商法》第五十六条的内容和文字上看，上述两种理解都可以说是正确的。此时，我们应该从制定该条文的基础即立法原意对该条文进行理解与适用。从海商法第五十六条的立法过程来看，该条文是在《海牙—维斯比规则》和《汉堡规则》相关条款的基础上制定而来。有关国际公约的规定如下。

《海牙规则》第四条："……不论是承运人或船舶，对货物或与货物有关的灭失或损害，与每包或每单位超过100英镑或与其等值的其他货币时，在任何情况下，都不负责。"

《海牙—维斯比规则》第二条："……除非是托运人于装货前已就该项货物的性质和价值提出声明，并已载入提单，则不论是承运人或是船舶，在任何情况下，对该项货物所受的或与之相关的灭失或损害，于每包或每单位超过相当于10,000法郎，或按灭失或受损货物毛重计算，每千克超过相当于30法郎时（二者之中以较高者为准），都不负任何赔偿责任。"

《汉堡规则》第六条："……承运人对货物灭失或损坏造成损失所负的赔偿责任，以灭失或损坏的货物每件或每其他货运单位相当于835计算单位或毛重每千克2.5计算单位的数额为限，两者中以较高的数额为准。"

从上述三个国际公约，特别是在《海牙—维斯比规则》的条文中可以明显地看出，承运人对货物损失进行赔偿的单位责任限额制度的基础理念，是"超过限额者免责"，而非"统一按限额赔偿"，即基于每个单位货物的实际损失额与责任限额的比较结果进行判断。只有单位货物的损失额超过了责任限额的，才可以按责任限额赔偿，并对超出责任限额部分免责；至于单位货物损失额尚未达到责任限额者，自然按其实际损失额进行赔偿，而不是一并按责任限额进行赔偿。

不可否认的是，就本案这种单件货物价值相差较大的情况，如果不考虑货物单价，直接以货物件数乘以责任限额，其结果在客观上反而更接近于货物的实际损失情况，貌似更能实现托运人和承运人之间的利益平衡。但责任限额制度作为海事法律中特有的制度，其基本作用就是保护承运人，促进航运发展，所以才有各个国际公约中的相关规定，不能以某一个案件中是否完全实现了当事人之间的利益平衡来对有关制度和规定进行不当的理解。同时，法官作为法律的适用者，某种意义上也是解读者，在审理案件适用法律时，不应拘泥于个案，而应追求法律的原意，严格按法律规定处理案件，否则只会使自己的审判思维混乱,并危害到法律的权威性。海商法作为我国与国际公约、国际惯例接轨最为紧密的法律之一,在国际海事实体法领域具有巨大的影响,海事法官在适用海商法时必须具有国际视野,深入研究与之相关的国际法规则。因此,本案最终按逐一考察每件货物的实际损失是否超过单位责任限额的思路进行了裁判,各方当事人也均表示服判息诉。

(平阳丹柯)

湛江市启航货运代理有限公司诉湛江市百事佳电器有限公司等海上货物运输合同纠纷案

——发货托运人的法律地位与权利义务

【提要】

发货托运人，又称实际托运人、第二种托运人，是指未与承运人签订运输合同而把货物交给承运人运输的任何人。其法律特征是：基于法律的直接规定取得托运人的地位，而不以双方当事人的意思表示一致为依托；未与承运人签订运输合同；法律地位具有隐蔽性，从而使发货托运人游离于货物运输合同法律调控和保护之外。我国外贸出口货物有80%左右采用FOB价格条件成交。该价格条件下的卖方，是法定的海上货物运输合同的发货托运人，享受托运人的权利，并应承担相应义务。

【关键词】

托运人 发货托运人 FOB价格条件 运费

【基本案情】

原告：湛江市启航货运代理有限公司（以下简称"启航公司"）。

被告：湛江市百事佳电器有限公司（以下简称"百事佳公司"）。

被告：南宁鑫金航物资有限公司湛江分公司（以下简称"鑫金航分公司"）。

2007年8月15日，百事佳公司与大众联合（香港）有限公司［Mass United (HK) Ltd.］（以下简称"大众公司"）签订一份销售合同，约定：百事佳公司向大众公司销售"山"牌电饭煲共计2,376包装箱，装入一个40英尺集装箱，价格条件FOB湛江，总价款18,688美元；起运港中国湛江，卸货港印度新德里，允许转运，不允许分装；装运时间2007年9月30日，电汇付款。8月20日，百事佳公司向大众公司开出该销售合同项下的商业发票一份。

2007年8月27日，启航公司作为托运人，向鑫金航分公司办理涉案货物的托运手续，在编号为070103的鑫金航分公司出口货物托运单上记载：发货人芒特海外（香港）有限公司［Mount Overseas (HK) Ltd.］（以下简称"芒特公司"），收货人凭指示，装货港湛江，货名电饭煲，运费预付（freight prepaid）到Icd Taghlakabad，服务种类库场至库场，柜号TTNU9164913，提单号HKGCB7434825，一个集装箱的海运费3,100美元，文件费17美元。启航公司以托运人的名义在该托运单上盖章；鑫金航分公司以承运人名义签字盖章，并注明"确认订舱"。9月14日，启航公司向鑫金航分公司支付上述海运费和文件费共计3,117美元，折合人民币23,566.70元。

在编号HKGCB7434825的提单上记载：托运人芒特公司，收货人M/SG. K国际，装货港香港，承运船舶"万海"轮，卸货港纽哈瓦，卸货地点Icd Taghlakabad堆场，一个40英尺集装箱，货名电饭煲，从湛江经香港转船至新德里，运费预付到Icd Taghlakabad，装船日期2007年9月7日，提单于9月8日在香港签发。

2007年9月10日，启航公司开出编号为00799563的"国际货物运输代理业专用发票"一份，记载：付款单位百事佳公司，电饭煲运费3,366美元，折合人民币26,254.80元，请以美元付款。该发票已由百事佳公司的纪金菲领走，但未向启航公司付款。

在目的港，涉案货物被要求交纳12%的服务费、1%～12%的中学及高等教育社科院费、2%～12%的教育社科院费。为此，目的港的收货人交纳了1,327美元，并在付给百事佳公司的货款中扣除了该1,327美元。

百事佳公司于2007年11月13日致函里集诺集装箱航运公司（Regional Container Lines），指出：你公司向我司的目的港客户多收取1,327美元是不合理的；由于我司的目的港客户急需提货，已向贵司目的港代理支付了此费用。我司客户已在给我司的货款里扣除该1,327美元，此费用不合理，请尽快退还我司。

另查明，启航公司系有限责任公司，其经营范围是国际货运代理。鑫金航分公司的经营范围是国际货物运输代理业务、集装箱陆路运输代理、汽车货物运输代理等。

原告启航公司诉称：原告与被告百事佳公司签订运输合同，约定运费3,366美元。之后，原告又与被告鑫金航分公司签订运输合同，约定预付运费，从起运地至目的地的运费与附加费为3,117美元。原告已向鑫金航分公司支付了3,117美元，货物已运抵目的地，但百事佳公司以目的地收货人少付货款1,327美元为由，拒不向原告支付3,366美元。为此起诉，请求判令两被告连带返还运费3,366美元，并由两被告承担诉讼费用。

被告百事佳公司辩称：百事佳公司作为货物电饭煲的卖方，与买方大众公司订立国际货物买卖合同，约定的价格条件是FOB湛江，由买方租船。百事佳公司并没有以托运人的身份向原告托运货物，委托原告办理运输手续的是货物的最终买家芒特公司，原告应向芒特公司追偿拖欠的运费。百事佳公司仅是货物的销售人，没有承担运输合同的义务，也没有承诺为运费承担保证责任。请求驳回原告的诉讼请求。

被告鑫金航分公司辩称：鑫金航分公司与原告之间订立的海上货物运输合同合法有效，双方约定的运费为3,117美元，原告已向鑫金航分公司支付该运费，鑫金航分公司已将货物运抵目的地。该合同合法有效，鑫金航分公司收取运费乃合同权利，应受法律保护。鑫金航分公司与百事佳公司之间不存在任何法律关系，也没有证据证明两者之间相互承担担保责任，因而要求连带返还代付的运费没有事实根据。

【裁判理由及结论】

广州海事法院认为：本案系海上货物运输合同纠纷。本案货物运输目的港是印度新德里，具有涉外因素。货物的起运港在中国，双方纠纷涉及中国境内预付运费的支付问题，当事人均为中国的企业法人或企业法人的分支机构，因而本案与中国有最密切联系，根据《中华人民共和国海商法》第二百六十九条之规定，本案实体处理适用中华人民共和国法律。

被告百事佳公司作为货物电饭煲的卖方，将货物销售给香港的大众公司，后者又将货物直接或者间接地转卖给香港的芒特公司，而货物的最终买家是印度新德里的收货人。货物从中国湛江起运，经香港转运至目的地印度新德里。百事佳公司并未向法庭提交芒特公司直接将货物交给原告启航公司的证据，法庭亦未查到类似证据，而根据常理和常识，在湛江将货物交给承运人的是FOB价格条件下的卖方，即被告百事佳公司。根据《中华人民共和国海商法》第四十二条第（三）项"'托运人'是指：1. 本人或者委托他人以本人名义或者委托他人为本人与承运人订立海上货物运输合同的人；2. 本人或者委托他人以本人名义或者委托他人为本人将货物交给与海上货物运输合同有关的承运人的人"之规定，芒特公司是缔约托运人（即上述规定中的第1类托运人），而百事佳公司即是发货托运人（即上述规定中的第2类托运人）。《中华人民共和国海商法》明确把将货物交与承运人的人规定为托运人，本意即在于解决FOB价格条件下卖方对货物的控制权，即承运人应将提单签发给卖方，使卖方以托运人的身份能在收到货款前控制货物。根据《中华人民共和国海商法》的上述规定，FOB价格条件下的卖方百事佳公司符合将货物实际交付给承运人这个要件，即成为法定的发货托运人，享受托运人的权利，相应地应承担托运人的义务。

原告启航公司的经营范围是国际货物运输代理。在涉案业务中，启航公司是以货物代理的身份向百事佳公司揽货还是以承运人的身份接受百事佳公司交付的货物，并没有明确的证据予以证明。考虑到启航公司接收了百事佳公司交付的货物，并开具出了运费发票，同时又以托运人的身份向鑫金航分公司办理货物托运手续，因而可以将启航公司视为衔接百事佳公司与鑫金航分公司的中间人。启航公司与百事佳公司之间成立一个运输合同关系，启航公司为契约承运人，百事佳公司为发货托运人；启航公司与鑫金航分公司之间成立另一个运输合同关系，启航公司为托运人，鑫金航分公司为承运人。启航公司与百事佳公司之间的运输合同关系，是双方在自愿平等基础上的真实意思表示，不违反法律的强制性规定，合法有效。启航公司作为契约承运人，有权依约定收取运费，并履行将货物从湛江经香港转船运抵印度新德里的义务。启航公司已适当履行了货物运输义务，其有权向发货托运人即被告百事佳公司收取约定的运费。启航公司主张双方约定的运费为3,366美元，一方面百事佳公司已领取了该数额运费的发票，另一方面百事佳公司在法庭上并未就该运费数额作出任何抗辩，因而可认定百事佳公司亦认可双方约定的运费数额为3,366美元。百事佳公司未向启航公司支付运费，已构成违约，应承担相应违约责任，即应向启航公司支付约定的3,366美元运费。

鑫金航分公司作为与启航公司之间运输合同的承运人，已依约履行了运输义务，其有权收取约定运费及文件费共3,117美元；启航公司作为托运人，有义务支付该笔费用。启航公司诉请鑫金航分公司返还运费，没有法律根据，该诉讼请求应予驳回。至于目的港的收货人少付给销售方百事佳公司货款1,327美元，系另一法律关系，百事佳公司可另行起诉，本庭不予审判。

广州海事法院于2008年7月16日根据《中华人民共和国海商法》第六十九条第一款之规定，作出（2008）广海法初字第227号判决：一、被告百事佳公司向原告启航公司清偿运费3,366美元；二、驳回原告的其他诉讼请求。案件受理费456元，因独任审判减半收取228元，由被告百事佳公司负担。

一审宣判后，双方当事人均未上诉，一审判决已经发生法律效力。

【典型意义】

本案涉及 FOB 条件下的卖方在海上货物运输合同中的身份与地位问题。我国外贸出口货物有 80% 左右采用 FOB 条件成交①，而如何通过海上货物运输合同保护卖方的利益，并使其履行相应义务，就成了海事审判中颇为重要的一项任务。卖方百事佳公司关于自己并非托运人、不应承担运输合同义务的抗辩，是相当一部分 FOB 价格条件下卖方心态的真实写照，极具典型意义。本案的处理，严格根据法律保护 FOB 条件下卖方利益的初衷，平衡了合同双方的权利与义务，公正公平地分配有关的法律责任与义务，效果极佳。可以不夸张地说，本判决是对 FOB 价格条件下的卖方进行权利与义务启蒙教育的鲜活而良好的法治教材。

一、FOB 价格条件下卖方的困境与法律保护的特别规定

根据 FOB 价格条件，须由国外的买方租船订舱、支付海运费用，由国内的卖方将货物交与承运人并取得有关运输单证。很明显，因租船订舱而成立的海上货物运输合同，主体之一托运人是国外的买方，另一主体即承运人是船方。国内的卖家与货物运输合同并无关联，既不是托运人，更不可能是承运人。这就意味着，国内卖方在向承运人交付货物后，根本不可能根据运输合同控制在承运人掌管下的货物，而如果在交单结汇环节出现差错或收货人拒绝支付货款，则该卖方很可能面临钱货两空的悲惨结局。更为严重的是，在钱货两空之后，国内卖方根本没有法律上的诉权起诉承运人要求赔偿损失，尽管分明是他把自己的货物实际交给了承运人。

1978 年的《联合国海上货物运输公约》即《汉堡规则》为了从运输合同的角度保护 FOB 下卖方的利益，首次将托运人定义为："由其本人或以其名义或代其与承运人订立海上货物运输契约的任何人，或是由其本人或以其名义或代其将海上货物运输契约所载货物实际提交承运人的任何人。"在这里，FOB 下的卖方被法定为运输合同的一方主体即托运人，使其在运输合同下享有了权利，从而在法律上首次出现了托运人"由单一到多元的嬗变"，开启了托运人多元化格局的新时代。

《中华人民共和国海商法》借鉴《汉堡规则》的上述规定，在第四十二条第（三）项中规定："'托运人'是指：1. 本人或者委托他人以本人名义

---

① 2000 年，商务部在《关于规避无单放货风险的通知》中指出，"目前 FOB 条款的贸易合同已达 60%～70%"。近两年的相关资料显示该比例已达到 80%，参见何丽新、张清姬《警惕发货人法律地位的倒退》，见《2007 年海商法研讨会论文集》。

或者委托他人为本人与承运人订立海上货物运输合同的人；2. 本人或者委托他人以本人名义或者委托他人为本人将货物交给与海上货物运输合同有关的承运人的人。"

根据《中华人民共和国海商法》的规定，发货托运人就是指未与承运人签订运输合同而把货物交给承运人运输的任何人。发货托运人又可称为实际托运人、第二种托运人。被告百事佳公司即是典型的发货托运人。

百事佳公司作为发货托运人，其法律特征有三个。第一，基于法律的直接规定而取得托运人的地位，即它是因为法律的直接的强制性的规定而成为运输合同一方主体，不以双方当事人的意思表示一致为依托。第二，未与承运人签订运输合同，这是发货托运人的根本特征。在海运实务中，有可能在提单中将发货托运人记载为托运人，亦有可能相关运输单证对发货托运人没有任何记载，百事佳公司即属后一种情况。第三，法律地位具有隐蔽性。发货托运人不以提单上"托运人"栏内的记载为成就要件，常常是隐而不现的。隐蔽性的结果可能是，法律权利被无意间侵害、法律义务得以轻松规避、法律责任可以轻易逃脱，即与法律规定其为货物运输合同一方主体的初衷相悖，而使发货托运人游离于货物运输合同法律调控和保护之外。

二、FOB 价格条件下发货托运人的权利

要求签发提单并记载为托运人、对货物实质意义的控制以及对承运人的诉权，是发货托运人至关紧要的法律权利。在这里仅就与本案密切相关的发货托运人要求签发提单并要求在提单等运输单证中记载为托运人的权利进行分析。

发货托运人的身份地位确立于他实际向承运人交付货物之时。一旦确立其托运人的身份与地位，发货托运人即有权要求承运人向其签发提单或其他运输单证。FOB 价格条件已明确规定，卖方有义务向买方提交证明已按约定日期或期限、在指定的装运港、按照该港习惯方式、将货物交至买方指定的船舶上的提单等运输单证；买方义务则是接受卖方而不是承运人提交的此种运输单证。另外，提单具有海上货物运输合同证明、承运人接收货物的收据、在目的港凭以交付货物的物权凭证三个法律功能。其第二个功能即承运人接收货物的收据，意味着该收据应向交付货物的人出具，否则收据功能不能得到体现。由此可见，卖方即发货托运人请求承运人签发提单的权利有国际贸易规则的支持；而承运人应托运人请求向其签发提单则是提单收据功能的体

现，同时也有海商法为依据。① 因而，发货托运人要求承运人向其签发提单的权利无可置疑。然而，百事佳公司可能出于诉讼策略的考虑而未向法庭提交提单，也有可能根本就没有取得提单、其法律赋予的提单权利悬而未决。

发货托运人还可以要求在签发提单时将其载入提单"托运人"栏中，以进一步明确其合同地位。在航运实务中，常见的是将发货托运人载入提单"托运人"栏中，也有将FOB的买方记载为托运人的。尽管发货托运人的身份地位是法定的，不以提单上的记载来甄别其是否为托运人，但毕竟提单是运输合同的证明，提单上将FOB卖方记载为托运人，更能彰显其合同地位，并让实际承运人、提单受让人、收货人等知悉运输合同当事人的情况，从而弥补发货托运人身份地位隐蔽性的不足。而本案提单记载的托运人为芒特公司，为境外的买方，发货托运人百事佳公司未在提单中记载为托运人，因而其对货物控制以及收取货款的权利恐有虚化之虞。

三、FOB价格条件下发货托运人的义务

支付运费、妥善交付货物并告知相关信息，是发货托运人最为重要的法律义务。在FOB价格条件下，由买方即收货人租船订舱，并通常由买方支付运费，此时提单记载为"运费到付"；但如果买卖合同约定FOB价格条件下的运费由卖方支付，即运费计入货物成本，则起运港发货托运人应向承运人支付运费，提单关于运费的表述为"运费预付"。

涉案托运单及提单记载的托运人为境外的买方芒特公司，且记载的运费为预付。因海运业竞争激烈等原因，承运人即原告启航公司并未从发货托运人处收到运费，货物运抵目的港后亦未从收货人处收到运费，从而酿成纠纷。

该纠纷产生的根源在于发货托运人身份的隐蔽性，甚至发货托运人自身也不明了其在海上货物运输合同中的身份、地位。法律赋予FOB下卖方以托运人身份，本意在于保护其权益免遭海运合同下的不当侵犯，但在赋予法律权利的同时，必然要课加一定的法律义务，且这种义务往往已有当事人包括发货托运人的约定或认可，如在本案提单中明确运费为起运港"预付"而不是FOB通常条件下的目的港"到付"。显然，卖方百事佳公司作为法定的托运人，在这种情况下应承担托运人的主要义务运费支付，以便使合同得以顺利履行；相应地，在目的港的缔约托运人反而没有了支付运费的义务。

综上所述，发货托运人支付运费义务并非法律的强制规定，而是当事人

---

① 《中华人民共和国海商法》第七十二条第一款规定："货物由承运人接收或者装船后，应托运人的要求，承运人应当签发提单。"

意思自治下合同约定的结果；FOB 卖方作为法定的托运人，有责任履行该项约定。涉案提单明确记载了运费预付，法官据此判决由发货托运人百事佳公司支付运费，无疑是正确的。

（倪学伟）

中国人民保险公司广东省分公司诉中成国际运输有限公司广州分公司等海上货物运输合同纠纷案
——保险代位求偿案件审理的范围与无船承运人的识别

【提要】

受理保险人行使代位求偿权诉讼的法院,应当仅就造成保险事故的第三人与被保险人之间的法律关系进行审理,不应实质性审查保险合同关系的合法性。无船承运人的识别应以双方签订的合同内容为据,而不能以合同名称、当事人的官方认定身份为准。国际海上货物运输中货物毁损灭失的风险何时转移,除了考察当事人对价格条件的约定外,还应注意当事人是否以行为方式修改了该价格条件。

【关键词】

代位求偿　无船承运人　风险转移　赔偿

【基本案情】

原告(上诉人):中国人民保险公司广东省分公司(以下简称"广东人保")。

被告(被上诉人):中成国际运输有限公司广州分公司(以下简称"中成广州分公司")。

被告(被上诉人):道南船务代理股份有限公司。

被告(被上诉人):上海中海船务代理有限公司(以下简称"中海船代")。

2002年4月27日,中国广州国际经济技术合作公司(以下简称"广州国际")与中成广州分公司签订"孟加拉工程第一批设备物资货运代理合同",约定:广州国际委托中成广州分公司发运孟加拉国第四期输变电工程设备,发运时间2002年5月20日至31日,出口港上海,目的港孟加拉国吉大港;中成广州分公司应按广州国际的要求将货物安全、及时运往目的港,负责自货物运达指定仓库车面交货起至货物运抵吉大港卸船并交付给收货人止的全部工作,包括卸车、接货、理货、装箱、码头监装监卸、整理并重新包装、核对标记、丈量尺码、翻译制单、法定商检或换证、代理租船订舱、集港、装船、出口报关、报验及运输到吉大港卸船等,对货物妥善保管、小心运输,并保持包装完好;如因中成广州分公司存储、运输、装卸不当造成货损,应赔偿广州国际由此而产生的除货运保险责任外的一切损失;中成广州分公司收取的"海运费用"包括运费、港口包干费、仓储费、报关费;中成广州分公司如不按约定条款履行货运代理义务和承担货物运输责任的,应向广州国际赔偿因运输不及时造成工程拖延及另找承运人的损失。

2002年5月16日,广州国际出具一份以"中国广州国际经济技术合作公司"为抬头的出口货物托运单,记载:船期2002年6月10日前,起运港上海,运往地点孟加拉国吉大港,托运人广州国际,受货人达卡供电局(Dhaka Electric Supply Authority,简称DESA),通知方广州国际(达卡),货物为YJV226/10kV3×300地下电缆100盘(50公里)80万千克、200kVA配电变压器300箱(300台)33万千克,在"托运人盖章"栏中盖有广州国际的公章一枚。5月17日,中成广州分公司出具一份以"中成国际运输有限公司广州分公司"为抬头的出口货物托运单,其记载与广州国际出具的出口货物托运单相同,但在"托运人盖章"栏中盖有"中成广州分公司业务章(1)"一枚。6月7日,广州国际出具GIETC/BPG/M/0003号发票,记载:买方达卡供电局,自中国上海港通过海路至孟加拉国吉大港,货物为地下电缆49.5公里,配电变压器300台,CIF① 总价3,819,122.93美元。

2002年6月10日,"顺安"(Shun An)轮出具大副收据,记载托运人为广州国际,实收货物399箱,6月30日装船。

2002年6月30日,"顺安"轮船长在上海港向中海船代出具授权委托书,记载:兹授权贵司职员代表我依据"顺安"轮在上海港装货情况签发提单。7月3日,广州国际和中成上海分公司共同向中海船代出具一份倒签提单保函,请求将提单倒签至6月20日。其后,中海船代以船东代理人的身份签发了编号SA219/SHACTG001,日期2002年6月20日,签发地上海,抬头"胜利海运公司"(Triumph Marine Carriers)的已装船提单一式三份,记载:托运人广州国际,收货人达卡供电局,装货港上海港,卸货港吉大港,货物

---

① Cost Insurance and Freight(简称CIF),指成本、保险费加运费。——编者注

为99件11kV地下电缆、300件200kV配电变压器。

2002年6月20日，原告签发编号KC040290000001326的海洋货物运输保险单一份，载明：被保险人广州国际，保险货物100箱50公里地下电缆及300木箱配电变压器，"顺安"轮承运，2002年6月20日开航，自上海港至吉大港，承保险别为中国人民保险公司1981年1月1日海洋货物运输保险条款一切险、战争险、罢工险，保险金额3,846,289.50美元。该保险单背面盖有被保险人广州国际的印章一枚。

2002年8月31日，"顺安"轮抵达孟加拉国吉大港并开始卸货；9月4日卸货完毕。阿叶安装卸有限公司（Aryan Stevedore Ltd.）于9月4日出具一份货损记录，记载：涉案货物有12箱配电变压器和19箱电缆不同程度受损。根据吉大港国家代理（National Agencies）的申请，詹姆斯芬雷有限公司（James Finlay Ltd.）以劳合社代理的身份，于9月14日至15日、10月3日至8日在达卡的收货人货仓对货物检验，并签发了货物检验报告，记载：对75个箱体破损和16个箱体完好的配电变压器开箱检查，其中28箱配电变压器有不同程度受损，有9捆电缆的保护性木板断裂、电缆裸露，上部绝缘表面数处刮伤、割裂；其余90捆电缆的保护性木板破裂，内部电缆有不同程度的裸出。詹姆斯芬雷有限公司收取了检验费49,769达卡。

2003年2月22日，广州国际与动力人公司签订合同，约定：广州国际将受损的27台配电变压器送往动力人公司在达卡的变压器厂维修，修理费总价30万达卡。合同履行后，动力人公司收到了广州国际支付的该修理费。特变电工衡阳变压器有限公司（以下简称"衡阳公司"）派出工程技术人员修理配电变压器，广州国际向衡阳公司支付了零配件费、修复材料费、出差孟加拉国差旅费共计人民币217,480.57元。广州国际还支付了为维修损坏的电缆而产生的整理、滚卷及运费157,680达卡。广州国际另向上海电缆厂有限公司（以下简称"上海电缆厂"）支付了电缆修理费人民币65,938.24元，但没有证据显示该项修理费与涉案货损之间具有关联性。

2003年9月1日，原告向广州国际支付保险赔款357,095.58元。同日，广州国际向原告出具"收据和权益转让书"一份，记载：收到你公司付来的KC040290000001326号保单项下的保险赔款357,095.58元，兹同意将我方所拥有的该项保险标的之权益和追偿权在上述赔款限度内转移给你公司。

原告主张，被告道南公司系涉案货物的承运人，但未提供相应的证据。

原告广东人保诉称：2002年6月20日，三被告共同承运了原告承保的广州国际出口孟加拉国的铜芯电缆和配电变压器，并签发了SA219/

SHACTG001号提单。该批货物于9月4日卸船时发现严重损坏。原告为此赔付被保险人广州国际357,095.58元,并依法取得代位求偿权。请求判令三被告连带赔偿357,095.58元及其利息,并承担本案诉讼费用。

被告中成广州分公司辩称:原告的起诉已超过1年诉讼时效期间;被保险人广州国际在货损发生时对保险标的不具有保险利益,原告理赔错误,不能取得代位求偿权;我方与广州国际签订的是国际货运代理合同,原告诉请我方承担承运人责任没有法律依据;中海船代未充分举证证明其代理人的身份,其应依法承担承运人的责任。

被告道南公司书面辩称:本案管辖权错误,应依法驳回原告的起诉。

被告中海船代辩称:涉案货物已在目的港提货,其所有权及风险业已转移至收货人,托运人广州国际不再享有对货损的保险索赔权,原告对广州国际的保险理赔错误,不能取得代位求偿权。涉案承运人应为中成广州分公司。我方由胜利海运公司授权签发提单,我方代理活动不存在任何过失。

广州海事法院经公开开庭审理后认为:本案是一宗保险人根据保险合同赔付被保险人货物损失后,代位被保险人提起的涉外海上货物运输合同货损纠纷。货物运输合同的签订地、运输始发地、承运人住所地均在我国境内,与我国有密切联系,根据《中华人民共和国海商法》第二百六十九条的规定,本案应适用中华人民共和国法律。

被告中成广州分公司与广州国际签订的"孟加拉工程第一批设备物资货运代理合同",尽管其中有代为报关等中成广州分公司作为代理人的约定,但其内容主要是关于中成广州分公司作为承运人、广州国际作为托运人的权利义务的约定以及运费收取、安全运输等规定,符合货物运输合同的条件和特征,因而应认定该合同为含有货运代理内容的国际海上货物运输合同。该合同是双方当事人的真实意思表示,未违反我国法律及行政法规的强制性规定,合法有效。但该合同中关于中成广州分公司不承担货运保险责任的货损的约定,超出了《中华人民共和国海商法》第五十一条关于已列明的承运人免责范围的规定,故该项约定无效。

被告中海船代已合理披露了实际承运人即胜利海运公司的身份以及船长对中海船代的授权委托书,足以确认中海船代的船舶代理人身份。中海船代在代理签发提单过程中,虽有倒签提单的过错,但该过错与货物损失之间不具有法律上的因果关系,且原告也未追究其倒签提单责任,因而被告中海船代不应承担本案货损的法律责任。没有证据显示道南公司为承运人,因而其亦不应承担涉案承运人的责任。

本案货物于 2002 年 8 月 31 日运抵目的港，9 月 4 日卸货完毕。据此应认定交付货物的时间不早于 2002 年 9 月 4 日。原告于 2003 年 9 月 3 日起诉，没有超过法律规定 1 年的诉讼时效期间。

涉案货物受损是不争的事实。为确定货物受损情况及修复受损的货物，广州国际支付詹姆斯芬雷有限公司检验费、动力人公司及衡阳公司的修理费、电缆整理、滚卷及运费共计 507,449 达卡、人民币 217,480.57 元。原告关于向上海电缆厂支付电缆修理费 65,938.24 元的主张，因其仅提交了一张发票，无法证明支付款项与讼争事实之间存在联系，故该部分主张因证据不足，不予认定。

广州国际出具的货物发票显示，涉案货物以 CIF 价格成交，表明货物在启运港越过船舷之前，由广州国际承担货物灭失或损坏的风险，越过船舷之后则由收货人达卡供电局承担该风险。广州国际在投保时享有保险利益，其与原告之间的保险合同合法有效。但当被保险货物越过船舷后，广州国际即不再承担货物损坏或灭失的风险，从而丧失了保险利益，故其虽持有提单和保险单，也无权要求保险人赔付保险单项下的货物损失。原告对不具有保险利益的广州国际的赔付不符合法律规定，其赔付后不能合法地取得代位求偿权。另外，涉案提单为记名提单，记名的收货人为达卡供电局，而货物已在目的港完成交付，有关货物的索赔权已转移给收货人，原告代位托运人广州国际向承运人要求赔偿，亦无法律依据，其诉讼请求依法应予驳回。

广州海事法院于 2005 年 12 月 5 日依照《中华人民共和国海商法》第二百五十二条、《中华人民共和国保险法》第十二条、《中华人民共和国民事诉讼法》第六十四条第一款之规定，作出（2003）广海法初字第 432 号判决：驳回原告广东人保的诉讼请求。案件受理费 7,866 元，其他诉讼费 300 元，共计 8,166 元，由原告负担。

广东人保不服该判决，向广东省高级人民法院提出上诉，称：中成广州分公司应根据运输合同关系承担违约赔偿责任，一审法院在认定该运输合同关系有效存在的同时，却又以提单流转后托运人对承运人不享有索赔权为由判决中成广州分公司不承担责任，自相矛盾。虽然发票记载的货物价格为 CIF，但货物运输的风险并没有在装货港越过船舷后转移至买方，而仍由广州国际承担。一审法院简单地凭借发票中 CIF 的记载即认为广州国际不再承担运输风险，进而判定广州国际丧失保险利益是错误的。提单持有人享有对承运人的诉权并不等于其他人对承运人均无诉权，在记名提单转让后，托运人与承运人之间的海上货物运输合同法律关系依然有效存在，托运人可依据运输合同向承运人提出索赔。被保险人对货物是否具有保险利益以及是否有权向保险人索赔，不是法院在审理保险人向第三人提起代位求偿诉讼中应审查的问题。广州国际为修复受损电缆而向上海电缆厂支付的修理费客观真实，应得到认可和支持。

被上诉人中成广州分公司辩称：涉案运输合同的当事人为广州国际和道南公司，中成广州分公司既非实际承运人，亦非合同承运人。在 CIF 价格条件下，货物的一切风险从上海港越过船舷时转移给买方。记名提单中的收货人为达卡供电局，已有一份提单在目的港提货，货物所有权已发生了转移，广州国际对目的港货物不再具有法律上的利害关系。在国际贸易中，买方在货损后不懂得专业设备的维修，找卖方修理是常见的做法。广州国际代为承担相关的检验、修理等费用，最大的可能性就是与买方存在代为修复的协议，广州国际代为支付的费用最终由买方承担。广东人保用以证明修复费用的证据材料存有多处瑕疵，不应当成为证明损失的有力证据。货物保险单已由广州国际空白背书后转让，新的被保险人应为达卡供电局。一审法院认定广州国际不具有保险利益，广东人保向广州国际赔付后不得享有代位求偿权，完全正确。

被上诉人中海船代辩称：广州国际因信用证结汇需要而向中海船代出具倒签提单保函，依据自认原则，有关货款在广州国际提交符合结汇日期的提单结汇后应已全部收到。广东人保的代位求偿诉权源于被保险人广州国际的诉权，如果被保险人对基础法律关系不具备诉权，保险人不因其错误赔付而产生独立的诉权。根据发票 CIF 价格条件，货物所有权及风险交货后已依法转移给达卡供电局，广州国际与讼争货物已不具有法律上的利害关系，其对提单证明的运输合同承运人已无诉权，广东人保失去代位求偿的权源。

广东省高级人民法院经审理，确认了一审法院认定的事实和证据。另外还查明：一审对广州国际向上海电缆厂支付的电缆修理费 65,938.24 元，因没有证据显示该项修理费与涉案货损之间具有关联性而没有认定。二审期间，广东人保提交了机票、住宿费发票等相关证据证明该费用的明细构成，结合检验报告记载的电缆受损情况，上述修理费用的发生是合理可信的，应予以采信。

2003 年 9 月，国家外汇管理局公布的孟加拉国达卡对美元的折算率为 1 达卡兑换 0.01755 美元；2003 年 9 月 1 日，中国人民银行公布的美元对人民币的中间价为 100 美元兑换人民币 827.71 元。

【裁判理由及结论】

广东省高级人民法院经审理认为：本案是广东人保向被保险人赔付后代位提起的海上货物运输合同货损赔偿纠纷。广州国际既是与中成广州分公司签订货运代理合同的当事人，也是中海船代代理签发的海运提单的托运人。广东人保明确提起本案诉讼的依据是货运代理合同，原审法院也据此行使管辖权。道南公司和中海船代并非该合同当事人，广东人保根据货运代理合同向其索赔，没有合同依据，原审法院不予支持是正确的，予以维持。

广州国际就涉案货物运输向广东人保投保一切险、战争险、罢工险。货物在目的港交货时发现受损，该损失是上述保险责任范围内的风险引起，为此广东人保向广州国际支付了保险赔款。广东人保是否取得代位求偿权，取决于被保险人广州国际是否享有对上述损失的求偿权。本案是海上货物运输合同代位求偿纠纷，而非海上货物运输保险合同纠纷，法院只应就被保险人与承运人之间的运输合同关系进行审理，原审法院以广州国际不具有保险利益为由认定广东人保不具有代位求偿权不当，依法予以纠正。

原审法院认定广州国际与中成广州分公司签订的货运代理合同为含有货运代理内容的国际海上货物运输合同，且其中的货运保险责任除外的约定无效，是正确的，依法予以维持。该合同明确约定在运输期间发生货损时，由中成广州分公司向广州国际赔偿损失。广州国际作为托运人，基于运输合同产生的请求权不会因为货物在装货港越过船舷就消失，在货物交付后因货损遭受损失，广州国际仍有权向承运人中成广州分公司索赔。广东人保在向广州国际作出赔付后依法取得代位求偿权。

货物发票虽载明 CIF 价格条件，但不能由此得出广州国际在起运港货物越过船舷后必然没有损失的结论。本案中，没有证据显示广州国际已经收取了涉案货物的货款，而相关修理合同、修理费发票显示是广州国际委托有关单位在目的地对货物进行修理并支付了修理费。在没有相反证据的情况下，应认定广州国际承担了运输途中货物受损的损失。广东人保作为保险代位权人，有权要求承运人中成广州分公司赔偿损失。至于广东人保得到赔付后是否得到额外利益问题，涉及买卖双方对利益的某种安排，可以由买卖双方另行解决，与保险合同及运输合同分属于不同的法律关系。

广州国际为本案货损所支出的修理费为 507,449 达卡，人民币 283,418.81 元。按 2003 年 9 月达卡对美元、美元对人民币的汇率将上述 507,449 达卡折算成人民币，广州国际为货损实际支出的费用共计人民币

357,095.58元。广东人保已对广州国际因货损遭受的损失作出赔付,其有权代位请求中成广州分公司予以赔偿该费用及其利息。

原审法院认定事实部分不清,适用法律错误,予以纠正;广东人保上诉理由部分成立,予以支持。

广东省高级人民法院于2007年4月16日依照《中华人民共和国民事诉讼法》第一百五十三条第一款第(二)项、第(三)项、《中华人民共和国海商法》第四十四条、第四十六条第一款、第二百五十二条第一款之规定,作出(2006)粤高法民四终字第147号判决:一、撤销广州海事法院(2003)广海法初字第432号民事判决;二、中成广州分公司赔偿广东人保货物损失357,095.58元及自2003年9月1日起至实际清偿日止按中国人民银行同期流动资金贷款利率计算的利息;3.驳回广东人保的其他诉讼请求。一审案件受理费7,866元、其他诉讼费300元,二审案件受理费7,866元,均由中成广州分公司负担。

【典型意义】

本案所涉及的保险代位求偿权诉讼、无船承运人识别、国际海上货物运输风险转移等问题,均为近年来类似案件审判中争议较大、分歧较多的重大问题。本案的处理,特别是二审法院的处理,一定程度上厘清了审判实务中的分歧,对于今后类似案件审判具有重要指导意义。

一、关于保险代位求偿权问题

本案一审、二审判决最大的分歧在于,在保险代位求偿权诉讼中,法院是否应该审查保险合同关系所涉及的保险人赔付合法性问题。

被保险人遭遇保险责任范围内第三人的损害,有两种途径获得救济,一是直接向第三人要求赔偿损失,二是根据保险合同要求保险人赔偿损失。在保险人赔偿被保险人损失后,即可根据法律规定,代位被保险人向第三人要求赔偿。

所谓保险代位求偿权,就是指因第三人对保险标的损害而造成保险事故时,保险人自向被保险人赔偿保险金之日起,在保险赔付范围内代位被保险人行使对第三人的赔偿请求权。代位求偿权是一种法定的债权让与,是财产保险中的一种重要制度。在人身保险中,基于生命和身体无价的认识而不涉及代位求偿权问题。

法院在审理保险人提起的代位求偿权诉讼时,是否需要审查保险人与被保险人之间的保险合同关系,在实践中存在两种做法。一种做法是,法院既要审查保险人与被保险人之间的保险合同关系，也要审查被代位的被保险人与第三人之间的合同关系或侵权关系，而对保险合同关系的审查是保险人有否代位求偿权的基础。本案一审法院即采取了这种做法。另一种做法是，只要保险人向被保险人支付了保险赔款，则法院不实质性地审查保险人与被保险人之间的保险合同关系，而仅审查被代位的被保险人与第三人之间的合同关系或侵权关系。本案二审判决即属此种做法。

第一种做法的根据，通说认为在于《中华人民共和国海商法》第二百五十二条"保险标的发生保险责任范围内的损失是由第三人造成的，被保险人向第三人要求赔偿的权利，自保险人支付保险赔偿之日起，相应转移给保险人"的规定，即法律已将代位求偿的范围明确限定为第三人造成的保险标的发生"保险责任范围内"的损失，而保险责任范围正是来源于保险合同的约定。① 保险代位求偿权产生的依据在于合法有效的保险合同，保险人对被保险人的赔偿必须在保险合同所约定的保险责任范围之内；对于承保责任范围外的事故造成的损失，保险人自愿地予以通融性赔付的，即使取得权益转让书，也无权取得代位求偿权。这一做法的可取之处是，赋予了保险代位求偿权强烈的保险合同色彩，强调的是"保险"的特色，而与债权的转让关系不大。其不足之处在于，对直接造成被保险人损失的第三人来说，如果保险人的代位求偿权不成立，即可能成功逃过有关损失的赔偿责任，因为通过漫长的保险代位求偿权诉讼取得终审判决，确定保险人无权代位求偿后，被保险人再对该第三人提起有关诉讼的时效可能早就过去了；被保险人如果在获得保险赔付后，仍提起对第三人的诉讼，则避开了代位求偿权诉讼失败的可能，而此时第三人就会以被保险人已经获得损失赔偿，再行诉讼是以不当得利为由进行抗辩。

第二种做法的根据是，保险人所要代位的是被保险人与第三人的合同关系或侵权关系中的损害赔偿请求权，被代位的合同关系或侵权关系与保险人、被保险人之间的保险合同关系是两个独立的法律关系。第三人在代位求偿权诉讼中是否承担法律责任以及承担多少法律责任的基础，与保险合同关系完全无涉，而仅仅取决于第三人与被保险人的合同关系或侵权关系，因而第三人在代位求偿权诉讼中的抗辩权仅是针对受害人即被保险人的抗辩权，其抗辩的范围既不能扩大，也不能缩小。"在被保险人与第三者的法律关系中，

---

① 参见顾全《代位求偿权的成立》，见张丽英、赵劲松、赵鹿军编《中英海上保险法原理及判例比较研究》，大连海事大学出版社2006年版，第62页。

被保险人与第三者之间的抗辩权原封不动地适用于追偿案件,也即这些抗辩权同样应适用于保险人与第三者之间的追偿案件,且保险人、第三者不能在这些抗辩权以外扩展出新的抗辩权利。"① 如果在代位求偿诉讼中法院要实质性地审查保险合同,等于是扩大了第三人的抗辩范围。第三人与保险合同无关,而实质性地审查保险合同,无异于突破了合同相对性原则,使保险合同外的第三人享有了保险合同内的权利;如果因为保险合同的原因而减轻了第三人本应负担的赔偿责任,则既违背了代位求偿权乃被保险人对第三人的损害赔偿请求权的权源性规定,又与民法对第三人责任有效追究的公平理念相悖。这一做法的直接结果是,保险代位求偿权诉讼蜕去了"保险"的特色,而与一般的债权转让无异。这可以看作是商法渐次归化于民法的一个表现。

应该说,上述两种做法各有利弊。2006年12月之前,各海事法院及其上诉审法院对保险代位求偿权案件的审判多采用第一种方法。2007年1月1日起施行的《最高人民法院关于审理海上保险纠纷案件若干问题的规定》第十四条"受理保险人行使代位请求赔偿权利纠纷案件的人民法院应当仅就造成保险事故的第三人与被保险人之间的法律关系进行审理"的规定,统一了法院审理代位求偿权案件的做法。本案二审判决即是体现这一司法解释精神的最新判例,其重要意义不言自明。

二、关于无船承运人问题

中成广州分公司在一审、二审中都力主自己为货运代理人,而一审、二审判决都认定其为承运人。关于对中成广州分公司身份的认定,实际上是困扰海事审判的一个带有普遍性的无船承运人身份识别问题。

自2002年1月1日《中华人民共和国国际海运条例》生效施行以来,从货运代理中分化出来的无船承运人这一新的航运主体在我国浮出水面,并得到了发展。

无船承运人是指不经营国际运输船舶,但以承运人身份接受托运人的货载,签发自己的提单或者其他运输单证,向托运人收取运费,通过国际船舶运输经营者完成国际海上货物运输,承担承运人责任的国际海上运输经营者。正确理解无船承运人概念,需明确以下三方面内容。

第一,无船承运人是不经营船舶的承运人。仅从字面看,"无船"是指

---

① 周岷:《海上保险代位追偿权制度的构建标准与若干争议问题》,见司玉琢主编《中国海商法年刊·2007》,大连海事大学出版社2008年版,第39页。

不拥有船舶即不是船舶的所有权人。但在航运实务中，不拥有船舶者可以经营船舶，拥有船舶者可能不经营船舶，如光租合同下的船东仅仅是将其船舶作为财产出租坐收租金，并非将船舶作为运输工具经营，而不拥有船舶所有权的光租人即成为船舶的经营人。显然，对"无船"不能理解为是否拥有船舶，而应将其解释为拥有船舶但不经营船舶，或既不拥有船舶也不经营船舶，亦即"无船"的根本特征是不经营船舶。

第二，无船承运人符合海商法关于承运人的规定，是海商法意义上的承运人，享有承运人权利并承担承运人义务。诚然，在《中华人民共和国海商法》制定之时，我国尚没有无船承运人的概念，但该法对承运人的规定是开放式的，即只要符合该法对承运人的界定，都可成为海商法意义上的承运人。我们知道，《中华人民共和国海商法》第四十二条关于承运人的定义借鉴了《汉堡规则》的规定，即"承运人是指本人或者委托他人以本人名义与托运人订立海上货物运输合同的人"。这一定义与《海牙规则》的规定迥然有别，承运人并不限定在船舶所有人或船舶经营人，只要是与托运人订立海上货物运输合同的人，都取得承运人的地位。由此可见，无船承运人尽管不经营船舶，但在现行法律框架下，其与托运人签订海上货物运输合同毫无障碍，可以取得承运人的法律身份和法律地位。

第三，无船承运人通过双重身份完成货物运输任务，即对货物托运人来说是承运人，对国际船舶运输经营者而言是托运人。由于无船承运人不经营船舶，其作为承运人承揽的货物只能通过有船承运人进行运输，并为此而需订立一个新的海上货物运输合同，该新合同可以通过班轮运输的订舱实现，也可以通过航次租船合同或期租船合同缔结，即无船承运人能以航次租船人或期租船人的身份来履行其作为托运人的义务。

在本案中，中成广州分公司与广州国际所签订合同的名称为"货运代理合同"，而合同中既有货运代理的内容，也有要求一方将货物安全及时运往目的港的约定，如要求一方对货物妥善保管、小心运输，而该方收取的"海运费用"应包括运费、港口包干费等。对该合同性质的判定是双方争议的焦点，而合同性质又决定着对一方当事人到底是货运代理还是无船承运人的认定，最终决定着双方法律责任的分配和权利义务的分担。这一现象即是困扰海事审判的货运代理与无船承运人的身份识别问题。

法官在审判作业中判定某一合同的一方主体是货运代理还是无船承运人时，不能以该主体已经取得的经营资格为依据，如不能因为该主体是货运代理就认定它在某一合同中只能以货运代理的身份行事，而不能或不可能以其他身份进行业务交往。事实上，法官在审判业务中，首先是根据合同内容认定合同的性质，然后依据合同性质鉴别当事人的身份，而不是进行相反操作，即不是凭借合同当事人官方认可的身份来认定合同的性质。一审、二审法院对中成广州分公司身份的识别是准确的，其判决极具典型意义，值得类似案件参考和借鉴。

三、关于国际海上货物运输风险转移问题

在国际海上货物运输中，货物毁损灭失的风险何时转移，涉及货损的负担以及保险利益有无等诸多问题。本案一审、二审法院对此问题的判决完全不同，值得探究。

广州国际出具的货物发票载明 CIF 价格条件。根据国际商会的解释，在 CIF 价格条件下，若货物在运输途中因不可归责于买卖双方的原因而毁损，则该风险在货物越过装货港船舷时由卖方转移到了买方。风险的转移与买方是否支付货款、卖方是否收到货款没有关系，即只要风险已经转移，即便货物在运输途中毁损，买方仍有支付货款的义务，而不论货物毁损时所有权是否已经转移到买方。这一基本原则在 1980 年《联合国国际货物销售合同公约》中亦有体现，其第 66 条规定："如果货物在风险转移给买方后发生毁损或灭失，买方支付货款的义务并不因此而解除，除非这种毁损或灭失是由于卖方的行为或不行为造成的。"

一审判决正是基于 CIF 价格条件关于货物风险转移的规定，判定托运人广州国际在货物于起运港越过船舷后不承担货物毁损的风险。而二审法院则从广州国际未收到货款，且实际委托相关单位在目的地对货物进行修理并支付了修理费的事实出发，认为在没有相反证据的情况下，应认定广州国际承担了运输途中货物受损的损失。一审、二审法院的分歧在于：是以买卖合同中 CIF 价格条件对货物风险的约定为据，还是以实际承担货物损失的事实为准。我们知道，合同在履行过程中，可以通过双方的合意而修改合同约定，亦可以通过双方的行为来变更合同约定。广州国际实际支付了货物修理的费用，这可以看作是以行为方式变更了 CIF 关于货物风险转移的规定，即广州国际承担了货物到达目的港卸货为止的运输风险。对于中成广州分公司代理人在二审中的担心，即"在国际贸易中，买方在货损后不懂得专业设备的维修，找卖方修理是常见的做法，广州国际代为承担相关的检验、修理等费用，最大的可能性就是与买方存在代为修复的协议，广州国际代为支付的费用最终由买方承担"，二审判决谨慎地指出，这"涉及买卖双方对利益的某种安排，可以由买卖双方另行解决"。二审判决从广州国际承担了货损修理费用

的事实出发,隐含地认为买卖合同双方修改了合同条款,从而认定广州国际遭受了损失,并根据广州国际与中成广州分公司的货运代理合同关于"在运输期间发生货损时,由中成广州分公司向广州国际赔偿损失"的约定,判定中成广州分公司应对代位求偿权的行使人即原告广东人保承担赔偿责任。应该说,二审判决更合理、更公平,因而更公正。

(倪学伟)

中远集装箱运输有限公司
诉理查德二世航运有限公司
海上货物运输合同纠纷案

——船舶共享协议模式下实际承运人的识别及其责任认定

【提要】

近年来，为了应对航运经济持续低迷的发展态势，航运公司采取了整合资源、优化航线等举措予以应对，出现了舱位共享、舱位租用等船舶共享协议运输方式，导致在法律关系上对实际承运人的识别和责任承担产生了新的争议。本案对船舶共享协议模式下实际承运人的识别及其责任的司法认定提出了明确观点，应坚持实际从事运输的标准认定。承运人按照法律规定对托运人承担连带赔偿责任后有权对实际承运人进行追偿。

【关键词】

承运人　实际承运人　船舶共享协议　追偿　连带责任

【基本案情】

原告（被上诉人）：中远集装箱运输有限公司（以下简称"中远公司"）。

被告（上诉人）：理查德二世航运有限公司（Richard Ⅱ Navigation Ltd.）（以下简称"理查德公司"）。

原告中远公司诉称：理查德公司作为实际承运人承运涉案货物，且涉案货物在其掌管期间落海丢失，应当对涉案集装箱落海丢失所引起的损失承担赔偿责任。中远公司作为承运人，在赔偿收货人的保险人后，有权根据海商法的规定向理查德公司追偿。请求判令：1. 理查德公司赔偿中远公司经济损失人民币 901,038 元及相应利息；2. 由理查德公司负担本案诉讼费用。

被告理查德公司辩称如下。1. 理查德公司并非实际承运人。没有证据显示中远公司与理查德公司之间存在转委托关系。中远公司根据其与意大利航运公司之间的船舶共享协议，是将货物装载在自己租用的舱位上运输。即便中远公司与理查德公司之间以意大利航运公司为中间环节存在转委托关系，理查德公司接受的转委托事项为船舶或者船舶部分舱位的租用，并非货物的运输。在涉案货损发生时，理查德公司实际履行的是其与意大利航运公司签订的定期租船合同，理查德公司作为出租人不具有实际承运人的地位。2. 即便理查德公司具有实际承运人的地位，也不意味着中远公司作为承运人有权向理查德公司追偿，两方之间需要彼此之间的合同约定或者侵权责任的规定来决定最终赔偿责任的归属。3. 理查德公司对本案货损没有任何过失。如果事故由于恶劣天气所致，则不能归因于理查德公司；如果事故由于货物的不当积载所致，则应由中远公司自己承担。根据理查德公司和意大利航运公司之间的期租合同第8条、第30条，以及协会间组约土产交易格式协议第（8）条的规定，因装货和积载引起的货损由意大利航运公司负责。根据中远公司与意大利航运公司之间的船舶共享协议中关于"运营协议"的补充约定，货物积载工作和责任由中远公司自行承担。4. 中远公司请求的律师费并非必然发生的费用，向理查德公司主张该损失没有法律依据。请求法院驳回中远公司诉讼请求。

广州海事法院经审理查明：2010年12月7日，重庆力帆实业（集团）进出口有限公司（以下简称"力帆公司"）与买方英孚工贸公司签订外销合同，由力帆公司出售给英孚工贸公司1,872套摩托车散件。

力帆公司委托中远公司将装有该批货物的9个集装箱从江门港运往巴拉圭亚松森，中远公司于2011年1月19日签发编号为COSU6060703780的全程提单，提单记载：托运人为力帆公司，承运人为中远公司，收货人为英孚工贸公司，装货港中国江门，卸货港乌拉圭蒙得维的亚，交货地巴拉圭亚松森，货物为TL125-5型摩托车配件，共3,805包，共9个集装箱，整箱交接，堆场至堆场，船名"Xie Hang 258"轮。2011年1月21日，"Xie Hang 258"轮抵达香港。2月3日，涉案货物由理查德公司所有的"意悦"轮承运。

2011年2月26日，"意悦"轮在从新加坡开往巴西途中遭遇大风，其装载的编号为CBHU8756927、CBHU8584371两个集装箱落海，箱内全部货物灭失。编号为CBHU8756927的集装箱内货物为477包，编号为CBHU8584371的集装箱内货物为416包。

2012年4月19日，中国太平洋保险股份有限公司重庆分公司（以下简称"重庆太保"）作为涉案货物运输的保险人赔偿收货人英孚工贸公司后，向上海海事法院起诉中远公司，请求判令中远公司赔偿经济损失146,944.96美元。2013年4月16日，上海海事法院作出（2012）沪海法商初字第1482

号民事判决书,认定货损金额为416套摩托车散件的FOB价值144,751.36美元,判决中远公司赔偿重庆太保144,751.36美元并负担受理费13,848.14元,该判决书于2013年5月生效。2013年4月28日,中远公司与重庆太保达成和解,约定由中远公司赔付重庆太保807,248元,中远公司于2013年6月20日支付上述款项。

理查德公司是"意悦"轮的船舶所有人。理查德公司提供了经公证认证的期租合同及附录、船舶转让协议书,以证明涉案运输为理查德公司履行与意大利航运公司签订的定期租船合同,认定理查德公司与意大利航运公司在涉案事故发生时存在定期租船合同关系。

【裁判理由及结论】

广州海事法院经审理认为:本案是海上货物运输合同纠纷。中远公司作为承运人,在货损发生后,赔付依法代位求偿的保险人,而主张理查德公司为涉案货物的实际承运人并行使追偿权引起本案纠纷。

本案货物运输是从中国江门至巴拉圭亚松森,本案具有涉外因素。中华人民共和国法律没有对承运人和实际承运人之间的涉外民事关系法律适用作出规定,而中远公司住所地、本案运输的始发地均位于中华人民共和国领域内,中华人民共和国法律为与该涉外民事关系有最密切联系的法律。根据《中华人民共和国涉外民事法律关系适用法》第二条第二款的规定,本案应适用中华人民共和国法律处理。

本案的争议焦点是:1. 理查德公司是否接受转委托承运本案货物;2. 理查德公司作为船舶所有人是否负承运人的责任。

第一,关于理查德公司是否接受转委托承运本案货物。本案事实表明,理查德公司系实际运输涉案货物的"意悦"轮的船东,结合中远公司与意大利航运公司存在船舶共享协议、意大利航运公司与理查德公司存在定期租船合同关系的事实,应认定中远公司通过意大利航运公司转委托理查德公司运输涉案货物。

第二,关于理查德公司作为船舶所有人是否负承运人的责任。理查德公司在本案中的法律地位符合《中华人民共和国海商法》第四十二条第(二)项关于实际承运人的定义,应认定理查德公司为本案货物运输的实际承运人。理查德公司辩称,在涉案货损事故发生时,理查德公司履行的是其与意大利航运公司之间的定期租船合同,作为定期租船合同出租人的理查德公司不具有实际承运人的地位。理查德公司与意大利航运公司之间的定期租船合同系其与案外人之间的法律关系，并非其与中远公司的法律关系，而且，理查德公司系其与意大利航运公司之间的定期租船合同的出租人，船员由理查德公司配备，船舶亦由理查德公司操纵，货物亦在其掌管之下由香港运往目的地，因此对理查德公司的主张不予采纳。根据《中华人民共和国海商法》第四十六条、第五十一条第一款规定，本案货物在承运人的责任期间内发生了损坏，虽然恶劣天气是导致涉案货物损坏的原因之一，但理查德公司并未举证证明该恶劣天气系导致货损的直接原因，也未举证证明该恶劣天气构成"天灾"或者"海上或者其他可航水域的危险或者意外事故"，因此本案货损原因不构成承运人可免责的条件。《中华人民共和国海商法》第六十一条规定："本章对承运人责任的规定，适用于实际承运人。"中远公司作为涉案货物全程运输的承运人，对托运人负有妥善、谨慎地装载、搬移、运输、照料所运货物，并在目的港向收货人交付完好货物的义务，理查德公司作为涉案货物从香港至目的港之间部分运输的实际承运人，在其运输期间，负有与承运人相同的义务。涉案货物在理查德公司负责运输的途中发生损坏，且不构成承运人可免责的条件，中远公司与理查德公司均负有对托运人或收货人的赔偿责任。《中华人民共和国海商法》第六十三条规定："承运人与实际承运人都负有赔偿责任的，应当在此项责任范围内负连带责任。"故中远公司与理查德公司对本案货物损失对托运人或收货人负连带责任。《中华人民共和国海商法》第六十五条规定："本法第六十条至第六十四条的规定，不影响承运人和实际承运人之间相互追偿。"因此，承运人和实际承运人之间存在法定的追偿关系。理查德公司系本案从香港运至目的港部分运输的实际承运人，涉案货物在其实际占有、管理和运输过程中灭失，不属于可免责的范围，其对该损失负有直接的、终局的责任。中远公司作为承运人，未实际操纵船舶和管理货物，不存在管货过失，其根据《中华人民共和国海商法》第六十三条的规定对理查德公司的行为向货物运输合同的相对方承担赔偿责任后，有权依照《中华人民共和国海商法》第六十五条规定向负有责任的理查德公司追偿。因此，理查德公司应向中远公司承担赔偿责任。至于理查德公司辩称根据理查德公司和意大利航运公司之间的期租合同第8条、第30条的约定，以及协会间纽约土产交易格式协议的约定，理查德公司对因装货和积载引起的货损不负赔偿责任的主张，系其与案外人之间的法律关系，并非中远公司与理查德公司之间的约定，故不予采纳。

理查德公司是本案货物运输的实际承运人，涉案货物在其实际占有、管理和运输过程中灭失，不属于可免责的范围，其对该损失负有直接的、终局的赔偿责任。中远公司作为承运人，未实际操纵船舶和管理货物，不存在直接的管货过失，其对理查德公司的行为向货物运输合同的相对方承担赔偿责任后，有权向负有责任的理查德公司追偿。因此，理查德公司应向中远公司承担赔偿责任。

广州海事法院依照《中华人民共和国海商法》第四十六条、第六十一条、第六十三条、第六十五条的规定判决理查德公司赔偿中远公司货物损失人民币807,248元，以及从2013年6月20日起至实际付清之日按照中国人民银行同期一年期贷款基准利率计算的利息，并驳回中远公司的其他诉讼请求。

一审宣判后，理查德公司不服原审判决，向广东省高级人民法院上诉称：《中华人民共和国海商法》第六十五条并不当然赋予中远公司追偿的权利，承运人与实际承运人之间最终的责任承担取决于两者之间的法律关系，以及中远公司的请求权基础。中远公司与意大利航运公司存在船舶共享协议，理查德公司与意大利航运公司存在定期租船合同关系。中远公司如提起合同之诉，应向意大利航运公司索赔。中远公司与理查德公司不存在侵权关系。本案货损是由于恶劣天气所致，承运人依法无须承担赔偿责任。即使不构成不可抗力，也是货物的系固存在过失。根据期租合同的约定，因系固引起的货物损失由承租方意大利航运公司负责；根据中远公司与意大利航运公司之间的船舶共享协议的约定，因系固造成的损失由中远公司承担，所以中远公司无权索赔。

被上诉人中远公司辩称：本案是海上货物运输合同纠纷，理查德公司应承担最终的赔偿责任。理查德公司承担本案货物运输的管货义务。一审判决认定事实清楚，适用法律正确，请求依法予以维持。

广东省高级人民法院经审理，确认一审法院认定的事实和证据。

广东省高级人民法院经审理认为：本案为追偿权纠纷。中远公司系涉案货物运输的承运人，在货损事故发生后，赔付了依法代为求偿的保险人，以理查德公司为实际承运人为由，对其提起追偿之诉，故本案为追偿权纠纷。一审判决认定本案为合同纠纷不当，予以纠正。根据双方的上诉及答辩意见，二审争议焦点如下：1. 理查德公司是否为实际承运人；2. 中远公司是否有权直接向理查德公司追偿涉案货损；3. 理查德公司是否应承担中远公司的损失。

第一，涉案货物运输由力帆公司委托中远公司进行；中远公司签发了全程提单，并在香港将货物交由"意悦"轮承运至巴西；理查德公司系"意悦"轮的船舶所有人和定期租船合同出租人，船员由其配备和管理，船舶亦由其控制，故理查德公司为接受转委托而实际履行涉案货物运输任务的人，是实际承运人。

第二，《中华人民共和国海商法》第六十五条规定是在承运人与实际承运人责任的基础上，对二者之间的相互追偿作出规定。在具体纠纷中，承运人与实际承运人对外赔付后，可以依据其内部法律关系进行追偿。追偿责任依据双方之间的法律关系及权利义务确定。仅根据《中华人民共和国海商法》第六十五条规定尚不足以得出承运人与实际承运人之间可以直接相互追偿的结论。但根据《中华人民共和国民法通则》第八十七条的规定，承运人或实际承运人对外赔付之后，可以向对货损负有责任的乙方进行追偿，追偿以双方的合同关系为依据，没有合同关系的，应考量各自的主观过错及其行为对损害结果发生的原因力，进行确定各自对损害应承担的责任份额。

第三，理查德公司主张涉案货损系天灾所致，但未能证明"意悦"轮遭遇的海况构成不能预见、不能避免、不能克服之天灾，且其已尽管货义务，应承担举证不能的责任。理查德公司另主张集装箱装载不当是造成本案货损的原因，理查德公司对此并无过错，不承担责任。在追偿关系中，理查德公司可以根据装载义务的实际归属和履行情况对中远公司进行抗辩。根据理查德公司与意大利航运公司签订的定期租船合同以及协会间纽约土产交易格式协议的约定，以及中远公司与意大利航运公司之间船舶共享协议的约定，中远公司为货物装载、绑扎责任的实际承担者，如涉案货损系因绑扎不当所致，理查德公司可以行使该抗辩权。但理查德公司未提供证据证明集装箱存在装载、绑扎不当的问题，以及涉案货损系集装箱装载不当所引起。并且，即使装载确有不当，也不能免除实际承运人对货物所负有的妥善、谨慎保管和照料的义务，理查德公司亦未提供证据证明其已经尽到以上义务。理查德公司作为涉案事故的最终责任方，应赔偿中远公司因涉案事故而遭受的损失。

综上所述，理查德公司的上诉请求不能成立，应予驳回；一审判决认定事实基本清楚，适用法律基本正确，处理结果基本恰当，予以维持。依照《中华人民共和国民事诉讼法》第一百七十条第一款第一项的规定，判决驳回上诉，维持原判。

【典型意义】

一、船舶共享协议运输方式下实际承运人的识别问题

近年来，为了应对航运经济持续低迷的发展态势，航运公司采取了整合

资源、优化航线等举措予以应对，出现了航运公司之间舱位共享、租用集装箱舱位等船舶共享协议运输方式。例如，甲公司开辟了A地至B地的航线，但是船舶的货舱常常出现空置，仍有富余的运力；乙公司正好有长期的从A地运输货物至B地的实际需要，乙公司不必另行开辟专门的航线，而可以与甲公司签订集装箱舱位共享协议，或者舱位租用协议来运输货物。在新的运输模式下，仍应根据《中华人民共和国海商法》（以下简称《海商法》）对实际承运人的定义，以及实际承运人的特征来识别。《海商法》第四十二条第二款规定，实际承运人是指接受承运人委托，从事货物运输或者部分运输的人，包括接受转委托从事此项运输的其他人。笔者认为，所谓实际承运人，"实际"二字系其本质特征，明确了实际承运人系指在运输链条最后一端，亲自处理运输事务的主体。本案中，中远公司与意大利航运公司之间存在舱位共享协议（船舶共享协议），而意大利航运公司又期租了理查德公司的船舶完成运输。理查德公司系船舶所有人和定期租船合同出租人，船员由其配备和管理，船舶由其控制，是实际从事运输的人。理查德公司在运输中的作用和地位符合《海商法》关于实际承运人的定义，故一审、二审法院均认定其是本案货运的实际承运人。理查德公司在一审中关于本案存在船舶共享协议，所以中远公司是将货物装载在自己租用舱位上运输，应责任自负的抗辩主张，显然混淆了承运人与实际承运人的概念，因而未得到法院支持。此外，虽然中远公司通过共享协议委托意大利航运公司运输货物，但意大利航运公司期租了理查德公司的船舶来完成涉案运输，意大利航运公司仅应视为中间运输环节出现的转委托人，其因不符合实际从事并完成运输的法律特征，而不能识别为实际承运人。

二、承运人与实际承运人之间的法律关系

单从《海商法》第四十二条第二款规定看，承运人与实际承运人之间是"委托"和"转委托"关系，但值得注意的是，该处的"委托"和"转委托"并非合同法委托合同章规范意义上的委托和转委托，而是泛指实际承运人介入到海上货物运输的方式，包括连环运输合同、层层转委托的情况。故承运人与实际承运人之间的关系不适用合同法来调整，而应适用《海商法》的相关规定。根据《海商法》第六十三条的规定，承运人与实际承运人都负有赔偿责任的，应当在此项责任范围内负连带责任。从外部关系上，是指承运人与实际承运人向货方负连带赔偿责任。从内部关系上讲，承运人与实际承运人之间存在合同的，系合同关系。如果没有合同，则应根据《海商法》第六十五条的规定，结合双方的责任，来判定其中一方向货方承担赔偿责任之后，对另一方的追偿权是否成立。

需要引起注意的是，承运人与实际承运人之间的连带责任关系，不同于不真正连带债务关系。众所周知，航运市场的一个显著特征是就交易的连续性，贸易合同、运输合同、保险合同一环扣一环，法律关系错综复杂，不真正连带债务关系是比较常见的一种情形。例如，当托运人 A 向承运人 B 承运一批货物，同时向保险人 C 购买了货物运输保险。当货损发生以后，A 既可以以运输合同为由起诉 B，也可以以保险合同为由起诉 C。如果 A 选择保险合同关系解决货损纠纷，C 赔偿 A 之后，可以向 B 进行追偿，B 才是本案纠纷的终局责任人。B 与 C 之间就是一种不真正连带债务关系。台湾学者史尚宽认为，所谓不真正连带债务，谓数债务人基于不同之发生原因，对于债权人负以同一之给付为标的之数个债务，依一债务人之完全履行，他债务因目的之达到而消灭。表面上看，承运人与实际承运人之间的连带责任关系，与不真正连带债务之间很相似。例如，债务人都是多数，所有债务人都负有全部给付义务，责任因债务人之一的履行而消灭。但仔细分析，还是不难发现二者之间的差别。一是是否有法律的规定。一般而言，判令两责任人承担连带责任须有法律的明确规定，如共同侵权行为人之间的责任。承运人与实际承运人之间的连带责任关系则来自海商法的明确规定，承运人与实际承运人都负有赔偿责任的，应当在此项责任范围内负连带责任，明确连带责任的前提是二者均对托运人负有赔偿责任。但不真正连带债务则没有法律明确规定，其发生原因不同，但每个原因均足以单独导致损害结果发生。二是追偿权不同。连带责任人承担责任之后，须在连带责任人之间根据其内部关系进行责任分担和份额追偿，承运人与实际承运人之间的追偿关系将在本案例典型意义第三项详述。而不真正连带债务之间不存在责任份额的区分，当存在终局责任人的时候，非终局责任人的追偿权是完整的，不用区分份额的。三是债权人债务免除效力不同。对于不真正连带债务，债权人放弃对其中一方的责任追究，并不意味着对另一方债务的免除。而在连带责任中，因为涉及内部追偿的问题，如果债权人免除了部分债务人的债务，则其他债务人在免除的范围内产生免责的法律效果。

三、承运人与实际承运人之间的追偿关系

一种观点认为，承运人与实际承运人的连带责任不存在内部分担关系，即使发生追偿也非基于分担关系，而是基于对合同终局责任的承担。当货物在实际承运人掌管之下发生损失时，承运人赔付后，可以实际承运人承担终局责任为由，进行内部追偿。如果实际承运人履行了赔付义务，通常情况下，承运人不存在管货过失，自然就不存在内部追偿的法律关系。故通常是承运人向实际承运人追偿，该追偿关系具有一定的单向性。另一种观点认为，《海商法》第六十五条是在承运人与实际承运人的责任基础上对二者相互之间的追偿作出规定，应该结合具体纠纷中二者的内部法律关系行使追偿权，根据《中华人民共和国民法通则》第八十七条的规定，连带之债的债务人对外偿付后，有权向其他负有责任的连带义务人要求偿付其份额。承运人或实际承运人对外赔付之后，可以向对货损负有责任的一方进行追偿。追偿以双方的合同关系为依据，没有合同关系的，应考量各自的主观过错及其行为对损害结果发生的原因力，进行确定各自对损害应承担的责任份额。本案中，二审虽然维持原判，但二审法院采纳的观点和理由与一审法院迥异。一审法院采纳了第一种观点，根据《海商法》第六十五条的规定，结合实际承运人对货损赔偿责任的终局性特点，判决中远公司胜诉。而二审法院采纳了第二种观点，对承运人的追偿权进行了更加深入的分析，赋予了实际承运人针对承运人追偿之诉的抗辩权。由于理查德公司未举证证明抗辩权的成立，故判决理查德公司败诉。两种观点之间的差异值得深思，笔者认为，虽然《海商法》规定了承运人与实际承运人之间的追偿关系，但承运人与实际承运人之间仍然是平等的民事主体，法律并未禁止双方通过合同来调整其内部权利义务关系，故如果二者之间是存在合同的，应优先以双方的合同约定来考量。二审法院的观点更加全面，更加符合承运人与实际承运人之间的法律关系特征，故更有可取性，对今后类似案件处理具有参考价值。

（罗春）

中国人民财产保险股份有限公司泉州市分公司诉广州港股份有限公司等港口作业纠纷案
——台风是否构成不可抗力的认定标准

【提要】

根据民法总则和合同法对不可抗力的定义,台风是否构成不可抗力,应从不能预见、不能避免并不能克服来进行考量。预见性不仅与技术水平相关,也往往因人而异,应当以一般人在事件发生时的预见能力为标准,判断某种现象是否可以预见。不可避免和不能克服,表明事件的发生和事件所造成的损害具有必然性,已经超出了当事人的控制能力范围。至于某种事件是否属于不能避免并不能克服的情况,需要依据具体情况来具体认定。在现有技术无法准确预报台风带来的风、雨、浪、潮产生的叠加效果以及潮水最高水位可能超过码头高度的情况下,港口经营人在台风来临前和台风过境后充分履行了准备和善后等管货义务,不承担货损的赔偿责任。

【关键词】

港口 码头 集装箱 台风 不可抗力 原因力

【基本案情】

原告:中国人民财产保险股份有限公司泉州市分公司(以下简称"人保泉州公司")。

被告:广州港股份有限公司(以下简称"广州港公司")。

被告:广州港股份有限公司南沙集装箱码头分公司(以下简称"广州港南沙分公司")。

原告人保泉州公司诉称:2018年8月,亚太森博(山东)浆纸有限公司(以下简称"森博山东公司")委托泉州安通物流有限公司(以下简称"安通公司")运输货物。安通公司作为承运人签发了运单,并将货物由日照经南沙港中转运往新会亚太,安通公司作为被保险人向原告投保了水路货物运输险。8月31日,安通公司运输货物抵达南沙港,货物被卸至被告广州港南沙分公司堆场中转、等待安排下一程运输的过程中，由于堆场水淹导致货损。事故后，安通公司向原告申请保险理赔，原告经公估现场勘验和评估定损，最终向安通公司支付了保险赔款142,622.61元。根据安通公司与被告广州港公司签订的内贸班轮港口作业协议第六条的约定，货物堆存在被告广州港公司的港区期间，被告广州港公司应负责箱体、货物的保管工作，因被告广州港公司造成的集装箱及其货物灭失、毁损，被告广州港公司应负赔偿责任。2017年台风"天鸽"登陆广东后，南沙码头堆场发生大量货物湿损。因此，台风"山竹"可能造成的货损并非不可预见，两被告应及时发现码头排水设计缺陷并积极改造。而被告广州港南沙分公司作为货物在南沙港码头堆存期间的实际管理者，未对货物进行妥善安置造成货损，也应对货损承担赔偿责任。而且被告广州港南沙分公司作为被告广州港公司设立的分支机构，根据《中华人民共和国公司法》第十四条的规定，被告广州港南沙分公司的民事责任应由被告广州港公司承担。故请求法院判令：两被告赔偿原告损失142,622.61元及其自2019年4月11日起至两被告实际赔付之日止按中国人民银行公布的同期贷款利率计算的利息，并承担本案的诉讼费用。

被告广州港公司和广州港南沙分公司共同辩称：广州港公司与安通公司之间约定因不可抗力原因造成的货物损失，两被告无须承担责任；2.货物受损是受台风"山竹"影响出现的暴雨及风暴潮增水，进而发生海水倒灌造成的，符合不可抗力的构成要件；3.广州港南沙分公司已履行了合理谨慎的管货义务，不应对货物的损失承担责任；4.安通公司对受水浸货物的处理滞后，造成货损进一步扩大，即使两被告应当承担责任，原告的证据不足以证明两被告在其责任范围内应承担的损失部分。

广州海事法院经审理查明：森博山东公司与安通公司之间签订了内贸集装箱海运合同，双方就森博山东公司委托安通公司进行集装箱整箱货物运输事项达成协议，合同有效期为2018年1月1日至12月31日。安通公司与广州港公司之间签订了内贸班轮港口作业协议，约定广州港公司安排安通公司集装箱班轮航线在广州港南沙分公司码头靠泊作业，广州港南沙分公司受安通公司委托进行集装箱船舶的停靠、装卸、堆存及其他作业；由于广州港南沙分公司责任造成的集装箱及其货物灭失，广州港南沙分公司应负赔偿；因天灾等不可抗力引起的船舶、货物的灭失、损坏、错发或者短少，广州港南沙分公司不负任何责任；协议有效期为2018年1月1日起至12月31日止。森博山东公司与中国太平洋财产保险股份有限公司日照中心支公司（以下简称"太保日照公司"）之间签订了海洋货物预约保险合同，被保险人为森博山东公司及其合作伙伴、分支机构、子公司和关联公司；绝对免赔额为2,000元或损失金额的10%，二者以高者为准；保险期限为2018年1月1日起至12月31日止。

2018年6月27日和7月26日，森博山东公司与森博广东公司签订两份销售合同，约定森博广东公司以每吨5,670元和5,765元的单价从森博山东公司购买36,000吨和31,000吨漂白阔叶浆，运输方式为海运集装箱，允许分批装运，交提货地点为新会工厂码头。2018年8月，森博山东公司委托安通公司运输上述森博广东公司购买的部分货物共计3,836.641吨，分别装入155个集装箱内。安通公司接受委托后作为承运人签发了6份水路集装箱货物运单，运单载明：发货方为森博山东公司，收货方为森博广东公司，装货港为日照，中转港为南沙，目的港为新会亚太，船名航次为"仁建19-1834"，二程船名为"一洋602-180905A"或"粤华迅38-180906A"，开航时间8月23日。安通公司就上述货物运输向人保泉州公司投保国内水路货运保险综合保险。人保泉州公司于2018年8月23日签发的国内货物运输保险单载明：投保人和被保险人均为安通公司，保险标的名称为煤炭等，运输工具为"仁建19-1834"，起运地为日照，目的地为贵港等，起运时间为2018年8月23日，总保险金额为6,200.50万元。

2018年8月23日，货物在日照装船。8月31日，货物运抵南沙港，被卸载在广州港南沙分公司的南沙港三期码头堆场等待中转。

2018年9月13日，安通公司向广州港南沙分公司发送电子邮件称："台风天气趋近，请注意我司的柜子堆存，重柜往高堆放，防止浸水的情况发生，避免造成损失。"同日，广州港南沙分公司通过互联网向其客户发送关于防范台风"山竹"的函，要求其客户尽快安排提货。

2018年9月14日，安通公司向广州港南沙分公司发送电子邮件称，"新会—亚太流向的浆板货物怕水，为了避免台风海水倒灌引起货物损失，烦请安排此批货物堆放在二层以上，或者转移到不怕泡水的堆位"，"由于台风强度比较大，附件箱号明细需要协调堆放二层以上，避免造成损失"，并附需要广州港南沙分公司堆放二层以上的集装箱列表。广州港南沙分公司回复称，"由于柜已在场，并且堆场有大量的柜放在一层，根据码头实际作业情况，我司一共只能接受贵司20个柜移到二层以上堆放，请贵司以邮件形式发送贵司认为需要转到二层堆放的20个柜号到我组。另，为将20个堆放在底层的柜移到二层以上，我司大概需要翻倒60个柜，如贵司确认需要移箱，请跟我司业务部确认相关操作费用，我组将在收到我司业务部确认邮件后对贵司要求移箱的柜进行操作"。安通公司未作回复。同日，广州港南沙分公司通过互联网向其客户发送南沙三期防台通知，称9月15日10时截止外线车提空集装箱，16时停止驳船装卸作业，17时开始外线车只还箱不提箱，21时关闭闸口、停止外线车提还箱，南沙港三期全面进入防台状态。随后广州港南沙分公司再次通过互联网向其客户发送南沙三期防台通知（更新），称南沙三期从9月15日9时30分起停止驳船作业。广州港南沙分公司还召开台风"山竹"专项会议，并对集装箱采取了绑扎的防台措施。同日18时，中央气象台网站发布台风橙色预警。

2018年9月15日，国家海洋局南海预报中心发布南海海域预警信息快报，通报称受台风"山竹"影响，预计16日至17日，珠江口近岸海域将出现狂浪过程，预计16日广州市沿岸将出现150厘米至240厘米的风暴增水，广东省将出现一次风暴潮过程，广州市沿岸为严重影响岸段，南沙岸段于9月16日13时至15时出现最高潮位，高出珠江基面2.4米。同日18时，中央气象台网站发布台风红色预警。

2018年9月16日18时，中央气象台网站继续发布台风红色预警。同日，由于南沙港三期码头出现海水倒灌现象，部分货物遭受水浸。

2018年9月17日，广州市水文局发布水情简报通报称，9月16日南沙区南沙站17时50分出现3.19米的高潮位，超历史极值0.06米，超警1.29米。同日14时51分，广州港南沙分公司向安通公司发送电子邮件，称受台风"山竹"影响，水位短时超过码头的设计标高，其间有潮水涌上码头，堆场部分最底层的集装箱可能水浸，要求安通公司在16时30分前回复确定在底层的集装箱是否按计划操作，逾期不回复将按计划操作。同日，广州港南沙分公司还召开台风"山竹"应急抢救工作会议。

2018年9月25日，广州港南沙分公司通过电子邮件向安通公司发送催提通知书，称由于安通公司仍有货物未提离，为防止由此造成货物损失，要求安通公司在9月26日前将货物提离或书面回复处理方案；逾期未回应的，将按原保管方式进行保管。

本案货损发生后，受太保日照公司委托，深圳市万宜麦理伦保险公估有限公司对事故进行了查勘，查明共81个集装箱的货物受损，该公司认为事故原因是台风"山竹"造成南沙码头堆场水淹，导致堆场底层集装箱浸水致使货物受损，认定事故最终损失金额为2,345,453.08元，扣除10%的绝对免赔额234,545.31元后，最终建议理算金额为2,110,907.77元。受人保泉州公司委托，民太安财产保险公估股份有限公司也对受损的81个集装箱货物进行了查勘。该公司认为货物在南沙港码头中转期间,台风"山竹"登陆该地区导致的海水倒灌,致使集装箱底部浸水,集装箱为风雨密封并非水密,海水经集装箱箱门处进入集装箱,最终导致放置在集装箱底层的货物遭受海水浸泡,发生货损;由于该票货物收货人已在其他保险公司投保,并获得货损金额90%的赔偿,将损失金额确定为183,122.60元,理算金额为142,622.60元。庭审中,两被告确认在本案中的货物损失金额为142,622.60元。

2019年4月11日,安通公司向人保泉州公司出具赔付意向及权益转让书,同意142,622.61元为事故最终赔付金额,并表示不再就本次事故向人保泉州公司提出任何形式的索赔;人保泉州公司支付以上金额的赔款后,受损保险标的的相应权利归于人保泉州公司,如保险事故是因第三方对保险标的的损害引起的,人保泉州公司自向安通公司赔偿保险金之日起,在上述赔偿金额范围内依法取得代位求偿权,并可以人保泉州公司或安通公司的名义向责任方追偿。同日,中国人民财产保险股份有限公司福建省分公司向安通公司转账支付了142,622.61元。

另查明:2017年4月,广州港南沙分公司颁布生产安全事故应急预案,该预案包含了防风防汛专项应急预案。11月22日,广东省交通运输厅签发港口工程竣工验收证书,载明广州港南沙港区三期工程竣工验收合格,准予投入使用。

【裁判理由及结论】

广州海事法院根据上述事实和证据认为:原告作为本案货物的保险人,根据其与被保险人安通公司之间的货物运输保险合同的约定向安通公司支付了本案货物损失的保险赔款,根据《中华人民共和国保险法》第六十条第一款"因第三者对保险标的的损害而造成保险事故的,保险人自向被保险人赔偿保险金之日起,在赔偿金额范围内代位行使被保险人对第三者请求赔偿的权利"和《中华人民共和国海事诉讼特别程序法》第九十三条"因第三人造成保险事故,保险人向被保险人支付保险赔偿后,在保险赔偿范围内可以代位行使被保险人对第三人请求赔偿的权利"的规定,原告在保险赔偿范围内取得本案货物损失的代位求偿权,有权依据安通公司与造成本案货物损失的责任人之间的法律关系向货损责任人提出索赔请求。

安通公司与被告广州港公司签订的内贸班轮港口作业协议,是双方的真实意思表示,不违反法律、行政法规的强制性规定,合法有效,双方均应依约履行。安通公司是委托人,被告广州港公司是港口作业受托人,本案的集装箱实际由被告广州港南沙分公司负责作业。该内贸班轮港口作业协议约定，由于被告广州港南沙分公司责任造成的集装箱及其货物灭失，被告广州港南沙分公司应负责赔偿；因天灾等不可抗力引起的船舶、货物的灭失、损坏、错发或者短少，被告广州港南沙分公司不负任何责任。本案争议焦点是台风"山竹"是否构成不可抗力，以及两被告是否保管货物不当。

关于台风"山竹"是否构成不可抗力的问题。根据《中华人民共和国民法总则》第一百八十条第二款的规定，"不可抗力"是指不能预见、不能避免且不能克服的客观情况。依据现有技术水平和一般人的认知而不可能预知为不能预见。对于台风而言，根据现有技术手段，人类虽可能在一定程度上提前预知，但是无法准确、及时预见其发生的确切时间、地点、延续时间、影响范围及程度。虽然在台风"山竹"发生前，气象部门对台风的登陆时间和风力进行了预报，但该台风带来的风、雨、浪、潮产生的叠加效果以及潮水最高水位可能超过码头高度并没有准确的预报。本案中的损害结果正是由于无法准确预见的台风影响范围及影响程度所造成的。原告主张本案码头在2017年台风"天鸽"期间曾发生海水倒灌造成大量货物湿损，台风"山竹"可能造成的货损并非不可预见。但不可抗力造成的损害不排除重复发生的可能，本案码头在2017年台风"天鸽"期间发生海水倒灌属于偶发事件。如果先前已发生的类似偶发事件可以阻却之后发生事件的不可预见性，则不可预见的条件就很难得到满足，不可抗力的制度价值即可能落空。对原告的该项主张，不予支持。不能避免，指当事人尽了最大的努力，仍然不能避免事件的发生；不能克服，指当事人在事件发生后，尽了最大的努力，仍然不能克服事件造成的损害后果；不能避免且不能克服，表明某一事件的发生具有客观必然性。台风"山竹"过境期间南沙区出现3.19米的高潮位，超历史极值0.06米，超警1.29米，出现海水倒灌的现象。台风"山竹"直接带来风、雨、浪、潮等灾害，叠加产生的海水倒灌是引发本案货损的直接原因。本案南沙港三期码头符合国家建设标准。被告广州港南沙分公司制定有防风防汛专项应急预案，在本案台风发生前，被告广州港南沙分公司及时通知了货主、船运公司提货，并采取对堆场内的集装箱进行绑扎加固等措施。防台重在防风，该措施符合港口经营人防台抗台的惯常做法，要求被告广州港南沙分公司额外采取措施防止海水倒灌不符合实际情况。据此，可以认定本案台风引起的水淹实属不能避免和不可克服。综上所述，对于堆存本案货物的被告广州港南沙分公司而言，台风"山竹"符合不可抗力的构成要件，构成不可抗力。

关于两被告是否保管货物不当的问题。根据《中华人民共和国合同法》第一百一十七条的规定，因不可抗力不能履行合同的，根据不可抗力的影响，部分或者全部免除责任，但法律另有规定的除外。本案在认定台风"山竹"作为不可抗力对于货物损失之原因力的基础上，还应认定台风"山竹"对于本案货物损失的影响有多少，或者说在不可抗力因素之外，是否因两被告的过错导致损害结果的扩大。在台风登陆前，被告广州港南沙分公司采取通知货主提货、召开防台会议、部署防台方案等措施，在收到安通公司要求将堆存在一层的集装箱移至二层的邮件后，被告广州港南沙分公司根据实际情况和自身作业能力作出可以翻倒20个集装箱的回复，但安通公司未明确作出指示。将堆存一层的集装箱移至二层以上需要大量的时间，在时间紧迫、防台任务重的情况下，要求被告广州港南沙分公司在进行集装箱绑扎等防台工作的同时，大量翻倒集装箱不符合防台的实际情况。台风过境后，被告广州港南沙分公司召开应急抢救工作会议，及时通知货物受损情况，催促提货。据此，在原告没有提交充分证据证明两被告采取防台措施和减损措施不当的情况下，可以认定两被告已尽到合理谨慎的货物保管义务。

综上所述，本案货损是不可抗力原因造成的，两被告对货损没有过错，依法不承担货损赔偿责任。原告请求两被告连带承担赔偿责任，缺乏事实和法律依据，不予支持。

广州海事法院依照《中华人民共和国民法总则》第一百八十条第二款、《中华人民共和国合同法》第一百一十七条、《中华人民共和国民事诉讼法》第六十四条第一款规定，作出如下判决：驳回原告人保泉州公司的诉讼请求。案件受理费3,152.45元，由人保泉州公司负担。

【典型意义】

本案是较为典型的在台风期间发生货损而引发纠纷的案件。在这类案件中，当事人多以台风构成不可抗力为由主张免责。台风是否构成不可抗力以及责任如何分配，当事人的身份和角色以及是否充分履行义务是一个重要的考量因素。

一、台风是否构成不可抗力的认定标准

关于不可抗力的认定标准，理论上存在不同观点。客观说主张，应以事件的性质及外部特征为标准，凡属于一般人无法防御的重大外来力量，均应认定为不可抗力。主观说认为，应当以当事人的预见力和预防能力为标准，凡属于当事人虽尽最大努力仍不能防止其发生的，应认定为不可抗力。折中说则认为,应当采取主客观相结合的标准,凡属于基于外来因素而发生的、当事人以最大谨慎和最大努力仍不能防止的事件应当认定为不可抗力。①

从《中华人民共和国民法总则》第一百八十二条和《中华人民共和国合同法》第一百一十七条对不可抗力的定义看,"不能预见、不能避免且(并)不能克服的客观情况"的界定,应当认为是采纳了理论上的折中说。在认定不可抗力时,主要应当从以下三个方面考虑。一是不可抗力是不可预见的事件。不可预见是指根据现有的技术水平,一般人对某种事件的发生不可预见,这是从人的主观认识能力上来考虑是否构成不可抗力的。预见性取决于人的预见能力,人的预见能力直接决定预见的可能性和范围。因此,预见性不仅与技术水平相关,也往往因人而异。应当以一般人在事实发生时的预见能力为标准,判断某种现象是否可以预见。二是不可抗力是不可避免、不能克服的事件。不可避免和不能克服,表明事件的发生和事件所造成的损害具有必然性,已经超出了当事人的控制能力范围。至于某种事件是否属于不能避免并不能克服的,需要依据具体情况来具体认定。例如,对于战争、暴乱、罢工等情况,是否属于不可避免、不可克服的不可抗力,应当结合行为人的具体身份情况等作出判断。通常情况下,战争、暴乱、罢工都属于一般人难以避免和克服的情况,但当行为人本身就是战争发起者、暴乱发动者、罢工组织者时,则难以再作出相同认定。三是不可抗力是一种客观情况。不可抗力独立于人的行为之外。因此,第三人行为虽然看起来也属于行为人"不能预见"的范畴,但该行为不具有外在于人的行为的客观性特点,因而不属于不可抗力。

本案中,虽然在台风"山竹"吹袭前,气象部门对其登陆时间和风力进行了预报,但对其带来的风、雨、浪、潮产生的叠加效果以及潮水最高水位可能超过码头高度,根据现有的技术水平,不可能准确预报。本案中的损害结果,正是由于无法准确预见的台风影响范围及影响程度所造成。所以对本案两被告而言,台风"山竹"导致货损是不可预见的。台风"山竹"过境时,直接带来风、雨、浪、潮等灾害,叠加产生海水倒灌,南沙区出现3.19米的高潮位,超历史极值0.06米,超警1.29米。本案码头符合国家建设标准。被告广州港南沙分公司制定有防风防汛专项应急预案,在台风来临前,被告广州港南沙分公司及时通知了货主、船运公司提货,并采取对堆场内的集装箱进行绑扎加固等措施。防台重在防风,该措施符合港口经营人防台抗

---

① 参见王利明《违约责任论》,中国政法大学出版社2003年版,第369～371页。

台的惯常做法，要求被告广州港南沙分公司额外采取措施防止海水倒灌不符合实际情况。所以对本案两被告而言，台风"山竹"导致货损实属不能避免和不可克服。综上所述，如本案两被告所言，台风"山竹"符合不可抗力的构成要件，构成不可抗力。

值得一提的是，即使本案码头在 2017 年也曾遭受过台风"天鸽"引起的海水倒灌，也不能阻却此后发生的本案台风"山竹"导致货损的不可预见性。理由是，本案所涉及的码头本身符合国家建设标准，台风"天鸽"引发海水倒灌也属于偶发事件，这并不必然提高台风"山竹"发生时的技术水平以及被告的预见能力。如果先前已发生的类似偶发事件可以阻却之后发生事件的不可预见性，在本案中对两被告而言，之前发生过一次台风引起的海水倒灌后，以后所有台风引起的海水倒灌都不是不可预见的，如此不可抗力的制度价值即可能落空，这显然是不符合法律规定和立法精神的。

二、台风构成不可抗力时的责任划分

不可抗力作为合同不能履行的免责条件，是各国民法的通常做法。例如，《法国民法典》第 1148 条规定："如债务人系由于不可抗力或事变而不履行其给付或作为的债务，或违反约定从事禁止的行为时，不发生损害赔偿责任。"《德国民法典》第 217 条规定，债务人于债之关系发生后，因不可归责于自己的事由，致给付不能者，免除给付义务。该法典第 285 条还规定，因不可归责于债务人之事由致未为给付者，债务人不负迟延责任。《德国商法典》第 456 条规定："铁路在货物受到损失时，不能因证明自己无过失而免除责任，但如果能证明是由于不可抗力造成时，可以免除责任。"这项制度甚至于可以追溯到罗马法。在罗马法里，不可抗力被称为"偶然事故"。罗马法规定，凡合同标的物因火灾或其他事故而消灭，债务人因而不能履行债务的，可以免除责任。英、美、法国的合同目的落空的免责原则，实际上也包含了因不可抗力致使合同目的落空的免责情形。① 可见，将不可抗力作为不能履行合同义务的免责条件，是一项普遍适用且源远流长的民事法律制度。

就民事责任的承担而言，不可抗力的法理实际上是一种因果关系理论，如果违约或者损害的发生归因于人的行为以外的因素，则违约或者损害事件所涉之人不负民事责任。② 不可抗力的原因力对于民事责任的影响，主要应考虑不可抗力对于损害发生或者扩大的原因力的大小，即不可抗力是唯一的

---

① 参见王利明《合同法研究》（第二卷），中国人民大学出版社 2003 年版，第 463～464 页。
② 参见王家福主编《中国民法学·民法债权》，法律出版社 1991 年版，第 498～499 页。

责任原因还是部分的责任原因。此外，法律的特别规定也是应当考虑的。第一，如果不可抗力是违约或者侵权发生的唯一原因，则"不幸事件只能落在被击中者头上"，所造成的损害一般由受害人自行承受。无论在债权法还是侵权法上，除非法律另有规定，不可抗力作为违约或者侵害发生的唯一原因，其发生的直接法律后果，就是免除违约者和侵权者的民事责任。第二，如果不可抗力是违约或者侵害发生的部分原因，即不可抗力与其他原因结合而共同造成损害，一般而言，应当根据不可抗力和其他原因各自的原因力，确定免除责任的比例。如地震和建筑物质量不合格共同造成损害发生的，有关责任主体应当根据其行为原因力的比例承担相应的损害赔偿责任。第三，在法律有特别规定时，不可抗力不得作为抗辩事由免除行为人的民事责任，不可抗力的原因力所及的那部分损害，仍应当由违约人或者侵害人承担。不可抗力不得作为抗辩事由的例外情形，主要存在于适用无过错责任的违约或者侵权案件中。例如，根据《中华人民共和国邮政法》第四十八条的规定，保价的给据邮件的损失，即使是由不可抗力造成的，邮政企业也不得免除赔偿责任。①

按照以上分析，根据责任原因种类的不同，可以分为以下几种情形考虑台风为不可抗力时如何确定和分担责任的问题。第一，台风是导致合同全部或者部分不能履行的唯一原因，免除全部责任，或者免除部分责任，或者推迟履行。如果台风持续地影响致使合同全部义务的不能履行，责任全部被免除；如果台风导致合同部分不能履行，该部分履行责任和违约责任免除；如果台风只是暂时阻碍合同的履行，可以推迟履行，当事人应当继续履行合同，但免除当事人迟延履行的责任；如果台风并非导致合同主要义务不能履行，只是导致次要义务不能履行，当事人仍应履行主要义务，但免除当事人对次要义务不能履行的违约责任。② 第二，台风和违约行为共同造成合同不能履行或者不能完全履行，应当根据台风和违约行为的原因力确定责任比例。具体而言，台风造成的损失由遭受损失的当事人一方自行承担，其余损失由当事人根据各自行为的原因力承担相应的责任。第三，台风和第三人的行为共同造成合同不能履行或者不能完全履行，应当根据台风和第三人行为的原因力，确定相关的一方当事人免除责任的比例。一方面，根据台风作为不可抗力的抗辩事由，免除债务人对台风所造成损害的赔偿责任；另一方面，根据

---

① 参见梁清《地震作为不可抗力免除民事责任的原因力规则适用》，载《政治与法律》2008年第8期。

② 参见王利明《合同法研究》（第二卷），中国人民大学出版社2003年版，第474～475页。

合同的相对性原则，第三人行为的原因力所及的那部分损失仍由相关的一方当事人向对方当事人承担，再由第三人按照约定或者法律规定向该方当事人承担责任。本案两被告是否应承担责任，应聚焦台风的原因力和两被告违约行为的原因力各自的大小，或者说台风是否为造成货损的唯一原因，两被告是否存在违约行为。本案中，两被告的合同义务是妥善保管货物，附随义务是货物受损后的减损和善后义务。在台风登陆前，被告广州港南沙分公司采取通知货主提货、召开防台会议、部署防台方案等措施；在收到安通公司要求将堆存在一层的集装箱移至二层的邮件后，被告广州港南沙分公司根据实际情况和自身作业能力作出可以翻倒20个集装箱的回复，但安通公司未明确作出指示。将堆存一层的集装箱移至二层以上需要大量的时间，在时间紧迫、防台任务重的情况下，要求被告广州港南沙分公司在进行集装箱绑扎等防台工作的同时，大量翻倒集装箱不符合防台的实际情况。台风过境后，被告广州港南沙分公司召开应急抢救工作会议，及时通知货物受损情况，催促提货。由此可以看出，被告已经在台风前后可以采取措施的时间窗口充分履行了合同的妥善保管货物义务和附随的减损和善后义务，因此本案中两被告不存在违约行为，台风是本案造成货损的唯一原因，因此两被告不应承担货损的赔偿责任。

（王玉飞　吴贵宁　张子豪）

美亚财产保险有限公司广东分公司诉美国总统轮船私人有限公司等海上货物运输合同纠纷案

——承运人主张不可抗力的天灾免责应承担举证责任

【提要】

海上货物运输的承运人因台风造成货物损失后,一般均以台风属于不可抗力的天灾为由主张免责。《中华人民共和国海商法》第五十一条第一款规定的天灾属于不可抗力范畴,是指不能预见、不能避免并且不能克服的自然现象。海上货物运输合同项下货物在港口堆存期间发生灭失或者损坏,承运人主张天灾免责的,应举证证明货物灭失或者损坏是由客观的自然现象所导致,且因该自然现象可能导致的货物灭失或者损坏不能预见、不能避免并且不能克服。

【关键词】

海上货物运输合同　天灾不可抗力　免责事由　举证责任

【基本案情】

原告(被上诉人):美亚财产保险有限公司广东分公司。

被告:美国总统轮船私人有限公司(以下简称"美国总统公司")。

被告:狮威集装箱航运公司(以下简称"狮威公司")。

被告(上诉人):德宝海运有限公司(以下简称"德宝公司")。

广州海事法院经审理查明:2008年9月10日,广州市中德电控有限公司(以下简称"中德公司")与欧司朗电控有限公司(以下简称"欧司朗公司")签订销售合同,约定由欧司朗公司向中德公司出售38,103千克沥青,单价为CIF番禺每千克0.5811美元。9月12日,德宝公司在香港承运该批货物,并签发了编号为TMLHS-080912102的提单。该提单记载的托运人为美国总统公司,收货人为中德公司,收货地和装货港为香港,交货地和卸货港为莲花山，承运船舶为"新运通138"轮，货物为沥青，装载于编号分别为APZU4667198和APZU4756649的40英尺集装箱中。9月13日，上述两个集装箱的货物由"新运通138"轮运抵广州莲花山港，卸入莲花山港码头存放。

广州莲花山港位于中国广州市番禺区莲花山水道。受2008年第14号强台风"黑格比"的影响，广州市番禺区气象台、广东省气象局等于2008年9月23日发出台风警报。国家海洋局南海预报中心自9月22日多次发布风暴潮警报和海浪警报，预报广东省汕尾沿海至雷州半岛沿海将发生80～200厘米的风暴潮增水，其中珠江口至阳江沿岸为严重岸段，沿岸验潮站的最高水位将超过当地防潮警戒水位。9月24日6时45分，强台风"黑格比"在茂名市电白县①陈村镇沿海地区登陆。台风登陆时正值当日天文潮高潮时期，引发严重风暴潮，广州市主要潮位站点都大幅超警戒潮位，珠江口南部沿海南沙、番禺、黄埔等地出现1.8米左右的风暴潮增水。因莲花山港没有设立潮位站，广东省水文局广州分局根据上下游水面线进行推算分析，确定莲花山港在"黑格比"台风登陆时最高潮位为2.71米，超过300年一遇的高潮位2.63米。9月24日，受"黑格比"台风和风暴潮的影响，莲花山港码头发生水溢，江水倒灌进入莲花山港码头，造成堆放在码头底层的包括本案APZU4667198号集装箱在内的部分集装箱被水淹，箱内货物遭受水湿损害。

原告于2008年1月10日向中德公司签发一份编号为EM45800613-2的海运货物年度保险单。该保单载明的被保险人为中德公司，共同被保险人为欧司朗公司，保险期间为2007年10月1日至2008年10月1日，保险航程为从世界各地运往中国，或从中国运往世界各地。

经原告委托，深圳市万宜麦理伦保险公估有限公司于2008年9月25日会同中德公司、中航狮威国际货运代理有限公司（以下简称"中航狮威公司"）、被告德宝公司的代表，在莲花山港对APZU4667198号集装箱进行开箱检验，发现集装箱内货物呈现水湿痕迹，其中6,946千克沥青遭受水湿，后以694.60元被案外人收购。经德宝公司的保险人香港民安保险公司委托，恒际公证行（中国）有限公司于2008年10月17日对APZU4667198号集装箱进行检验，认定货物水渍与海水有关，是由高达20～50厘米的异常高潮漫过并淹没莲花山码头所致。2009年4月30日，原告向中德公司支付该受损货物的保险赔款50,970.73元。

另查明，2008年6月1日，欧司朗公司与中航狮威公司签订一份运输服

---

① 现茂名市电白区。——编者注

务协议，约定：中航狮威公司作为欧司朗公司的货运代理人，负责将货物运至中德公司，中航狮威公司为此收取编号为 OE-800803601 的提单项下海运费人民币 54,382.40 元。该提单复印件抬头为狮威公司，载明的托运人为沥青制造公司，收货人为欧司朗公司，交货代理为中航狮威公司，装货港为加利福尼亚的圣佩德罗，卸货港为莲花山，承运船舶及航次为"美国总统轮船印度"轮第 143 航次，货物为 APZU4667198 号和 APZU4756649 号的两个 40 英尺集装箱装的各 18 件沥青，同时注明电放提单、运费到付。该提单没有签发。

在本案诉讼过程中，原告和三被告均援引中华人民共和国相关法律提出主张和意见。

【裁判理由及结论】

广州海事法院认为：本案是一宗海上货物运输合同纠纷。本案具有涉外或涉港因素，原告和三被告均援引中华人民共和国的相关法律提出主张和意见，应视为本案原、被告均已选择中华人民共和国的法律解决本案纠纷，故本案纠纷应适用中华人民共和国的法律解决。

原告作为本案货物运输的保险人，在向被保险人中德公司赔偿本案货物损失的保险赔款后，有权代位中德公司向责任人提出赔偿请求。中德公司取得了被告德宝公司签发的从香港运输至莲花山港的本案 TMLHS-080912102 号货物运输提单，且依据该提单报关提取了货物，中德公司即依据该提单与承运人德宝公司成立本案货物的海上货物运输合同关系。故原告有权对运输过程中造成的货物损失请求德宝公司赔偿。

中德公司不是 OE-800803601 号未经签发的电放提单下的当事人。原告依法无权依据与被保险人中德公司无关的 OE-800803601 号电放提单所涉及的货物运输合同提出赔偿请求。因此，原告主张被告美国总统公司和狮威公司赔偿本案货物损失的诉讼请求，没有事实和法律依据，不予支持。

本案 APZU4667198 号集装箱装的货物是在承运人德宝公司交付前的码头存放期间发生货物湿损，根据《中华人民共和国海商法》第四十六条规定，显然是在承运人的责任期间发生的损坏。因此，承运人德宝公司是否应对本案货损承担赔偿责任，取决于该货损是否是《中华人民共和国海商法》规定的免责事由造成的。本案事实表明，本案货物损坏是因受"黑格比"台风和风暴潮的影响，江水上涨并倒灌进入莲花山港码头淹没货物所致，三被告因此主张该货损是不可抗力的原因造成的，承运人不应承担赔偿责任。《中华人民共和国海商法》第五十一条第一款对承运人的免责事由作出列举式的规定，与本案有关的是其中第（三）项的规定，即因天灾的原因造成货物灭失或损害的，承运人不负赔偿责任。这里的天灾，属于不可抗力的范畴，是指不能预见、不能避免并不能克服的自然现象。但在本案"黑格比"台风登陆前，气象部门发布了台风警报，海洋部门发布了海浪警报和风暴潮警报，对"黑格比"台风及风暴潮的强度和可能造成的危害程度进行预报，已预报广东省汕尾沿海至雷州半岛沿海将发生80～200厘米的风暴潮增水，其中珠江口至阳江沿岸为严重岸段，沿岸验潮站的最高水位将超过当地防潮警戒水位。新闻媒体亦对此进行了大量报道。作为承运人的德宝公司应该知道"黑格比"台风及风暴潮的强度和可能造成的危害程度，应该预见到莲花山港可能因此发生淹水事故对堆放在底层的本案货物造成损坏，但德宝公司并没有举证证明其采取有效措施来防止或避免本案货损事故的发生，也没有举证证明本案货损事故的发生是不可避免和不能克服的。因此，本案货损虽然是"黑格比"台风及风暴潮造成的，但德宝公司没有提供充分的证据证明该货损的发生是不能预见、不能避免并不能克服的天灾造成的，故三被告关于本案货物损坏是不可抗力造成的主张没有事实依据，本院不予支持。被告德宝公司作为本案货物的承运人，应依照《中华人民共和国海商法》第四十六条的规定，对本案货物损坏造成的损失承担赔偿责任。

本案受损货物经处理得残值人民币694.60元。中德公司购买本案货物的单价为CIF番禺每千克0.5811美元，故本案货物损坏的赔偿额应以6,946千克乘以0.5811美元再减去残值计算为人民币26,853.29元。该货损赔偿金额没有超过原告支付的保险赔偿金额，德宝公司依法应对该货物损失向原告承担赔偿责任，利息从原告支付保险赔款的次日，即2009年5月1日起按照中国人民银行同期人民币流动资金贷款利率计算至本判决确定的支付之日止。

综上所述，广州海事法院判决被告德宝公司赔偿原告人民币26,853.29元及其利息。

上诉人德宝公司不服该判决，向广东省高级人民法院提出上诉。

广东省高级人民法院认为：台风本身属于不可抗力的范畴，即使在气象部门对台风的登陆已作出提前预报的情况下，承运人德宝公司也不可能提前预知台风发生的实际强度和对涉案货物带来的实际影响，且现有证据材料证实"黑格比"台风的实际强度比预报的强度大，故德宝公司上诉认为"有预报不等于有预见"的抗辩意见有一定的道理。但是，本案事实表明，货损发生的原因并不是由台风直接造成的，而是由于受"黑格比"台风和风暴潮的影响，江水上涨并倒灌进入莲花山港码头，淹没堆放在码头底层的集装箱货物所致，而在"黑格比"台风登陆前，气象部门和海洋部门对"黑格比"台风及风暴潮的强度和可能造成的危害程度进行了预报。作为专业的货运公司，在看到预报后应及时采取有效的防护措施避免损失的发生。然而，德宝公司提供的证据表明，其只是在台风发生前召开了一个防台会议，除此之外未见采取其他防御措施。德宝公司称其对台风的强度无法预见，且码头堆放的货物数量巨大，无法在短时间普遍采取搬运或垫高等抢险措施，表明德宝公司在台风发生之时怠于行使妥善保管货物的法定义务，主观上存在一定的过错，也说明本案货损并不是不可避免和不可克服的。德宝公司关于本案货损是不可抗力造成的上诉理由不能成立，其应当承担本案货损的赔偿责任。综上所述，原审判决认定事实清楚，适用法律正确。判决驳回上诉，维持原判。

【典型意义】

本案是广州海事法院审理天灾免责事由时间较早、影响较大的案件。该案的判决，对广州海事法院乃至全国海事法院同类案件的裁判产生了深刻影响，一直被作为同类案件裁判思路的参考案件。本案争议主要集中在承运人德宝公司能否以强台风为天灾为由对港口堆存货物的损失免责。本案一审、二审法院对该争议焦点均进行了充分说理。

第一，确定天灾属于不可抗力范畴。依据《中华人民共和国海商法》第五十一条第一款规定，在责任期间货物发生的灭失或者损害是由于天灾造成的，承运人不负赔偿责任。但我国相关法律并未对天灾给出明确定义。本案一审、二审法院均认为天灾属于不可抗力范畴，这与我国海商法理论界的主流观点一致。① 我国法律规定的不可抗力是指不能预见、不能避免并不能克服的客观情况。② 因此，从民法的意义上讲，"天灾"应指对其发生和后果不能预见、不能避免并且不能克服的自然现象，如海啸、地震、雷击和冰冻等，不包含人为因素。

第二，判断是否构成天灾免责，应采取严格的标准。法律对不可抗力关于"不能预见、不能避免并不能克服"的认定标准是很抽象的，同一事件不同的标准可能得出完全相反的结论。理论上的客观说、主观说、折中说均希望通过各种限定尽量将标准统一起来，但无论何种理论，均无法改变"一千

---

① 参见司玉琢《海商法专论》（第二版），中国人民大学出版社，2010年版，第90页。
② 《中华人民共和国民法通则》《中华人民共和国合同法》和2021年1月1日起生效的《中华人民共和国民法典》均规定，不可抗力是指不能预见、不能避免并不能克服的客观情况。

个人眼中有一千个哈姆雷特"的状况。美国对不可抗力,特别是不可预见性的要求十分严格。很多著名判例认定冬季横渡大西洋发生货损,10～11级大风也不能算是不可预见,承运人不能主张海难免责。加拿大法院与美国法院的判法很接近,在1987年的Kruger案中,一艘船舶在大西洋航行中遇12级风、18米高巨浪沉没。专家证明该海域过去十年中出现过三次12级风浪,加拿大联邦法院的法官认定,"该等12级风绝非不寻常,北大西洋的狂风暴雨是出名的,而海员对此种频繁出现的风暴是熟知的。鉴于该风暴在该年预定的越洋航程中是可以预见的即可以防避的事故,驳回承运人海上危险的抗辩"。澳大利亚法院则采用更为宽松的标准,其在Gamlen案中认为"可以合理地预见并加以防范的海洋天气条件可以构成海难",此后的高达利亚高等法院在1998年10月22日对大中国五金工业公司诉马来西亚国际运输公司案中,从《海牙规则》的发展历史出发,认为即使已被合理预见或预报的天气状况也可能构成海难。① 国际上对不可抗力的认定标准不一,其中一个重要原因就是司法政策导向的选择问题。如澳大利亚采用宽松的标准,是站在澳大利亚是货物出口大国的基础上,为了保护本国货主而选择的。现在我国货物进出口业务、海上运输业务均蓬勃发展,无法像澳大利亚那样选择重点保护某一方,而且这种带沙文主义倾向的价值选择也不是我国司法所追求的价值取向。但我们由此应看到司法政策导向的作用,如果认定不可抗力的标准过于宽松,可能导致的结果是港口、承运人等在遇到强台风等类似情况时,因可能以不可抗力为由免责而放弃可能避免货物或其他财产损失的各种努力,怠于行使本该履行的义务,这将对整个航运市场产生消极影响。故本案对不可抗力的认定采用相对严格的标准,认为在有"黑格比"台风相关气象报道的情况下,承运人德宝公司应该知道"黑格比"台风及风暴潮的强度和可能造成的危害程度,不构成不可预见。

第三,能否构成天灾免责应由承运人承担举证责任。根据《中华人民共和国海商法》第五十四条规定,承运人主张因天灾免责的,应由承运人承担举证责任。承运人应举证证明采取了合理措施去避免或减轻台风对合同履行的影响,但举证至何种程度才能免责?本案是堆存在港口的货物发生货损,有观点认为,货物堆存港口期间承运人和港口经营人的责任应一致,承运人只要证明货物在港口期间,港口经营人已经履行了适当保管义务即可以免责。

---

① 参见杨婵《〈中华人民共和国海商法〉下"天灾、海难"免责抗辩在台风案中的适用》,载《中国海商法研究》2016年第3期,第71～76页。

我们认为,此种观点值得商榷。根据民法总则一百八十条第一款"因不可抗力不能履行民事义务的,不承担民事责任"的规定,承运人举证内容应根据其承担的义务来确定。货物堆存港口期间,与港口经营人不同,承运人除承担保管义务外,还承担着运输等其他义务。在保管义务方面,承运人通过港口经营人履行该项义务,其责任与港口经营人一体化,但如果港口经营人合理履行保管义务后货物仍受损,则承运人还需举证货物在强台风期间堆存在港口的必要性和合理性,也就是承运人在此期间未履行运输等其他义务的合理性,如收到台风预警后至台风登陆期间,承运人不能转运港口内的货物,或通知可能在此期间进堆场的货物暂缓进堆场,这是对承运人履行运输等义务的必然要求。本案中,承运人并未举证证明其为避免损失采取的措施,未证明本案的货损并不是不可避免和不可克服的,故应承担不利法律后果。

(徐元平 张蓉)

深圳市恒通海船务有限公司诉吉安恒康航运有限公司航次租船合同纠纷本、反诉案

——判断台风是否属于不可抗力需要结合具体案情、具体当事人进行具体分析

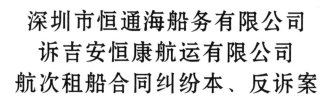

【提要】

台风是否构成不可抗力，目前司法实践对该问题有不同的意见和判法，本案首次提出了不可抗力之"不能预见、不能避免、不能克服"标准，系针对案件当事人在案涉事故发生时的判断。虽然不可抗力属于客观情况，但相同的当事人在不同的案件中有不同的预见、避免和克服风险的要求，不同的当事人在相似的案件中亦具有不同的预见、避免和克服风险的能力和条件。案件之间、当事人之间的个体差异客观存在，故判断某客观情况是否属于不可抗力需要结合具体案情、具体当事人进行具体分析，采用主客观相结合的裁判规则。本规则对公平分配船货双方的风险负担，妥善解决该类纠纷具有参考作用。

【关键词】

货物运输　台风　不可抗力　承运人　托运人

【基本案情】

原告（反诉被告）：深圳市恒通海船务有限公司（以下简称"恒通海公司"）。

被告（反诉原告）：吉安恒康航运有限公司（以下简称"吉安公司"）。

恒通海公司诉称：2015年9月23日，恒通海公司与吉安公司订立航次租船合同，将案外人委托恒通海公司运输的该批货物委托给吉安公司承运，承运船舶为"吉安顺"轮。2015年10月初，吉安公司承运的上述货物抵达湛江宝盛港卸货期间，发现部分货物湿损。由于货损发生在吉安公司的承运期间，吉安公司依法应当承担赔偿责任，请求其赔偿货物损失276,977.39元

及利息、本案诉讼费用。

吉安公司辩称：吉安公司已将涉案货物运至目的港码头，完成合同义务。本案损失系收货人迟延，其违约后导致的损失应由其自行承担；本案损失系超强台风"彩虹"造成，因不可抗力造成的损失，吉安公司无须承担任何责任。请求驳回润港公司的诉讼请求。

吉安公司向法院提出反诉称：恒通海公司迟延卸货，导致台风袭击"吉安顺"轮，致使船体受损，请求赔船舶维修费用848,816元以及维修期间停航损失680,000元。

恒通海公司辩称：航次租船合同没有约定因恒通海公司延期卸货期间承运船舶所遭遇的航行风险由恒通海公司承担。吉安公司所称的船舶受损与货物延期卸货没有因果关系。导致船损的直接原因是台风，而非延期卸货。请求驳回吉安公司的反诉请求。

法院经审理查明：恒通海公司于2015年9月23日与吉安公司签订航次租船合同，约定恒通海公司委托吉安公司运输3,000吨散装玉米，承运船舶为"吉安顺"轮，受载期为2015年9月24日，装船期限和卸船期限均为2天，滞期费为每天3,000元。起运港为深赤湾港，到达港为湛江宝盛码头。

2015年9月24日，"吉安顺"轮抵达深赤湾港装货，共装载2,997.26吨玉米，于9月26日启运。2015年9月27日，"吉安顺"轮抵达湛江锚地抛锚。9月29日0915时靠泊湛江宝盛码头。9月29日1830时开始卸货。9月30日晚上，因国庆放假停止卸货。10月3日继续卸货。9月29日至10月3日期间，共卸货2,321.96吨。10月2日，中央气象台、广东海事局网站发布了台风"彩虹"将于10月2日中午进入南海东部海域，逐渐向海南东部到广东西部一带沿海靠近，可能在10月4日白天以12～13级强度在海南到广东湛江一带沿海登陆的预报。10月3日1600时，"吉安顺"轮接到湛江海事局的防台指令，立刻关闭钢质移动式舱盖并在舱盖上铺盖了三层完好的帆布，并用绳索绑扎加固。10月3日1630时离泊，移泊至湛江航道59号灯浮附近抛锚。因强台风"彩虹"登陆，10月4日早上起风力不断加大。10月4日1200时，风力继续加大，并伴随大雨天气，"吉安顺"轮主机备车。10月4日1300时，船舶走锚，舱盖上的帆布开始被风吹破。10月4日1630时，船舶艉部搁浅，停止走锚。10月4日1700时，风力逐渐减少，船长命令船员到甲板查勘情况，发现船艏右锚丢失，舱盖上的帆布基本被风吹破，海水和雨水从舱盖的缝隙处流入舱内。10月4日晚上，船员想将备用帆布加盖在舱盖板上，因风力较大，未能成功。10月5日0100时，风力减少后，船员才将备用帆布加盖在舱盖上，以防止雨水继续流入舱内。10月6日1105时，再次靠泊湛江宝盛码头。本案货物出险后，广州海江保险公估有限公司（以下简称"海江公司"）受人保东莞分公司委托对受损货物进行查勘和检验。

2015年10月25日，"吉安顺"轮到达福安市赛江造船厂进行维修，维修费损失为826,536元。

海江公司在对受损货物进行现场检验后，于2016年5月17日出具检验报告。报告载明：因台风"彩虹"登陆湛江，台风过境时风力较大，导致"吉安顺"轮舱盖上的帆布被风吹破，雨水通过甲板舱盖缝隙流入舱内，以致货物水湿受损；"吉安顺"轮共装载货物2,997.26吨，因部分货物水湿，实际卸货3,009.13吨，多出11.87吨，事故后在2015年10月7日至10日期间共卸出货物687.17吨，其中正常货物为55.64吨，水湿发霉的货物重量为631.53吨；建议对受损货物整体按货物价值的35%贬值处理；因投保人按104%加成投保，承保单价为每吨2,441元，故631.53吨受损货物的损失金额为539,547.66元。

"吉安顺"轮为钢质干货船，船籍港为九江，总长88.02米，总吨2,217，参考载货量3,805吨，货舱盖型为带活动横梁的舱盖，船舶所有人为吉安公司，准予航行近海航区。

恒通海公司在另案航次租船合同纠纷中赔偿案外人276,977.39元。

【裁判理由及结论】

广州海事法院认为：两案是航次租船合同本、反诉纠纷。本案争议焦点为：本案货损是否因不可抗力所致。《中华人民共和国合同法》第一百一十七条第一款规定："因不可抗力不能履行合同的，根据不可抗力的影响，部分或者全部免除责任，但法律另有规定的除外。当事人迟延履行后发生不可抗力的，不能免除责任。"该条第二款规定："本法所称不可抗力，是指不能预见、不能避免并不能克服的客观情况。"本院认为，该款所称的"不能预见、不能避免、不能克服"，系针对案件当事人在案涉事故发生时的判断。虽然不可抗力属于客观情况，但相同的当事人在不同的案件中有不同的预见、避免和克服风险的要求，不同的当事人在相似的案件中亦具有不同的预见、避免和克服风险的能力和条件。案件之间、当事人之间的个体差异客观存在，故判断某客观情况是否属于不可抗力需要结合具体案情、具体当事人进行具体分析，而不可一概而论。根据本案查明的情况，2015年10月4日1410时左右，台风"彩虹"在湛江一带登陆。一方面，中央气象台、广东海事局网站于2015年10月2日已经发布了台风"彩虹"将于2015年10月2日中午进入南海东部海域,逐渐向海南东部到广东西部一带沿海靠近,可能在4日白天以台风级强度(12～13级,33～38米/秒)在海南琼海到广东湛江一带沿海登陆的预报。没有证据证明"吉安顺"轮在台风预报发布之后立即采取了防台措施,而是等到10月3日1600时,"吉安顺"轮接到湛江海事局的防台指令后才开始进行防台工作,此时距离台风"彩虹"到达湛江港的时间已经不足24小时。从台风"彩虹"的预报情况来看,中央气象台、广东海事局网站已经进行了预报,故本院认定台风"彩虹"对吉安公司来说可以预见。虽然最终台风登陆时的强度(15级)比2015年10月2日预报的强度(12～13级)高出两级,但中央气象台根据台风气流的变化在10月3日与10月4日的预报中对台风的强度与路径进行不断的修正,吉安公司应时刻留意。此误差属于天气预报合理的误差范围内,并不足以影响吉安公司防台措施的重大调整。而且吉安公司亦未举证证明其基于10月2日预报的12～13级的台风采取了何种防台措施,以及台风实际强度与预报强度之间的差异足以影响其防台措施的效果。吉安公司作为专门经营近海航行的海船的航运公司,疏于履行对天气预报的注意义务,并急于履行采取防台措施的义务,其关于台风"彩虹"实际强度与预报强度不符从而认为台风"彩虹"属于不可预见的抗辩主张没有事实依据,不予支持。另一方面,"吉安顺"轮本航次运输的货物为散装玉米,运输过程应注意防水防潮。但吉安公司在"吉安顺"轮锚泊防台过程中,明知"吉安顺"轮货舱水密性较差,针对货物仅采取加盖三层帆布并用绳子加固舱盖的防台措施,单凭此防台措施,没有对舱盖的缝隙进行及时有效的处理,不足以保证货舱的水密性,也不足以保证货物的安全,事后开舱验货发现的货损即足以证明,故吉安公司对此负有管货过失。吉安公司该过失,与台风"彩虹"系造成本案货损共同的原因,如果吉安公司妥善履行其管货义务,仅凭台风尚不足以造成货物损失。因此,本院认定吉安公司对台风"彩虹"造成的本案货损本可以避免、可以克服。吉安公司主张本案货损系不可抗力所造成,没有事实与法律依据,本院不予支持。吉安公司还辩称,恒通海公司与吉安公司之间的航次租船合同约定台风等天气为不可抗力,故本案台风"彩虹"应对吉安公司构成不可抗力。根据查明的事实,恒通海公司与吉安公司之间的航次租船合同约定:"装卸船期限自船抵装卸港锚地12小时开始计算,至装卸货结束时止,两港时间合并计算,因天气等不可抗力影响的时间除外。"该合同内容仅表明双方约定构成不可抗力的天气影响的时间不计入装卸时间,不能得出凡是天气原因都归入不可抗力的结论，天气原因是否构成不可抗力仍然应当按照《中华人民共和国合同法》第一百一十七条第二款的规定来判断，故对吉安公司该抗辩主张亦不予支持。虽然恒通海公司违反了装卸时间的约定构成滞期，但根据航次租船合同约定其应向吉安公司承担支付滞期费的违约责任。迟延履行期间发生的损失不等于因迟延履行所产生的损失，恒通海公司作为承租人，既未操纵驾驶船舶，亦不负责采取防台措施，仅凭恒通海公司迟延卸货的事实，不足以导致"吉安顺"轮的损害，亦不因此而免除吉安公司作为船舶出租人所负有的保证船货安全的义务。吉安公司关于"吉安顺"轮的损害是因恒通海公司迟延卸货造成的主张，没有事实依据，不予支持。

广州海事法院于2018年3月27日作出（2017）粤72民初533、1152号民事判决：一、吉安公司赔偿恒通海公司货物损失276,977.39元及利息；二、驳回恒通海公司的其他诉讼请求；三、驳回吉安公司的反诉请求。宣判后，吉安公司提出上诉。广东省高级人民法院于2019年1月10日作出（2018）粤民终1257、1258号民事判决：驳回上诉，维持原判。

【典型意义】

在海上货物运输实务中，台风是一种较为常见的自然灾害，因台风引发货主、码头、船舶损失进而诉至法院的情况屡见不鲜，责任方往往抗辩台风构成不可抗力而免责。台风是否构成不可抗力，目前司法实践对该问题有不同的意见和判法。本案的审理，对不可抗力的三个构成要件提出了规范性识别因素，为类似案件的处理提供参考。

一、判断台风是否属于不可抗力需要结合案情具体分析

《中华人民共和国合同法》第一百一十七条第一款规定："因不可抗力不能履行合同的，根据不可抗力的影响，部分或者全部免除责任，但法律另有规定的除外。当事人迟延履行后发生不可抗力的，不能免除责任。"该条第二款规定："本法所称不可抗力，是指不能预见、不能避免并不能克服的客观情况。"该款所称的"不能预见、不能避免、不能克服"，系针对案件当事人在案涉事故发生时的判断。虽然不可抗力属于客观情况，但相同的当事人在不同的案件中有不同的预见、避免和克服风险的要求，不同的当事人在相似的案件中亦具有不同的预见、避免和克服风险的能力和条件。案件之间、当事人之间的个体差异客观存在，故判断某客观情况是否属于不可抗力需要结合具体案情、具体当事人进行具体分析，而不可一概而论。本案分析了气象部门对台风的预报情况、承运人基于预报的防台措施情况，得出本案台风对吉安公司来说是可以预见的结论。

二、台风预报的强度与实际登陆的强度存在差异，是否构成"不可预见"的要件

对此问题，应该从以下几个方面来分析。首先是判断该误差是否属于天气预报合理的误差范围。虽然台风可以预见，但受技术条件的限制，天气预报存在误差是不可避免的，台风的强度与路径的预测仅仅是一个大致的范围，如果是在合理范围内的误差，不能认定因此构成"不可预见"，而且气象部门会根据台风气流的变化在预报中对台风的强度与路径进行不断的修正，责任人应时刻留意。其次是要判断预报误差是否影响承运人防台措施调整。责任人引用台风预报误差为抗辩理由时，应举证证明其基于不同级别的台风采取了何种防台措施，以及台风实际强度与预报强度之间的差异足以影响其防台措施的效果。特别是如果承运人的防台措施根本达不到预报台风强度的要求，就直接以实际强度高于预报强度为理由进行抗辩，显然是难以成立的。最后要判断船舶的实际抗风力大小。每条船的用途不同、设计不同、吨位不同，则其抗风力大小也不同，所以在同一次台风事故中，不能以相同的要求来衡量不同的责任人。例如，小型渔船在台风来临前，已经按照海事部门要求到防风港口避台，台风实际强度高于预报强度，造成小型渔船走锚触碰港口建筑设施，在该船舶触碰案件中，小型渔船有可能因台风预报有误差而且强度远远高于其抗风能力而构成不可抗力。如果是一艘大型货轮，有更强的抗风能力，则同样的情形下很有可能会是另一种结论。

三、台风与承运人管货过失同时存在的情况

《中华人民共和国合同法》第一百一十七条第一款规定，因不可抗力不能履行合同的，根据不可抗力的影响，部分或者全部免除责任。可见，因不可抗力免责的一个前提条件是不可抗力与违约责任之间存在因果关系，要根据不可抗力的影响或者因果关系大小进行免责。在航运实践中，因台风造成货损的情况下，往往还同时存在承运人管货过失的因素。法官应正确区分管货过失与不可抗力之间就造成货损的原因力比例与作用大小，从而准确区分责任。就本案来说，涉案航次运输的货物为散装玉米，运输过程应注意防水防潮。但吉安公司在轮锚泊防台过程中，明知船舶货舱水密性较差，针对货物仅采取加盖三层帆布并用绳子加固舱盖的防台措施，单凭此防台措施，遇到常见的甲板上浪都难以避免水湿风险，没有对舱盖的缝隙进行及时有效的处理，不足以保证货舱的水密性，也不足以保证货物的安全。事后开舱验货发现的货损即足以证明，故吉安公司对此负有管货过失。如果吉安公司妥善

履行其管货义务，仅凭台风尚不足以造成货物损失。所以本案货损原因在于水密性差，台风并非造成货损的原因，吉安公司以台风构成不可抗力进行免责抗辩，不能成立。

（罗春　白厦广）

森普国际有限公司等
诉太平船务有限公司等
海上货物运输合同纠纷案

——船舶遭遇大风浪时承运人货损赔偿责任的认定

【提要】

准确查明并适用香港公司条例解决争议先决问题。明确香港公司股东在公司设立前以公司名义在内地订立的合同对香港公司具有效力。船舶遭遇风浪时,承运人不能证明存在免责情形,应承担举证不能的不利后果,推定其对货损有过失,应向托运人承担货损赔偿责任。当受损货物为不同类货物时,应逐件审查并考察单件货物价值是否超过赔偿限额,只有单位货物的损失额超过了责任限额,才可以按责任限额赔偿。

【关键词】

先决问题　天灾　承运人的责任限额

【基本案情】

原告（被上诉人）：森普国际有限公司（以下简称"森普公司"）。

原告（被上诉人）：陈瑜瑜。

被告：太平集运服务（中国）有限公司广州分公司（以下简称"太平集运广州分公司"）。

被告：太平船务（中国）有限公司广州分公司（以下简称"太平船务广州分公司"）。

被告（上诉人）：太平船务有限公司（以下简称"太平船务公司"）。

森普公司于2014年1月17日在香港设立。公司设立前,公司的股东和唯一董事陈瑜瑜以拟设立的森普公司的名义在广州购买了总价为296,610美元的245包女士服装,并将该批货物装载于PCIU8004321号集装箱拟运至西非销售。"哥打根特"轮为设立登记地在新加坡的太平船务公司所有,是经营的航行为国际航线的集装箱班轮。1月12日,PCIU8004321号载货集装箱在广州南沙被装上"哥打根特"轮，目的港是位于西非加纳的特马港。1月13日，该轮在中国南海附近越南以东洋面遭遇5～6级的大风，强浪涌导致PCIU8004321号载货集装箱落水并灭失。陈瑜瑜支付运费后，取得了承运人太平船务公司为上述货物签发的LWCKTEMP1415026号全套正本提单，提单记载的托运人为森普公司。太平集运广州分公司根据太平船务公司的安排，接受订舱并收取运费，太平船务广州分公司根据太平船务公司的委托签发涉案提单。灭失的245包货物中，每包价格为978美元的货物共150包，每包价格为1,578美元的货物共95包。

森普公司、陈瑜瑜提起诉讼，请求判令太平集运广州分公司、太平船务广州分公司、太平船务公司连带赔偿货物损失人民币1,876,735.08元及利息。

三被告共同辩称：涉案海上货物运输合同因森普公司在订立合同时无民事行为能力而无效，森普公司作为原告的主体不适格，无权基于涉案海上货物运输合同向三被告主张索赔；太平集运广州分公司和太平船务广州分公司均不是涉案海上货物运输合同的承运人；涉案货物灭失的原因为航行中的恶劣天气，太平船务公司无须承担责任，即使应当承担赔偿责任，也可以享受海事赔偿责任限制，实际赔偿金额不应高于责任限额。

【裁判理由及结论】

广州海事法院一审认为：森普公司的设立登记地在中国香港，故应适用中国香港特别行政区法律判定森普公司注册成立前森普公司股东以森普公司名义订立的合同对森普公司是否具有效力。森普公司提供了中国司法部委托公证人、香港执业律师提供的香港特别行政区法律文本及法律意见书。该法律文本内容与香港特别行政区律政司在互联网上公布的相应文本内容一致，该法律人士拥有提供香港特别行政区法律的专家资质。在太平船务公司未提出异议的情况下，对其提供的法律文本和法律意见予以采信。提单是运输合同的证明，本案运输合同是在森普公司注册成立前公司股东以森普公司名义订立的，根据香港特别行政区公司条例第122条有关"公司成立为法团前订立的合约"的规定，森普公司追认其股东所签合同，该合同对森普公司具有约束力，该合同的托运人为森普公司。森普公司有权请求承运人太平船务公司赔偿货物损失。根据《中华人民共和国海商法》的规定，承运人太平船务公司在货物处于其掌管之下的全部期间内，负有妥善谨慎地管货义务，货物发生灭失，太平船务公司不能证明存在法定免责情形，应向森普公司承担赔偿责任。太平船务公司作为承运人，已经安排了适当的承运船舶，尽到了承运人的相关义务；涉案事故非太平船务公司故意或者明知可能造成损失而轻率地作为或者不作为造成的，太平船务公司根据《中华人民共和国海商法》的规定，可就货损限制赔偿责任，但只有单位货物的损失额超过了责任限额，才可以按责任限额赔偿。经计算，货物赔偿总限额为人民币1,487,718.19元。森普公司请求中超过赔偿限额部分，不予支持。太平集运广州分公司和太平船务广州分公司作为代理人，就货损不应承担承运人的赔偿责任。森普公司追认了陈瑜瑜以森普公司名义缔结合同的行为，且森普公司对太平船务公司的诉讼请求已获得支持。陈瑜瑜的诉讼请求，予以驳回。

广州海事法院于2016年12月30日依照《中华人民共和国涉外民事关系法律适用法》第十四条，《最高人民法院关于适用〈中华人民共和国涉外民事关系法律适用法〉若干问题的解释（一）》第十二条，《中华人民共和国海商法》第四十六条第一款、第四十八条、第五十五条、五十六条、第七十一条和第二百六十九条以及《中华人民共和国民事诉讼法》第一百一十九条的规定，作出（2014）广海法初字第507号判决：被告太平船务公司赔偿原告森普公司货物灭失损失人民币1,487,718.19元及利息（自2014年1月16日起至判决确定支付之日止按中国人民银行公布实施的同期贷款基准利率计算）；驳回原告森普公司的其他诉讼请求；驳回原告陈瑜瑜的诉讼请求。案件受理费人民币22,083元，由太平船务公司负担人民币17,506元，由森普公司负担人民币4577元。

太平船务公司不服该判决，提起上诉，但随即与森普公司达成和解协议，未在指定的期限内交纳上诉费。广东省高级人民法院于2017年11月9日作出（2017）粤民终2030号裁定：按自动撤回上诉处理。

【典型意义】

本案是一宗海上货物运输合同纠纷。拟运往加纳的涉案载货集装箱由新加坡籍船舶承运，途中在南海海域落水。香港公司及该公司股东共同请求太平船务公司等公司承担货损违约赔偿责任，承运人太平船务公司在诉讼中提出了多项主张免责或可以减轻责任的抗辩。各方当事人争议的焦点主要包括：香港公司股东在公司设立前以公司名义在内地订立的合同对香港公司是否具有效力，船舶航行途中遭遇大风浪时承运人应否承担货损赔偿，承运人赔偿责任限额的认定。

一、香港公司股东以设立过程中的公司名义所订立的海上货物运输合同对香港公司具有效力

本案虽然是海上货物运输合同纠纷，但森普公司的创办成员在森普公司成立前以森普公司名义订立的合同对森普公司是否具有效力，是本案的先决问题。先决问题，又称附带问题，与主要问题相对应，是指处理涉外民商事案件（即主要问题）所必须首先要加以解决的其他问题。《中华人民共和国涉外民事关系法律适用法》没有对先决问题作出规定。《最高人民法院关于适用〈中华人民共和国涉外民事关系法律适用法〉若干问题的解释（一）》第12条规定："涉外民事争议的解决须以另一涉外民事关系的确认为前提时，人民法院应当根据该先决问题自身的性质确定其应当适用的法律。"这表明我国在司法实践中是以法院地的冲突规范为指引的，应在我国有关该先决问题的冲突规范的指引下确定准据法，而与主要问题的准据法没有关联。

涉案运输合同在森普公司注册成立前缔结，该合同对森普公司是否具有约束力的问题，属于法人的民事权利能力和行为能力范畴。我国法律适用法有关该先决问题的冲突规范指引解决该先决问题应适用香港特别行政区法律进行审查。森普公司于本案中为证明其有权请求货损赔偿，委托香港唐楚彦律师提供了香港特别行政区公司条例及适用意见。经人民法院审查，提供该法律的人士拥有提供香港特别行政区法律的专家资质，各被告均无异议，故人民法院对森普公司提供的香港特别行政区法律予以了确认。人民法院根据香港特别行政区公司条例有关"公司成立为法团前订立的合约"规定认为，森普公司追认了陈瑜瑜在内地订立的运输合同，陈瑜瑜作为该公司唯一董事也同意森普公司的该项意思表示，该运输合同对森普公司具有效力。

二、遭遇大风浪时承运人违约责任的认定

海商法调整的是海运活动中各方关系，最主要的是船方和货方之间的关系。船方和货方是海商法中的一对基本矛盾。海商法中的责任制度以对船方的保护为最显著特征。其中，最有特点的就是有利于承运人的多种免责条款。如《中华人民共和国海商法》的第五十一条规定了承运人在责任期间对货物发生灭失或损坏时的总计12项免责事由，其中包括天灾、火灾、战争等。同时，为了平衡托运人与承运人之间利益分配，又都对这些免责条款的适用作出了严格的限制。当货方主张货损赔偿时，承运人若要提出除火灾以外的免责抗辩需对以下事实承担举证责任：一是承运人必须证明货损因归责于免责情形的原因所造成，二是承运人必须证明在开航时已经履行了适航这一根本性义务，三是承运人还必须证明自身或是代理人、受雇人在管货方面尽到了妥善谨慎的义务。

太平船务公司虽提出了天灾的免责抗辩，但仅证明了其所属涉案船舶在航行中遭遇的大风为蒲福风级5～6级。该种风力是航海中相对较为常见的自然现象，不足以构成"不可预见""不能克服"的"天灾"。根据不完全过失归责原则，太平船务公司不能证明存在免责情形，应承担举证不能的不利后果。故推定其对货损有过失，应向森普公司承担货损赔偿责任。

三、承运人海事赔偿责任限额的计算

海上运输会遭遇众多特殊意外风险，这些风险会使承运人遭受巨额损失。与一般民事责任是以无限责任为原则，以有限责任为例外不同，海商法中承运人承担的是有限责任。海商法中的责任限制主要有两种。一是海上运输合同中承运人的单位赔偿责任限制，即《中华人民共和国海商法》第五十六条对海上货物运输合同中承运人责任限额的规定；二是适用于几乎所有海事请求的海事赔偿责任限制，后者也被称为"综合责任"。单位责任限制制度下，承运人针对某件或某单位货物的损失，并非损失多少赔多少，而是只承担法律规定的最高赔偿限额。这是一种国际通行的做法。本案审理中，就适用《中华人民共和国海商法》第五十六条计算承运人责任限额存在两种观点：一是本案原告主张的以245件货物数量直接乘以赔偿限额1,025.14美元；二是将超过1,025.14美元的95件货物按赔偿限额计算，未超过1,025.14美元的150件货物按实际损失计算。太平船务公司虽主张按件数计算赔偿责任，但没有明确其所主张的赔偿限额的具体计算方法，因其提出了整体免责和请求限制赔偿责任的抗辩，故法院应依职权准确适用有关单位责任限额制度。《中华人民共和国海商法》第五十六条单位责任限额制度是在《海牙—维斯比规则》和《汉堡规则》相关条款的基础上制定而来。两个国际公约有关条文体现出的理念是单位责任限额适用时的衡量标准应为单位货物损失。当受损货物为不同类别货物时，即应逐类将每个单位货物的实际损失额与责任限额进行比较，只有单位货物的损失额超过了责任限额的，才可以按责任限额赔偿，并对超出责任限额部分免责；如果单位货物的损失额尚未达到责任限额的，则按其实际损失额赔偿，而非按责任限额赔偿。涉案灭失货物共245件，其中150件货物单价为978美元，单价未超过单位责任限额；另外95件货物单价1,578美元，单价超过责任限额。如果245件货物统一按限额赔偿，则太平船务应承担的赔偿金额为251,159.3美元，而经逐件考量货物单价并按单位货物价值仅超过限额部分免责方法计算得出的赔偿金额为244,088.3美元。本案在支持船方责任限额抗辩理由成立的情况下，采用第二种观点进

行了裁判，依法正确平衡了船货双方的利益。

该案判决结果公平公正，准确厘清了各方当事人的权利义务边界，促成了判后和解，有效解决了跨国争议，提升了中国司法的国际公信力，对营造具有国际竞争力的航运法治环境具有积极作用。

（宋瑞秋　钟科）

·第二编·

船　　舶

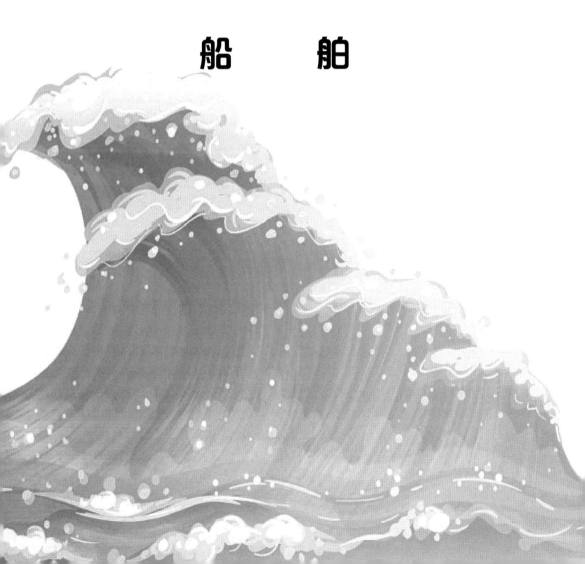

周亚仔诉陈成等船舶买卖合同纠纷案

——无处分权合同的效力及合同目的的审查

【提要】

我国为了保护渔业资源,对渔业资源和船舶实行分区域管理,不允许渔船跨区域作业,且捕捞许可证不允许转让。该规定属于管理性规定,并不影响渔船所有权转移合同的效力。当事人以无处分权主张合同无效,法院不予支持,因此导致标的物所有权不能转移的,买受人可要求出卖人承担违约责任。审核、确定补贴款发放对象的资格是发放渔船柴油补贴款的行政机关的职责,应由负责发放的行政机关审核认定,不属于民事诉讼的主管范围。

【关键词】

渔船　合同效力　捕捞许可证　柴油补贴款

【基本案情】

原告、反诉被告（被上诉人）：周亚仔（又名周步青）。

被告、反诉原告（上诉人）：陈成。

被告、反诉原告（上诉人）：廖万君。

原告周亚仔诉称：其与被告陈成协商一致,将原告所有的"琼澄迈11117"渔船与陈成所有的"桂钦渔28005"渔船产权互换,原告另补贴111,500元给陈成。因"桂钦渔28005"渔船所有权登记显示被告廖万君占50%股份,原告向两被告核实,两被告确认廖万君对该渔船不享有份额,仅为挂名,故原告与被告陈成于2008年12月15日签订渔船对换合同。原告当天将95,500元现金交给陈成,并代陈成偿还其欠梁军的16,000元,又额外补4,500元给陈成,先后共支付了115,000元。原告付清款项后,双方互相交换渔船并使用至今。2008年12月20日,原告协助陈成到海南省办理"琼澄迈11117"渔船的过户登记,将该船过户至陈成名下。2010年11月23日,陈成与海南省的李克强签订渔船挂靠合同,将"琼澄迈11117"渔船重新挂靠在李克强名下。因被告陈成一直不协助原告办理"桂钦渔28005"渔船的过户登记,原告要求廖万君协助,廖万君称该渔船为陈成自己所有,其仅为挂名，原告又要求陈成协助过户，陈成以种种理由推托不办理，造成原告未能领取2010年的柴油补贴，陈成的行为已违反合同法的规定。原告请求法院判决确认"桂钦渔28005"渔船为原告所有，并由两被告负担本案的诉讼费用。

被告陈成、廖万君答辩并反诉称：原告确于2008年12月20日协助陈成到海南省将"琼澄迈11117"渔船的所有权过户到陈成名下，但陈成在办理捕捞证、船检证、船舶登记证和户口簿等证件时，因违反海南省的规定，陈成不是该省人不得办理以上证件，故陈成至今无法办理上述证件，也因此无法办理渔船年审和领取柴油补贴。2009年5月，澄迈县人民检察院向被告调取了"琼澄迈11117"渔船的出海船舶户口簿等证件，至今证件仍然被扣。2009年和2012年该渔船因证件不符，先后被中山市和南澳渔政查扣，且渔政部门和检察机关多次责令双方互相返还渔船，均证明原告与陈成签订的渔船对换合同是违反渔政管理规定和渔船所有权转移规定的，是无效合同；"桂钦渔28005"渔船是两被告合伙购买，两人各占50%股份，陈成在廖万君不知情的情况下，与原告对换渔船，该对换合同也应无效。双方应当互相返还财产，原告还应赔偿两被告为办理渔船过户到海南的花费3万元、两次被查扣的罚款和费用2万元和领不到2009年、2010年的柴油补贴款53,000元。原告承认领取了2009年的柴油补贴，证明陈成已尽协助义务，原告未能领取2010年的柴油补贴与被告无关。请求法院判令：1. 确认2008年12月15日签订的渔船对换合同无效；2. 双方互相返还因渔船对换合同取得的财产；3. 周亚仔退还"桂钦渔28005"渔船2009年的柴油补贴款37,000元给两反诉原告；4. 由周亚仔承担本案诉讼费。

原告周亚仔对被告陈成、廖万君的反诉辩称：被告的反诉状中称"原告与被告"签订渔船对换合同，证明廖万君知道渔船对换的事实。原告将"琼澄迈11117"渔船交给被告后，被告已到海南办理了过户手续，双方签订的对换合同合法有效，应予保护。在对换渔船时，原告还支付了115,000元的差价款给陈成，现陈成不承认，请求对该事实补充举证。渔船对换后，双方已实际交付渔船并一直使用至今，两船的柴油补贴也由各自的使用人领取。根据农业部①《渔业成品油价格补助专项资金管理暂行办法》第三条、第四条的规定，柴油补贴的补助对象是实际从事捕捞并使用渔船的渔业生产者，"桂钦渔28005"渔船在对换后一直由原告使用，其有权享有该船的柴油补

① 现中华人民共和国农业农村部。——编者注

贴，两被告反诉请求无理，应予驳回。

广州海事法院经审理查明："琼澄迈11117"渔船登记为周亚仔和李克强各占50%股份。周亚仔称该渔船实际为其所有，挂靠于李克强名下。"桂钦渔28005"渔船的船舶所有权证书记载两被告各占该渔船50%股份。同日签发的船舶登记证书则记载该渔船所有人为陈成、郑有。

2008年，周亚仔与被告陈成签订渔船对换协议，将各自的"琼澄迈11117"渔船和"桂钦渔28005"渔船对换，周亚仔补给陈成111,500元，其中先支付95,500元，另欠16,000元到双方船证办好交换时再支付，各自的船证转换费用由对方支付。对换协议签订后，周亚仔与陈成将各自渔船及证件交付对方，由对方使用至今。周亚仔交纳了"桂钦渔28005"渔船从2009年至今的检验费并购买了渔船船东雇主责任互保险，领取了该渔船2009年的柴油补贴37,000元。

2008年12月29日，陈成将"琼澄迈11117"渔船过户至其名下，取得澄迈渔港监督签发的船舶所有权证书，陈成所占股份为100%。2010年11月23日，陈成与李克强签订渔船挂靠合同，内容为：李克强于2008年11月将"琼澄迈11117"渔船卖给陈成，因陈成是广东人，该船无法进行年审，也未能领到渔业财政柴油补贴款，根据澄迈县渔业局要求，陈成将该船名誉上退给李克强，但不存在买卖活动，该船全部产权仍属陈成所有；该船以挂靠形式入户李克强名下，李克强负责该船的年审和代领渔业财政柴油补贴款的工作，双方还对柴油补贴款的分配等问题作出约定。同日，澄迈渔港监督签发船舶所有权证书，记载李克强为"琼澄迈11117"渔船的所有人，所占股份为51%，渔业船舶证书则记载该船的所有人为李克强。2010、2011两个年度，该船按《渔业船舶法定检验规则》检验合格，该船的捕捞许可证也年审合格。

周亚仔因对换渔船过户问题与陈成产生纠纷，到电白县①司法局龙山法律服务所要求处理。在龙山法律服务所工作人员对被告廖万君的询问笔录中，廖万君称其没有"琼澄迈11117"渔船的股份，而是其亲戚借其名义登记的，其不知道渔船对换之事，且因其实际没有股份，也不必要与其商量对换之事。庭审中，廖万君主张其享有该渔船份额，因欠债怕被人拿走财产才谎称没有股份。陈成也述称其没有告诉廖万君渔船对换之事。龙山法律服务所工作人员询问梁军为何周亚仔与陈成交换渔船，廖万君不在场时，梁军称廖万君与

---

① 现茂名市电白区。——编者注

陈成是朋友的亲戚关系，为便于廖万君在银行贷款，才使用其名字登记，其不是真实的所有人。

广州海事法院根据上述事实和证据认为：两被告主张用于对换的渔船均登记为共有船舶，未经共有人同意，对换协议无效。依照《最高人民法院关于审理买卖合同纠纷案件适用法律问题的解释》第三条第一款的规定，两被告的主张，法院不予支持。关于涉案渔船的权属问题，在渔船对换后，陈成到渔政部门办理了该渔船的所有权转移手续，从周亚仔与李克强共有变更为陈成占有100%股份，可以证实李克强并非涉案渔船的实际所有人，或即使其为共有人，但同意或授权周亚仔处分该渔船。两被告称'桂钦渔28005'渔船是两被告共有，但被告廖万君在龙山法律服务所的询问笔录中明确承认，其不享有该渔船的份额，渔船对换不必要与其商量，从该渔船的交付和其后的使用状况、证人证言的内容，可证明廖万君称其不享有"桂钦渔28005"渔船份额的陈述是真实的。而其后的否认与现有证据相矛盾且与常理不符，不予支持。关于渔船对换协议是否违法。依照《中华人民共和国海商法》第九条规定，我国船舶所有权的变动采用登记对抗要件主义，而非登记生效要件主义，交付即物权转移。渔业捕捞许可证等证件的申领是有关主管部门依据相关规定予以办理的，与船舶所有权的转让没有必然联系，也不因无法办理该类证件而影响到船舶所有权的变更，这从陈成对换渔船后即在渔政部门办理了所有权过户手续也可证明。两被告请求周亚仔返还"桂钦渔28005"渔船2009年的柴油补贴款。按照财政部、农业部《渔业成品油价格补助专项资金管理暂行办法》第三条、第四条的规定，国家对机动渔船发放柴油补贴是为了解决渔业生产者生产成本急剧增加的困难而实行的"惠渔"政策，故柴油补贴的发放方式虽是按渔船补贴给船舶所有人，并未对款项的使用情况进行规定，但应认为该补贴的补助对象是实际使用机动渔船的渔民和渔业企业。前已论述在渔船对换协议生效并交付时渔船所有权已产生变动，周亚仔系"桂钦渔28005"渔船的所有权人，且其从该渔船交付其起，一直占有使用该渔船，故周亚仔有权取得2009年的柴油补贴款，两被告要求周亚仔返还该款没有事实及法律依据，应予驳回。

广州海事法院依据《中华人民共和国海商法》第九条和《中华人民共和国物权法》第二十三条、第二十四条以及《中华人民共和国合同法》第四十四条之规定，作出如下判决：一、周亚仔与被告陈成签订的渔船对换协议有效；二、确认"桂钦渔28005"渔船归周亚仔所有；三、驳回被告陈成、廖万君的反诉请求。

上诉人陈成不服该判决，向广东省高级人民法院上诉称如下。1. 原审法院错误适用《最高人民法院关于审理买卖合同纠纷案件适用法律问题的解释》第三条第一款，"桂钦渔28005"渔船的另一登记产权人廖万君对涉案渔船对换协议并不知情，他有权主张涉案渔船对换协议无效。原审法院没有查清涉案船舶的权属状况，原审中当事人对廖万君是否享有涉案船舶所有权表述不同，廖万君称其亲戚借用他的名义进行登记，涉案船舶的所有人是另外一个人，原审法院并未查清，这影响到船舶对换的效力。周亚仔与陈成签署船舶对换合同时，明知陈成与他人共有该船舶，周亚仔应与陈成及其他共有人共同签订对换合同，但其并没有与另外的权利人就船舶买卖进行协商，原审法院对此事实未予认定。2. 原审法院未向本案的重要利害关系人"琼澄迈11117"渔船的登记产权人李克强进行调查，就认定周亚仔是该船的实际所有人，认定事实不清。3. 原审法院认定周亚仔已向陈成支付了差价的证据不足。差价只能以付款收据为证，原审法院却以案外人梁军的证言来认定。梁军的证言前后存在矛盾：一是梁军在调查笔录中称周亚仔当场以现金方式支付了差价，在原审庭审中又称周亚仔是以转账和现金的方式支付的；二是周亚仔认为其先支付了95,000元，再根据陈成的要求补给4,500元，即周亚仔称分两次支付款项，但梁军称周亚仔是在同一时间付的，二者之间也存在矛盾，故梁军的证言不可信，陈成未获得该11万元的差价款。4. 原审法院对船舶对换合同第二条的内容未予查清，对换条款的意思是指除换船外，还需要对换船证。渔船作为特殊的动产，不是如原审法院认为"交付"即实现了合同目的，背后还应附加捕捞许可证、柴油补贴款等，因此船舶对换合同中的"船证"是指该艘船舶能够合法作业的所有证书，原审法院对此没有查清。周亚仔没有履行合同义务将涉案船舶登记到陈成名下，故其违反了合同主要义务。此外，周亚仔在签订合同时，向陈成谎称可将"琼澄迈11117"渔船的产权及捕捞许可证均过户至陈成名下，且该渔船可跨省捕捞，陈成才同意换船，因此周亚仔存在欺诈陈成的行为。周亚仔明知涉案船舶不能挂在非海南人名下，却未告知陈成，故该合同无效。虽然该渔船的产权一度转到陈成名下，但澄迈县海洋与渔业局于2012年7月23日出具的证明显示，捕捞许可证根本无法办理过户，也不可以跨省捕捞，导致陈成无法领取该渔船的柴油补贴款。为了生计，陈成不得不冒险跨省作业，被渔政部门多次罚款、扣船，导致陈成遭受巨额经济损失。为了领取该渔船的柴油补贴以弥补损失，陈成不得不将该渔船的产权过户给李克强。请求：1. 撤销原审判决；2. 驳回周亚仔的诉讼请求；3. 改判确认2008年12月15日签订的渔船对换合同无效,双方互相返还因渔船对换合同取得的财产,周亚仔退还"桂钦渔28005"渔船2009年的柴油补贴款37,000元给陈成和廖万君,由周亚仔承担本案诉讼费。

上诉人廖万君不服该判决,向广东省高级人民法院上诉称:1. 原审法院错误适用《最高人民法院关于审理买卖合同纠纷案件适用法律问题的解释》第三条第一款,廖万君对涉案渔船对换协议根本不知情,有权主张涉案渔船对换协议无效。2. 周亚仔与陈成恶意串通损害廖万君的利益,涉案渔船对换协议依法无效。"桂钦渔28005"号渔船的《渔业船舶所有权证书》显示该渔船的登记产权人是廖万君和陈成(各占50%)。该船一直由陈成经营管理,每年支付一定的利润给廖万君。廖万君因经商从未参与该船的经营管理,不知道涉案渔船对换协议,所有关于该船的买卖协议均不是廖万君本人签名。直到2012年初,相关部门找到廖万君了解情况,廖万君才知道陈成与周亚仔之间的换船纠纷。廖万君明确表示反对换船行为,要求陈成将船换回。由于廖万君缺少法律知识,因个人原因需要隐瞒财产,又害怕承担巨额赔偿责任,更害怕相关部门追究其行政责任,才谎称对该船没有股份。周亚仔明知廖万君是该船另一产权人,仍与陈成签订渔船对换协议,损害了廖万君的合法利益。原审法院仅以廖万君在四年期间对该船不闻不问、配合周亚仔领取该船2009年柴油补贴款、梁军的证言、陈成一手处理换船事宜等为由,认定廖万君对涉案渔船对换协议是知情并认可的,属认定事实错误。请求:1. 撤销原审判决;2. 驳回周亚仔的诉讼请求;3. 改判确认2008年12月15日签订的渔船对换合同无效,双方互相返还因渔船对换合同取得的财产,周亚仔退还"桂钦渔28005"渔船2009年的柴油补贴款37,000元给陈成和廖万君,由周亚仔承担本案诉讼费。

被上诉人周亚仔辩称:原审判决认定事实清楚,适用法律正确,请求维持原判。1. 周亚仔与陈成签订的渔船对换协议属双方自愿签订,廖万君完全知情并同意。廖万君在电白县司法局龙山司法所向其调查时称在"桂钦渔28005"号渔船中没有股份,陈成处理该渔船不必与其商量,这说明廖万君对"桂钦渔28005"号渔船与"琼澄迈11117"号渔船互换产权事宜完全知情并同意。涉案渔船对换协议没有违反法律法规的禁止性规定,不损害国家、集体或者第三人的利益,从成立时即生效。2. 周亚仔已交清所有渔船差价款给陈成。渔船对换协议中约定:"先支付95,500元,另欠16,000元在双方船证办好交换时再支付。"证人梁军证实上述款项已经付清,其中16,000元部分由周亚仔直接支付给梁军作为陈成欠梁军的还款。如果当时周亚仔不付清差价款,陈成不可能将"桂钦渔28005"号渔船交付给周亚仔使用,更不可能协助周亚仔领取"桂钦渔28005"号渔船2009年度的柴油补贴款,也不可能四年多时间里从未向周亚仔索要差价款。3. 周亚仔已经取得"桂钦渔28005"号渔船的所有权并一直使用至今,陈成也取得了"琼澄迈11117"号渔船的所有权并一直使用至今。陈成自取得"琼澄迈11117"号渔船后,如期缴纳渔业资源增殖保护费等费用,并办理船舶检验等手续,也可以取得海南省的柴油补贴,故陈成使用"琼澄迈11117"号渔船一直正常生产,实现了经济目的。4. 陈成、廖万君请求周亚仔退还"桂钦渔28005"号渔船2009年柴油补贴款3.7万元没有法律依据。根据《渔业成品油价格补助专项资金管理暂行办法》,周亚仔有权领取"桂钦渔28005"号渔船2009年度的柴油补贴,陈成、廖万君自2008年12月15日起未使用过"桂钦渔28005"号渔船,其请求周亚仔退还该渔船2009年度的柴油补贴没有法律依据。5. 原审判决适用《最高人民法院关于审理买卖合同纠纷案件适用法律问题的解释》第三条第一款正确,陈成、廖万君作为渔船对换协议的当事人,无权主张渔船对换协议无效。

二审法院确认了原审法院查明的事实和证据,另查明:2012年4月5日,廖万君在电白县司法局龙山法律服务所向其询问本案纠纷时称,"我是(对'桂钦渔28005'号渔船)没有股份的,是我亲戚陈平春与他们(陈成、陈史)共同经营的。我亲戚陈平春以我的名义登记的(指船舶所有权登记)"。当法律服务所工作人员询问"2008年12月15日,陈成、陈史把该渔船与周亚仔渔船琼澄迈11117号对换,并由周亚仔贴付111,500元给他们,你知道此事吗",廖万君回答不知道,并补充"因为我实际上没有股份,他们也不必与我商量"。

2012年4月1日,电白县司法局龙山法律服务所询问陈成"桂钦渔28005"号渔船原来的权属状况时,陈成称"是我与弟弟陈史及瑚塘边坡廖万君三人合股的",并称"每人各占三分之一股,是以我和廖万君名义登记"。

梁军在电白县司法局龙山法律服务所向其询问时称,周亚仔先支付陈成现金9.9万元,后代陈成向其还款1.6万元。原审时,梁军出庭作证称周亚仔先向陈成支付9万余元,后代陈成还款1.6万元,但周亚仔向陈成支付9万余元款项的方式记得不太清楚。

【裁判理由及结论】

广东省高级人民法院认为:第一,关于陈成和周亚仔签署涉案渔船对换协议是否属于无权处分的问题。陈成和李克强签署的《渔船挂靠合同》显示，陈成从周亚仔处购买"琼澄迈11117"号渔船后，将该船挂靠于李克强名下，澄迈渔港监督部门于2010年11月23日签发的《渔业船舶所有权证书》显示该船所有人为李克强，澄迈县海洋与渔业局出具的《关于琼澄迈11117号渔船的说明》也证明了陈成找李克强合伙经营该船的事实，这可以证明李克强对周亚仔向陈成转让"琼澄迈11117号"渔船是知情的。李克强至今未对周亚仔转让"琼澄迈11117"号渔船提出异议或提出权利主张，可以认定周亚仔有权处分该船舶。根据《最高人民法院关于审理买卖合同纠纷案件适用法律问题的解释》第三条的规定，陈成作为"桂钦渔28005"号渔船的卖方，无权以出让该船舶时未获得其所声称的共同所有人廖万君的同意，因而不享有处分权为由主张转让行为无效。廖万君称周亚仔与陈成恶意串通损害其利益，涉案渔船对换协议应当无效。经查，廖万君、陈成在电白县司法局龙山法律服务所对"桂钦渔28005"号渔船权属的陈述相互矛盾，廖万君对其是否为该船共同所有人的说法也前后不一致，显示其行为不诚信，故本院对廖万君所称陈成和周亚仔买卖渔船的行为损害其利益的上诉理由，不予采信。

第二，关于陈成能否获得"琼澄迈11117"号渔船的各类证书是否影响涉案渔船对换协议的效力问题。陈成确认周亚仔曾于2008年12月20日到海南协助将"琼澄迈11117"号渔船的所有权过户给陈成，后陈成未能办理该渔船的捕捞许可证等证书是因为不符合渔船管理和渔业管理规定。陈成未能证明其未能办理"琼澄迈11117"号渔船的捕捞许可证等证书是因为周亚仔拒绝提供协助义务，故对陈成该项上诉理由不予支持。关于陈成能否获得"琼澄迈11117"号渔船的各类证书是否影响渔船对换协议的效力，根据《渔业船舶登记办法》第十五条关于办理渔业船舶所有权登记的规定，有效的渔业船舶买卖合同或人民法院作出的确权判决书仅是获得渔业船舶所有权登记的证明文件，是申办渔业船舶所有权登记须提交的文件之一，登记机关是否准予办理渔业船舶所有权登记，仍须根据该第十五条的规定进行审查。同样的道理，陈成是否能获取"琼澄迈11117"号渔船的《渔业船舶国籍证书》、"渔业船网工具指标"、《渔业捕捞许可证》和《船舶检验证书》等依法进行捕捞作业所需的各类证件，须由发放该等证书的行政机关依法进行审查。本案审查的是周亚仔和陈成签署的渔船对换协议的效力问题，双方当事人未将陈成能获取上述各类证书明确约定为渔船对换协议的生效要件，故陈成是否能获取该等船舶证书不影响涉案渔船对换协议的效力。

陈成另上诉称涉案渔船对换协议的目的是买渔船后进行捕捞作业，现其不能办理"琼澄迈11117"号渔船的捕捞许可证等证书，故合同目的落空。根据合同目的的解释方法，从陈成和周亚仔签署的渔船对换协议内容来看，双方签署合同的目的是交换船舶所有权。认定合同目的，不能以一方当事人签订合同时的主观意愿能否实现为标准，通常应以合同文本所体现的客观内容来判断，除非拟否定合同条款所载合同目的一方能举证证明双方在合同文本之外就合同目的另行达成了一致意见。陈成所称捕捞作业的目的并未明确约定在合同中，本院不予确认。合同中关于船证转换费用的约定不能成为支持陈成所声称的合同目的的依据。关于涉案渔船对换协议目的是否落空的问题。依照《中华人民共和国物权法》第二十三条、第二十四条的规定，周亚仔和陈成签署渔船对换协议后，互相交付了船舶，据此，周亚仔实际取得了"桂钦渔28005"号渔船的所有权，陈成取得了"琼澄迈11117"号渔船的所有权，双方当事人均实现了渔船对换协议约定的合同目的。陈成诉称渔船对换协议合同目的落空，没有事实依据。

陈成和廖万君另上诉主张周亚仔向其退还"桂钦渔28005"号渔船2009年度柴油补贴款37,000元。该项上诉主张以及相对应的原审反诉请求事项，实质是要求通过民事诉讼确认陈成和廖万君是"桂钦渔28005"号渔船2009年柴油补贴款的适格补助对象，而周亚仔并非该柴油补贴款的适格补助对象。对此，本院审查认为，依据财政部和农业部2009年发布的《渔业成品油价格补助专项资金管理暂行办法》，审核、确定补贴款发放对象的资格是发放渔业成品油价格补助（即渔船柴油补贴款）的行政机关的职责。因此，陈成和廖万君是否属"桂钦渔28005"号渔船2009年度柴油补贴款的适格发放对象，应由负责发放渔船柴油补贴款的行政机关审核认定，不属于民事诉讼的主管范围。

原审法院认定事实清楚，判决结果恰当。陈成和廖万君的上诉主张缺乏事实和法律依据，予以驳回。广东省高级人民法院作出（2013）粤高法民四终字第12、13号判决：驳回上诉，维持原判。

【典型意义】

一、本案双方当事人争议的焦点是双方签订的渔船对换合同的效力问题

被告主张合同无效的理由之一是周亚仔与陈成签订的渔船对换合同是违反渔政管理规定和渔船所有权转移规定的，是无效合同。《最高人民法院关于适用〈中华人民共和国合同法〉若干问题的解释（二）》中对《中华人民共和国合同法》第五十二条第（五）项规定的"违反法律、行政法规的强制性规定"作了限缩性解释，即强制性规定解释为效力性强制规定，排除了管理性规定。我国为了保护渔业资源，对渔业资源和船舶实行分区域管理，不允许渔船跨区域作业，且捕捞许可证不允许转让，而本案双方当事人签订的是渔船对换协议，转移的是渔船的所有权，对此并无法律予以禁止，况且对换协议中并未明确约定将渔船的相关证件一并转让，即使有约定，其转让行为也理应由渔政管理部门进行监督，而不需要通过认定合同无效来保障当事人的利益和市场秩序。

被告主张合同无效的另一理由是渔船为两被告合伙购买，两人各占50%股份，陈成在廖万君不知情的情况下，与周亚仔对换渔船，陈成无处分权故合同无效。在《中华人民共和国合同法》第五十一条中，已将无处分权的人处分他人财产而签订的合同归类于效力待定的合同，需要经过权利人的追认或无处分权人事后取得处分权才能生效。但是该条法律规定没有如限制行为能力人签订的合同等其他效力待定合同一样，赋予合同相对人催告权，更没有撤销权；如果合同最终无法满足上述条件而导致无效，相对人也不能依合同要求无处分权人承担违约责任，只能请求无权处分人承担缔约过失责任。而缔约过失责任一般小于违约责任，对于相对人的保护较为薄弱，不利于制裁无处分权人。《最高人民法院关于审理买卖合同纠纷案件适用法律问题的解释》第三条的规定则解决了该问题。该条司法解释的第二款规定了"出卖人因未取得所有权或者处分权致使标的物所有权不能转移，买受人要求出卖人承担违约责任或者要求解除合同并主张损害赔偿的，人民法院应予支持"，此时无处分权人承担的是违约责任，需承受违约制裁，保护了合同相对人的权利，同时也未影响到真正的权利人的利益。该司法解释还规定了买受人解除合同并主张损害赔偿的权利，实质是将该类合同视为了有效合同进行处理。在本案中，陈成、廖万君在处分涉案渔船后，又以没有处分权主张合同无效，存在恶意。有权解除合同要求赔偿的，也应由善意的相对人享有，而非隐瞒财产所有权状况的一方。

二、合同目的对合同效力的影响

在二审期间，被告上诉称渔船对换合同的对换条款的意思是指除换船外，还需要对换船证。"船证"是指该渔船能够合法作业的所有证书，周亚仔没有履行合同的主要义务。关于合同目的，是合同双方通过合同的订立和履行所要达到的最终目标，但在合同条款中当事人一般并未对合同目的作出明确约定，如何确定当事人签订合同时的目的，应从以下三方面判断。1. 合同目的是当事人的意思表示,合同条款系当事人意思表示的外在表现形态,应以合同文本所体现的客观内容来判断。除非否定合同条款所载合同目的的一方能举证证明双方在合同文本之外就合同目的另行达成一致意见,否则应从合同的文义出发,结合具体的交易关系确定合同语句的含义。2. 确定当事人的合同目的是以其签订合同时所想达成的目的为准,而非纠纷发生时当事人所表述的合同目的;当事人双方内心所欲达到的目的不一致时,应从双方均已知或应知的表示于外部的意思表示判断。3. 参考当事人交易的过程包括协商、往来文件所表现的内在意思和习惯或惯例来确定。在本案中,二审判决即从合同内容出发,不以一方当事人签订合同时的主观意愿能否实现为标准,而以合同文本所体现的客观内容来判断,陈成所称捕捞作业的目的并未明确约定在合同中,不予认定。

三、柴油补贴款的归属问题

自国家实行渔业成品油价格补助制度后,海事法院受理的关于渔船转让纠纷的案件数量大幅增加。而本案中被告的反诉请求,涉及渔船所有权发生变动后,国家发放给渔船的柴油补贴的归属问题。依据2009年财政部和农业部发布的《渔业成品油价格补助专项资金管理暂行办法》的规定,柴油补贴的补助对象是渔业生产者,领取补贴的条件有三个:一是从事的渔业生产符合法律规定,二是持有合法有效的渔业船舶证书,三是一个补助年度内从事正常捕捞生产活动时间累计不低于三个月。但负责发放该款的行政机关一般将柴油补贴款直接补贴给船主,并不考查是否从事了正常的捕捞生产活动。因此,实践中柴油补贴款的发放方式和对象,不能完全体现国家对渔船实行柴油补贴政策的目的,也不能调整涉案双方当事人之间如何分配柴油补贴款。二审判决以审核、确定补贴款发放对象的资格是发放渔船柴油补贴款的行政机关的职责,应由负责发放的行政机关审核认定,不属于民事诉讼的主管范围为由,回避了柴油补贴款的归属问题。笔者认为一审判决符合"惠渔"政策的目的,判决补贴由实际使用船舶从事捕捞作业者获得,引导渔业生产者合法使用捕捞渔船,从而减少渔业船舶所有人、使用人和渔业生产者之间纠纷的发生。

(文静)

· 第三编 ·

船　员

骆亚四等六人诉阮植源船员劳务合同纠纷系列案

——公正高效保障我国船员在海外务工的劳动权益

【提要】

船员在海外务工被拖欠劳动报酬,回国对雇主提起追讨劳动报酬之诉讼。案件具有涉外因素,在当事人没有明确作出法律适用时,应适用履行义务最能体现该合同特征的一方当事人经常居所地法律或者其他与该合同有最密切联系的法律来解决案件的实体争议。对于域外证据,其证明力应综合分析判断,不应机械地要求当事人对所有的域外证据必须经过公证认证才能认定其证明效力。

【关键词】

船员劳务合同 海外务工劳务报酬 域外证据 法律适用

【基本案情】

原告(被上诉人):骆亚四、林骆善、李亚欢、梁伟光、黄子财、骆福章(以下统称"骆亚四等六人")。

被告(上诉人):阮植源。

原告骆亚四等六人诉称:阮植源于2017年9月11日到骆亚四等六人的住处聘请他们到国外出海打鱼捕捞。阮植源与他们于10月12日签订劳工出海打鱼捕捞项目合同书,约定了每个月保底工资,约定纠纷解决方式为"回到中国在双方签约人驻属地向人民法院提请诉讼解决"。后阮植源拖欠骆亚四等六人的工资,于12月29日向骆亚四等六人出具欠条,确认阮植源从10月10日起至12月29日止拖欠骆亚四等六人的工资。阮植源与骆亚四等六人于2018年1月2日签订附加协议,再次确认拖欠骆亚四等六人的工资款。骆亚四等六人多次向阮植源催收,阮植源均无故推诿不支付,故请求判令阮植源向骆亚四等六人支付拖欠的工资并承担案件的诉讼费用。

被告阮植源辩称:对骆亚四等六人主张的工资数额及相关费用不认可,

本案的劳工出海打鱼捕捞项目合同书是富达集团有限公司［Fudar Group(z) Ltd.］（以下简称"富达公司"）与骆亚四等六人所签，是富达公司欠款。富达公司曾向骆亚四等六人支付过款项。骆亚四等六人真正工作时间不足25天，由于骆亚四等六人破坏了船，船的发电机组已经烧坏，所有设备无法使用，导致船没有开出去也没有出海打鱼。

广州海事法院经审理查明：2017年10月12日，船东富达公司与合资人阮植源跟骆亚四等六人在坦桑尼亚签订了各自的《劳工出海打鱼捕捞项目合同书》。合同约定：根据《中华人民共和国合同法》及其相关的法律、法规，本着公平、自愿、诚信、互利的原则，结合本劳工出海打鱼捕捞项目的实际情况，经双方协商一致后，特订以下合同条款以供双方共同遵守、执行和相互监督；劳动合同工期至2018年2月6日，工作地点坦桑尼亚海洋；富达公司与阮植源提供完备的船只和必要的捕捞工具，承担骆亚四等六人吃、住和往返费用，承担给骆亚四等六人办理所有劳工手续与一切相关费用，负责鱼产品的销售；骆亚四等六人负责出海捕捞所需一切技术工作，负责管理出海船上人员安全工作。约定了骆亚四等六人各自的保底工资，出海捕捞按总产量的相应提成分成，保底工资抵算在内；富达公司与阮植源自2017年10月10日起计算工作工资，以此类推每月10日为工作期满一个月，必向骆亚四等六人结算工资并付清，将酬金打入骆亚四等六人指定的账号；富达公司与阮植源如不按时给骆亚四等六人结算工资，视为违约，骆亚四等六人有权退出不再工作，富达公司与阮植源赔偿骆亚四等六人误工损失与路费，并按未付款数的日工价结算及付清，合同自动终止；如骆亚四等六人不听从富达公司和阮植源安排，或违反当地法律法规给富达公司与阮植源造成损失，富达公司与阮植源有权扣除骆亚四等六人工资或解雇骆亚四等六人；如在合同条款履行过程中产生纠纷，双方应友好协商解决；不能协商解决的，可向合同原签约地的驻属地中国领事馆申请仲裁；如仲裁不成的，双方可以回到中国，在双方签约人驻属地向人民法院提请诉讼解决。本合同中落款处有富达公司印章以及阮植源的签名，骆亚四等六人在各自的合同中也有各自的签名。庭审中，骆亚四等六人与阮植源均明确骆亚四等六人各自分别在坦桑尼亚的"KARAFUU（Z1255）"轮和"KARAFUU-2（Z1263）"轮工作以及各自担任的职务并提供了相应的照片予以佐证。

2017年12月29日，富达公司与阮植源共同向骆亚四等六人出具欠条，记载了富达公司和阮植源尚欠骆亚四等六人各自的工资数额，并承诺在2018年春节前结清。2018年1月2日，富达公司与阮植源与骆亚四等六人签订

《附加协议》。约定：因富达公司与阮植源资金原因尚欠骆亚四等六人工资仍未付清，富达公司与阮植源已签下欠条给骆亚四等六人，骆亚四等六人工资结算到2017年12月29日止，工资余额已在各人欠条上注明；骆亚四等六人依然在此等待，富达公司与阮植源将捕捞证及所有证件办好，给骆亚四等六人顺利出海捕捞；如果在2018年1月10日前能出海，富达公司与阮植源将捕捞的鱼所卖的钱付给骆亚四等六人所欠的保底工资，富达公司与阮植源依然承担骆亚四等六人的保底工资补算到出海的前一天为止；骆亚四等六人从出海的那一天开始计算提成，虽然富达公司与阮植源是利用捕到的鱼卖的钱来结清保底工资，提成依然是按出海第一天开始计算，每10天结一次账，富达公司与阮植源将10天内的提成结算并给骆亚四等六人付清，骆亚四等六人等到2018年1月15日，不论能不能出海捕捞，富达公司与阮植源都必须支付骆亚四等六人工资的50%，并打到骆亚四等六人指定账户上；不论是因富达公司与阮植源办理证件手续未能通过，或者是因天气不可抵抗的原因所造成的情况下，直至2018年1月30日前，富达公司与阮植源都必须向骆亚四等六人结算工资并一次性付清，并买机票给骆亚四等六人回中国；在2018年1月16日止，如证件未办下来，是否继续等待或如何处理，经双方协商后再定。

2018年1月17日，因富达公司与阮植源仍未向骆亚四等六人支付拖欠的工资，骆亚四等六人到坦桑尼亚华助中心请求调解。该中心于1月20日出具证明书，记载：坦桑尼亚华助中心于2018年1月17日对骆亚四等六人与富达公司老板付永亮以及阮植源的劳务纠纷进行调解，当时富达公司与阮植源承认欠骆亚四等六人工资，但因富达公司与阮植源没有资金，骆亚四等六人的工资尚未能结清支付，此调解未能解决。另外，骆亚四等六人还向法庭提交了各自的出入境记录。

庭审中，骆亚四等六人与阮植源均确认未就本案纠纷提起相关仲裁；骆亚四等六人均选择适用中华人民共和国法律解决本案纠纷，但是阮植源则没有作出法律适用的选择。

广州海事法院根据上述事实和证据认为：该批系列案为船员劳务合同纠纷。关于法律适用，案涉合同约定工作地点为坦桑尼亚，骆亚四等六人亦在该地实际工作，故该批案件具有涉外因素。庭审中，骆亚四等六人选择适用中国法律，阮植源未明确选择适用的法律，根据《中华人民共和国涉外民事关系法律适用法》第四十一条"当事人可以协议选择合同适用的法律。当事人没有选择的，适用履行义务最能体现该合同特征的一方当事人经常居所地法律或者其他与该合同有最密切联系的法律"的规定，鉴于骆亚四等六人与阮植源的经常居所地均在中国，且案涉合同是根据中国法律进行订立，故该批案件的纠纷应适用中国法律解决。

关于骆亚四等六人与阮植源之间的法律关系。案涉的劳工出海打鱼捕捞项目合同书意思表示真实，合同未违反我国法律和行政法规的强制性规定，合法有效，骆亚四等六人与阮植源之间成立船员劳务合同关系，骆亚四等六人与阮植源应依据合同行使权利和履行义务。

关于阮植源是否应支付拖欠工资。案涉合同、附加协议以及欠条经查明均有富达公司与阮植源作为骆亚四等六人的相对方进行签名确认，骆亚四等六人仅要求阮植源支付拖欠的工资是处分其民事权利和诉讼权利的行为，未违反法律规定，应予准许，阮植源应当按约定向骆亚四等六人支付拖欠的工资。工资数额方面，欠条已有显示拖欠工资数额，阮植源对该数额亦未提出异议，故对该欠条所涉数额予以确认。但骆亚四等六人要求工资计算至回国前。根据《附加协议》显示，骆亚四等六人从2017年12月30日开始在坦桑尼亚等待，等到2018年1月15日，阮植源都必须给骆亚四等六人支付工资的50%；至2018年1月16日止，是否继续等待或如何处理，经签订协议双方协商后再定。另华助中心的证明书显示，骆亚四等六人与阮植源于2018年1月17日到坦桑尼亚华助中心进行调解，此调解未能解决。因此，骆亚四等六人称工作至2018年1月20日停工与事实不符，且未提供相关证据，故本院认定骆亚四等六人的工作时间为2017年10月10日起至2018年1月16日，阮植源拖欠骆亚四等六人工资总数应为欠条中所确认拖欠2017年12月29日之前的工资数额再加上2017年12月30日起至2018年1月16日的工资数额。利息方面，骆亚四等六人主张从起诉之日起按中国人民银行同期贷款利率计算至实际支付之日止的利息，并无不当，予以支持。

广州海事法院依照《中华人民共和国合同法》第一百零七条、第一百零九条规定，作出该批系列案的判决：阮植源向骆亚四等六人支付相应的拖欠工资以及利息，案件受理费由阮植源负担。

上诉人阮植源不服该系列案的判决，向广东省高级人民法院上诉称：2017年10月12日，阮植源和富达公司分别与骆亚四、林骆善、案外人骆祖铨签订《技术服务合同》，约定骆亚四、林骆善、骆祖铨对船舶进行施工等事项。同日，阮植源和富达公司分别与骆亚四等六人签订《劳工出海打鱼捕捞项目合同书》。在上述合同履行过程中，船上机电设备均是按骆亚四、林骆善、骆祖铨的指示购置，或者由阮植源付款购置。安装调试工作由骆亚四、林骆善、李亚欢、梁伟光、黄子财、骆福章负责。骆亚四等人至今未交付技术成果。虽然阮植源和富达公司向骆亚四等六人出具了欠条并签订《附加协议》，但骆亚四等六人仍不履行合同义务，交付技术成果。富达公司的经营范围是水产捕捞。从签订的合同和其他证据可以看出，骆亚四等六人从事的工作不是富达公司的主营业务，而是辅助事务，其法律关系应是船舶建造合同或技术服务合同关系。合同中"工资"实质为工程款或技术服务费。因骆亚四等六人没有交付技术成果，阮植源有权拒付费用。至于欠条和附加协议，是阮植源和富达公司在极端无奈的情况下做出的妥协，不是真实意思表示，显失公平。同时，本案应追加富达公司为共同被告。

被上诉人骆亚四等六人辩称：一审判决事实查明清楚，法律适用正确。请求驳回上诉，维持原判。

【裁判理由及结论】

广东省高级人民法院确认了原审法院查明的事实和证据，并认为：该批系列案系船员劳务合同纠纷。该批案的争议焦点为两个。一是骆亚四等六人与阮植源之间是否成立船员劳务合同关系，及阮植源是否应向骆亚四等六人支付工资；二是本案是否应追加富达公司为当事人。

一、骆亚四等六人与阮植源之间是否成立船员劳务合同关系，及阮植源是否应向骆亚四等六人支付工资

骆亚四等六人主张，其与阮植源之间成立船员劳务合同及阮植源应向其支付欠付的工资。骆亚四等六人为此提交了其与富达公司、阮植源签订的《劳工出海打鱼捕捞项目合同书》、欠条、《附加协议》及坦桑尼亚华助中心出具的证明书。依据《劳工出海打鱼捕捞项目合同书》的约定，在富达公司、阮植源提供船只和必要的捕捞工具的情况下，骆亚四等六人需完成约定的技术和管理工作，并由富达公司和阮植源支付约定的工资和报酬。据此，富达公司、阮植源和骆亚四等六人之间成立船员劳务合同关系。欠条、《附加协议》及坦桑尼亚华助中心出具的证明书等证据进一步印证了富达公司、阮植源和骆亚四等六人之间的船员劳务合同关系。阮植源二审提交的《技术服务合同》、收条、活期账户交易明细、转账记录、船舶检验报告、见证说明、工作签证、船舶登记证及捕捞许可证等证据，主张其与骆亚四等六人之间并非船员劳务合同关系而是技术服务合同关系。上述证据反映的阮植源和骆亚四等六人之间的法律关系与阮植源和骆亚四等六人基于《劳工出海打鱼捕捞项目合同书》成立的船员劳务合同关系并非同一法律关系。上述证据不足以否定富达公司、阮植源和骆亚四等六人基于《劳工出海打鱼捕捞项目合同书》成立的船员劳务合同关系。

同时,富达公司、阮植源出具的欠条显示,富达公司和阮植源欠付骆亚四等六人2017年10月10日至2017年12月29日的工资。依据富达公司、阮植源与骆亚四等六人签订的《附加协议》,至2018年1月16日前,双方的船员劳务合同关系并未解除。富达公司、阮植源应向骆亚四等六人支付至2018年1月16日的工资。阮植源二审提交的收条、活期账户交易明细等证据反映的阮植源付款的时间均发生于富达公司、阮植源向骆亚四等六人出具欠条之前。转账记录则无法显示阮植源与骆亚四等六人之间存在支付和收取款项的事实。同时,阮植源于本案中亦无证据证明富达公司、阮植源向骆亚四等六人出具的欠条及签订的《附加协议》存在显失公平的情形。故阮植源提交的证据不足以证明其已向骆亚四等六人支付了部分工资款项。因此,一审判决认定阮植源应向骆亚四等六人支付工资及其利息,并无不当,予以维持。

二、本案是否应追加富达公司为当事人

富达公司、阮植源共同与骆亚四等六人签订了《劳工出海打鱼捕捞项目合同书》,并共同出具了欠条及签订了《附加协议》。富达公司、阮植源共同为一方当事人与骆亚四等六人成立船员劳务合同关系。富达公司于本案中不是必要的共同诉讼人,且骆亚四等六人仅要求阮植源作为被告承担支付工资的义务,故一审法院未追加富达公司为本案当事人未违反法定程序。阮植源对此提起上诉,没有法律依据,法院不予支持。

综上所述,阮植源的上诉请求不能成立,应予驳回;一审判决认定事实清楚,适用法律正确,应予维持。广东省高级人民法院对该批系列案作出(2018)粤高法民四终字第1688号至1693号的判决:驳回上诉,维持原判。

【典型意义】

该批系列案是较为特殊的船员劳务合同纠纷案件,与日常审理的船员劳务合同纠纷案有所不同,具体体现为两点:一是船员被拖欠劳动报酬的事实发生在境外涉及法律适用问题,二是案涉证据形成于境外涉及证据效力认定问题。

一、法律适用问题

由于案涉合同的签订地以及履行地均在国外,具有涉外因素。而该系列案中的一方当事人又不明确作出法律适用的选择。根据《中华人民共和国涉外民事关系法律适用法》第四十一条规定:"当事人可以协议选择合同适用的法律。当事人没有选择的,适用履行义务最能体现该合同特征的一方当事人经常居所地法律或者其他与该合同有最密切联系的法律。"所幸之是,该批案件的船员与雇主经常居所地均在中国,而且合同中订明涉案合同是依据中国相关法律规定进行订立。故即便当事人没有对法律适用作出选择,无论从当事人的经常居所地或是与合同最密切联系的法律来说,该批系列案均应适用中国法律来解决实体争议。因此,该批涉外的船员劳务合同纠纷案在法律适用环节中省去了需要"域外法律查明"的烦冗程序,从而推进了案件的审理过程,提高了司法效率。

二、域外证据效力问题

对于一般的船员来说,由于自身的法律意识较为薄弱,维权能力不足,其在诉讼中的举证能力与诉辩博弈能力比较欠缺。这也让法官在查明案件事实方面增加了一定的难度。但该批案件又涉及多个船员民生保障问题,因此在审理案件过程中,法官对于每个船员如何出国务工直至如何回国维权的整个过程进行抽丝剥茧。通过双方当事人的举证质证,法官发现船员的域外证据是能够相互印证,能够接近当时的客观事实。但是,按当时施行的民事诉讼证据规则的相关规定,域外证据需要经过公证认证才具有证明力。① 在该批案件中,船员为了使自己能及时争取司法救济才不起诉境外的富达公司而仅起诉国内的合资人(自然人)作为被告,如果法庭坚持要求船员对这些域外证据进行公证认证的话,显然会耗费船员维权的时间成本,不利于及时保护船员的合法权益。再加上个人的劳务合同、欠条等这一类民间订立的书证,也鲜有在境外能够获取公证认证的证明手续。所以很大程度上,让船员做这种域外证据的公证认证只会是徒劳,弄不好反而会激发民怨,不符合我国司法为民的初衷。因此,在这些域外证据能够相互印证且案件事实能够查明的情况下,广州海事法院法官以及广东省高级人民法院的法官在两审中果敢地对船员这些域外证据予以认定,从而支持了这批船员的合理诉求。而这一举措从现在看来,也是符合最新修订的民事诉讼证据规则的相关规定。②

随着"一带一路"倡议的深入推进,我国船员赴海外务工的情形越来越多,船员因产生于海外的劳务报酬问题请求海事法院提供司法保护的案件日

---

① 当时根据2002年4月1日施行的《最高人民法院关于民事诉讼证据的若干规定》(法释〔2001〕33号)第十一条第一款规定,域外形成的证据应当经所在国公证机关予以证明,并经中华人民共和国驻该国使领馆予以认证。

② 根据现行的《最高人民法院关于民事诉讼证据的若干规定》(法释〔2019〕19号)第十六条规定,域外形成的公文书证以及涉及身份关系的证据,才需履行公证认证的证明手续。

渐增多。普通船员出于自身各种因素的限制，在海外务工被拖欠劳动报酬的情况下，又会遇到语言障碍、耗时持久、维权成本高等问题，其难以在当地获得有效的司法保护。因此，大多船员选择了回国寻求司法救济。但司法救济不同于一般的救济途径，更多讲究的是证据以及所适用的法律规定。故船员在海外务工时特别需注意两个方面：1. 要有书面的劳务合同，订明权利义务以及违约条款；条件允许的话，可订明发生争议时适用自己"看得懂"的法律以及适合自己争议解决的司法组织或机构；2. 保存好相关的证据，例如出入境记录、合同原件、支付凭证以及劳务成果等。为了保障民生，该批船员劳务合同系列案，两级法院为贯彻落实《最高人民法院关于人民法院为"一带一路"建设提供司法服务和保障的若干意见》的相关规定，对船员与雇主提供的证据进行综合审查认定，仔细推敲双方当事人在庭审中所陈述的意见，在充分把握案件所查明事实的情况下，支持了船员的合理诉讼请求，及时有效地保障了我国船员在海外务工的正当权益，也为日后船员在海外务工时发生拖欠劳动报酬争议如何更好地维权提供了有益的指导帮助。同时，该案件也入选了2020年最高人民法院发布的关于船员权益保护的典型案例。①

（钟宇峰）

---

① 最高人民法院：《"世界海员日"来临之际，最高法发布维护船员合法权益典型案例》，载中华人民共和国最高人民法院官网（http://www.court.gov.cn/zixun-xiangqing-238191.html），发布时间2020年6月24日。

尹玉强诉韶关市永航船务有限公司工伤保险待遇纠纷案

——综合认定船员月工资数额及依法保障各项工伤保险待遇

【提要】

船员在船上工作期间遭受人身损害，船员与船舶所有人或船舶经营人之间成立劳动合同关系，且其人身损害经劳动行政管理部门认定为工伤的，可依据法定劳动能力鉴定机构认定的工伤等级主张工伤保险待遇。船员与航运公司之间未签订书面劳动合同的，人民法院可根据船员服务簿的记载、生效工伤行政判决对船员职务的认定、航运公司员工的证言等证据及统计部门的数据，综合认定船员的职务及其月工资数额。人民法院在坚持依法保护受伤船员各项工伤保险待遇的同时，应注重平衡保护船员、船舶挂靠公司和个体船东之间的利益，对船员的不合理请求不予支持，以维护诚实守信、公平合理的用工秩序。

【关键词】

工伤保险待遇 月工资 工伤认定 平衡保护

【基本案情】

原告（上诉人）：尹玉强。

被告（上诉人）：韶关市永航船务有限公司（以下简称"永航公司"）。

2014年12月10日，尹玉强受永航公司聘请上内河A类船舶"粤韶关货2151"轮上工作，双方未签订书面合同。尹玉强的船员服务簿记载其职务为船长，永航公司加盖船员服务簿签证章确认。2014年12月26日，"粤韶关货2151"轮与"粤都城货8955"轮并排停泊在珠海横琴港。约7时许，尹玉强乘钩机到"粤都城货8955"轮取食物过程中，从钩机上摔下受伤，当日被送往医院抢救，最终抢救成功。尹玉强随后接受住院治疗，其间，其接受了胆囊摘除手术，并多次转院治疗，共住院229天（不含胆囊手术的住院天数）。双方确认本案事故产生的医疗费为362,353.79元，永航公司已向尹玉强支付224,876.63元，尹玉强为治疗胆囊疾病产生的医疗费为16,541.38元。事故发生后，永航公司未向有关部门申报工伤。尹玉强向韶关市武江区人力资源和社会保障局（以下简称"武江区人社局"）申请工伤认定，该局决定不予认定工伤。尹玉强提起行政诉讼，请求撤销上述不予认定工伤决定书。武江区人民法院一审判决驳回尹玉强的诉讼请求。尹玉强不服该判决，提起上诉。韶关市中级人民法院于2016年12月30日作出（2016）粤02行终144号行政判决，判决撤销一审行政判决及不予认定工伤决定书，由武江区人社局在判决生效之日起60日内重新作出行政行为。2017年3月6日，武江区人社局重新认定尹玉强受到的事故伤害为工伤。尹玉强向韶关市劳动能力鉴定委员会申请劳动能力鉴定，经鉴定尹玉强的劳动功能障碍等级为七级。尹玉强对该鉴定结论不服，向广东省劳动能力鉴定委员会申请再次鉴定，经再次鉴定伤残等级为七级。尹玉强就自身言语残疾及智力残疾向东莞市残疾人综合评估中心申请鉴定，该中心认定尹玉强的言语残疾和智力残疾等级均为四级。尹玉强持有的残疾人证上载明为四级伤残。尹玉强主张双方约定的月工资为1万元，永航公司主张为3,300元。为证明各自主张，尹玉强提供了银行账户回单、（2017）粤民终16号民事判决书、航运在线网页等证据。永航公司提供了其与其他船员签订的3份劳动合同，并申请"粤韶关货2151"轮的船员苏伟权出庭作证。永航公司向法院申请鉴定，请求就尹玉强胆囊摘除手术以后的住院治疗项目与胆囊摘除手术是否具有因果关系等进行鉴定，法院摇珠选定的南方医科大学司法鉴定中心复函不予受理此案鉴定。尹玉强向广州海事法院起诉请求：解除其与永航公司之间的劳动关系；永航公司赔偿其一次性伤残补助金34万元、一次性工伤医疗补助金6万元、一次性伤残就业补助金25万元，伤残津贴每月7,500元，从事发之日计算至原告60周岁止；永航公司支付其工资337,000元；永航公司支付因拖欠工资的经济补偿金84,250元；永航公司赔偿未签订书面劳动合同的双倍工资11万元；永航公司向其支付医药费362,353.79元，住院伙食补助费18,320元、护理费91,600元、交通及住宿费3万元；确认其上述债权对永航公司所属的"粤韶关货2151"船享有船舶优先权。

【裁判理由及结论】

广州海事法院认为：本案属于工伤保险待遇纠纷案件。尹玉强与永航公司通过口头方式订立劳动合同，尹玉强受永航公司聘请在"粤韶关货2151

轮上工作，双方之间的劳动合同成立。该合同不存在违反法律、行政法规的强制性规定等情形，合法有效，对双方具有约束力，均应依约履行。尹玉强于2014年12月26日从高处坠落受伤，经武江区人社局认定为工伤，尹玉强可依法享受工伤保险待遇。但因永航公司未为尹玉强交纳工伤保险费，致使尹玉强不能享受工伤保险待遇，因此永航公司应赔偿尹玉强由此遭受的损失。

关于尹玉强的月工资问题。尹玉强主张为1万元，永航公司主张为3,300元。因尹玉强持有内河船舶船长证书，船员服务簿载明的职务为船长，韶关市中级人民法院生效判决也认定尹玉强在该轮上担任船长，并且永航公司的证人苏伟权出庭作证时也未否认尹玉强是船长，故可认定尹玉强在该轮上担任船长。永航公司的员工苏伟权出庭作证时也称船东会根据完成航次情况支付提成，故永航公司提交的其他船员书面劳动合同即便真实，也不能证明船长的月工资仅3,300元；苏伟权确认其与管理人员苏韩根系父子关系，而苏韩根作为该轮保险单的被保险人，对该轮享有一定的利益，故苏伟权的证人证言也不能证明永航公司的上述主张。在永航公司没有提交相反证据的情况下，尹玉强作为船长，主张当时的月工资为1万元，该金额符合市场一般行情，应予以支持。

关于尹玉强主张的工伤保险待遇问题。因尹玉强的劳动功能障碍等级经劳动能力鉴定委员会鉴定为七级，尹玉强依据东莞市残疾人综合评估中心出具的伤残评定表而主张四级伤残，由于该伤残等级并非法定的劳动能力鉴定委员会评定，因此依据劳动能力鉴定委员会评定的等级确定尹玉强的伤残等级为七级，尹玉强的工伤保险待遇应按伤残等级七级确定。根据《工伤保险条例》第三十七条第一项的规定，尹玉强因工致残被鉴定为七级的，可取得以13个月的本人工资为标准的一次性伤残补助金，因而尹玉强可主张的一次性伤残补助金为13万元。根据《工伤保险条例》第三十七条第二项的规定及《广东省工伤保险条例》第三十四条、第三十五条的规定，尹玉强可请求以6个月本人工资为标准的一次性工伤医疗补助金和以25个月本人工资为标准的一次性伤残就业补助金，但不得超过工伤保险统筹地区职工平均工资的300%。尹玉强的请求未超过韶关市职工平均工资的3倍，该请求有理，应予支持，因而永航公司应向尹玉强支付6万元的一次性工伤医疗补助金和25万元的一次性伤残就业补助金。尹玉强主张的伤残津贴不属于七级伤残可享受的工伤保险待遇，因此对于尹玉强的该请求不予支持。

关于尹玉强主张的欠付工资、经济补偿金、未签订书面劳动合同的双倍工资的问题。根据《工伤保险条例》第三十三条第二款的规定，停工留薪期一般不超过12个月;伤情严重或者情况特殊,经设区的市级劳动能力鉴定委员会确认,可以适当延长,但延长不得超过12个月。由于尹玉强未提供证明劳动能力鉴定部门确认延长尹玉强停工留薪期,因此尹玉强的停工留薪期应为1年,对于尹玉强主张的超过1年的部分不予支持。由于尹玉强在事故发生前16天上船工作,尹玉强可请求该16天的工资及停工留薪期1年的工资,金额合计为125,333.33元。对于尹玉强主张的经济补偿金,参照《广东省高级人民法院广东省劳动人事争议仲裁委员会关于审理劳动人事争议案件若干问题的座谈会纪要》第24条"劳动者依照原劳动部《违反和解除劳动合同的经济补偿办法》第三条、第四条和第十条的规定,请求用人单位支付经济补偿金或额外经济补偿金的,不予支持"的规定,对于尹玉强主张欠付工资金额25%的经济补偿金,应不予支持。对于尹玉强主张的双倍工资问题,根据《中华人民共和国劳动合同法实施条例》第六条的规定,永航公司只对超过1个月未签订书面劳动合同承担支付双倍工资的责任,而尹玉强上船工作才十几天就因发生事故受伤未能工作,尹玉强为此主张因未签订书面劳动合同的双倍工资不符合法律规定,应不予支持。

  关于尹玉强主张的医药费、住院伙食补助费、护理费、交通费和住宿费的问题。尹玉强因工伤事故遭受人身损害,其在接受胆囊摘除手术之前产生的医疗费用应由永航公司负担。对于之后的医疗费,由于鉴定机构无法对尹玉强的胆囊摘除手术与后续产生的医疗费之间是否具有因果关系及多次转院治疗的合理性作出鉴定,且尹玉强提交的出院证明、疾病诊断书等证据能证明尹玉强接受住院治疗的相关项目及药品与工伤事故引发的病症表面相符,在永航公司未提供相反证据的情形下,尹玉强在接受胆囊摘除手术后产生的医疗费金额也应由永航公司负担。至于永航公司提出的尹玉强转院次数不符合规定、超出工伤保险保险药品范围不予赔偿的抗辩,因尹玉强转院治疗均为治疗本案事故所受的伤,没有证据显示扩大了费用开支,永航公司未为尹玉强缴纳工伤保险费,由此引起的后果应由永航公司负担,永航公司应负担尹玉强因事故受伤而产生的医疗费。对于尹玉强362,353.79元的医疗费,应由永航公司负担。尹玉强、永航公司共同确认尹玉强住院天数为229天。尹玉强请求的每天80元的住院伙食补助费,未超过国家机关一般工作人员出差标准,该主张合理,予以支持,由此计算出住院伙食补助费为18,320元。参照广东省高级人民法院等联合发布的《关于广东省道路交通事故损害赔偿标准的纪要》的规定,住院护理费的标准按照每天150元确定,对于尹玉强主张的每人每天200元的护理费,超过部分不予支持。根据医嘱,尹玉强应由一名护工护理,据此计算出尹玉强的护理费为34,350元。由于尹玉强未能提交相关交通费票据,参照上述纪要,考虑到尹玉强的治疗情况,一审法院酌定交通费为6,870元。由于尹玉强未能提供住宿费实际发生的相关票据,参照上述纪要,对尹玉强主张的住宿费不予支持。

综上所述,永航公司应向尹玉强支付一次性伤残补助金13万元、一次性工伤医疗补助金6万元、一次性伤残就业补助金25万元、工资125,333.33元、医疗费362,353.79元、住院伙食补助费18,320元、护理费为34,350元、交通费6,870元,以上金额合计987,227.12元。扣除永航公司已支付的224,876.63元后,永航公司仍应向尹玉强支付762,350.49元。

关于尹玉强主张的船舶优先权问题。"粤韶关货2151"轮属于内河船,因此该轮不属于《中华人民共和国海商法》第三条规定的船舶,尹玉强主张其本案债权对该轮具有船舶优先权没有事实和法律依据,应不予支持。

广州海事法院于2018年6月28日作出(2018)粤72民初50号民事判决。依照《中华人民共和国劳动合同法》第三十八条第一款和《工伤保险条例》第三十三条、第三十七条以及《中华人民共和国民事诉讼法》第六十四条第一款的规定,判决:一、确认尹玉强与永航公司之间的劳动关系于2017年11月30日解除;二、永航公司向尹玉强支付一次性伤残补助金等损失共计762,350.49元;三、驳回尹玉强的其他诉讼请求。一审案件受理费5元,由尹玉强负担2.74元,永航公司负担2.26元,财产保全申请费5,000元,由尹玉强负担2,736元,永航公司负担2,264元。

尹玉强和永航公司均不服一审判决,提起上诉。尹玉强上诉请求:1.撤销一审判决第三项;2.判决永航公司支付尹玉强工资337,000元(工资10,000元/月,自2014年12月10日计至2017年11月30日);3.判决永航公司未签订书面劳动合同赔偿尹玉强工资110,000元(10,000元/月×11个月=110,000元);4.确认尹玉强构成工伤言语和智力四级伤残,判决永航公司支付尹玉强一次性伤残补助金210,000元,按月向尹玉强支付伤残津贴(每月伤残津贴为尹玉强月工资的75%即7,500元,发放至尹玉强70周岁)。永航公司上诉请求:撤销原审判决,按照尹玉强月工资3,300元的标准予以改判。

广东省高级人民法院认为:本案二审的争议焦点为尹玉强的月工资数额以及尹玉强关于各项损失的主张应否支持。

关于尹玉强的月工资数额问题。永航公司于一审期间提供了韦胜波的2份劳动合同,但韦胜波与尹玉强的职务不同,上述2份劳动合同无法证明尹玉强的月工资数额。永航公司于一审期间提供了其与船长苏某签订的劳动合同,其中约定苏某正常工作时间工资按3,300元执行,但苏某于一审庭审中表示"每个月工资是3,300元,如果跑得航线多,还有提成",可见其实际获得的劳动报酬多于劳动合同中约定的数额。永航公司上诉请求确认尹玉强的月工资为3,300元,但未能进一步举证,法院不予支持。根据国家统计局广东调查总队、广东省统计局公布的2015年度统计数据国有同行业水上运输业在岗职工年平均工资为103,833元,折合月工资为8,652.75元。尹玉强于2014年12月10日开始在"粤韶关货2151"轮上担任船长,一审判决认定其当时的月工资为1万元,符合市场一般行情,予以维持。

关于尹玉强主张的各项损失问题。第一,永航公司欠付尹玉强的工资问题。根据《工伤保险条例》第三十三条第二款"职工因工作遭受事故伤害或者患职业病需要暂停工作接受工伤医疗的,在停工留薪期内,原工资福利待遇不变,由所在单位按月支付。停工留薪期一般不超过12个月。伤情严重或者情况特殊,经设区的市级劳动能力鉴定委员会确认,可以适当延长,但延长不得超过12个月。工伤职工评定伤残等级后,停发原待遇,按照本章的有关规定享受伤残待遇。工伤职工在停工留薪期满后仍需治疗的,继续享受工伤医疗待遇"的规定,尹玉强在停工留薪期满后仍需治疗,可继续享受工伤医疗待遇而非原工资福利待遇。因此,尹玉强主张永航公司应向其支付工资直至劳动关系终止,缺乏法律依据,法院不予支持。第二,尹玉强主张的未签订劳动合同的双倍工资问题。根据《中华人民共和国劳动合同法》第七条和第十条的规定,用人单位自用工之日起即与劳动者建立劳动关系,未同时订立书面劳动合同的,应当自用工之日起一个月内订立书面劳动合同。本案中,尹玉强上船工作不满一个月就发生了事故,并长期处于治疗状态,永航公司对未签订书面劳动合同并无明显过错。虽然尹玉强与永航公司之间的劳动关系一直存续,但不能将未签订劳动合同的责任归咎于永航公司。因此,尹玉强主张永航公司向其支付双倍工资理据不足,不予支持。第三,尹玉强的工伤保险待遇问题。根据《工伤保险条例》第二十一条、第二十二条、第二十三条、第三十五条、第三十六条、第三十七条的规定,职工发生工伤后,申请劳动能力鉴定应向劳动能力鉴定委员会提出,并依据鉴定的伤残等级享受相应的工伤保险待遇。尹玉强依据东莞市残疾人综合评估中心出具的伤残评定及其持有的残疾人证主张四级伤残,但该评估中心并非法定的劳动能力鉴定机构。一审判决依据劳动能力鉴定委员会的鉴定结论确认尹玉强的伤残等级为七级正确,予以维持。

广东省高级人民法院于2018年11月23日作出（2018）粤民终1698号民事判决：驳回上诉，维持原判。

【典型意义】

船员纠纷中，在船员与用人单位未签订书面劳动合同的情形下，如何综合认定船员的月工资数额是司法实践中的疑难问题。本案中，原、被告双方主张的月工资数额相差较大，真伪难辨。法院生效裁判结合船员服务簿关于尹玉强为船长的记载、生效行政判决对尹玉强的职务为船长的认定、永航公司员工苏伟权的证言等证据及统计部门关于国有同行业水上运输业在岗职工年平均工资等数据，综合认定尹玉强为船长及其月工资数额为1万元，符合船员劳务市场的基本情况，充分保障了船员的合法权益。由于尹玉强在住院期间接受了胆囊手术，鉴定机构无法对胆囊手术与后续产生的医疗费之间是否具有因果关系作出鉴定，且尹玉强提交的出院证明、疾病诊断书等证据能证明其接受住院治疗的相关项目及药品与工伤事故引发的病症表面相符，在永航公司未提供相反证据的情形下，尹玉强在接受胆囊手术后产生的医疗费也应由永航公司负担。尹玉强依据东莞市残疾人综合评估中心出具的伤残评定及其持有的残疾人证主张四级伤残，由于该等级并非法定的劳动能力鉴定机构作出，故其伤残等级应按照七级伤残认定。根据《工伤保险条例》第三十三条第二款的规定，尹玉强在停工留薪期满后需治疗，可继续享受工伤医疗待遇而非原工资福利待遇，故尹玉强主张永航公司应向其支付工资直至劳动关系终止，缺乏法律依据，不予支持。此外，尹玉强在上船工作不满一个月就发生了事故，并长期处于治疗状态，永航公司对未签订书面劳动合同并无明显过错，不能将该责任归咎于永航公司，故尹玉强主张永航公司向其支付双倍工资理据不足，应不予支持。

本案系工伤保险待遇纠纷案件。此类案件通常系船员在船工作期间遭受人身损害，向劳动行政部门申请工伤认定，经认定为工伤或视为工伤后，提起的民事诉讼程序。由于武江区人社局不予认定尹玉强的人身损害为工伤，尹玉强提起了行政诉讼，经过两级人民法院审理，终审判决撤销不予认定工伤决定书。武江区人社局重新作出认定，认定尹玉强受到的事故伤害为工伤。根据《最高人民法院关于海事法院受理案件范围的规定》，船员劳动合同、劳务合同（含劳务派遣协议）项下，与船员登船、在船服务、离船遣返相关的报酬给付及人身伤亡赔偿纠纷案件属于海事法院的受案范围。在船员劳务关系或雇佣合同关系项下，海事法院对船员提起人身损害案件本可直接受理。

但船员若主张其与船公司之间成立劳动合同关系,且向有关劳动行政部门申请工伤认定的,由于工伤认定属于行政争议,此类案件尚未纳入海事法院的受案范围,船员需要在地方法院提起诉讼。因此,工伤行政诉讼案件系工伤保险待遇案件的前置程序。只有劳动行政部门作出工伤认定后,船员才能依据工伤等级及《工伤保险条例》主张工伤保险待遇。工伤保险待遇案件与海上人身损害案件的举证责任、计算标准等均存在较大不同,船员应按照相关法律规定主张权利并加强举证,依法维护自身的合法权益。人民法院对不积极购买工伤保险的船公司判决承担给付责任,对侵害劳动者合法权益的行为予以否定评价,体现了司法的价值导向。

  该案对规范船员劳务市场、构建和谐稳定有序的劳动关系具有重要意义。一是该案裁判在举证责任分配、证据分析与综合运用、未签订书面劳动合同的责任认定等方面均具有较强的参考价值,为处理同类工伤保险待遇纠纷提供了有益借鉴。二是法院生效裁判在坚持依法保护受伤船员各项工伤保险待遇的同时,注重平衡保护船员、船舶挂靠公司和个体船东之间的利益,对尹玉强的不合理请求不予支持,以维护诚实守信、公平合理的用工秩序。三是该案涉及船员工伤认定行政诉讼纠纷及工伤保险待遇纠纷的链接问题,受伤船员在维护自身权益的过程中经历多起诉讼,耗费了较多时间与精力。该案对工伤保险待遇纠纷解决如何方便劳动者维权、诉讼程序设计如何体现公正高效理念具有较强的启发意义。

(尹忠烈　谭学文)

陈仕景等与台山市港航船务有限公司工伤保险待遇纠纷案

——被挂靠企业依法应承担挂靠人雇佣人员的工伤保险赔偿责任

【提要】

船舶挂靠经营是中国沿海运输业的特有现象。在存在挂靠这种特殊用工情况下，被挂靠企业对挂靠人聘请的人员所享有的工伤保险待遇赔偿责任，并不以被挂靠企业与挂靠人聘请的人员之间存在劳动合同关系为前提。即："个人挂靠其他单位对外经营，其聘用的人员因工伤亡的，被挂靠单位为承担工伤保险责任的单位"。"粤广海货9840"轮挂靠于台山市港航船务有限公司名下对外经营，实际船舶所有人廖凤琼、刘俊雄夫妇雇佣陈东球在"粤广海货9840"轮做杂工。陈东球随船作业时被电击身亡，死者亲属能否要求被挂靠公司承担工伤死亡保险责任。本案创造性地解决了雇佣关系与工伤死亡保险赔偿责任之间的联系，予死者家属以实质正义。

【关键词】

劳动关系　雇佣关系　船舶挂靠　工伤保险责任

【基本案情】

原告：陈仕景（系死者陈东球之配偶，1967年4月8日出生）、陈路星（系死者陈东球之子，1990年11月9日出生）、陈芷程（系死者陈东球之女，1995年9月9日出生）、赵取（系死者陈东球之母，1937年9月14日出生）。

被告：台山市港航船务有限公司。

四原告向本院提出诉讼请求：请求判令被告向四原告一次性支付工亡补助金、丧葬补助金、供养亲属抚恤金等，合计885,119元，并承担本案诉讼费用。事实和理由：四原告分别为死者陈东球的配偶、子女及母亲。陈东球于2013年2月始受雇于被告所属的"粤广海货9840"轮做杂工，月工资为5,000元，但未签订书面劳动合同。2015年7月18日，陈东球随船在广东省江门市新会区崖西泰盛石场对出海面作业时被电击身亡。"粤广海货9840"轮为廖凤琼挂靠在被告名下对外经营,登记的船舶所有人为被告(占51%份额)和廖凤琼(占49%份额),登记的船舶经营人为被告。陈东球为廖凤琼、刘俊雄所聘用的员工,但"粤广海货9840"轮挂靠在被告名下对外经营,陈东球因工身亡所引起的有关工伤保险责任应由被告承担。

被告辩称:"粤广海货9840"轮的船舶实际所有人为廖凤琼、刘俊雄夫妇;两人挂靠在被告名下经营,责任应由廖凤琼、刘俊雄夫妇承担;死者陈东球并非被告聘请的员工,被告也并未发现"粤广海货9840"轮存在陈东球这一雇员,且陈东球未取得船员服务资格,也没有电焊工上岗证件,其上船作业属于违法行为。

广州海事法院经审理查明:2013年9月4日,被告和廖凤琼签订挂靠委托经营合同书,约定:廖凤琼将其所属的"粤广海货9840"轮挂靠在被告名下,船舶注册所有人为被告,被告名义占有"粤广海货9840"轮51%的股权;廖凤琼可在被告的授权下以被告名义承接运输业务;经营期间,廖凤琼接受被告的管理和监督,日常工作由廖凤琼负责,并承担船上一切安全事故和经济责任。"粤广海货9840"轮的船舶所有权登记证明书记载所有权人为被告和廖凤琼,廖凤琼占49%,被告占51%。

陈东球受雇于廖凤琼和刘俊雄,在"粤广海货9840"轮工作,但没有签订书面劳动合同。2015年7月18日14时许,陈东球随"粤广海货9840"轮出海作业时被雷电击中,后被送去当地医院,经救治无效死亡。次日,刘俊雄向陈东球亲属支付10万元作为处理该事的交通、食宿、误工等生活补偿费用。后刘俊雄以涉案船舶登记的船舶所有人为被告为由拒绝其他赔偿。

2016年5月5日,四原告向台山市劳动人事争议仲裁委员会提起劳动仲裁,要求确认陈东球与被告存在劳动关系。该仲裁委员会于2016年6月24日作出台劳人仲案非终字〔2016〕0187号仲裁裁决,认为涉案船舶实际所有权人为廖凤琼,被告只是被挂靠公司,四原告未能举证证明死者陈东球与被告存在劳动关系,故驳回四名原告的仲裁请求。随后,四原告向广东省台山市人民法院提起诉讼要求确认劳动关系。2017年6月16日,江门市中级人民法院作出(2016)粤07民终2977号民事裁定,认为该案应属海事法院专属管辖,裁定将此案移送广州海事法院审理。本案审理过程中,四原告请求被告支付工亡赔偿金,四原告与被告均确认死者陈东球实际受雇于廖凤琼和刘俊雄夫妇。

【裁判理由及结论】

广州海事法院认为，关于陈东球是否是在工作时死亡，被告对原告在"粤广海货9840"轮工作因雷电击身亡的事实予以确认，而原告申请的证人陈设辉出庭证实其与死者陈东球同在涉案船舶上工作。陈东球于2013年2月上船工作，工资2013年为每月3,000元，2014年之后为工资每月5,000元，其工资是由刘俊雄发给陈设辉，再由陈设辉转给陈东球。另外，广州海事法院于2018年9月11日向崖门镇综治办主任杨秀源调查得知，陈东球是于2013年初就在船上工作，工资为每月5,000元。结合新会公安分局崖西边防派出所出具证明陈东球为"粤广海货9840"船上员工的事实，对证人陈设辉的证言，广州海事法院予以采信。

关于被告是否需要承担责任。由于涉案的"粤广海货9840"轮由廖凤琼实际所有，并挂靠在被告名下经营，而四原告与被告均确认死者陈东球是廖凤琼、刘俊雄雇佣在船工作人员。《最高人民法院关于审理工伤保险行政案件若干问题的规定》第三条第一款第五项规定：个人挂靠其他单位对外经营，其聘用的人员因工伤亡的，被挂靠单位为承担工伤保险责任的单位。故被告虽不是聘用陈东球的用人单位但其作为被挂靠单位同样也应承担对死者陈东球的工伤保险责任。

根据《工伤保险条例》第三十九条第一款规定："职工因工死亡，其近亲属按照下列规定从工伤保险基金领取丧葬补助金、供养亲属抚恤金和一次性工亡补助金；（一）丧葬补助金为6个月的统筹地区上年度职工月平均工资；（二）供养亲属抚恤金按照职工本人工资的一定比例发给由因工死亡职工生前提供主要生活来源、无劳动能力的亲属。标准为：配偶每月40%，其他亲属每人每月30%，孤寡老人或者孤儿每人每月在上述标准的基础上增加10%。核定的各供养亲属的抚恤金之和不应高于因工死亡职工生前的工资。供养亲属的具体范围由国务院社会保险行政部门规定；（三）一次性工亡补助金标准为上一年度全国城镇居民人均可支配收入的20倍。"结合《最高人民法院关于审理人身损害赔偿案件适用法律若干问题的解释》第三十五条第二款的规定："上一年度"，是指一审法庭辩论终结时的上一统计年度。本案的辩论终结时间为2018年8月23日，故统筹地区（江门市）上年度职工月平均工资、全国城镇居民人均可支配收入均应采用2017年度统计数据。被告应向四原告支付丧葬补助金为 33,053.50 元（66,107[①] ÷ 12 × 6 = 33,053.50），一次性工亡补助金为 727,920 元（36,396[②] × 20 = 727,920）。至于四原告主张的供养亲属抚恤金，因原告赵取还育有其他六名成年子女，四原告也确认原告赵取现由其他六名子女扶养，本案原告赵取并非由死者陈东球提供主要生活来源。另外，四原告亦未提供证据证明赵取无劳动能力，根据《最高人民法院关于适用〈中华人民共和国民事诉讼法〉的解释》第九十条第二款规定："在作出判决前，当事人未能提供证据或者证据不足以证明其事实主张的，由负有举证证明责任的当事人承担不利的后果。"原告关于供养亲属抚恤金的主张不符合法律规定，不予支持。最后，依照《工伤保险条例》第三十九条第一款、《最高人民法院关于适用〈中华人民共和国民事诉讼法〉的解释》第九十条第二款规定，判决被告台山市港航船务有限公司向原告陈仕景、陈路星、陈芷程、赵取支付一次性工亡补助金 727,920 元、丧葬补助金 33,053.50 元，合计 760,973.50 元。

一审判决之后，台山市港航船务有限公司不服提出上诉，2019 年 7 月 22 日，广东省高级人民法院作出（2019）粤民终 274 号二审判决：驳回上诉，维持原判。

【典型意义】

本案事故的处理历经江门市新会区崖门镇政府调解、广东省台山市人民法院一审，江门市中级人民法院撤销台山市人民法院的一审、移送广州海事法院处理，再经过广州海事法院一审直至广东省高级人民法院的二审。本案中的当事人拿到生效判决距离事发之日有四年之久，对于遇难者家属而言，不能及时予以法律上的正义，值得深思。但是就像美国大法官休尼特所说的那样："正义也许会迟到，但绝不会缺席。"

本案的典型意义有以下几个方面。

一、合理认定劳动关系、雇佣关系和工伤保险待遇的联系

根据《工伤保险条例》的规定，一般情况下，享受工伤保险待遇的应为企业的员工，即原告应与企业之间建立劳动合同关系，也就是说，劳动关系是社会保险行政部门认定工伤的前提。实践中，具备国内水路货物运输资质的船舶所有人为经营之需要，将其船舶挂靠在具有国内水路运输资质的企业

---

① 2017 年度江门市职工平均工资为 66,107 元。——编者注
② 2017 年度全国城镇居民人均可支配收入为 36,396 元。——编者注

名下以被挂靠企业名义对外经营，被挂靠企业向挂靠人收取管理费，这在国内水路运输行业较为普遍。挂靠经营船舶的船上人员往往直接受雇于挂靠人，与被挂靠企业不存在劳动合同关系。本案的原告与被告均确认其双方之间并没有劳动合同关系。问题处理来到了本案核心即被挂靠公司是否应当承担挂靠人雇佣人员的工伤死亡保险责任。根据《最高人民法院关于审理工伤保险行政案件若干问题的规定》第三条第一款第五项"个人挂靠其他单位对外经营，其聘用的人员因工伤亡的，被挂靠单位为承担工伤保险责任的单位"的规定及该条规定的实质精神，即被挂靠单位对个人需承担工伤保险责任，认为该条也可以在民事案件中予以适用。该案二审法院也认为，在存在挂靠这种特殊用工情况下，被挂靠企业对挂靠人聘请的人员所享有的工伤保险待遇赔偿责任并不以被挂靠企业与挂靠人聘请的人员之间存在劳动合同关系为前提。本案创造性地解决了《最高人民法院关于审理工伤保险行政案件若干问题的规定》这一行政案件司法解释类推适用工伤保险待遇纠纷的解决，为民事疑难案件的解决提供了一种新的路径选择。故而，秉持着实质正义的理念，在本案中我们认为行政法的相关规定，可以作为本案民事判决的相关依据。

二、有效地平衡了船舶挂靠情况下各方的利益

通常情况下，被挂靠企业以出让资质使用权的方式向挂靠人收取管理费，而不承担相应的风险和责任。这在很大程度上导致了利益的不平衡。本案关于被挂靠单企业对实际船东所雇佣的船上人员需承担工伤保险责任的裁判结果也为二审法院所认可，即存在挂靠这种特殊用工情况下，被挂靠企业对挂靠人聘请的人员应负有工伤保险待遇赔偿责任，不以被挂靠企业与挂靠人雇佣的人员之间存在劳动合同关系为前提，较好地平衡了受实际船东雇佣人员与被挂靠企业之间的权利、义务和责任。本案的处理结果，从法理上来说符合公平原则。

三、为当事人排忧解难，畅通当事人诉求表达渠道

本案事故发生之后，死者陈东球的亲属40多人从台山赶往双水医院，要求实际船东出面处理。其后，死者亲属与"粤广海货9840"轮的老板前去崖门镇政府，虽经镇政府调解，但是双方并未达成一致意见。随后，"粤广海货9840"轮的实际船东廖凤琼及其丈夫刘俊雄移居香港，内地已无具体的通信联络地址，香港居所也无从查起。原告也是被迫无奈才直接起诉被挂靠企业，也即是本案被告。本案判决被挂靠企业承担责任，解决了原告亲属可能遭受无人予以赔偿的不公平情形的出现，而台山市港航船务有限公司作为被

挂靠企业，收取管理费，其从挂靠的行为中获取利益，使其承担责任，平衡了原、被告双方的利益。本案判决理顺了原、被告双方的权利、义务，较好地处理了雇佣关系项下，原告面临无人赔偿的窘境。

（廖林锋　刘亮）

·第四编·

船舶碰撞

三聯書店

广东省佛开高速公路有限公司
诉佛山市南海裕航船务有限公司等
船舶触碰桥梁损害赔偿纠纷案

——适用既判力理论，准确回应"船撞桥"还是"桥砸船"

【提要】

随着我国刑民交叉案件的频繁发生，如何解决先前已生效裁判对后续另一性质诉讼的效力问题，成为司法实践中亟待解决的难题。在刑事裁判对后续民事诉讼的效力方面，应当适用既判力理论解决生效裁判对后续诉讼的效力问题。即已为人民法院发生法律效力的裁判所确认的事实，当事人无须举证证明，当事人有相反证据足以推翻的除外。本案中九江大桥坍塌的事故原因已由法院作出的刑事裁定书确认，重点围绕当事人提交的证据是否足以推翻刑事案件确定的事实进行审理，当事人未提交充分的证据推翻刑事裁定书确认的事实，应承担举证不能的法律后果。

【关键词】

刑事裁判　民事诉讼　既判力　拘束力　九江大桥

【基本案情】

原告（被上诉人）：广东省佛开高速公路有限公司（以下简称"佛开高速公司"）。

被告（上诉人）：杨雄。

原审被告：佛山市南海裕航船务有限公司（以下简称"裕航公司"）。

原告诉称：2007年6月15日，裕航公司在使用肇事船舶"南桂机035"轮运输河砂时，撞塌了原告所有的九江大桥，导致大桥桥面坍塌。本案事故是一起船舶碰撞桥梁的单方责任事故。裕航公司是肇事船舶的实际控制人，应对事故承担直接责任。被告杨雄是肇事船舶的船主，应与被告裕航公司承担连带赔偿责任。原告是九江大桥业主，因大桥被撞断后交通中断，原告无法收取到任何车辆通行费。请求法院判令两被告连带赔偿原告车辆通行费损失 25,587,684 元,并承担本案诉讼费。

被告裕航公司辩称:原告无权收取九江大桥车辆通行费,无权向裕航公司提出索赔。裕航公司不是本案侵权行为的直接实施者,不应该承担损害赔偿责任。裕航公司与挂靠人杨雄签订的挂靠经营合同明确约定,挂靠船舶一旦发生事故,损失全部由挂靠人承担。原告未尽到对桥梁的安全管理义务,应承担相应的法律责任。

被告杨雄辩称:有充分证据证明九江大桥因其自身安全隐患倒塌,被告杨雄不应承担任何赔偿责任。被告杨雄已将涉案船舶光船租赁给案外人,未参与船舶的经营管理,不应承担赔偿责任。原告不能证明其是九江大桥的所有权人,无权收费。原告未举证证明其遭受 25,587,648 元的损失。

广州海事法院经审理查明:"南桂机 035"轮是一艘钢质自卸砂船,登记为内河船舶,航区为 A 级,船舶所有人为被告杨雄,船舶经营人为裕航公司。本案事故发生后,广州市海珠区人民法院于 2011 年 12 月 15 日作出(2010)海刑初字第 661 号刑事判决,判决石桂德犯交通肇事罪。石桂德不服,提出上诉。2013 年 9 月 13 日,广州市中级人民法院作出(2012)穗中法刑一终字第 111 号刑事裁定书(以下简称"刑事裁定书")。该刑事裁定认定事实和责任如下:2007 年 6 月 15 日凌晨 4 时许,船长石桂德驾驶"南桂机 035"轮装载河砂,自佛山高明顺流开往佛山顺德。凌晨 5 时许,该轮因偏离航道以及石桂德对航道灯判断严重失误,致使船头与大桥 23 号桥墩发生触碰,导致大桥 23 号、24 号、25 号三个桥墩倒塌,并引发所承载桥面坍塌;本次事故是一起船撞桥梁的单方责任事故,"南桂机 035"轮应负全部责任;石桂德违反水上交通运输管理法规,因而发生重大交通事故,已构成交通肇事罪。

国道 G325 九江大桥于 1988 年通车收费。九江大桥于 2009 年 6 月 9 日修复后恢复通车。本案在审理过程中,广州海事法院委托广东立信长江会计师事务所有限公司对九江大桥于 2007 年 6 月 15 日倒塌后 180 天的收入损失数额进行鉴定。广东立信长江会计师事务所有限公司作出司法会计鉴定报告认为原告在九江大桥坍塌后 180 天的总损失金额为 19,357,500.96 元。

广州海事法院根据上述事实和证据认为:广州市中级人民法院作出的刑事裁定书已确认,并已发生法律效力。根据《最高人民法院关于民事诉讼证据的若干规定》第九条的规定,已为人民法院发生法律效力的裁判所确认的事实,当事人无须举证证明,当事人有相反证据足以推翻的除外。被告杨雄提交的 89 份证据不能推翻刑事裁定的认定。本案事故原因应以刑事裁定书确认的事实为准，是"船撞桥"，而不是"桥砸船"，认定本案事故是一起船撞桥梁的单方责任事故。

原告是经依法批准有权向通行九江大桥的车辆收取车辆通行费的主体，其请求车辆通行费损失的时间属于其有权收取车辆通行费的期间。因此，原告有权就其遭受的车辆通行费损失向两被告提出索赔。

被告杨雄作为登记的船舶所有人，虽然其辩称事故发生前已将船舶光租给案外人，但未办理登记手续，不能对抗作为被侵权人的原告。本案事故是石桂德违反水上交通运输管理法规，驾驶"南桂机035"轮撞塌九江大桥，根据《中华人民共和国民法通则》第一百零六条第二款规定，被告杨雄应对其所有的"南桂机035"轮撞塌九江大桥承担赔偿责任。裕航公司作为登记的船舶经营人，根据交通部《关于整顿和规范个体运输船舶经营管理的通知》第二条第四项规定，其未尽安全管理义务而造成本案事故，也存在过错。根据《中华人民共和国民法通则》第一百三十条规定，裕航公司应对本案事故给原告造成的损失承担连带赔偿责任。

就原告的损失数额问题，广州海事法院委托的广东立信长江会计师事务所有限公司审计方法合理，得出的审计结果应是客观的。在各方当事人均未提出相反证据证明司法会计鉴定报告不客观、不合理的情况下，认定本案原告遭受的损失为19,357,500.96元。

综上所述，广州海事法院作出如下判决：被告裕航公司、被告杨雄连带赔偿原告广东省佛开高速公路有限公司车辆通行费收入损失19,357,500.96元；驳回原告佛开高速公司的其他诉讼请求。

上诉人杨雄不服该判决，向广东省高级人民法院上诉称：1. 杨雄已提供充分证据证明大桥系因自身安全隐患突然倒塌而砸沉杨雄所有的"南桂机035"轮；2. 大桥系严重短桩而自行倒塌，佛开高速公司拒绝提供大桥相关资料，掩盖事实真相，其自身有过错；3. 一审判决未审查九江大桥收费的合法性问题，属于适用法律错误；4. 杨雄已将"南桂机035"轮光租给陈伟红，杨雄未参与该轮的经营管理，不应被认定为责任主体和承担损害赔偿责任。请求撤销一审判决，改判驳回原告的全部诉讼请求。

被上诉人佛开高速公司答辩称，一审判决认定事实清楚，适用法律正确，杨雄的上诉理由缺乏事实和法律依据，不应支持。

二审法院确认了原审法院查明的事实和证据。

【裁判理由及结论】

广东省高级人民法院认为：本案为船舶触碰桥梁损害赔偿纠纷。涉案事故造成重大人身及财产损害,既是一起严重的安全生产事故,又是一起重大的水上交通事故,涉及船舶驾驶、内河航运、桥梁质量、安全生产监督管理等诸方面问题。广东省政府为此专门成立了由广东省安全生产监督管理局、广东省交通运输厅、广东海事局等多家具有相应行政管理职能及权限的国家机关组成联合调查组就涉案事故开展调查。事故调查过程中,还组织专家就所涉各项专业技术问题进行论证,在此基础上,联合调查组所作的事故调查报告具有科学性、权威性,能够作为认定涉案事故情况及责任的依据。石桂德作为肇事船舶"南桂机035"轮的船长,因涉嫌刑事犯罪而被公安机关立案侦查、检察机关提起公诉,两级法院经审理后分别作出有罪的一审判决和维持原判的二审裁定;石桂德及其亲属不服刑事案件的审理结果,先后向广州市中级人民法院、本院及广州市人民检察院提出申诉,均被驳回。涉案刑事裁决、驳回申诉通知书、刑事申诉复查通知书均为生效法律文书且与涉案事故直接相关,故可作为认定本案事实的依据。事故发生后,案外人广东省长大公路工程有限公司国道G325九江大桥修复工程总承包项目部委托具备专业资质和技术的潜水队对"南桂机035"轮在水下的状况进行多次探摸,据此作出的探摸报告和潜水报告均证明该轮船头、右舷有严重损坏。以上证据相互印证,构成完整的证据链,足以证明存在船舶触碰桥墩的客观事实。与涉案事故有关的刑事审判程序对船舶触碰桥梁的事实均作出明确认定,杨雄在本案民事诉讼中虽对此否认但未提供足以推翻该事实的证据,故其该项上诉理由与已经查明的事实不符,不能成立。

广东交通集团检测中心曾于涉案事故发生前的2003年、2005年对九江大桥进行定期检测和维护,广东省交通工程质量质监站及广东交通建设工程质量检测中心于事故发生后对九江大桥作了检测试验。相关报告表明:九江大桥在事故发生前后性能良好,能满足原设计要求,工作状态正常;在本案及其他与涉案事故相关的案件中,并无证据显示自建成通车至涉案事故发生前,九江大桥曾被发现存在影响桥梁结构安全的重大隐患。联合调查组作出的两份事故调查报告中亦均未认定九江大桥的部分坍塌与其自身状况有关。与涉案事故相关刑事审判的不同程序均对大桥部分坍塌是否与其自身状况有关进行详细审查和充分回应。在综合各方面证据、事实的基础上,明确排除了九江大桥存在设计、施工所致安全隐患。杨雄虽主张九江大桥因设计、施工缺陷而造成自身安全隐患,由此导致部分坍塌,但未提供充分、有效的证据予以证明。综上分析,九江大桥在涉案事故中发生部分坍塌完全因"南桂机035"轮触碰所致,一审判决的认定理据充分,并无不当。

一审查明的事实显示,九江大桥建设资金的来源包括集资、贷款,作为高速公路的区段,其收费权及收费年限经国家交通主管部门批准确定。佛开高速公司于许可证规定期限内对通行九江大桥的车辆收取通行费合法有据。自涉案事故发生至其后的6个月仍属于九江大桥允许收费的期间,涉案事故导致车辆通行中断,佛开高速公司因无法收费所致收入损失客观存在,故有权提出索赔。

本案并无"南桂机035"轮光船租赁登记的证据,杨雄仅提交船舶租赁合同,但无法证明该合同的实际履行情况。财产由其所有人掌控符合常理,杨雄作为案涉船舶所有人,在不能提供充分证据证明该轮于事故发生时由他人实际控制的情况下,其应承担举证不能的不利后果,故一审判决关于杨雄为涉案事故的侵权责任主体、应承担相应损害赔偿责任的认定并无不当。船舶营运涉及重大公共安全问题,个体运输船舶的所有人和船舶运输经营人对此均负有责任。根据交通部《关于整顿和规范个体运输船舶经营管理的通知》第二条第四项的规定,作为登记经营人和挂靠单位,本案并无证据证明裕航公司确有健全的安全管理制度且切实履行了对案涉船舶的安全管理责任,故可认定其违反了法定义务。一审判决关于裕航公司存在过错、是涉案事故的侵权责任主体,应与船舶所有人杨雄承担连带赔偿责任的处理并无不当。

综上所述,杨雄的上诉请求理据不足,不予支持。原审判决认定事实清楚,适用法律正确,处理结果亦无不当,予以维持。广东省高级人民法院作出(2014)粤高法民四终字第91号判决:驳回上诉,维持原判。

【典型意义】

本案是一宗具有重大社会影响的船舶触碰桥梁损害责任纠纷案件,亦是一宗典型的刑民交叉案件。该案的生效裁判既保证法院判决的稳定性,维护了司法裁判的权威,又节省宝贵的司法资源,避免诉讼拖延,同时提升了公众的守法意识和法治观念,对保护国家和社会正常的经济活动秩序、服务粤港澳大湾区法治建设具有重要意义。

2007年6月15日,广东省佛山市九江大桥发生断裂事故,致使该桥桥面坍塌约200米,酿成4辆汽车坠江、8人死亡的特大交通事故。事故发生后,中央和广东省领导多次批示,社会广泛关注。船长石桂德涉嫌驾驶的"南桂机035"号运砂船触碰九江大桥造成本次事故,于8月2日被广州市海珠区人民检察院以涉嫌交通肇事罪批捕。事故发生后,广州海事法院先后受理了由断桥引发的4宗民事纠纷案,本案即是九江大桥断桥引发的4宗民事纠纷案之一。由于涉事船舶的船长等人涉及的刑事案件先后在广州市海珠区人民法院和广州市中级人民法院进行审理，因上述4宗民事案件的审理要以刑事案件的审理结果作为依据，广州海事法院于2009年1月5日裁定中止上述民事案件的审理。2011年12月，广州市海珠区人民法院一审宣判石桂德犯交通肇事罪获刑6年；石桂德不服判决，提出上诉，2013年9月16日，广州市中级人民法院作出终审裁定，维持海珠区人民法院的一审判决。刑事案件终审后，4宗民事案件恢复审理。尽管生效刑事裁判已经认定本次事故为"船撞桥"，杨雄及其代理人却抛出了争议巨大的"桥砸船"的答辩意见，社会影响很大，公众讨论热烈。面对舆论压力，本案以刑事裁定书确认的事实为依据，准确对"桥砸船"还是"船撞桥"作出认定，及时回应社会舆论。

近年来，人民法院审理了较多的刑民交叉案件。典型的刑民交叉是指民事案件的审理以刑事案件的审理为基础或条件，在刑事案件审理终结前，民事案件审理中止。在这种情形下，就涉及生效刑事裁判对民事案件的拘束力和既判力问题。一般而言，刑事既判力是指对刑事案件的拘束力。但是由于刑民交叉案件调整对象的部分重合性，刑事犯罪行为与民事侵权行为可能出现规范竞合，即行为人的一个违法行为既构成犯罪又构成侵权，此时刑事责任和侵权责任因法律性质不同，可以同时追诉，行为人承担刑事责任不应影响他承担民事责任。那么，在刑事责任优先追诉的情况下，既定刑事裁判对其后的民事案件有无既判力呢？有学者认为，一方面，由于属于规范竞合，刑事既判力禁止双重起诉的效力对民事案件无拘束力，并不能禁止民事法庭受理针对同一被告人的同一犯罪事实提起的民事诉讼；另一方面，刑事既判力禁止矛盾判决的效力对民事案件又具有拘束力，即"不允许民事法官无视刑事法官就构成民事诉讼与刑事诉讼之共同基础的犯罪事实的存在、其罪名以及对受到归咎的人是否有罪所做出的必要而肯定的决定"。换言之，刑事诉讼中的有罪判决将对民事诉讼产生既判力，民事案件不得作出与刑事诉讼中的有罪判决无论事实还是性质上相矛盾的判决。

我国现行刑事诉讼法并未明文体现既判力规范。《中华人民共和国民事诉讼法》第一百五十五条和第一百七十五条关于民事判决效力的条文，隐约有既判力规范的影子，但没有言明既判力的后果。本案中，一审法院根据《最高人民法院关于适用〈中华人民共和国民事诉讼法〉的解释》第九十三条"已为人民法院发生法律效力的裁判所确认的事实，当事人无须举证证明，当事人有相反证据足以推翻的除外"的规定，裁判认为被告杨雄提交的89份证据不能形成证据链推翻刑事裁定书确认的事实，对其主张均不予支持。因此,生效刑事裁判对民事案件审理的影响是客观存在的。两审法院的判决均体现了刑事判决所具有的拘束力。即生效刑事裁判所认定的事实主要是生效裁判关于"经审理查明"及"本院认为"部分中所确认的事实,后诉对该事实不能作出相反的认定。我们认为,作为前后案件的刑事案件与民事案件都需要对同一事实作出认定,从而产生交叉关联,为使刑事案件与民事案件的审理实现实体上公正,并在这一基础上节约审判资源,提高判决的公信力,减轻当事人的举证负担,为当事人提供更为经济与效率的司法救济,是赋予生效刑事裁判拘束力的真正动因。

但如果有证据证明实体上存在严重的不公正,盲目维持生效裁判的终局性将导致程序公正的目的及其纠纷解决功能无法实现。因此,在民事诉讼中,先前生效刑事裁判所认定的事实,对后续民事诉讼只有"推定"的拘束力,而没有绝对拘束力。《最高人民法院关于适用〈中华人民共和国民事诉讼法〉的解释》第九十三条规定的"当事人有相反证据足以推翻的除外"即是由法律明文设定的终局性的例外。为生效刑事裁判的拘束力设定界限,反而更有助于维持裁判的终局性。就本案而言,如果被告杨雄提交了足以推翻刑事裁定书所确认事实的证据,那么在先刑事裁判的拘束力就将失效。当然,这种拘束力事实的确定性是建立在司法裁判的权威性之上,因而不容当事人轻易否定,其必须建立的充分的相反证据之上。因此,刑事生效裁判的定性不应对民事案件形成绝对的既判力,但民事判决对基本事实的认定却不应与刑事生效裁判确定的事实相冲突,以做到节约司法资源与保护当事人权利的价值平衡。

(吴贵宁 刘宇飞)

台湾产物保险股份有限公司与全洋海运股份有限公司等船舶碰撞损害赔偿纠纷案

——处理域外发生船舶碰撞纠纷彰显中国海事审判国际形象

【提要】

2011年,中国台湾地区一艘公务船舶和台湾地区大型航运企业所属一艘利比里亚籍集装箱运输船在台湾水域发生碰撞事故。该事故与广州海事法院本无任何管辖权连接点。在涉案事故已在台湾地区法院提起诉讼的情况下,有关当事人通过在深圳申请扣押当事船舶形成连接点,向广州海事法院提起平行诉讼,并将主要诉讼请求在广州海事法院提出。经广州海事法院、广东省高级人民法院两级人民法院审理,确定了碰撞责任比例和损失赔偿金额。本案充分反映出中国台湾地区当事人对中国法院公正性与专业性的信任,以及中国法院在国际海事争端解决领域的影响力。

【关键词】

船舶碰撞　域外事故　外籍船舶　台湾船舶

【基本案情】

原告(上诉人):台湾产物保险股份有限公司(以下简称"产物保险公司")。

被告(上诉人):全洋海运股份有限公司(All Oceans Transportation Inc.)(以下简称"全洋公司")。

被告(上诉人):阳明海运股份有限公司(以下简称"阳明公司")。

被告(上诉人):林逸熙。

被告(上诉人):张颖。

原告产物保险公司诉称:"柏明"(YM Cypress)轮在台湾地区台南国圣港外通航密集水域使用自动舵定速航行,没有保持正规瞭望,没有使用安全航速,没有及时判断和发现存在碰撞危险,在交叉相遇时没有给在本船右舷前方的"CG126"轮让路,违反《避碰规则》多项规定,应对涉案船舶碰撞事故承担全部责任。请求判令四被告连带赔偿产物保险公司损失新台币210,874,094.93元及其利息，承担诉前扣押船舶申请费人民币5,000元，并承担案件诉讼费用。

被告全洋公司、阳明公司、林逸熙、张颖共同辩称：产物保险公司非法赔付，没有取得代位求偿权；除作为船舶所有人的全洋公司外，其他被告均不应承担责任；"CG126"轮存在船员不适任和操作不当的情况，应对碰撞事故承担全部责任；产物保险公司请求的损失，缺乏事实依据。请求驳回产物保险公司的全部诉讼请求。

广州海事法院经审理查明：2011年5月12日，全洋公司所属的、阳明公司经营的"柏明"轮（船舶登记地为利比里亚共和国蒙罗维亚，林逸熙为该航次该轮船长，张颖为大副和值班驾驶员）与产物保险公司承保的台湾地区海岸巡防主管部门所属的"CG126"轮（台湾地区船名为"台南"舰）在台湾地区台南国圣港外约6海里①的水域发生碰撞，"CG126"轮严重受损。事故发生过程大致为，当日0446时，"柏明"轮雷达首次发现"CG126"轮信号，此时两船相距约6.1海里，不存在碰撞危险；此后"柏明"轮持续向右转向以避让三艘同向航行的其他船舶，"CG126"轮则于0448时为避让右侧同向船舶，向左转向至150°并发现"柏明"轮，看见"柏明"轮左舷灯光信号，此时两船形成交叉相遇的局面并有碰撞危险，"柏明"轮在"CG126"轮的右舷，"CG126"轮为让路船，"柏明"轮为直航船。碰撞危险局面形成后，"柏明"轮并未立即发现"CG126"轮的航向，仍保持20节②以上航速并继续向左缓慢转向，"CG126"轮则仍保持原航向航速；0454时，"CG126"轮改航向至180°，并持续向右小幅度转向；0456时，"柏明"轮驾驶室值班船员发现"CG126"轮灯光信号，此时两船相距1.42海里，"柏明"轮未减速并继续向左转向；0458时，两船相距0.47海里，"CG126"轮开始加速并右满舵转向以避免碰撞，但未能避让成功。0459时，碰撞事故发生，"CG126"轮左舷艉部被"柏明"轮艏撞击。

碰撞事故发生后，"柏明"轮受损轻微，未进行专门修理；"CG126"轮于事故当日返回高雄港并入坞修理，于2011年11月修理完毕。产物保险公司根据有关保险合同办理了"CG126"船保险理赔，支付了船舶修理费、船舶检定费、交通费、船级检验费、理算费等合计新台币226,397,184元，并

---

① 1海里=1852米，6海里=11,112米。
② 1节=1海里/小时=1.852千米/小时。

取得权益转让证明书。2012年4月25日,产物保险公司在台湾地区高雄地方法院向四被告提起代位求偿诉讼,该案历经台湾地区高雄地方法院、台湾地区高等法院高雄分院、台湾地区审判主管机构三审终审,至2018年9月作出终审裁定,维持一审判决结果,判令阳明公司、全洋公司、张颖连带给付产物保险公司新台币3,000万元及利息。全洋公司已于2014年8月15日依据上述一审判决结果,向产物保险公司支付了新台币3,000万元和利息新台币3,850,685元,以及诉讼费用新台币276,000元,合计新台币34,126,685元。

产物保险公司于2012年11月23日向广州海事法院提出诉前海事请求保全申请,请求在深圳蛇口港扣押"柏明"轮,广州海事法院予以裁定准许并在深圳蛇口港对"柏明"轮执行了扣押。2012年11月30日,中国再保险集团股份有限公司为全洋公司向广州海事法院提供了750万美元的信用担保,广州海事法院遂解除船舶扣押。2012年12月25日,产物保险公司根据《民事诉讼法》第三十条规定,就前述"柏明"轮与"CG126"轮船舶碰撞事故损失向广州海事法院提起诉讼。

广州海事法院一审认为,根据事故发生前后的船舶运行状况和相对位置情况,在交叉相遇局面形成之时,"CG126"轮为让路船,"柏明"轮为直航船,综合双方船舶的操作、配员等因素,决定"CG126"轮和"柏明"轮分别承担船舶碰撞事故55%和45%的过失责任。并根据其他事实和证据,认定产物保险公司可以索赔的损失为新台币89,787,578.80元,以及四被告应承担连带责任。广州海事法院依照《最高人民法院关于审理涉台民商事案件法律适用问题的规定》第一条第二款,台湾地区所谓"海商法"的第九十七条第一项,台湾地区所谓"民法"的第一百八十四条第一项、第一百八十五条、第一百八十八条第一项及第二百零三条规定,作出判决:一、全洋公司、阳明公司、林逸熙、张颖连带赔偿产物保险公司船舶碰撞损失新台币89,787,578.80元及其自2014年8月16日起按年利率5%计算的利息;二、驳回产物保险公司的其他诉讼请求。

产物保险公司不服一审判决,向广东省高级人民法院提出上诉请求:1. 改判全洋公司、阳明公司、林逸熙、张颖产物保险公司新台币137,280,591.88元及其利息;2. 改判全洋公司、阳明公司、林逸熙、张颖承担诉前扣押船舶申请费人民币5,000元;3. 本案诉讼费用由全洋公司、阳明公司、林逸熙、张颖承担。事实和理由如下。第一,一审判决认定的涉案事故比例分担有误,"柏明"轮应承担事故的主要责任应予纠正。第二,一审判决对产物保险公司主张的部分损失不予支持存在错误，包括对超期罚款、约定修理费与实际修理费之间的差额、保险理算费用、台湾地区一审裁判费用、诉前扣船申请费的认定。第三，全洋公司、阳明公司、林逸熙、张颖承担应赔偿产物保险公司新台币 137,280,591.88 元，一审判决计算错误，少判新台币 47,493,013.08 元。

全洋公司、阳明公司、林逸熙、张颖共同辩称：1. 根据涉案船舶形成交叉相遇格局的时间，"CG126"轮船员配置情况和涉案船舶所采取的避让措施来看，"CG126"轮应对涉案船舶碰撞事故发生承担主要责任；2. 关于"CG126"轮的损失，在修理超期罚款、扣船申请费和台湾地区的裁判费用上均有重大异议。请求驳回产物保险公司的上诉请求。

全洋公司、阳明公司、林逸熙不服一审判决，共同提出上诉请求：1. 撤销一审判决；2. 驳回产物保险公司的诉讼请求；3. 产物保险公司承担本案所有诉讼费用。事实和理由如下。第一，一审判决错误认定产物保险公司的保险赔付符合保险合同约定和英国法律规定，并错误认定产物保险公司取得合法代位求偿权。第二，一审判决错误认定全洋公司、阳明公司、林逸熙的责任主体和连带责任，阳明公司为管理人，林逸熙为船长，均不承担碰撞赔偿责任；阳明公司、林逸熙与张颖不应承担连带责任。第三，一审判决错误认定两船碰撞责任比例，在瞭望、安全航速、避让措施、航线不当与事故之间的因果关系、"CG126"轮不适航的过失程度上均有认定错误，并错误否定台湾海洋大学的分析意见。第四，一审判决错误认定"CG126"轮损失金额。

张颖不服一审判决，提出上诉请求：1. 撤销一审判决；2. 驳回产物保险公司对张颖的全部诉讼请求；3. 产物保险公司承担本案所有诉讼费用。事实和理由如下。第一，同意全洋公司、阳明公司、林逸熙的上诉意见。第二，一审判决错误适用台湾地区有关规定，涉及劳动者权益保护的，应严格审查适用域外法律是否违反中国法律和社会公共政策。本案中，张颖即使存在过失，也是执行工作中的过失，根据中国法律的规定，应由用人单位承担侵权责任。一审判决援引的台湾地区有关规定错误，损害了大陆社会公共利益。第三，一审判决认定张颖与全洋公司、阳明公司承担连带责任错误。

产物保险公司辩称：1. 产物保险公司是本案的适格索赔主体，具有诉权；2. 一审法院判决全洋公司、阳明公司、林逸熙、张颖承担连带赔偿责任正确；3. 关于碰撞责任比例划分，产物保险公司已经提起了上诉，但全洋公司、阳明公司、林逸熙、张颖上诉称其碰撞责任小的理由不能成立;4.产物保险公司已充分举证证明损失,全洋公司、阳明公司、林逸熙、张颖上诉称一审判决错误认定损失金额没有依据。请求驳回全洋公司、阳明公司、林逸熙、张颖的全部上诉请求。

二审法院确认一审法院查明的事实。产物保险公司在二审期间提交了司法鉴定申请书,请求二审法院委托有资质的司法鉴定机构对"CG126"轮和"柏明"轮在涉案事故中的过错责任比例进行司法鉴定。

【裁判理由及结论】

广东省高级人民法院认为:本案是一宗涉外、涉台船舶碰撞损害赔偿纠纷。本案主要争议焦点,一是产物保险公司是否享有保险代位求偿权,二是如何划分船舶碰撞事故的责任比例,三是如何认定产物保险公司请求的损失,四是四被告是否应承担连带责任。

四被告是否应向产物保险公司承担侵权损害赔偿责任,是以产物保险公司是否享有保险代位求偿权为前提,该两个问题涉及保险合同和侵权损害赔偿两个法律关系,根据《最高人民法院关于适用〈中华人民共和国涉外民事关系法律适用法〉若干问题的解释(一)》第十二条、第十三条规定,应分别根据所适用的冲突规范确定其应适用的准据法。

关于焦点一,根据有关保险合同的约定,应适用中国台湾地区有关规定以及英国海上保险法律和惯例予以认定。四被告没有举证证明"CG126"轮存在不适航的情形,根据英国1906年《海上保险法》第三十九条、第七十九条相关规定,产物保险公司向台湾地区海事主管部门进行的保险赔付符合法律规定,并合法取得保险代位求偿权,有权就"CG126"轮因涉案事故所致损失向四被告索赔。

关于焦点二,根据本案当事人的法律选择意见,适用台湾地区有关规定及包括《避碰规则》和《STCW公约》在内的国际条约确定"CG126"轮和"柏明"轮在涉案碰撞事故中的责任比例划分。在涉案事故碰撞危险局面形成后,"CG126"轮作为让路船舶,因不具有适任资格的值班驾驶员判断能力不足,未能及早采取避让措施,所采取的避让措施既不明确,也不持续,而且在避让行为的重要时刻进行驾驶员交接班,导致接班驾驶员信息不明、避碰措施不当,同时没有在避让时刻发出信号警告"柏明"轮;"柏明"轮未履行瞭望职责,于船舶密集海域全速航行,至两船非常接近时采取避让措施不当,造成两船出现碰撞危险。涉案事故中,两船值班船员均疏于航行瞭望,船艺不佳，违反《避碰规则》及航行当值标准，并相互误判对方船舶动向，两船均存在过失。"CG126"轮作为让路船，在优良船艺及正确判断下，有较充分的时机可避免碰撞危险的发生，但由于值班驾驶员不具有适任性，其判断经验不足导致驾驶操作失误，又在不适当的时刻进行交接班且交接不明，加大了碰撞事故发生的可能性。对于涉案事故的发生，"CG126"轮的责任明显大于"柏明"轮，故认定"CG126"轮、"柏明"轮就涉案事故的发生分别负75%、25%的责任。

关于焦点三，经审查认定产物保险公司为"CG126"轮支付的合理费用包括修理费新台币221,209,020元，检定费新台币3,913,578元，船级检验费新台币278,487元，合计新台币225,401,085元。根据台湾地区所谓"海商法"的第九十七条第一款规定，"柏明"轮依其过失程度的比例应承担25%的责任，即应向产物保险公司支付新台币56,350,271.25元。全洋公司于2014年8月15日向产物保险公司支付新台币34,126,685元，该费用应被认定为全洋公司向产物保险公司支付的部分损失。按"柏明"轮的责任比例，"柏明"轮须承担产物保险公司支付的每笔费用的25%。对发生在2013年5月7日前的款项，按支付时间顺序在新台币3,000万元中予以扣减后仍剩余新台币16,245,302.25元，再与2013年5月7日发生的款项新台币42,595,573.50元相抵扣后，"柏明"轮尚欠新台币26,350,271.25元。全洋公司支付的新台币34,126,685元中所包括的利息是计至2014年8月14日止，故尚欠的新台币26,350,271.25元应自2014年8月16日起计算利息，按年利率5%计至实际清偿之日止。

关于焦点四，根据台湾地区所谓"民法"的第一百八十四条第一款、第一百八十五条规定，涉案事故中，张颖驾驶"柏明"轮存在过错，应对"CG126"轮承担侵权损害赔偿责任。但林逸熙对张颖驾驶船舶的行为有错误指示或不当，或共同促成事故发生等共同过失行为，故林逸熙不应认定为共同侵权行为人，也不应承担责任。根据台湾地区所谓"民法"的第一百八十八条雇用人责任的规定，涉案事故中，"柏明"轮为全洋公司所有，由阳明公司经营管理，船员由全洋公司雇用，故全洋公司作为雇用人应对张颖的侵权行为承担连带赔偿责任。全洋公司作为阳明公司的关联企业，"柏明"轮船身上标有阳明公司的名称"YM"，客观上足以使人认为"柏明"轮系由阳明公司所有或经营，并由其监督管理。阳明公司也向船员支付加班费，实际参与了"柏明"轮的经营管理。根据台湾地区所谓"海商法"的第二十一条第二款规定，阳明公司也应认定为"柏明"轮的船舶所有人，与全洋公司为共同雇用人，需与全洋公司、张颖对涉案事故承担连带赔偿责任。

综上所述，一审判决处理结果不当，二审予以改判。广东省高级人民法院于 2019 年 11 月 1 日作出（2017）粤民终 2199 号民事判决：一、撤销一审判决；二、全洋公司、阳明公司、张颖连带赔偿产物保险公司船舶碰撞损失新台币 26,350,271.25 元及其从 2014 年 8 月 16 日起按年利率 5% 计至实际清偿之日止的利息；三、驳回产物保险公司的其他诉讼请求。

【典型意义】

本案是一宗外籍船舶碰撞事故，涉案事故发生在中国台湾地区水域，涉案船舶是台湾地区一艘公务船舶和台湾地区大型航运企业所属利比里亚籍集装箱运输船，与广州海事法院本无任何管辖权连接点。原告产物保险公司作为涉案的台湾地区公务船舶的保险人，在有关碰撞事故已在台湾地区法院提起诉讼的情况下，通过在深圳申请扣押当事船舶形成连接点，在广州海事法院提起平行诉讼，并将主要诉讼请求在广州海事法院提出，充分反映出台湾地区当事人对于广州海事法院公正性与专业性的信任，以及中国法院在国际海事争端解决领域的影响力。

本案自 2012 年 11 月产物保险公司在广州海事法院申请扣押"柏明"轮起，开始进入海事诉讼程序，至 2019 年 11 月二审审结，历时 7 年（台湾地区法院的审理也耗时超过 6 年），其间当事人之间各种争议层出不穷。就程序问题，四被告曾以适用"不方便法院原则"为由提出管辖权异议。本案于 2013 年立案时，对"不方便法院原则"的审查标准，仅有《第二次全国涉外商事海事审判工作会议纪要》第 11 条的相关规定。广州海事法院审委会经讨论认为，该纪要中规定的 7 项标准应同时满足方可适用"不方便法院原则"，据此裁定驳回被告的管辖权异议申请，二审法院也支持了一审法院意见，维持原裁定。2015 年，《最高人民法院关于适用〈中华人民共和国民事诉讼法〉的解释》发布，其中第五百三十二条将"不方便法院原则"的适用条件明确规定为应同时满足该条规定的 6 种情形，与本案在 2013 年的处理意见基本一致。

就案件的实体争议处理而言。首先，本案是一宗涉外民事关系法律适用的典型案件，而且涉及多个适用不同国家法律或地区规定，涉及不同的法律关系。本案在有关国际私法问题上的思路清晰明确，将法律适用作为处理实体争议的先决问题率先予以解决，按照不同的争议，将船舶碰撞侵权损坏赔偿责任和保险代位求偿两者区分开来，根据不同的冲突规范确定各自应适用的准据法，确保法律适用准确无误。

其次，本案是一宗典型的互有过失的船舶碰撞责任纠纷，而且事故过程复杂，两艘涉案船舶在碰撞事故发生之前均有多次变向等操作，两船船员也各有不规范之处。从碰撞事故发生的表象上看，"柏明"轮在碰撞发生之前最后时刻的操作是向左转向，不仅违反《避碰规则》关于交叉相遇船舶各自向右转向避让的规定，而且可以说是选择了唯一可能发生碰撞的路线，而"CG126"轮则是全速右满舵转向，几乎避让成功，这种情况很容易让人误认为"CG126"轮对事故发生的责任较小。双方当事人在如何认定碰撞紧迫局面的形成时机上意见分歧严重，而紧迫局面形成时间点的不同，直接影响到认定两船何者为直航船、何者为让路船，对判断两船各自操作是否符合规则、划分主次责任具有决定性的影响。为此广州海事法院组织了专家顾问委员会中的航海驾驶和海上交通管理方面的专家顾问召开会议进行研究，方得以确定碰撞危险局面形成的时间点，并据此认定"CG126"轮为让路船，其行动对于碰撞事故的发生具有较大影响，应承担主要责任。以上划分主次责任的思路在二审中同样得到了支持。同时，通过与台湾地区法院审理相关案件的思路相对比可以发现，台湾地区法院在船舶碰撞事故责任划分上，是审查"合规瞭望"和"适任船员"这两个方面两艘涉案船舶是否存在过失。最终认定两船在"合规瞭望"方面互有 50% 过失；在"适任船员"方面，"CG126"轮存在过失，而"柏明"轮没有。综合上述两方面，则"CG126"轮和"柏明"轮各负 75% 和 25% 责任。虽然广东、台湾两地法院最终得出同样的责任分担比例，但台湾地区法院的思路确有偏简单化的倾向，对船舶航行环境、互动、船艺等各种影响因素考虑有所不足。

本案的审理过程，充分体现了广州海事法院海事审判工作的专业水平和知识素养，同时也使参加审理本案的法官有机会对台湾地区同行的工作有所了解，有助于开拓其全球视野。同时，审理本案的法官对适用台湾地区有关规定处理案件实体争议，是一个极好的理解和适用其他法域法律的机会。须知对于审理涉外案件的法官而言，在适用域外法律问题上最难的其实并非法律本身的条文规定，而是去理解域外法律所处的不同社会、政治、文化背景，这些背景可能并不直接体现在域外法律的具体内容之中，但对域外法律如何适用于具体争议的处理往往具有微妙的作用，甚至可能影响适用法律的最终结果。笔者在参加最高人民法院举办的 2019 年中法国际商事审判交流研讨会时，与参会的法国国际商事法官进行了交流，就适用域外法律的感受事宜，法国同行们也有同样的认识和感受。海峡两岸历史文化同源、文字无异，天然地降低了上述理解域外法律的障碍。通过本案的审理，法官对台湾地区所谓"海商法"的相关规定和海事审判运作机制有了较为全面和深刻的认识，有利于提高法官适用域外法律审理案件的能力。

（平阳丹柯）

卢婆耀诉阮维兴船舶碰撞损害赔偿责任纠纷案

——证明同一船舶碰撞事实相互矛盾的证据材料之采信规则

【提要】

对于证明同一案件事实的两份对立矛盾的证据材料的审查,应从证据材料的形式要件和实质要件两方面着手,结合其他的证据和庭审情况,进行综合认定。形式要件不合要求的证据材料,基本可以否定其对案件事实的证明力;但形式要件合乎要求者,却并不当然具有证明力。海事部门依照法定程序调查,根据不同情况采取不同的调查措施,未对油漆、木屑进行鉴定不能否定其调查结论的有效性。

【关键词】

船舶碰撞瞭望　船期损失　责任比例

【基本案情】

原告(被上诉人):卢婆耀。

被告(上诉人):阮维兴。

原告卢婆耀所属的"粤湛江00339"木质流刺网捕捞渔船,船籍港为广东硇洲淡水港,总吨58,净吨20,总长25.28米,型宽5.38米,型深2米,于1987年11月15日由雷州乌石造船厂建造。该渔船经检验,准予从事刺网作业,在沿海限5级风浪以下渔航。其渔业船舶所有权证书记载的船舶价值为14万元,卢婆耀占有100%的股份。

被告阮维兴所属的"创展1"轮,系钢质干货船,船籍港湛江港,总吨499,净吨279,载重吨960,总长51.8米,型宽9.2米,型深4米,于2005年1月25日在温岭市建造,准予航行沿海航区作一般干货船用。

2008年12月3日晚,"粤湛江00339"渔船在海上笼捕作业,锚泊于北纬21°06′500″,东经111°02′900″。12月4日0230时,渔船船长即原告卢婆耀在驾驶台睡觉,其余9人均在各自房间熟睡,机舱无人看守,无人保持值班;船艏朝东,驾驶楼顶大约2米高处亮了一盏24V长亮灯作为当时船上唯一的信号灯。渔船锚泊处过往船舶不多。

2008年12月2日，"创展1"轮装载960吨煤驶离广西白龙港开往广东顺德。涉案航次配员7人，全球海上遇险和安全系统（GMDSS）操作员刘智磊不在船上，故船员持证配员与最低安全配员证书所载要求不符。12月4日0230时，"创展1"轮航向36°，航速4～5节，海面能见度4至5海里，偏北风4～5级，浪向西南，浪高2～3米，流向西南，流速约1.5节。当班大副张海平和当班水手冯恒结发现其左前侧有渔船，大副将舵交与值班水手，并在驾驶台左右两边瞭望。大副通过雷达确认渔船相距1.5海里，并提醒值班水手向右偏以远离渔船，但未明确下达右转多少度的命令。大副和水手一致认为该渔船处于航行状态，并与"创展1"轮有对遇局面的可能。0235时，大副离开驾驶台去厨房拿吃的东西，5～6分钟后回到驾驶台，即发现渔船仅距离200～300米，大副再次提醒该水手打右舵。值班水手打了二次探照灯示意对方，发现对方无反应后，再无其他信号（声音）示意对方船舶。0242时，大副和值班水手仍一致认为对方渔船处于航行状态。0245时，"创展1"轮航速4～5节，航向44°～48°间，该轮和对方渔船相距20多米，大副从值班水手手中抢过舵，左手操舵，右手减油门至最低，离车，该轮航向向右转向超过20°。大副承认其不清楚"创展1"轮的回旋半径。船长罗木森从驾驶楼睡觉房间出来，询问为什么离车、有无碰到对方渔船。在向右转的过程中，该轮船艏离渔船最近距离为2～3米。0255时，"创展1"轮船位为事故水域附近，大副回左舵，停车。该轮离渔船200～300米远，值班水手到甲板观察渔船反应。大副否认碰到渔船，认为停车是为了确认是否碰到渔船缆绳。船长同意停车，以观察渔船的反应来判断是否碰到了渔船。该轮共停车20多分钟，未发现渔船有反应。0315时，该轮继续航行。

"粤湛江00339"渔船船长卢婆耀在2008年12月4日约0250时被机器声吵醒，在驾驶台观察发现对方船舶已迅速开过该渔船，无法看到对方船舶碰撞渔船，但感觉到渔船向左倾斜。约0300时，渔船的全体人员醒来，对方船舶开出相距渔船8～10米远处，渔船船长用探照灯示意对方船舶，未见对方反应。0330时，渔船船长命令砍断锚绳，起动主机追赶对方船舶。0430时许追上"创展1"轮。0820时，渔船报湛江海事局和湛江渔政后，返航湛江；1520时返回硇洲岛渔政大队码头。

茂名海事局经调查认为，"创展1"轮与"粤湛江00339"渔船形成危险局面时相距200～300米，"创展1"轮处于渔船右后方35°左右方向。碰撞时间为2008年12月4日0250时许，碰撞地点为渔船的锚泊地点，即北纬

21°06′500″，东经111°02′900″，最大可能是"创展1"轮的船艉部位撞击渔船右舷靠近船艄的舷木上，因为渔船靠近船艄的舷木断裂痕迹走向是靠船艄一侧的朝里，靠近船舷中部的一侧朝外，符合"创展1"轮从渔船船边穿过回旋时、船体艉部撞击到舷木而致断裂痕迹走向的逻辑。根据事发前"创展1"轮的航向及其值班大副对两船相对位置的描述，以及"创展1"轮所采取的避让角度等事实，推定碰撞事故双方的碰撞角度为40°～50°间。

2008年12月5日，卢婆耀向茂名海事局水东海事处提交海事报告，主张因船舶碰撞导致其直接经济损失25万元。12月12日，湛江渔业船舶检验局作出一份检验证明书，记载：该渔船已严重损坏，不能满足继续航行的要求，必须上排检查修复，在申报检验合格后方可出海渔航。该局还出具了硇洲笼捕渔船登记表，记载："粤湛江00339"渔船装载蟹笼1,595个，限高2米。但关于装载蟹笼数量的记载有明显的改动痕迹。

2008年12月10日，湛江市硇洲镇南港村民委员会（以下简称"南港村委会"）出具一份证明，记载："粤湛江00339"渔船于2008年12月4日夜被"创展1"轮撞伤，导致没有办法起笼，损失蟹笼1,650个。

2009年1月16日，南港村委会又出具一份证明，记载：根据对其属下渔船的调查，与卢婆耀所属"粤湛江00339"渔船同一类捕蟹船冬季生产产值较高，每天纯利润1,300元，每月所获利润约4万元。

2009年1月25日，湛江市东海岛硇洲湛兴船舶修造厂（以下简称"湛兴船厂"）出具一份证明，记载：现有"粤湛江00339"渔船于2008年12月14日在本厂上排维修至2009年1月24日结束，共45天。同日，湛兴船厂还出具一份"粤湛江00339"渔船上排维修工程结算表，记载该渔船的上排费、材料费、人工费等共计108,120.10元，并附有相应的发票。

被告主张两艘船舶未发生碰撞，为此向法庭提交了一份2008年12月18日中国人民财产保险股份有限公司湛江市分公司（以下简称"人保湛江分公司"）出具的《关于"创展1"轮碰撞事故的查勘通知》。该通知称：2008年12月7日，就"创展1"轮与"粤湛江00339"渔船碰撞事，我司查勘人员与"创展1"轮船东一起到硇洲岛，现场查勘"粤湛江00339"渔船的碰撞损坏现状，当天又赶到水东港查勘"创展1"轮的现状。"粤湛江00339"渔船为木质，可能有一定船龄，木质强度较差，被撞部位为右舷中部，右舷木质舷板被撞坏约9,000毫米，右舷木质竖肋骨被撞断约9条；各被撞击点留有碰撞船的红色底油漆和蓝色面油漆；从被碰撞点现状看，该渔船应该是被拦腰正面撞击。查勘"创展1"轮的艏部及左右两舷，均找不出与渔船碰撞相符合的碰撞痕迹或碰撞点；"创展1"轮船体油漆为银色底油漆和黑色面油漆。人保湛江分公司认为，该渔船被碰撞损坏不是"创展1"轮造成的，理由是：如果该渔船被"创展1"轮正常行驶速度拦腰撞击右舷中部，渔船可能会破碎沉没，且"创展1"轮艏部及左右两舷根本找不出与渔船发生碰撞相吻合的痕迹及碰撞点；渔船的被撞击点面积较小，而"创展1"轮的首柱部位很宽；各撞击点留下的油漆颜色与"创展1"轮的油漆颜色不符。人保湛江分公司据此通知"创展1"轮船东，根据保险单的保险内容，保险公司对此次碰撞事故不负保险责任。

原告卢婆耀诉称：被告的"创展1"轮违反海上航行规则，疏忽瞭望，碰撞锚泊的"粤湛江00339"渔船。诉请判令被告赔偿如下。1.船舶碰撞的损失共281,545.10元，分别是船舶修理费108,120.10元、蟹笼1,595个价值55,825元、蟹120斤价值4,800元、锚1个价值1,000元、锚缆100米价值3,000元；2个月的净盈利损失，按每月4万元计，共8万元；船员9人，按每人每月1,600元计，2个月损失28,800元。2.由被告承担本案诉讼费用。

被告阮维兴辩称：2008年12月4日凌晨2时20分，被告所属的"创展1"轮途经茂名水东海域，发现距本船左舷约2.5海里处有一渔船，双方船舶未发生碰撞。12月7日，人保湛江分公司派员对"粤湛江00339"渔船现场勘验，认为该渔船的有关损坏并非与"创展1"轮碰撞所致。请求依法驳回原告的诉讼请求。

【裁判理由及结论】

广州海事法院经公开审理认为：本案系一宗船舶碰撞损害赔偿纠纷。

一、关于原、被告的船舶是否发生了碰撞

茂名海事局的《茂名港"12·4""创展1"与"粤湛江00339"渔船碰撞事故调查报告》和人保湛江分公司的《关于"创展1"轮碰撞事故的查勘通知》，关于船舶是否发生碰撞，两者存在截然相反的观点。

人保湛江分公司的查勘通知没有查勘人署名，在查勘时未通知"粤湛江00339"渔船的船主到场，属于单方面的查勘，且没有证据证明查勘人具有相应的资质，查勘人亦未出庭接受双方当事人的质询，因此该查勘通知在程序上存在严重瑕疵。"创展1"轮由人保湛江分公司承保，该查勘的最后结论是人保湛江分公司对此次碰撞事故不负保险责任。可见，查勘人与本次事故存在显见的利害关系，不具有中立性，因而其查勘结论也是值得怀疑的。

茂名海事局是国家法定的海上交通事故调查处理机关,对船舶碰撞事故的调查和认定有一整套科学的规则和规范的程序,且拥有在一定期间内强制滞留船舶进行调查的行政权力。因此,茂名海事局对涉案事故的调查符合法律规定,在没有相反证据证明有关的调查程序违法或存在其他影响调查结论的情形时,茂名海事局的调查结论是可信的。

人保湛江分公司的查勘通知仅从被碰撞点推断"粤湛江00339"渔船是被拦腰正面撞击,并以"创展1"轮的艏部及左右两舷均找不出与渔船碰撞相符合的碰撞痕迹或碰撞点为由,认为两船未发生碰撞。而茂名海事局的碰撞事故调查报告,则根据"创展1"轮的航向、两船位置、避让角度等,推断双方的碰撞角度为40°~50°间,而不是拦腰正面撞击;同时又根据渔船靠近船艏的舷木断裂痕迹走向是靠船艏一侧的朝里,靠近船舷中部的一侧朝外,推断"创展1"轮从渔船船边穿过回旋时、船体艉部撞击到渔船右舷靠近船艏的舷木上。茂名海事局的这一认定,与人保湛江分公司关于"创展1"轮艏部及左右两舷没有碰撞痕迹或碰撞点的结论并不矛盾。至于各撞击点留下的油漆颜色与"创展1"轮的油漆颜色不符的问题,因人保湛江分公司的查勘通知并未附相应的化验报告,因而油漆颜色问题不足以否定茂名海事局的碰撞事故调查报告。据此,法庭认定,"创展1"轮与"粤湛江00339"渔船发生了碰撞,被告关于两船未碰撞的抗辩理由与案件事实不符,该抗辩理由不成立。

二、关于碰撞责任的划分

双方当事人的船舶碰撞责任,应根据1972年《国际海上避碰规则》与1978年《海员培训、发证和值班标准国际公约》及其1995年修正案(以下简称《STCW78/95公约》)等的规定,进行确定和划分。

"创展1"轮的当班大副在船舶航行过程中擅离职守达5~6分钟,违反了《STCW78/95公约》中有关航行值班的规定。该大副虽用肉眼和雷达发现了"粤湛江00339"渔船,却未进行远近距离扫描以及雷达标绘或类似操作,未能正确判断渔船动向,以致未能对两船业已形成的碰撞紧迫局面作出正确判断。可见,"创展1"轮在保持正规瞭望、判断碰撞危险方面存在严重过失,违背了1972年《国际海上避碰规则》第五条和第七条第2款的规定。当班大副误认为渔船处于在航状态,即在两船可能对遇相碰情况下,未给值班水手下达明确转舵命令,以便应用良好船艺及早采取大幅度避让措施,严重违背了1972年《国际海上避碰规则》第十四条第3款及第八条第1款的规定。该大副在不知道船舶回旋半径的情况下,选择左手操舵,右手减油门至最低,向右转向20多度来避免碰撞,违背了1972年《国际海上避碰规则》第八条第4款的规定。

"粤湛江00339"渔船在锚泊状态下,船上无人保持值班和保持正规瞭望,其行为严重违背了《STCW78/95公约》有关航行值班规定和1972年《国际海上避碰规则》第五条有关瞭望的规定。

综上所述,"创展1"轮为在航船,应给锚泊的"粤湛江00339"渔船让路,其将该渔船误以为在航船,却未应用良好船艺及早采取大幅度措施以避让,首先构成了碰撞的紧迫局面。"创展1"轮在碰撞紧迫局面业已形成的情况下,所采取的避碰措施并未产生良好效果,以致两船发生了碰撞。"粤湛江00339"渔船未按规定在锚泊期间安排人员值班,未悬挂锚球,在避撞措施方面存有疏漏。根据造成碰撞紧迫局面的过失是划分责任大小的主要标准、碰撞紧迫局面下是否适当采取避碰措施是认定责任大小的次要标准之原则,综合碰撞紧迫局面的形成与采取紧急避碰措施是否适当、有效等情况全面考察,原、被告船舶对碰撞事故的发生互有过失,而又以被告所属"创展1"轮的过失为大,应负本次事故90%的责任;原告所属"粤湛江00339"渔船的过失为次,应负本次事故10%的责任。

三、关于原告的损失与被告的赔偿责任

对于"粤湛江00339"渔船的修理费108,120.10元,有湛兴船厂的结算单和正式发票,该修理费是合理的,应予确认。

南港村委会证明,"粤湛江00339"渔船同一类捕蟹船冬季生产产值较高,每天纯利润1,300元;湛兴船厂出具证明,称"粤湛江00339"渔船于2008年12月14日在本厂上排维修至2009年1月24日结束,共45天。显然,该45天的计算有误,应为42天。渔船于2008年12月4日发生碰撞事故,至12月14日上排维修,其间共10天不能正常作业,亦应计入船期损失。故船期损失总计为52天,造成的渔汛损失为67,600元。"粤湛江00339"渔船作为生产型船舶,出海作业需要准备网具、蟹笼等,但一个勤勉的船东应在船舶修理期间进行生产工具的准备,而不是坐等船舶修好后,再行准备有关工具。因此,原告要求在维修期之外,另加15天的准备作业工具的船期损失,没有法律根据,不予支持。

湛江渔业船舶检验局盖章确认的硇洲笼捕渔船登记表,所列"粤湛江00339"渔船的蟹笼装载量一栏有涂改迹象,其记载的蟹笼数为1,595个;而南港村委会证明该渔船的蟹笼数量为1,650个。故该渔船到底装载了多少蟹笼,没有证据证明。原告未能提供其购置蟹笼的相关单据,不能证明蟹笼的

价格，对此原告应承担举证不能的后果，故对原告的该诉讼请求依法不予支持。原告主张船上捕捞的蟹及锚、锚缆的损失，亦未提供相应证据，对该诉讼请求同样不予支持。关于船员工资的请求，原告未提供证据证明修船期间其向船员发放了工资，故依法驳回该请求。

综上所述，"创展1"轮与"粤湛江00339"渔船碰撞事故共造成原告175,720.10元的损失，该损失由被告承担90%的赔偿责任即158,148.09元，原告自负10%的损失即17,572.01元。

广州海事法院于2010年1月19日根据《中华人民共和国海商法》第一百六十九条第一款及第二款之规定，作出（2009）广海法初字第131号判决：一、被告阮维兴赔偿原告卢婆耀船舶碰撞损失158,148.09元；二、驳回原告卢婆耀的其他诉讼请求。案件受理费5,523元，原告负担2,421元，被告负担3,102元。

阮维兴不服该判决，向广东省高级人民法院上诉称：卢婆耀在海事部门向其调查时，没有明确和肯定地回答"创展1"轮什么部位撞击"粤湛江00339"渔船；海事部门未对收集的两船油漆、木屑进行鉴定，因而一审判决认定两船发生碰撞的证据不足。即使两船发生了碰撞，因"粤湛江00339"渔船系流刺网捕捞渔船，其从事笼捕作业为非法经营，且该渔船未按规定悬挂锚球，无人值班瞭望，因而应承担全部的碰撞责任。

广东省高级人民法院经审理确认了一审法院认定的事实和证据，并认为：碰撞事故发生前，"粤湛江00339"渔船处于锚泊状态，船长卢婆耀和船员均在睡觉，无人值班，故卢婆耀不能肯定地回答"创展1"轮什么部位撞击渔船是正常的。海事部门依照法定程序调查，根据不同情况采取不同的调查措施，未对油漆、木屑进行鉴定不能否定其调查结论的有效性。"粤湛江00339"渔船登记为流刺网捕捞渔船，但其后渔业船舶检验部门对该船作为笼捕渔船进行登记，说明已允许其从事笼捕作业，即该渔船并不是非法经营。渔船未挂锚球、无人值班等过错，一审法院已判定其承担相应责任，阮维兴关于渔船承担全部碰撞责任的主张不能成立。

广东省高级人民法院于2010年11月24日根据《中华人民共和国民事诉讼法》第一百五十三条第一款第（一）项的规定，作出（2010）粤高法民四终字第148号判决：驳回上诉，维持原判。二审案件受理费3,102元，由上诉人阮维兴负担。

【典型意义】

船舶碰撞损害赔偿责任纠纷案是海事审判中较为特殊、复杂的一类案件。

其特殊性表现在：不可能保存事故现场，没有如汽车肇事那样的道路痕迹，造成碰撞紧迫局面的船舶航向、航速以及避碰措施等不为对方所了解，容易发生事后针对对方证据材料伪造航海日志等原始证据的行为。其复杂性在于：碰撞损失既包括了船舶修复方面的直接损失，又包括了船期、渔汛方面的间接损失，而关于净盈利的计算需要收集事故前三个月甚至前三年相关的会计资料，并详细记录利润总额、所得税、工资及其他成本支出等情况；船舶性能与驾驶操作规范、避碰规则等是法官确定碰撞责任时必不可少的知识，没有专业背景的法官几乎不能胜任船舶碰撞案件的审判。

船舶碰撞案件没有事故现场、没有肇事痕迹的特殊性在本案中彰显无遗：双方当事人就连两船是否相碰撞这一前提性事实，都存在针锋相对的观点和主张。而法院的判决，从证据材料的采信到碰撞责任的划分，从碰撞损失的认定到碰撞数额的确认，都严格按照法律的规定进行充分论证，其结论令人信服。该案是成功的船舶碰撞审判案例。

两船是否发生碰撞的相关证据材料，分别是茂名海事局的《茂名港"12·4""创展1"与"粤湛江00339"渔船碰撞事故调查报告》和人保湛江分公司的《关于"创展1"轮碰撞事故的查勘通知》。如何采信这两份证据材料，直接关系到案件的最终走向即关系到原、被告的胜败输赢。因而如何运用证据采信规则并得出令人信服的结论就显得十分重要。

一、关于对证据材料的形式审查

形式决定内容。如果某一证据材料的形式要件不符合要求，则不论其内容如何，都很难起到证明案件事实的作用。人保湛江分公司的查勘通知，形式上不符合证据的要求，如没有查勘人署名、未附关于查勘人资质的材料、查勘时未通知"粤湛江00339"渔船的船主到场、查勘人未出庭接受双方当事人的质询。因此，通过对形式条件的审查，已经基本可以否定该查勘通知对碰撞事实的证明力。

《最高人民法院关于民事诉讼证据的若干规定》第七十七条规定，国家机关、社会团体依职权制作的公文书证的证明力一般大于其他书证；物证、档案、鉴定结论、勘验笔录或者经过公证、登记的书证，其证明力一般大于其他书证、视听资料和证人证言。茂名海事局是法定的海上交通事故调查处理机关，其对船舶碰撞事故的调查与认定有一整套科学的规则和规范的程序，在没有相反证据证明有关的调查程序严重违法或存在其他影响调查结论的情形时，从证据形式审查的角度而言，其调查结论是可信的。

二、关于对证据材料的实质审查

茂名海事局的调查结论尽管从形式上可信，但对于两船是否发生了碰撞，仍然需要对全案证据与案件事实的关联程度、各证据之间的联系等方面进行综合判断，而不能仅凭该调查结论作出船舶碰撞与否的认定。综观全案证据，特别是被告方船员在海事行政管理部门于事故发生后3天内的询问笔录，以及庭审中被告的陈述，如"创展1"轮在向右转的过程中，该轮船艏离渔船最近距离为2～3米，该轮离开渔船后船长同意停车以观察渔船的反应来判断是否碰到了渔船，等等。这使判案法官内心确认两船发生碰撞的可能性远远大于两船未发生碰撞的可能性。

当然，在本案中，茂名海事局的调查结论对于认定两船发生碰撞具有重要意义。该调查结论根据渔船靠近船艏的舷木断裂痕迹走向是靠船艏一侧的朝里，靠近船舷中部的一侧朝外，分析认定为"创展1"轮从渔船船边穿过回旋时，其船艉部位撞击"粤湛江00339"渔船右舷靠近船艏的舷木上。这一分析符合"创展1"轮船体艉部撞击到渔船舷木而致断裂痕迹走向的逻辑，同时又与人保湛江分公司关于"创展1"轮艏部及左右两舷没有碰撞痕迹或碰撞点的结论不矛盾。法官通过对证据的实质审查，最终认定两船发生碰撞的事实成立。

（倪学伟）

珠海市公路局与芜湖市晨光船务有限公司等船舶触碰损害责任纠纷案

——在产生优先权的一年内申请扣押当事船舶即行使船舶优先权

【提要】

海事请求人通过扣押船舶行使优先权,是否需要在扣船时表明行使优先权,或者在优先权产生之日起一年内向责任人明确主张优先权,实践中存在不同意见。本案判决对此问题予以明确答复,树立了裁判规则。

【关键词】

扣押船舶　优先权　责任限制

【基本案情】

原告:珠海市公路局。

被告:芜湖市晨光船务有限公司(以下简称"晨光公司")。

被告:陶安平。

原告诉称:2017年4月1日,登记在被告晨光公司名下、被告陶安平实际所有的"新晨光20"轮触碰原告管理的莲溪大桥,造成桥梁受损,抢险修复费用为9,608,500元。因"新晨光20"轮被法院拍卖,故原告在债权登记后提起确权诉讼,原告认为两被告对事故的发生存在故意和过失,无权享受海事赔偿责任限制。原告请求:1. 判令两被告连带向原告赔偿"新晨光20"轮触碰莲溪大桥所造成的经济损失9,608,500元;2. 判令两被告连带向原告赔偿诉前扣押"新晨光20"轮的申请费5,000元;3. 确认上述第一、二项债权在"新晨光20"轮的拍卖价款中优先受偿;4. 原告请求的债权登记申请费1,000元在"新晨光20"轮拍卖价款中优先拨付;5. 本案的全部诉讼费用由两被告承担。

被告晨光公司辩称:"新晨光20"轮为海船,本次事故是因过失引起的,晨光公司有权享受海事赔偿责任限制,责任限制的金额为292,166.50特别提款权。原告虽然诉前扣押了船舶,但在(2017)粤72民初407号案中没有主张船舶优先权,本案起诉时虽然提出船舶优先权,但距离船舶优先权产生之日已经超过一年,除斥期间已过。

被告陶安平辩称:陶安平应享受海事赔偿责任限制,责任限制的金额为292,166.50特别提款权。

广州海事法院经审理查明:2017年4月1日约0942时,"新晨光20"轮空载从佛山九江高明开往海南清澜,在航经荷麻溪水道计划过横坑水道经虎跳门水道出海时,误入航道等级较低的赤粉水道,船舶桅杆和驾驶台第三层先后触碰横跨该水道的莲溪大桥11号墩与12号墩之间的主梁,造成莲溪大桥受损,"新晨光20"轮也遭受损坏。

2017年7月11日,珠海海事局作出2017年第1号内河交通事故调查结论书,认定"新晨光20"轮船长不熟悉内河水道,疏忽大意,未经常核对自身船位,未将船位保持在预定航线上,错误进入航道等级较低的赤粉水道航行是事故发生的主要原因;船长未安排人员加强瞭望,自己瞭望疏忽,未及早发现不能通过前方大桥,未按规定向引航机构申请全程引航,不熟悉内河助航标志,误认航标以及船舶进入桥区未使用安全航速,未备车备锚,开航前未制定航行计划、设计航线是事故发生的次要原因。该调查结论书认定"新晨光20"轮应对本案事故负全部责任。

原告系受珠海市交通运输局管理的公益一类事业单位,其主要任务之一为负责全市大桥、特大桥、高速公路和隧道的管理与监督和西部地区国、省、县道的管理与养护。珠海市国土资源局于2007年1月26日发给原告的《关于确认公路产权权属的复函》(珠国土函〔2007〕72号)称"根据国土资源部《关于广东省公路用地土地登记发证问题的批复》、广东省国土资源厅《转发国土资源部关于广东省公路用地土地登记发证问题的批复》的规定,确认公路产权权属,本次登记'只登记造册,不发证书'",该复函的附件三《珠海市公路局产权路线宗地一览表》显示莲溪大桥的宗地号为S272-2,宗地面积8,956.73平方米,宗地里程870米,产权人属于原告。

"新晨光20"轮船籍港芜湖港,总吨2,999,准予航行近海航区,船舶登记所有人为晨光公司。武汉海事法院于2013年11月14日作出(2013)武海法商字第01402号民事判决,判决确认"新晨光20"轮的所有权属于陶安平。该轮一直由陶安平使用经营。

关于莲溪大桥的修复及损失情况。2017年4月6日,珠海市人民政府办公室以〔2017〕65号市政府工作会议纪要形式,同意原告直接委托专项检测单位、设计单位、抢险施工单位及监理、造价咨询单位共同完成抢险工程,抢险资金由珠海市财政部门统筹安排解决。4月19日，珠海市人民政府办公室以〔2017〕79号市政府工作会议纪要形式，确定原告作为抢险修复工程主体，负责与各抢险单位和部门签订抢险修复工程三方合同。之后原告组织相关单位完成了莲溪大桥抢险修复工程，工程内容为旧桥T梁及其下部结构拆除重建，搭建水上施工平台、施工便桥、旧桥病害处理维修等所需的一切附属工作等。珠海市财政局向相关单位支付了部分修复款项。2019年7月15日，原告委托的珠海市公评工程造价咨询有限公司出具的莲溪大桥抢险修复工程结算审核报告记载，结算造价报审价为16,336,670.33元，审核结算价为14,966,006.44元。莲溪大桥抢险修复工程的建设单位珠海市西部地区公路管理处及施工单位广东省长大公路工程有限公司均同意该审核结果。8月6日，原告审定同意该审核结果。被告晨光公司认为上述结算审核报告中的第100章总则中的送审结算金额3,071,663元与本案事故无直接关系，但确认原告因本案事故造成的损失及修复费用已经超过原告主张的9,608,500元。

关于关联案件的审理情况。2017年5月8日，广州海事法院立案审理原告与被告晨光公司、陶安平船舶触碰损害责任纠纷一案，案号为（2017）粤72民初407号。2018年8月21日，广州海事法院就该案作出一审判决：被告晨光公司、陶安平对"新晨光20"轮触碰莲溪大桥所造成的损失向原告承担连带赔偿责任。被告晨光公司就该案判决结果不服提起上诉。2019年7月26日，广东省高级人民法院就该案作出（2018）粤民终2227号终审判决，驳回上诉，维持原判。

关于船舶扣押、拍卖、设立基金情况。2017年4月7日，广州海事法院根据原告申请作出（2017）粤72财保30号民事裁定，并据此于同日发出（2017）粤72财保30号扣押船舶命令，对晨光公司所属的停泊于珠海市斗门区莲溪大桥附近水域的"新晨光20"轮予以扣押，责令晨光公司提供2,179万元担保。4月12日，广州海事法院根据原告的申请裁定将责令晨光公司提供的担保数额变更为9,608,500元。原告为扣押"新晨光20"轮交纳保全申请费5,000元。7月24日，原告向广州海事法院申请拍卖其已经扣押的"新晨光20"轮。7月25日，广州海事法院作出（2017）粤72民初407号之一民事裁定，准许拍卖"新晨光20"轮。8月7日，晨光公司向广州海事法院申请设立海事赔偿责任限制基金。11月23日，广州海事法院作出（2017）粤72民特33号民事裁定，准许晨光公司设立海事赔偿责任基金的申请，海事赔偿责任基金数额为292,165.50特别提款权及其自2017年4月1日至基金设立之日止按中国人民银行确定的金融机构同期一年期贷款基准利率计算的利息。该裁定生效后，晨光公司未按期设立该基金，广州海事法院作出（2017）粤72民特33号之一民事裁定，按照晨光公司自动撤回申请处理。2018年3月21日，广州海事法院作出（2017）粤72民初407号之二民事裁定，准许原告撤回拍卖"新晨光20"轮的申请。

另查明，2017年5月23日，在审理俞辉、杨小五、熊方金、李云朋、尤海江、张树明、尤建明、夏跃辉与晨光公司船员劳务合同纠纷案件时，根据上述人员的申请，广州海事法院作出（2017）粤72民初383—390号民事裁定，扣押"新晨光20"轮。上述案件的一审民事判决发生法律效力后，广州海事法院于2018年1月9日根据上述人员的申请作出（2017）粤72执773—780号之一执行裁定拍卖"新晨光20"轮。2018年5月5日，广州海事法院依法拍卖"新晨光20"轮。5月18日，原告在公告期内向广州海事法院申请债权登记，申请在"新晨光20"轮登记9,692,595元的债权，并就该债权优先受偿。6月20日，广州海事法院作出（2018）粤72民特77号民事裁定，准予原告的债权登记申请。原告为此交纳申请登记费1,000元，之后原告提起本案的确权诉讼。

2018年11月27日，安徽省芜湖县人民法院裁定受理晨光公司破产一案，并于2019年1月8日指定安徽国伦律师事务所为晨光公司破产管理人。2019年7月29日，安徽国伦律师事务所经安徽省司法厅准予变更为安徽瀛国伦律师事务所，8月28日，该所完成名称变更登记。庭审时，晨光公司称其处于破产重整阶段。

【裁判理由及结论】

广州海事法院根据上述事实认为：本案系原告就其与被告晨光公司、陶安平船舶触碰损害责任纠纷提起的确权诉讼。

关于赔偿责任承担者及原告的损失金额。本案关联案件（2017）粤72民初407号民事判决已经明确原告作为莲溪大桥的所有人，有权要求"新晨光20"轮的实际所有人陶安平及该轮登记所有人和被挂靠企业晨光公司就本案事故造成的损失承担连带赔偿责任。本案中，原告已经举证证明其就莲溪大桥抢险修复费用的结算总价超过其诉讼请求主张的损失9,608,500元，被告晨光公司对此也予以确认，原告主张的损失金额系其在法律规定的范围内处分自己的民事权利，因此对原告主张涉案事故造成其损失9,608,500元予以支持。

关于两被告是否有权享受海事赔偿责任限制。"新晨光20"轮总吨

2,999，可予航行近海航区（航线），属于《中华人民共和国海商法》第三条所规定的海船。根据《中华人民共和国海商法》第二百零七条第一款第一项的规定，在船上发生的或者与船舶营运、救助作业直接相关的人身伤亡或者财产的灭失、损坏，包括对港口工程、港池、航道和助航设施造成的损坏，以及由此引起的相应损失的赔偿请求，除《中华人民共和国海商法》第二百零八条和第二百零九条另有规定外，无论赔偿责任的基础有何不同，责任人均可以依照《中华人民共和国海商法》第十一章规定限制赔偿责任。虽然事发时"新晨光20"轮处于空载状态，但是空载也属于营运的一种状态，因此本案触碰事故所造成的桥梁损坏属于与船舶营运直接相关的财产损失，符合《中华人民共和国海商法》第二百零七条第一款第一项规定的限制性债权特征。根据《中华人民共和国海商法》第二百零四条"船舶所有人、救助人，对本法第二百零七条所列海事赔偿请求，可以依照本章规定限制赔偿责任。前款所称的船舶所有人，包括船舶承租人和船舶经营人"的规定，晨光公司作为"新晨光20"轮登记的船舶所有人，陶安平作为船舶实际所有人，只要其不存在《中华人民共和国海商法》第二百零九条规定的"经证明，引起赔偿请求的损失是由于责任人的故意或者明知可能造成损失而轻率地作为或者不作为造成的，责任人无权依照本章规定限制赔偿责任"的情形，其就有权享受限制赔偿责任。根据《最高人民法院关于审理海事赔偿责任限制相关纠纷案件的若干规定》第十八条的规定，海商法第二百零九条规定的"责任人"是指海事事故的责任人本人。内河交通事故调查书中认定"新晨光20"轮船长存在疏忽大意等情形，并因此认定"新晨光20"轮就事故负全责。但是现有证据无法证明事故是因两被告作为责任人本人故意或者明知可能造成损失而轻率地作为或者不作为造成的，因此两被告有权享受海事赔偿责任限制。原告主张两被告无权享受海事赔偿责任限制的主张没有事实和法律依据，不予支持。已经生效的（2017）粤72民特33号民事裁定确认晨光公司的海事赔偿责任基金限额为292,166.50特别提款权及利息，虽然本院对晨光公司的申请因其未按期设立基金已经按自动撤回申请处理，但两被告在本案中可以享受的海事赔偿责任限制为292,166.50特别提款权已经明确。原告主张的9,608,500元的赔偿金额高于本院判决之日的上述特别提款权换算的人民币金额，因此两被告向原告赔偿损失应以292,166.50特别提款权为限。

关于原告主张的船舶优先权是否已经消灭。晨光公司确认原告的诉讼请求属于具有船舶优先权的海事请求，但主张根据《中华人民共和国海商法》第二十九条第一款第一项以及第二款"船舶优先权，除本法第二十六条规定的外，因下列原因之一而消灭：（一）具有船舶优先权的海事请求，自优先权产生之日起满一年不行使。前款第一项的一年期限，不得中止或者中断"的规定，原告在本案中提出具有船舶优先权的海事请求已经超过一年的除斥期间，因此船舶优先权已经消灭。根据《中华人民共和国海商法》第二十八条规定，船舶优先权应当通过法院扣押产生优先权的船舶行使。本案的优先权产生之日为本案船舶触碰事故发生之日2017年4月1日，原告在4月7日申请扣押"新晨光20"轮，在7月24日申请拍卖该轮。广州海事法院于7月25日裁定准许拍卖该轮。原告就该轮的船舶优先权已经在2017年4月7日通过申请扣押该轮行使，并未超过一年的除斥期间。原告因案外人申请拍卖本案船舶撤回其拍卖船舶申请，但原告从未放弃其海事请求的船舶优先权，相反其在债权登记以及确权诉讼中均明确了其海事请求享有船舶优先权，因此原告因本案触碰事故造成的财产赔偿请求在"新晨光20"轮拍卖价款中具有船舶优先权。两被告向原告赔偿损失以292,166.50特别提款权为限，因此原告在"新晨光20"轮拍卖价款中优先受偿的范围为292,166.50特别提款权，超出海事赔偿责任限制的船舶优先权不予支持。

关于诉前保全申请费、债权登记申请费及本案诉讼费用的优先拨付。根据《中华人民共和国海商法》第二十四条、《中华人民共和国海事诉讼特别程序法》第一百一十九条第二款的规定，因行使船舶优先权产生的诉讼费用以及应当由责任人承担的诉讼费用，应当从船舶价款中先行拨付。诉前保全申请费5,000元以及债权登记申请费1,000元属于原告因行使优先权产生的诉讼费用，两被告应共同承担的本案诉讼费用属于应当由责任人承担的诉讼费用，均应从船舶价款中优先拨付，对原告的该请求予以支持。

根据《最高人民法院关于审理海事赔偿责任限制相关纠纷案件的若干规定》第十条第一款"债权人提起确权诉讼时，依据海商法第二百零九条的规定主张责任人无权限制赔偿责任的，应当以书面形式提出。案件的审理不适用海事诉讼特别程序法规定的确权诉讼程序，当事人对海事法院作出的判决、裁定可以依法提起上诉"规定，原告在（2017）粤72民特33号案件中已经就两被告无权限制赔偿责任提出过书面异议，本案开庭时原告再次提出两被告无权限制赔偿责任。因此本案的审理不适用确权诉讼程序，当事人对广州海事法院就本案作出的判决可以依法提起上诉。

广州海事法院于2019年11月27日作出（2018）粤72民初749号民事判决：一、被告晨光公司、陶安平向原告珠海市公路局赔偿"新晨光20"轮触碰莲溪大桥所造成的损失，以292,166.50特别提款权为限（责任限制的人民币数额按照本判决之日国家外汇主管机关规定的国际货币基金组织的特别提款权对人民币的换算办法计算),确认原告珠海市公路局的上述债权对"新晨光20"轮具有船舶优先权,在"新晨光20"轮的拍卖价款中优先受偿;二、被告晨光公司、陶安平向原告珠海市公路局支付诉前保全申请费5,000元以及债权登记申请费1,000元,上述费用在"新晨光20"轮的拍卖价款中优先拨付;三、驳回原告珠海市公路局的其他诉讼请求。

宣判后,原告与两被告均未提起上诉,判决生效。

【典型意义】

海事请求保全人在申请扣押当事船舶和提起诉讼时,均没有明确作出其就被扣押船舶享有船舶优先权的意思表示,在产生优先权一年后当事人在诉讼中提出就该船享有船舶优先权的诉讼请求时是否被支持,历来在理论界和审判实务界有很大争议:一种意见认为,想要行使船舶优先权,必须在一年内扣押当事船舶并明确扣船是为了行使优先权,并在诉讼中明确提出有权享有优先权,如果超过一年提出行使船舶优先权,船舶优先权因超过除斥期间而消灭;另外一种意见是,不论海事请求的理由是什么,只要在产生优先权的一年内申请扣押当事船舶,即是行使船舶优先权,诉讼中主张享有优先权的时间也不再受一年除斥期间的限制。

本案判决已经生效,各方当事人均没有上诉。本案以判决的形式确立了规则:不论海事请求保全人在扣押船舶时是否做出其享有船舶优先权的意思表示,只要在优先权产生之日起一年内,海事请求人申请扣押产生优先权的船舶即以行为表示了其享有优先权的意思表示,行使了船舶优先权,不因距离优先权产生之日超过一年才主张享有船舶优先权而消灭。

(闫慧)

湛江港（集团）股份有限公司等诉福州宁顺海运有限公司等船舶触碰损害责任纠纷案

——船舶不适航并不当然导致责任人丧失限制赔偿责任的权利

【提要】

根据《最高人民法院关于审理海事赔偿责任限制相关纠纷案件的若干规定》（以下简称《责任限制若干规定》）第十九条规定，主张责任人无权限制赔偿责任，除了要证明船舶不适航外，还要证明损失是由于责任人本人的故意或者明知可能造成损失而轻率地作为或者不作为造成的，否则法院不支持其诉讼请求。即船舶不适航并不能当然导致责任人丧失责任限制的权利，只有责任人本人的行为达到故意或者明知可能造成损失而轻率地作为或者不作为的程度，才能使其丧失享受责任限制的权利。

【关键词】

船舶不适航　船舶触碰　海事赔偿责任限制　突破条件

【基本案情】

原告（被上诉人）：湛江港（集团）股份有限公司（以下简称"湛江港集团公司"）。

原告（被上诉人）：原告湛江港石化码头有限责任公司（以下简称"石化码头公司"）。

被告（上诉人）：福州宁顺海运有限公司（以下简称"宁顺公司"）。

被告（上诉人）：中国大地财产保险股份有限公司福建分公司（以下简称"大地财险公司"）。

两原告诉称：2010年4月30日，被告宁顺公司所属的"宁顺9"轮在湛江港触碰两原告所属码头的联系桥，造成两原告的重大经济损失。广州港湾工程质量检测有限公司（以下简称"港湾检测公司"）对码头被撞区域进行检测后出具了检测报告，确认直接经济损失为3,355,800元。原告预付了检测费用281,960元。除直接损失外，本案事故还造成了两原告码头无法营运，因此被告还应赔偿两原告营运损失。事故发生后，湛江港集团公司向法院申请扣押肇事船舶，大地财险公司为使船舶获释出具了担保函，保证在300万元的担保额度内与被告宁顺公司承担连带责任。请求法院判令：1. 宁顺公司赔偿两原告直接损失3,355,800元及从2010年4月30日起至实际支付之日止按中国人民银行同期贷款利率计算的利息；2. 宁顺公司赔偿两原告检测费用281,960元及从2011年1月20日起至实际支付之日止按中国人民银行同期贷款利率计算的利息；3. 确认两原告的上述诉讼请求享有船舶优先权；4. 大地财险公司在300万元额度内对两原告承担连带赔偿责任；5. 两被告负担本案的诉讼费用、财产保全费用和鉴定人员出庭费用。

两被告辩称如下。1. 涉案码头的合法所有人仅为石化码头公司而非湛江港集团公司，后者不具备原告主体资格；大地财险公司为使"宁顺9"轮被解除扣押而向湛江港集团公司提供的担保函对原告石化码头公司不发生效力，原告石化码头公司无权要求大地财险公司承担连带责任。2. 原告提供的证明不足以证明"宁顺9"轮触碰码头的事实。主管此案的湛江海事局至今未出具事故调查报告书，未查明船舶触碰的事实及作出责任认定，无法证明"宁顺9"轮对码头被碰负有责任；湛江港公安局出具的回函只是初步认定"宁顺9"轮为肇事船舶，没有下确定性结论。湛江港公安传唤并讯问涉案船员作出的笔录，只有被告人供述而没有其他证据，不能作为湛江港公安局的定案证据。原告在没有实质性证据的情况下认定"宁顺9"轮触碰码头既不合理也不合法。3. 原告未提交证据证明受损码头在涉案事故发生前为正常完好的码头，原告提出的直接损失没有事实及法律依据。4. "宁顺9"轮的非人身伤亡海事赔偿责任限额为290,830.50特别提款权，被告宁顺公司依法享有限制赔偿责任的权利。请求驳回两原告的全部诉讼请求。

广州海事法院经审理查明：原告石化码头公司是另一原告湛江港集团公司的全资子公司；2008年12月5日，两者签订合作协议，约定双方共同承担新建油码头工程费用；由石化码头公司经营，双方按50%的比例承担责任及享有收益；由湛江港集团公司办理产权登记手续，决定产权份额。

2010年4月30日，上述码头3号引桥发现被碰损坏，湛江港集团公司分别向湛江海事局和湛江港公安局报案。湛江港公安局于5月1日对触碰现场进行了勘验。

两原告提供的被触碰码头监控录像显示，4月29日深夜至30日凌晨有船舶靠近接触该码头又离开，虽无法看清该船船名，但可以确定触碰的时间。

湛江海事局接到报案后，对该时段进出湛江港的船舶进行了排查。4月29日至30日的船位报告记录表记载：29日晚10时52分"宁顺9"轮报经29号灯浮进港，至30日凌晨2时45分报到达305号泊位；同一时段29日晚10时28分"新锦兴"轮报从下海出口出港，30日凌晨1时5分报到达31号灯浮。在海事局的船舶自动识别系统图中只显示了"新锦兴"轮的航行轨迹，而无"宁顺9"轮的轨迹。其后，湛江海事局与湛江港公安局派员两次勘验"宁顺9"轮船身状况，发现该轮船艏有擦痕、右锚链口有凹痕。

6月11日，"宁顺9"轮船长在深圳海事局快速反应基地接受湛江海事局询问时，表明其姓名为王良灿，身份证号码为44052419××01××061×，4月29日晚该轮在湛江港从进港到靠泊好码头其均在驾驶台值班。王良灿述称：该轮29日晚约23时过29号灯浮并报交管中心，曾与"新锦兴"轮左舷会遇，于30日2时左右靠泊305号泊位；过程期间没有发生触碰码头事故，该轮右舷锚链孔破损是在其4月5日上船任职前已存在，不知道怎样造成的。

在"宁顺9"轮船长6月1日提交给湛江海事局的该轮在船船员名单中，船长名字先写为"王良灿"，后又更改为"吴万来"。

"宁顺9"轮厨师张少水在湛江海事局6月1日的询问笔录中称：4月29日晚20时左右其开始在房间休息，夜里不知几点感觉船体震动一下，其跑出房间到左舷甲板的梯口旁边看了一下，看到码头上的灯光，船已离开码头有一定距离；当时不知在湛江港哪个码头，只知道船是在码头的内档水域。

水手翁国庆在湛江海事局6月1日的询问笔录中称：其于4月29日晚23时左右开始值班，值班10余分钟，大副叫其到船头抛锚，大副拉开锁锚销，其到锚机按开关抛锚，右锚刚抛下去，船艏偏右（估计是右舷锚链孔位置）撞上了码头，事故后靠码头后看到该部位有触碰损坏情况。

机工徐雨龙在湛江海事局6月3日的询问笔录中称：其于4月29日23时30分到机舱接班，半小时后机舱警报响起，随后感到船体剧烈震动，其跑到船艉看，远处港池内有几盏灯，其以为靠码头，听吴喜说他听大副说撞到码头了，码头的水泥被撞脱落，看到露出的钢筋。

7月1日，湛江海事局致函湛江港公安局称，经该局排查码头被碰事故时间前后进出港船舶情况，确定福州籍"宁顺9"轮为可疑肇事船。基于当时值班船长王良灿（又曾自称吴万来，但未能出具身份证件核对其真实姓名）没有承认触碰码头的事实并肇事逃逸，根据《海上交通事故调查处理条例》第十八条规定，将调查相关材料移交湛江港公安局，以依法追究当事船长的刑事责任。

湛江港公安局在接到湛江港集团公司的报案后，也对"宁顺9"轮的船员进行了讯问。5月15日，吴万来在讯问笔录中称：其为"宁顺9"轮船长，生于1948年2月13日，身份证号码已忘记；4月28日晚"宁顺9"轮从广西防城港装铁矿砂到湛江港，到湛江港海域33号灯浮时已是29日晚23时20分；大约是30日凌晨，其听到放锚链声，上到驾驶台见到船头快撞上前面的码头，其接过驾驶舵杆，并叫大副去指挥船头放锚链，以减缓船速，但船的右舷还是碰上了一段桥，因感觉船舶碰撞时只有轻微颤动，其认为没有造成什么严重现象，便开船离开，于30日凌晨2时许靠上湛江港三分公司码头；航海日志上没有记录船舶触碰一事，也没有向船公司报告。翁国庆在同日的讯问笔录中陈述的事故经过与其后对湛江海事局调查人员所述基本相符。6月2日，徐雨龙再次到湛江港公安局接受讯问，陈述的事故经过与其后对海事局调查人员所述基本相同。

湛江港公安局在侦办案件过程中，从海事局网上搜寻的"吴万来"的身份证号码与湛江海事局在6月11日对自称"王良灿"之人所作询问笔录中报的身份证号码相同；而后从公安部人口资料查询系统查找，不存在这一身份证号码，该号码与"吴万来""王良灿"两名字均不符；通过公安部人口资料查询系统查询所得的"王良灿"的基本信息，其照片所示之人与该局侦查人员传唤的"吴万来"长相一致；"宁顺9"轮船员也指认被传唤的"吴万来"是该轮船长。庭审中，被告承认船东是通过中介雇请吴万来，由于船舶进出港口海事局均会审查船员证书，故没有严格审查船长的身份。

12月29日，湛江港公安局致函湛江港集团公司称：接到报案后，经调看出事地域的相关监控录像、排查该事故段的进出港船舶、勘验检查触碰现场，并联系湛江海事局调看该事故时段的船舶定位系统轨迹，排查出肇事嫌疑船只"宁顺9"轮；对该轮进行船身检查时，发现船身有明显碰撞的新痕，传唤该轮船长吴万来（实名王良灿）、水手翁国庆、机工徐雨龙，三人均承认并详细陈述了该轮在4月30日凌晨由于驾驶失误、误撞码头的经过，至此，可以初步认定"宁顺9"轮为肇事船。

湛江港集团公司申请法院对湛江港新建油码头的3号引桥因涉案船舶触碰造成的受损程度和范围及修复费用进行检测、鉴定。法院委托港湾检测公司进行鉴定。结论为：联系桥3受事故撞击破损严重，已显著影响结构的安全性和整体使用功能，建议将联系桥3进行整体拆除，并重新进行结构设计及施工，以恢复码头的原有结构和承载能力；修复工程费用为1,091,651元，拆除工程费用为1,193,413元,专项费用25万元,合计工程费用253.51万元,建设单位管理费4.44万元、工程建设监理费6.84万元、施工图设计费16万元、施工图设计审查费8万元、安全生产费2万元、扫海费5万元,基本预备费14.79万元,流动资金25万元,总计335.58万元。原告湛江港集团公司为此支付了检测费281,960元。

湛江港集团公司于诉前申请法院扣押了"宁顺9"轮。为使船舶获释,大地财险公司出具担保函称:应"宁顺9"轮船舶所有人的要求,就湛江港集团公司所称4月30日"宁顺9"轮触碰码头事由向该公司出具担保,保证承担因上述纠纷所产生的,根据该轮所有人与该公司达成的书面和解协议书,或由有管辖权的法院或上诉法院的最终生效判决或制作的民事调解书所确定的应由被担保人向该公司支付的任何款项,但在本担保函下的全部费用最高不超过300万元。

"宁顺9"轮为钢质干货船,总重量2,983吨,净重1,670吨,船舶所有人及经营人均登记为宁顺公司。宁顺公司出具证明称,"宁顺9"轮在4月30日航行湛江港时不处于光租期间。

广州海事法院根据上述事实和证据认为:涉案码头被发现受损是在事故发生后,没有当场抓获肇事船舶。湛江海事局和湛江港公安局在确定事故时间后,通过查阅船位报告记录表,排查出当时经过的"新锦兴"轮和"宁顺9"轮均有嫌疑。在确定事故时段可能出现在事故地点的船舶后,湛江海事局查看事故时段进出港船舶的船舶自动识别系统记录,发现系统显示的"新锦兴"轮的航行轨迹,并无驶到事故码头;而系统没有接收到"宁顺9"轮的信号,该轮在事故时段在港内行踪不明。湛江海事局和湛江港公安局因此确定该轮为嫌疑船舶。另外,"宁顺9"轮船长和水手翁国庆、机工徐雨龙三人对事故经过的陈述则比较一致,厨师张少水在调查笔录中的描述也印证了前三名船员陈述内容的真实性。调查人员对"宁顺9"轮船身痕迹的检查结果和三名船员所述船舶可能与码头发生触碰的部位相符。因此,可以认定"宁顺9"轮触碰码头造成原告损失。事故发生时,"宁顺9"轮不处于光租期间,即该轮在宁顺公司的经营管理之下,故船舶触碰产生的赔偿责任由船舶所有人宁顺公司承担。

对受损码头的损失,法院依程序委托鉴定机构鉴定,该机构及鉴定人员均具备相应专业的鉴定资格,且鉴定人出庭接受了当事人的质询,并对修复方案及修复费用的计算做出详细的解释。因此,法院认可该检测报告,确认该码头因被触碰受损的修复费用355.58万元,为两原告的直接损失。

"宁顺9"轮触碰码头是由于该轮船长、船员驾驶或管理船舶的过失造成的,宁顺公司没有尽到配备适格船员的义务,该轮在触碰码头时是不适航的。依照《责任限制若干规定》第十九条的规定,原告主张被告无权限制赔偿责任,除了要证明船舶不适航外,还要证明损失是责任人本人的故意或者明知可能造成损失而轻率地作为或者不作为造成的,否则法院不支持其诉讼请求。本案中船员由宁顺公司聘请,宁顺公司应当审查船员是否具备相应岗位的资格要求。王良灿持不存在的"吴万来"的船员证书而被聘用,且船上船员也知道船长姓王,因此可以认定宁顺公司在船员聘任上存在重大过错,对船员特别是船长配备不合格而导致船舶不适航,属于"明知可能造成损失而轻率地作为或者不作为"情形,因此宁顺公司无权限制其赔偿责任。

大地财险公司在原告湛江港集团公司向法院申请扣押"宁顺9"轮后,为使船舶获释,出具了担保函。该担保函写明大地财险公司支付赔款的对象是湛江港集团公司。本案现已查明受损码头是属于两原告共有的,大地财险公司保证支付的款项是因船舶触碰码头纠纷所产生的赔偿款,其出具担保函也是基于"宁顺9"轮触碰码头事由,按照《中华人民共和国海事诉讼特别程序法》(以下简称《海事诉讼特别程序法》)第二十四条"海事请求人不得因同一海事请求申请扣押已被扣押过的船舶"的规定,大地财险公司出具的担保函应理解为"宁顺9"轮营运过程造成的财产灭失或者损坏的海事请求出具的担保,其保证责任应及于因码头受损的赔偿额300万元以内,而非仅针对湛江港集团公司部分的赔偿额。

广州海事法院依照《中华人民共和国海商法》第二十二条第(五)项、第二十八条、第一百六十八条、第二百零九条和《最高人民法院关于审理船舶碰撞和触碰案件财产损害赔偿的规定》第一条的规定,判决如下:一、宁顺公司赔偿原告湛江港集团公司、石化码头公司3,355,800元及利息;二、宁顺公司赔偿湛江港集团公司、石化码头公司检测费用281,960元及利息和检测人员出庭费用2,000元;三、上述第一项债权对"宁顺9"轮具有船舶优先权,两原告有权依法律规定的船舶优先权序位受偿;四、大地财险公司对上述第一、第二项债权在300万元范围内承担保证担保责任。

宁顺公司、大地财险公司均不服一审判决,提起上诉,请求依法撤销一审判决,驳回湛江港集团公司和石化码头公司的全部诉讼请求。

二审法院确认一审法院查明的事实。

【裁判理由及结论】

广东省高级人民法院认为:"宁顺9"轮在航行中触碰案涉码头,两原告请求宁顺公司赔偿触碰事故造成案涉码头的损失，该请求属于《中华人民共和国海商法》第二百零七条第一款第（一）项规定的船舶营运对港口工程造成的损坏引起的赔偿请求。涉案事故发生后，经湛江海事局和湛江港公安局调查确认，"宁顺9"轮船长王良灿本身不具备船长资格，是冒用他人的船长资格证书，而宁顺公司是通过中介聘请王良灿担任该轮船长，未严格审查该人持有的船长证书与本人是否一致，存在过错。但没有证据证明宁顺公司是故意聘请不具备船长资格的人担任船长或明知该人不具备船长资格而予以聘任为船长，不存在《中华人民共和国海商法》第二百零九条规定的情形。因此，宁顺公司可依据第二百零七条的规定享受限制赔偿责任。另外，根据大地财险公司出具的担保函，担保的事项为宁顺公司因其所属船舶触碰码头向湛江港集团公司承担的赔偿责任，担保的对象为湛江港集团公司而不涉及石化码头公司。大地财险公司应仅向湛江港集团公司承担担保责任。因此，大地财险公司上诉认为其不向石化码头公司承担担保责任的主张具有事实依据，二审法院予以支持。原审法院根据《中华人民共和国海事诉讼特别程序法》第二十四条的规定认定大地财险公司出具的担保函保证责任及于石化码头公司，与事实不符，予以纠正。综上所述，原审判决认定事实部分不清，处理结果部分不当。广东省高级人民法院作出（2012）粤高法民四终字第55号判决：一、维持一审判决第一、第二、第三、第五项及诉讼费用负担部分；二、撤销一审判决第四项；三、宁顺公司有权就涉案事故所致的损害赔偿责任于290,830.50特别提款权范围内享受海事赔偿责任限制的权利（责任限制的人民币金额按照事故发生之日即2010年4月30日的特别提款权对人民币的换算办法计算）；四、大地财险公司就宁顺公司的赔偿责任在300万元范围内对湛江港集团公司承担连带赔偿责任。

【典型意义】

本案对审理涉及因船舶不适航导致责任人丧失限制赔偿责任权利的案件具有参考意义。

涉案码头被发现受损是在事故发生后，且原告没有当场抓获肇事船舶。"宁顺9"轮是否触碰了该码头的事实有待查清。该事实是各方当事人争议的焦点，也是判定责任人承担责任的前提和基础。一审在查明事实部分用了大篇幅来描述碰撞事故的调查过程也就是为了奠定事实基础，该部分内容也得到了二审法院的肯定。

船东未尽审查义务，选用不具备资格的人员担任船长，船舶因此不适航且发生碰撞事故，船东是否因此当然丧失责任限制的权利，是一审、二审最大意见分歧。

该问题涉及对《中华人民共和国海商法》第二百零九条"引起赔偿请求的损失是由于责任人的故意或者明知可能造成损失而轻率地作为或者不作为造成的，责任人无权依照本章规定限制赔偿责任"的理解。一审考虑到船长对于船舶航行安全的重要性，对船舶所有人选任船长课以比较严格的义务。但《中华人民共和国责任限制若干规定》第十九条规定，海事请求人以发生海事事故的船舶不适航为由主张责任人无权限制赔偿责任，但不能证明引起赔偿请求的损失是由于责任人本人的故意或者明知可能造成损失而轻率地作为或者不作为造成的，人民法院不予支持。根据该条规定，船舶不适航并不能当然导致责任人丧失责任限制的权利，只有责任人本人的行为达成故意或者明知可能造成损失而轻率地作为或者不作为的程度，才能使其丧失享受责任限制的权利。

海事赔偿责任限制制度的产生，根本的原因是基于海上特殊风险，为了保护航运业，创设了权益倾向性的法律制度，它体现了社会经济生活中的全局性平衡。

《中华人民共和国海商法》第二百零九条规定："经证明，引起赔偿请求的损失是由于责任人的故意或者明知可能造成损失而轻率地作为或者不作为造成的，责任人无权依照本章规定限制赔偿责任。"

根据上述规定，责任人丧失责任限制的权利只有在下述两种情况下，才得以确认：一是责任人的故意行为，"故意"是指行为人明知自己的行为会发生危害后果，并且希望或者放任这种后果发生的一种心理状态；二是明知可能会造成损害而轻率地作为或不作为。

从二审改判的理由论述不难看出，对海事赔偿责任限制的权利主体资格的认定一定要从海事赔偿责任限制设立的目的，即从保护海运经营人不轻易因为营运事故而受到致命的打击角度看，对于海事赔偿责任限制的突破条件一定要根据相关法律和司法解释的规定从严把握。

（文静　陈振荣）

中国外运广东湛江储运公司诉上海金海船务贸易有限公司船舶触碰损害责任纠纷案

——2008年中国南方雪灾构成本案中的不可抗力

【提要】

引航员和船长同属船舶所有人的雇佣人员。引航员在执行引航职务期间，处于受雇人的地位。引航员过错导致的船舶触碰损失，引航员及其派遣单位不承担损害赔偿责任，而由被引领船舶的所有权人承担赔偿责任。2008年中国南方雪灾对本案原告的生产经营而言构成不可抗力，有关净盈利的计算可以调整相应的基准月份。本案法官在审判活动中，根据案件的实际情况，能动地解释和适用法律，甚至在必要的时候创制新的法律规则，达到了个案公正处理的目的。

【关键词】

强制引航　船舶触碰　雪灾　不可抗力

【基本案情】

原告（被上诉人）：中国外运广东湛江储运公司（以下简称"储运公司"）。

被告（上诉人）：上海金海船务贸易有限公司（以下简称"金海公司"）。

湛江霞海外贸码头的经营人系原告，该码头为高桩梁板式结构，设计水深为-11米。码头共有两个泊位：一号泊位5万吨级，总长212米，码头面高程6米，码头宽度26米，2002年建成，主要进行散杂货、集装箱的装卸作业；二号泊位2万吨级，总长130米，码头面高程6米，水深-9.2米，码头前沿底标高-11.5米，2002年建成。码头装备有轨道式龙门吊，适于装卸集装箱等干杂货；码头护轮坎旁边装备有一根直径35厘米的输油管，该码头亦可装卸液体货物。

"金海潼"轮的船舶所有人为中海海盛香港有限公司，经营人为被告。该轮系化工/油轮，船舶总长115米，型宽18.2米，型深10.7米，总吨位

5,877，净吨位2,593，船籍港为香港，船龄14年。

2008年3月7日1600时许，"金海潼"轮装运棕榈油7,999.718吨，在引水员韦树至的引领下，准备靠泊湛江霞海外贸码头。1620时许，引航员指挥船舶掉头过程中，因航速过大，经抛下左右锚后，船舶仍未停住，船艏直角触碰码头，致码头受损。

原告提供的8幅照片显示，"金海潼"轮触碰码头后，造成码头输油管破裂，有油状物泄漏，原告组织工人对油状物进行了清除。为此，原告支出了购买木糠、洗衣粉、化油剂等款共4,000.50元；委托湛江市第三建筑工程公司对油管损坏修复的工程款24,000元；支付20名抢险人员的工资每人200元，共4,000元。原告另提交了一份2008年3月17日的增值税发票，证明当时燃料油的单价为每吨3,905元。原告主张重油渗漏约3吨，但无相关证据证明该数量，而重油渗漏是客观事实，因而合议庭酌情认定重油渗漏1.5吨，其损失为5,857.50元。

根据被告的委托，广州鸿业海事咨询顾问有限公司（以下简称"鸿业咨询公司"）阮朝光、陈洪吟于2008年3月15日至16日对触碰事故现场勘验，并出具了评估报告。该报告记载如下。对水面以上因触碰造成的损害范围包括：触碰点附近的码头护轮坎严重损坏范围约长5米，计入受波及部分总长为8米；位于受破坏的护轮坎后面的一根输油管受混凝土的撞击，局部受损；一处开裂（勘验时已用电焊修复），一处圆形状直径约60毫米凹陷，凹深约15毫米；门吊电源电缆的塑料套管2处局部（各长400毫米）受压裂开；撞击点附近两个靠船用的D型橡胶护舷毁损；位于码头护轮坎与门吊轨道梁之间的码头面，可见局部不规则裂纹，从开裂状况分析，有旧纹和新纹，旧纹占多数，均属该处码头面的磨耗局部开裂，不是码头结构本身开裂；撞击点左右两侧的2个码头缆桩的桩基均未发现受损；码头前缘的靠船构件、水平系梁及边梁，均未发现开裂，仅见表面局部擦痕。

经被告授权，并经湛江海事局核准，鸿业咨询公司委托烟台顺达海洋工程服务（湛江）公司，于2008年3月16日对触碰点附件的2个排架前的每根直桩桩腿的水下部分进行探摸/录像检查。其水下目视检验报告记载：检查范围为被撞部位前后20米，内外两侧，共计两排桩腿，每排4根桩腿连通连接杆；在水下录像检查桩腿过程中，发现在码头外侧的4根桩腿，每根桩腿有一面海生物被清理掉；在检测要求范围的8根桩腿及其连接杆件和码头与桩腿连接处过程中，发现除了被清理掉海生物的一面外，其余三面都有海生物覆盖，其他未发现异常或损坏。

鸿业咨询公司的勘验评估结论是：触碰事故未造成码头结构本身的破坏，不影响码头正常使用；2个D型橡胶护舷需更换，护轮坎总长约8米、码头磨耗层约6平方米和门吊电缆塑料套管约长8米需按原样修复；修复约需2天，修理过程不影响码头正常使用，总修复费用约18万元。

2008年3月14日，原告致函被告要求赔偿码头触碰的损失，称："金海潼"轮触碰我司二号泊位，造成输油管破裂变形约30米，重油渗漏约3吨，二号泊位不能正常作业并影响其使用持久性；目前，湛江海事局已经明确通知我司，码头损坏部分必须停止作业。3月19日，原告又致函被告称：湛江海事局认为，要恢复船舶正常靠泊，必须有港务管理局出具报告认定该泊位是安全的；而港务管理局则认为，必须提供有资质人员的评估码头可安全生产的报告，才能对之前的认定解封，码头才能正常靠泊作业。

2008年3月21日，被告回函原告：根据码头的实际损坏情况，我们认为并不影响使用，且湛江港口当局的行政决定既不合理也不合法，希望你方积极作为减少损失；对码头实际损坏的评估，我方保赔协会聘请了经最高人民法院和广东省高级人民法院认可的检验机构作了码头包括水下部分的检验，目前正在制作报告。

2008年3月28日，原告致函湛江港务管理局，称："金海潼"轮所属公司已委托鸿业咨询公司对被碰泊位勘验评估，其结论是桩基未受损，二号泊位可安全靠泊作业；为此，恳请贵局给予确认二号泊位可靠泊作业。湛江市港务管理局安全技术科在该函上批示："根据鸿业咨询公司对二号泊位的勘验评估结论，二号码头可正常使用。"

受原告的委托，湛江亿朗会计师事务所于2008年7月4日作出关于储运公司收入成本的审计报告。该报告记载：我们接受委托，对贵司2007年11月至2008年1月的收入、业务成本进行了审计，该期间贵司的仓储、码头操作及代理业务收入8,776,639.07元，业务成本2,549,325.30元，营业税金及附加228,940元。

受原告委托，湛江亿朗会计师事务所于2009年11月16日出具关于储运公司管理费用和财务费用的专项审计报告。该报告记载：经审计，贵公司2007年11月至2008年1月的管理费用863,410.15元，财务费用-2,948.14元。原告在庭审中解释，会计师事务所是对原告管理费用和财务费用支出方面的专项审计。即管理费用是指支出的费用；而财务费用为负数，是指银行存款的利息收入。

原告储运公司诉称：船舶触碰致使码头严重损坏，造成20天的停产损失,码头修复保养需停产7天。2008年2月中国南方遭受了百年不遇雪灾,故原告选择向前推一个月即2007年11月、12月及2008年1月的业务量作为计算净收益的参考。请求判令被告赔偿:码头施救费45,800元,码头修复费234,000元,码头停产期间的损失1,033,053.30元,并由被告承担全部诉讼费用。

被告金海公司辩称:触碰是引航员指挥错误所致,被告不应就强制引水下引航员的过错负责。该码头按原样修复仅需两天时间,其间不影响码头正常使用,故原告无权主张该期间的停产损失。原告审计报告对盈利的计算时间与最高人民法院的规定不符,且仅是对原告收入和成本的审计,而非净盈利的审计。

【裁判理由及结论】

广州海事法院经公开审理认为:本案系船舶触碰损害赔偿纠纷。"金海潼"轮的船籍港为香港,本案为具有涉外因素的海上侵权案件。根据《中华人民共和国民法通则》第一百四十六条"侵权行为的损害赔偿,适用侵权行为地法律"之规定,本案应适用中华人民共和国法律处理。

被告是"金海潼"轮的经营人,其对有关的侵权行为应承担法律责任。该轮在靠泊湛江霞海外贸码头时,船艏直角触碰码头,致码头受损。该触碰事故完全是由于"金海潼"轮操作不当造成,故被告应承担全部的触碰责任。其抗辩涉案码头并非安全泊位,却未提供任何证据予以证明,该抗辩理由不足采信。出于航行安全的考虑,香港籍船舶进出内地港口,需要强制引航。引航员在船上引航期间,不享有独立指挥船舶的权力,即船长仍负有管理和驾驶船舶的责任。鉴此,引航员在引航过程中的过失造成船舶触碰事故,应由被告承担赔偿责任,引航员及其派出单位不负经济责任。

被告未举证证明涉案码头护轮坎里侧铺设的燃油装卸管严重危及码头安全,法庭亦未查到中国法定机关认定该燃油装卸管严重危及码头安全的相关证据。而输油管线因"金海潼"轮对码头的触碰而破裂、有油状物泄漏,是双方不争的客观事实。原告组织人员抢修损坏油管的工程款24,000元,清除油污的化油剂及人工费共计8,000.50元,以及合议庭酌情认定的重油渗漏1.5吨损失5,857.50元,应由被告赔偿。该费用总计37,858元。

被告委托的鸿业咨询公司对损坏码头勘验,其评估结论是码头修复约需2天,修理过程不影响码头的正常使用,总修复费用约18万元。原告对该评估结论予以认可,但认为修理过程会影响码头正常使用。为此,合议庭对双方没有异议的码头修复费用 18 万元予以确认,该费用由被告予以赔偿。18 万元的码头修复工程,其规模应该较大,出于安全考虑,2 天的修复时间码头不应进行作业,故相应的停产损失应由被告赔偿。原告关于码头修复保养需停产 7 天的诉讼主张,被告关于修复期间不影响码头正常使用的抗辩,与案件事实不符,均不予支持。

《最高人民法院关于审理船舶碰撞和触碰案件财产损害赔偿的规定》第十二条规定:"设施使用的收益损失,以实际减少的净收益,即按停止使用前 3 个月的平均净盈利计算;部分使用并有收益的,应当扣减。"触碰事故发生于 2008 年 3 月,而 2008 年 2 月是举世瞩目的中国南方雪灾,陆路交通运输受到重大影响,湛江霞海外贸码头作为主要经营进出口货物装卸的码头,亦受到雪灾的影响。因此,原告将其计算码头停止使用前 3 个月平均净盈利的时间提前一个月,即以 2007 年 11 月、12 月和 2008 年 1 月的码头经营情况计算净盈利,这能体现正常情况下码头的经营状况,符合实质公正的要求,法庭予以支持。

根据 2008 年 3 月 14 日、19 日原告致被告的函,湛江海事局、湛江港务管理局均认定被触碰的二号泊位须停止作业,待有资质人员作出码头可安全生产的评估报告后,才能正常靠泊。湛江市港务管理局安全技术科在原告 3 月 28 日致该局的函上批示:"根据鸿业咨询公司对二号泊位的勘验评估结论,二号码头可正常使用。"这表明,在勘验评估结论出来之前,行政主管部门对二号泊位不允许正常使用,而许可其正常使用的时间为 2008 年 3 月 28 日。这意味着二号泊位自 3 月 7 日发生触碰事故至 3 月 28 日,共有 21 天的时间不可正常使用。根据 3 月 21 日被告对原告的回函,对二号泊位的勘验评估由被告委托鸿业咨询公司进行;3 月 28 日,原告收到被告方提交的勘验评估报告后,即致函湛江港务管理局请求恢复二号泊位正常作业,且于当天获准。可见,被告关于原告未及时采取措施防止损失扩大的抗辩,与案件事实不符,不予采信。

据湛江亿朗会计师事务所的报告书,原告 2007 年 11 月、12 月和 2008 年 1 月三个月的仓储码头、码头操作及代理业务收入 8,776,639.07 元,业务成本支出 2,549,325.30 元,营业税金及附加支出 228,940 元,管理费用支出 863,410.15 元,财务费用支出 -2,948.14 元,净盈利为 5,137,911.76 元,该三个月共计 92 天,日均净盈利 55,846.57 元。该净盈利系一号泊位和二号泊位的收益,即二号泊位的日均净盈利为 27,923.44 元。二号泊位因行政主管部门的命令不能正常使用 21 天,而原告仅要求被告赔偿 20 天的停产损失,予以支持;修复泊位需2天,共计22天二号泊位不能正常使用。二号泊位22天的使用收益损失为614,315.68元,应由被告予以赔偿。

广州海事法院于2009年12月15日根据《中华人民共和国民法通则》第一百零六条第二款及第一百一十七条第二款之规定,作出(2008)广海法初字第247号判决:一、被告金海公司赔偿原告储运公司码头施救费用37,858元,码头修复费用18万元,二号泊位使用收益损失614,315.68元;二、驳回原告的其他诉讼请求。案件受理费16,473元,原告负担6,031元,被告负担10,442元。

金海公司对该判决不服,向广东省高级人民法院上诉称:触碰事故是引航员的过错造成,由此产生的损失不应由金海公司担责。《最高人民法院关于审理船舶碰撞和触碰案件财产损害赔偿的规定》第十二条并未赋权法院可以根据天气、交通情况予以调整计算平均净盈利的基准月份。一审法院武断地以2008年2月雪灾为由,把平均净盈利计算时间提前1个月,违背了立法原意。请求撤销一审判决第一项,改判驳回储运公司的全部诉讼请求。

广东省高级人民法院经审理确认了一审法院认定的事实和证据,并认为,《中华人民共和国海商法》第三十九条规定:"船长管理船舶和驾驶船舶的责任,不因引航员引领船舶而解除。"金海公司关于引航员过错导致船舶触碰码头,其作为船舶所有人不应对事故承担责任的主张,不符合上述法律规定,不予支持。在正常情况下,码头收益损失应按触碰发生前3个月平均净盈利计算。但本案事故前1个月,即2008年2月发生的雪灾已构成人力无法预见、无法避免的客观情况,对码头经营造成的影响超过正常商业周期的影响,以该月数额为基数计算得出的数额不能反映码头的正常经营损失,一审法院按照雪灾前的3个月平均净盈利计算码头收益损失并无不当,予以维持。

广东省高级人民法院于2010年11月24日根据《中华人民共和国民事诉讼法》第一百五十三条第一款第(一)项的规定,作出(2010)粤高法民四终字第52号判决:驳回上诉,维持原判。二审案件受理费10,442元,由上诉人金海公司负担。

【典型意义】

一、引航员过错的责任承担

引航员在引领船舶中的过失导致船舶碰撞或触碰,其损害赔偿责任应由引航员及其派遣单位承担,抑或由船舶所有人承担,这是本案双方当事人争执的焦点问题之一。

引航是指持有引航员证书或被委派从事这一工作的人，在规定或约定的航区或航段内，指导和引领船舶安全航行、靠离码头、通过船闸或其他限定水域的行为。引航有强制性引航和服务性引航之分。所谓强制性引航，顾名思义，即强制对船舶实施引领，而不论船舶是否同意或是否主动提出了申请。出于维护国家主权和保障航行安全的考虑，各国普遍对外籍船舶实施强制引航。《中华人民共和国海上交通安全法》第十三条"外国籍船舶进出中华人民共和国港口或者在港内航行、移泊以及靠离港外系泊点、装卸站，必须由主管机关指派引航员引航"的规定，即是强制性引航。所谓服务性引航，是指根据船方的申请进行的引航，没有引航区域、距离和地段的限制，引航员在双方约定的地点开始和结束引航工作。

无论强制性引航还是服务性引航，引航员均负有引领和指挥船舶安全航行的权利和义务，但引航员不享有独立指挥船舶的权力，引航员指令只有经船长确认才有效，即引航员通过船长指挥和驾驶船舶。引航员在船，并不解除船长管理和驾驶船舶的责任。通常情况下，船长应服从引航员的决定；船长为了航行安全，可以提出合理建议与要求；当引航员错误决定可能导致严重危险局面时，如引航员违反《船舶避碰规则》引领船舶时，船长可以推翻引航员的决定，并采取正确行动以避免危险局面的发生。

引航员和船长同属船舶所有人的雇佣人员。引航员在执行引航职务期间，处于受雇人的地位。因此，引航员在引领船舶过程中的过失导致的损害，由雇主即船舶所有人承担赔偿责任。这一认定符合《中华人民共和国侵权责任法》第三十四条第二款的规定："劳务派遣期间，被派遣的工作人员因执行工作任务造成他人损害的，由接受劳务派遣的用工单位承担侵权责任；劳务派遣单位有过错的，承担相应的补充责任。"本案船舶触碰码头是由于引航员过错所致，一审、二审法院均判决由船方金海公司承担赔偿责任是完全正确的。

二、2008年中国南方雪灾对本案审判的影响

2008年2月，中国南方出现大范围的降温、降雪、冻雨等恶劣天气。这场突如其来的暴风雪使铁路、公路货物运输紧张，春运客流受阻，对中国经济造成短期的重大冲击。专家估计，这场暴风雪拉低了一季度GDP增速0.5个百分点，推高CPI涨幅0.3个百分点。该雪灾是否属于不可抗力，或者说是否应该对案件的审判产生影响，这是本案争执的另一个焦点问题。

《中华人民共和国民法通则》第一百五十三条规定："本法所称的'不可抗力'，是指不能预见、不能避免并不能克服的客观情况。"一般而言，不可抗力的原因有二，即自然原因，如洪水、地震、海啸、暴风雪等人类无法控制的自然力量所引起的灾害；二是社会原因，如战争、罢工、政府禁令等引起的事故。不可抗力的不可预见性即偶然性，决定了我们不可能穷尽它的全部外延，不可能列举人类和自然界能够称之为不可抗力的种种偶然事件。另外，同一种自然灾害对不同的权利主体可能有不同的法律属性。如台风对于船舶而言，因可以较为准确地预报台风线路、强度等，船舶的可运动性决定了可以提前采取措施抗击台风甚至避开台风，因而相对于船舶来说，台风一般不认为是不可抗力；而对于港口固定设施、沿海农作物等，超过一定强度的台风则可能被认定为不可抗力。

2008年的南方雪灾对交通运输造成重大影响，而原告码头主要经营进出口货物的装卸、堆存、转运等业务，雪灾对其码头作业的影响是明显的。关键问题在于，南方雪灾对于码头作业的影响是否符合不可抗力的三个条件，即是否属于不能预见、不能避免并不能克服的客观情况。这场雪灾突如其来，气象部门、交通运输部门甚至政府有关部门均无预见，也是人力所不能避免和克服，对原告码头带来的直接后果便是货物不能正常运抵码头，其装卸、堆存等业务非正常地萎缩。因此，2008年的南方雪灾，对原告而言构成法律上的不可抗力。

通说认为，不可抗力条款系法定的免责条款，不论是否在合同中加以约定，当发生不可抗力事件时，有关当事人均可以援用不可抗力的规定免责。然而，本案并不存在因2008年雪灾而免责的情况，只存在有关净盈利的计算是否可以调整相应基准月份的问题。

《最高人民法院关于审理船舶碰撞和触碰案件财产损害赔偿的规定》第十二条规定："设施使用的收益损失，以实际减少的净收益，即按停止使用前3个月的平均净盈利计算。"金海公司在上诉状中认为，该规定并未赋予法院可以根据天气、交通情况调整计算平均净盈利基准月份的权利。的确，该规定的字面含义并没有关于法官可视天气等情况灵活掌握的"但书"式授权内容，然而，法官在具体案件审判中如何适用法律，并不是，也不能仅仅局限于法条的字面含义，而必须洞悉和把握法条字面背后的立法本意。我们认为，对于上述规定，最高人民法院的立法本意，是尽可能追求一种正常商业周期下的净盈利水平，以体现设施使用的正常收益与损失。2008年2月的南方雪灾，对原告而言，既然已经构成法律上的不可抗力，使其码头业务非正常地萎缩，那么，以该月收支数额为基数计算净盈利，显然不能体现"设施使用的正常收益与损失"。因此，法院以雪灾前3个月平均净盈利计算收益损失,恰好符合上述司法解释的本意,体现了对实质公正的追求,避免了机械司法的不良后果。

　　大陆法系国家崇尚成文法的传统,不允许法官立法。然而,不争的客观现实是成文法自颁布之日起即逐渐与时代脱节,而且个案情况千差万别,并非一部法律或一个司法解释所能囊括无遗,这就需要法官在审判活动中,根据案件的实际情况,能动地解释和适用法律,甚至在必要的时候创制新的法律规则,以达到个案公正处理的目的。本案倘若严格按司法解释判决,表面上"有法必依""依法判决"了,实际上则是以牺牲个案公正而麻木判案,法官变成适用法律的工匠甚至木偶,没有自己独立的思想,更无睿智可言。本案一审、二审的处理,体现了判案法官解释法律的高超技巧,展示了法官通过司法审判创制法律规则的可贵品格与精神,达到了追求个案公正之司法目的。应该说,这是本案处理最为吸引人的亮点。

(倪学伟)

中远集装箱运输有限公司
诉乌拉尔集装箱运输有限公司
船舶碰撞损害赔偿纠纷本、反诉案

——漂航船舶的法律责任

【提要】

为等待泊位而停车漂航的船舶，不属于1972年《国际海上避碰规则》第三条第6项中所指的"失去控制的船舶"或第7项中所指的"操纵能力受到限制的船舶"，其在漂航期间仍负有采取适当而有效的避碰行动的义务。

【关键词】

船舶碰撞　漂航　操纵能力　避碰行动　互有过失

【基本案情】

原告（反诉被告）：中远集装箱运输有限公司。

被告（反诉原告）：乌拉尔集装箱运输有限公司（Ural Container Carrier S. A.）。

原告诉称：2012年2月22日，被告所属"三井策略"（MOL Maneuver）轮在担杆岛附近水域碰撞原告所属"珍河"轮，造成"珍河"轮及船载货物严重受损，部分燃油泄漏，给原告造成经济损失共计人民币88,830,000元。上述碰撞事故主要是由于"三井策略"轮的严重违章和过失导致，该轮应承担本次碰撞事故95%的责任。被告作为"三井策略"轮的所有人，应按照95%的比例赔偿因碰撞事故给原告造成的损失。请求法院判令被告赔偿原告损失人民币84,388,500元及利息。

被告答辩并反诉称：原告主张"三井策略"轮承担95%的碰撞责任，没有任何事实和法律依据，原告主张的各项损失也缺乏证据和事实的支持。本案碰撞事故给被告造成经济损失共计人民币64,690,887.44元，"三井策略"轮和"珍河"轮在碰撞事故中责任相当，应各自承担50%的碰撞责任。请求法院判令原告按照50%的比例赔偿被告因碰撞事故造成的损失人民币

32,345,443.72 元及利息。

原告针对被告的反诉辩称：本案事故发生时，"珍河"轮持有的法定船舶证书齐全有效。事故航次"珍河"轮实际配员 25 人，符合该轮船舶最低安全配员证书的要求，船员所持适航证书齐全有效。本案碰撞事故完全是由于"三井策略"轮的严重过失造成的，请求驳回被告的全部反诉请求。

广州海事法院经审理查明："三井策略"轮总吨 78,316，净吨 40,052，总长 282.27 米，型宽 43.4 米，型深 20.14 米，船舶类型为集装箱船，船体材料为钢质，船籍港为马绍尔群岛共和国马朱罗港（Majure, Republic of the Marshall Islands），IMO 编号为 9475648，发动机输出功率为 57,200 千瓦，船舶建造地点为日本神户（Kobe, Japan），造船厂名称为三菱重工业株式会社（Mitsubishi Heavy Industries Ltd.），建造年份为 2011 年。被告为该轮登记的船舶所有人。本案事故发生时，"三井策略"轮持有的法定船舶证书齐全有效。事故航次"三井策略"轮实际配员 27 人，符合该轮船舶最低安全配员证书的要求，船员所持适航证书齐全有效。

"珍河"轮于 2012 年 2 月 16 日由营口港开航，载货 48,500 吨（2,181 标箱），驶往南沙港。2 月 22 日 0800 时左右，船长接到通知预抵码头靠泊计划变更，靠泊时间推迟了十几个小时。0900 时，船舶驶至担杆列岛东面附近水域时，船长指令船舶停车漂航，以调整预计到港时间，并升起 2 个黑球，示意本船"失控"。1200 时，二副接班。1210 时，二副开启航行灯，动车续航，航速约 6 节。约 1300 时，1 号辅机滑油滤器压差报警，二管轮电话询问二副何时停车，二副回答 1400 时停车。"珍河"轮配备 3 台辅机，其中 1 台在 2011 年 1 月 26 日发生故障，一直未修复。1400 时，根据船长要求，二副再次停车漂航。机舱二管轮将主机"驾控"改为"机控"，修理报警的 1 号辅机。1500 时，1 号辅机修复完毕。二管轮再次将转换开关转到"驾控"，主机备车，并电话通知二副。1545 时，大副和实习生上驾驶台接班。交班时，二副告知大副本船正停车漂航，需要用车时可电话通知机舱；大副接班时没有核查本船船舶自动识别系统（automatic identification system，简称 AIS）设置的状态，也没有对这种漂航做法提出异议。值班水手在接班时被上一班水手告知本船 AIS 设置在"失控"状态，且主桅右舷升起了两个黑球。"珍河"轮对地速度 1 节，驾驶台两侧门窗关闭，两部雷达量程分别设在 6 海里和 12 海里。1620 时，船长上驾驶台。1625 时，上一班水手离开驾驶台，大副在驾驶台来回走动，并不时查看雷达。1633 时，大副在雷达上发现，西南方向（真方位）、距离本船约 4 海里处，有一船舶（"三井策略"轮）驶来，航速约17.5节。对方船未呼叫"珍河"轮,大副也未使用高频呼叫对方。1633时48秒,ARPA雷达发出连续"啪……啪……"报警声,船长将报警取消,并在ARPA雷达上观测。1636时30秒,"珍河"轮船舶数据记录仪(VDR)首次记录从远方传来一长声隐约的汽笛声。1637时24秒,1638时25秒,1639时21秒,"珍河"轮船舶数据记录仪(VDR)记录连续从远方传来一长声汽笛声,并不断加强。1640时19秒,CCTV记录显示,在驾驶台内首次听到从远方传来的隐约汽笛声,此时两船距离约1海里。1641时17秒,驾驶台内再次听到从远方传来的隐约汽笛声,大副离开雷达位置,说"好像有汽笛声",打开驾驶台右侧门,向外瞭望。1642时10秒,大副回到AIS前查看,并按汽笛五短声。1642时14秒,大副回到雷达前查看后迅速返回汽笛前鸣放了七短声,并再次返回雷达前查看。1642时36秒,大副再次鸣放七短声汽笛。1643时09秒,大副用甚高频(VHF)呼叫"三井策略"轮。实习生和二副在雷达前观测后,立即赶到右侧门向外瞭望。1643时13秒,右舷方向再次传来一长声的汽笛,船长赶到雷达前;此时大副视觉发现来船,奔向驾驶台右侧。1643时21秒,"三井策略"轮船艏以大约60°角碰撞"珍河"轮右舷第7号货舱附近位置,"珍河"轮船上警报响起。

2012年2月19日0745时,"三井策略"轮由新加坡驶出,载货42,454.7吨(2,966标箱),驶往深圳盐田港。22日1200时,二副接班,此时航速18.5节。1540时,二副在驾驶台右侧雷达上标识"珍河"轮目标,"珍河"轮目标在"三井策略"轮船艏向偏右约5°方向,距离约19海里。1607时,大副上驾驶台后,曾在电子海图(ECDIS)上看到"珍河"轮目标,此时距离7~8海里,但大副凭经验认为"珍河"轮目标是一艘渔船,随后忙于从事其他工作,未对其进行连续观测。此时航速17.8节,船舶处于自动舵航行状态。驾驶台设备良好,两部雷达开启,左、右两部雷达量程分别设置在6海里和12海里,驾驶台两侧门处于关闭状态。1626时,大副将船艏雾号设置为自动鸣放,船艏雾号每分钟自动鸣放一长声。1628时20秒,大副两次要求值班水手到左舷查看附近渔船情况,查看后,水手告诉大副什么也看不清,当时能见度已变得很差,仅能偶尔看到本轮船艏的桅杆(驾驶台距船艏距离213.96米)。1630时,值班水手在雷达上标识"珍河"轮,此时两船相距约4海里,水手将这一情况告知大副。大副表示知道了,但未采取任何措施。1642时45秒,驾驶台内听到一短声号笛,但声音较弱。1643时01秒,值班水手视觉发现对方船生活区,喊道"有船在前方"。1643时09秒,船长命令"换手操舵""右满舵",此时"三井策略"轮在甚高频(VHF)16频道听到"珍河"

轮呼叫,但未应答。1643时21秒,发生碰撞,"三井策略"轮船艏撞在"珍河"轮右舷7号货舱位置,碰撞角度约60°。

事发水域位于担杆列岛东南约14海里,处于我国沿海南北航线南澎岛至横澜岛航段,是南北运输的主要航路,又是从外海进入深圳东部港区和香港的重要航路,进出香港、深圳港的船舶在这一水域交汇,往来船舶众多,船舶交通密集,渔船活动频繁,通航环境复杂,对航行安全的影响较大。碰撞前,事发水域受大雾影响,能见度不良,最低能见距离低于500米,东北风,风力3～4级,浪高1～2米,偏北流,流速小于1节。

双方当事人在庭审中一致选择中华人民共和国法律处理案件纠纷。

【裁判理由及结论】

广州海事法院经审理认为:两案属涉外船舶碰撞损害赔偿纠纷。由于碰撞事故发生地在中国,且庭审中双方方当事人均同意适用中华人民共和国法律处理本案争议,根据《中华人民共和国海商法》第二百七十三条第一款和《中华人民共和国涉外民事关系法律适用法》第四十四条的规定,应适用中华人民共和国法律处理案件实体争议。

"三井策略"轮至少自碰撞发生前45分钟至碰撞发生前20秒,始终使用自动舵,保持17.5节左右航速。作为1艘近8万总吨的重载集装箱船,在交通繁忙、渔船众多、通航环境复杂的南北航线上,尤其是在能见度不良、视线极差的情况下,仍然以如此高速行驶,且未将机器做好随时操纵的准备,违反1972年《国际海上避碰规则》第六条"每一船在任何时候都应以安全航速行驶,以便能采取适当而有效的避碰行动,并能在适合当时环境和情况的距离以内把船停住"和第十九条第2项"每一船舶应以适合当时能见度不良的环境和情况的安全航速行驶,机动船应将机器做好随时操纵的准备"的规定,是导致事故发生的主要原因。"三井策略"轮在雷达发现他船后,未有效使用雷达、船舶自动识别系统(AIS)等设备,及早判明他船的类别、动态(在航或锚泊)和动向等信息,以获得碰撞危险的早期警报,违反1972年《国际海上避碰规则》第七条第1项"每一船都应使用适合当时环境和情况的一切有效手段断定是否存在碰撞危险,如有任何怀疑,则应认为存在这种危险"和第十九条第4项"一船仅凭雷达观测到他船时,应判定是否正在形成紧迫局面和(或)存在碰撞危险"的规定,以致无法对局面和碰撞危险做出充分的估计。"珍河"轮碰撞前属于"在航,不对水移动"状态,根据1972年《国际海上避碰规则》第三十五条第2项"能见度不良时使用的声号"的规定应以每次不超过2分的间隔连续鸣放二长声,但"珍河"在进入能见度不良水域后直至碰撞前一直未鸣放雾号。"珍河"轮在事发前已经备车,做好了随时操纵的准备,且已通过瞭望发现了"三井策略"轮并了解其动态,但由于大副一直认为本船是"失控船",未及早采取避让措施,盲目等待对方的行动以至丧失了避碰时机,是导致事故发生的次要原因。根据事故的原因和两船行为的过失程度,本院认定"三井策略"轮承担本案船舶碰撞事故80%的过失责任,"珍河"轮承担本案船舶碰撞事故20%的过失责任。

原、被告分别作为"珍河"轮和"三井策略"轮的船舶所有人,应对两船碰撞造成对方的损失,按过失责任比例予以赔偿。根据双方当事人因碰撞事故遭受的损失计算,被告应赔偿原告损失人民币65,592,784.15元、634,528.80美元、343,369.12港元和23,618.51欧元,原告应赔偿被告损失人民币625,721.31元、877,889.54美元、44,253,934日元和610,457.72港元。原告在诉讼前支出的扣船申请费人民币5,000元,是其为保障诉讼请求得以实现而支出的费用,原告将其列入诉讼请求要求被告承担,符合法律规定,予以支持。原、被告分别向广州海事法院支付的证据保全申请费人民币50元,属于双方为履行自身举证义务而支出的费用,应各自承担。原告主张的看船费用和被告主张的鉴定、评估费用,没有提供相应证据费用已实际支付的证据,依法不予支持。

广州海事法院依照《中华人民共和国海商法》第一百六十九条第一款和第二款的规定,判决如下:一、被告(反诉原告)乌拉尔集装箱运输有限公司赔偿原告(反诉被告)中远集装箱运输有限公司船舶损失人民币65,592,784.15元、634,528.80美元、343,369.12港元和23,618.51欧元及上述费用从2013年2月22日起计算至实际支付之日止的利息(利息按中国人民银行规定的同期企业流动资金贷款利率计算,外币按利息起算日国家外汇中间价换算成人民币后计算利息);二、被告(反诉原告)乌拉尔集装箱运输有限公司赔偿原告(反诉被告)中远集装箱运输有限公司扣船申请费人民币5,000元;三、原告(反诉被告)中远集装箱有限公司赔偿被告(反诉原告)乌拉尔集装箱有限公司船舶损失人民币625,721.31元、877,889.54美元、44,253,934日元和610,457.72港元及其从2013年2月22日起计算至实际支付之日止的利息(利息按中国人民银行规定的同期企业流动资金贷款利率计算,外币按利息起算日国家外汇中间价换算成人民币后计算利息);四、驳回原告中远集装箱运输有限公司、被告乌拉尔集装箱运输有限公司的其他诉讼请求。

一审宣判后，双方当事人均未上诉。

【典型意义】

该起事故是一起较为罕见的两艘先进超大型集装箱班轮在雾航期间的碰撞，发生之初即受到公众和国内外媒体的广泛关注。碰撞时处在相对静止状态的"珍河"轮博得了国内舆论甚至学者的同情，要求"三井策略"轮对碰撞事故负全部责任的呼声此起彼伏。而"珍河"轮的巴拿马籍船舶所有人和印度籍管理公司则认为"珍河"轮在密集通航水域漂航违反国际惯例，并专门向海事主管部门发来书面函件，要求我国行政司法机关同等对待，不应偏袒己方利益。一时间舆论众说纷纭，各方均期待法院给出公正裁决。合议庭法官通过反复观看船舶交管中心（VTS）记录、船舶数据记录仪（VDR）还原的航行轨迹，对能见度、鸣放雾号的时间、会遇局面、碰撞角度、双方所采取的避让措施等因素逐项分析，同时考虑事发水域的通航密度、水域环境，在认真研读1972年《国际海上避碰规则》（以下简称《规则》）并查阅大量国内外案例的基础上，最终认定该起碰撞事故为一起双方互有过失的海事事故，"三井策略"轮负主要责任，"珍河"轮负次要责任，并在此基础上科学准确地划分了两船责任。一审宣判后，双方当事人均服判息诉，取得了良好的社会效果，同时对法院今后处理类似碰撞案件具有指导意义。

一、船舶漂航状态的法律分析

船舶漂航有被动漂航和主动漂航之分。被动漂航是由于动力装置或操舵系统故障需停车停舵检修的一种操纵方法。被动漂航时，船舶处于失控或操纵能力受限状态，属于《规则》定义的"失去控制的船舶"或"操纵能力受到限制的船舶"。主动漂航是指不使用车、舵，让船体随风浪、海流或潮流漂流，是主动停车停舵的一种操纵方法。主动漂航船是"在航，但没有对水移动"，漂航时车舵处于随时可用状态，能够根据《规则》的要求进行操纵，属于《规则》定义的"在航机动船"。基于良好船艺和谨慎起见，船舶主动漂航时，应使主机处于备车状态，保持随时可用。

事故中，"珍河"轮为调整到港时间采取了停车漂航措施，但除22日1400时至1500时，机舱对报警的1号辅机进行修理期间，属被动漂航外，其余时段均为主动漂航。特别是1500时辅机修理完毕后，机舱将转换开关转到"驾控"状态，主机备车，"珍河"轮车舵处于随时可用状态，属于"在航机动船"。根据《规则》此时"珍河"轮应当显示相应的号灯、号型和鸣放声号，并按"在航机动船"的行动规则采取相应的避碰行动。

二、"珍河"轮在漂航状态下的避碰义务

第一,"珍河"轮漂航的位置,处于极有可能发生碰撞危险的交通要道。"珍河"在此漂航,更应当根据《规则》第五条"每一船在任何时候都应使用视觉、听觉以及适合当时环境和情况的一切有效手段保持正规的瞭望,以便对局面和碰撞危险作出充分的估计"的规定,使用一切有效手段保持正规瞭望。第二,漂航当时恰逢大雾,能见度极为不良,最低能见度低于500米,"珍河"轮应当预见其难以通过肉眼被他船较早发现的可能,应根据《规则》第三十五条"能见度不良时使用的声号"的规定,鸣放能见度不良情况下的相应声号。第三,"珍河"轮在发现"三井策略"轮后,应根据《规则》第十九条"船舶在能见度不良时的行动规则"和第七条"碰撞危险"的规定,通过雷达、船舶自动识别系统(AIS)和甚高频(VHF)等系统观察及早判定是否正在形成紧迫局面和(或)存在碰撞危险,并按《规则》第八条"避免碰撞的行动"的规定,及早动车并采取有效避碰行动。因其并非失去控制的船舶,不应盲目等待他船避让。而"珍河"轮未履行其负有的避碰义务,且上述不作为一定程度导致了碰撞事故的发生。因此,本案碰撞事故并非单方过失碰撞,而是双方互有过失导致的碰撞。

三、两船主次责任的划分

要准确的划分双方责任,必须探寻过失行为与损害结果发生之间的因果关系,在"多因一果"的情况下,则需要分析每个原因对最终损害结果的效力程度,以区别主张原因和次要原因。本案事故中,"三井策略"轮至少自1600时至碰撞发生前20秒,始终使用自动舵,保持17.5节左右航速。作为一艘总吨近8万的重载集装箱船,在交通繁忙、渔船众多、通航环境复杂的南北航线上,尤其是在能见度不良、视线极差的情况下,仍然以如此高速行驶,且未将机器做好随时操纵的准备,显然不是正确使用安全航速的做法。在当时的环境和情况下,"三井策略"轮的航行状态是极为危险的,在遇紧迫局面时将难以采取适当而有效的避碰行动以及"在适合当时环境及其情况的距离以内把船停住"。从碰撞结果来看,也是导致两轮严重损失的主要原因。而且,在进入能见度不良水域后,驾驶台两侧舱门一直处于关闭状态,不是保持正规瞭望的做法。"三井策略"轮大副刚上驾驶台时,曾在电子海图上发现"三井策略"轮目标,两船距离约7~8海里,但大副未通过船舶自动识别系统(AIS)核实,单凭经验认为该目标是一艘渔船。1630时,两船相距约4海里时,值班水手在雷达上标识了本船正前方目标回波("珍河"轮)并向大副报告,大副仍未引起重视,未采取进一步的瞭望措施。由此可

见,"三井策略"在雷达发现他船后,未有效使用雷达、船舶自动识别系统(AIS)等设备,及早判明他船的类别、动态(在航或锚泊)和动向等信息,以获得碰撞危险的早期警报,存在严重瞭望疏忽,以致无法对局面和碰撞危险做出充分的估计,也未采取必要避碰行动,这是导致碰撞发生的直接、主要原因。因此,"三井策略"轮应当事故承担主要责任,法院综合认定其责任比例为80%。判决有理有据的原因分析和责任划分,让双方当事人均结果予以接收和认可,并在宣判后主动履行了义务。

(李立菲)

南海涛头法仪平

Nanhai Taotou Fayi Ping

——广州海事法院精品案例集

Guangzhou Haishi Fayuan Jingpin Anliji

下册

叶柳东 主编

最高人民法院国际海事司法广州基地 指导编写
广州海事法官协会 组织编写

·广州·

版权所有　翻印必究

图书在版编目（CIP）数据

南海涛头法仪平：广州海事法院精品案例集：全2册/叶柳东主编；广州海事法官协会组织编写．—广州：中山大学出版社，2021.1

ISBN 978 - 7 - 306 - 07107 - 1

Ⅰ.①南…　Ⅱ.①叶…②广…　Ⅲ.①海商法—案例—中国　Ⅳ.①D923.993.5

中国版本图书馆CIP数据核字（2021）第014318号

出 版 人：	王天琪
策划编辑：	王旭红
责任编辑：	周　玢
封面设计：	曾　婷
责任校对：	陈　莹
责任技编：	何雅涛
出版发行：	中山大学出版社
电　　话：	编辑部 020 - 84110771，84113349，84111997，84110779
	发行部 020 - 84111998，84111981，84111160
地　　址：	广州市新港西路135号
邮　　编：	510275　　　　传　真：020 - 84036565
网　　址：	http://www.zsup.com.cn　E-mail:zdcbs@mail.sysu.edu.cn
印 刷 者：	广州一龙印刷有限公司
规　　格：	787mm×1092mm　1/16　47.375印张　825千字
版次印次：	2021年1月第1版　2021年1月第1次印刷
定　　价：	142.00元（全2册）

如发现本书因印装质量影响阅读，请与出版社发行部联系调换

目　录

下　册

第五编　共同海损

黄进水等诉宁海县第三航运公司等共同海损纠纷案
　　——沿海货物运输中由于船方过失造成的共同海损损失的分摊 …… 351

第六编　海难救助

交通运输部南海救助局诉阿昌格罗斯投资公司等海难救助合同纠纷案
　　——雇佣救助合同的性质认定及法律适用 ……………………… 361

第七编　海事赔偿责任限制

福清市通达船务有限公司申请设立海事赔偿责任限制基金案
　　——港澳航线船舶是否适用海事赔偿责任限额减半设立的规定 …… 375
康少秋申请设立海事赔偿责任限制基金案
　　——超越航区航行海上的内河船舶能否设立海事赔偿责任限制
　　　基金 ……………………………………………………………… 380
钦州市南方轮船有限公司申请设立海事赔偿责任限制基金案
　　——申请设立海事赔偿责任限制基金案件审查范围的确定 ……… 384
上海港复兴船务公司申请设立海事赔偿责任限制基金案
　　——一次事故多个责任人的情况下基金的设立方式 ……………… 390

第八编　油污损害

珠海中发信和农林科技发展有限公司与珠海市灏通船务有限责任公司等
　财产损害赔偿纠纷案
　　——评估报告的认定与自由裁量权的行使 ………………………… 399

中山市海洋与渔业局诉彭伟权等污染海洋环境责任纠纷民事公益诉讼案
　　——"先刑后民"模式下环境损害共同侵权的认定及责任承担 …… 406
广东省海洋与渔业局诉夏天海运有限公司船舶污染损害责任纠纷案
　　——海洋环境公益诉讼纠纷和解协议的司法审查 …………… 416

第九编　海上人身损害

刘仕平与雷建惠海上人身损害责任纠纷案
　　——海上人身损害赔偿的权益平衡 …………………………… 425
吴永经等诉李卫权等海上人身损害责任纠纷案
　　——给付性判决书不能直接引起物权变动 …………………… 432
黄梅心等诉朱庆有等海上人身损害赔偿责任纠纷案
　　——个人合伙成员在合伙事务中不慎死亡，其他合伙人应适当补偿 …… 439

第十编　海上保险

陈永丰诉中国人寿保险股份有限公司湛江分公司海上保险合同纠纷案
　　——海上人身保险合同纠纷保险利益的认定及保险金请求权的
　　　转让 ……………………………………………………………… 447
广东恒兴集团有限公司诉华泰财产保险股份有限公司广东省分公司
　　海上货物运输保险合同案
　　——一切险"仓至仓"保险责任期间的认定 ………………… 456
广东兆鑫海湾工程有限公司诉中国人民财产保险股份有限公司广州市
　　分公司通海水域保险合同案
　　——对船舶附属设备是否属于沿海内河船舶一切险的保险标的认定
　　　标准 ……………………………………………………………… 466
佛山市顺德区宏基燃料有限公司诉中国太平洋财产保险股份有限公司
　　广州分公司船舶保险合同纠纷案
　　——船舶保险合同中格式条款的说明义务 …………………… 474
广东奥马冰箱有限公司与中国平安财产保险股份有限公司佛山分公司等
　　海上保险合同纠纷案
　　——"仓至仓"条件下货物在起运港码头仓库受损是否属于保险
　　　责任 ……………………………………………………………… 483

九江市福星泰贸易有限公司与中国平安财产保险股份有限公司广东分公司
　　海上保险合同纠纷案
　　　　——集装箱整箱运输条件下货物品类与保单记载不符是否属于保险
　　　　　　事故的判定 …………………………………………………… 490
珠海永绅航运有限公司诉中国人民财产保险股份有限公司珠海市分公司
　　通海水域保险合同案
　　　　——涉澳门海事案件的法律适用与证据采信 ………………………… 497

第十一编　海事行政

安徽昌汇运贸有限公司不服中华人民共和国徐闻海事局海事行政处罚案
　　　　——对肇事船作出行政处罚不能单独依据水上交通事故责任认定书
　　　　　………………………………………………………………………… 505
地中海航运有限公司诉伟航集运（深圳）有限公司等海上货物运输合同
　　及侵权案
　　　　——因行政机关查封、扣押行为产生的保管费用应由行政机关承担
　　　　　………………………………………………………………………… 509
广东惠州平海发电厂有限公司诉广东省海洋与渔业厅等海洋行政处罚案
　　　　——非法占用海域可致行政处罚 ……………………………………… 516
广州市润港物流有限公司诉广州港务局不服港口危险货物安全管理罚款
　　处罚案
　　　　——港口作业委托人应根据港口作业委托合同进行识别 …………… 523

第十二编　特别程序

丹东港口经济开发总公司诉中国人民财产保险股份有限公司湖北省分公司
　　海事诉讼担保错误扣船纠纷案
　　　　——诉讼担保人对海事请求保全错误应承担赔偿责任 ……………… 531
华夏航运（新加坡）有限公司申请认可和执行香港特别行政区仲裁裁决前
　　申请财产保全案
　　　　——在香港特别行政区仲裁裁决认可与执行前申请人享有保全被申请人
　　　　　财产的权利 …………………………………………………………… 540

郑良聪、苏少芬申请宣告公民死亡案
　　——不可能生还证明开具机关的认定 …………………………… 546
新奥海洋运输有限公司诉浙江金程实业有限公司等扣押船舶损害赔偿
　　纠纷案
　　——错误扣船的认定标准 …………………………………………… 550
解放军某部诉瓦莱达一号有限公司船舶损坏水下设施损害责任纠纷案
　　——外籍船舶的网络司法拍卖应恪守程序正义 ………………… 557
南京昌源海运有限公司申请设立海事赔偿责任限制基金案
　　——对"一次事故一个限额"异议的审查 ……………………… 562
上海孚在道进出口贸易有限公司与汕头中远物流有限公司等案外人执行
　　异议之诉案
　　——案外人对其通过指示交付受让的动产是否享有排除强制执行的
　　　　民事权益 ………………………………………………………… 568

第十三编　执行

华夏航运（新加坡）有限公司申请认可和执行香港特别行政区仲裁裁决案
　　——正确适用香港特别行政区《仲裁条例》认定仲裁协议的效力 …… 579
广州中船文冲船坞有限公司与南京顺锦航运有限责任公司船舶修理合同
　　纠纷执行案
　　——执行中船舶流拍后可以重新启动评估拍卖程序 …………… 583
乐昌市农村信用合作联社与清远市清城区石角镇水上运输船队等金融
　　借款合同纠纷执行案
　　——执行中船舶以物抵债实践性探讨 …………………………… 587
中船工业成套物流（广州）有限公司等与东莞市金明商贸发展有限公司等
　　仓储合同纠纷执行系列案
　　——涉危险化合物的执行 ………………………………………… 592
宏杰资产管理有限公司与帝远股份有限公司等金融借款合同纠纷执行
　　系列案
　　——网络司法拍卖移交中受损船舶的执行 ……………………… 595
珠海横琴村镇银行股份有限公司与上海申舟物流股份有限公司金融借款
　　合同纠纷执行案
　　——船员拒绝执行及执行异议阻碍下的船舶执行 ……………… 598

刘红军与王伟林海上人身损害责任纠纷执行案
　　——执行不能案件中的司法救助 ·················· 601
善船舶管理私人有限公司等申请执行瓦莱达一号有限公司受偿案
　　——不同币种的债权应以拍卖成交日的汇率折算后计算债权金额 ··· 603

第十四编　其他

艾斯克拉温尼斯租船公司与深圳市天佶投资担保有限公司海事担保合同
　纠纷案
　　——保证合同无效后，保证期间对判定保证人的责任仍具有法律
　　　意义 ·· 609
珠海市佑丰企业有限公司诉江苏省苏铁航运有限公司等船舶物料和备品
　供应合同纠纷案
　　——保证合同中另行约定的违约责任条款如何认定 ·········· 618
中国平安财产保险股份有限公司北京分公司诉艾派克斯海运船舶经营
　有限公司海上货物运输合同纠纷案
　　——网络证据材料的审查与认证规则 ··················· 626
蔡明诉广东省渔业互保协会海上保赔合同纠纷案
　　——渔业互助保险只针对入会渔船上发生的事故进行赔偿 ······ 635
苏流等诉广东省渔业互保协会等海上保赔合同纠纷案
　　——渔业互助保险合同纠纷的性质及法律适用 ·············· 642
潮州市枫溪区雅圣陶瓷制作厂与绥芬河市盛源进出口有限责任公司海上
　货运代理合同纠纷案
　　——当事人仅有业务联络而无要约、承诺不能认定成立货运代理
　　　合同关系 ·· 648
东莞市建华疏浚打捞航务工程有限公司诉香港恒荣船务有限公司等债权人
　代位权纠纷案
　　——在债权人代位权诉讼中次债务人可主张法定抵销 ········· 652
番禺珠江钢管有限公司诉深圳市泛邦国际货运代理有限公司确认涉外仲裁
　协议效力案
　　——对涉外仲裁协议效力内审报告制度的改革探索 ··········· 661
中国外运股份有限公司工程设备运输分公司诉深圳市联力国际货运代理
　有限公司海上货物运输合同案

——网络文件作为仲裁条款的效力问题 ………………………… 669

广州长江制衣印染有限公司诉广州中远国际航空货运代理有限公司东莞
分公司等涉外保证合同案
——无效保证合同中保证人的先诉抗辩权 ……………………… 674

卡德莱化工（珠海）有限公司诉珠海国际货柜码头（高栏）有限公司
港口货物保管合同纠纷案
——港口货物保管合同关系的认定 ……………………………… 684

山东鑫海科技股份有限公司诉广州港股份有限公司等港口作业纠纷案
——"原来、原转、原交"作业规则的适用 …………………… 690

广西振海船务有限公司诉广州市番禺区石楼镇恒兴油库有限公司海上
货物运输合同纠纷案
——传真件签订海上货物运输合同的证据效力 ………………… 698

龚明诉广州集装箱码头有限公司人身损害赔偿纠纷案
——劳动者可在工伤赔偿外向第三人主张侵权赔偿 …………… 706

伟航集运（深圳）有限公司诉深圳市中亿货运代理有限公司海上货运
代理合同纠纷案
——集装箱超期使用费的法律定性 ……………………………… 712

邈蓝实业（深圳）有限公司诉广州忠进国际货运代理有限公司深圳
分公司等海上货运代理合同纠纷案
——货运代理人未尽到按委托人指示谨慎处理委托事务的义务，
导致委托人遭受损失的赔偿责任 …………………………… 721

深圳海利华国际货运代理有限公司诉深圳市长帆国际物流股份有限公司
海上货运代理合同纠纷案
——海上货运代理合同纠纷中重大误解和胁迫的认定 ………… 729

深圳市燕加隆实业发展有限公司申请海事强制令案
——FOB买卖下国内卖方有权要求承运人交付提单 …………… 735

·第五编·

共同海损

黄进水等诉宁海县第三航运公司等共同海损纠纷案

——沿海货物运输中由于船方过失造成的共同海损损失的分摊

【提要】

共同海损成立及理算与共同海损分摊是两个层面的问题，只要符合共同海损成立条件，即可宣布共同海损并请求理算，只有当进行共同海损分摊时才需考虑引发共同海损的直接原因的法律定性。如果共同海损是由可以免责的过失引起的，其他受益方应当分摊；共同海损能够确定是由一方不可以免责的过失所引起的，该过失方不仅应承担自己的牺牲和费用，不能要求其他方分摊，而且应对其他方的损失负赔偿责任；暂时处于不确定状态时，可以先理算，待查清事实、分清责任后，再决定能否要求其他方分摊。因此，分摊的前提条件是过失责任的确认或判定。沿海货物运输适用《中华人民共和国合同法》完全过失责任制，船方有过失就应当承担责任，不存在过失免责的例外，这一规定对于沿海货物运输共同海损的分摊具有重要意义。

【关键词】

共同海损　过失　理算　分摊　船舶挂靠

【基本案情】

原告（被上诉人）：黄进水。

原告（被上诉人）：中国人民财产保险股份有限公司钦州市港口支公司（以下简称"钦州人保"）。

被告（上诉人）：尤可标。

被告（原审被告）：宁海县第三航运公司（以下简称"第三航运公司"）。

两原告诉称：两被告所属的"恒顺95"轮于2009年2月7日承运原告黄进水所属的白砂糖一批，从钦州港运往泉州。2月11日，该轮在广东省徐闻县外罗水道与"富源118"轮发生碰撞，致"恒顺95"轮货舱进水。为船货共同安全，船长采取抢滩、抛货等措施。为了船货共同安全而采取的抛货等措施所致的货物损失，属共同海损牺牲和费用。两原告委托中国国际贸易促进委员会（以下简称"贸促会"）海损理算处进行了理算。原告钦州人保为上述货物的保险人，向原告黄进水支付了赔偿款1,729,486.30元，依法取得了代位求偿权。两被告作为货物的承运人和实际承运人或船东，应对其中船方应分摊的货物共损损失承担支付责任。请求法院判令两被告连带支付给两原告为船货共同安全而造成的货物共同海损损失中，船方应分摊的共同海损损失728,790.33元，以及该款自2009年10月30日起按中国人民银行企业流动资金同期贷款利率计算的利息，并判令两被告连带承担本案诉讼费用。

被告尤可标辩称：原告的诉讼请求与事实不符，被告不应承担赔偿责任。

被告第三航运公司辩称：其是"恒顺95"轮的经营权人而非所有人，因此其不应承担连带赔偿责任。

广州海事法院经审理查明：2009年2月7日，"恒顺95"轮承运编织袋包装的19,180件，959吨重的白砂糖，从广西钦州港运至福建泉州市南安水头码头。水路货物运单上记载的托运人为广西东亚糖业有限公司，收货人为黄进水，承运船舶为"恒顺95"轮。"恒顺95"轮的船舶证书记载该轮所有人为尤可标，经营人为第三航运公司。庭审中，尤可标述称该轮由其实际经营。黄进水为上述货物向钦州人保投保了国内水路货物运输基本险。

涉案事故发生后，钦州人保委托的公估人仁祥保险公估（北京）有限公司（以下简称"仁祥公司"）出具的公估报告记载：2009年2月11日，"恒顺95"轮在广东省湛江辖区徐闻县东部海岸的外罗水道与茂名昌利海运物流有限公司所属的"富源118"轮发生碰撞。碰撞后"恒顺95"轮一号货舱左舷舷侧产生破口，货舱进水，该轮船长立即向附近浅滩冲滩。冲滩成功后，海水仍不断涌入"恒顺95"轮一号货舱，船方签订抢险合同，组织安排抽水、堵漏、抛货，于12日早晨将"恒顺95"轮破孔堵住。后船舶驶往湛江港码头，并于当天靠泊码头开始卸货。公估报告计算的本次事故造成的货方损失合计为1,782,291.14元，船方的损失则是船方支付的施救费用15万元和修船所需费用。2009年7月10日，钦州人保将保险赔款1,694,436.43元支付给黄进水。

关于本案所涉船舶碰撞事故的责任认定，"恒顺95"轮与"富源118"轮在事故发生后达成了赔偿责任的协议，约定船舶损坏部分由各自负责；"恒顺95"轮所载货物受损部分，由"富源118"轮负责70%，由"恒顺95"轮负责30%。

两原告委托贸促会就本次事故中货物损失进行共同海损理算。2009年10月29日，贸促会海损理算处出具"恒顺95"轮共同海损简易理算书，结论为：货物共同海损损失及费用合计1,490,330.64元，船舶的分摊价值为2,376,026.80元，货物分摊价值为2,482,799.37元，两者分别与货物共同海损损失及费用总额相比，得出船方应分摊共同海损损失728,790.33元，货方应分摊损失761,540.31元。

【裁判理由及结论】

广州海事法院认为：本案是共同海损纠纷案件。

"恒顺95"轮在航行中与"富源118"轮碰撞后，该轮船长为了船、货的共同安全，采取冲滩、组织抢险抽水、堵漏、抛货等措施以避免船舶沉没、货物全损，最终使"恒顺95"轮浮起并安全驶抵湛江港码头。该救助措施合理有效，符合法律规定的共同海损的构成要件，共同海损成立。

被告认为贸促会海损理算处为本案共同海损分摊出具的理算报告，没有对被告的损失进行分摊。依照《中华人民共和国海商法》第一百九十七条的规定，由各受益方分摊的共同海损必须是在海上货物运输中不涉及任何一方的过失，或者是依据法律规定或协议的约定可以免责的过失造成的。如果共同海损是由于航程中一方或几方不可免责的过失造成的，则依法应由过失方承担全部赔偿责任，不能要求无过失的受益方分摊。本案两原告请求分摊的共同海损损失和费用，是在"恒顺95"轮与"富源118"轮在航行中发生碰撞直接造成的，该次碰撞是由两轮双方过失造成，而"恒顺95"轮该航次从事的是我国国内港口之间的沿海货物运输，不适用《中华人民共和国海商法》第四章关于海上货物运输合同的规定，不存在过失免责的问题。因此，由于"恒顺95"轮不可免责的过失造成被告支出的共同海损牺牲和费用，应由其自行承担，被告不能要求无过失的货方分摊；由于"富源118"轮的过失造成被告的共同海损损失，被告则可以另一法律关系请求该轮所有人赔偿。

共同海损纠纷案件是由各受益方对因共同海损措施做出的牺牲或支付的费用进行分摊损失。理算报告显示，由于共同海损措施而受益的财产价值只包括了船舶和货物两部分，因此，拥有"恒顺95"轮财产权和实际控制权的被告尤可标应承担责任，而第三航运公司作为"恒顺95"轮载明的船舶经营人，只负责对其经营的船舶进行安全航行管理，并基于公示的船舶经营人身份对外承担责任。原告未提交证据证明第三航运公司实际占有并经营"恒顺95"轮而从经营中受益，即原告未能证明第三航运公司因本案共同海损措施而受益，故其要求第三航运公司承担连带责任的诉讼请求，证据不足，依法应予驳回。

广州海事法院作出（2010）广海法初字第 106 号民事判决：一、被告尤可标支付给原告黄进水、钦州人保共同海损分摊金额 728,790.33 元及其利息（自 2009 年 10 月 30 日起至本判决确定的付款之日止，按中国人民银行同期流动资金贷款利率计算）；二、驳回原告黄进水、钦州人保对被告第三航运公司的诉讼请求。案件受理费 1,000 元，由被告尤可标负担。

上诉人尤可标不服该判决，向广东省高级人民法院上诉称：1. 原审判决在认定"恒顺 95"轮船方应分摊由涉案船舶碰撞事故所引起的共同海损金额的同时，却直接判令尤可标向两被上诉人支付该金额错误；2. 尤可标在原审已提交了碰撞两船签署的事故赔偿责任协议，原审法院应判决尤可标在共同海损分摊金额范围内，按照协议约定的 30% 赔偿比例承担赔偿责任；3. 尤可标在原审中已主张贸促会海损理算处在进行共同海损理算和分摊时未包括其损失，但原审判决不予支持，并认定"恒顺 95"轮不可免责的过失造成船方支出的共同海损牺牲和费用，应由其自行承担，违反了《中华人民共和国海商法》第一百九十七条的规定；4. 在两被上诉人起诉之前，原审法院已立案受理了两被上诉人针对碰撞双方船东要求赔偿货损的诉讼，现又立案受理两被上诉人的起诉并作出原审判决，违反了"一案不得两诉"的基本原则。

被上诉人黄进水、钦州人保辩称：1. 尤可标对《中华人民共和国海商法》第一百九十七条理解错误；2.《中华人民共和国海商法》第八章和第十章规定的法律机制是相互独立的，当事人在船舶碰撞损害赔偿法律关系下的权利义务，与其在共同海损法律制度下的权利义务相互独立、并行不悖；3. 原审法院将两种不同法律关系分案审理，谈不上一案两诉。

广东省高级人民法院认为：本案损失构成共同海损。引起本案共同海损的碰撞事故发生后，碰撞双方已达成的赔偿责任协议表明碰撞中双方均有过错。即"恒顺 95"轮的过错也是确定的；而装载案涉货物的"恒顺 95"轮从广西钦州港运往福建泉州市，属于沿海运输。按照我国相关法律规定，沿海运输采取的是完全过失责任的制度，船方不存在航行过失免责的问题。因此，本案共同海损发生之后，由于"恒顺 95"轮本身是有过错的，故其不能要求其他受益方分担。《中华人民共和国海商法》第一百九十六条的规定，表明海商法并未限制货方提出共同海损的请求，本案货方提出共同海损由"恒顺 95"轮船方分摊符合法律规定。共同海损的处理一般遵循共同海损理算和分摊分开进行的原则，即在没有确定引起共同海损特殊牺牲、特殊费用的事故，是否由航程中一方过失，以及是由可免责过失还是不可免责过失引起的时候，可以先推定航程中各方都没有过失的情况下，进行共同海损的理算，随后再决定共同海损的分摊。分摊实际上是对其他方的损失负赔偿责任的意思，既然具有共同海损理算资质的专业机构贸促会海损理算处编制的理算报告，已经确认船方应该分摊的金额，船方应当向货方支付上述款项。

本案是由货方提出共同海损分摊的共同海损纠纷案件，尤可标提出按照船舶碰撞赔偿责任协议约定的赔偿比例承担责任，实际上是要求将船舶碰撞引起损失的责任承担问题在本案中一并解决。本案审理的并不是船舶碰撞引起损失的责任承担问题，纠纷的解决也不是适用海商法中关于船舶碰撞的法律规定，原审法院已经明确告知尤可标可以循另一法律关系请求碰撞对方船舶所有人赔偿，尤可标该上诉主张理由不成立，不予支持。

关于本案是否属于"一案两诉"的问题。二审法院认为船舶碰撞引起货物损失的责任追究与共同海损分摊涉及两个不同的法律关系，在本案中货主要求有过失的船东分担共同海损，并不影响货主在另案中要求相撞的双方船东赔偿货物的损失，本案并不存在违反"一案不得两诉"的情况。

广东省高级人民法院作出（2011）粤高法民四终第90号判决：驳回上诉，维持原判。二审案件受理费1,000元由上诉人承担。

【典型意义】

一、沿海货物运输中由于船方过失造成的共同海损损失可否进行理算和分摊

《中华人民共和国海商法》第一百九十六条关于共同海损分摊的规定，从字面含义理解，无论发生危险的原因是什么，只要危险客观存在且威胁到船、货和其他财产的共同安全，为解除该危险所采取的措施、产生的损失都可以作为共同海损费用，即使该费用可能是一方过失造成的，也不影响其要求理算并分摊共同海损的权利，但是，非过失方或者过失方可以就此项过失提出赔偿请求或者进行抗辩。对此有一种所谓"先分摊后追偿"的解释，其错误在于把"引起牺牲或费用的事故可能是由于航程中一方的过失造成"这一不确定的状态确定化了，以致得出不可免责过失所致的损失亦可转嫁他人的结论；而且，按上述理解，损失转嫁他人后又反过来向过失方追偿，多此一举，增加讼累。

共同海损成立及理算与共同海损分摊是两个阶段的问题。过失不影响共同海损的成立，共同海损的理算不考虑引发共同海损的直接原因的法律定性，即不考虑是意外事故、还是属于承运人可免责或不可免责的过失引发共同海损过失问题,只要符合共同海损成立条件,即可宣布共同海损并请求理算。因为共同海损是独立于运输合同的一种特殊法律制度,其成立、理算并非取决于产生共同海损事故的原因;进行共同海损理算的理算机构属于民间机构,无权就航程中的过失责任问题进行决定。因此,共同海损理算与过失责任确认应分开处理。

在进入共同海损分摊阶段后,就应当区分下述情况进行处理:如果共同海损是由可以免责的过失引起的,其他受益方应当分摊;共同海损能够确定是由一方不可以免责的过失所引起的,该过失方不仅应承担自己的牺牲和费用,不能要求其他方分摊,而且应对其他方的损失负赔偿责任;暂时处于不确定状态时,可以先理算,待查清事实、分清责任后,再决定能否要求其他方分摊。因此分摊的前提条件是过失责任的确认。

沿海货物运输合同受《中华人民共和国合同法》的调整,不适用《中华人民共和国海商法》第四章的规定,其归责原则为完全过失责任制,承运人有过失就应当承担责任,不存在过失免责的例外。本案所涉共同海损发生的原因是被告所属的"恒顺95"轮与他船发生碰撞,事后双方达成的赔偿协议表明在碰撞中双方均有过错,又因为涉案运输为沿海货物运输,承运人不存在航行过失免责的问题。虽然不影响承运人宣布共同海损并请求理算的权利,但也不存在承运人有过失还可以要求其他方分摊共同海损的情形。本案货方单方委托贸促会海损理算处对涉案共同海损事故进行理算,理算报告并未包括承运人的损失,基于前述承运人的牺牲和费用是由其自身的过失造成的,无权要求分摊的理由,法院采纳了原告单方委托的理算报告,判决船方支付分摊费用。

二、船舶挂靠关系中被挂靠人应承担的法律责任

我国法律中有船舶经营人的概念,但并没有相应的定义,对其识别标准和权利义务并不明晰。理论上一般认为船舶经营人是实际控制、管理、运营船舶的人,能从船舶经营中获利,同时对外承担船舶所有人的责任。第三航运公司虽然是登记的船舶经营人,但在庭审中,两被告均表示该公司并未实际控制、经营船舶,而是由登记的船舶所有人自行经营,因此两者的关系实为船舶挂靠关系。在此关系下,船舶所有人将船舶交由公司代管,由公司为船舶所有人出面办理相关证书等营运手续,公司成为名义上的船舶所有人或经营人,日常船舶营运仍由船舶所有人自行负责。

在挂靠人用公司名下的船章与他人签订运输合同,对于合同主体的识别,

审判实践存在如下认识：一种观点认为，船章代表船舶所有人，船舶所有人的确定以登记为准；第二种观点认为，船章载明的是被挂靠人的公司名称，故船章代表公司，被挂靠人是合同一方；第三种观点认为，合同签章处虽有被挂靠公司的名称印章，却是其授权挂靠人自刻的，船章还专门注明了船名船号，故代表的是船舶的实际所有人，即挂靠人。笔者认同第一种观点，理由如下：第一，船舶所有权登记是船舶物权的公示方式，是确定相关法律关系的依据，如果船章代表船舶的实际所有人，若实际所有人与登记所有人不一致，容易导致合同主体的不确定性；第二，根据获得利益的人负担危险的报偿责任原则和危险活动产生的侵害由其支配者承担责任的危险责任原则，责任主体的确定要从其是否对该船舶的运行事实上居于支配管领的地位、是否从该船舶的运行中获得了利益两方面加以判明，船舶所有人享有占有、使用、收益、处分的权能，故应承担因船舶运行产生的责任；第三，根据侵权行为的过错责任原则，行为人因过错侵害他人民事权益的，应当承担侵权责任。直接经营船舶的主体应对其具体实施的侵权行为承担责任。

本案中法院判决被挂靠的第三航运公司不承担连带责任，笔者认为理由如下：第一，从权利义务对等的角度出发，虽然被挂靠人对挂靠人收取了管理费，但这些管理费不多，如要承担连带赔偿责任，则权利义务不对等；第二，挂靠人或被挂靠人作为侵权行为人和船舶所有人所承担的责任各有不同，但两者承担连带责任并无法律基础，连带责任是一种法定责任。对于船舶侵权而言，二人以上共同或分别实施侵权行为造成损害的，应当承担连带责任。故除非挂靠双方均实施侵权行为，仅以与船舶之间的挂靠关系不足以认定双方之间的连带责任。

（文静）

· 第六编 ·

海难救助

交通运输部南海救助局
诉阿昌格罗斯投资公司等海难救助合同纠纷案

——雇佣救助合同的性质认定及法律适用

【提要】

本案救助方与被救助方约定由救助方提供救助服务,无论救助是否有效果,被救助方需向救助方支付双方确定金额的报酬。这类救助合同不同于"无效果无报酬"原则下的纯救助和合同救助,通常被称为雇佣救助或者固定费用救助。雇佣救助合同,不属于1989年《国际救助公约》(以下简称《救助公约》)和《中华人民共和国海商法》(以下简称《海商法》)规定的"无效果无报酬"救助合同。我国系《救助公约》的加入国,涉案当事人均选择适用中华人民共和国法律作为处理本案实体争议的准据法。雇佣救助合同下的报酬支付条件和标准,《救助公约》和《海商法》并未作具体规定,应依据《中华人民共和国合同法》(以下简称《合同法》)的相关规定对当事人的权利义务予以规范和确定。

【关键词】

雇佣救助合同　无效果无报酬　性质认定　法律适用　救助公约

【基本案情】

原告:交通运输部南海救助局(以下简称"南海救助局")。

被告:阿昌格罗斯投资公司(Archangelos Investments E. N. E)(以下简称"投资公司")。

被告:香港安达欧森有限公司上海代表处(以下简称"上海代表处")。

投资公司所属的"加百利"(Archangelos Gabriel)轮自香港驶往广西钦州港途中,于2011年8月12日在琼州海峡北水道6号灯浮附近搁浅,左侧上有3°倾斜,船艏尖舱在水位线下出现裂痕且已有海水进入,船上有船员26人,并载有卡宾达原油54,580吨,船舶和船载货物处于危险状态,可能发生海洋污染事故,严重威胁海域环境安全,情况紧急。事故发生后,投资公司委托南海救助局派出"南海救116"轮、"南海救101"轮、"南海救201"轮以及一组潜水队员前往事故现场提供救助、交通、守护等服务。由于"加百利"轮未能采取有效的措施脱险,为预防危险局面恶化造成海上污染,事故所在地的湛江海事局决定对"加百利"轮采取强制过驳减载脱浅措施。经湛江海事局组织安排,8月17日,中海发展股份有限公司油轮分公司所属"丹池"轮对"加百利"轮上的原油进行了驳卸,驳卸重量为8,000余吨。8月18日,"加百利"轮利用高潮乘潮成功脱浅,之后安全到达目的港广西钦州港,驳卸的原油由"丹池"轮运抵目的港。

搁浅事故发生后,投资公司委托其船代上海代表处向南海救助局发出邮件,请该局安排拖轮协助救助,并表示同意该局的报价。同时,对救拖轮和潜水员做出了如下的安排。关于"南海救116"轮、"南海救101"轮,上海代表处在向救助人提交的委托书中称,无论能否成功协助脱浅,均同意按每马力[①]小时3.2元的费率付费,计费周期为拖轮自其各自的值班待命点备车开始起算至按照船东通知任务结束拖轮回到原值班待命点为止。两条救助船只负责拖带作业。在事故船舶脱浅作业过程中如发生任何意外,南海救助局均无须负责。关于"南海救201"轮,双方约定的费用为每马力小时1.5元,根据租用时间计算总费用;计费周期自该轮备车离开其值班锚地时起,至任务结束回到原值班锚地完车时止。另外,投资公司还委托南海救助局派遣一组潜水员对事故船舶进行探摸,其费用为:1. 陆地调遣费1万元;2. 水上交通费5.5万元;3. 作业费每8小时4万元,计费周期为潜水员登上交通船开始起算到作业完毕离开交通船上岸为止。

南海救助局参与的救助经过如下:"南海救116"轮到达事故现场后,由于湛江海事局已经决定采取过驳减载的脱浅方案,救助船并没有按委托书的约定实施拖带救助,只是根据船东的指示一直在现场守护、待命。"南海救101"轮因救助方案改变,在驶往事故现场的途中即返回值班锚地,该轮并没有到达事故现场。投资公司租用"南海救201"轮将其两名代表送至事故船上,之后又租用该船作为交通船运送相关人员及设备。潜水队员未实际下水工作。

南海救助局诉称:投资公司是"加百利"轮的所有人,上海代表处是该公司的船舶代理人。依照双方约定,共产生救助费用7,240,998.24元。请求法院判令两被告连带向原告支付拖欠的救助费用7,240,998.24元及迟延付款

① 1马力≈735瓦特。

的利息。

投资公司辩称如下。1. 南海救助局未向投资公司详尽披露拖轮费用必要信息，导致投资公司对原告提出的拖轮费用存在重大误解，且南海救助局不顾实际情况，派出远远高于作业所需的大马力拖轮，提出的费率远远高于同类拖轮提供拖带脱浅服务的通常费率，属于乘人之危，因此其主张的费率合同依法应予变更或撤销。2.《救助公约》第六条和《海商法》第一百七十五条赋予了船长和船舶所有人两个法定代表权，涉案救助合同是由投资公司代表货方一并与南海救助局订立，投资公司和货方均为合同当事人，且《海商法》第一百八十三条并未明确规定其所规范的报酬只适用于"无效果无报酬"救助合同而不适用于雇佣救助合同，投资公司依上述法律规定应按船舶获救价值占全部获救价值的比例承担救助报酬。3. 南海救助局索赔的有关费用属于共同海损，依法应由船货双方进行分摊，本案的处理结果与"加百利"轮船载货物的收货人中国联合石油有限公司（以下简称"联合石油公司"）有法律上的利害关系，申请追加该公司作为第三人参加本案诉讼。4. 原告主张的拖轮费率每马力小时3.2元是拖带作业费率，因湛江海事局指示将救助方案从拖带脱浅变更为过驳减载脱浅，根据情势变更原则，该费率应予以变更或调整。

诉讼中，各方当事人均选择适用中华人民共和国法律作为处理本案实体争议的准据法。南海救助局确认无须上海代表处承担责任。

广州海事法院经审理认为本案是一宗海难救助合同纠纷。

因投资公司为希腊公司，"加百利"轮为希腊籍油轮，本案具有涉外因素。由于各方当事人在庭审中均选择适用中华人民共和国法律，根据《中华人民共和国涉外民事关系法律适用法》第三条的规定，应适用中华人民共和国法律作为处理本案实体争议的准据法。

一、救助合同的成立及效力

搁浅事故发生后，投资公司的代理人上海代表处向南海救助局发出邮件，要求南海救助局安排两艘拖轮进行救助并称同意南海救助局的报价。此外，上海代表处通过邮件向南海救助局提交委托书，约定了救助所使用的船舶、人力（潜水员）及报酬计付标准等。从往来邮件来看，投资公司与上海代表处对"加百利"轮当时的危险状况是清楚的，上海代表处与南海救助局对相关费率等问题经过了充分的讨论，本案不存在重大误解及乘人之危情形。依照《海商法》第一百七十五条第一款"救助方与被救助方就海难救助达成协议，救助合同成立"之规定，南海救助局与投资公司之间救助合同成立，该合同并未违反现行法律、法规的强制性规定，合法有效，当事人双方应依约履行。

二、是否应当追加联合石油有限公司作为第三人参加诉讼

投资公司申请联合石油有限公司参加诉讼的理由是本案系船货遭遇共同危险，依据《海商法》第一百八十三条的规定，救助报酬的金额应由获救的船舶和其他财产的各所有人按照船舶和其他财产各自的获救价值占全部获救价值的比例承担。一审法院认为，南海救助局系以救助合同为依据诉请投资公司依约定的费率支付救助费用，本案所涉法律关系与投资公司主张的共同海损费用分摊属不同的法律关系，投资公司追加货主作为第三人参加诉讼的主张不能成立。

三、救助报酬的确定

1. "南海救201"轮的救助费用。该轮三次作业时间共24.41小时；其每马力小时1.5元的费率系南海救助局、投资公司充分协商而达成，应予确认；因该轮总功率为6,093马力，依此计算，投资公司就该轮应支付的费用为223,095.20元。2. 潜水队员的费用。依投资公司发给南海救助局的委托书，潜水队员作业费的计费周期为潜水员登上交通船开始起算，到作业完毕离开交通船上岸为止。依据该约定，即便潜水员未下水作业，只要其登上交通船，投资公司即应向南海救助局支付潜水队员作业费用40,000元，加上约定应付的陆地调遣费10,000元、水上交通费55,000元，三项费用共计105,000元。3. "南海救116"轮及"南海救101"轮的救助费用。投资公司对"南海救116"轮和"南海救101"轮的总功率及工作时间未提出异议，但认为因两轮未实施实际拖带作业，故原约定的费率应予以调低。依据《海商法》第一百八十条的规定，确定报酬时应综合考虑救助方所用的时间、支出的费用和遭受的损失，救助方或者救助设备所冒的责任风险和其他风险等。在实际救助工作中，救助方守护作业的成本消耗、技术要求及责任风险等与拖带作业相比均有一定的差距。《海商法》第一百七十六条第二项规定，按照合同支付的救助款项明显过高或者过低于实际提供的救助服务的，诉讼或仲裁过程中法院或仲裁机构可以判决或者裁决变更救助合同。由于"南海救116"轮和"南海救101"轮均未按原约定实施拖带作业，南海救助局主张两轮的救助费率仍按约定的每马力小时3.2元计算，投资公司认为过高，提出异议，应予以调整。一方面，在往来邮件中，投资公司一直要求南海救助局调低该费率，南海救助局邮件回复称：其他因救助"加百利"轮所产生的费用，稍后再作讨论。可见当时南海救助局就该救助费率仍留有可调整的余地。

另一方面，投资公司将救助方案变更为过驳减载脱浅并将这一变更告知南海救助局后，仍于15日的邮件中询问南海救助局可否将该轮的救助费率调整为每马力小时2.9元。可见投资公司在变更救助方案后仍愿意以每马力小时2.9元的费率付费，该费率的确定符合《海商法》鼓励救助的原则。据此，将"南海救116"轮和"南海救101"轮的救助费率调整至每马力小时2.9元。"南海救116"轮、"南海救101"轮的救助费用相应确定为5,522,467.68元和742,350.70元。

上述"南海救116"轮、"南海救101"轮、"南海救201"轮及潜水队员的救助费用合计6,592,913.58元。

广州海事法院经审判委员会讨论决定，根据《海商法》第一百七十五条第一款、第一百七十六条第二项、第一百七十九条、第一百八十条的规定判决：投资公司向南海救助局支付救助报酬6,592,913.58元及相应的利息，驳回南海救助局的其他诉讼请求。

投资公司不服，提出上诉，请求撤销一审判决，依调整后的费率，按38.85%的比例改判投资公司承担相应的责任。

二审中，除投资公司是否应当按船舶获救价值占全部获救价值的比例承担救助报酬外，各方当事人对一审法院查明的其他事实无异议。

广东省高级人民法院另查明：涉案船舶的获救价值为30,531,856美元，货物的获救价值为48,053,870美元，船舶的获救价值占全部获救价值的比例为38.85%。

广东省高级人民法院认为：本案救助系合同救助，救助方按照被救助方的指挥进行救助，不论救助是否有效，被救助方都应该按照《海商法》第一百七十九条的规定，根据救助方使用的人力和设备，按约定支付报酬。一审判决以"加百利"轮成功脱浅、救助效果良好作为本案救助报酬的取得依据之一，属适用法律不当。

关于南海救助局请求的救助报酬是否合理。涉案委托书记载投资公司委托南海救助局派遣拖轮到现场协助"加百利"轮出浅，同时记载"南海救116"轮和"南海救101"轮只负责拖带作业。拖带出浅和过驳脱浅是两种不同的、独立的救助方式，过驳脱浅救助并不必然需要拖轮的守护。拖轮抵达现场之后，投资公司救助方案发生变化，导致拖轮及潜水人员都未实际从事合同约定的救助作业，投资公司以南海救助局未实际实施合同约定的救助事项为由请求变更救助合同，于法有据。鉴于一审已根据投资公司的诉请，综合考虑《海商法》第一百八十条规定的因素对涉案救助报酬进行了调整，二审法院不再另行调整。各方当事人对依据一审判决认定的救助报酬基数6,592,913.58元无异议,予以确认。

关于投资公司是否可以仅按船舶获救价值占全部获救价值的比例承担涉案救助报酬。《海商法》第一百七十五条规定:"遇险船舶的船长有权代表船舶所有人订立救助合同。遇险船舶的船长或者船舶所有人有权代表船上财产所有人订立救助合同。"《海商法》第一百八十三条规定:"救助报酬的金额,应当由获救的船舶和其他财产的各所有人,按照船舶和其他各项财产各自的获救价值占全部获救价值的比例承担。"在上述规定的适用上,《海商法》并未对不同类型的救助作出区分,故本案合同救助亦应适用。船舶在海上遇险,要求船舶所有人或船长亲自签订救助合同,不利于及时展开救助,也不符合海运实践。《海商法》第一百七十五条规定的两个法定代表权,与代理制度并不相悖,故南海救助局关于本案救助合同并非由"加百利"轮船长或船东签订、上海代表处从未向南海救助局披露其代表货主、本案不适用《海商法》第一百七十五条的理由均不能成立。

根据《海商法》第一百七十二条、第一百七十九条的规定,救助报酬是救助款项的一种形式,在合同救助中,救助方与被救助方可以对包括救助报酬形式在内的救助款项作出约定,南海救助局关于救助报酬仅适用于"无效果无报酬"救助合同的主张缺乏依据。双方约定的是被救助方对救助方的履约行为给予的经济回报,该约定费用应属于救助报酬,依法应适用《海商法》第一百八十三条的规定。故投资公司可仅按照船舶获救价值占全部获救价值的比例38.85%向南海救助局承担救助报酬,投资公司应负担的救助报酬为2,561,346.93元。

广东省高级人民法院根据《海商法》第一百七十五条、第一百八十三条,《合同法》第一百零七条,《中华人民共和国民事诉讼法》第六十四条、第一百七十条第一款第二项的规定判决:撤销一审判决;投资公司向南海救助局支付救助报酬2,561,346.93元及其相应的利息;驳回南海救助局的其他诉讼请求。

南海救助局不服二审判决,申请再审,请求撤销二审判决,判令投资公司向其支付救助合同项下的费用6,592,913.58元和相应的利息。理由如下。1.根据投资公司的委托书,双方已提前就费率计算等作出了约定,而南海救助局亦依约提供了救助、守护、交通等服务,双方合同已依法成立并履行。二审法院仅判令投资公司支付38.85%的救助费用,违反了合同的相对性,也与合同义务应全面履行之基本原则不符。2.南海救助局申请再审时提交的

《海损担保函》可以证明，货物的保险人已于2011年8月18日就承担货物所有人应分担的救助费用作出保证，但二审判决未查明这一事实，仅判令投资公司支付部分合同费用，使得船方和货方最终应承担的救助费用减少，也不利于实现《救助公约》鼓励海上救助作业的宗旨。3.南海救助局参与了"加百利"轮的救助，应依据约定获得合同项下全部救助报酬，二审判决与鼓励海上救助之社会公共利益不符。4.本案属雇佣救助合同，即使认为本案合同下的费用构成海难救助报酬，投资公司也有义务按照《海商法》第一百八十八条的规定，要求货方向南海救助局提供担保，而非要求货物的保险人向投资公司提交担保。

【裁判理由及结论】

最高人民法院经审理认为：中华人民共和国加入了《救助公约》，《救助公约》所确立的宗旨，即鼓励对处于危险中的船舶和其他财产以及对环境安全构成威胁的事件进行及时有效的救助，同时确保对实施救助作业的人员给予足够的鼓励，在本案中应予遵循。涉案事故发生后，投资公司及时寻求救助，南海救助局按照约定积极参与救助，对避免海洋污染事故的发生均发挥了作用，值得倡导。

因投资公司是希腊公司，"加百利"轮为希腊籍油轮，本案具有涉外因素。各方当事人在诉讼中一致选择适用中华人民共和国法律，根据《中华人民共和国涉外民事关系法律适用法》第三条的规定，本院适用中华人民共和国法律对本案进行审理。《海商法》作为调整海上运输关系、船舶关系的特别法，应优先适用。《海商法》没有规定的，适用《合同法》等相关法律的规定。

根据本案查明的事实，投资公司与南海救助局经过充分磋商，明确约定无论救助是否成功，投资公司均应支付报酬，且"加百利"轮脱浅作业过程中如发生任何意外，南海救助局无须负责。依据该约定，南海救助局救助报酬的获得与否和救助是否有实际效果并无直接联系，而救助报酬的计算，是以救助船舶每马力小时，以及人工投入等事先约定的固定费率和费用作为依据，与获救财产的价值并无关联。因此，本案所涉救助合同不属于《救助公约》和《海商法》所规定的"无效果无报酬"救助合同，而属雇佣救助合同。

关于雇佣救助合同下的报酬支付条件及标准，《救助公约》和《海商法》并未作具体规定。一审、二审法院依据《海商法》第一百八十条规定的相关因素对当事人在雇佣救助合同中约定的固定费率予以调整,属适用法律错误。本案应依据《合同法》的相关规定,对当事人的权利义务予以规范和确定。

对于南海救助局诉请的救助报酬数额,投资公司主张,其应依照《海商法》第一百八十三条的规定,按照船舶获救价值占全部获救价值的比例承担救助报酬。本院认为,《海商法》第一百八十三条应适用于"无效果无报酬"的救助合同,而案涉合同属雇佣救助合同,南海救助局以其与投资公司订立的合同为依据,要求投资公司全额支付约定的救助报酬并无不当。南海救助局根据其与投资公司的约定,投入了相应的船舶和人员用于涉案救助服务,投资公司应根据约定的费率,以及南海救助局投入的船舶和人员、耗费的时间等支付报酬。一审判决按照当事人的约定,确定投资公司应当向南海救助局支付"南海救201"轮以及潜水队员的费用正确;同时,一审判决根据实际施救情况,将"南海救116"轮和"南海救101"轮的救助费率由每马力小时3.2元酌予调整至每马力小时2.9元,南海救助局对此未提起上诉,亦未就此问题提出再审请求,本院予以认可。

最高人民法院根据《合同法》第八条、第一百零七条,《中华人民共和国民事诉讼法》第一百七十条第一款第二项以及《最高人民法院关于适用〈中华人民共和国民事诉讼法〉的解释》第四百零七条第一款规定判决:撤销二审判决,维持一审判决。

【典型意义】

雇佣救助合同的性质认定及其法律适用,一直是法律学术界和实务领域研究和争议的热点,审判实践中对该类案件的处理结果也不尽相同。最高人民法院通过本案的审理,对雇佣救助合同纠纷的定性和法律适用进行明确,为当事人和各级法院在将来面对此类案件时提供了操作指引,保证了司法裁判的统一性、一贯性和权威性。

一、雇佣救助合同的性质

《海商法》及《救助公约》中都没有"雇佣救助"和"雇佣救助合同"的用语,也没有相应的规定。有学者指出,"雇佣系以服劳务本身为契约的直接目的,与承揽系以付劳务为手段而完成一定工作而异。受雇人系居于从属地位受雇主指示而服务"[①]。《海商法大辞典》中对"雇佣救助"的定义是,"救助人根据被救助方的具体要求而对遇险的被救助船舶(财产)提供

[①] 王泽鉴:《王泽鉴法学全集·第十卷:民法概要》,中国政法大学出版社2003年版,第394页。

的特定救助性质的服务"①。

对海难救助，《救助公约》没有下定义，只在该公约第一条（a）项里对救助作业定义为"救助作业，系指可航水域或其他任何水域中援救处于危险中的船舶或任何其他财产的行为或活动"。《海商法》也没有对海难救助下定义，只在其第一百七十一条规定了第九章海难救助的适用范围，"本章规定适用于在海上或者与海相通的可航水域，对遇险的船舶和其他财产进行的救助"。由此，学理上认为海难救助需要具备四个要件：被救财产为法律所认可、被救财产处于危险之中、救助人进行救助与被救人接受救助均为自愿和"无效果无报酬"。该定义并未揭示出当事人意欲发生的法律效果，不是对海难救助的法律行为定义，而是对救助作业的事实行为定义。海难救助法律行为是指救助方从事了海上救助作业并意欲获得救助报酬的行为。②

由上述定义可以看出，雇佣救助与海难救助的主要区别在于以下两点。第一，救助过程中，救助由谁负责和指挥。实施雇佣救助的行为和方式，是基于双方当事人的合同约定，在整个救助行动中，雇主拥有完整的决策权和指挥权，受雇人依合同要求提供的人力、物力和设备及其行为，是由作为雇主的被救助人在合同中所要求和确定的特定行为。第二，报酬是否与救助结果挂钩。海难救助报酬的取得是以"无效果无报酬"和"不得超过获救价值"为原则和基础的。雇佣救助的报酬则是按照合同的约定，而与救助效果和被救助的财产价值无关。③

本案的救助合同系投资公司与南海救助局经过充分磋商，雇佣的拖轮和潜水员需受投资公司的指挥和支配。同时，双方明确约定无论救助是否成功，投资公司均应支付报酬，即南海救助局救助报酬的获得与否和救助是否有实际效果并无直接联系，其救助报酬的计算，应以救助船舶每马力小时，以及人工投入等事先约定的固定费率和费用作为依据，与获救财产的价值并无关联。因此，按照"无效果无报酬"计算救助报酬的原则在本案中并不适用。这种与救助结果无关的所谓"雇佣救助"关系显然与《海商法》第九章所规定海难救助不同，本案所涉救助合同不属于《救助公约》和《海商法》所规定的"无效果无报酬"救助合同，应属于雇佣救助合同。

---

① 司玉琢主编：《海商法大辞典》，人民交通出版社1998年版，第901页。
② 参见司玉琢、吴煦《雇佣救助的法律属性及法律适用》，载《中国海商法研究》2016年第3期，第5页。
③ 参见王彦君、张永坚《雇佣救助合同的属性认定和对〈中华人民共和国海商法〉第九章的理解》，载《中国海商法研究》2016年第3期，第20页。

二、雇佣救助合同的法律适用

确定涉案救助合同为雇佣救助合同后,其法律适用是本案争议的另一重要焦点问题。

这里首先涉及的是国际公约与国内法的适用问题。《海商法》第二百六十八条第一款做出了明确的规定,"中华人民共和国缔结或者参加的国际条约同本法有不同规定的,适用国际条约的规定;但是,中华人民共和国声明保留的条款除外"。就本案而言,我国是《救助公约》的加入国,根据前述冲突规范的规定以及我国法律适用法的其他有关规定,应当首先适用《救助公约》的规定,在《救助公约》被依法排除适用或国际公约没有规定时,可根据法律适用法或冲突规范的指引适用我国国内法。

关于雇佣救助合同是否适用《救助公约》。由于合同的意思自治,于法无明文禁止的情况下,当事人可以在合同中选择适用法律的全部或部分适用。《救助公约》在制定的过程中,对公约的强制性和任意性有过争论,最终选择了任意性,即《救助公约》是任意性公约,当事人当然可以选择排除公约的整体适用。海难救助制度是一个有机的整体,其核心是"无效果无报酬",这是决定海难救助合同性质的灵魂,抽掉该灵魂,与之相配套的其他规定也就失去单独存在的意义,当然也就谈不上对其他规定的适用。① 本案中,投资公司接受了南海救助局的报价,并且在向南海救助局提交的委托书中明确,无论能否成功协助出浅,均同意按约定的费率和计算标准付费,即救助报酬的收取与救助结果没有关联,从根本上改变了"无效果无报酬"原则,因此可以认为本案不适用《救助公约》。

《海商法》第九章关于海难救助的规定,借鉴吸收了《救助公约》的主要内容。《救助公约》第一条第(a)项定义的"救助作业"的三个构成要件与《海商法》第一百七十一条规定的"海难救助"的三个构成要件基本一致。另外,《海商法》第一百七十九条规定:"救助方对遇险的船舶和其他财产救助,取得效果的,有权获得救助报酬;救助未取得效果的,除本法第一百八十二条或者其他法律另有规定或者合同另有约定外,无权获得救助款项"。由此,《海商法》第九章所指的救助合同,所坚持的也是"无效果无报酬"的救助原则,与《救助公约》的海难救助及其合同的核心特征一致。依前述关于雇佣救助合同不适用《救助公约》的分析,本案亦不适用《海商

---

① 参见司玉琢、吴煦《雇佣救助的法律属性及法律适用》,载《中国海商法研究》2016年第3期,第7页。

法》第九章关于海难救助的规定。

因本案所涉救助雇佣救助合同，排除了《救助公约》和《海商法》第九章的适用，根据法律适用法或冲突规范的指引，本案可以适用《海商法》第九章外其他章节的相关规定和《合同法》《中华人民共和国民法通则》等其他《海商法》上位法的有关规定。

根据上述法律适用的思路，对于南海救助局诉请的救助报酬，最高人民法院认为，关于雇佣救助合同下的报酬支付条件及标准，《救助公约》和《海商法》并未作具体规定，本案应依据《合同法》的相关规定，对当事人的权利义务予以规范和确定，应按照当事人的约定，确定投资公司应向南海救助局支付的救助报酬。

（陈振桀）

· 第七编 ·

海事赔偿责任限制

福清市通达船务有限公司申请设立海事赔偿责任限制基金案

——港澳航线船舶是否适用海事赔偿责任限额减半设立的规定

【提要】

申请人在其所有的船舶与他人船舶发生碰撞后,向法院申请设立海事赔偿责任限制基金,案外人依法在公告期内提出异议。法院经审理后确认,赔偿责任不明不属本案审理范围,准予申请设立海事赔偿责任限制基金;但认定申请人所有的船舶发生本次海事事故时航行港澳航线,因此不能适用交通部关于海事赔偿责任限制基金减半设立规则,而应按照《中华人民共和国海商法》的规定认定设立基金数额。

【关键词】

海事赔偿责任限制基金　审查范围　港澳航线　特别提款权

【基本案情】

申请人:福清市通达船务有限公司(以下简称"通达船务")。

异议人:揭阳市骏业五金塑胶制品有限公司(以下简称"骏业五金")。

通达船务所属的"通达698"轮于2008年4月3日航经汕头港榕江10号灯浮附近水域时,与福建省平潭县全兴船务有限公司(以下简称"全兴船务")所属的"全兴96"轮发生碰撞,造成"通达698"轮受损、"全兴96"轮及所载货物沉没。通达船务遂于2008年5月30日向广州海事法院申请设立海事赔偿责任限制基金,限额为290,580计算单位及事故发生之日起至基金设立之日止的利息。

骏业五金针对上述申请提出异议,认为:1. 在涉案碰撞事故的责任认定书尚未出具、异议人对上列两轮的具体状况和赔偿责任无从知晓的情况下,不同意"通达698"轮设立海事赔偿责任限制基金;2. "全兴96"轮属于航行港澳货轮,本案不能适用交通部《关于不满300总吨船舶及沿海运输、沿海作业船舶海事赔偿限额的决定》（以下简称《海事赔偿限额决定》）第四条"从事中华人民共和国港口之间货物运输或者沿海作业的船舶，不满300总吨的，其海事赔偿限额依照本规定第三条的赔偿限额的50%计算；300总吨以上的，其海事赔偿限额依照《中华人民共和国海商法》第二百一十条第一款规定的赔偿限额的50%计算"的规定，申请人通达船务申请设立的海事赔偿责任限制基金数额不当。

广州海事法院审理查明如下。福州海事局颁发的"通达698"轮船舶所有权登记证书记载：船名为"通达698"轮，船籍港为福州，船舶种类为普通货船，总吨为2,980吨，船舶所有人为通达船务，船舶共有情况为通达船务占5%股份，余美凯占95%股份。福州海事局于2005年1月27日颁发的、有效期至2010年1月26日的船舶国籍证书记载：船舶所有人、船舶经营人均为通达船务。

申请人通达船务所做的"通达698"轮海事报告记载：2008年3月31日，"通达698"轮在广西防城白龙港装运煤炭后驶往广东揭阳港。4月3日，该轮航行经过汕头港榕江10号灯浮时，因"全兴96"轮突然横至"通达698"轮船艏，造成两轮碰撞事故。异议人骏业五金确认是"通达698"轮与"全兴96"轮的碰撞事故导致了异议人的不锈钢材损失。

中国船级社福州国内船舶检验中心于2007年11月20日颁发的、有效期至2009年1月18日的海上货船适航证书记载："通达698"轮准予航行近海及内河A级航区（航线），作一般干货船用。"通达698"轮的进出港签证记录记载：2008年3月30日，靠泊防城白龙；3月31日，驶往揭阳，实载货为煤5,000吨；4月4日，靠泊揭阳；4月9日，驶往汕头；4月10日，靠泊汕头。

福州海事局颁发的"全兴96"轮船舶国籍证书记载：船舶种类为集装箱船，总吨为738吨，船舶所有人、船舶经营人均为全兴船务。交通部于2004年5月17日作出的《关于同意"全兴96"轮从事港澳航线货物运输的批复》（交水批〔2004〕276号）记载：同意全兴船务所属"全兴96"集装箱船（738总吨，416净吨）从事国内沿海各对外开放港口至港澳航线货物运输。福建省交通厅颁发的福建省国际航线船舶营运证记载：船名为"全兴96"轮，货运区域或航线为国内沿海开放港口至港澳航线。"全兴96"轮的海关监管簿记载：2008年3月29日，驶离口岸（开航港）为汕头，抵达口岸（目的港）为香港，航行途经路线为汕头—三门—香港；4月3日，驶离口岸（出发港）为香港，抵达口岸（目的港）为汕头，航行途经路线为香港—三门—汕头—揭阳，载货情况为散货，冷轧不锈钢带材等，件数287件，重量为464.902吨。

【裁判理由及结论】

依照《最高人民法院关于适用〈中华人民共和国海事诉讼特别程序法〉若干问题的解释》第八十三条规定，"利害关系人依据海事诉讼特别程序法第一百零六条的规定对申请人设立海事赔偿责任限制基金提出异议的，海事法院应当对设立基金申请人的主体资格、事故所涉及的债权性质和申请设立基金的数额进行审查"。

一、关于设立基金申请人的主体资格

《中华人民共和国海事诉讼特别程序法》第一百零一条第一款规定："船舶所有人、承租人、经营人、救助人、保险人在发生海事事故后，依法申请责任限制的，可以向海事法院申请设立海事赔偿责任限制基金。"根据已查明的事实，本案申请人通达船务既为"通达698"轮的船舶所有人之一，又为该轮的船舶经营人，故申请人具备申请设立海事赔偿责任限制基金的主体资格。

二、关于事故所涉及的债权性质

申请人通达船务所属的"通达698"轮在运输煤炭过程中与全兴船务所属的"全兴96"轮发生碰撞，通达船务要求限制赔偿责任的海事赔偿请求符合《中华人民共和国海商法》第二百零七条规定的限制性债权特征。

三、关于申请设立基金的数额

《中华人民共和国海商法》第二百一十条第二款规定："总吨位不满300吨的船舶，从事中华人民共和国港口之间的运输的船舶，以及从事沿海作业的船舶，其赔偿限额由国务院交通主管部门制定，报国务院批准后施行。"交通部《海事赔偿限额决定》第五条规定："同一事故中的当事船舶的海事赔偿限额，有适用《中华人民共和国海商法》第二百一十条或者本规定第三条规定的，其他当事船舶的海事赔偿限额应当同样适用。"根据已查明的事实，"通达698"轮属于航行近海及内河航线船舶，但因"全兴96"轮核定的货运航线为国内沿海开放港口至港澳航线，不属于沿海运输、沿海作业船舶，其海事赔偿限额应依照《中华人民共和国海商法》第二百一十条第一款第（二）项的规定计算。因此，同一事故中"通达698"轮的海事赔偿限额应当同样适用该项规定。异议人关于涉案船舶属于航行港澳货轮，本案不能适用交通部《海事赔偿限额决定》第四条规定的主张，有事实、法律依据，应予支持。根据《中华人民共和国海商法》第二百一十条第一款第（二）项的规定及该轮的总吨计算，"通达698"轮海事赔偿责任限制基金的数额为581,160计算单位，折合人民币6,641,032元，加上该款项自2008年4月3日起至基金设立之日止的利息。申请人通达船务关于"通达698"轮海事赔偿责任限额为290,580计算单位的主张没有法律依据，不予支持。

关于异议人骏业五金提出的本案碰撞事故《责任认定书》出具情况、涉案船舶的具体状况、赔偿责任承担不明以及广州海事法院应明确异议人优先受偿权等问题，不属于设立海事赔偿责任限制基金程序的审查范围，不予审理。

综上所述，广州海事法院依法作出（2008）广海法初字第266-8号裁定：一、准许申请人通达船务提出的设立海事赔偿责任限制基金的申请；二、申请人通达船务应在裁定生效之日起三日内在广州海事法院设立相当于其责任限制总额的海事赔偿责任限制基金，该基金的数额为581,160计算单位，折合人民币6,641,032元，加上该款项自2008年4月3日起至基金设立之日止的相应利息。以担保方式设立基金的，担保数额为基金数额及其在基金设立期间的利息。

【典型意义】

本案例重申了在申请设立海事赔偿责任限制基金案件中，对设立海事赔偿责任限制基金申请的审查范围和港澳航线船舶是否适用交通部《海事赔偿限额决定》中减半设立的问题。这两个问题的认定对类似案件的审理具有示范意义，有利于提高申请设立海事赔偿责任限制基金案件的审判效率。

第一，在审理过程中，法院对设立海事赔偿责任限制基金申请仅就三个方面进行程序性审查，即申请人的主体资格、事故所涉及的债权性质、申请设立基金的数额。有关申请人是否享有海事赔偿责任限制、赔偿责任承担不明等问题，不影响法院依法作出准予设立海事赔偿责任限制基金的裁定。申请人是否享有责任限制属于实体问题，需要另行对相关海事纠纷进行实体审查才能判定。因此，法院不在程序性的申请设立海事赔偿责任限制基金程序案中予以审查。

第二，在适用交通部《海事赔偿限额决定》的减半规则时，"从事中华人民共和国港口之间运输的船舶"应如何进行认定？在我国海商法体系中，国内港口之间的运输不包括内地与港澳台之间的运输，而港澳台航线属于国内业务的特殊类别，归入国际/港澳台航线。就本案涉港澳航线而言，在实践中应当把握两个标准,船舶营运航线及发生海事事故航次航线。"全兴96"轮是准予航行港澳航线的船舶,且发生海事事故航次正在从事港澳航线运输,因而在我国海商法实践中"全兴96"轮不适用交通部《海事赔偿限额决定》的减半规则,应该适用《中华人民共和国海商法》第二百一十条第一款之规定。因此,按照交通部《海事赔偿限额决定》第五条规定,"通达698"轮也应当适用《中华人民共和国海商法》第二百一十条第一款的规定。

(常维平　林晓彬)

康少秋申请设立海事赔偿责任限制基金案

——超越航区航行海上的内河船舶能否设立海事赔偿责任限制基金

【提要】

超越航区航行海上的内河船舶能否申请设立海事赔偿责任限制基金,是海事审判实践中争议较大的问题。争议的主要焦点在于对《中华人民共和国海商法》关于海船定义的理解,以及超越航区航行海上的内河船舶是否就当然理解为因其具有海上的航行能力,即属于《中华人民共和国海商法》所称的海船。本案直接引用法条,即对《中华人民共和国海商法》总则及第十一章海事赔偿责任限制关于船舶概念进行对比,对海船的范围予以认定,并据此予以判定。

【关键词】

内河船舶　航海能力　设立海事赔偿责任限制基金　适格主体

【基本案情】

申请人:康少秋。

异议人:阳江市保丰码头有限公司。

申请人康少秋称:2015年1月20日12时,其所有的"湖海工0278"轮行至阳江港内13号泊位时,触碰异议人所有的12号泊位28号胸墙,导致该轮船艏及上述泊位胸墙等非人身伤亡的财产损失。"湖海工0278"轮属于交通部《关于不满300总吨船舶及沿海运输、沿海作业船舶海事赔偿限额的规定》第二条规定的船舶。依照《中华人民共和国海事诉讼特别程序法》第一百零一条及《关于不满300总吨船舶及沿海运输、沿海作业船舶海事赔偿限额的规定》第四条之规定,其非人身伤亡赔偿请求的海事赔偿限制为246,909.50特别提款权。根据国际货币基金组织公布的事故发生日2015年1月20日特别提款权与人民币之间的换算比率为1:8.694060,所以涉案海事赔偿责任限额折合人民币2,146,646.00757元。为维护其合法权益,申请人申请设立非人身伤亡海事赔偿责任限制基金,基金数额为2,146,646.00757

元和该款自事故发生之日起至基金设立之日止按中国人民银行同期活期存款利率计算的利息。

异议人阳江市保丰码头有限公司称："湖海工0278"轮是内河船，不属于《中华人民共和国海商法》第三条规定的海船，申请人不能根据该法的规定享有海事赔偿责任限制，其申请设立海事赔偿责任限制基金没有法律依据，请求驳回申请人的申请。

广州海事法院经审理查明："湖海工0278"轮为内河船舶，曾用名为"湘郴州工3237"轮，船籍港郴州港，船舶类型工程船、非油船，船体材料为钢质，总长78.8米，型宽17.6米，型深5米，总吨2,457，总功率1,080千瓦，船舶所有人为康少秋，船舶经营人为郴州湖海船务有限公司。其内河船舶适航证书载明，该轮于2014年2月28日在漳州港进行改装检验，安全设备、船舶结构、机械及电气设备和无线电通信设备符合相应的规范、规程，处于适航状态；准予航行A级航区（航线），作工程船用。该证书原记载有效期至2015年2月27日，后经检验展期至2015年7月2日。

阳江港口海事处出具的水上交通事故调查结论书记载：2015年1月20日，"湖海工0278"轮从港外运砂至阳江港内13号泊位吹填。1255时，该轮抵达距异议人所有的保丰码头12号泊位28号胸墙约70米的13号泊位水域时，航速约1海里，开始转向，使船头朝向13号泊位进行卸载，实施转向后，船艏向约90°，在距离12号泊位28号胸墙约20米时，为防止碰撞发生，该轮倒车，但由于该轮倒车装置失效进而无法制动，继续往前滑行而发生触碰事故。事故造成"湖海0278"轮船艏轻微凹陷，保丰码头12号泊位过渡段28号胸墙向后移位，碰撞处混凝土脱落、钢筋外漏；未造成污染。此次事故是因为"湖海工278"轮船员处于不适任状态，船上机器设备故障而导致的；保丰码头12号泊位是经主管部门审批营运的固定设施，在此次事故中无过错行为，"湖海工0278"轮对此次事故负有全部责任。

【裁判理由及结论】

广州海事法院认为：根据《中华人民共和国海商法》第三条的规定，该法适用的"船舶"包括海船和其他海上移动式装置，用于军事的、政府公务的船舶和20总吨以下的小型船艇除外，而"湖海工0278"轮持有的内河船舶适航证书等船舶资料载明，该轮系内河船舶，不属于上述法律规定的"海船"范畴，不受该法调整。从法律规定看，《中华人民共和国海商法》第十一章"海事赔偿责任限制"中的"船舶"概念与该法第三条中的"船舶"

概念一致，即适用"海事赔偿责任限制"章节的"船舶"应以属于第三条中的"船舶"范围为前提。故申请人不能依照《中华人民共和国海商法》以及交通部《关于不满 300 总吨船舶及沿海运输、沿海作业船舶海事赔偿限额的规定》的相关规定申请设立海事赔偿责任限制基金。

广州海事法院依照《中华人民共和国海商法》第三条、《中华人民共和国海事诉讼特别程序法》第一百零六条第二款之规定，裁定如下：驳回申请人康少秋设立海事赔偿责任限制基金的申请。

【典型意义】

本案认定，对于内河船舶，除可以在核定海上航区内航行，且涉案事故实际发生于海上时，其他内河船舶不属于《中华人民共和国海商法》所称的海船范畴，其不受该法调整，不能申请设立海事赔偿责任限制基金。该认定对内河船舶是否享有《中华人民共和国海商法》规定的相关权利问题的处理具有较好的参考价值。

审判实践中，通常遇到：内河船舶在内河航行或作业时发生事故，或内河船舶违规超越航区在海上航行或作业时发生事故，船舶所有人、船舶承租人和船舶经营人等依据《中华人民共和国海商法》及《关于不满 300 总吨船舶及沿海运输、沿海作业船舶海事赔偿限额的规定》第二条、第四条的规定申请设立海事赔偿责任限制基金。归纳而言，其争议的焦点为，内河船舶的相关权利人是否属于申请设立海事赔偿责任限制基金适格的主体。

持肯定意见的认为：《关于不满 300 总吨船舶及沿海运输、沿海作业船舶海事赔偿限额的规定》并没有将可以设立海事赔偿责任限制基金的船舶类型作海船和内河船舶区分，只要符合该规定第二条的规定，无论海船还是内河船，均可以申请设立海事赔偿责任限制基金。

另外，即使内河船舶不能设立海事赔偿责任限制基金，但事故发生地为海域，且船舶在事故发生时正在从事沿海运输或作业，其可以依据《中华人民共和国海商法》的规定申请设立海事赔偿责任限制基金。①

本案合议庭认为，上述意见对法律的理解不甚准确。

海商法上所称的船舶通常指的是"海船"，指的是适合航行于海上或者通海水域的船舶。准确把握"海船"的本质特征是看船舶所具有的航海能力，即是否适于海上航行。通常，认定"海船"还是"内河船舶"的标准是船舶检验证书。持有海船检验证书的船舶，无论发生事故在海上还是内河，均是海船。有的船舶持有的船舶检验证书名称为内河船舶检验证书，但船舶检验机构核定其可以在核定海上航区内航行，且船舶涉案事故实际发生于海上时，在相关案件中按海船处理。如持有内河船检证书，但船检机构核定航区为A级，在广东水域经交通主管部门批准可在一定范围内航行的港澳航线的船舶，这种内河船舶可以申请设立海事赔偿责任限制基金。但本案中的"湖海工0278"轮持有的是内河船检证书，其超越航区，且海事部门认定其船员处于不适任状态，船上机器设备故障，不具备航海能力，所以法院驳回其设立海事赔偿责任限制基金的申请。

（陈振榮）

---

① 这一观点在最高人民法院指导案例——中海发展股份有限公司货轮公司"宁安11"轮设立海事赔偿责任限制基金一案中有论述。"宁安11"轮核定经营范围为国内沿海及长江中下游各港间普通货物运输，从秦皇岛运载电煤前往上海外高桥码头，在靠泊码头过程中触碰码头。裁判要点：《中华人民共和国海商法》第二百一十条第二款规定的"从事中华人民共和国港口之间的运输的船舶"，应理解为发生海事事故航次正在从事中华人民共和国港口之间运输的船舶。鉴于"宁安11"轮营业运输证载明的核定经营范围为"国内沿海及长江中下游各港间普通货物运输"，涉案事故发生时其所从事的也正是从秦皇岛港至上海港航次的运营。因此，该船舶应认定为"从事中华人民共和国港口之间的运输的船舶"，而不宜以船舶适航证书上记载的船舶可航行区域或者船舶有能力航行的区域来确定。

钦州市南方轮船有限公司申请设立海事赔偿责任限制基金案

——申请设立海事赔偿责任限制基金案件审查范围的确定

【提要】

在申请设立海事赔偿责任限制基金程序中,仅就申请人主体资格、事故所涉及的债权性质和基金数额进行程序性审查。其中,对"债权性质"的审查是审查产生海事请求的原因是否属于《中华人民共和国海商法》第二百零七条规定的情形,同时又不存在第二百零八条规定的例外情形。申请人就具体海事请求应否享有海事赔偿责任限制,不属于申请设立海事赔偿责任限制基金程序的审查范围。

【关键词】

海事赔偿责任限制基金 限制性债权 非限制性债权

【基本案情】

申请人:钦州市南方轮船有限公司(以下简称"南方公司")。
异议人:湛江市创达贸易有限公司(以下简称"创达公司")。
异议人:广州市宏峰物流有限公司(以下简称"宏峰公司")。
异议人:广州打捞局。

2011年9月28日,申请人南方公司所有的"方舟6"轮装载4,821吨钢材,从珠海高栏港驶往湛江;次日,因台风"纳沙"影响而沉没。南方公司遂于2012年6月21日向广州海事法院申请设立非人身伤亡海事赔偿责任限制基金,数额为290,413特别提款权。创达公司、宏峰公司、广州打捞局,分别针对申请人的上述申请向广州海事法院提出了书面异议。

异议人创达公司称:根据水上交通事故调查结论书,本案事故是因南方公司未能采取有效防台措施造成的,南方公司负全部责任,无权享受海事赔偿责任限制。涉案货物的打捞费不属于限制性债权,申请人无权就此项费用限制赔偿责任。南方公司与创达公司之间为运输合同关系。使货物处于无损状态并安全运抵目的地，是申请人作为实际承运人的合同义务。南方公司未能履行该义务，侵犯了创达公司的合同权利，而侵犯合同权利造成的损失不属于《中华人民共和国海商法》第二百零七条规定的责任限制范围。

异议人宏峰公司称：南方公司明知台风将临，而未要求"方舟6"轮正确处置，存在重大过失，船东本人的过失所造成的损失不应享受海事赔偿责任限制。

异议人广州打捞局称：南方公司在台风逼近、海事处和港口方多次督促其离港避风的情况下，仍冒险继续装货，离港后未选择最有利于避风的锚地，未及时冲滩避险，构成故意或者明知可能造成损失而轻率地作为或不作为，以致"方舟6"轮因未采取有效防台措施而沉没，故申请人无权享受海事赔偿责任限制。广州打捞局已另案起诉南方公司支付清污费，清污费不属于限制性债权，广州打捞局不应被列为本案的利害关系人。

广州海事法院经审理查明："方舟6"轮的总吨2,978，船舶所有人和经营人均为南方公司，其海上货船适航证书记载该轮准予航行近海航区作一般干货船用。涉案船舶沉没事故所造成的货物损失，属于与船舶营运直接相关的财产损失。

【裁判理由及结论】

广州海事法院经审理认为：本案为申请设立海事赔偿责任限制基金案。该院受理该案后，通知了已知的利害关系人，并进行了公告，异议人创达公司、宏峰公司、广州打捞局在法定期限内提出异议，根据《最高人民法院关于适用〈中华人民共和国海事诉讼特别程序法〉若干问题的解释》第八十三条"利害关系人依据海事诉讼特别程序法第一百零六条的规定对申请人设立海事赔偿责任限制基金提出异议的，海事法院应当对设立基金申请人的主体资格、事故所涉及的债权性质和申请设立基金的数额进行审查"的规定，本案应对设立基金申请人南方公司的主体资格、事故所涉及的债权性质、申请设立基金的数额进行审查。因本案所要解决的是申请人可否设立基金的程序问题，而非处理其能否享受责任限制的实体权利，故关于异议人提出南方公司无权限制赔偿责任的主张，不属于本案审理的范围。

关于设立基金申请人的主体资格。根据《中华人民共和国海事诉讼特别程序法》第一百零一条第一款的规定，南方公司为"方舟6"轮的船舶所有人和经营人，该轮在运输钢材的过程中沉没，其具备设立海事赔偿责任限制基金的主体资格。

关于事故所涉及的债权性质。根据《中华人民共和国海商法》第二百零七条第一款第（一）项"在船上发生的或者与船舶营运、救助作业直接相关的人身伤亡或者财产的灭失、损坏，包括对港口工程、港池、航道和助航设施造成的损坏，以及由此引起的相应损失的赔偿请求"和该款第（三）项"与船舶营运、救助作业直接相关的，侵犯非合同权利的行为造成其他损失的赔偿请求"的规定，"方舟6"轮在运输钢材过程中沉没，其要求限制赔偿责任的海事赔偿请求符合限制性债权特征，故南方公司有权就其所属的船舶在营运过程中发生船沉货损事故引起的非人身伤亡的赔偿请求申请设立海事赔偿责任限制基金。创达公司关于货损、转运费、货物打捞费和广州打捞局关于清污费不属于限制性债权的异议，因创达公司、广州打捞局均已另案起诉，有关债权的性质应在具体的案件中解决。

关于申请设立基金的数额。"方舟6"轮从事沿海运输，根据《中华人民共和国海商法》及交通部《关于不满300总吨船舶及沿海运输、沿海作业船舶海事赔偿限额的决定》的有关规定，该轮海事赔偿限额为290,413特别提款权。根据《最高人民法院关于审理海事赔偿责任限制相关纠纷案件的若干规定》第二十条及《中华人民共和国海事诉讼特别程序法》第一百零八条第三款的规定，"方舟6"轮海事赔偿责任限制基金的数额以290,413特别提款权，按本裁定生效之日特别提款权与人民币的换算办法换算为人民币，再加上该款项自事故发生之日即2011年9月29日起至基金设立之日止的利息。以担保方式设立基金的，担保数额为基金数额即责任限额与事故发生之日起至基金设立之日止的利息，再加上基金设立期间的利息。而上述利息的计算应以事故发生之日即2011年9月29日中国人民银行确定的金融机构同期一年期的贷款基准利率计算。

广州海事法院依照《中华人民共和国海商法》第二百一十条，交通部《关于不满300总吨船舶及沿海运输、沿海作业船舶海事赔偿限额的规定》第四条，《中华人民共和国海事诉讼特别程序法》第一百零六条、第一百零八条，《最高人民法院关于适用〈中华人民共和国海事诉讼特别程序法〉若干问题的解释》第八十三条，《最高人民法院关于审理海事赔偿责任限制相关纠纷案件的若干规定》第二十条、第二十一条的规定，裁定准许申请人南方公司设立海事赔偿责任限制基金，基金数额为290,413特别提款权及自2011年9月29日起至基金设立之日止按中国人民银行确定的金融机构同期一年期贷款基准利率计算的利息，并驳回异议人的异议。

宣判后，申请人南方公司和异议人广州打捞局均提出上诉。南方公司上诉请求确认涉案事故造成的货物损失、货物打捞费、转运费、处置费、清污费、防油污费用提出的赔偿请求属于限制性债权。南方公司理由为：1. 涉案事故所涉及的债权性质是否属于限制性债权属于本案审理范围，原审法院未予审理将导致基金设立后，利害关系人仍有权主张其债权是否属于限制性债权不明确，反对原审法院释放其已被扣押的船舶，设立海事赔偿责任基金将无法保障其合法权利；2. 上述债权的赔偿请求均属于限制性债权。广州打捞局上诉请求：撤销原审裁定，并不准南方公司就防油污费、清污费设立海事赔偿责任限制基金；裁定广州打捞局的债权属于非限制性债权。广州打捞局理由为：1.《最高人民法院关于适用〈中华人民共和国海事诉讼特别程序法〉若干问题的解释》第八十三条明确规定，利害关系人对设立海事赔偿责任限制基金提出异议的，法院应对债权性质进行审查，原审裁定未审查广州打捞局的债权性质，属于违法裁定，应予撤销；2. 南方公司委托广州打捞局进行清污和防油污作业，广州打捞局的债权属于合同之债，根据《中华人民共和国海商法》第二百零七条第二款的规定，属于非限制性债权；3. 为保障债权的实现，广州打捞局申请扣押"方舟6"轮，并提供担保及支付相关费用；若本案不对债权性质做出审查，将助长南方公司恶意设立基金，达到不对非限制性债权提供担保而解除财产保全的非法目的。

广东省高级人民法院经审理认为：本案为申请设立海事赔偿责任限制基金案。一审法院受理本案后，由于异议人创达公司、宏峰公司、广州打捞局在法定期限内提出了异议，故一审法院根据《最高人民法院关于适用〈中华人民共和国海事诉讼特别程序法〉若干问题的解释》第八十三条的规定，对设立基金申请人南方公司的主体资格、事故所涉债权的性质、基金的数额进行审查正确，应予维持。本案的关键问题是南方公司能否设立海事赔偿责任限制基金。由于南方公司是"方舟6"轮的船舶所有人和经营人，该轮在运输钢材的过程中沉没，根据《中华人民共和国海事诉讼特别程序法》第一百零一条第一款的规定，南方公司具备设立海事赔偿责任限制基金的主体资格。涉案船舶在营运过程中发生船沉货损事故引起的非人身伤亡的赔偿请求，符合《中华人民共和国海商法》第二百零七条规定的限制性债权特征，南方公司有权据此申请设立海事赔偿责任限制基金。关于基金的数额，"方舟6"总吨2,978，航区为近海，属于从事国内沿海运输的船舶，故根据《中华人民共和国海商法》及交通部《关于不满300总吨船舶及沿海运输、沿海作业船舶海事赔偿限额的决定》的有关规定，"方舟6"轮的海事赔偿限额应为

290,413特别提款权。一审法院据此作出准予南方公司设立海事赔偿责任限制基金的裁定正确，予以维持。至于南方公司和广州打捞局提出的上诉请求，均属于本案事故所涉及的具体债权的性质认定问题，在本案部分债权属于限制性债权已明确、南方公司申请设立海事赔偿责任限制基金的请求成立的情况下，本案事故所涉及的其他债权性质应属另案实体审查的范围，本案作为申请设立基金的程序性案件不作审查。因此，南方公司和广州打捞局提出的上诉请求不属于本案的审查范围，应予驳回。

广东省高级人民法院根据《中华人民共和国民事诉讼法》第一百五十四条、第一百五十八条和《诉讼费用交纳办法》第八条的规定，裁定驳回南方公司、广州打捞局的上诉，维持原裁定。

【典型意义】

本案是申请设立海事赔偿责任限制基金案，在一审法院裁定准许申请人设立海事赔偿责任限制基金后，异议人（债权人）与申请人（责任人）都提出上诉，要求法院对具体债权的性质作出认定。申请人主张将具体债权全部认定为限制性债权，以便解除扣押船舶；债权人主张将其债权认定为非限制性债权，以防止责任人解除扣押船舶。

对海事赔偿责任限制基金设立程序中的异议审查范围，《最高人民法院关于适用〈中华人民共和国海事诉讼特别程序法〉若干问题的解释》第八十三条已经作出规定："利害关系人依据海事诉讼特别程序法第一百零六条的规定对申请人设立海事赔偿责任限制基金提出异议的，海事法院应当对设立基金申请人的主体资格、事故所涉及的债权性质和申请设立基金的数额进行审查"。但在司法实践中，人们对上述规定中要求审查的"债权性质"，理解上存在分歧，本案就是这类纠纷的一个典型。

基金设立程序中的异议审查，其任务是判断申请人提出的基金设立申请是否符合法律规定。其中对"债权性质"的审查，是审查产生海事请求的原因是否属于《中华人民共和国海商法》第二百零七条规定的情形，同时又不存在第二百零八条规定的例外情形。《中华人民共和国海商法》第二百零七条列举了责任人可以限制赔偿责任的4种情形，该法第二百零八条规定了适用第二百零七条的5种例外。只要申请人能够证明产生责任的事由符合《中华人民共和国海商法》第二百零七条的规定，又不属于该法第二百零八条规定的例外情形，其设立海事赔偿责任限制基金的请求即应得到准许，无须考虑是否同时存在非限制性债权。

同一海事事故可能同时造成多种损失，其中既有限制性债权，也有非限制性债权。比如船舶因碰撞事故导致沉没，碰撞损害赔偿责任属于海商法第二百零七条第一款第（一）项规定的限制性债权但打捞沉船费用的海事请求则属于非限制性债权。海事赔偿责任限制基金所适用的赔偿请求仅为限制性债权，基金只供基于特定事故产生的限制性债权分配，基金设立对非限制性债权不产生影响。因此，是否同时存在非限制性债权不影响责任人申请设立基金，个别债权是否属于非限制性债权，不在基金设立异议程序的审查范围。

海事赔偿责任限制基金设立后，海事请求人如认为其享有的海事请求属于非限制债权，或其有把握打破责任人的责任限制，仍有权对责任人的财产申请保全。当然，如事后生效法律文书没有支持其上述主张，则可能承担保全错误的法律责任。申请人设立海事赔偿责任限制基金后，并不发生当然释放其被扣押或查封财产的法律效果，扣押或者查封是否符合解除的条件，还需要在具体案件中进行考量。

对于此类案件，当事人争议的另一个问题是：是否应对申请人是否丧失享受海事赔偿责任限制的实体权利进行审查。本案三名异议人均以水上交通事故调查结论书认定申请人对事故负全责，其无权享受责任限制对申请人设立基金提出异议。船舶所有人是否应当对事故负责和是否有权限制赔偿责任是两个层面的问题。船舶所有人需要对事故负全责并不当然推论出其无权限制赔偿责任。《中华人民共和国海商法》第二百零九条规定："经证明，引起赔偿请求的损失是由于责任人的故意或者明知可能造成损失而轻率地作为或者不作为造成的，责任人无权依照本章规定限制赔偿责任。"责任人对于海损的发生存在"故意或者明知可能造成损失而轻率地作为或者不作为"是其丧失责任限制权利的唯一法定情形。责任人是否应当丧失责任限制权利的问题是实体问题，在申请设立海事赔偿责任限制基金案件中无须对此审查，应在有关实体纠纷中审理认定。

（杨雅潇）

上海港复兴船务公司
申请设立海事赔偿责任限制基金案

——一次事故多个责任人的情况下基金的设立方式

【提要】

"一次事故一个限额"并不表示一个事故只设一个基金。一次事故在涉及多个责任人的情况下,责任人有权按照自己的船舶的吨位设立基金,该基金就是该责任人对本次事故所要承担的限额,这才是"一次事故一个限额"的原意。如事故中的拖轮和驳船并不属于同一所有人,申请人只需对自己的船舶、按照该船舶的吨位设立基金,并不适用船队原则将两船的吨位作为基金计算依据。

【关键词】

"一次事故一个限额"   拖带关系   吨位   基金计算

【基本案情】

申请人(被上诉人):上海港复兴船务公司(以下简称"复兴公司")。

异议人(上诉人):粤海(番禺)石油化工储运开发有限公司(以下简称"粤海公司")。

申请人复兴公司称:2012年7月24日,申请人所有的"海港特001"轮因2012年第8号台风"韦森特"吹袭而触碰粤海公司码头,该事故导致码头受损,申请人申请就该事故而可能引起的"海港特001"轮所有非人身伤亡赔偿责任设立海事赔偿责任限制基金,基金数额为608,631.50特别提款权(或等值人民币)以及该款项自2012年7月24日起至基金设立之日止的利息。

异议人粤海公司对涉案事故发生的事实、申请人主体资格和事故所涉债权含限制性债权均无异议,但认为:1.申请人在涉案事故中锚泊不当且抢救措施不力,存在重大过失,对其轻率和明知可能造成损失而不作为所导致的事故,申请人无权享受责任限制;2.申请人申请设立海事赔偿责任限制基金的数额和兑换率与法律规定不符,"海港特001"轮为无动力驳船,事故发生时正由"东莞拖03"轮和"东莞拖08"轮进行拖带,应将"海港特001"轮和拖轮视为一个整体,以三艘船舶总吨位计算基金数额,且事故航次拟前往香港水域港珠澳大桥工地,不属于国内两港口之间的航线,不适用交通部《关于不满300总吨船舶及沿海运输、沿海作业船舶海事赔偿限额的规定》,基金数额应为1,699,263特别提款权(按2012年7月24日的汇率,折合人民币16,128,728.50元)。

广州海事法院经审理查明如下。上海海事局于2006年5月29日颁发的"海港特001"轮的船舶所有权登记证书记载:"海港特001"轮船籍港上海港,为钢制驳船,船舶总吨位6,789,船舶所有人为申请人。中国船级社于2012年9月1日颁发的船舶航行安全证书记载,"海港特001"轮航行区域为"无限制区域"。上海市航务管理处于2013年6月13日颁发的船舶营业运输证记载,"海港特001"轮核定的经营范围为国内沿海及长江中下游普通货船运输。"东莞拖03"轮船舶所有人为东莞市盛海拖轮有限公司,"东莞拖08"轮船舶所有人为东莞市海安环保科技有限公司。

"海港特001"轮空载于2012年7月9日驶入东莞虎门港;7月23日,该轮在东莞虎门港沙田港区集装箱码头5号泊位完成装载作业;7月24日,"海港特001"轮在由"东莞拖03"轮和"东莞拖08"轮协助防台期间走锚触碰粤海码头,造成码头1号泊位及5号泊位损坏、位移,"海港特001"轮左舷部分凹陷、破损。该次事故没有造成水域污染或人员伤亡现象。"海港特001"轮载货于7月30日驶离东莞虎门港,目的地香港。

【裁判理由及结论】

本案是一宗申请设立海事赔偿责任限制基金案。依照《最高人民法院关于适用〈中华人民共和国海事诉讼特别程序法〉若干问题的解释》第八十三条"海事法院应当对设立基金申请人的主体资格、事故所涉及的债权性质和申请设立基金的数额进行审查"的规定,异议人提出的申请人无权限制赔偿责任的意见,涉及对申请人是否能够限制赔偿责任实体权利的判定,故对该项异议不予处理。

"海港特001"轮航行区域为"无限制区域",属于《中华人民共和国海商法》第三条所规定的海船。申请人是"海港特001"轮的船舶所有人,依照《中华人民共和国海事诉讼特别程序法》第一百零一条第一款"船舶所有人、承租人、经营人、救助人、保险人在发生海事事故后,依法申请责任限制的，可以向海事法院申请设立海事赔偿责任限制基金"的规定，属于可以申请设立海事赔偿责任限制基金的主体。异议人对此亦予以确认。

依照《中华人民共和国海商法》第二百零七条第一款第（一）项"在船上发生的或者与船舶营运、救助作业直接相关的人身伤亡或者财产的灭失、损坏，包括对港口工程、港池、航道和助航设施造成的损坏，以及由此引起的相应损失的赔偿请求"条款规定，涉案海事事故所造成的码头损坏属于与船舶营运相关的财产损坏。异议人对此亦予以确认。申请人关于设立海事赔偿责任限制基金的申请，应予准许。

针对异议人关于基金数额的异议，申请人称其不属于可为拖轮设立海事赔偿责任限制基金的主体。一方面，《中华人民共和国海商法》第一百六十三条规定"在海上拖航过程中，由于承拖方或者被拖方的过失，造成第三人人身伤亡或者财产损失的，承拖方和被拖方对第三人负连带赔偿责任"，该条款是对实体责任的规定，在审查设立基金时并不适用。另一方面，《中华人民共和国海商法》第二百一十二条"本法第二百一十条和第二百一十一条规定的赔偿限额，适用于特定场合发生的事故引起的，向船舶所有人、救助人本人和他们对其行为、过失负有责任的人员提出的请求的总额"所体现的"一次事故一个限额"原则并不表示"一次事故一个基金"。涉案事故中的拖轮和驳船不属于同一所有人，责任人应按"海港特001"轮的船舶吨位计算赔偿限额。异议人关于以拖船和驳船总吨位作为基金计算依据的异议缺乏法律依据，不予支持。

申请人称事故发生时"海港特001"轮正在避台，并未执行任何实际航次，应依据《关于不满300总吨船舶及沿海运输、沿海作业船舶海事赔偿限额的规定》第四条计算基金数额。广州海事法院审理本案并认为，《中华人民共和国海商法》第二百一十条第二款中"从事中华人民共和国港口之间的运输的船舶"应理解为发生海事事故时正从事国内沿海运输的船舶。"海港特001"轮2012年7月9日空载进入虎门港，7月24日触碰粤海码头事故发生时已载后来被运往香港的货物，7月30日载货离开虎门港驶往香港。涉案事故发生时"海港特001"轮所从事的是从虎门港至香港航次的运营，仅是因为临时避台才移泊至粤海码头附近水域，故涉案航次不属于"中华人民共和国港口之间的运输"，不适用《关于不满300总吨船舶及沿海运输、沿海作业船舶海事赔偿限额的规定》，应适用《中华人民共和国海商法》第二百一十条第一款规定计算"海港特001"轮涉案海事赔偿责任限制基金。申请人关于基金数额计算标准的主张，缺乏事实依据，不予采纳。依照《中华人民共和国海商法》第二百一十条第一款第（二）项"关于非人身伤亡的赔偿请求"规定的计算标准和该法第二百一十三条、第二百七十七条，以及《最高人民法院关于审理海事赔偿责任限制相关纠纷案件的若干规定》第二十条"海事赔偿责任限制基金应当以人民币设立，其数额按法院准予设立基金的裁定生效之日的特别提款权对人民币的换算办法计算"和第二十一条"海商法第二百一十三条规定的利息，自海事事故发生之日起至基金设立之日止，按中国人民银行确定的金融机构同期一年期贷款基准利率计算"的规定，"海港特001"轮总吨6,789，涉案海事赔偿限额为1,217,263计算单位，海事赔偿责任限制基金数额应为1,217,263特别提款权所折合的人民币（按法院准予设立基金的裁定生效之日的特别提款权对人民币的换算办法计算）及利息（自2012年7月24日起至基金设立之日止按中国人民银行确定的金融机构同期1年期贷款基准利率计算）。异议人关于以事故发生日兑换率计算基金数额的主张不符合法律规定，不予支持。

广州海事法院依照《中华人民共和国海商法》第二百一十条第一款第（二）项、第二百一十三条和《最高人民法院关于审理海事赔偿责任限制相关纠纷案件的若干规定》第二十条、第二十一条，以及《中华人民共和国海事诉讼特别程序法》第一百零六条第二款、第一百零八条第一款和第三款的规定，裁定如下：准许申请人上海港复兴船务公司提出的设立海事赔偿责任限制基金的申请；海事赔偿责任限制基金数额为1,217,263特别提款权及其利息（利息自2012年7月24日，即海事事故发生之日起至基金设立之日止，按中国人民银行确定的金融机构同期1年期贷款基准利率计算）；申请人上海港复兴船务公司应在本裁定生效之日起3日内以人民币或广州海事法院认可的担保设立海事赔偿责任限制基金（基金的人民币数额按本裁定生效之日的特别提款权对人民币的换算办法计算）。逾期不设立基金的，按自动撤回申请处理。申请费1万元，由申请人负担。

异议人不服裁定，提起上诉。二审认定的事实与一审一致。

广东省高级人民法院认为：根据《中华人民共和国海商法》第二百零四条"船舶所有人、救助人，对本法第二百零七条所列海事赔偿请求，可以依照本章规定限制赔偿责任。前款所称的船舶所有人，包括船舶承租人和船舶经营人"和第二百一十二条"本法第二百一十条和第二百一十一条规定的赔偿限额，适用于特定场合发生的事故引起的、向船舶所有人、救助人本人和他们对其行为、过失负有责任的人员提出的请求的总额"等规定，海事事故发生后，就《中华人民共和国海商法》第二百零七条规定可限制赔偿责任的特定类型海事赔偿请求，若责任人基于限制赔偿责任所需、申请设立海事赔偿责任限制基金，则应为船舶所有人、承租人、经营人、救助人、保险人或其他为法律所许可限制赔偿责任的主体；赔偿限额应按与其有关的船舶的总吨位计算，设立海事赔偿责任限制基金为事故责任人的权利而非义务，在权利人未行使该项权利的情况下，其他方无权要求权利人申请设立基金，亦无权要求非船舶利害关系人代权利人设立基金。"东莞拖03"轮和"东莞拖08"轮和"海港特001"轮分属不同企业所有，复兴公司并非两艘拖轮的承租人、经营人、救助人或保险人，无权就两艘拖轮是否提出海事赔偿责任限制抗辩或申请设立海事赔偿限制基金等事宜作出处分，亦无义务为他人的船舶设立海事赔偿责任限制基金。粤海公司关于驳船和拖轮为一个整体，应以三船吨位分别计算海事赔偿责任限额后设立基金的主张缺乏法律依据，不予支持。原审裁定认定事实清楚，适用法律正确，依法应予维持。根据《中华人民共和国民事诉讼法》第一百七十条第一款第（一）项、第一百七十五条之规定，裁定如下：驳回上诉，维持原裁定。

【典型意义】

依照《中华人民共和国海商法》第一百五十五条的规定，海上拖航合同是指承拖方用拖轮将被拖物经海路从一地拖至另一地，而由被拖方支付拖航费的合同。由于海上拖航的特殊性，其在对第三人承担责任的归责方式和责任限额的计算上是相互独立又相互关联的问题。

一、海上拖航合同对第三方承担责任的归责方式

在拖轮与被拖轮之间，可以依据海上拖航合同约定或者法律规定来确定哪一方承担海事事故赔偿责任以及责任人的海事赔偿责任限额。但如果在拖航过程中发生海损事故造成第三人人身或者财产损失，应当由拖轮还是被拖轮承担海事赔偿责任，如何确定责任人的海事赔偿责任限额，则具有不同于其他船舶营运方式的特点。

关于海上拖航当事方对第三人承担责任的方式，各国立法和实践有很大不同。英国早期采用雇佣理论，将拖轮视为受被拖轮雇佣，由被拖轮对第三人的损失承担责任。后来在 The Devonshire 案中，英国贵族院推翻了先前的做法，依照过错责任来确定责任人，第三人有权且有义务辨别犯有实际过错的行为人，以及对该过错行为负责的责任主体。美国虽将拖带中的拖轮和被拖轮视为一个整体，但并不作为一个整体对第三人承担过错责任，而是依据指挥原则，由实际控制拖航活动的一方对整个拖航船队的航行过错程度承担

过错责任。《中华人民共和国海商法》第一百六十三条规定，在海上拖航过程中，由于承拖方或者被拖方的过失，造成第三人人身伤亡或者财产损失的，承拖方和被拖方对第三人负连带赔偿责任。除合同另有约定外，一方连带支付的赔偿超过其应当承担的比例的，对另一方有追偿权。

二、海上拖航对第三方承担责任时责任限额的计算

海上拖航对第三人承担责任的归责方式是在实体审理过程中需要解决的问题，而由于《中华人民共和国海事诉讼特别程序法》的规定，设立海事赔偿责任限制基金只是程序审查，不做实体审理。因此，责任限额的计算并不需以责任划分为前提。海上拖航责任限额的计算分为船队理论和非船队理论。

船队理论是指在对外承担责任和主张责任限额时，将拖轮和被拖轮视为一个拖航整体。按此理论，拖轮或被拖轮的航行过程视为船队过错，责任限额的计算吨位包括船队中的所有拖轮和被拖轮的吨位。各国司法实践中对船队理论并不完全采纳，而是进一步限缩为"小船队理论"，即以属于同一船东的所有过错船舶的吨位之和来计算责任限额。小船队理论有两个条件，即同一船东所有和均为过错船舶。非船队理论是指拖航船队各船舶的对外责任，以各自吨位计算责任限额，与船队的其他船舶无关。

具体到本案中，申请人关于将拖轮和驳船作为一个整体考虑实质是"一次事故一个限额"如何理解的问题。按照中国法律目前的规定，"一次事故一个限额"是指对于责任人来说，一次海事事故（distinct occasion）下他的赔偿责任不超过该限额。一次海事事故可能有多个责任人，那么多个责任人将按照自己船舶的吨位去设立限额。"一次事故一个限额"并不表示"一个事故一个基金"，一个事故在涉及多个责任人的情况下，责任人按照自己船舶（his own ship）的吨位设立基金，该基金就是该责任人对本次事故所要承担的限额，这才是"一次事故一个限额"的原意。申请人只能对自己的船舶按照该船舶的吨位设立基金。涉案事故中的拖轮和驳船并不属于同一所有人，并不适用船队原则将两船的吨位作为基金计算依据。船队原则的适用只是在承托方和被拖方是共同所有人的情况下才适用，而且英国和加拿大的相关案例显示对于船队原则的适用有紧缩的趋势，即不仅需要相同所有人，还需要承托方和被拖方都对本次事故存在过错时，才将拖轮和驳船的总吨作为基金的计算依据。

三、"航次"的认定

依照最高人民法院指导性案例，应根据事故航次的性质而非船舶航行能力来判定基金数额的计算方法，即应适用《中华人民共和国海商法》还是应适用《关于不满300总吨船舶及沿海运输、沿海作业船舶海事赔偿责任限额的规定》计算基金数额①。因此，在每个设立海事赔偿责任限制基金案的审理过程中，涉案航次性质的判断就是一个必须处理的问题。

本案事故发生时，船舶装载的货物是提供给港珠澳大桥工地，但因为避台移泊发生事故，事故当时并无执行任何实际航次。申请人称事故发生时"海港特001"轮正在避台，并未执行任何实际航次，应依据《关于不满300总吨船舶及沿海运输、沿海作业船舶海事赔偿限额的规定》第四条计算基金数额。

航次是指自上一航次终点港卸空货物（或下完旅客）时起，至本航次终点港卸空所载货物（或者下完旅客）时为止的时间段。②"海港特001"轮事故时装载着运往港珠澳大桥工地的货物，仍处于一个航次的运营中。"海港特001"轮船舶营业运输证载明的核定经营范围虽为"国内沿海及长江中下游普通货船运输"，但据东莞海事局沙田海事处的查验资料显示，涉案事故发生时该轮处于前往香港航次的运营。因此，涉案航次不属于具有沿海运输性质的"中华人民共和国港口之间的运输"，应适用《中华人民共和国海商法》第二百一十条第一款规定计算基金。

（宋瑞秋　胡浞　舒坚）

---

① 参见《中海发展股份有限公司货轮公司申请设立海事赔偿责任限制基金案》，最高人民法院审判委员会讨论通过，2013年1月31日发布。

② 参见邱志雄主编《航海概论》，人民交通出版社2000年版，第126页。

· 第八编 ·

油污损害

珠海中发信和农林科技发展有限公司与珠海市灏通船务有限责任公司等财产损害赔偿纠纷案

——评估报告的认定与自由裁量权的行使

【提要】

一篇判决书于当事人而言,应是公平公正;于社会而言,应符合普罗大众的价值取向,不能使判决脱离社会群体的普遍价值认同。本案在考察"天鸽"台风是否构成不可抗力时,将侵权行为中的过错及因果关系与不可抗力中的构成要件相交织进行考量,最后认定就不可抗力构成要件中的不能避免方面被告存在着过错,其并未采取合理措施以抗击台风,不符合不可抗力构成要件中的不能避免要件。司法的自由裁量权,系指在出现法律空白或者法律冲突的情况下,法官依据公平正义等价值理念的指引,衡量不同价值冲突之后做出合理决定。总的来说,在当事人的举证已经达到可以证明损失确实存在,但却不能证明损失数量、金额的情况下,法院应尽量行使自由裁量权,使损害得以弥补。

【关键词】

评估报告 不可抗力 财产损失 自由裁量权

【基本案情】

原告:珠海中发信和农林科技发展有限公司(以下简称"中发公司")。

被告:珠海市灏通船务有限责任公司(以下简称"灏通公司")。

被告:李仕希。

原告中发公司向广州海事法院提出诉讼请求:1. 两被告赔偿原告经济损失 2,410,590.60 元及其自 2017 年 8 月 25 日起至实际支付之日止按中国人民银行同期同类贷款利率计算的利息;2. 两被告负担本案评估费 43,500 元和案件受理费。

被告灏通公司辩称:灏通公司不是抽沙管的所有人和使用人,本案与被告灏通公司没有关系。

被告李仕希辩称：1. 原告损失是台风"天鸽"吹袭及其引起的海水倒灌入农业基地导致的，而相关部门对台风"天鸽"的预测并不完全准确，且台风"天鸽"引起的浪高超过原告堤坝高度，海水会越过堤坝进入原告农业基地，符合构成不可抗力的条件，因此，两被告均没有责任；2. 被告李仕希已将抽沙管捆扎放在水中两年多，在本案事故前均没有被潮水打上岸，可以证明被告李仕希对抽沙管的放置是妥当的，对本案事故的发生不存在过错；3. 在法院委托的鉴定机构不能就本案原告损失出具鉴定意见的情况下，原告单方委托鉴定机构出具的评估报告不具有证据效力，且该评估报告关于原告损失方面缺乏证据，不应采信。

广州海事法院认定事实：2014年11月17日，珠海市斗门区鹤洲北垦区（以下简称"鹤洲北垦区"）与原告签订租赁合同书。

2017年8月22日16时，中央气象台预报台风"天鸽"已发展成为台风级别，最大风力12级，距离珠海市东偏南方向约540公里，将以每小时24公里左右的速度向西偏北方向移动，强度将逐渐加强。8月23日6时，中央气象台发布当年首个台风红色预警。8月23日10时，台风"天鸽"为强台风级别，中心最大风力每秒48米，在广东省珠海市东南方向约75公里处，预计以每小时25公里左右的速度向西偏北方向移动，将于23日13时左右在广东珠海到台山一带沿海登陆。23日12时50分前后，台风"天鸽"的中心在广东珠海南部沿海登陆。停放在原告农业基地外对开水域的抽沙管随海水冲到原告农业基地的堤坝上，部分堤坝被冲垮，原告农业基地进水受损。9月20日，原告在其农业基地张贴抽沙管道认领公告。11月3日，被告李仕希向白藤街道人民调解委员会申请调解工程船的吸沙管因台风"天鸽"被吹上堤坝、农业基地与原告之间的纠纷。被告李仕希在庭审中称其是抽沙管的所有人和使用人，并提交了其与卢绍军于2014年6月22日签订的抽沙管买卖合同。该合同约定被告李仕希以279万元的价格向卢绍军购买一批螺旋钢管和吸泥胶管。

在本案审理过程中，原告就其损失向广州海事法院申请评估，其中原告称黄金柚木受损15,000棵。广州海事法院依法选定广州衡鼎房地产土地与资产评估有限公司作为本案的评估机构，该机构于2018年6月21日回复法院：因无法查勘标的物现场情况，无法准确评估标的物的价值。2018年7月26日，原告自行委托广东证诚价格评估有限公司（以下简称"证诚公司"）对原告损失进行评估。8月30日，证诚公司出具中J190015号评估报告书。第一，关于树木损失。台风"天鸽"风力比"派比安"更大，证诚公司评估师认为海水对树木造成的受损率最低为10%，故证诚公司认为上述树木被海水浸泡造成的损失为30%，并以上述树木受损数量乘以30%认定蓝花风铃木受损数量809棵，金花风铃木受损数量1,102棵，大叶紫薇受损数量1,194棵，小叶紫薇受损数量3,822棵，红皮榕受损数量2,943棵，黄金柚木受损数量6,000棵。根据蓝花风铃木评估单价550元计算，受损蓝花风铃木评估金额444,950元；根据金花风铃木评估单价580元计算，受损金花风铃木评估金额639,160元；根据大叶紫薇评估单价280元计算，受损大叶紫薇评估金额334,320元；根据小叶紫薇评估单价18元计算，受损小叶紫薇评估金额68,796元；根据红皮榕评估单价55元计算，受损红皮榕评估金额161,865元；根据黄金柚木评估单价380元，受损黄金柚木评估金额228万元。第二，农业基地内鱼塘中鱼的损失。农业基地内受损鱼塘中鲢鱼和鳙鱼的产量为6,720千克，单价为每千克4元，产值为26,880元；草鱼的产量为1,400千克，单价为每千克12元，产值为16,800元；鲫鱼的产量为500千克，单价为每千克10元，产值为5,000元。第三，关于受损堤坝损失。根据现场实测，受损堤坝长度123米，预估抛石数量为52立方米，每立方米单价490元；人工平整需60工，每工180元；机械平整4台班，每台班900元，受损堤坝受损修复费用共计39,880元。第四，关于电器和禽畜损失。由于受损标的已灭失，且不能提供相关资料，证诚公司对电器和禽畜损失未予以评定。上述树木损失、鱼的损失、堤坝修复费共计4,017,651元。

原告和两被告确认2017年8月23日台风"天鸽"引起的海水会漫过原告堤坝；被告李仕希确认其于2014年用钢丝捆扎抽沙管并用2吨重的锚将抽沙管连起来，之后也未做过其他额外固定抽沙管的措施；原告确认其在台风"天鸽"到来之前对大的树木进行了加固，未对堤坝增高加固，因水闸在台风中损坏，无其他排水途径，在台风"天鸽"之后树木浸泡时间为15～20天。

【裁判理由及结论】

关于两被告的责任。被告李仕希自认为抽沙管的所有人和使用人，并提交了其购买抽沙管的合同。结合被告李仕希在事发后向白藤街道人民调解委员会申请调解的事实，在原告未能提供充分证据证明被告灏通公司为本案抽沙管所有人和使用人的情况下，广州海事法院认定被告李仕希为本案抽沙管的所有人和使用人。原告以被告李仕希是被告灏通公司的股东，被告灏通公司也是抽沙管的共同所有人和使用人，并要求被告灏通公司承担责任的主张，缺乏事实依据和法律依据，不予支持。根据《中华人民共和国民法总则》第一百八十条第二款"不可抗力是指不能预见、不能避免并不能克服的客观情况"的规定，构成不可抗力必须是同时满足前述不能预见、不能避免、不能克服三个条件。对于不能预见应当以一般人在事实发生时的预见能力为标准，判断某种现象是否可以预见。本案中，中央气象台对台风"天鸽"的生成、增强的趋势、登陆路径、影响范围等均有预报，且比较准确。被告李仕希应当知道中央气象台发布的关于台风"天鸽"情况，本案台风"天鸽"将在珠海南部登陆已被预测到，不属于不可抗力中不能预见的情况，故台风"天鸽"在本案中不属于不可抗力。被告李仕希以此主张免责，缺乏事实依据和法律依据，不予支持。被告李仕希于2014年用钢丝捆扎抽沙管并用两吨重的锚将抽沙管连起来，之后也未做过其他额外固定抽沙管的措施，未采取应对台风"天鸽"的任何防台避台措施，对本案抽沙管随海水冲到原告农业基地的堤坝上、部分堤坝被冲垮、原告农业基地进水受损的发生存在过错。根据《中华人民共和国侵权责任法》第六条"行为人因过错侵害他人民事权益，应当承担侵权责任"的规定，被告李仕希依法应对本案事故造成的原告损失承担赔偿责任。原告作为农业基地的经营人，在发生事故后，未采取有效的措施进行排水，故原告对本案树木长时间受海水浸泡而受损也有过错。根据《中华人民共和国侵权责任法》第二十六条"被侵权人对损害的发生也有过错的，可以减轻侵权人的责任"的规定，可减轻被告李仕希的责任。综合考虑各方的过错程度，广州海事法院酌定对原告除堤坝修复费之外的其他损失，原告自行承担50%的责任，被告李仕希承担50%的责任。

关于原告损失情况。评估报告关于鱼的损失均以原告陈述和原告提供的鱼苗收据作为前提条件，但原告陈述与提供的鱼苗收据并不一致，该部分的鉴定结论依据不足。对鱼的损失，不予支持。证诚公司评估黄金柚木数量应为20万棵，与原告向被告主张的2万棵差距很大，且原告在向本院申请评估损失时陈述其受损黄金柚木为1.5万棵，对此，证诚公司未说明其鉴定的依据和采用的科学技术手段。且关于黄金柚木的单价，证诚公司仅提交给广州海事法院一份其与"艺进园林"的市场调查记录，该单价为每棵1,300元，在该单价与证诚公司最终评估单价每棵380元存在较大差异的情况下，证诚公司称黄金柚木单价系其根据苗木种植成本综合评定，但未向本院提交该苗木种植成本，且与评估报告中称采用市场法和收益法的评估方法相矛盾。因此，证诚公司关于黄金柚木损失的鉴定结论依据不足。对黄金柚木的损失，不予支持。本案堤坝被被告李仕希的抽沙管冲毁确实需要维修，证诚公司按照珠海市的重修材料及人工费估算堤坝维修费为39,880元。该金额合理，予以认定，故被告李仕希应赔偿原告堤坝维修费39,880元。评估报告中关于蓝花风铃木、金花风铃木、大叶紫薇、小叶紫薇、红皮榕的损失数量与计算方法及单价均有较为合理的论述，且提交了对上述树木单价的市场调查材料。在被告李仕希不能提供充分反证的情况下，对于上述树木的损失金额予以认定，即蓝花风铃木损失金额444,950元，金花风铃损失金额639,160元，大叶紫薇损失金额334,320元，小叶紫薇损失金额68,796元，红皮榕损失金额161,865元。上述树木损失金额共计1,649,091元。原告和两被告确认2017年8月23日台风"天鸽"引起的海水会漫过原告堤坝，该评估报告未考虑、扣除台风"天鸽"之后其他台风对原告农业基地内树木的影响，也未区分在台风"天鸽"中漫过堤坝进入原告农业基地和因抽沙管冲毁堤坝进入原告农业基地海水的不同影响，广州海事法院酌定上述树木损失金额1,649,091元的50%，即824,545.50元系因被告李仕希的抽沙管冲毁堤坝进入原告农业基地而造成的损失。故被告李仕希应按50%的责任赔偿原告树木损失412,272.75元。综上所述，被告李仕希应赔偿原告损失共计452,152.75元。被告李仕希未及时赔偿上述损失，应向原告支付相应的利息损失。上述损失利息的计算应从损失发生之日或者费用产生之日起算，考虑到上述损失在2017年8月23日台风"天鸽"后陆续产生，广州海事法院酌定上述损失的利息均自2017年9月22日开始计算，按中国人民银行同期贷款利率计算至实际支付之日止。

本案的评估费用43,500元，因该评估报告被部分采信，因此，原告自行负担评估费用38,604.44元，被告李仕希负担评估费用4,895.56元。原告已向证诚公司支付评估费用43,500元，被告李仕希应向原告支付4,895.56元。

最终，广州海事法院依照《中华人民共和国侵权责任法》第六条、第二十六条以及《中华人民共和国民事诉讼法》第六十四条第一款规定，作出判决：一、被告李仕希向原告中发有限公司赔偿损失452,152.75元及其自2017年9月22日起至实际支付之日止按中国人民银行同期贷款利率计算的利息；二、被告李仕希向原告中发公司支付评估费用4,895.56元；三、驳回原告中发公司的其他诉讼请求。

一审后，原告与两被告均不服广州海事法院一审判决向广东省高级人民法院提出上诉，广东省高级人民法院以（2019）粤民终1422号民事判决：驳回上诉，维持原判。

【典型意义】

本案中的典型意义有四个：一为事故的发生由多种原因造成，如何衡量每一种原因对事故结果的影响及其比重；二为如何认定当事人单方委托的评估报告及损失；三为如何认定不可抗力事件；四为如何合理行使自由裁量权的问题。

一、"多因一果"的问题

本案纠纷在审理中已经查明造成原告农业基地堤坝、树木、鱼苗受损的原因是多种多样的。堤坝的修复费用，已经查明其受损的原因为台风带动抽砂管直接予以撞毁，该部分的损失的结果由于造成事故的原因是唯一的，所以归责于被告李仕希。树木、鱼苗、鸡鸭等损失，在审理中查明此部分损失的原因有：1.台风导致海水漫过堤坝进入农业基地；2.抽砂管撞毁堤坝导致海水涌入农业基地；3.台风风力本身对树木的影响；4.原告未对堤坝采取加固措施；5.被告在台风来临之前，未对船舶及连接船舶的抽沙管采取除2014年捆扎之外的防护措施；6.农业基地进水之后，原告未及时采取排水措施。以上原因综合导致了除堤坝以外的损失，在双方均不能证明每一种原因对结果的发生起到何种程度的作用，即每一种原因力在损害结果中的比例。在无法查明原因力的情况下，广州海事法院行使自由裁量权，酌定双方导致事故的原因所占比例同等，相应的责任划分即为各负担50%。

二、单方委托评估报告的认定问题

本案中原告的损失是一个客观存在的事实。故而广州海事法院在审理过程中，依据原告的申请启动了评估程序，但是评估机构反馈：无法查勘标的物现场情况，无法准确评估标的物的价值。原告的损失是的确存在的，如果只是因为无法评估即导致原告无法获得赔偿，于原告不公，显然不符合公平理念。故而对于原告提交的评估报告，将其作为原告单方证据予以质证，对评估报告中的评估方法、评估项目及评估损失及其相应作出报告的依据进行全面审查、质证。由于审判人员对于苗木的市场价格缺乏专业知识，故而法院工作人员主动前往珠海市园林协会、珠海市造价站等机构，对园林苗木的市场价格进行调查，基本掌握了本案中所涉园林苗木的市场价格，在此前提下，坚持审慎原则，剔除评估报告中的不合理项目及相应的损失，合理认定了本案原告所遭受的园林苗木损失。

三、关于台风"天鸽"是否构成不可抗力的问题

不可抗力的法律定义为不能预见、不能避免且不能克服的客观情况。所

谓不可抗力，是指当事人不可抗拒的外来力量，是偶然发生的、当事人无法左右的特殊自然现象和社会现象，包括自然灾害和社会事件。[①] 其一般理解为构成不可抗力须同时具备不可预见、不可避免、不可克服三个构成要件。台风"天鸽"已经被较为准确地预测，不符合不可抗力构成要件中的不可预见。不可抗力导致免责，必须是不可抗力成为损害发生的唯一原因，侵权人对损害的发生和扩大不能产生任何作用。本案中，显然的问题是被告李仕希对损害结果的发生存在过错，其不可抗力的抗辩无法成立。本案在考察是否构成不可抗力的时候，将侵权行为中的过错及因果关系与不可抗力中的构成要件相交织进行考量，最后认定就不可抗力构成要件中的不能避免方面被告存在着过错，其并未采取合理措施以抗击台风，不符合不可抗力构成要件中的不能避免要件。

四、合理行使自由裁量权

司法的自由裁量权，系指在出现法律空白或者法律冲突的情况下，法官依据公平正义等价值理念的指引，衡量不同价值冲突之后作出合理决定。就本案中的责任划分来说，自由裁量权的行使是在法律没有规定，同时当事人双方的举证均不能证明损害原因在损害结果中所产生影响的比例，故而同等划分责任。一般认为，一审法院在行使自由裁量权之后，二审法院在一审自由裁量权无明显不合理的情况下，一般会维持一审的自由裁量权判决。本案行使自由裁量权的前提是原告的损失确实存在，合理行使自由裁量权有助于实现司法实质公正。

总的来说，一篇判决书于当事人而言，应是公平公正；于社会而言，应符合普罗大众的价值取向，不能使判决脱离社会群体的普遍价值认同。在当事人的举证已经达到可以证明损失确实存在，但却不能证明损失数量、金额的情况下，法院应尽量行使自由裁量权，使损害得以弥补。

（刘亮）

[①] 参见最高人民法院侵权责任法研究小组《〈中华人民共和国侵权责任法〉条文理解与适用》，人民法院出版社2016年版，第217页。

中山市海洋与渔业局诉彭伟权等污染海洋环境责任纠纷民事公益诉讼案

——"先刑后民"模式下环境损害共同侵权的认定及责任承担

【提要】

在"先刑后民"模式下,生效刑事裁判认定数人构成污染环境罪共犯的,综合考量民事案件采信的证据、查明的事实及刑事裁判的既判力等因素,在环境侵权案件中一般应认定该数人构成共同侵权。考虑到民事案件和刑事案件在证明标准、举证责任、证据排除等方面的差异,刑事裁判未认定构成共犯的行为人,不妨碍其在民事案件中被认定为共同侵权人。污染环境行为在一定期间持续发生的,某一侵权人仅参与实施部分污染行为,在认定其构成共同侵权的同时,应根据公平原则,将该侵权人承担连带赔偿责任的金额限定在其参与实施的环境损害范围。

【关键词】

民事公益诉讼　先刑后民　共同侵权　责任承担

【基本案情】

原告(被上诉人):中山市海洋与渔业局。

被告:彭伟权、冯喜林、何伟生、何桂森。

被告(上诉人):袁茂胜。

支持起诉人:广东省中山市人民检察院。

2016年8月30日,原告中山市海洋与渔业局工作人员在辖区海域巡查时发现"恒辉20"轮在中山市民众镇横门东出海航道12号灯标堤围处倾倒废弃垃圾,涉嫌犯罪。原告向中山市公安机关报警后,公安机关立即派员到场进行了调查,并传讯了船上的相关人员。经侦查查明,在2016年7—8月期间,彭伟权等五名被告(以下简称"五被告")为谋取非法利益,以加高加固堤围为借口,从东莞市中堂镇码头将造纸厂的废胶纸等垃圾通过船舶运往中山市民众镇横门东出海航道12号灯标堤围处进行倾倒，对周围海域造成极大的环境污染。该堤围东边是海域，南边是横门水道，西边是民众镇裕安围，北边是河道。根据广东省人民政府2017年9月发布的《广东省海洋生态红线》，本案倾倒垃圾的堤围及其周边海域属于重要河口生态系统，禁止排放有害有毒的污水、油类、油性混合物、热污染物及其他污染物和废弃物。受中山市环境保护局环境监察分局委托，广州中科检测技术服务有限公司（以下简称"中科公司"）对被告彭伟权、冯喜林、何伟生、何桂森、袁茂胜倾倒的上述垃圾进行了检测，并在检测后作出了"废物属性鉴别报告"。该鉴别报告认定所检"横门东出海航道12号灯灯标堤围倾倒未知物"为含有害有毒物质的混合废弃物。2016年11月，中山市环境保护局委托环境保护部①华南环境科学研究所（以下简称"环科所"）就五被告倾倒的垃圾对周边海域的环境污染损害情况进行评估鉴定，该所鉴定后作出了"中山市横门东出海航道12号灯标堤围垃圾倾倒污染事件环境损害鉴定评估报告"。该评估报告载明：垃圾中含有一定的有毒有害物质，对土壤和周边的地表水都造成了严重的污染；垃圾中含有大量的病原微生物，在腐败过程会产生大量的有机污染物等，对当地的水体造成重大的污染，也给渔业造成重大的损失，同时通过生物富集作用，给人体健康带来极大的隐患；垃圾露天堆放，受雨水淋溶会产生垃圾渗滤液，渗滤液中含有大量的有机污染物、重金属等污染物，进入海水后会造成海水污染，海洋生态系统被打乱等严重后果；该环境污染事件造成的相关经济损失为3,862,716.50元，其中包括事务性费用330,968元；该环境污染事件的生态修复费用为3,751,941.78元。中山市环境保护局为此向环科所支付鉴定费35万元。

就上述垃圾倾倒行为，彭伟权、冯喜林、何伟生、何桂森被以污染环境罪追究刑事责任，广东省中山市第一人民法院作出的（2017）粤2071刑初1293号生效刑事判决书（以下简称"1293号刑事判决"），认定彭伟权、冯喜林、何伟生、何桂森无视国家法律，违反国家规定，结伙倾倒、处置有毒有害物质，后果特别严重，其行为均已构成污染环境罪，并依法判处相应刑罚。冯喜林、何伟生、何桂森不服一审判决，提出上诉。广东省中山市中级人民法院作出（2017）粤20刑终306号生效刑事裁定书（以下简称"306号刑事裁定"）：驳回上诉，维持原判。原告为提起本案诉讼，与广东悦盈律师事务所签订民事案件委托代理合同，为此向该所支付律师代理费2万元。原

---

① 现更名中华人民共和国环境生态部。——编者注

告起诉认为：被告彭伟权、冯喜林、何伟生、何桂森的行为对本案堤围周边的海洋生态功能、海洋水产资源造成极其严重的破坏，治理成本巨大，应连带赔偿生态修复费用3,725,589.78元、经济损失3,531,748.50元、鉴定评估费35万元、检测费192,800元、律师代理费2万元；被告袁茂胜参与倾倒其中250立方米垃圾，应在相应损失范围内承担连带赔偿责任。支持起诉人广东省中山市人民检察院称，广东省中山市第一市区人民检察院在办理彭伟权等人涉嫌污染环境一案时，将案件所涉海洋生态环境公益诉讼线索移送该院，该院依法进行了审查，督促原告中山市海洋与渔业局对本案提起诉讼，并决定支持起诉。

【裁判理由及结论】

广州海事法院经审理认为，本案的争议焦点主要有：原告的主体是否适格？五被告是否需要承担污染海洋环境的赔偿责任？原告主张的各项损失是否合理？

一、关于原告主体是否适格的问题

本案废胶纸等垃圾虽然倾倒在中山市横门东出海航道12号灯标堤围，没有直接倾倒入海，但该堤围东边是海域，南边是横门水道，北边是河道，该堤围及其周边海域属于重要河口生态系统。本案倾倒的垃圾直接污染了海域和河道，破坏了河口生态系统，造成海洋环境污染损害，给国家造成了重大损失。原告负责该海域和河道的海洋环境保护和修复工作，是行使海洋环境监督管理权的部门。根据《中华人民共和国海洋环境保护法》第八十九条第二款"对破坏海洋生态、海洋水产资源、海洋保护区，给国家造成重大损失的，由依照本法规定行使海洋环境监督管理权的部门代表国家对责任者提出损害赔偿要求"的规定和《中华人民共和国民事诉讼法》第五十五条第一款"对污染环境、侵害众多消费者合法权益等损害社会公共利益的行为，法律规定的机关和有关组织可以向人民法院提起诉讼"的规定，中山市海洋与渔业局有权代表国家提起本案民事公益诉讼。袁茂胜以本案垃圾不是直接倾倒入海为由，对中山市海洋与渔业局的主体资格提出异议，缺乏事实和法律依据，不予支持。

根据《中华人民共和国民事诉讼法》第十五条"机关、社会团体、企业事业单位对损害国家、集体或者个人民事权益的行为，可以支持受损害的单位或者个人向人民法院起诉"的规定和第五十五条第二款"人民检察院在履行职责中发现破坏生态环境和资源保护、食品药品安全领域侵害众多消费者合法权益等损害社会公共利益的行为,在没有前款规定的机关和组织或者前款规定的机关和组织不提起诉讼的情况下,可以向人民法院提起诉讼。前款规定的机关或者组织提起诉讼的,人民检察院可以支持起诉"的规定,本案倾倒的垃圾污染了海洋环境,负责海洋环境保护和修复工作的中山市海洋与渔业局提起本案诉讼,广东省中山市人民检察院依法可以支持中山市海洋与渔业局起诉。

二、关于五被告是否应当承担赔偿责任的问题

1293号刑事判决和306号刑事裁定已认定彭伟权、冯喜林、何伟生、何桂森违反国家规定,结伙倾倒、处置有毒有害物质,污染环境。根据《最高人民法院关于适用〈中华人民共和国民事诉讼法〉的解释》第九十三条的规定,已为人民法院发生法律效力的裁判所确认的事实,当事人无须举证证明,当事人有相反证据足以推翻的除外。彭伟权对该刑事判决和刑事裁定认定的上述事实没有异议。冯喜林、何伟生、何桂森否认其实施了本案污染环境行为,辩称其未与彭伟权结伙倾倒、处置有毒有害物质,但他们提出的抗辩意见已在刑事案件中提出,并经过广东省中山市第一人民法院和广东省中山市中级人民法院审理,在1293号刑事判决和306号刑事裁定中均已作出分析与认定,对上述意见均不予采纳。冯喜林、何伟生、何桂森未能提交新的相反证据推翻该刑事判决和刑事裁定确认的事实,广州海事法院对该刑事判决和刑事裁定确认的事实予以采信,认定彭伟权、冯喜林、何伟生、何桂森结伙倾倒、处置有毒有害物质,污染环境。冯喜林、何伟生、何桂森提出的未实施污染环境侵权行为的抗辩,与查明的事实不符,不予支持。根据《中华人民共和国侵权责任法》第八条"二人以上共同实施侵权行为,造成他人损害的,应当承担连带责任"的规定和第六十五条"因污染环境造成损害的,污染者应当承担侵权责任"的规定,彭伟权、冯喜林、何伟生、何桂森应对本案污染环境造成的损害承担连带赔偿责任。冯喜林、何伟生、何桂森提出的各被告应承担按份责任的抗辩,缺乏法律依据,不予支持。

根据上述1293号刑事判决、306号刑事裁定的认定和袁茂胜的陈述,可以认定袁茂胜受彭伟权委托,用袁茂胜所有的"恒辉20"轮从东莞市中堂镇码头运输一船废胶纸至中山市横门东出海航道12号灯标堤围。袁茂胜明知船上装载的货物为废胶纸,且在当地渔政部门执法人员告知不能将废胶纸卸载并倾倒至堤围的情况下,仍应彭伟权的要求,配合其他被告将部分废胶纸卸载并倾倒至堤围,袁茂胜的上述行为已和本案其他四被告的行为构成共同侵权,袁茂胜应在其参与运输和倾倒的该部分废胶纸造成的损害范围内与其他

四被告承担连带赔偿责任。袁茂胜提出的其运输废胶纸仅是在履行运输合同义务，没有配合参与倾倒废胶纸，其不是本案侵权行为人的抗辩，与查明的事实不符，不予支持。至于袁茂胜提出的鉴定人员没有对船上未卸载的货物取样进行鉴定，无法认定袁茂胜运输的废胶纸是否为含有有毒有害物质的混合废弃物的抗辩，因鉴定人员已在堤围多点采样，而从"恒辉20"轮卸下的废胶纸已和之前倾倒至堤围的垃圾混在一起，鉴定机构根据采样情况综合分析得出的结论足以证明袁茂胜运输的废胶纸是含有有毒有害物质的混合废弃物。退一步讲，即使袁茂胜运输的废胶纸不是含有有毒有害物质的混合废弃物，但其运输的废胶纸本身就是本案海洋环境的污染物，且袁茂胜运输的废胶纸与之前倾倒的垃圾混合后，已经无法准确区分各部分垃圾污染环境的程度，故袁茂胜的该项抗辩，缺乏事实和法律依据，也不予支持。

至于何伟生、何桂森提出的本案还有其他共同侵权行为人的抗辩。根据本案现有证据并不能确定五被告以外的明确的侵权行为人，况且，即使本案存在其他共同侵权行为人，根据《中华人民共和国侵权责任法》第十三条"法律规定承担连带责任的，被侵权人有权请求部分或者全部连带责任人承担责任"的规定，原告在本案中请求五被告连带承担责任并无不当，故何伟生、何桂森的该项抗辩，缺乏事实和法律依据，不予支持。

三、关于原告主张的各项损失是否合理的问题

污染海洋环境责任纠纷是人民法院近年来受理的新类型案件，污染海洋环境造成的损失往往缺少直接、具体、可量化的计算标准，需要有专门知识的人出具鉴定意见。本案污染事件发生后，中山市环境保护局委托环科所对中山市横门东出海航道12号灯标堤围垃圾倾倒污染事件环境损害进行鉴定评估，环科所鉴定后作出了评估报告。环科所是我国环境保护部推荐的第一批环境损害鉴定评估推荐机构名录中的鉴定机构，具有环境损害鉴定评估资质。该评估报告是彭伟权、冯喜林、何伟生、何桂森刑事案件中的证据，该评估报告为广东省中山市第一人民法院和广东省中山市中级人民法院所采信，并作为认定刑事案件事实的依据。在本案审理过程中，作出评估报告的鉴定人员陈琛出庭接受质询，环科所还就合议庭和各方当事人提出的疑问作出书面答复。在五被告仅对评估报告提出异议，但未能提供充分的相反证据予以证明的情况下，广州海事法院采信环科所作出的评估报告，并将其作为认定本案事实的依据。

评估报告认定本案环境污染事件造成经济损失为3,531,748.50元，生态修复费用为3,751,941.78元。因评估报告认定生态修复费用的可处置垃圾收

集转运费用和垃圾处理费用两个项目时将"恒辉20"轮上尚未卸载的200立方米废胶纸计算在内,而"恒辉20"轮上尚未卸载的200立方米废胶纸已由袁茂胜自行处理,故应将该200立方米废胶纸的可处置垃圾收集转运费用和垃圾处理费用从生态修复费用总金额中扣减。根据评估报告确定的生活垃圾平均密度每立方米为0.488吨,200立方米废胶纸换算为97.6吨可处理类垃圾,可处置垃圾收集转运费用的单价为每吨180元,垃圾处理费用的单价为每吨90元,据此可以计算出97.6吨可处理类垃圾的可处置垃圾收集转运费用和垃圾处理费用共计26,352元,因此,本案环境污染事件的生态修复费用应为3,725,589.78元。根据《最高人民法院关于审理环境民事公益诉讼案件适用法律若干问题的解释》第二十条"原告请求恢复原状的,人民法院可以依法判决被告将生态环境修复到损害发生之前的状态和功能。无法完全修复的,可以准许采用替代性修复方式。人民法院可以在判决被告修复生态环境的同时,确定被告不履行修复义务时应承担的生态环境修复费用;也可以直接判决被告承担生态环境修复费用。生态环境修复费用包括制定、实施修复方案的费用和监测、监管等费用"的规定和第二十一条"原告请求被告赔偿生态环境受到损害至恢复原状期间服务功能损失的,人民法院可以依法予以支持"的规定,原告请求彭伟权、冯喜林、何伟生、何桂森连带赔偿生态修复费用3,725,589.78元和经济损失3,531,748.50元,具有事实和法律依据,予以支持。

本案垃圾倾倒事件发生后,中山市环境保护局环境监察分局委托中科公司进行倾倒垃圾组成分析及废物属性鉴别检测,中山市环境保护局环境监察分局为此向中科公司支付检测费192,800元。中山市环境保护局委托环科所对中山市横门东出海航道12号灯标堤围垃圾倾倒污染事件环境损害进行鉴定评估,中山市环境保护局为此向环科所支付鉴定评估费35万元。原告为提起本案诉讼,委托广东悦盈律师事务所律师担任其委托诉讼代理人,原告为此向广东悦盈律师事务所支付律师代理费2万元。根据《最高人民法院关于审理环境民事公益诉讼案件适用法律若干问题的解释》第二十二条"原告请求被告承担检验、鉴定费用,合理的律师费以及为诉讼支出的其他合理费用的,人民法院可以依法予以支持"的规定,原告请求彭伟权、冯喜林、何伟生、何桂森连带赔偿鉴定评估费35万元、检测费192,800元和律师代理费2万元,具有事实和法律依据,予以支持。冯喜林、袁茂胜提出的原告无权请求鉴定评估费、检测费和律师代理费的抗辩,缺乏事实和法律依据,不予支持。

关于袁茂胜参与倾倒的废胶纸数量,1293号刑事判决、中山市公安局民众分局刑事侦查大队出具的说明、袁茂胜的陈述、"恒辉20"轮船员陈美兰与温祥发的陈述各不相同。考虑到中山市公安局民众分局刑事侦查大队出具的说明、袁茂胜的陈述、"恒辉20"轮船员陈美兰与温祥发的陈述均是刑事案件的证据,广东省中山市第一人民法院和广东省中山市中级人民法院在综合分析上述证据后,认定"恒辉20"轮运输废胶纸约400立方米至堤围,倾倒了约200立方米废胶纸,在本案没有新的证据推翻生效裁判确认事实的情况下,本案认定从"恒辉20"轮卸下的废胶纸为200立方米,即袁茂胜参与倾倒的废胶纸为200立方米。根据评估报告确定的生活垃圾的平均密度每立方米0.488吨,可计算出从"恒辉20"轮上卸载并倾倒至堤围的可处理类垃圾为97.6吨,评估报告以全部1029.192吨的可处理类垃圾确定生态修复费用和经济损失,故袁茂胜应在总赔偿额9.483%的范围内与其他四被告承担连带赔偿责任,即袁茂胜应连带承担的生态修复费用为353,297.68元,应连带承担的经济损失为334,915.71元,应连带承担的鉴定评估费、检测费和律师代理费为53,370.32元。

广州海事法院于2018年6月13日作出(2017)粤72民初541号民事判决:一、被告彭伟权、冯喜林、何伟生、何桂森连带赔偿生态修复费用3,725,589.78元,被告袁茂胜在353,297.68元范围内承担连带赔偿责任,以上款项上交国库,用于修复被损害的生态环境;二、被告彭伟权、冯喜林、何伟生、何桂森连带赔偿因环境污染产生的各项经济损失3,531,748.50元,被告袁茂胜在334,915.71元范围内承担连带赔偿责任,以上款项上交国库,用于修复被损害的生态环境;三、被告彭伟权、冯喜林、何伟生、何桂森连带赔偿鉴定评估费35万元、检测费192,800元、律师代理费2万元,被告袁茂胜在53,370.32元范围内承担连带赔偿责任,以上款项上交国库;四、驳回原告中山市海洋与渔业局的其他诉讼请求。

袁茂胜不服一审判决,提起上诉,但未在规定期限内预交二审案件受理费。广东省高级人民法院于2018年10月28日作出(2018)粤民终2065号民事裁定:本案按自动撤回上诉处理。

【典型意义】

本案是民事诉讼法于2017年6月27日修改施行后,全国首例由检察机关支持起诉的海洋环境责任纠纷民事公益诉讼案件。该案的审理有利于严厉打击在珠江口及粤港澳大湾区海域倾倒废物的行为,提升公众的环境保护意识和环境法治观念,对建设美丽中国、打好污染防治攻坚战、服务粤港澳大湾区建设具有重要意义。

本案环境污染事件的相关刑事案件在中山市两级法院审理,彭某权等4人因犯污染环境罪,终审被判3年3个月至3年7个月不等有期徒刑,并处6万元至8万元不等的罚金。污染者在承担了刑事责任后,还须依法承担民事责任,本案是行使海洋监督管理权的部门依法提起的民事公益诉讼。因本案采取民刑交叉案件的"先刑后民"处理模式,本案的审理涉及原告的主体资格、刑事裁判的预决力和既判力范围、共同侵权的认定、环境损失的鉴定等法律问题。

一、原告的主体资格问题

侵权人向海洋倾倒废弃物导致海洋环境损害,根据职能分工,海洋渔业行政主管部门有权依照《中华人民共和国海洋环境保护法》第八十九条第二款和《中华人民共和国民事诉讼法》第五十五条第一款的规定提起海洋环境民事公益诉讼。检察机关作为支持起诉人,有权依照《中华人民共和国民事诉讼法》第五十五条第二款的规定支持有关机关起诉。本案审理时,袁茂胜认为,本案垃圾倾倒在堤围,没有倾倒在海洋,监督和修复堤围的环境污染不属于原告的职责范围。原告提交的"广东省海洋生态红线图件、登记表"显示,本案倾倒垃圾的堤围及其周边海域属于重要河口生态系统,属于原告的管理区域和职责范围。因而,法院认为原告有权依据上述法律规定提起海洋环境民事公益诉讼。

二、生效刑事裁判对环境侵权案件的预决力和既判力范围

近年来,人民法院审理了较多的刑民交叉案件。针对此类案件的处理模式,学术界存在"先刑后民""先民后刑""民刑并行"等观点。就环境民事公益诉讼而言,通常是刑事案件已启动或者审结后,原告或公益诉讼起诉人才提起民事诉讼,民事案件的审理法院被动选择"先刑后民"的处理模式。这涉及生效刑事裁判对环境侵权案件的预决力和既判力问题。根据《最高人民法院关于适用〈中华人民共和国民事诉讼法〉的解释》第九十三条的规定,已为人民法院发生法律效力的裁判所确认的事实,当事人无须举证证明,当事人有相反证据足以推翻的除外。该规定中的"裁判"当然包括刑事案件中的生效裁判。因此,生效刑事裁判对民事案件审理的影响是客观存在的,这包括已确定事实的预决力和诉讼标的及法律关系的既判力。预决力是指已确定事实对涉及该事实的后诉法院、当事人的拘束力,即在涉及已确定事实的后诉中,对于已确定事实,当事人是否需要举证证明、法院能否直接认定以及是否做一致认定的问题。预决力主要针对生效裁判所认定的事实,

主要是生效裁判关于"经审理查明"部分以及"本院认为"部分中所确定的事实,该事实对后诉是否具有免证的效力。而既判力是指法院作出的生效判决关于诉讼标的判断所具有的通用力或者确定力。既判力主要是生效裁判主文部分以及"本院认为"部分中关于主要争点的认定,对后诉是否具有扩张效力。既判力的范围包括客观范围、主观范围、时间范围等。客观范围是指确定裁判中哪些判断事项具有既判力;主观范围是指既判力作用的主体范围,是否存在扩张性;时间范围是确定裁判在何时对后诉具有约束力。对环境侵权案件而言,如何确定生效刑事裁判的预决力和既判力的范围是审理中的难点。生效刑事裁判往往已对环境损害的基本事实、主要的侵权人、因果关系等作出认定,对这些法院已查明的事实、认定的罪名、判处的刑罚等对民事案件的审理当然具有拘束力。在"先刑后民"模式下,生效刑事裁判认定数名被告人(民事案件中的被告)在污染环境罪范围内构成共同犯罪的,综合考量民事案件采信的证据、查明的事实及刑事裁判的既判力等因素,在环境侵权案件中一般应认定该数名被告构成共同侵权。但由于民事案件和刑事案件在证明标准、举证责任、证据排除等方面的差异(如刑事案件的证明标准更高),刑事裁判对某一行为人并不认定构成共同犯罪人,但并不妨碍其在民事案件中被认定为共同侵权人。因此,生效刑事裁判对环境侵权案件的预决力和既判力范围不宜过大,也不宜过小,要兼顾司法的效率与公平,做到节约司法资源与保护当事人权利的价值平衡。

三、环境损害共同侵权的认定及责任承担

本案中,原告起诉认为五被告构成共同侵权,除刑事裁判认定的四名共犯外,还举证证明尚存在其他共同侵权人即袁茂胜。冯喜林辩称其仅提供租赁场地,何伟生、何桂森辩称其仅提供钩机,均未与彭伟权结伙倾倒、处置废弃物,但上述抗辩已经在刑事案件中提出,生效刑事裁判均已作出分析和认定,对上述意见不予采纳,并最终认定彭伟权等四人构成共同犯罪。共同侵权包括共同故意侵权和共同过失侵权,其成立标准比共同犯罪要低,"举重以明轻",在彭伟权等四人已成立共同犯罪的情形下,根据《最高人民法院关于适用〈中华人民共和国民事诉讼法〉的解释》第九十三条的规定,可认定该四人构成共同侵权。虽然袁茂胜未被生效刑事裁判认定为污染环境罪的共犯,但原告提供的证据证明其曾运输一船垃圾到涉案堤围处部分倾倒,其实际帮助实施了倾倒垃圾的行为。根据《中华人民共和国侵权责任法》第六十五条规定,环境侵权适用无过错归责原则,因袁茂胜直接实施了侵权行为,故袁茂胜也是共同侵权人。本案中,彭伟权等四人实施污染环境行为在一定期间持续发生，袁茂胜仅参与一次倾倒行为，在认定其构成共同侵权的同时，应根据公平原则，将袁茂胜承担连带赔偿责任的金额限定在其参与实施的环境损害范围。故本案判决袁茂胜在其参与倾倒的200立方米废胶纸的范围内承担连带赔偿责任。本案中，何伟生等被告主张还存在其他的侵权人但并未就此提供相应证据。对此，法院认为原告有权依照《中华人民共和国侵权责任法》第十三条的规定，选择部分侵权人主张全部环境损害赔偿。根据上述分析，法院生效判决最终认定彭伟权等五人成立共同侵权，承担连带赔偿责任，并将袁茂胜承担赔偿责任的部分限定在200立方米废胶纸所对应的损害范围内，按相应比例计算出生态修复费用、经济损失等各项损失的对应金额。

（吴贵宁　谭学文）

广东省海洋与渔业局诉夏天海运有限公司船舶污染损害责任纠纷案

——海洋环境公益诉讼纠纷和解协议的司法审查

【提要】

在船舶油污损害责任纠纷案件的审理过程中，原告作为代表社会公共利益的有关行政主管部门，与作为污染行为人的被告达成和解协议，人民法院应对和解协议内容进行司法审查。审查的标准包括原告的诉讼请求是否属于限制性债权，是否应在海事赔偿责任限制基金中受偿，原告参与基金分配的金额是否能涵盖原告合理的诉讼请求等，全面审查和解协议是否损害国家和社会公共利益。

【关键词】

海洋环境　公益诉讼　和解协议　司法审查

【基本案情】

原告：广东省海洋与渔业局。

被告：夏天海运有限公司（以下简称"夏天公司"）。

广东省海洋与渔业局诉称："夏长"（Trans Summer）轮在广东省珠海小万山岛以南1.5海里附近海域沉没，船上载有54,750吨镍矿和796.064吨存油，漏油量为610.938吨，造成事故海域严重污染，周边海域的渔业资源遭受严重损失。经调查评估，国家渔业资源经济损失5,835万元，调查监测费用为160万元，损失合计5,995万元。上述损失是"夏长"轮事故造成的，被告作为"夏长"轮船舶所有人应予赔偿。2014年7月23日，被告向广州海事法院申请设立"夏长"轮海事赔偿责任限制基金（以下简称"基金"）。原告就国家渔业资源经济损失和调查监测费用向本院申请债权登记并得到受理。请求法院判令：1. 被告赔偿原告国家渔业资源经济损失和调查监测费用合计5,995万元人民币及利息；2. 被告承担与本案有关的债权登记费用及诉讼费用。

夏天公司辩称：海洋渔业资源的利益方是渔民，只有渔民才能索赔渔业资源直接经济损失，而天然渔业资源恢复费用的索赔主体是渔政部门。因此，原告无权提出索赔，不是本案适格的主体。原告主张的"夏长"轮沉没事故的漏油量计算不正确，"夏长"轮沉没不会出现大量的燃油泄漏。即使有燃油泄漏，也不会对海洋渔业资源造成损害。原告主张的损失数额没有有效的证据支持，而且不属于船舶油污损害的赔偿范围。被告对原告的索赔依法享有责任限制的权利。

广州海事法院经审理查明如下：2013 年 8 月 14 日 12 时 13 分，夏天公司所属的 57,000 吨级中国香港籍散货船"夏长"轮满载 5 万多吨镍矿自印度尼西亚驶往中国广东阳江港，在珠江口小万山岛以南水域锚泊防台过程中倾侧沉没，船上 21 名船员弃船后被香港飞行服务队和南海救助局救助船全部救起，船上燃油泄漏入海，造成附近大万山岛港池、周围岛屿岸线、南沙湾沙滩、周围渔业养殖设施以及外围海域不同程度的污染；2014 年 8 月 20 日，该轮被广州打捞局整体打捞出水。事故直接经济损失初步估计为 14,000 多万元。

2014 年 7 月 23 日，"夏长"轮登记船舶所有人夏天公司向广州海事法院提交材料，申请设立海事赔偿责任限制基金（以下简称"基金"）。广州海事法院立案受理后，通过书面和报纸公告的方式通知债权人。珠海海事局和中国人寿财产保险股份有限公司宁德市中心支公司（以下简称"人保宁德公司"）提出异议。广州海事法院经过审查于 2015 年 1 月 19 日作出裁定，同意设立基金，基金数额为 5,474,000 特别提款权及其利息（利息自 2013 年 8 月 14 日起至基金设立之日止，按中国人民银行确定的金融机构同期一年期贷款基准利率计算）。申请人和异议人均未上诉，该裁定于 2015 年 2 月 26 日生效。夏天公司向广州海事法院提交了中国船东互保协会出具的保函，以担保方式设立基金。

在公告期间，原告广东省海洋与渔业局、珠海海事局、港澳籍渔民及当地渔民、养殖户等 281 个主体申请债权登记。由于本系列案自然人主体众多，而且均居住在交通不便的海岛上，为了减轻当事人的诉累，承办法官多次赴珠海市万山经济开发区万山岛、东澳岛为当地渔民和港澳流动渔民审核身份资料、受理债权登记并接受起诉材料，以及向当地渔民发放广州海事法院印制的养殖户提起油污索赔诉讼指南，对渔民进行普法和法治宣传。

除人保宁德公司代位求偿案件在基金设立前已立案受理外，包括本案原告在内的 281 个主体均在债权登记后向广州海事法院提起船舶污染损害责任纠纷确权诉讼案件。

【裁判理由及结论】

"夏长"轮确权诉讼系列案件立案受理以后，因案情复杂、案件数量众多，广州海事法院成立"夏长"轮系列案领导协调小组，抽调资深法官共同审理，成立"夏长"轮系列案法官联席会议，采取开会面对面讨论、在内网办公平台设立"夏长"轮案法官联席会议平台交流法律问题的形式，对涉及的原告追加保赔协会作为被告、被告是否享受责任限制、原告主张的损失认定、当事人的调解协议确认等法律问题进行了深入的交流。就案件审理中出现的损失认定等重点难点问题，承办法官多次到事发地点实地调查，向当地镇政府、统计部门、海洋环保部门、渔业管理部门、港澳流动渔民管理部门沟通核实，并且采取到附近海域未起诉的渔村了解污染情况、到事发地的农贸市场与水产市场核实鱼类价格等方法查明案件事实，为案件的公平公正裁判打下了扎实的基础。

经过集中开庭、集中合议，本案形成了判决结案的处理意见。在宣判之前，原告与被告和解，约定被告支付5,000万元作为海事赔偿责任限制基金的数额，原告以4,796万元的债权参与基金分配，根据另外两个相关案件将来的审理结果分四种方案：原告根据方案一受偿16,961,191元，根据方案二受偿21,308,356元，根据方案三受偿17,355,908元，根据方案四受偿21,924,954元。案件受理费由原告负担。本案原告与被告之间的协议，符合有关法律规定，法院予以确认并出具民事调解书并送达双方当事人，本案得以调解结案。

【典型意义】

一、关于国家机关提起海洋渔业资源公益诉讼的主体资格审查

本案在审理过程中，被告提出原告与其主张的渔业资源直接经济损失与天然渔业资源恢复费用的损失没有直接的利害关系，也无权提起本案的起诉。关于原告广东省海洋与渔业局的当事人主体是否适格，是本案审理的先决问题。《中华人民共和国民事诉讼法》第五十五条规定："对污染环境、侵害众多消费者合法权益等损害社会公共利益的行为，法律规定的机关和有关组织可以向人民法院提起诉讼。"本案是国家主管行政机关代表国家提起的索赔自然资源损失的海洋环境公益诉讼。国家对自然资源的所有权一般都由国务院代表行使，国务院所属的行政主管部门具体负责自然资源的管理和保护，包括对污染行为人索赔自然资源损失而提起公益诉讼。《中华人民共和国海

洋环境保护法》第九十条第二款规定："对破坏海洋生态、海洋水产资源、海洋保护区，给国家造成重大损失的，由依照本法规定行使海洋环境监督管理权的部门代表国家对责任者提出损害赔偿要求。"被告所属的船舶漏油，造成海域污染，导致海洋渔业资源减少。本案原告作为广东省人民政府主管全省海洋综合管理与水产工作的职能部门，负有海洋环境保护和修复、维护国家海洋权益的职责，属于行使海洋环境监督管理权的部门，其依据《中华人民共和国海洋环境保护法》第五条、第九十条第二款的规定向被告起诉，符合《中华人民共和国民事诉讼法》第五十五条、第一百一十九条和《最高人民法院法院关于审理环境民事公益诉讼案件适用法律若干问题的解释》（以下简称《环境民事公益诉讼解释》）第一条的规定，是本案的适格原告。

二、对海洋环境公益诉讼和解协议内容的司法审查

原告与被告达成和解协议，请求法院根据和解协议的内容制作调解书，法院应依职权进行审查。由于本案是国家主管行政机关代表国家提起的索赔自然资源损失的海洋环境公益诉讼，因此，在审查和解协议是否自愿、合法的基础上，本案司法审查的重点在于协议的内容是否损害国家利益和社会公共利益，具体来说包括两方面的内容：一是原告请求的债权是否为限制性债权，在被告设立的海事赔偿责任限制基金中受偿是否符合法律规定；二是原告参加基金分配的金额是否合理。

第一，关于原告请求的债权是否为限制性债权的问题。一方面，被告所有的"夏长"轮在抗台过程中沉没导致泄漏的燃油污染海洋环境，造成海洋渔业等自然资源损失，原告请求被告赔偿，符合《中华人民共和国海商法》第二百零七条第一款第（一）项的规定。另一方面，《最高人民法院关于审理船舶油污损害赔偿纠纷案件若干问题的规定》（以下简称《油污规定》）第五条第二款规定："油轮装载的非持久性燃油或者非油轮装载的燃油造成油污损害的，应依照海商法关于海事赔偿责任限制的规定确定赔偿限额。"最高人民法院的司法解释进一步明确了非油轮装载的燃油造成油污损害，不属于《中华人民共和国海商法》第二百零八条第（二）项规定的中华人民共和国参加的国际油污损害民事责任公约①规定的油污损害的赔偿请求之除外情形。因此，原告的诉讼请求属于限制性债权，应在被告依法设立的海事赔偿

---

① 2011年《国际燃油污染损害民事责任公约》没有规定专门的责任限制制度和专属的燃油污染损害赔偿责任基金，而是引导成员国适用1976年《海事索赔责任限制公约》或者是成员国的国内法。由于我国没有参加1976年《海事索赔责任限制公约》，所以燃油污染损害赔偿责任在性质上属于一般的海事赔偿责任限制。

责任限制基金中受偿，而非如同清污费一般在被告设立的基金之外得到赔偿。

第二，原告参加基金分配的金额是否合理的问题。原告起诉的请求包括三项，一是渔业资源直接经济损失1,458.75万元，二是天然渔业资源恢复费用4,376.25万元，三是事故调查、鉴定、评估费用160万元，共计5,995万元。《油污规定》第十七条规定："船舶油污事故造成环境损害的，对环境损害的赔偿应限于已实际采取或者将要采取的合理恢复措施的费用。恢复措施的费用包括合理的监测、评估、研究费用。"从性质上讲，渔业资源损失属于环境损害。因此，根据《油污规定》第十七条规定，原告请求的天然渔业资源损失恢复费用和事故调查、鉴定、评估费用作为诉讼请求，在形式上、名称上、损失类型上符合《油污规定》的要求，而原告的第一项请求则难以得到支持。所以，原告与被告和解协议约定原告以4,796万元的债权参与基金分配，已经超过原告请求的天然渔业资源损失恢复费用和事故调查、鉴定、评估费用之和，也是合理的，未损害国家利益和社会公共利益。但是，船舶油污事故发生后，对海洋环境的影响是对整个海洋生态系统的损害，包括鸟类、天然渔业资源、游泳生物、微生物等海洋生物物种，以及海岸红树林等水生植物群种，还有海岛、沙滩、海岸线等景观资源，而不仅局限于天然渔业资源的损失。但从原告的诉讼请求来看，其并未提出海洋生态损失。① 究其原因，主要是生态损害的量化比较困难。目前，国家在生态损失评估方面缺乏指导性的规范，对生态损失的调查程序没有明确规定，生态损失与司法实践中长期存在的渔业资源损失之间的逻辑关系亦乏定论。在缺乏损害范围、损害大小等基本事实支撑的前提下，生态环境修复费用亦难以确定。对此，

---

① 不仅在本案，而且在多年来海事法院审理的船舶油污损害责任纠纷案件中，少见代表国家的行政机关提出海洋生态损害赔偿的诉讼请求。目前笔者收集到的较为典型的案例如下。1.（2003）津海法事初字第183号原告天津市海洋局诉被告英费尼特航运有限公司、伦敦汽船船东互保协会船舶碰撞油污损害赔偿纠纷一案，天津海事法院判决被告英费尼特航运有限公司赔偿原告天津市海洋局海洋环境容量损失750.58万元和调查、监测评估费、生物修复研究经费2,452,284元。2.（2010）青海法海事初字第45号原告山东省海洋与渔业厅诉被告金盛船务有限公司船舶油污污染损害赔偿纠纷一案，原告提出了国家渔业资源、海洋生态损失和调查监测费用的诉讼请求，青岛海事法院判决认为海洋生态和渔业资源损失费用属于已实际采取或者将要采取的合理恢复措施的费用，判决被告金盛船务有限公司赔偿原告赔偿款8,912,664.20元。

人民法院应按照《环境民事公益诉讼解释》第九条的规定，对原告进行释明①，对诉讼请求进行变更。至于海洋环境生态损失的大小，以及与渔业资源损失之间的关系，属于原告举证以及法庭调查和法庭辩论需要查明的问题。

三、海洋环境公益诉讼民事调解的公告程序

按照司法公开的一般原则，民事纠纷案件调解结案的，一般不要求将调解书或调解协议的内容公开。但本案属于环境民事公益诉讼，该类案件审理过程中，对于当事人的调解有不同于一般民事诉讼案件的要求。一是由于环境公益诉讼涉及社会公共利益，代表公共利益的原告接受调解、达成的调解协议，不能完全按照当事人行使处分权来对待，需要公开协议内容以接受社会公众的监督和质疑。二是环境公益诉讼达成调解协议，涉及作为环境侵权人的被告赔偿数额和修复环境的方式，原告对于后续赔偿金的利用、督促被告修复被破坏的环境负有法定的义务，这些义务的履行也需要在社会的监督下进行。《环境民事公益诉讼解释》第二十五条也对此作出了特别规定："环境民事公益诉讼当事人达成调解协议或者自行达成和解协议后，人民法院应当将协议内容公告，公告期间不少于三十日。公告期满后，人民法院审查认为调解协议或者和解协议的内容不损害社会公共利益的，应当出具调解书。当事人以达成和解协议为由申请撤诉的，不予准许。"本案原告与被告达成和解协议，人民法院依法在公告区域和中国涉外商事海事审判网上将和解协议的内容进行公告，期满后未收到对和解协议的异议，经审查认为和解协议的内容不损害国家利益和社会公共利益，按照和解协议的内容制作民事调解书。

（罗春）

---

① 由于本案是属于海事确权诉讼，原告的诉讼请求受制于其提出债权登记的范围，所以人民法院的释明权应相应提前到债权登记阶段进行。根据《中华人民共和国海事诉讼特别程序法》第一百一十二条的规定，代表国家提起公益诉讼的行政机关应该在设立基金公告期间申请债权登记，如果公告期间届满不登记，视为放弃债权。有观点认为，债权登记阶段申请登记的债权应与确权诉讼的请求一一对应，公告期间未登记的债权已经视为当事人放弃，不得在确权诉讼中提出，人民法院在诉讼阶段才对原告是否变更诉讼请求进行释明为时已晚。

· 第九编 ·

海上人身损害

刘仕平与雷建惠海上人身损害责任纠纷案

——海上人身损害赔偿的权益平衡

【提要】

案涉事故地点位于南海西沙珊瑚岛海域。广州海事法院对南海西沙珊瑚岛海域发生的侵权纠纷定性为中国国内案件,适用中华人民共和国法律解决本案纠纷。本案判决的生效,意味着在该地发生的纠纷,中华人民共和国已经在该地实行了有效的司法管辖,同时也表明我国对该地实行了有效的主权宣示行为。本案事故发生6年之后,原告向事发时的船主提出侵权索赔请求。如何处理诉讼时效问题,如何揭开事情的真相,体现了办案法官的司法水平。

【关键词】

台风"蝴蝶" "粤台渔62150号" 人身损害 不可抗力 主权宣示

【基本案情】

原告:刘仕平,男,1954年10月6日出生。

被告:雷建惠,男,1972年2月13日出生。

原告向广州海事法院提出诉讼请求:1.被告向原告赔偿误工费6,035.65元、护理费5,800元、伙食补助费5,800元、后续医疗费5,000元、鉴定费800元、残疾赔偿金158,830元,合计182,265.65元;2.被告向原告赔偿精神抚恤金30,000元;3.被告承担本案诉讼费用。事实与理由如下。2013年,原告受雇于被告,搭乘"粤台渔62150号"渔船出海到西沙群岛海域捕鱼。同年9月29日,受台风"蝴蝶"影响,包括"粤台渔62150号"渔船在内的数艘渔船沉没,六十余人遇难。原告也因本次事故造成四级伤残,包括脑部损伤和肢体残疾。原告因此遭受的损失为:住院治疗58天的误工费6,035.65元(2012年江门在岗职工平均工资37,983元/年÷365天/年×58天=6,035.65元)、护理费5,800元(100元/天×58天=5,800元)、伙食补助费5,800元(100元/天×58天=5,800元)、后续医疗费5,000元、鉴定费800元、残疾赔偿金158,830元(2012年江门农村居民人均纯收入11,345元×20年×70%=158,830元)、精神抚恤金30,000元。事故至今,原告一直积极维权,根据《中华人民共和国侵权责任法》等相关法律,被告应当赔偿原告相应的损失,但被告却分文未付。

被告辩称如下。1. 台风"蝴蝶"是超级飓风,风力16级以上,属于不可抗力事件。根据《中华人民共和国民法通则》第一百零七条规定,被告无须承担民事责任。2. 台风"蝴蝶"引起的救援和善后工作,均由中央政府指示广东省政府,由广东省政府安排和指导江门市政府处理善后工作,当时包括广东省省长朱小丹等领导均有指挥,处理、安抚及相关的补偿工作已经完成,如对补偿不满应向政府反映,由政府处理。原告的补偿工作已经由台山市政府落实到位,原告要求双重赔偿不合理。3. 被告也是台风"蝴蝶"的受害者,是受安抚对象,不是适格的被告。4. 原告和被告之间不存在任何雇佣关系,原告直接受雇于船长方进活。5. 原告主张住院58天与事实不符。6. 原告主张伤残等级为四级必须经过伤残机构鉴定,不能以残疾人证上的四级伤残来认定。7. 原告自2013年台风"蝴蝶"后一直未向被告主张人身损害赔偿,本案诉讼时效应自2013年10月3日起算,现已过6年多,已过诉讼时效。

广州海事法院认定事实如下:

雷建惠是"粤台渔62150号"渔船的股东之一。刘仕平经周某、林某介绍上船工作,工资标准为从该船的渔货收入中每100元拿1.50元。

2013年9月27日14时,国家海洋局南海预报中心发布在南海生成的热带低压加强为今年第21号热带风暴"蝴蝶",中心位于北纬16.9度、东经116.4度,距海南省三亚市东南东方向约740公里的海面上,中心最大风力8级。9月28日6时,中央气象台改发台风黄色预警信号:第21号热带风暴"蝴蝶"于9月28日凌晨加强为强热带风暴,28日5时其中心位于海南省陵水县东偏南方大约495公里的南海中部海面上,就是北纬16.5度、东经114.2度,中心附近最大风力有10级,预计"蝴蝶"将先在以每小时5公里左右的速度缓慢地向西偏南方向移动,以后转向偏西方向移动,逐渐向海南南部海面靠近,强度继续加强。受"蝴蝶"和冷空气及西南季风的共同影响,28日8时至29日8时,南海大部、广东沿海、海南东部沿海将有6~8级大风,其中南海北部和中部的部分海域风力有9~10级,"蝴蝶"中心经过的附近海域风力可达11级,阵风12~13级。

2013年9月29日,"粤台渔62150号"渔船在我国西沙群岛附近海域遭受台风"蝴蝶"袭击沉没。刘仕平当时在该船上工作,落水后于2013年10月3日被海警救起,并于2013年10月3日至10月12日在海南省农垦三亚医院住院治疗，共住院9天。其入院诊断为：右肺肺炎、右小腿软组织感染、2型糖尿病、全身多处软组织感染，入院后辅查血常规，X片显示右胫腓骨、右踝关节炎、左手及骨盆片未见明显异常，腹部+泌尿系B超显示未见明显异常，胸部CT示右中叶大叶性肺炎，头颅CT示头皮挫伤。出院情况：经治疗后无畏寒、发热、寒战，全身皮肤感染及软组织挫伤已结痂，右小腿仍发红，血糖尚未达标。出院诊断为：肺部感染、右小腿软组织感染、2型糖尿病、全身多处软组织挫伤，离院方式为好转，有在31天内再住院计划，目的是继续治疗。2013年10月23日至2013年12月10日，刘仕平在台山市人民医院继续治疗，入院时情况为全身多处软组织挫伤伴血糖升高2周，入院诊断为2型糖尿病、肺感染、右小腿软组织感染、全身多处软组织挫伤，于11月21日做手术，手术名称为右小腿伤口扩创+游离植皮+右大腿取皮术。出院时情况为：刘仕平无特殊不适，精神胃纳可，查体右小腿伤口已愈合，伤口周围无明显肿痛，指端感觉、血运良好。出院医嘱为定期门诊复诊，注意饮食，检测血糖，控制血糖，诺和锐三餐前服用，来得时睡前服用。

【裁判理由及结论】

根据《中华人民共和国民法总则》第一百八十条第二款"不可抗力是指不能预见、不能避免并不能克服的客观情况"的规定，构成不可抗力必须是同时满足前述不能预见、不能避免、不能克服这三个条件。对于不能预见应当以一般人在事实发生时的预见能力为标准，判断某种现象是否可以预见。本案台风"蝴蝶"，中央气象台对其生成、增强的趋势、登陆路径、影响范围等均有预报，且比较准确。雷建惠应当知道中央气象台发布的关于台风"蝴蝶"情况，本案台风"蝴蝶"不属于不可抗力中不能预见的情况，故台风"蝴蝶"在本案中不属于不可抗力，雷建惠不能因此免责。

刘仕平在雇佣期间遭受人身伤害，雷建惠未举证证明其采取了何种合理的防台措施来保障"粤台渔62150号"渔船和船上工作人员的安全，根据《中华人民共和国侵权责任法》第三十五条"个人之间形成劳务关系，提供劳务一方因劳务造成他人损害的，由接受劳务一方承担侵权责任。提供劳务一方因劳务自己受到损害的，根据双方各自的过错承担相应的责任"的规定，雷建惠应对刘仕平在本案事故中的损失承担赔偿责任。本案并非刘仕平对政府补偿不满提起的诉讼，雷建惠关于应由政府处理的抗辩，缺乏法律依据，不予支持。

根据《中华人民共和国侵权责任法》第十六条"侵害他人造成人身损害

的，应当赔偿医疗费、护理费、交通费等为治疗和康复支出的合理费用，以及因误工减少的收入。造成残疾的，还应当赔偿残疾生活辅助具费和残疾赔偿金。造成死亡的，还应当赔偿丧葬费和死亡赔偿金"的规定，以及该法第二十二条"侵害他人人身权益，造成他人严重精神损害的，被侵权人可以请求精神损害赔偿"的规定，认定误工费自2013年10月3日至10月12日以及10月23日至12月10日共计58天，计算出刘仕平58天的误工费为6,960.48元。关于护理费，由于刘仕平住院期间均未显示需要有人护理，护理费不予支持。关于伙食补助费，住院治疗58天，按照广州市国家机关一般工作人员的出差伙食费补助为每天100元，刘仕平的伙食补助费为5,800元。关于后续医疗费，刘仕平未提交其后续医疗费的证据，但台山市人民医院在2013年12月10日的出院医嘱为"定期门诊复诊，注意饮食，检测血糖，控制血糖，诺和锐三餐前服用，来得时睡前服用"，考虑定期门诊复诊的必要性，酌情认定后续医疗费1,000元。关于鉴定费800元，由于刘仕平并未提交证据证明，不予确认。关于残疾赔偿金，刘仕平以其残疾人证上的四级伤残主张其伤残等级为四级，经本院释明后，刘仕平仍未提交其残疾人证上四级伤残即为按照《人体损伤程度鉴定标准》认定的四级伤残，对此，刘仕平应承担不利后果。对刘仕平主张残疾赔偿金158,830元，不予支持。关于精神抚恤金，刘仕平因本案事故于2019年9月29日落水直至10月3日被救起，这对刘仕平的精神造成重大痛苦，结合雷建惠的过错程度，刘仕平的受伤程度、治疗时间等情况，酌定精神损害赔偿金1万元。

本案纠纷发生于《中华人民共和国民法总则》施行之日前，根据《中华人民共和国民法通则》第一百三十六条的规定，诉讼时效期间为一年。本案诉讼时效的最早起算日期为2013年9月29日。因被告一旦出海，原告很难见到被告以及原告在本案事故发生后每年向台山市川岛镇综合维稳中心反映"粤台渔62150号"渔船船东未就原告在本案事故中的损失进行赔偿的事实，根据《最高人民法院关于审理民事案件适用诉讼时效制度若干问题的规定》第十四条"权利人向人民调解委员会以及其他依法有权解决相关民事纠纷的国家机关、事业单位、社会团体等社会组织提出保护相应民事权利的请求，诉讼时效从提出请求之日起中断"的规定，本案的诉讼时效自2013年到2019年每年均存在中断的情形，原告于2019年7月1日提起本案诉讼，未超过诉讼时效。

广州海事法院依照《中华人民共和国侵权责任法》第十六条、第二十二条、第三十五条，《最高人民法院关于审理人身损害赔偿案件适用法律若干问题的解释》第十七条、第十八条、第二十条、第二十一条、第二十三条、第二十五条、第三十五条，《最高人民法院关于确定民事侵权精神损害赔偿责任若干问题的解释》第八条、第十条，《最高人民法院关于审理民事案件适用诉讼时效制度若干问题的规定》第十四条，以及《中华人民共和国民事诉讼法》第六十四条第一款规定，作出判决：一、被告雷建惠向原告刘仕平赔偿误工费 6,035.65 元、伙食补助费 5,800 元、后续医疗费 1,000 元；二、被告雷建惠向原告刘仕平赔偿精神损害赔偿金 1 万元。

【典型意义】

2013 年 9 月 29 日，本案所涉事故发生后，习近平总书记连夜批示要求海南、广东两省抓紧组织有关方面力量，全力搜救失踪人员和解救被困人员，尽最大努力减少人员伤亡，并做好失踪和遇难人员家属的安抚工作。国务院总理李克强紧急批示，要求海南、广东两省的交通运输和农业等有关方面管理部门密切配合，全力搜救失踪人员，救助遇险船舶，同时要确保搜救人员安全。对于自然灾害对人民群众生命财产造成的损害，国家予以高度重视。广州海事法院对该案高度予以重视，按照《中华人民共和国人民陪审员法》第十五条第一款第二项"人民法院审判第一审刑事、民事、行政案件，有下列情形之一的，由人民陪审员和法官组成合议庭进行：（二）人民群众广泛关注或者其他社会影响较大的"规定，在案件受理阶段，专门邀请人民陪审员组成合议庭参与本案审理。

按照努力让人民群众在每一个司法案件中感受到公平正义的要求，为查明案件，广州海事法院的工作人员先后去台山市政府、台山市档案馆调阅了大量有关台风"蝴蝶"对"粤台渔 62150 号"渔船造成损害及后续台山市政府等部门对遇难家属、受伤渔民所做的赔偿等档案资料。鉴于原告向相关政府部门取证困难，法院工作人员就刘仕平向台山市司法局、台山市川岛镇政府、台山市川岛镇政府信访综治办表达诉求的情况予以调查核实，尽最大努力避免使当事人因诉讼时效造成权利的不利状态，并前往台山市渔政沙堤中队、台山市川岛镇沙堤村民委员会调查事故情况。这为法院准确认定案件事实奠定了坚实的基础。

该案的典型性有以下五个方面。

一、案件受害者多，社会关注广泛

事故发生之后，习近平总书记连夜批示要求做好救援工作和遇难人员家属的安抚工作。国务院总理李克强亦作出相关批示，时任海南省委书记、广东省省长等也对救援行动作出指示。新闻联播、凤凰资讯、南海网等新闻媒体对该起事件进行了广泛的跟踪报道。该起事故最终造成中国居民62死32伤,受害人数较多,引起了较大范围的社会关注。案件中的双方当事人均为当时的遇险船员,也有其他遇险船员在本案中出庭作证。本案判决生效后将对后续在该起灾害中受伤船员的索赔起到示范性作用。在本案中对受到伤害的渔民予以了较好的司法保护,取得了较好的社会效果。

二、案涉国家主权事项

在案件审理的过程中,查明案涉事故地点位于南海西沙珊瑚岛海域。关于南海区域,美国等国家主张该区域属于公海,菲律宾、越南等南海的周遭国家也对南海岛礁等区域提出领土主权要求,并实际侵占我国的众多岛屿。在南海区域,中华人民共和国领土主权完整面临严峻的形势。本案判决的生效,可以有效打破美国等国家所谓南海为公海的主张:一方面,南海为我国传统渔业作业区域,我国渔民历来在南海区域有渔业活动,可作为证明南海历来为我国领土的主张,南海不存在所谓公海或者适用无主先占为领土的原则;另一方面,本案的审理及判决,背后体现了古老的国际冲突规范调整法则之一,即侵权行为适用侵权行为地法。此冲突规范为国际上多数国家所采信,广州海事法院对南海西沙珊瑚岛海域发生的侵权纠纷定为中国国内案件,适用了中华人民共和国法律解决本案纠纷,反向推之,该地即为明确的中华人民共和国领土。另外,本案判决的生效,也意味着在该地发生的纠纷,中华人民共和国已经在该地实行了有效的司法管辖,也意味着我国对该地实行了有效的主权宣示行为。同时,判决的生效也是对菲律宾、越南等对南海岛礁等区域提出领土主权要求的有力回击。

三、在民间自发护岛行动中产生的侵权行为应如何平衡各方当事人利益

南海区域远离陆地,多数岛屿因自然条件限制,岛上没有常住居民居住。由于南海九段线法划法造成的我国海疆线漫长,渔民在我领海之内捕鱼作业,是其可以享有的权利之一;同时,渔民在我领海基线作业内作业捕鱼,也是一种有效地保护我国国境线的方式,其捕获的海产品也可以满足人民群众的海产品需求,南海捕鱼作业是有其积极社会意义与国防意义的。在本案中既要保护身体受到伤害的刘仕平,又要保护渔民在南海作业的积极性,如何平衡双方当事人之间的利益及国家在南海的主权利益也成为本案判决的考量因素之一。在充分考量原告诉请、被告抗辩以及原、被告双方的证据之后,作出了上述判决。判决后当事人均服判息诉。

四、充分考虑案件的特殊性,合理确定精神损害赔偿金

本案原告在海上独自漂泊三天三夜,不吃不喝,能够生存下来,不得不

说已经属于生命的奇迹,正常来讲其生理与心理均遭受了创伤。本案确定精神抚慰金的意义在于对其求生意志的鼓励,也是通过法院判决向社会传播一种尊重生命、敬重生命的价值导向,以利于社会正面价值取向的传播,亦体现法律人文关怀的精神,做到以人为本。

五、合理把握诉讼时效的裁判尺度

本案中关于诉讼时效中断的效力判断,取决于司法解释中关于有关处理机关的认定。本案原告为海岛居民,相对而言法律知识欠缺,而且在传统"有事找政府"的思维下,人民群众之间一旦发生纠纷还是愿意找政府处理的。而且为了顺应这一客观情况,我们国家在基层村委会和居委会均设有调解委员会,同时法律也赋予其相应的调解权限。本案中,台山市川岛镇综合维稳中心负担了基层政府的调解功能,根据信访条例,政府是拥有调解权限的。故而我们认为其主张权利是得当的,构成了诉讼时效的中断。

(刘亮)

吴永经等诉李卫权等海上人身损害责任纠纷案

——给付性判决书不能直接引起物权变动

【提要】

《中华人民共和国物权法》第二十八条立法规定了生效法律文书可以引起物权变动,为在司法实践中弥补物权公示要件主义过于严格的缺憾提供了法律依据。但该规定未明确生效判决书的范围,造成了法律适用的疑惑与困难。为此,《最高人民法院关于适用〈中华人民共和国物权法〉若干问题的解释(一)》第七条对引起物权变动的法律文书进一步规定,明确了法律文书的形式、性质和类型,为本案再审裁决奠定了法律基础。人民法院作出的有关船舶所有权转让的给付性判决书,没有改变既存的船舶所有权法律关系,不能导致船舶所有权的变动。裁判者采用文义解释、限缩解释的方法,对于正确理解和适用物权法第二十八条具有重要作用,客观上达到与上述解释第七条规定适用的法律效果。

【关键词】

物权变动　法律文书　判决书　船舶所有权　赔偿责任

【基本案情】

原告(上诉人、被申请人):吴永经、丁坤荣、容季良、容志强、容裕欢。

被告(上诉人、再审申请人):李卫权。

被告(被上诉人、被申请人):张买卫、郑盛宗、林宏安。

五原告诉称:原告吴永经是容熙东的近亲属。容熙东自2010年起受林宏安的聘请到"建安8"船上工作。2012年10月28日凌晨,该船在南山港遭遇强台风"山神"而沉没,造成在船上工作的容熙东失踪。2013年6月20日,海口海事法院宣告容熙东死亡。张买卫是"建安8"船的登记所有人和经营人,郑盛宗、李卫权是该船的登记所有人,林宏安是该船的实际所有人和实际经营人。四被告未尽安全管理和安全保障义务,应对容熙东的死亡承担连带赔偿责任。请求四被告连带赔偿原告丧葬费34,848元、死亡赔偿金

840,980元、被扶养人生活费114,470元、交通费2,545.50元、住宿费2,680元、宣告死亡公告费650元、误工费14,303元、精神抚慰金10万元、劳务费35,197元，共计1,145,673.50元。

被告李卫权辩称如下：2007年7月13日，广州海事法院以（2007）广海法初字第90号民事判决书（以下简称"90号判决书"）判令李卫权将"建安8"船过户给林仕荣。根据《中华人民共和国物权法》第二十八条的规定，李卫权不是"建安8"船所有人。该判决生效后，林仕荣与李卫权未办理过户手续。李卫权不是"建安8"船经营人，应由船舶经营人张买卫承担赔偿责任。即使李卫权承担赔偿责任，也应当是按份责任不是连带责任。

被告林宏安辩称：其确认是"建安8"船所有人的经营人，但不应承担连带责任；原告、容熙东是农村户口，应按照珠海农村户口标准计算赔偿数额。

被告张买卫、郑盛宗未作答辩。

广州海事法院认定事实如下：容熙东，1968年11月出生，农业户口。原告吴永经系容熙东配偶。原告丁坤荣是容熙东的母亲。原告容季良、容志强、容裕欢分别是容熙东的长子、次子、养女。"建安8"船的船舶共有情况为张买卫占50%、郑盛宗占23.5%、李卫权占26.5%。

2012年1月至10月，容熙东在"建安8"船任船长职务。海南海事局出具的《三亚"10·28""建安8"船沉没事故调查报告》载明，"建安8"船的法定所有人是张买卫、郑盛宗、李卫权等3人，林宏安是"建安8"船的实际所有人之一和实际经营管理人。2012年10月28日凌晨，在三亚崖州湾中心渔港项目海域做试打砂桩施工的非自航工程船"建安8"船，在距项目施工海域东南方约2.5海里①处的海域防台时，遭受2012年第23号强台风"山神"的袭击，导致该船走锚、断锚、船舱进水，并最终翻沉，船上容熙东等5名人员全部失踪。海南海事局认定：1."建安8"船的现场负责人徐伟雄和实际经营人林宏安，对船舶防台的管理和指挥存在严重过失，并对船上工作人员不适任负有责任，因此徐伟雄和林宏安两人应对事故负主要责任；2."建安8"船的法定经营人张买卫和实际经营人林宏安对船舶违法经营作业负有责任，同时对船舶也没有尽到安全管理的义务。张买卫和林宏安都应对事故负有管理责任。2013年6月20日，海口海事法院以（2013）琼海法宣字第2号民事判决，宣告容熙东死亡。

---

① 1海里=1,852米。

另查明：2007年2月6日，林仕荣以李卫权违约为由向广州海事法院起诉，请求判令李卫权将其所享有的"建安8"船26.5%的所有权过户给林仕荣。7月13日，广州海事法院以90号判决书判决李卫权将其享有的"建安8"船26.5%所有权转让给林仕荣；在李卫权向林仕荣转让上述船舶所有权之后的三日内，林仕荣向李卫权支付价款2,332,000元。11月15日，广东省高级人民法院以（2007）粤高法民四终字第263号民事判决书（以下简称"263号判决书"）判决驳回林仕荣的上诉。林仕荣与李卫权没有办理股权变更登记手续。

【裁判理由及结论】

广州海事法院认为：张买卫、李卫权、郑盛宗是船舶所有权登记证书记载的船舶共有人。"建安8"船在做试打砂桩施工期间，防台位置不合理及防台措施不当，存在重大过失，根据《中华人民共和国侵权责任法》第六条第一款和《中华人民共和国物权法》第一百零二条的规定，张买卫、李卫权、郑盛宗应对容熙东的死亡承担侵权责任。参照《全国海事法院院长座谈会纪要》第二条第二项的规定，林宏安作为船舶买受人，对掌管船舶期间发生对容熙东的侵权行为存在过错，应当承担连带责任。因此，四被告在对外关系上承担连带责任。

广州海事法院于2014年11月16日作出（2013）广海法初字第1017号民事判决。依照《中华人民共和国侵权责任法》第六条第一款、第十七条、第二十二条和《中华人民共和国物权法》第一百零二条以及《中华人民共和国民事诉讼法》第一百四十四条的规定，作出判决：一、四被告连带赔偿五原告精神损害抚慰金5万元、死亡赔偿金651,974元、交通费2,545.50元、住宿费2,680元、误工损失8,185元、宣告死亡公告费650元；二、四被告连带赔偿原告吴永经丧葬费29,672.50元，赔偿原告丁坤荣、容季良、容志强的被扶养人生活费7,210元、3,008元、13,478元；三、驳回五原告的其他诉讼请求。

李卫权不服一审判决，向广东省高级人民法院上诉称：一审判决认定李卫权对吴永经、丁坤荣、容季良、容志强、容裕欢承担赔偿责任错误。沉船事故发生时，李卫权不是"建安8"船的所有人或经营人，李卫权对"建安8"船26.5%的所有权已于2007年被90号判决书、263号判决书判令转予林仕荣。该两份判决生效后，李卫权从未参与该船舶的经营。海南海事局出具的《沉船事故调查被告》也认定李卫权无须对此次事故承担责任。请求撤销一审判决,改判张买卫、郑盛宗、林宏安承担连带赔偿责任,李卫权无须承担赔偿责任。

广东省高级人民法院认为:经查,"建安8"船的船舶所有权登记证书记载李卫权对"建安8"船享有26.5%的所有权份额,尽管90号判决书、263号判决书判令李卫权将其当时持有的"建安8"船26.5%的所有权转让给案外人林仕荣,林仕荣向李卫权支付转让价款2,332,000元,但李卫权并未举证证明上述判决内容在事故发生之时已经履行完毕,本案证据显示李卫权目前仍是"建安8"船的共同所有人之一。一审法院认为"建安8"船一方应当对容熙东的死亡承担全部责任,当事人对此均无异议,予以确认。李卫权作为"建安8"船的共同所有人之一,是否参与"建安8"船的经营,海南海事局出具涉案《沉船事故调查报告》认定的事故责任均不影响李卫权作为"建安8"船所有人应当对容熙东亲属承担的赔偿责任。

广东省高级人民法院于2015年11月18日作出(2015)粤高法民四终字第145号民事判决,依照《中华人民共和国民事诉讼法》第一百七十条第一款第(一)项之规定,判决驳回上诉,维持原判。

李卫权不服二审判决,向广东省高级人民法院申请再审称:一审、二审判决以"建安8"船的船舶所有权登记证书上记载李卫权为船舶共有人享有26.5%所有权为由,判决李卫权承担连带赔偿责任,忽视了三点。一是李卫权的船舶所有权于2008年按照生效判决转让给了案外人林仕荣;二是为变更船舶所有权登记,李卫权从2008年起申请法院强制执行,由于法院拒绝受理才造成船舶所有权登记证书上仍记载李卫权的名字;三是李卫权从2008年起未参与该船的管理和使用。一审、二审判决李卫权承担连带赔偿责任,适用法律错误,且有新的证据足以推翻原判决。第一,一审、二审判决认定船舶所有权人时未正确适用《中华人民共和国物权法》第二十八条的规定。263号判决书发生法律效力的时间为2008年6月16日,也是船舶所有权发生变更的时间。第二,上述判决作出后,李卫权已依法申请执行,办理船舶所有权登记证书的变更登记手续,并收取2,332,000元转让价款,但执行法院以应由林仕荣启动执行程序,李卫权作为义务人无权向法院申请执行为由,不当拒绝受理执行申请,导致船舶所有权登记证书未过户至受让人林仕荣名下。第三,船舶受让人林仕荣出于自利动机,至今不向法院申请执行263号判决书。

广东省高级人民法院认为:《中华人民共和国物权法》第二十八条和《最高人民法院关于适用〈中华人民共和国物权法〉若干问题的解释(一)》

〔以下简称《物权法解释（一）》〕第七条所规定的能够引起物权变动的法律文书，应仅限于可导致物权变动的形成性裁判的法律文书。（2007）广海法初字第90号案争议的主要问题是双方签订的备忘录是否属于船舶所有权转让合同及该合同是否有效、能否继续履行；所涉的基础法律关系为合同法律关系，而非物权法律关系；90号判决书和263号判决书为给付性法律文书，不属于《中华人民共和国物权法》第二十八条和《物权法解释（一）》第七条规定的可直接引起物权变动的法律文书。因此，李卫权的再审申请不符合《中华人民共和国民事诉讼法》第二百条规定的情形。

广东省高级人民法院于2016年12月7日作出（2016）粤民申3903号民事裁定，依照《中华人民共和国民事诉讼法》第二百零四条第一款、《最高人民法院关于适用〈中华人民共和国民事诉讼法〉的解释》第三百九十五条第二款规定，裁定驳回李卫权的再审申请。

【典型意义】

本案是一宗典型的海上人身损害责任纠纷案件，入选《广东省高级人民法院案例选编（2016卷）》。本案历经一审、二审、再审，争议的核心在于人民法院作出的船舶所有权过户转让的判决生效时，是否发生船舶所有权变动的效力。本案的审理过程，不仅反映了物权变动基本理论在立法技术中的演变与发展，而且折射出了裁判者理解适用法律条文的心路历程。对本案进行反思和总结，对于审判实务中船舶所有权变动问题的处理大有裨益，对于厘清裁判者如何进行法律解释的思路也有所启示。

一、物权变动在立法与司法中相互促进

物权变动是物权立法政策中的重大课题。民法理论将物权变动的原因区分为法律行为的原因与法律行为之外的原因，前者如买卖、互易等，后者如继承、遗赠等。对法律行为原因引起的物权变动，根据《中华人民共和国物权法》第九条、第二十三条的规定，未经登记和交付，不发生物权变动的效力。对于非法律行为引起的物权变动，《中华人民共和国物权法》第二十八条至第三十一条作出了规定。其中第二十八条规定："因人民法院、仲裁委员会的法律文书或者人民政府的征收决定等，导致物权设立、变更、转让或者消灭的，自法律文书或者人民政府的征收决定等生效时发生效力。"① 此时，登记或交付不是物权变动的生效要件。如此规定的原因，在于因司法裁判权、仲裁裁决权、强制执行权的行使而形成的物权变动，属于公权力行使的结果，其表现形式为法律文书或决定，本身就是一种公示方法，甚至比物权公示的效力更强，有必要维护法律文书或决定的效力与权威。因此，第二十八条的规定是对物权公示原则的有益补充而非破坏，为司法审判实务提供了法律依据。

物权法第二十八条的适用弥补了物权公示要件过于严格的缺憾，但是囿于立法技术的考量等因素，第二十八条未对引起物权变动的法律文书的范围作出具体规定，司法实务中在适用该条规定时引起了一些争议与偏差。其中一个典型问题就是：从法律文书的性质看，该条规定的引起物权变动的法律文书是否仅限于形成性文书，确认性和给付性文书能否引起物权变动？形成性文书具体包括哪些类型？本案一审、二审判决作出时，也面临着同样的问题。本案再审审查时，《物权法解释（一）》恰逢其时地颁布并施行，为本案法律争议的最终解决提供了强大武器。《物权法解释（一）》第七条规定，人民法院在分割共有不动产或者动产等案件中作出并依法生效的改变原有物权关系的判决书，在执行程序中作出的拍卖成交裁定书、以物抵债裁定书，应当认定为引起物权变动的法律文书。司法解释者明确直接导致物权变动的生效判决书的范围限于当事人通过行使形成诉权而获得的判决，如重大误解或显失公平的民事行为的变更权、撤销权、违约金数额增减请求权等，原因在于形成性判决具有设权性或权利变更性，能够形成某种法律状态的当然变更。与此不同的是，确认性判决只是判断当事人是否享有所争议的物权，并不改变既存物权关系。给付性判决没有使既存的法律关系发生改变，而只是经由人民法院判决实现当事人既存的法律关系，具有执行力而不具有变更权利义务关系的形成力。② 由此可见，基于保护交易快捷性、减少物权公示程序的立法意图通过物权法第二十八条得以实现，司法实务中反馈的适用困境难题促进了《物权法解释（一）》第七条的出台。

---

① 因法律文书导致的物权变动的立法，借鉴了《瑞士民法典》、我国台湾地区有关规定。参见梁慧星主编《中国物权法草案建议稿：条文、说明、理由与参考立法例》，社会科学文献出版社2000年版，第189页；王利明主编《中国民法典学者建议稿及立法理由·物权编》，法律出版社2005年版，第19页。但是物权法第二十八条在法律文书范围、导致物权变动的范围方面仍有独到之处，参见程啸《因法律文书导致的物权变动》，载《法学》2013年第1期，第78～79页。

② 程新文、司伟：《基于生效判决享有不动产物权的变动与对抗》，载《人民法院报》2016年4月20日，第07版。

二、文义解释、限缩解释在司法实务中的适用

物权法第二十八条本意是如果具有导致物权变动的判决书生效时，可以不通过登记或交付程序，直接发生物权变动的效力。本案一审、二审的判决理由主要是虽然生效判决书判决李卫权将肇事船舶转让过户给案外人，但船舶所有权证书仍然记载李卫权为船舶所有权人，进而认定李卫权是肇事船舶的所有权，须承担侵权赔偿责任。由此可见，一审、二审主要是依照物权的公示公信原则对船舶所有权作出的判断，对判令船舶所有权转让过户的判决书，在生效后是否导致所有权变动，一审、二审判决没有结合物权法第二十八条进行辨法析理。一审、二审判决虽然判决结果正确，但没有真正领会第二十八条规定的立法宗旨。面对第二十八条规定的"法律文书"过于宽泛时，如何确定法律文书的范围，值得体会与反思。对引起物权变动的判决书范围的确定，目前的主流观点主要从民事诉讼的性质和内容进行区分。① 质言之，该观点主要从程序法的角度对实体法的概念进行了确定。笔者认为，在面对模糊不清的法律规范时，还可以通过法律解释方法予以澄清。从文义解释论来看，能够发生物权的设立、变更、转让或消灭效果的判决书，唯有形成性判决书，因为形成性判决书的法律后果在于其一旦发生法律效力，就会直接形成某种法律关系，无须强制执行就能使以前从未存在的法律关系发生或者使已经存在的法律关系消灭或变更。而确认性判决书与给付性判决书均没有导致物权状态发生变化的效力。从限缩解释论来看，不是所有的法院判决书都能够发生物权变动的效果，只有形成性判决书才具有此效果。本案判决书的判项虽然有船舶所有权过户转让的内容，但是该判决是针对给付之诉作出的，仅是为了实现林仕荣与李卫权之间已经存在的船舶买卖法律关系或法律状态，而并非为了改变这种既存的关系或状态。因此，即使在《物权法解释（一）》施行前，我们仍然可以采用文义解释、限缩解释的法律解释方法，达到准确理解和适用物权法第二十八条的目的。

（程亮）

---

① 参见杜万华主编《最高人民法院物权法司法解释（一）理解与适用》，人民法院出版社2016年版，第212页；王明华《论〈物权法〉第28条中"法律文书"的涵义与类型》，载《法学论坛》2012年第5期，第88～91页。

黄梅心等诉朱庆有等海上人身损害赔偿责任纠纷案

——个人合伙成员在合伙事务中不慎死亡，其他合伙人应适当补偿

【提要】

渔民与渔船船东之间的关系，既可能是雇佣关系，也可能是个人合伙关系。对于不同法律关系的认定，将决定案件迥然不同的处理结果。本案溺亡的渔民与两被告之间依法成立个人合伙法律关系。渔船船员为合伙人的共同利益出海进行护航作业，其间不慎意外落海身亡。死者本人及其他合伙人均没有过错，其他合伙人作为合伙经营渔船活动的主要受益者，其对死者家属给予一定的经济补偿，既合情理，也符合有关法律规定的精神。人民法院在坚持依法保护船员各项权益的同时，注重平衡保护个体船舶合伙人之间的利益，以维护诚实守信、公平合理的市场秩序。

【关键词】

人身侵权赔偿　个人合伙　过错　经济补偿

【基本案情】

原告：黄梅心（系死者朱庆藩之配偶，1966年9月12日出生）、朱煌（系死者朱庆藩之女，1999年3月26日出生）、朱菲（系死者朱庆藩之女，1996年6月24日出生）。

被告：朱庆有（系死者朱庆藩之兄，1962年12月5日出生）、朱庆富（系死者朱庆藩之兄，1965年7月19日出生）。

原告黄梅心、朱煌、朱菲诉称：朱庆藩是原告黄梅心的丈夫、原告朱煌和朱菲的父亲，被告朱庆有、朱庆富是"粤南澳13016"渔船的共同所有人。朱庆藩于2008年初受雇于"粤南澳13016"渔船当船员。2008年4月，张镇顺雇用"粤南澳13016"渔船为其所代理的"滨海512"船舶在南海海域做护航作业。5月6日深夜，由于风急浪大，导致在"粤南澳13016"渔船上值勤的朱庆藩落水身亡。张镇顺与三原告达成了赔偿协议，但被告朱庆有、朱庆富却没有给予三原告适当的赔偿。三原告认为，被告朱庆有、朱庆富应与

张镇顺一样承担支付三原告因朱庆藩死亡的赔偿金。据此请求判令被告朱庆有、朱庆富赔偿三原告如下各项一半的费用：1. 朱庆藩死亡的赔偿金320,300元；2. 黄梅心扶养费248,640元；3. 朱煌抚养费76,082元；4. 朱菲抚养费110,188元；5. 丧葬费14,012.50元。共计769,222.50元，一半为384,611.25元。

被告朱庆有、朱庆富辩称：其均非本案的赔偿义务人。"粤南澳13016"渔船是合伙人朱庆有、朱庆富、朱庆藩兄弟三人共同投资建造的。被告朱庆有、朱庆富与朱庆藩都是"粤南澳13016号"渔船的合伙人，在合伙经营中，朱庆有、朱庆富、朱庆藩随"粤南澳13016号"渔船一起被雇主张镇顺雇佣为其代理的船舶"滨海512"船（地震作业船）在南海海域从事海上护航作业。合伙人朱庆藩于2008年5月7日凌晨在"粤南澳13016"渔船船舱中睡觉失踪，应由雇主张镇顺承担损害赔偿责任。朱庆藩失踪后，张镇顺先后补偿了朱庆藩人身损害有关款项63,300元，广东省渔业互保协会南澳代办处也补偿朱庆藩120,000元死亡补偿款。综上所述，本案真正的赔偿义务人是雇主张镇顺。朱庆藩的失踪是其自身过失所致，属于意外事故。被告朱庆有、朱庆富作为合伙成员，对此并没有过错，也不存在任何侵权行为，与朱庆藩的失踪没有任何因果关系，原告的诉讼请求缺乏事实和法律依据，请求依法判决予以驳回。

广州海事法院经审理查明：朱庆藩，男，1968年5月15日出生，系原告黄梅心的丈夫、原告朱煌和朱菲的父亲；朱庆藩生前与三原告均属非农业家庭户口；朱庆藩与被告朱庆有、朱庆富是兄弟关系。

"粤南澳13016"系木质捕捞船，船长24.5米，宽4.5米，深2.1米，总吨56，总功率112千瓦，船舶登记所有人为被告朱庆有、朱庆富，共有比例各占50%。原告黄梅心与被告朱庆有、朱庆富确认，该船系朱庆藩与被告朱庆有、朱庆富合资建造，因出资额不同，为方便计算，约定该船以9份折算出资额，出资比例为0.5：5.5：3。

2008年4月15日，"粤南澳13016"船为该船船员朱庆有、朱庆富、朱庆藩、朱泽康、余惠生5人申请登记加入广东省渔业互保协会并各自缴交会费500元。4月21日，朱庆藩与被告朱庆有、朱庆富及其他船员与被告张镇顺签订协议书，约定："粤南澳13016"船被张镇顺租用为其所代理的"滨海512"船在南海海域做护航作业；租赁期间，"粤南澳13016"船24小时不间断工作，该船自身设备、人员安全、所造成的损失均由自己负责，费用为总包干每日3,900元。

2008年5月7日凌晨，朱庆藩随"粤南澳13016"船在东经114.28度、北纬20.08度的海域从事护航作业过程不慎落水失踪；随后，该船进行了搜救，直到5月12日确认已无法搜救才结束。同日，"粤南澳13016"船船长朱庆有为出险船员朱庆藩向广东省渔业互保协会提出索赔报告，请求给予补偿。事故发生后，原告黄梅心从张镇顺之兄张镇波处收取有关款项10,300元；2008年6月，黄梅心从农村信用合作社南澳中心市场分社领取了张镇顺从深圳汇给原告的赔偿款25,000元。2008年10月22日，广东渔船船东互保协会作出补偿通知，决定补偿"粤南澳13016"船出险人员朱庆藩120,000元；2008年11月7日，原告黄梅心领取了120,000元补偿款。

2008年6月至7月初，原告黄梅心提出退股要求，在南澳县后宅镇永兴村民委员会的主持下，原告黄梅心及被告朱庆有、朱庆富三方达成如下意见："粤南澳13016"船折价270,000元，按9份分，每份30,000元，朱庆藩拥有0.5份，折价15,000元，退股后朱庆藩的0.5股份归被告朱庆有、朱庆富共同所有；朱庆藩原欠南澳县信用社15,000元，由被告朱庆有、朱庆富共同偿还本息。另对2008年4月19日至6月8日护航期间的经济收支结算如下：收入92,600元，付出76,577元，收支相抵后余额为16,023元，按照8.8份①平均分配，每份可得1,820元，共计16,016元，余7元；船份5份计9,100元，再按出资额9份分，每份可得1,020元；朱庆藩0.5份船份计510元，人份1,820元，合计2,330元，该款于6月14日交给原告黄梅心。

2008年12月8日，三原告对张镇顺、朱庆有、朱庆富提起诉讼，2008年12月17日，被告张镇顺与三原告达成和解协议，由张镇顺补偿三原告28,000元。2009年2月11日，三原告请求撤回对被告张镇顺的起诉。2009年2月16日，本院裁定准许撤诉。

2009年2月5日，黄梅心向本院申请宣告朱庆藩死亡。2009年2月16日，本院裁定本案中止诉讼。2009年6月25日，本院作出（2009）广海法特字第2号民事判决，宣告朱庆藩死亡。

【裁判理由及结论】

广州海事法院经审理认为：本案是一宗海上人身损害赔偿纠纷。虽然"粤南澳13016"船登记的所有权人为被告朱庆有、朱庆富，但原告与被告朱

---

① 其中船份5份作为渔船收益分红，人份3.8份作为船员劳动报酬（当时船上有朱庆藩、朱庆有、朱庆富、余惠生及朱泽康5人参加护航，朱庆藩、朱庆有、朱庆富各占1份，朱泽康是朱庆富的儿子，占0.8份；余惠生按每天110元计付劳动报酬，已在付出款项中列支）。

庆有、朱庆富确认该船系朱庆藩与被告朱庆有、朱庆富三人按0.5：5.5：3比例投资建造，因此，朱庆藩与被告朱庆有、朱庆富对该船事实上构成按份共有关系。朱庆藩与被告朱庆有、朱庆富按比例出资合伙经营、共同劳动、共负盈亏，根据《中华人民共和国民法通则》第三十条"个人合伙是指两个以上公民按照协议，各自提供资金、实物、技术等，合伙经营、共同劳动"的规定，朱庆藩与被告朱庆有、朱庆富存在个人合伙法律关系。原告主张朱庆藩受被告朱庆有、朱庆富雇佣，没有事实依据，不予支持；被告朱庆有、朱庆富提出其与朱庆藩是合伙人的主张，予以支持。

虽然朱庆藩是在凌晨落水失踪，但根据护航协议约定，船舶为24小时不间断作业，因此，可认定朱庆藩系在作业期间落海，其落海属意外事故，朱庆藩本人及被告朱庆有、朱庆富均没有过错。由于朱庆藩与被告朱庆有、朱庆富之间不存在雇佣关系，故三原告请求被告朱庆有、朱庆富赔偿因朱庆藩死亡的赔偿金、丧葬费及被扶养人生活费，缺乏事实和法律依据，不予支持。朱庆藩在船上工作，与被告朱庆有、朱庆富一起从事护航作业，产生了收益，被告朱庆有、朱庆富对所得收益已分别按比例进行了分配，因此，可以认定朱庆藩是在为合伙人的共同利益进行作业的过程受到损害的。朱庆藩为了合伙人的共同利益，在护航作业活动中，意外落海身亡，被告朱庆有、朱庆富作为合伙人，是合伙经营活动的主要受益者，根据《最高人民法院关于贯彻执行〈中华人民共和国民法通则〉若干问题的意见（试行）》第157条"当事人对造成损害均无过错，但一方是在为对方的利益或者共同的利益进行活动的过程中受到损害的，可以责令对方或受益人给予一定的经济补偿"的规定，被告朱庆有、朱庆富应给予死者家属即三原告适当的经济补偿。根据本案实际，可责令被告朱庆有、朱庆富给予三原告30,000元的经济补偿。被告朱庆有、朱庆富按5.5：3的比例投资并分配所得收益，故对上述经济补偿款双方也应按该比例承担，因此，被告朱庆有、朱庆富分别补偿三原告19,411.76元、10,588.24元。

广州海事法院依照《最高人民法院关于贯彻执行〈中华人民共和国民法通则〉若干问题的意见（试行）》第157条、《中华人民共和国民事诉讼法》第六十四条第一款的规定，于2009年12月8日作出（2008）广海法初字第580号民事判决：一、被告朱庆有补偿原告黄梅心、朱煌、朱菲19,411.76元；二、被告朱庆富补偿原告黄梅心、朱煌、朱菲10,588.24元；三、驳回原告黄梅心、朱煌、朱菲对被告朱庆有、朱庆富的其他诉讼请求。

宣判后双方当事人均未上诉，该判决已发生法律效力。

【典型意义】

个人合伙是社会经济生活中常见形式,合伙人以劳务入股或者与其他合伙人共同劳动是合伙的基本特征,合伙人也可以通过参与劳动,领取到合伙体分红以外的劳动报酬。合伙人在从事合伙事务中发生海上人身损害事故,该合伙人向其他从合伙事务中获益的合伙人寻求补偿,符合传统观念做法却缺乏法律依据。为了解决这一矛盾,根据《最高人民法院关于贯彻执行〈中华人民共和国民法通则〉若干问题的意见(试行)》第157条规定,当事人对造成损害均无过错,但一方是在为对方的利益或者共同的利益进行活动的过程中受到损害的,可以责令对方或受益人给予一定的经济补偿。在处理相关合伙事务中,该规定被司法实践所采纳。但对参加劳动的合伙人与其他合伙人法律关系的认定成为法律实务中的难点。

本案是一宗典型的涉及个人合伙关系、无过错责任以及经济补偿等法律问题的海上人身损害赔偿纠纷,指导性意义有三方面。

一、从事个人合伙事务的合伙人法律关系的认定问题

雇佣合同关系,是指雇主支付报酬雇请雇员为其服务,雇员受雇主支配,雇员提供劳务所产生的利益归雇主。认定雇佣关系要同时满足几个要件:一是雇主监督、管理和支配雇员行为,二是雇主为雇员指定工作场所、提供劳动工具或设备、限定工作时间,三是雇员直接向雇主提供劳务。合伙人为合伙体提供劳务,与雇佣关系中雇员向雇主提供劳务不同。一方面,从事劳务的合伙人受到的管理和支配的程度低于雇员,合伙人在从事劳务的过程中,与其他合伙人在管理层级上是平等的,不存在接受其他合伙人支配的情况。另一方面,合伙体具有人"合"的特性,即财产所有与经营合一,根据《中华人民共和国民法通则》第三十四条的规定:"个人合伙的经营活动,由合伙人共同决定,合伙人有执行和监督的权利",合伙人作为合伙体的股东,可以也必须参与合伙体经营,这是合伙体股东的权利也是义务。因此,合伙人为合伙体提供劳务,本质上是合伙人对合伙事务管理、参与的一种方式。合伙人向合伙体提供劳务并收取报酬,该报酬是合伙体分红,属于合伙体盈余分配。

个人合伙在《中华人民共和国民法通则》第三十条中定义为,"两个以上公民按照协议,各自提供资金、实物、技术等,合伙经营、共同劳动"。根据学理上的解释,合伙应当具备几个要件,一要有共同的出资,出资的形式可以包括资金、实物、技术、劳务等,二是要全体合伙人共享收益,共担风险。本案中,朱庆藩与被告朱庆有、朱庆富是亲兄弟,朱庆藩兼具合伙人、船员的双重身份,"粤南澳13016"船登记的所有权人为被告朱庆有、朱庆富,但原告与被告朱庆有、朱庆富确认该船系朱庆藩与被告朱庆有、朱庆富三人按0.5:5.5:3比例投资建造。因此,朱庆藩与被告朱庆有、朱庆富对该船事实上构成按份共有关系。从"粤南澳13016"船的经营方式,包括朱庆藩出事故时该船的经营和收入分配方式看,朱庆藩与被告朱庆有、朱庆富按比例出资合伙经营、共同劳动、共负盈亏。因此,根据《中华人民共和国民法通则》第三十条的规定,朱庆藩与被告朱庆有、朱庆富存在个人合伙法律关系。

二、合伙人的补偿责任和雇主的过错责任的识别问题

与雇佣关系不同,合伙人为合伙体提供劳务的过程中,其他合伙人对从事劳务的合伙成员没有安全管理和培训的义务,也没有安全监管和看护的义务,或者说其他合伙人对从事劳务的合伙人的安全注意义务程度较低。如果对其他合伙人采用过错责任,受到人身伤害的合伙人难以得到赔偿;而其他合伙人作为获益人如果不给予受害人补偿,不符合保障民生的法治理念。可以看出,《最高人民法院关于贯彻执行〈中华人民共和国民法通则〉若干问题的意见(试行)》第157条实际上是要求其他合伙人对受到人身损害的合伙人采取无过错补偿责任。本案中,从"粤南澳13016"船本次从事的经营活动看,即"粤南澳13016"船与第三方签订的护航协议约定,该船执行24小时不间断护航作业。因此,可认定朱庆藩系在作业期间落海,其落海属意外事故,朱庆藩本人及被告朱庆有、朱庆富均没有过错。

三、如何把握适当补偿的问题

最高人民法院在1987年10月10日就关于个人合伙成员在从事经营活动中不慎死亡,其他成员应否承担民事责任问题的作出批复,认为在合伙经营活动中,合伙人一方在经营活动中死亡,各方均没有过错,不应负赔偿责任。但死者为合伙人的共同利益,在经营活动中,不慎受到了人身损害,其余合伙人作为合伙经营的受益人,给予死者家属适当的经济补偿,既合情理,也符合有关法律规定的精神。至于具体补偿多少,可以参考《最高人民法院关于审理人身损害赔偿案件适用法律若干问题的解释》的规定计算,并结合实际情况酌定,故法院判定由两被告作出适当补偿是恰当的,有理有据。本案判决后,各方均服判息诉,被告也主动履行了判决确定的支付义务,所以社会效果是好的。

(谢辉程、骆振荣)

· 第十编 ·

海上保险

陈永丰诉中国人寿保险股份有限公司湛江分公司海上保险合同纠纷案

——海上人身保险合同纠纷保险利益的认定及保险金请求权的转让

【提要】

投保人持被保险人身份证复印件为其投保人身保险,保险人于投保时也同意接受并签发保单,视为被保险人同意投保人为其投保并认可保险金额,应当认定投保人对被保险人具有保险利益。保险赔偿金请求权属于财产性权利,不属于依据合同性质或法律规定不得转让的债权。在保险合同未指定受益人的情况下,被保险人的法定继承人将保险赔偿金的请求权转让给投保人,且已通知保险人,该转让合法有效,作为受让人的投保人有权向保险人主张该保险赔偿金。在投保人已经初步举证被保险人死亡时间及原因的情况下,应由保险人举证证明被保险人的死亡不在承保期间内且死亡原因属于保险约定的除外责任范围。

【关键词】

代位求偿　托运人的诉权　承运人的责任期间　赔偿责任　海上人身保险合同保险利益　保险金请求权

【基本案情】

原告(被上诉人):陈永丰。

被告(上诉人):中国人寿保险股份有限公司湛江分公司(以下简称"国寿")。

广州海事法院经审理查明:2017年11月10日左右,原告雇佣陶永良等6人前往湛江海域捕鱼作业。原告委托其妻子庄惠荣通过被告业务员黄锦兰向被告投保出海作业6人的团体保险,险种是国寿绿洲团体意外伤害保险(B型2013版)、国寿附加绿洲意外费用补偿团体医疗保险(2013版)、国寿附加绿洲意外住院定额给付团体医疗保险(2013版),其中国寿绿洲团体意外伤害保险（B型2013版）保险金额为180万元，保险期间1年。投保单第三条受益人资料记载：身故保险金的受益人由被保险人或投保人指定。原告于2017年11月15日缴纳了保险费5,400元，被告签发了保险单，保险合同于11月16日起生效。被保险人包括本案死者陶永良，其国寿绿洲团体意外伤害保险（B型2013版）的保险金额为30万元。国寿绿洲团体意外伤害保险（B型2013版）条款在本合同保险期间内，保险人依下列约定承担保险责任。第一条，被保险人遭受意外伤害，并自该意外伤害发生之日起一百八十日内因该意外伤害导致身故的，保险人按该被保险人的保险金额扣除已给付伤残保险金和烧伤保险金后的余额给付身故保险金，本合同对该被保险人的责任终止。第十二条受益人规定：被保险人或投保人可以指定一人或数人为身故保险金受益人，投保人为与其有劳动关系的劳动者投保本保险的，不得指定被保险人及其近亲属以外的人为受益人。被保险人身故后，没有指定受益人，或者受益人指定不明无法确定的，保险金作为被保险人的遗产，由保险人依照《中华人民共和国继承法》的规定履行给付保险金的义务。第二十一条释义规定：意外伤害指遭受外来的、突发的、非本意的、非疾病的客观事件直接致使身体受到的伤害。投保资料还包括投保声明书、雇佣证明、关于购买商业保险的通知、投保交费清单。11月15日的被告格式投保声明书载明，"贵公司销售人员已将被保险人必须表示同意并知悉保险事宜的相关法律条文、保险合同的条款内容及有关事项向我单位经办人陈永丰做了详细说明"。保单中投保人签章处的"陈永丰"及前述投保资料中的"陈永丰"均为被告业务员黄锦兰书写。投保交费清单中，受益人一栏均为空白。

就投保事宜和出险经过，被告分别于2017年11月23日和12月1日派员询问了黄锦兰和庄惠荣。关于投保事宜，黄锦兰在11月23日接受询问时陈述：其入职被告公司1年多。2017年11月11日或12日，原告的妻子庄惠荣交现金5,400元给黄锦兰，为已经出海作业渔船上的6人投保意外保险。由于投保人和被保险人均已出海，庄惠荣让黄锦兰全部代签，黄锦兰看到团险部的业务很多可以代签的，就全部代签了。随后其于11月15日提交投保资料、存入保费，11月19日拿到保险合同。庄惠荣在12月1日接受询问时陈述：因2017年渔政部门不再办理保险，渔民只好投保商业险。11月10日左右，原告出海作业，临行前将渔船6名工人的身份证复印件交给庄惠荣办理保险。庄惠荣于11月12日左右到湛江市霞山区将身份证复印件连同保费交给黄锦兰，叮嘱其尽快办理保险。因为其对黄锦兰特别信任，要她代为签署所有的投保单证。后来，庄惠荣未再过问保险的事。出海前原告集齐6名工人的身份证用以复印，工人们都知道办保险用，但不知道具体的保险金额。

关于出险经过，黄锦兰陈述道，"2017年11月17日早上，接到原告的电话，被告知陶永良在海上作业时跌入海中，打捞起来后马上送回陆地抢救无效死亡。接到电话后非常错愕，头脑根本没有保单生效和出险时间的概念，具体的出险时间确实没有思考过，只是听说当晚出了事，船主连夜赶回"。庄惠荣陈述，2017年11月17日凌晨3—4时，庄惠荣接到原告的电话，告知船上有工人出事死亡，现在正在赶回。庄惠荣提醒原告赶紧报案。

湛江市经济技术开发区硇洲卫生院出具居民死亡医学证明（推断）书记载，陶永良系海中溺水死亡。2017年12月1日，被告派员询问了为陶永良出具证明书的医生。该医生陈述，其赶赴现场时，陶永良已无生命迹象，无抢救意义，无法确定具体死亡时间，但可以确认是溺水窒息死亡。2017年11月17日，湛江市经济技术开发区公安分局硇洲边防派出所向湛江市殡仪馆出具证明记载，9时许，该所接到原告报警称凌晨2时许，其船上的陶永良在海上作业，因不小心掉入海中溺水身亡，现将其遗体委托保管。同日，原告就保险事故向被告报案。11月22日，陶永良被火化。原告、被告双方当事人确认，被告打印日期为2017年12月1日的死因鉴定建议书并没有送达给原告或陶永良的家属。

11月22日，陶永良的妻子杨安宝收到原告向其支付的32万元意外死亡补偿金。12月18日，杨安宝、陶小菲（陶永良的成年子女）与原告签署了保险金权益转让协议，将案涉保险合同项下法定继承人享有的保险金权益转让给原告。协议约定须书面通知被告，自该通知送达被告后发生法律效力。被告收到该通知后进行了核实，加盖了业务处理章。同日，原告向被告索赔。2018年1月15日，被告向原告发送了无法在30日内作出理赔的通知。2月2日，被告向原告发送了拒绝给付保险金通知书，称经调查审核，被保险人出险时间未能明确，且未行尸检不能明确死亡直接原因是否为合同约定的意外伤害所致。陶永良的父母均已去世。2018年5月5日，杨安宝和其3名未成年子女向原告出具了共同签字捺印的保险金权益转让协议。

原告诉称：2017年11月17日2时，原告船上工人陶永良在海上作业时不慎掉入海中溺水身亡。原告向死者家属作出了相应赔偿。原告向被告投保了国寿绿洲团体意外伤害保险（B型），前述事故属于保险责任。但原告向被告提出索赔时，被告一再推诿，拒绝予以理赔。请求判令被告向其支付保险赔偿金30万元及其利息，并承担诉讼费。

被告辩称如下。1.原告与被保险人未签订劳动合同，双方仅为临时雇佣关系，根据保险法规定，原告对本案保险合同的被保险人不具备保险利益；且保险合同订立时，投保人和被保险人均已出海作业，被保险人从未同意并认可涉案保险合同的保险金额，是无效的保险合同。2. 根据保险法规定，保险金请求权应由被保险人的继承人主张，原告并非适格主体，不具备保险金请求权。原告主张通过合同权利转让取得保险合同的全部权利违反了保险法第三十四条第二款的强制性规定，即保险金的权利转让应当经被保险人书面同意；事故发生后，保险金作为被保险人的遗产应由被保险人的全部继承人共同作出转让的意思表示。原告是在事故发生后与被保险人的妻子进行权利转让，也没有在事故前取得被保险人的同意，因此原告通过该方式获得的转让权利违反法律规定。3. 原告并无证据证明被保险人是因意外伤害而死亡，其要求被告承担保险责任无事实依据。保险合同涉嫌事后投保，原告并无证据证明被保险人的死亡发生在保险合同生效期间。本案没有司法部门或机构等出具的客观证明被保险人死亡时间的证据，发生事故的时间仅是原告的一面之词，事故发生后被告多次要求被保险人家属进行尸检，均遭到拒绝，原告在未通知被告的情况下对被保险人尸体直接火化，导致无法查实死亡时间和原因，原告应承担举证不能的后果。请求驳回原告的全部诉讼请求。

【裁判理由及结论】

广州海事法院经审理认为：本案是一宗海上保险合同纠纷。争议焦点：一是原告和被告之间的保险合同是否合法有效；二是保险金请求权的转让是否合法有效，原告主体是否适格；三是被告是否应承担保险金给付义务。

原告和被告之间的保险合同是否合法有效。原告委托其妻子向被告投保团体意外伤害保险及其附加险，被告同意该投保行为，并收取了保险费，原告与被告之间的团体人身保险合同依法成立。该保险合同系以意外伤害、死亡为给付保险金条件的合同。《中华人民共和国保险法》第三十一条第二款规定，"订立合同时，投保人对被保险人不具有保险利益的，合同无效"；第三十四条第一款规定，"以死亡为给付保险金条件的合同，未经被保险人同意并认可保险金额的，合同无效"。根据《最高人民法院关于适用〈中华人民共和国保险法〉若干问题的解释（三）》第三条"人民法院审理人身保险合同纠纷案件时，应主动审查投保人订立保险合同时是否具有保险利益，以及以死亡为给付保险金条件的合同是否经过被保险人同意并认可保险金额"及被告的抗辩意见，本院应审查"投保人订立保险合同时是否具有保险利益"和"合同是否经被保险人同意并认可保险金额"。对于人身保险合同项下的保险利益,《中华人民共和国保险法》第三十一条第一款第（四）项规定,投保人对在订立保险合同时与其有劳动关系的劳动者具有保险利益。劳动关系不仅仅包括签订劳动合同的劳动关系,也包括临时雇佣关系、管理关系等。雇主以雇员为被保险人而订立的团体人身保险合同,具有保险利益。被保险人在出海作业前向投保人即原告提交身份证以便原告购买商业保险的行为,应认定为属于"被保险人明知他人代其签名同意而未表示异议"的情形,视为被保险人本人同意投保,符合《最高人民法院关于适用〈中华人民共和国保险法〉若干问题的解释（三）》第一条的规定。被告也没有提供被保险人拒绝原告为其订立保险合同的证据,且被告在承保时未主动审查死亡险的订立是否符合以上规定,在保险合同发生后却以保险合同违反以上规定为由主张保险合同无效,有违诚信原则。广州海事法院认定,原告与被告之间的保险合同没有违反法律的强制性规定,合法有效。被告关于原告缺乏保险利益及未经被保险人同意而合同无效的抗辩,不能成立。

保险金请求权的转让是否合法有效,原告主体是否适格。根据《最高人民法院关于适用〈中华人民共和国保险法〉若干问题的解释（三）》第十三条的规定,"保险事故发生后,受益人将与本次保险事故相对应的全部或者部分保险金请求权转让给第三人,当事人主张该转让行为有效的,人民法院应予支持,但根据合同性质、当事人约定或者法律规定不得转让的除外"。广州海事法院已查明,涉案保险合同并未指定受益人,根据《中华人民共和国保险法》第四十二条第一款"被保险人死亡后,有下列情形之一的,保险金作为被保险人的遗产,由保险人依照《中华人民共和国继承法》的规定履行给付保险金的义务:（一）没有指定受益人,或者受益人指定不明无法确定的"和《中华人民共和国继承法》第十条"遗产按照下列顺序继承:第一顺序:配偶、子女、父母"的规定,涉案保险金应作为陶永良的遗产,由被告向其配偶、子女和父母履行给付义务。本案查明,陶永良的父母均已去世。陶永良的配偶杨安宝和成年子女陶小菲于2017年12月18日签署保险金转让协议,将案涉保险合同项下法定继承人享有的保险金权益转让给原告;被告收到了转让通知并予以核实。2018年5月5日,杨安宝和陶永良的3名未成年子女共同签字捺印了保险金转让协议给原告,补强了转让保险金请求权的意思表示。本案保险金转让事宜也不存在当事人约定或者法律规定不得转让的情形。根据上述《最高人民法院关于适用〈中华人民共和国保险法〉若干问题的解释（三）》第十三条的规定,案涉保险合同保险金请求权的转让应认定为合法有效,原告具有诉讼主体资格,有权向被告请求保险金。被告援引《中华人民共和国保险法》第三十四条第二款规定的"按照以死亡为给付保险金条件的合同所签发的保险单,未经被保险人书面同意,不得转让或者质押",主张案涉保险金请求权转让无效,是混淆了保险金请求权和保单转让,于法无据,不予支持。

被告是否应承担保险金给付义务。《中华人民共和国保险法》第二十二条规定,"保险事故发生后,按照保险合同请求保险人赔偿或者给付保险金时,投保人、被保险人或者受益人应当向保险人提供其所能提供的与确认保险事故的性质、原因、损失程度等有关的证明和资料。保险人按照合同的约定,认为有关的证明和资料不完整的,应当及时一次性通知投保人、被保险人或者受益人补充提供"。原告在事故发生后及时通知了被告,处理了与被保险人的赔偿取得受让的保险金请求权后,于2017年12月18日向被告提交索赔材料,被告收到材料后,并没有认为材料不完整而及时通知原告补充。从原告提交的证据看,对于被保险人海中溺水窒息死亡的事实,医院和公安部门均出具了证明,在无相反证据的情况下,应认定被保险人系海中溺水窒息死亡,属于保险合同项下意外事故直接致使身体受到伤害而身故。至于被保险人死亡的时间是否为2017年11月17日,在保险合同生效期间的问题。案涉保险合同于11月16日生效,被告怀疑原告涉嫌事后投保,但无证据证明;被告所称的其要求原告及被保险人家属对被保险人进行尸检,以确定死因是否为意外事故的保险责任及死亡时间,也没有证据证明该事实。而公安部门出具的证明材料记载原告报案称被保险人死亡的时间是2017年11月17日。被告向其业务员及原告妻子所作的两份询问笔录均记载,该两人得知被保险人死亡的时间是2017年11月17日。在被告没有提交充分反驳证据予以推翻的情况下,广州海事法院据此认定被保险人的死亡时间系该日,在案涉保险合同生效之后,是保险合同项下的保险事故,被告应按照保险合同的约定向原告给付保险金30万元。根据《中华人民共和国保险法》第二十三条的规定,被告除支付保险金外,还应赔偿原告应未及时支付保险金所造成原告的利息损失。因被告收到保险索赔后,还需履行核保等程序,且未支付人身保险金的利息损失应以存款利率计算为宜,故原告请求自保险事故发生之次日起按中国人民银行同期人民币贷款基准利率计算利息,不予支持。利息应自被告拒付保险金的次日即2018年2月3日起计付至实际偿付之日止按照中国人民银行同期人民币存款基准利率计算。

依照《中华人民共和国保险法》第二十三条、第四十二条第一款和《最高人民法院关于适用〈中华人民共和国保险法〉若干问题的解释(三)》第十三条的规定，广州海事法院判决：被告向原告给付保险金30万元及其自2018年2月3日起至实际支付之日止按照中国人民银行同期人民币存款基准利率计算的利息。案件受理费2,901元，由被告负担。

被告不服判决，提起上诉。上诉理由和答辩意见、二审认定的事实与一审一致。

广东省高级人民法院经审理认为：投保人持被保险人（投保人的雇员）身份证复印件为其投保人身保险，保险人同意接受并签发了保单，符合《最高人民法院关于适用〈中华人民共和国保险法〉若干问题的解释（三）》第一条第三项"有证据足以认定被保险人同意投保人为其投保的其他情形"的规定，视为被保险人同意投保人为其投保并认可保险金额，再依据《中华人民共和国保险法》第三十一条第二款"被保险人同意投保人为其订立合同的，视为投保人对被保险人具有保险利益"的规定，陈永丰对陶永良具有保险利益。二审维持了一审判决。

【典型意义】

本案是一宗典型的涉及保险金请求权转让等法律问题的海上人身保险合同纠纷，其指导性意义有三方面。

一、人身保险保险利益的认定

对于人身保险合同的效力，除一般合同要求之外，法律强制规定了两个条件，一是投保人在保险合同订立时，对被保险人具有保险利益；二是若以死亡为给付保险金条件的合同，必须经被保险人同意并认可保险金额。而且，法院应当主动审查该两项内容。至于何为人身保险的保险利益，《中华人民共和国保险法》第十二条规定，保险利益是指投保人对保险标的具有法律上承认的利益。人身保险的保险利益主要体现在投保人在投保时对被保险人具有利害关系或对被保险人有法定利益、期待利益或因被保险人的死亡而遭受损失、承担责任。保险的目的在于分散社会风险，不是为了牟利，而以人身为保险标的的保险极易产生道德风险，甚至犯罪。因此，《中华人民共和国保险法》第三十一条对于投保人具有保险利益的被保险人范围作了限定：一类是本人或特定关系人（包括配偶、子女、父母，其他与投保人有抚养、赡养或者扶养关系的家庭其他成员、近亲属，与投保人有劳动关系的劳动者）；另一类是被保险人同意投保人为其订立合同的，视为投保人对被保险人具有保险利益。也就是说，我国保险法就人身保险投保人对被保险人具有保险利益的被保险人范围限定在"存在利益关系"和"经同意投保"两大类。

本案被保险人与投保人之间为雇佣关系，是否属于"与投保人有劳动关系"的范畴，一审判决作了扩大解释，将劳动关系扩大解释为"雇佣关系、管理关系"等，二审对此理由予以了纠正，将劳动关系严格限定在《中华人民共和国劳动合同法》调整的劳动关系的范畴，即我国境内的企业、个体经济组织、民办非企业单位等组织与劳动者通过劳动合同建立的劳动关系。将特定关系人中的"劳动关系"作限缩性解释，更加有利于防范人身保险中的道德风险，符合公共利益。对于以死亡为给付保险金条件的合同而言，"经同意"既满足了《中华人民共和国保险法》第三十一条保险利益的要求，也满足了该法第三十四条的强制性要求。

《中华人民共和国保险法》第三十一条规定，经被保险人同意的，投保人具有保险利益；第三十四条规定，以死亡为给付保险金条件的合同，经被保险人同意并认可保险金额，保险合同才有效。"经同意"的认定也成了实践中的难题。为此，最高人民法院出台了司法解释对此予以明确。《最高人民法院关于适用〈中华人民共和国保险法〉若干问题的解释（三）》第一条规定，"当事人订立以死亡为给付保险金条件的合同，根据保险法第三十四条的规定，'被保险人同意并认可保险金额'可以采取书面形式、口头形式或者其他形式；可以在合同订立时作出，也可以在合同订立后追认。有下列情形之一的，应认定为被保险人同意投保人为其订立保险合同并认可保险金额：（一）被保险人明知他人代其签名同意而未表示异议的；（二）被保险人同意投保人指定受益人的；（三）有证据足以认定被保险人同意投保人为其投保的其他情形"。该条文对"经同意"的形式、时间、实践中表现形式都作出了明确的规定。按照最高人民法院制定该司法解释的负责人的意见，该条文的意图是为了探究被保险人对投保的真实意思，既为了防范道德风险，也是为了规制被保险人为展业需要，在订立合同时不主动审查死亡险是否经过被保险人同意而收取保费，在事故发生后以此为理由拒保的不诚信行为。[①]而第（三）项"有证据足以认定被保险人同意投保人为其投保的其他情形"是兜底性条款，需要司法实务丰富其内涵。

从事远洋捕捞具有很大的风险，在当事人所在区域，之前有渔业互保协会为雇主分散海上风险，但近几年停止了办理这类保险。因此，本案雇主为其雇员出海捕鱼投保商业人身保险，在出海前收集了被保险人的身份证并复

---

① 参见杜万华主编《最高人民法院关于保险法司法解释（三）理解与适用》，人民法院出版社2015年版，第18页。

印,投保人持被保险人身份证复印件为其投保人身保险,法院认定视为被保险人同意投保人为其投保并认可保险金额,该保险合同的订立是被保险人的真实意思表示,符合《最高人民法院关于适用〈中华人民共和国保险法〉若干问题的解释(三)》第一条第(三)项"有证据足以认定被保险人同意投保人为其投保的其他情形"的规定。该认定符合远洋捕捞分散风险的实际,也符合当地远洋捕捞的习惯做法。

二、身故保险金请求权能否转让

保险赔偿金请求权属于财产性权利,不属于依据合同性质、当事人约定不得转让的债权,也不属于依照法律规定不得转让的债权,《最高人民法院关于适用〈中华人民共和国保险法〉若干问题的解释(三)》第十三条明确了保险事故发生后,受益人可以将与本次事故相对应的全部或者部分保险金请求权转让给第三人。被保险人身故,在保险合同未指定受益人的情况下,保险人应赔付的保险金应作为遗产给付给被保险人的法定继承人。在已通知保险人的情况下,被保险人的法定继承人将保险赔偿金的请求权转让给投保人,该转让合法有效,作为受让人的投保人有权向保险人主张该保险赔偿金。

三、涉案事故是否属于保险合同的承保期间和承保范围的举证责任分配

本案居民死亡医学证明(推断)书以及公安部门出具的证明均认定被保险人系出海时溺水身亡;证明(推断)书未确定其具体死亡时间,出具该证明的医生也无法确定,但投保人向公安部门报案所称的被保险人死亡时间在保单约定的承保期间内。在这种情况下,应由保险人举证证明被保险人的死亡不在承保期间内且死亡原因属于保险约定的除外责任范围。保险人未能举证证明的,应承担举证不能的后果。法院可以根据投保人提供的以上证据认定被保险人的死亡在承保期间内且属于承保范围,保险人应对被保险人的死亡承担保险赔偿责任。

(宋伟莉 周田甜)

广东恒兴集团有限公司诉华泰财产保险股份有限公司广东省分公司海上货物运输保险合同案

——一切险"仓至仓"保险责任期间的认定

【提要】

在一切险条款中关于"仓至仓"保险责任期间的规定，因文字的冗长艰涩而不易理解，而现实案件的复杂性决定了该字面规定必须有经典案例将其具体化。在海上货物运输保险中，一切险的保险人"仓至仓"保险责任期间，应终止于货物到达保险单所载明目的地被保险人在某一处所实际分配、分派货物之时，而并非终止于货物到达该处所之时。

【关键词】

一切险 "仓至仓"保险责任期间 鱼粉

【基本案情】

原告（被上诉人）：广东恒兴集团有限公司（以下简称"恒兴公司"）。

被告（上诉人）：华泰财产保险股份有限公司广东省分公司（以下简称"华泰保险公司"）。

2007年2月6日，原告与香港拓威贸易有限公司（Hongkong Topway Trading Co., Ltd.）（以下简称"拓威公司"）签订鱼粉买卖合同。合同约定：恒兴公司作为买方，向拓威公司购买秘鲁蒸汽鱼粉450吨，成本加运费（CFR）每吨1,125美元；卖方提供的鱼粉，其蛋白质含量最低为65%，脂肪含量最高为12%，含水量最高为10%，盐和砂含量最高为5%（其中砂单项含量最高为2%）；纺织袋包装，每袋重约50千克，在装运时应经过至少150PPM的抗氧化处理；在装运港以集装箱装运；由买方负责投保一切险和战争险。

地中海航运公司编号为MSCUP0311232的提单记载：托运人Pesquera Hayduk S.A.，通知人拓威公司，收货人凭指示，秘鲁派塔（Paita）港装运，卸货港中国上海,由"MSC 秘鲁"(MSC Peru)轮承运,货物为装入 17 个 40 英尺①标准集装箱的 8,957 包 451.1 吨秘鲁蒸汽鱼粉,货物装运时完好。提单一式三份,于 2007 年 3 月 13 日在派塔港签发。原告于 7 月 2 日通过信用证方式向拓威公司全额付款。

SGS 于 2007 年 3 月 13 日出具的涉案货物抽样分析证书记载:在装集装箱时按 10% 比例随机抽样,送化验室分析;分析结果是蛋白质 65.14%,脂肪 9.6%,水分 7.85%,盐和砂 3.87%,其中砂单项 0.11%;鱼粉在装运时没有结块和受潮,处于良好状态。

被告签发的编号为 10762340120007000014,生效日期为 2007 年 3 月 13 日的货物运输保险单记载:被保险人为恒兴公司,被保险货物为 MSCUP0311232 号提单项下的 8,957 包 451.1 吨秘鲁蒸汽鱼粉,总保险金额 4,359,099.41 元,装载工具"MSC 秘鲁"轮于 2007 年 3 月 13 日自秘鲁派塔港起运,目的地中国上海,承保条件为 1981 年 1 月 1 日修订的中国人民保险公司海洋运输货物保险条款所规定的一切险。该保险单还特别约定:1. 人保海洋货运一切险条款,包括受热、受潮、结块、霉变、自燃险及沙门氏菌所引起的熏蒸费用,绝对免赔率为出险提单货重价值的保险金额0.3%;2. 被保险人必须及时提供货物起运前的检验报告;3. 用集装箱装运的,装运前集装箱完好的货物,在运输过程中发生保险事故造成损失,保险人方可理赔。

该保险单背面附有英文的海洋运输货物保险条款,其中约定如下:本保险负"仓至仓"责任,自被保险货物运离保险单所载明的起运地仓库或储存处所开始运输时生效,包括正常运输过程中的海上、陆上、内河和驳船运输在内,直至该项货物到达保险单所载明目的地收货人的最后仓库或储存处所或被保险人用作分配、分派或非正常运输的其他储存处所为止。如未抵达上述仓库或储存处所,则以被保险货物在最后卸载港全部卸离海轮后满 60 日为止。如在上述 60 日内被保险货物需转运到非保险单所载明的目的地时,则以该项货物开始转运时终止。如遇航程变更或发现保险单所载明的货物、船名或航程有遗漏或错误时,被保险人应在获悉后立即通知保险人并在必要时加缴保费,本保险才继续有效。

被告于 2007 年 3 月 19 日向原告出具了该保险单项下的保险业专用发票,载明的保险费金额为 34,872.80 元。

在涉案的海关进口货物报关单上记载:进口口岸洋山港区,进口日期

---

① 1 英尺 = 0.3048 米, 40 英尺 = 12.192 米。

2007年4月21日，申报日期4月28日，海关审单批注及放行日期5月17日，经营单位和收货单位均为恒兴公司，报关单位上海外运聚运报关有限公司（以下简称"聚运报关公司"），运输工具"MSC诺亚"（MSC NOA）轮，起运地秘鲁派塔港，境内目的地湛江，商品为饲料用粉状蒸汽烘干秘鲁红鱼粉451.1吨。

中国外轮理货总公司的卸货理货单记载：经2007年5月1日理货，"MSC诺亚"轮14个40英尺集装箱，共有7,366袋鱼粉；5月2日理货3个集装箱，共1,591袋鱼粉。该两天的理货单"损坏情况"（condition of damage）栏均为空白，即未记载任何内容。

2007年5月15日，原告向被告发出货运险出险通知，称：5月1日货物卸上海龙吴港，5月14日被保险人准备提货时，发现包装内货物已因受热自燃严重受损，而包装表面良好，要求按整批货物保险金额全损赔付。

中华人民共和国洋山出入境检验检疫局（以下简称"洋山检疫局"）于2007年5月25日签发编号311000107025115的检验证书，记载：涉案鱼粉于5月22日检验，蛋白质含量63.63%，水分9.74%，脂肪9.1%。蛋白质的检测结果不符合原告与拓威公司签订的鱼粉买卖合同最低65%的要求。

2007年9月29日，中华人民共和国吴淞出入境检验检疫局（以下简称"吴淞检疫局"）和上海东方公估行各自出具了内容相同的鉴定报告，记载：货物以塑料纺织袋盛装，每袋重量约50千克，分3堆堆放，外覆防水油布；其中3,814袋192.084吨货物有臭味，严重影响使用，估损46%；其余5,143袋259.017吨货物有臭味、焦灼味，颜色暗红或黄棕色，严重影响使用，估损88%。上述货物遭损系检验前业已存在。检验日期为2007年6月19日，检验地点为龙吴分公司码头堆场。

由被告委托的中国检验认证集团上海有限公司确认，截至2007年6月20日，经市场询价，涉案货物的残值为1,123,395元。另外，被告方委托的仁祥保险公估（北京）有限公司于5月15日到龙吴码头查勘，次日出具了一份调查检验报告，记载集装箱没有破损，表明鱼粉未受到外来海水或雨水等意外事故的侵袭。

2007年6月19日至21日，原、被告以及中国检验认证集团上海有限公司三方通过传真往来，签订了一份关于鱼粉残货处理的备忘录，确认：鱼粉有异味、变红、有焦灼味，严重影响使用；该批遭损鱼粉的剩余价值为3,814袋鱼粉每吨4,500元，5,143袋鱼粉每吨1,000元。

根据吴淞检疫局等出具的鉴定报告所确定的两部分受损鱼粉的重量，结合备忘录确认的价格，3,814 袋 192.084 吨鱼粉的残值为 864,378 元，5,143 袋 259.017 吨鱼粉的残值为 259,017 元，原告经变卖该批货物共收回受损鱼粉残值 1,123,395 元。

原告于 2007 年 6 月 1 日及 7 月 2 日，向上海翔尼货运代理服务有限公司支付鱼粉整理费 11,190 元、鱼粉服务费 600 元；6 月 19 日，向上海东方公估行支付检验费 19,761 元；8 月 2 日，向上海国际港务（集团）股份有限公司支付装卸费 847 元、堆存费 9,828 元。

上述事实有鱼粉销售合同、商业发票、提单、报关单、货物运输保险单、保险业专用发票、SGS 出具的货物抽样分析证书、洋山检疫局的检验证书、吴淞检疫局的鉴定报告、上海东方公估行的鉴定报告、货运险出险通知、原被告之间的往来函、中国外轮理货总公司卸货理货单、残货价值认定备忘录、检验费发票、仁祥保险公估（北京）有限公司的公估报告、中国检验认证集团上海有限公司的鉴定报告等证据证明。

原告恒兴公司诉称：2007 年 3 月 6 日，原告购买 451.1 吨秘鲁鱼粉，由地中海航运公司"MSC 秘鲁"轮自秘鲁派塔港运至上海港。原告为此向被告购买了该批货物的海洋货运一切险，保险金额 4,359,099.41 元。该货物于 4 月 21 日运抵上海。5 月 14 日，原告准备提货时发现货物发热、自燃现象严重，已失去了原来的使用价值。经原、被告双方委托的上海东方公估行和商检局检验，均证实该批货物严重受损。为防止损失扩大，原、被告协商一致对残损货进行处理，收回残值 1,116,000 元。但被告对因保险事故造成的鱼粉自燃损失 3,230,022.11 元拒不理赔，亦未向原告支付残货清理、堆存、检验等费用 42,226 元。保险标的鱼粉自燃受损，系保险责任期间发生的保险责任事故，被告依法应予赔偿。故诉请法院判令被告赔付保险金 3,272,248.11 元，并由其承担全部诉讼费用。

被告华泰保险公司辩称：保险单约定的载货船舶为"MSC 秘鲁"轮，货物却是由另一船舶"MSC 诺亚"轮运抵上海，被保险人并未通知载货船舶变更，故尚未起保或保险合同已自动失效；即使保险合同继续有效，因龙吴港码头堆场是被保险人用作分配、分派或非正常运输的储存处所，保险责任在货物卸离驳船存入该堆场时终止；货物拆箱交付时外观完好，即证明在保险责任期间并未发生货损；保险单特别约定了集装箱运输条款，保险责任期间是指正常的集装箱运输的期间，货物拆箱后即不再属于保险合同所指的正常运输。

【裁判理由及结论】

广州海事法院认为：本案是一宗具有涉外因素的海上货物运输保险合同纠纷。因保险合同的双方当事人均为中国法人，且合同签订地、履行地、保险事故索赔地都在中国境内，原告以中国法律为依据提起诉讼，被告对此并无异议，因此，根据《中华人民共和国海商法》第二百六十九条所规定的最密切联系原则，本案处理适用中华人民共和国法律。

原告向被告投保，被告以签发货物运输保险单的形式接受投保，表明双方已经签订了以该保险单为表现形式的海上货物运输保险合同。该合同的签订，是双方当事人在自愿平等基础上的真实意思表示，合法有效，对双方均具有法律拘束力。

保险单约定的载货船舶为"MSC 秘鲁"轮，原告所持提单上记载之承运船舶亦为"MSC 秘鲁"轮，没有证据显示在起运港不是由该轮承运涉案货物。因此，根据"'仓至仓'责任自被保险货物运离保险单所载明的起运地仓库或储存处所开始运输时生效"的约定，保险合同自 2007 年 3 月 13 日在派塔港开始运输时生效。在该货物运输过程中，没有证据表明承运人地中海航运公司或其代理人通知了原告将要转船运输；当货物最终由"MSC 诺亚"轮运抵上海后，由聚运报关公司向海关申报，亦无证据显示聚运报关公司通知了原告转船的事实。因此，原告客观上并不知道货物在派塔港由一程船舶"MSC 秘鲁"轮装运后，中途需要更换二程船舶"MSC 诺亚"轮运往上海。原告不可能通知被告航程变更或船名错误，因而转船运输的事实并不影响保险合同的有效性。

原、被告对保险责任的起讫乃"仓至仓"责任并无异议，但保险责任何时终止以及保险责任终止时货物是否发生了损坏，则存有完全对立的立场和意见。

保险人所承担的"仓至仓"责任的期间，并不完全等同于承运人的责任期间，即：在国际海上集装箱货物运输中，保险责任开始于货物一经运离保险单载明的起运地发货人仓库之时，而此刻承运人责任是否开始在所不论，在起运港承运人掌管或控制货物之前的货损风险不由承运人承担；在目的港承运人的责任终止于交付货物时，而保险责任则终止于货物到达保险单所载明目的地收货人的最后仓库。承运人对于非集装箱货物的责任期间，则是指从货物装上船时起至卸下船时止、货物处于承运人掌管下的全部期间，而保险人的责任期间仍是"仓至仓"。无论货物是否由集装箱装运，保险人的责任期间都明显长于承运人的责任期间。所以,被告关于海洋货物运输保险承保的是货物处于承运人控制下的运输期间的风险、保险责任终止于货物脱离承运人控制而转由被保险人自己控制之时的抗辩理由,没有法律根据和事实依据,不予采信。

那么,本案保险人的责任期间到底终止于何时?涉案货物鱼粉已运抵保险单所载明的目的港上海港,因而保险人的责任期间不适用于"货物未抵达目的地仓库或储存处所,则以被保险货物在最后卸载港全部卸离海轮后满60日为止"的规定,亦不适用"在上述60日内被保险货物需转运到非保险单所载明的目的地时,则以该项货物开始转运时终止"的规定。涉案鱼粉的保险责任期间只能适用"该项货物到达保险单所载明目的地收货人的最后仓库或储存处所或被保险人用作分配、分派或非正常运输的其他储存处所为止"的规定。

货物以何种方式到达保险单所载明目的地收货人的最后仓库,并不是保险责任终止所需要考虑的因素,因而无论是国际货物运输合同的承运人将货物运进仓库、抑或是收货人提货后自行将货物运进仓库,都不影响以货物进入仓库的时刻作为保险责任终止的规定。亦即收货人从承运人处提货后自行运进仓库前的一段时间仍属于保险责任期间,而这段时间到底应该有多长,其间是否可以将货物暂存某处如码头堆场、嗣后再运进仓库,有关法律及保险条款并无限定性或者说否定性的特别要求。当然,如果货物一直暂存某处,收货人始终未将货物运进仓库、亦始终未进行分配或分派,则为了避免保险人的责任过重,此时应以被保险货物全部卸离海轮后满60日终止保险人的责任,即暂存某处并非无期限,以保险单约定的该60日为限具有显见的合理性。

收货人提货后将货物堆放在码头堆场而未运进仓库,此时可以对货物做出两种不同的处理:可以将货物运进保险单所载明目的地收货人的最后仓库或储存处所,也可以由被保险人在码头堆场将货物分配、分派。倘若货物运进收货人的最后仓库,则进库一刻起保险责任终止;倘若货物不运进仓库而直接将货物分配、分派,则从货物实际分配、分派一刻起,保险责任终止。将保险责任期间理解为码头堆场货物实际分配、分派时方才终止,是符合保险条款本意的,也是与保险责任期间从货物进入最后仓库一刻终止的规定吻合一致的。否则,进入码头堆场的货物就会面临两种完全不同的命运:从堆场进入仓库的货物以入库一刻终止保险责任,而分配、分派的货物则一进入堆场就终止了保险责任。若此,被保险人就会选择先将存放于堆场的货物入库,再分配、分派货物。显而易见,这样理解保险条款,将会造成被保险人不必要的成本支出,而保险人却并没有因此而得到任何额外的好处和利益,故而是不可理喻的。鉴此,被告对鱼粉的保险责任终止于2007年5月14日原告在上海龙吴码头分配或分派鱼粉之时,而非终止于5月2日货物从集装箱内拆出完毕之时。被告关于其保险责任终止时间的抗辩主张,不符合保险条款的本意,该抗辩理由不成立。

另外,保险单正面"特别约定"第3项关于货物"用集装箱装运的,装运前集装箱完好的货物,在运输过程中发生保险事故造成损失,保险人方可理赔"的约定,仅是对货物装运前集装箱的状态作出特别约定,即装运前集装箱已损坏的,即使是在运输过程中发生保险事故造成损失,保险人也不予理赔,而并不是指货物在集装箱内发生保险事故造成损失,保险人才予以理赔。该特别约定不具有改变"仓至仓"责任期间的效力,字里行间也没有缩短"仓至仓"责任期间的意思表示。换言之,集装箱货物的保险责任期间仍然是"仓至仓"而不是"集装箱内",该特别约定仅是特别要求装运前集装箱须完好无损。经仁祥保险公估(北京)有限公司检验,集装箱在目的港没有发现破损,足可证明货物在起运港装箱时集装箱是完好的。

根据庭审查明的事实,涉案鱼粉在原告于2007年5月14日龙吴码头分配或分派之时发现货损,该货损有吴淞检疫局、上海东方公估行、中国检验认证集团上海有限公司、仁祥保险公估(北京)有限公司的鉴定报告与检验报告证实,即鱼粉存在异味、臭味、焦灼味,颜色暗红或黄棕色,已经影响了鱼粉的正常使用。涉案鱼粉在起运港装运时质量符合要求,货损不可能在原告分配或分派货物时一瞬间发生,而显然是一个由量变到质变的渐变式损坏过程,即货损是在被告的保险责任期间发生。目前没有证据证实货损是由于保险人的除外责任引起,因而被告理应承担相应的赔付责任。至于货损是在集装箱内发生,还是拆箱后堆存在龙吴码头堆场时发生,基于两者均在保险责任期间内的认识,故并不对被告的理赔责任产生任何实质意义的影响。

保险单约定的保险金额为4,359,099.41元,扣除0.3%的绝对免赔额,减去经处理收回的鱼粉残值1,123,395元,被告应向原告赔付的保险金额为3,222,627.11元。根据《中华人民共和国海商法》第二百四十条的规定,原告支付的鱼粉整理费11,190元,服务费600元,检验费19,761元,装卸费847元,堆存费9,828元,共计42,226元,由被告在保险标的损失赔偿之外另行支付。

广州海事法院于2008年3月26日依照《中华人民共和国海商法》第二

百三十七条、第二百四十条之规定，作出（2007）广海法初字第426号判决：被告华泰保险公司向原告恒兴公司赔付被保险货物损失3,222,627.11元，向原告支付受损货物检验费等42,226元。案件受理费32,978元，由原告负担75元，被告负担32,903元。

一审宣判后，华泰保险公司不服提出上诉，称：保险责任期间在货物到达分配、分派处所时即终止，而不是一审判决所称的在到达之后直至分配分派时才终止。涉案鱼粉未曾发生自燃以及其他保险事故，氧化和变色是该货物的自然特性，虽说也会造成货物的损坏，但不属于承保风险。请求撤销原判，驳回恒兴公司的诉讼请求。

广东省高级人民法院经审理确认了一审法院认定的事实和证据，并认为：本案为涉外海上货物运输保险合同纠纷。据报关单记载，海关批注货物放行的时间是2007年5月17日，货物于5月14日在上海龙吴港码头堆场被发现因受热自燃严重，而双方在庭审中一致确认，保险责任期间主要考虑货物的控制权，起保是从托运人处转移给运输方，终止是从承运人转移货物给收货人控制时。进口货物在海关放行前，由海关和港口控制。因此，货损事故发生在恒兴公司提货之前，即恒兴公司未取得对货物的控制权时。据此，应认定货损发生在保险责任期间内。

根据吴淞检疫局等的鉴定报告，货物受损是因为受热、受潮以及自燃而产生臭味、焦灼味和变色，而受热、受潮及自燃，均属于保单所约定的特别附加险的保险范围。因此，涉案货损属于保单中列明的保赔事故。

原审判决程序合法，适用法律和处理结果正确，予以维持。华泰保险公司上诉不成立，应予驳回。广东省高级人民法院于2008年10月15日根据《中华人民共和国民事诉讼法》第一百五十三条第一款第（一）项的规定，作出（2008）粤高法民四终字第198号判决：驳回上诉，维持原判。二审案件受理费32,978元，由上诉人华泰保险公司负担。

【典型意义】

一、关于保险责任期间的认定

在一切险条款中关于"仓至仓"责任期间的规定，因文字的冗长艰涩而不易理解，而现实案件的复杂性决定了该字面规定必须有经典案例将其具体化。本案对"仓至仓"责任期间的判决极具典型意义，对今后类似案件的处理有重要借鉴作用。

保险条款"仓至仓"责任期间，是指自被保险货物运离保险单所载明的起运地仓库或储存处所开始运输时生效,包括正常运输过程中的海上、陆上、内河和驳船运输在内,直至该项货物到达保险单所载明目的地收货人的最后仓库或储存处所或被保险人用作分配、分派或非正常运输的其他储存处所为止。

从字面上看,保险责任期间终止于"被保险货物到达被保险人用作分配、分派的处所为止",责任期间的终止点似乎是明确的,即"到达"用作分配、分派的处所为止。然而,以什么标准来确定某一处所即是分配、分派货物的处所而不是临时存放货物的处所呢?这是从保险条款的字面上不能得出的结论,而必须在字面以外寻找答案。显然,只有当货物实际被分配、分派时,才能确定某一处所为分配、分派货物的处所;倘若货物在该处没有分配、分派而是运进了仓库,则该处所就不是用作分配、分派货物的处所。保险责任之所以应该终止于货物于某一处所被实际分配、分派之时,是因为只有在此时才确定了该处所的属性,即该处所才是用作分配、分派货物的处所;不能因为其后的分配、分派货物确定了该处所的属性之后,才倒过来推断货物一进入该处所就是用作分配、分派货物的处所。

从合同条款的解释方法来看,《中华人民共和国合同法》第一百二十五条规定了合同的文义解释、整体解释、目的解释、习惯解释等方法。如上所述,采用文义解释的方法,不能说明何为"用作分配、分派货物的处所",亦即从"仓至仓"条款的文义上,我们看不出什么场所才是用作分配、分派货物的处所。因此,法官在审判过程中,必须对"用作分配、分派货物的处所"进行解释,或者说对其作出准确的、没有歧义的定义。显然,只有当货物实际分配、分派之时,这一处所才能被准确定义,且不含任何歧义。这即是法律解释学上的目的性限缩解释方法。

另外,正如一审判决所言,将保险责任期间理解为货物实际分配、分派时方才终止,也是与保险责任期间从货物进入最后仓库一刻终止的规定吻合一致的。否则,进入码头堆场的货物就会面临两种完全不同的命运:从堆场进入仓库的货物以入库一刻终止保险责任,而分配、分派的货物则一进入堆场就终止了保险责任。若此,被保险人就会选择先将存放于堆场的货物入库,再分配、分派货物。无疑,如此理解保险条款,将会造成被保险人不必要的成本支出,保险人可能因个案得到好处,但长远考虑,却不会因此而得到任何额外的利益。一审判决这种对保险条款整体解释的方法,所得出的结论是令人信服的,因而是可取的。

二审判决似乎完全脱离了一切险条款的规定,以双方当事人认可的货物控制权作为保险责任期间的划分标准，体现的是当事人意思自治原则，却与"仓至仓"责任期间没有太多关联了。

二、货损起因于鱼粉的自然属性、抑或承保的保险事故

鱼粉是一种优质动物性饲料，是以原料鱼进行蒸煮、压榨、干燥、粉碎等工序制造而成，其主要成分为蛋白质、脂肪、水分、沙、盐、钙、磷、氨基酸、维生素及其他一些微量元素。由于鱼粉组成成分的理化特性，它极易氧化、自燃、腐败变质，故一般在生产时会加入一定量的抗氧化剂以保持其稳定性。

鱼粉发生氧化变色、发臭现象的主要原因是环境温度高、湿度大。鱼粉中的脂肪含量较高，同时含有易自燃的磷，在储存过程中易氧化升温并使温度聚集，造成鱼粉进一步受热氧化；在高温度、高湿度环境下，这种氧化程度会加速，甚至达到自燃。另外，由于鱼粉含有一定的水分及盐分，易吸湿，以致鱼粉中的蛋白质、脂肪等成分易分解或腐败而出现异味、臭味。

涉案鱼粉的损坏，是该货物的自然属性、抑或保险事故所致？这是双方争执的另一个焦点问题。鱼粉极易氧化而变色、自燃而产生焦灼味、变质腐坏而产生臭味，这是鱼粉的自然属性使然。被告抗辩涉案鱼粉没有货损现象，鱼粉的颜色改变是其自然属性，不属承保风险。但事实上，原、被告与中国检验认证集团上海有限公司三方的备忘录已确认：鱼粉有异味、变红、有焦灼味，严重影响使用。该货物受损是因为受热、受潮以及自燃所致。我们知道，一切险所承保的是由于外来原因所致的货物全部或部分损失，其保险责任范围包括了普通附加险如受潮受热险、串味险、短量险、淡水雨淋险等，即投保了一切险就没有必要另外投保普通附加险。涉案保险单特别注明一切险条款，包括受热、受潮、结块、霉变、自燃险条款，因而已经将鱼粉可能产生损坏的风险囊括殆尽。因此，被告的上述抗辩与案件事实及承保风险不符，一审、二审均判定货损系保险事故所致，被告应承担相应的赔付责任。

（倪学伟）

广东兆鑫海湾工程有限公司
诉中国人民财产保险股份有限公司广州市分公司
通海水域保险合同案

——对船舶附属设备是否属于沿海内河船舶一切险的保险标的认定标准

【提要】

保险事故发生后,对于防台锚是否属于保险合同的保险标的的认定不能以投保时递交的船舶检验证书记载的设备范围认定,应以事故发生时船舶现状确定保险标的的范围。

【关键词】

内河船舶　一切险　附属设备　修理费

【基本案情】

原告(被上诉人):广东兆鑫海湾工程有限公司。

被告(上诉人):中国人民财产保险股份有限公司广州市分公司。

原告诉称:2014年3月27日,原告为其承租的"粤兆鑫工56"轮向被告投保沿海内河船舶一切保险,保险金额1,600万元,保险期限自2014年3月28日至2015年3月27日。2014年7月18日,"粤兆鑫工56"轮在海口市澄迈新海村旧民生码头处抛锚避台风,受2014年第9号强台风"威马逊"袭击受损。台风"威马逊"造成"粤兆鑫工56"轮防台锚主锚、锚链、钢丝绳被刮断丢失,右侧锚钢丝绳400米被刮断丢失,舵无法操作,两条舵杆顶端盖板爆裂,四台卷扬机损坏,水从排气管灌入机体,一台推动器动不了,导致动力系统损坏无法自航,需送修理厂修理。随后,原告就上述事故向被告报案,被告派勘查人员现场查勘。"粤兆鑫工56"轮由海南越海船舶修造有限公司"越海2号"轮拖带到船坞修理。8月1日,原告与海南越海船舶修造有限公司签订船舶修理合同,涉案船舶进坞修理18天,船舶修理费810,211元,更换外采设备费用335,140元,原告因本次事故共损失

1,145,351元。原告向被告索赔，被告不顾客观事实核损，最终仅赔偿了保险金611,342.82元。涉案船舶在保险期内出险，损失在保险限额内，各项损失均为实际损失，被告应依约承担保险责任，赔偿原告全部损失。海南省仅有一个较大型船坞能上"粤兆鑫工56"轮，未进坞前原告已告知被告进出坞费和驻坞费的标准，被告未指定或提供其他修理厂，应视为认可相关船舶修理厂的价格。船舶进坞后原告就向被告报送了修理工程报价单，被告并未与修理厂商定修理价格，也未提供别的修理厂。外采设备价格与被告核定价格一致，系投保时船上设备，属于保险范围。综上所述，被告应向原告支付扣除免赔额后保险金差额395,605.08元。请求法院判令：1. 被告赔偿原告保险赔偿金395,605.08元；2. 被告承担本案全部诉讼费用。

被告辩称如下。1. 本案已经通过协商解决，原告不应再向被告索赔。因原告于2014年9月12日对被告委托的公估公司的定损报告提出异议，10月15日原告的代表蔡达平、保险介绍人赖勇利、公估师蔡清、被告的员工凌博、郑大胜、沈小红共6人在人保大厦六楼就本次事故的定损进行了协商。因防台锚并非涉案保单的保险标的，故对防台锚及锚链等的采购费210,300元维持了公估报告的意见，没有予以确认；但对船用螺旋桨、右侧锚钢丝绳采购费及物流费共124,840元予以确认。同时，考虑到客户关系，在公估报告对"粤兆鑫工56"轮本次修理费核定金额的基础上增加了12万元，总定损金额调整为705,789.80元，减去旧螺旋桨按废铜计算的残值26,520元和10%的免赔额，被告应赔付的保险金为611,342.82元。因欠缺结案所需的部分材料，被告的员工沈小红于10月29日发邮件给原告代表蔡达平，请其补充相应材料；蔡达平致电沈小红称本案公估师处有部分所需材料，并于11月20日补充提供了海事报告及出险通知书；12月10日被告依约向原告支付了保险金611,342.82元。自10月15日双方对定损金额达成一致意见后，原告并未提出异议，也为协助被告理赔、结案提供了所需材料，被告如约支付了保险金。虽然双方没有签署书面协议，但都通过行为对双方在保险合同项下的权利作出了处分、对保险事故的理赔达成了一致意见，该意见并不违反国家的法律、法规，应属有效。双方均依该意见履行了自己的义务，本保险案已经了结，应依法驳回原告的诉讼请求。2. 被告依约定不应对本次事故承担保险责任。在本次台风来临前，"粤兆鑫工56"轮的船长和全体船员离开了该轮，致使该轮处于无人看管状态，违反了船舶值班、配员方面的规定，导致了损害的发生，也违反了保险条款第十五条的规定，被告无须对本次事故承担保险责任，有权要求原告返还已赔付的保险金。3. 被告有权对不合理的修理费用拒赔。保险条款第八条明确规定："保险船舶发生保险事故的损失时，被保险人必须与保险人商定后方可进行修理或支付费用，否则保险人有权重新核定，并对不属于保险人责任或不合理的损失和费用拒绝赔偿。"事故发生后，原告并未就"粤兆鑫工56"轮修理厂的选择、修理费等相关事宜与被告协商，被告有权对修理费的合理性进行核定。修理完工单的出具日期为2014年8月20日，修理期间为20天，"粤兆鑫工56"轮8月1日已经进厂修理。原告称其在8月7日将修理项目的价格通过电子邮件发给该公估师所在单位的邮箱，但此时该轮已经在修理厂，这表明原告并未履行保单约定的义务，被告有权对不合理的费用拒赔。4. 原告部分损失并非保险事故造成，部分受损设备非保险标的。根据公估报告，轮机工程第6、7项损坏的原因为水淋，并非由保单承保的风险引起，仅仅因为机舱进水，原告就将右主机增压器、排烟管、汽缸盖、油头全更换。按惯例，对于船舶险保险人需检查被保险人提供的船舶检验证书，以确定保险标的并决定是否接受其投保及其费率。原告向被告投保时提供了该轮的船舶检验证书，但该证书上并未载明该轮配有防台锚。即使原告在本次事故中丢失了防台锚，因该防台锚并非涉案保单的保险标的，被告也不负赔偿责任，不用赔偿防台锚的采购费210,300元和物流费10,040元。

"粤兆鑫工56"轮为起重船，2008年9月7日建成，现船舶所有人为东莞市博鸿建筑工程有限公司，取得所有权日期为2012年10月10日，原告为"粤兆鑫工56"轮的经营人和光船承租人。原告向被告投保了沿海内河船舶一切险及附加螺旋桨、舵、锚、锚链及子船单独损失保险等，原告向被告交纳了保险费，被告于2014年3月27日向原告出具了保险费发票，被告出具保单号为PCBA201444010000000168的沿海内河船舶一切保险保险单。该保险单约定：被保险人为原告，保险费合计9万元，保险金额为1,600万元，险别为沿海内河船舶一切保险，附加险险别为附加1/4碰撞、触碰责任和螺旋桨等单独损失保险责任。该保险特别约定：1. 船舶一切险免赔额为每次事故绝对免赔额1万元或损失金额的10%，两者以高者为准；2. 螺旋桨等单独损失保险责任免赔额为每次事故绝对免赔额5,000元。保险期间自2014年3月28日0时起至2015年3月27日24时止。该保险单盖有被告承保业务专用章，并记载了收费确认时间2014年3月27日、经办人姓名沈小红。原告在涉案船舶的投保单以及《中国人民财产保险股份有限公司沿海内河船舶保险条款（2009版）》（以下简称"主险条款"）及附加保险条款上盖其公司章。主险条款记载："本保险的保险标的是指中华人民共和国境内合法登记注册从事沿海、内河航行的船舶，包括船体、机器、设备、仪器和索具。船上燃料、物料、给养、淡水等财产和渔船不属于本保险标的范围。"主险条款第一条"全损险"规定，"由于下列原因造成保险船舶发生的全损，本保险负责赔偿：一、八级以上（含八级）大风、洪水、地震、海啸、雷击、崖崩、滑坡、泥石流、冰凌；二、火灾、爆炸；三、碰撞、触碰；四、搁浅、触礁；五、由于上述一至四款灾害或事故引起的倾覆、沉没；六、船舶失踪。"主险条款第二条"一切险"规定，"本保险承保第一条列举的六项原因所造成保险船舶的全损或部分损失以及"……主险保险条款第三条规定，"保险船舶由于下列情况所造成的损失、责任及费用，本保险不负责赔偿：一、船舶不适航、船舶不适拖（包括船舶技术状态、配员、装载等，拖船的拖带行为引起的被拖船舶的损失、责任和费用，非拖轮的拖带行为所引起的一切损失、责任和费用）；二、船舶正常的维修、油漆，船体自然磨损、锈蚀、腐烂及机器本身发生的故障和舵、螺旋桨、桅、锚、锚链、橹及子船的单独损失"。

2014年7月19日，原告向被告提交出险通知书，申报"粤兆鑫工56"轮遭受强台风袭击受损的情况。该通知书记载："粤兆鑫工56"轮于7月18日在海口港新海港区锚地停泊时受2014年第9号超强台风"威马逊"袭击受损，防台锚主锚、锚链、一条直径68毫米、长80米的钢丝绳被刮断丢失，右侧锚钢丝绳400米被刮断丢失，舵无法操作，两条舵杆顶端盖板爆裂，四台卷扬机损坏不能动，水从排气管灌入机体，主机进水，一台推动器动不了，船无法自航；应送船舶修造厂修理，损失估计115万元，联系人蔡达平。7月20日，原告向被告提交了船舶受损财产报告，称受损后船开不动，应拖到船厂上排修理，具体损失程度待修理后才能确定，要求被告尽快派员进行现场查勘，及早修复船舶。7月24日，海江公估公司的蔡清与原告的代表蔡达平共同制作了现场查勘记录，记载了船舶受损情况如下：主锚灭失，主锚链灭失，钢丝绳（直径70毫米、长80米）断裂，右侧副锚钢丝绳（直径40毫米、长400米）中间断裂，主吊控制室有淋湿痕迹不能正常工作、起吊马达不能正常工作、右主机增压器1件、排烟管1件、汽缸盖8个、油头6件进水后拆装保养。8月4日，海江公估公司的王祥年与原告的代表蔡达平共同制作了现场查勘记录，记载了船舶螺旋桨、底板、锚艇、快艇等受损的具体情况。7月28日，原告向珠海市力扬船舶配件制造有限公司采购螺旋桨支付了60,840元。7月29日，原告与广州建港钢丝绳有限公司签订购销合同，采购船用锚链3节、肯特卸克4个、末端卸克1个、转环组1个、大力抓锚8

吨、直径70毫米的光面钢丝绳2.1吨、直径40毫米的光面钢丝绳3.2吨，共支付了274,300元，其中直径40毫米的光面钢丝绳3.2吨价格为48,000元，广州至海口的物流费16,000元。原告向被告索赔外采设备费用共计335,140元。7月31日，原告与海南越海船舶修造有限公司签订船舶拖带协议，约定拖带时间为8月2日，拖带费按每小时13,000元计。8月7日，原告将船舶拖带协议和修理工程报价单用电子邮件发送给了海江公估公司。8月20日，海南越海船舶修造有限公司向原告出具了修理工程修理结算单，服务工程费395,100元、船体工程费321,511元、轮机工程费93,600元，合计810,211元。

海江公估公司于2014年9月4日出具的检验报告记载，本次事故发生的主要原因是："粤兆鑫工56"轮在抛锚避强台风"威马逊"时遭受袭击，主锚锚链连接钢丝绳断裂，从而造成该轮处于漂航状态，该轮在强台风的推动下漂浮至浅滩附近与在建防护堤石头及水下的礁石等发生反复触碰，最终导致事故发生。2014年7月18日6时，中央气象台发布台风红色预警："威马逊"于5点加强为超强台风，位于南海中部海面，中心附近最大风力达16级，预计以每小时20公里的速度向西北方向移动，强度还将有所增强，将于下午至晚上在海南琼海至广东电白一带沿海登陆。保险责任分析认为本次事故属于保险事故，所造成的损失和费用属于保险责任范围。原告索赔1,145,351元，其中修理费810,211元、采购设备费用335,140元。检验报告最终核定的损失为796,089.80元，其中修理费定损460,949.80元，采购设备费用定损335,140元。备注记载，事故发生后"粤兆鑫工56"轮在海南越海船舶修造公司进行了为期20天的修理，检验师根据原告提供的修理明细单进行了价格审核。价格审核报告称修船参照《中国船舶工业公司船舶修理价格表》（92黄本）为价格基准，含合理的修理价格材料、人工、利润，并且结合海南地区船舶修理价格，认为"粤兆鑫工56"轮因事故所致的合理修理损失为460,949.80元；采购备件合理费用335,140元，第1至6项项目船用锚链3节、肯特卸克4个、末端卸克1个、转环组1个、大力抓锚8吨、光面钢丝绳2.1吨，索赔价格合计210,300元；定损210,300元，备注"被保险人提供了采购合同、付费凭证经市场查询价格比较合理，根据该船舶特性需配备主锚，但船舶检验证书设备部分未明确标注"；本次事故残值为26,520元。报告附现场拍摄的一组照片。公估师蔡清、王祥年，技术总监谢金豪。

被告向原告发出了《在海南海口港锚地避台风"威马逊"过程中受损检

验事宜》的函，告知了上述评估结果。2014年9月12日，原告向被告发出《关于损失核定的异议》函，表示不接受对于核定的"粤兆鑫工56"轮在船坞的永久性修理部分定损价格463,949.80元；认为应确认船厂的修理结算，按结算810,211元全额赔偿，加采购设备335,140元，合计1,145,351元。

2014年9月15日，东莞海事局出具证明，记载"粤兆鑫工56"轮在东莞市太平船舶修造有限公司进行坞内修理时，在船舯中部增设防台锚一台及有关装置，有船厂提供"东莞市太平船舶修造有限公司船舶修理工程结算汇总表"、相片和该局署名验船师为证，鉴于已按《国内航行海船建造规范》（2006）有关要求配备3门首锚，在船方没有申请标注情况下，该局署名验船师无须在记事栏做备注。

2014年10月29日，被告工作人员沈小红向原告发电子邮件，称"根据现时你方提供的资料及双方协商，我司核定'粤兆鑫工56'轮修理价格调整为：1. 永久性修理费580,949.80元（460,949.80＋120,000＝580,949.80）；2. 备件采购费124,840元，两项合计705,789.80元。索赔请补充下列资料：出险通知书、索赔申请书、海事报告（船长签名、盖船章）、修理发票、备件购置发票等所有与本次事故损失相关的支付凭证（原件）"，并附了出险通知书和索赔申请书的样式。11月20日，原告向沈小红回复主题为"海事报告、出险通知书"的电子邮件，向被告提交了盖有其印章的海事报告和出险通知书。12月10日，被告向原告转账支付了611,342.82元赔偿款。

编号为201251911003的海上船舶检验证书簿记载"粤兆鑫工56"轮锚设备情况如下：舾装数523，锚数量3，锚机数量2；备用锚、右舷锚、左舷锚，重量均为1,590千克；左、右舷锚机各一台，功率均为30千瓦；左、右舷锚链各一条，直径40毫米、长度350米，材料为钢丝绳。

被告委托的公估人为海江公估公司，该公司取得了经营保险公估业务许可证，证书有效期自2004年2月13日至2015年9月30日。谢金豪具有保险公估从业人员资格。

【裁判理由及结论】

广州海事法院经审理认为，关于涉案船舶的防台锚是否属于保险标的的问题。原告为"粤兆鑫工56"轮投保的险种为沿海内河船舶一切险，主险条款约定："保险标的是指中华人民共和国境内合法登记注册从事沿海、内河航行的船舶，包括船体、机器、设备、仪器和索具。"按通常理解保险保的应当包括船舶及其舵、螺旋桨、桅、锚、锚链等附属设备。原告投保时向被告递交的船舶检验证书上未记载防台锚，只记载了备用锚、左艏锚、右艏锚，但保险合同并未写明承保范围以船舶检验证书上记载的设备为准，故被告以保险标的的范围应当以船舶检验证书为准，且提出因原告投保时提交的船舶检验证书未载明有防台锚而拒绝赔付缺乏合同依据。被告委托的公估人出具的检验报告也确认根据涉案船舶的特性需配备防台锚，也即为了船舶的正常安全使用配备防台锚是合理的。原告主张以投保时船舶的现状投保有合理性，也符合保险条款。

关于被保险人接受部分保险赔款的行为是否视为已接受保险人提出的赔偿方案、双方是否已经达成了赔偿协议。涉案事故发生之后，原告在出险通知书中指定蔡达平为联系人为参与事故的理赔，但并未对蔡达平出具授权委托书明确其权限；在原告对被告损失核定持有争议的情况下，接受不利于原告的赔偿方案应有原告的明确授权，但在本案中并没有证据显示原告对蔡达平有相关的特别授权。达成赔偿协议应当以明示的方式作出，原告回复的邮件并没有明确作出其愿意接受被告提出的赔偿方案的意思表示。被告主张原告未提出异议即视为同意明显缺乏依据，不能成立。虽然，原告其后向被告提交了盖有印章的海事报告和出险通知书，但并不能据此推定原告放弃对保险赔款差额的索赔权。本案没有证据显示蔡达平具有接受赔偿方案的授权或者其行为构成表见代理，也没有证据显示原告接受了赔偿方案，被告已经赔偿了部分赔款的事实，并不影响原告就被告未履行完成的赔偿义务要求其继续履行的权利。

2015 年 10 月 19 日，广州海事法院作出（2015）广海法初字第 415 号民事判决书，判决被告向原告支付保险赔偿金 395,605.08 元。

被告不服一审判决，向广东省高级人民法院提起上诉。广东省高级人民法院于 2016 年 12 月 30 日作出（2015）粤高法民四终字第 236 号民事判决：驳回上诉，维持原判。

【典型意义】

"粤兆鑫工 56"轮为起重船，投了沿海内河船舶一切险。该轮在 2014 年台风"威马逊"来临前，已在锚地抛锚避台，并按海事部门通知全员离船。该轮受台风袭击受损。保险事故发生后，保险人积极进行了检验、评估、理赔，因赔偿款数额引发纠纷，争议点集中在了丢失的防台锚是否属于保险合同的保险标的——是以投保时递交的船舶检验证书记载的设备范围还是以船舶现状确定保险标的？结合《中华人民共和国海商法》第二百一十八条和

《中华人民共和国保险法》第十二条的内容,海上保险合同的保险标的是作为保险对象的财产及其有关利益。依据涉案主险条款的约定,锚这类船舶附属设备属于保险标的是无疑的,但保险人主张船舶检验证书上并未记载该轮配备了防台锚,不应将防台锚算作保险标的。涉案保险合同并无约定保险标的的具体种类和数量应以船舶检验证书的记载为准。本案有证据证明涉案保险合同成立之时,"粤兆鑫工56"轮已增设了防台锚,但船舶检验证书未作记载。法院认为,船舶检验证书记载的锚设备为相关法律法规要求的最低配置,但船舶可以根据安全生产的实际需要增加配备。涉案防台锚在台风"威马逊"中被用于抗台并受损,说明该防台锚是该轮所需的合理配置,应作为本案保险标的。至于保险人又主张投保人违反如实告知义务,但并未证明该轮增设一台防台锚这一事实足以影响其是否承保或确定保险费率,故该主张依据不足。

事故发生之后,保险人向被保险人发了定损通知和理赔方案,对于客观已经产生的修理费用作了部分扣减,对防台锚采购费用也不予赔偿,被保险人提出了异议。在双方未对赔偿数额达成一致的情况下,保险人按理赔方案作出了赔付。保险人向被保险人发出理赔方案是一种要约,被保险人是否接受的意思表示属于承诺,承诺的方式有明示和默示两种。本案中保险人主张被保险人已经作出接受理赔方案的承诺不应再起诉,就应当对此承担举证责任。保险人认为其员工将理赔方案发送至被保险人指定的联系人的邮箱,对方未回复、未提出异议即视为同意。本案中,被保险人若接受了理赔方案,就意味着放弃了对未理赔部分损失的索赔权。因此,保险人主张沉默即视为同意,违反了承诺应当以通知的方式作出的一般规定。被保险人其后向保险人提交了盖有其印章的海事报告和出险通知书的行为,也不能推定出保险人放弃对保险赔偿款差额的索赔权。被保险人接受对己不利的理赔方案应当以明示方式作出,代理人也应得到被保险人的明确授权。否则保险人作出部分理赔后,被保险人仍有对保险赔偿款差额的索赔权。

(杨雅潇)

佛山市顺德区宏基燃料有限公司诉中国太平洋财产保险股份有限公司广州分公司船舶保险合同纠纷案

——船舶保险合同中格式条款的说明义务

【提要】

保险合同中保险人的责任限制、免责权利等条款属于格式条款，其告知方式以保险单背面的印刷文字为限，没有必要额外说明，除非合同相对人明确要求对该印刷的条款进行明确的解释。船舶保险人未被船舶碰撞案件的原告添列为当事人，也未理赔并取得代位求偿权的情况下，无权参加到船舶碰撞纠纷案件中去，亦无义务向碰撞案件中的被保险人提供该案所需的鉴定结论。当同一船舶碰撞损失出现了三种不同的数额确定，即生效判决确定的损失数额、原被告备忘录约定的损失数额、法院应当事人申请委托有资质单位对碰撞损失鉴定后得出的损失数额，采信何种数额认定损失，将对当事人权利义务的法律分配产生不小的影响。根据具体案情，本案采信原被告备忘录约定的损失数额，更能体现法院裁决的公正、公平。

【关键词】

船舶保险合同　格式条款　说明义务

【基本案情】

原告：佛山市顺德区宏基燃料有限公司。

被告：中国太平洋财产保险股份有限公司广州分公司（以下简称"保险公司"）。

原告就其所属的油船"顺港168"轮向被告投保船舶一切险。被告于2003年3月13日向原告签发沿海、内河船舶保险单，载明：保险人依照沿海、内河船舶保险条款及在本保险单上注明的其他条件，承保被保险人的"顺港168"轮，保险险别为一切险，保险价值370万元，保险金额259万元，保险费28,254元，保险期限12个月即自2003年3月14日0时起至2004年3月14日24时止。该保险特别约定：每次事故绝对免赔额3,000元或损失金额的10%，以高者为准；本保险为不足额保险，出险时按比例赔付。该保险单背面印有中国人民银行1996年1月1日发布的"沿海、内河船舶保险条款"。该条款规定：船舶一切险的保险责任除全损险六项原因所造成保险船舶的全损或部分损失外，还包括依法应由被保险人承担的保险船舶碰撞他船发生的直接损失和费用，但对每次碰撞责任仅负责赔偿金额的四分之三；保险船舶发生保险事故的损失时，被保险人必须与保险人商定后方可进行修理或支付费用，否则保险人有权重新核定或拒绝赔偿；保险人对每次赔款均按保险单的约定扣除免赔额，但全损、碰撞责任、触碰责任除外；保险船舶发生保险责任范围内的损失应由第三方负责赔偿的，被保险人应当向第三方索赔，若第三方不予支付，被保险人应提起诉讼；在被保险人提起诉讼后，保险人根据被保险人提出的书面赔偿请求，按照保险合同予以赔偿，同时被保险人须将向第三方追偿的权利转让给保险人，并协助保险人向第三方追偿。

2003年5月9日，李艳芬所有的"粤鹤山货2062"船傍拖卢伟明所有的"高明工程3号"船，在广东西江水道高明36号标对开约150米处河面与"顺港168"轮发生碰撞，致"高明工程3号"船沉没。5月10日，原告及卢伟明与高要市金利水运公司签订打捞沉船合同，约定由该公司打捞"高明工程3号"船，原告负担打捞费5.5万元。"高明工程3号"船打捞出水，原告依约支付了该项打捞费用。5月27日，在中山市金辉船舶修造厂有限公司对"顺港168"轮修复费估价的基础上，原告与该公司签订修船协议，由该公司对"顺港168"轮修复，费用为57,725元。5月26日，高明力丰造船厂预算"粤鹤山货2062"船修复费用为38,632.79元；5月28日，高明力丰造船厂预算"高明工程3号"船修复费用405,364.72元，但该船并未实际修复。

2003年10月14日，原、被告签订备忘录，就船舶碰撞所产生的损失达成如下备忘："顺港168"轮损失修复金额26,684.46元；"高明工程3号"船推定全损，总损失金额20万元；"粤鹤山货2062"船损失修复金额1.32万元；"高明工程3号"船的打捞费从国家相关规定；原告的碰撞责任为40%；被告负责提供权威机构关于"高明工程3号"船的价格鉴证结论书。

2004年1月2日，卢伟明、李艳芬向广州海事法院提起船舶碰撞损害赔偿诉讼，状告本案原告及顺德区顺泽水运有限公司。广州海事法院于2004年5月13日作出（2004）广海法初字第12号民事判决，称：原、被告认可"粤鹤山货2062"船修复费用38,632.79元，佛山市顺德区宏基燃料有限公司提供证据认可了"高明工程3号"船的修复费用405,364.72元,"顺港168"轮船体损失57,725元;两被告主张上述船舶修复费用有失合理公允,但未提供证据予以证明,又未在法定期限内申请鉴定,其逾期向法院申请鉴定,依法不予支持;法院据此确认,"粤鹤山货2062"船修复费用38,632.79元,"高明工程3号"船修复费用405,364.72元,"顺港168"轮船体损失57,725元;佛山市顺德区宏基燃料有限公司是"顺港168"轮的所有人,对碰撞事故应承担45%的赔偿责任,即应赔偿卢伟明"高明工程3号"船修复费182,414.12元,赔偿李艳芬"粤鹤山货2062"船修复费17,384.76元,并负担案件受理费等费用5,660元;"粤鹤山货2062"和"高明工程3号"两船应承担55%的赔偿责任。本案原告对该判决不服,向广东省高级人民法院提起上诉。广东省高级人民法院于2004年9月10日作出(2004)粤高法民四终字第136号民事判决:驳回上诉,维持原判。二审案件受理费5,780元,由本案原告负担。

原告诉称:根据广州海事法院作出的(2004)广海法初字第12号生效民事判决,"高明工程3号"船和"粤鹤山货2062"船承担55%碰撞责任,"顺港168"轮承担45%碰撞责任。据此,原告承担了"顺港168"轮自身修复费57,725元,"高明工程3号"船和"粤鹤山货2062"船修复费199,788.88元、打捞费5.5万元、诉讼费5,660元及由此产生的利息。被告未就保险条款中的减免保险责任的条款告知原告,该条款不能约束原告;被告除应承担保险责任外,还应承担违约责任。故诉请法院判令被告支付保险赔偿金318,173.88元、暂计至2004年6月23日止的利息14,948.20元及至付款日止的利息,并承担本案诉讼费用。

针对该起诉,被告向法院申请鉴定。法院委托广州鸿业海事咨询顾问有限公司(以下简称"鸿业公司")对"高明工程3号"船碰撞事故前的市场价值及碰撞事故损坏部分的永久性修理费、"粤鹤山货2062"船碰撞事故损坏部分的永久性修理费进行评估/鉴定。鸿业公司于2004年12月8日出具评估/鉴定报告书,称:严格遵循独立、公平、公正和科学的原则,对"高明工程3号"船2003年5月9日海损事故发生前的市场价值进行评估,其市场价值约为8.45万元;对"高明工程3号"船碰撞损坏部分的永久性修理费进行鉴定,其修理费约为316,746.37元;对"粤鹤山货2062"船碰撞损坏部分的永久性修理费进行鉴定,其修理费为25,611.24元。

被告在此基础上辩称:1.原告未举证证明其是"顺港168"轮的所有人及对该轮具有保险利益,涉案保险合同无效,原告无权索赔;2.经鉴定,

"高明工程3号"船碰撞事故前的市场价值8.45万元,因碰撞事故造成损失的永久性修理费约316,746.37元,修理费远大于市场价值,构成推定全损;因此,保险公司只需按市场价值8.45万元赔付原告;"粤鹤山货2062"船经鉴定的修理费用25,611.24元,其中尚含一些不合理费用;3. 原、被告签订的备忘录约定"顺港168"轮船体损失26,684.46元,是双方协商一致的结果,合法有效;而约定的"高明工程3号"船实际价值20万元,是原告利用保险公司没有确定此类船舶价值的经验而达成的,显失公平,请求法院将其变更为鉴定结论认定的8.45万元;约定"粤鹤山货2062"船的损失1.32万元,与鉴定的该船修理费用25,611.24元差别不大,应以双方约定的数额为准;4. 广州海事法院作出的(2004)广海法初字第12号民事判决仅对该案原告("高明工程3号""粤鹤山货2062"的船舶所有人)、被告(本案原告)有拘束力,本案原告在该案中未在举证期限内申请评估鉴定,擅自承认了"高明工程3号""粤鹤山货2062"两船的修复费用;该费用远大于实际损失,亦违背了原、被告备忘录的合理约定,其中超过实际损失或超过备忘录约定的合理金额的部分属原告自愿向两船船主承担责任,与被告无关;5. 原告在备忘录中主张"顺港168"轮船体损失26,684.46元,在本案中主张57,725元明显不合理;6. 第三方应赔付给原告"顺港168"轮的修理费和打捞费,应由原告向第三方要求赔偿或由原告自己承担,不能转嫁给被告;7. 在不影响第1项答辩理由的前提下,考虑到不足额保险、四分之三碰撞责任及免赔额等因素,本案合理的保险赔偿金额为31,818元。请求法院依法驳回原告提出的无理部分的诉讼请求。

【裁判理由及结论】

广州海事法院经公开开庭审理后认为:本案系一宗船舶保险合同纠纷。根据生效的(2004)广海法初字第12号民事判决书,原告是"顺港168"轮的所有权人,对该轮具有显见的法律上承认的利益,即对该轮具有保险利益。原告就该轮向被告投保一切险,被告以签发保险单的形式予以承保,双方之间的船舶保险合同成立。该合同是原、被告双方在平等自愿基础上的真实意思表示,不违反法律强制性规定,合法有效。双方均应依合同约定享受权利并履行义务。被告关于原告对"顺港168"轮不具有保险利益、保险合同无效的抗辩,与案件事实不符,其抗辩理由不成立。

"顺港168"轮与"高明工程3号""粤鹤山货2062"两船发生的碰撞事故,属于保险责任期间内的保险责任事故。被告作为"顺港168"轮的保险人,应对该碰撞事故造成的损失按约定进行赔付。在保险单正面注明了保险人依照沿海、内河船舶保险条款承担保险责任,表明被告就承保范围、除外责任等事项已给予原告适当指引。而该条款是公开发布的,原告可自行查阅,并且保险单背面亦附有该条款,原告可及时方便地阅知。因而,应认定被告已向原告适当告知了免除、减轻保险人责任的有关规定。原告关于被告未告知保险人责任限制、免责条款,该条款应无效的主张,与案件事实不符,不予支持。

在(2004)广海法初字第12号案件的审判过程中,原告认可了碰撞事故造成的有关船舶损失的数额,且未在举证期限内申请对修船费等损失进行鉴定,此乃原告对自身权利的处分,并不违反法律规定。但是,经鸿业公司对修船费等损失评估/鉴定,原告在该案中对损失数额的认可是过高的,同时原告又存有行使诉讼权利不及时的失误,因而该案判决所确认的有关船舶损失数额仅对该案当事人有效,不能约束本案被告;有关案件受理费分担的判决亦不得作为向保险人索赔的依据。该案系船舶碰撞损害赔偿纠纷,本案被告不是该案的当事人,无权利亦无义务参加该案诉讼;原告作为该案当事人,亦是船舶碰撞事故当事人,理应在该案中谨慎诉讼,采取包括及时向法院申请鉴定在内的有效措施积极维护自身的合法权利,而不是坐等保险人提供鉴定结论用于诉讼。因而原告关于被告不参加该案诉讼及未及时提供鉴定结论系违约的主张,没有法律根据,不予支持。

原、被告的备忘录是双方的真实意思表示,不违反法律强制性规定,合法有效,其中关于碰撞事故损失数额的约定应作为确定保险赔付数额的依据。备忘录约定的"顺港168"轮修复费比实际发生的费用低,此乃原告的处分行为,应予支持。虽说备忘录对"高明工程3号"船推定全损金额的约定比评估结论高,但这仍然是双方的真实意思表示,因而对双方均具约束力。被告作为专业保险公司,对被保险船舶及碰撞事故涉及的船舶具有或应具有足够的专业知识和经验,被告关于自己对确定"高明工程3号"船舶价值没有经验,约定该船推定全损20万元属显失公平的抗辩,与其作为专业保险公司的身份及专业能力不符,其抗辩理由不成立。原告在另案中认可的"高明工程3号"船的修复费以及鸿业公司鉴定的该船修复费,均高于备忘录约定的推定全损费用和评估的该船事故发生前的市场价值,因而碰撞事故致该船的损失显然已经构成推定全损,对该船赔偿的最高限额只能以碰撞事故发生前的船舶价值为限,而保险赔付最高限额只能以原、被告约定的推定全损额为限。原告在另案中未主张该船推定全损,是其对自身权利的自由处分,不影响本案对该船推定全损的认定。

根据沿海、内河船舶保险条款的规定,"顺港168"轮发生保险责任范围内的损失应由第三方赔偿的部分,即该轮修复费55%的部分,原告应向第三方索赔,第三方拒赔的,原告应提起诉讼。保险人待该诉讼提起后才对该部分损失予以赔付,并取得代位求偿权。由于原告并未举证证明其已向第三方索赔,亦无证据显示已提起有关的诉讼,因而对"顺港168"轮修复费损失55%部分,被告可不予赔付。原告的船舶保险为不足额保险,保险比例为70%;根据生效判决,原告应承担45%的碰撞责任。被告赔付原告的船舶损失应扣除3,000元或10%的免赔额,以高者为准,故原告船舶损失的保险赔付额为5,405.60元;被告应赔付原告四分之三的碰撞责任,且不得扣除免赔额,该赔付额为63,362.25元。被告共应赔付原告船舶碰撞损失68,767.85元。在没有证据证明原告向被告提出保险赔偿要求的确切时间的情况下,可将原、被告2003年10月14日签订备忘录的时间视为原告向被告提赔的时间,被告应在此后合理的期间内审查理赔,该期间可确定为10日。自2003年10月25日起被告未赔付的,应按中国人民银行同期流动资金贷款利率计付利息。鉴定费属于为确定保险事故的损害程度而支出的合理费用,依法应由被告在保险标的损失赔偿之外另行支付。根据《中华人民共和国海商法》第二百三十七条、第二百三十八条的规定,广州海事法院于2004年12月28日作出(2004)广海法初字第205号判决:一、被告向原告赔付船舶碰撞损失68,767.85元及自2003年10月25日起至本判决确定的支付之日止按中国人民银行同期流动资金贷款利率计付的利息;二、驳回原告的其他诉讼请求。案件受理费7,507元,由原告负担5,957.30元,被告负担1,549.70元。鉴定费2万元,由被告负担。

宣判后双方当事人均未上诉,该判决已发生法律效力。

【典型意义】

保险作为现代社会分散风险的一种法律制度,在我国市场经济条件下获得了蓬勃发展,尽显其利国利民的制度风采。在保险法律关系中,其主体即保险人和被保险人始终处于合作与对抗之中,而对抗的最激烈形式就是将其纠纷诉诸法律。本案是比较典型的船舶保险合同纠纷案。因保险纠纷而对簿公堂,在诉讼量爆炸的今天本不为怪,然而原告即被保险人在对本案服判息讼的同时,却扬言其对保险心有余悸并进而心灰意冷,个中缘由,颇耐人寻味。

一、关于保险合同中保险人的责任限制、免责权利等条款的告知问题

保险合同中保险人的责任限制、免责权利等条款系保险人为了重复使用而预先拟定,并在订立合同时未与对方协商的条款,即所谓的格式条款。该条款具有单方事先决定性,合同相对人对该条款"要么接受,要么走开"(take it or leave it),没有讨价还价的余地。《中华人民共和国合同法》第三十九条规定:"采用格式条款订立合同的,提供格式条款的一方应当遵循公平原则确定当事人之间的权利和义务,并采取合理的方式提请对方注意免除或者限制其责任的条款,按照对方的要求,对该条款予以说明。"涉案保险单正面注明了保险人依照沿海、内河船舶保险条款承担保险责任,该保险单背面已印就了该保险条款。在生活节奏加快、文化水平不断提高的今天,这应视为被告已采取合理方式向原告适当告知了保险人的责任限制、免责权利等条款。倘若认为这种形式的告知还不足以使原告即被保险人对格式条款的了解、尚需更进一步的特别告知,那么这将为保险人课加额外义务,对保险人有不公之嫌,同时也有悖现代社会追求效率的普适原则。当然,如果被保险人在订立合同时已明确要求对该条款进行说明,则保险人有义务满足此要求,否则即可能承担相应责任。

二、关于保险人是否有义务参加船舶碰撞纠纷案诉讼的问题

原告在另案即船舶碰撞纠纷案中处于被告地位。其在该另案中本应依法积极行使诉权,通过举证期限内申请对碰撞损失进行鉴定等方法,以争取一个对其较有利的判决。然而,原告在该另案中因疏忽而错过举证期限,法院拒绝了在举证期限之外的损失鉴定请求,最终依据当事人协议而确认了一个较高的碰撞损失数额。很明显,原告在该另案的诉讼中是有过错的。原告把其在该另案中的诉讼疏忽归咎于本案被告即保险人未加入该另案及未及时提供鉴定结论所致,并要求保险人因此而应承担违约责任。原告作为船舶被保险人,这一要求是否合理合法?

我们知道,船舶保险责任通常包括了对保险船舶本身损害的赔偿责任和保险船舶对外损害的赔偿责任。就后者而言,即是海事审判中耳熟能详的船舶四分之三碰撞责任险。与机动车对第三者责任险属强制责任保险不同,船舶四分之三碰撞责任险属自愿保险或者说选择性保险,不具有法律的强制性。因此,在船舶碰撞案件中,受害人不能直接状告加害船舶的保险人,而只能以加害船舶的所有人为被告。保险人只有在赔付了四分之三碰撞责任的损失后,才能取得代位求偿权,才有权提起或加入船舶碰撞纠纷案件的诉讼中去。可见,本案被告作为船舶保险人,既未被碰撞案件的原告添列为当事人,也未理赔并取得代位求偿权，因而其无权亦无义务参加到船舶碰撞纠纷案件中去，也就无义务向碰撞案件中的被告提供该案所需的鉴定结论。原告对此失望并进而对保险心灰意冷，其根源在于没有正确理解保险法律制度的精髓。

三、碰撞损失数额的确定：案件审判中的方法论问题

本案一个非常特殊的情节是，对同一碰撞损失出现了三种不同的数额确定，即生效判决确定的损失数额、原被告备忘录约定的损失数额、法院应被告申请委托有资质单位对碰撞损失鉴定后得出的损失数额。该三种数额差距较大，采信何种数额认定损失，将对当事人权利义务的法律分配产生不小的影响。因此，如何确定碰撞损失的大小，作为本案关键问题之一，考验着审案法官的法律功底、判案技巧。

一般说来，生效判决认定的事实具有极高的可信度，当事人无须举证证明即可直接采信。《最高人民法院关于适用〈中华人民共和国民事诉讼法〉若干问题的意见》第75条以及《最高人民法院关于民事诉讼证据的若干规定》第九条均明确规定："已为人民法院发生法律效力的裁判所确认的事实，当事人无需举证证明。"然而，涉案生效判决认定的碰撞损失数额，却是本案原告疏忽大意错失举证期限的结果，是该案当事人协商的数额，且较为明显的不利于本案原告。当然，这并非该判决有何不当，而是本案原告未按时举证本该受到的"处罚"，在一定意义上说也是本案原告对自身权利的处分，该判决的正当性无可置疑。然而，原告不能把因其疏忽而丧失的权利、因其自愿而放弃的权利，通过诉讼从其保险人处弥补回来。事实上，《中华人民共和国保险法》第四十六条第一款"保险事故发生后，保险人未赔偿保险金之前，被保险人放弃对第三者的请求赔偿的权利的，保险人不承担赔偿保险金的责任"的规定，即否定了原告上述行为的合法性，故涉案生效判决认定的碰撞损失数额在本案中不应被采纳。

原、被告在备忘录中约定的损失数额，是双方的真实意思表示，根据"私法自治"① 原则，法庭对此应予充分尊重。尽管该约定与实际损失数额或鉴定数额有出入，但只要不存在欺诈、胁迫、显失公平、乘人之危等情形，

---

① 私法自治，指个人得依其意思形成私法上的权利义务关系。私法自治原则对于维护个人之自由与尊严，促进社会经济之发展、文化之进步，贡献至巨。该原则在民商法上最重要的表现为契约自由，即缔结契约的自由，选择契约相对人的自由，决定契约内容的自由，决定契约方式的自由。参见梁慧星《民法总论》，法律出版社1996年版，第33页。原被告在备忘录中约定的损失数额，即是私法自治的结果，或者说是契约自由的表现，法庭对此予以尊重，符合民商法的基本原理，具有无可辩驳的正当性。

该出入即可视为当事人对其权利的处分，不影响约定的法律效力。

对碰撞损失鉴定后得出的损失数额，应当说是最接近客观真实的。然而，采信该数额就意味着否定当事人备忘录中的约定，从而剥夺当事人对其私权的自决。故基于尊重私权考虑，审案法官未采纳鉴定的损失数额，这是完全合乎现代司法理念的。虽未采纳鉴定结论，但被告申请鉴定仍具重要意义，因为该鉴定结论让审案法官内心确信了涉案生效判决的损失数额的特殊性质，为拒绝采纳该损失数额提供了一个较充分的依据。

另外，关于碰撞责任比例，原、被告在备忘录中有约定，而涉案生效判决亦有认定，如何取舍同样关系到当事人权利义务的法律分配。涉案生效判决认定的碰撞责任比例，与原告在该另案中的诉讼过失无关，它是法院根据碰撞事实依法做出的法律判断，最接近于客观真实。在本案诉讼中，原、被告均未对该比例提出任何异议，故采信该责任比例既符合案件事实，又不违背当事人意志。至于原、被告备忘录中约定的责任比例，其效力与生效判决相比低一个层次，不予采信有利于维护法院判决的权威性，同时这也是对双方当事人在本案诉讼中的私权自决或者说意思表示的充分尊重。

（倪学伟）

广东奥马冰箱有限公司与中国平安财产保险股份有限公司佛山分公司等海上保险合同纠纷案

——"仓至仓"条件下货物在起运港码头仓库受损是否属于保险责任

【提要】

为了方便较大规模的长期贸易活动对保险的需要,原、被告订立了预约保险合同,该预约保险合同约定保险人责任起讫为"仓至仓",自签发保险凭证和保险货物运离起运地发货人的最后一个仓库或储存处所时起保险责任开始。预约保险协议只是一种表达订立保险合同意向的预先约定,货物运输保险合同的成立应以保险人签发的保险单进行确认。就未装船起运的货物,由于保险人未签发保险单进行确认,故保险人与被保险人之间不成立保险合同,保险人无须对被保险人诉请的该部分货物损失承担责任。

【关键词】

海上保险合同　保险事故　预约保险　"仓至仓"条款　海上货物运输

【基本案情】

原告:广东奥马冰箱有限公司(以下简称"奥马公司")。

被告:中国平安财产保险股份有限公司佛山分公司(以下简称"平安佛山分公司")。

被告:中国平安财产保险股份有限公司佛山市顺德支公司(以下简称"平安顺德支公司")。

原告奥马公司诉称:原告与被告平安顺德支公司签订了有效期自2017年2月9日至2018年2月8日的进/出口货物运输预约保险协议(以下简称"预约保险协议"),协议约定的保险标的是电冰箱、酒柜及附配件,运输方式是海洋运输,适用条款为伦敦保险协会货运险(A)条款(1/1/82),责任起讫为"仓至仓",自签发保险凭证和保险货物运离起运在发货人的最后一个仓库或储存处处所时起,至该保险凭证上注明的目的地的收货人在当地的第一个仓库或储存处所时终止。2017年8月23日,受台风"天鸽"影响加之天文大潮,广州南沙集装箱码头发生海水倒灌,原告放在南沙集装箱码头等待装船的416个集装箱水浸受损。同日,原告向被告平安顺德支公司报案。预约保险协议约定,投保形式是投保人于每次货物起运后两周内登录平安货运保险网,输入用户名和密码,并进行会员客户的业务申报(申报信息包括但不限于该批货物的数量/重量、保额、航程、运输工具名称、发票/提单号、起运时间等资料)。本次水浸受损货物部分并未装船起运,故无法在网上申报填写起运日期和船名等信息。10月31日、12月5日,被告平安佛山分公司分别向原告出具该批水浸受损货物理赔意见回复函,拒绝赔偿。原告认为保险事故在预约保险协议有效期内出险并及时向两被告报案,两被告应承担保险责任,赔偿原告货物损失。

两被告辩称如下。1.预约保险协议不作为保险人承担保险责任的依据。对于未装船起运货物,原告没有在网上自行申报出单,双方之间不成立保险合同,两被告无须承担保险责任。且原告在明知本案货物水浸受损后主张向两被告主张投保,根据《中华人民共和国保险法》第二条规定,保险所承保的风险必须是可能发生的事故,因此原告已不具有保险利益。2.对于已装船起运货物,因本案事故发生在南沙集装箱码头堆放期间,根据"仓至仓"条款的约定,两被告的保险责任自货物运离保单载明的起运地南沙港或盐田港时才起算,因此事故发生时两被告的保险责任尚未开始;且根据《中华人民共和国保险法》第二条和《中华人民共和国海商法》第二百二十四条的规定,原告自行网上申报出保单时,已经知道保险标的已经因发生保险事故而遭受损失,两被告不负赔偿责任。3.原告没有尽到减损义务,并且公估报告的损失评估错漏百出,有扩大损失嫌疑,不应予以采信。

广州海事法院审理查明:原告作为被保险人与被告平安顺德支公司作为保险人签订了有效期自2017年2月9日至2018年2月8日的预约保险协议,协议约定的保险标的是电冰箱、酒柜及附属配件,运输方式是海洋运输,适用条款为伦敦保险协会货动险(A)条款(1/1/82),责任起讫为"仓至仓",自签发保险凭证和保险货物运离起运在发货人的最后一个仓库或储存处所时起,至该保险凭证上注明的目的地的收货人在当地的第一个仓库或储存处所时终止。投保形式是投保人于每次货物起运后两周内登录平安货运保险网,输入用户名和密码,并进行会员客户的业务申报(申报信息包括但不限于该批货物的数量/重量、保额、航程、运输工具名称、发票/提单号、起运时间等资料）。如系统处于维护更新阶段而无法登录投保，投保人应在货物起运前将运输申报单（包括但不限于该批货物的数量/重量、保额、航程、运输工具名称、发票/提单号、起运时间等资料）填写完整并签章后以传真或电子邮件形式通知保险人，经保险人书面确认后予以承担保险责任。承保形式是单独的预约保险协议项不作为保险人承担保险责任的依据，除非投保人或被保险人要求提供保险单（凭证），保险人不逐单出具保险单（凭证），投保人或被保险人于每次货物起运前自行网上出单，每一次运输出具一份保单。该协议适用中华人民共和国法律，司法管辖中国。预约保险协议还对每次运输限额、包装方式、保额确定方式、保险费率、免赔额、缴费方式、承保权限、索赔凭证、权益转让等内容进行了约定。双方分别在协议上盖章确认。预约保险协议后附货物运输保险预约投保单、伦敦保险协会货运险（A）条款、协会船级条款01/01/2001。伦敦保险协会货运险（A）条款第8.1款规定，本保险责任自货物运离保险单所载明的起运地仓库或储存处所开始运输起生效，包括正常运输过程。庭审中，原告确认双方在长达十年的合作中，原告均对每次货物出运自行在"中国平安网上货运险系统"网上申报出单，每一次运输均有一份保单。原告提供证据证明2014年至2017年，原告就有56次运输自行申报出单的投保时间均在保单记载的签单日期和起运日期之后。

2017年8月23日，广州南沙集装箱码头发生海水倒灌。同日，被告平安佛山分公司接到原告的报案，原告称其放在南沙集装箱码头等待装船的货物浸水受损。

随后，原告将上述浸水受损的部分货物分批次装船运往国外，并在货物起运后网上自行申报出了7份保单。编号为141154119003734760224和141154119003711251761的保单记载起运日期是2017年8月25日，起运地南沙。编号为141154119003741887755和14115411900374187411的保单记载起运日期是2017年9月3日，起运地南沙。编号为141154119003741888480的保单记载起运日期是2017年9月9日，起运地南沙。编号为14115411900374187107的保单记载起运日期是2017年9月3日，起运地盐田。编号为14115411900374188156的保单记载起运日期是2017年9月10日，起运地盐田。2017年12月5日，就7份保单下已装船起运的货物，被告平安佛山分公司向原告出具拒赔通知书，告知原告因货损发生在码头存放期间，尚未运离保单载明的起运地南沙或盐田开始运输，因此保险责任仍未开始，且保单系原告知道货物出险后投保，被告平安佛山分公司不负赔偿责任。

剩余浸水受损的货物没有装船起运，原告于2017年8月30日就没有船名和航次信息的情况下如何对该部分货物投保询问被告，在案证据未显示被告就此回复原告，原告亦未自行网上申报出保单。10月31日，就未装船起运的货物，被告平安佛山分公司向原告出具理赔意见回复函，表明鉴于原告未就相关货物按照预约保险协议的要求进行申报及投保，根据预约保险协议关于投保形式及承保形式的约定，原告所称受损货物已超预约保险协议约定的申报期限及要求，故该批货物与其不存在保险合同关系，被告亦不承担相应的保险赔偿责任。

关于委托评估货损的事实。事故发生后，被告平安佛山分公司委托泛华公估公司到现场勘验评估，泛华公估公司实地进行了有关工作。在被告平安佛山分公司向原告出具拒赔通知书后，原告于2018年2月8日委托泛华公估公司就货物损失金额进行评估。6月4日，泛华公估公司出具损失评估报告。评估结果：根据其现场查看情况和原告提供的相关资料，对海水倒灌导致未运往国外（CIF类）冰箱的损失为1,238,819.86元。另外，泛华公估公司没有查看现场，只是根据原告提供相关资料统计在出险后继续被运往国外（CIF类）冰箱的报损为735,814.62元。

【裁判理由及结论】

广州海事法院认为：本案是一宗海上保险合同纠纷。争议焦点为：1. 未装船起运的货物保险合同是否成立，若成立，两被告是否需承担保险责任及责任大小；2. 已装船起运的货物，两被告是否需承担保险责任及责任大小。

原告与被告平安顺德支公司签订的预约保险协议是双方的真实意思表示，没有违反法律和行政法规的强制性规定，合法有效。该协议的双方当事人均应依约享有权利，履行义务。预约保险协议关于承保方式明确约定，单独的预约保险协议项不作为保险人承担保险责任的依据。投保人或被保险人于每次货物起运前自行网上出单，每一次运输出具一份保单。庭审中，原告亦确认双方在长达十年的合作中，原告均对每次货物自行网上申报出单，每一次运输均有一份保单。据此，本案中的预约保险协议只是一种表达订立保险合同意向的预先约定，货物运输保险合同的成立应以保险人签发的保险单进行确认。就未装船起运的货物，由于保险人未签发保险单进行确认，故原告与两被告之间不成立保险合同，两被告无须对原告诉请的该部分货物损失承担责任。原告主张预约保险协议中关于承保方式的约定属于免除保险人责任的格式条款，且在签订协议时未对其进行明确说明和提示，对原告不产生法律效力。广州海事法院认为，该条款并非免除保险人责任的条款，只是双方对承保方式的约定，原告的主张缺乏事实依据，不予支持。原告主张其与被告之间存在货物起运之后才申报出单的惯例，而本案之所以未就该部分货物自行网上申报出单的原因正是由于没有确定船名和起运日期无法申报出单。广州海事法院认为，原告在货物起运之后申报出单符合预约保险协议关于"投保人于每次货物起运后两周内登录平安货运保险网"的约定，但结合预约保险协议关于"投保人或被保险人于每次货物起运前自行网上出单"的约定，上述条款应理解为投保人或被保险人自行网上出单的时间即投保时间是从每次货物起运前到货物起运两周内，在此期间申报出单均符合预约保险协议的约定。该约定并未改变保险人的保险义务和责任起讫范围。实践中原告在货物起运后申报出单，原告并未证明只能在货物起运后申报出单。相反，涉案预约保险协议载明运输方式为海洋运输，故船名、起运日期等项目属于"中国平安网上货运险系统"投保时必须提供的信息，未完善时确实无法形成保险单。待所有必须提供的信息完善后，仍然可以出保险单。

一方面，涉案预约保险协议约定责任起讫为"仓至仓"，自签发保险凭证和保险货物运离起运地发货人的最后一个仓库或储存处所时起保险责任开始，另预约保险协议后附的伦敦保险协会货运险（A）条款第8.1款规定，本保险责任自货物运离保险单所载明的起运地仓库或储存处开始运输起生效，包括正常运输过程。本案中，原、被告双方对涉案事故发生时保险人的保险责任是否开始存在争议。原告认为被告的保险责任自货物离开原告的仓库起算；被告认为，本案南沙港为起运地，南沙集装箱码头即为发货人的最后一个仓库或储存处所，也构成伦敦保险协会货运险（A）条款第8.1款规定的保险单载明的起运地仓库或储存处所。对此，广州海事法院认为，根据涉案预约保险协议的约定，保险责任开始需满足两个条件，其一是签发保险凭证，其二是被保险货物运离起运地发货人的最后一个仓库或储存处所。被保险货物系原告在南沙集装箱码头等待装船期间发生浸水受损，又根据涉案7份保单关于起运地为南沙或盐田的记载，故南沙或盐田集装箱码头系发货人的最后一个仓库或储存处所。且涉案事故发生时货物仍存放在南沙集装箱码头并未运离，因此，应认定涉案事故发生时被保险货物尚未运离起运地发货人的最后一个仓库或储存处所，被告的保险责任尚未开始。另一方面，射幸性是保险合同的基本特征。《中华人民共和国保险法》第二条规定，保险是指投保人根据合同约定，向保险人支付保险费，保险人对于合同约定的可能发生的事故因其发生所造成的财产损失承担赔偿保险金责任，或者当被保险人死亡、伤残、疾病或者达到合同约定的年龄、期限等条件时承担给付保险金责任的商业保险行为。由此可见，保险人是否承担保险责任取决于订立合同时尚未发生的可能发生的保险事故。本案中，原告于8月23日即向被告平安佛山分公司报案称其在南沙集装箱码头堆场存放的部分货物浸水受损，而本案7份保单签单日期最早是8月24日。故在7份保单签发前原告已经知道保险事故已发生，根据《中华人民共和国海商法》第二百二十四条"订立合同时，被保险人已经知道或者应当知道保险标的已经因发生保险事故而遭受损失的，保险人不负赔偿责任，但是有权收取保险费；保险人已经知道或者应当知道保险标的已经不可能因发生保险事故而遭受损失的，被保险人有权收回已经支付的保险费"的规定，两被告不负赔偿责任。基于上述两方面，原告诉求两被告就已装船起运的该部分货物承担保险责任，无事实和法律依据，不予支持。

广州海事法院作出（2018）粤72民初646号民事判决书，判决驳回奥马公司的诉讼请求。

宣判后，双方均未上诉。

【典型意义】

本案在南沙港受海水倒灌湿损的货物存在两种情形。第一种，2017年8月23日，发生海水倒灌导致货损，原告向被告报案后，仍将浸水受损的部分货物分批次装船运往国外，并在货物起运后网上自行申报出了7份保单。第二种，剩余浸水受损的货物没有装船起运，原告亦未自行网上申报出保单。

对于这两种受损货物，保险人的保险责任是完全不同的。对于未装船起运的货物，预约保险协议关于承保方式明确约定，单独的预约保险协议项不作为保险人承担保险责任的依据。投保人或被保险人于每次货物起运前自行网上出单，每一次运输出具一份保单。本案中的预约保险协议只是一种表达订立保险合同意向的预先约定，货物运输保险合同的成立应以保险人签发的保险单进行确认。就未装船起运的货物，由于保险人未签发保险单进行确认，故原告与两被告之间不成立保险合同，两被告无须对原告诉请的该部分货物损失承担责任。

那么对于浸水受损后仍被分批次装船运往国外的那部分有保单的货物应如何界定被告的保险责任？首先，原告根据预约保险协议的约定自行网上申报出保险单，原告系涉案保险单记载的被保险人，两被告对其系涉案货物运输的保险人无异议，原告与两被告之间成立海上货物运输保险合同关系。其次，涉案预约保险协议约定责任起讫为"仓至仓"，保险责任开始需满足两个条件，其一是签发保险凭证，其二是被保险货物运离起运地发货人的最后一个仓库或储存处所。最后，射幸性是保险合同的基本特征，保险人是否承担保险责任取决于订立合同时尚未发生可能发生的保险事故。原告于8月23日即向被告平安佛山分公司报案称其在南沙集装箱码头堆场存放的部分货物浸水受损，而本案7份保单签单日期最早是8月24日，故在7份保单签发前原告知道保险事故已发生，两被告不负赔偿责任。

涉案冰箱为国内生产厂家向国外出口的货物，数量大、价值高。广东每年都会遭受多个台风袭击，为相关货物选择合适的险种，准确理解、确定保险人保险责任期间，特别是对"仓至仓"条款进行明确，尤为重要。本案原告因未能举证证明保险人保险责任起运地为被保险人的最后一个仓库或储存处所即为原告厂房或仓库所在地，导致法院认定的最后一个仓库或储存处所为保单上所载明的起运港南沙港，而非原告主张的原告厂房或仓库所在地。同时，双方虽然签订了预约保险合同，但被保险人每一票货物运输仍应取得保险人签发的保单，方能建立保险合同关系。该案对于国内出口商通过适当投保，选择适当险种，明确保险责任，分散天灾风险有很好的警示作用。

（林依伊）

九江市福星泰贸易有限公司与中国平安财产保险股份有限公司广东分公司海上保险合同纠纷案

——集装箱整箱运输条件下货物品类与保单记载不符是否属于保险事故的判定

【提要】

海洋运输货物保险条款中，一切险承保被保险货物在运输途中由于外来原因所致的全部或部分损失，被保险人对主张发生保险事故负有初步的举证责任。集装箱整箱运输条件下运抵目的港的集装箱在外观及铅封完好情况下，货物品类与提单记载不符，被保险人以发生了盗窃为由索赔，但未证明保险责任起始时箱内货物的状况及货物在保险人承保的运输期间因外来原因导致集装箱内货物与提单记载不符，保险责任不成立。

【关键词】

海上保险合同　保险事故　一切险　集装箱　陆路货物运输

【基本案情】

原告：九江市福星泰贸易有限公司（以下简称"九江公司"）。

被告：中国平安财产保险股份有限公司广东分公司（以下简称"平安公司"）。

原告九江公司诉称：2017年6月2日，九江公司就其从非洲进口的一批价值100万美元的20吨钽矿向平安公司购买了货物运输一切险，保险责任期间从6月2日货物由蒙巴萨起运至原告接收货物的仓库止。6月3日涉案货物装上船舶，到达目的港九江后经检验集装箱总重才11,260千克，且经放射性检测，货物根本不是钽矿，需退运，货物全损。涉案货物在装卸两港的重量差异巨大，显然是外来原因导致。经公估师查勘检验，认定货物是在从蒙巴萨到九江的运输途中被偷盗，属于约定的保险责任。请求判令：平安公司向九江公司赔偿100万美元，并承担本案诉讼费用、公证费、公告费。

被告平安公司主要辩称：1. 涉案货物在保险责任期间没有发生保险事故，保险单背面条款约定的责任起讫为"仓至仓"责任，保险责任期间应自涉案货物运离蒙巴萨的仓库或储存处所后开始，涉案货物在船舶运输期间铅封完好，不存在货物被调换的可能及证据；2. 涉案货物在船舶运输之前经过多个区间段运输，被保险人对其主张的保险事故不仅要证明货物短少，还需证明事故发生的时间、地点等情况，原告对于保险事故的任何事实都没有举证证明，应当承担不利后果。

广州海事法院经审理查明情况如下：2017年6月，平安公司的代理人向九江公司出具了货物运保险单，保险金额100万美元，提单号MBA700012400，运输船名航次为KOTA GABUNG V.0050E，起运日期2017年6月3日，自肯尼亚蒙巴萨至中国江西九江，保险货物项目、标记、数量及包装记载为钽矿颗粒、SEGU1708694号集装箱、34桶，承保条件记载为：按海洋货物运输条款承保一切险，包括免赔额和除外责任条款，免赔及其他约定详见海洋货物运输保险条款。该保险条款约定，一切险为除包括平安险和水渍险的各项责任外，本保险还负责保险货物在途运输中由于外来原因所致的全部或部分损失。除外责任部分约定对下列损失不负赔偿责任：1. 被保险人的故意行为或过失所造成的损失；2. 属于发货人的责任所引起的损失；3. 在保险责任开始前，被保险货物已存在品质不良或数量短差所造成的损失；4. 被保险货物自然损耗、本质缺陷、特征以及市价跌落、运输迟延所引起的损失或费用；5. 海洋运输货物战争险条款和货物运输罢工险条款规定的责任范围和除外责任。责任起讫约定为：本保险责任负"仓至仓"责任，自被保险货物运离保险单所载明的起运地仓库或存储处所开始运输时生效，包括正常运输过程中的海上、陆上、内河和驳船运输在内，直至该项货物到达保险单所载明目的地收货人的最后仓库或存储处所或被保险人用作分配、分派或非正常运输的其余储存处所为止。

2017年4月27日，九江公司法定代表人和其公司职员在刚果金贝尼市政府OCC监管仓库，和卖方、OCC局长与局长助理及代理公司，对20吨钽矿进行过磅、取样、装桶、封口、标签，共装34个铁桶。5月10日，上述34个铁桶被装至CBHU9903149号集装箱，并铅封，由卡车从OCC监管仓库运往肯尼亚的蒙巴萨AW公司仓库。5月15日，上述货物到达并存放在AW公司仓库。5月26日，在AW公司仓库，CBHU9903149号集装箱被开箱，海关对34桶钽矿进行检验后，将34桶钽矿转放入太平洋船务有限公司发放的SEGU1708694号集装箱内。当日18时，卡车将SEGU1708694号集装箱运往蒙巴萨海关监管区,于5月27日中午到达。SEGU1708694号集装箱在2017年6月3日由头程船KOTA GABUNG从肯尼亚蒙巴萨起运。同日太平船务有限公司在肯尼亚的代理签发记名提单记载:托运人为刚果民主共和国的MANIEMA矿业公司,收货人和通知方均为九江公司,船名航次为KOTA GABUNG V.0050E,收货地蒙巴萨,装货港蒙巴萨港,卸货港江西九江港,交货地江西九江,集装箱号SEGU1708694,铅封号T0910991,运输条款为堆场至堆场(CY—CY),货物由托运人装载、配载、计数、铅封,货物描述为20尺集装箱内34桶重量20吨的钽矿,承运人对集装箱内货物详情不知道,货物详情如托运人陈述,货物已装船,装船时间2017年6月3日。6月22日SEGU1708694号集装箱运抵上海港;6月30日换由"长航集运305"轮继续运输;7月10日抵达九江港停泊未卸货,之后开往武汉;7月13日从武汉返航至九江港;7月15日抵达九江港卸箱。

九江港对SEGU1708694号集装箱进行称重并出具报告,显示货物连同集装箱总重量为11,260千克。7月17日,九江商检对涉案集装箱进行放射性检验,开箱时,集装箱箱体铅封完好;开箱受到九江海关、九江商检监管监控,九江公司的职员拍照记录;有5个铁桶被九江商检割开做放射性检测,发现放射性不达标。九江公司就此向平安公司报案。平安公司为调查情况对港口办公室负责检验检疫的人员和九江公司法定代表人做了询问笔录,均确认开箱前集装箱完好无损,铅封完好。

2017年8月7日,平安公司向九江公司发出拒赔通知书,主要理由为货物到达九江港时,九江商检开箱验货前,箱体和铅封完好无异常,开柜后货物包装及密封完好,货物包装、记载无异常。可以排除偷窃、调包,或者其他外来原因导致集装箱内密封货物的数量和品质发生变化,故此次报案不属于涉案保险单承保条件下的责任范围。

原告委托公估公司作出公估报告。公估报告认为此次事故为钽矿被盗事故,即原来的铁桶内装的钽矿被人打开集装箱,把铁桶底部割开,将钽矿偷换;事故发生时间为蒙巴萨海关监管码头至九江市城西港区海关监管码头货场的货物运输期间(2017年6月3日至7月17日期间);事故发生地点为蒙巴萨启运后至九江市城西港区海关监管码头前某一段;本次事故根据保险条款第三条责任起讫的"仓至仓"条款,盗窃属于外来原因,本次事故属于被告承保责任期间,被告应负责赔偿;本案货物被鉴定无任何加工利用价值,建议作退运处理,无残值,认定该批货物全损;本次事故投保比例100%,无免赔约定,理算金额为100万美元。

公估师庭审中确认，公估报告是根据现场查勘结合原告提供的资料，进行了部分推理。其推测是在2017年6月7日之后SEGU1708694号集装箱运至国内不在船上区间发生了盗窃事件；作案手法为将集装箱整体切割，掏出34个铁桶切割铁桶底部盗窃涉案钽矿，再回装填塞焊缝好铁桶，最后焊缝好集装箱。

【裁判理由及结论】

广州海事法院认为：本案是一宗海上保险合同纠纷。

一、保险责任期间是否发生盗窃事故

在案证据能证明运抵集装箱毛重（11,260千克）比提单记载的毛重（20,000千克）少，箱内货物也非提单记载和保险单承保的钽矿，关键争议在于上述运抵货物状况与提单记载不符是否为保险责任期间外来原因所致。涉案海洋货物运输保险条款约定保险责任负"仓至仓"责任。涉案保单载明的起运地和目的地分别为肯尼亚蒙巴萨和中国江西九江，与涉案提单相同。故保险责任期间为涉案货物运离肯尼亚蒙巴萨堆场至中国江西九江港堆场。涉案提单上批注了不知条款，货物由托运人装箱、封箱，承运人接受的是一个完整的、已经铅封完好的集装箱。对于海上集装箱运输而言，承运人接收的是一个完好并已施封的集装箱，运抵目的港后在箱体和铅封均完好的情况下要证明运输途中发生了偷盗事件，需要提供确凿、有效的证据才能证明在箱体和铅封均完好的表象下确实隐藏着偷盗事件，而原告仅提交了公估报告作为证据，公估人认为保险事故是发生在国内非港口区域，同时对集装箱外围进行查勘，发现集装箱有一面有刮痕，底部有油漆脱漆现象。经查公估报告的结论是公估师基于对集装箱内部、外部表面油漆痕迹的勘查所作的推测性分析，而非确实发现开箱盗窃所留下的痕迹。集装箱作为高速流转工具，出现刮痕或脱漆属于正常现象。公估现场查勘未发现该集装箱的锁杆、锁条、门板铰链、密封针及紧固螺栓螺母有异常或被撬动痕迹，故广州海事法院对公估师关于集装箱被整体切割的推测性分析结论不予认可。原告提交的公估报告不能单独证明运输途中发生了偷盗事件导致货不对版。

从涉案货物起运前的事实来看。一方面，原告提交的证据只能证明原告派员工前往刚果金于2017年4月27日在刚果金OCC监管仓库进行了监装，当地矿物监管控制局派员参与，对钽矿取样、过磅、封口、标签，共装34个铁桶。当天原告委派的监装人员即离开。上述34个铁桶于5月5日装上卡车途经乌干达过境转运至肯尼亚，本案无证据证明5月10日装入CBHU9903149

号集装箱时34个铁桶底部的状况和铁桶的重量,也即原告不能证明34个铁桶在该陆路区段运输过程中未发生底部被切割的变化,也不能证明34个铁桶内装货物仍为4月27日的钽矿而非矿渣,因而不能排除从4月27日34个铁桶封口至5月10日被装入CBHU9903149号集装箱长达13天的时间和长距离的陆路运输区段内,34个铁桶及内装货物已经发生了偷换的可能。另一方面,CBHU9903149号集装箱由卡车于5月15日运至并存放在肯尼亚蒙巴萨AW公司仓库,5月25日更换装入20尺SEGU1708694号集装箱后施封运至蒙巴萨港上船,本案也无证据证明5月10日至5月25日期间,托运人或者代理人有委托第三方对34个铁桶及内装货物进行检验和称重,无证据证明34个铁桶内装货物仍为4月27日所装的钽矿以及34个铁桶底部状况及总重量。所以,原告监装的钽矿是否被装入40尺集装箱运至肯尼亚,以及在肯尼亚将40尺集装箱更换为20尺的SEGU1708694号集装箱时货物是否一直完好,34个铁桶底部在哪个环节被切割或装货前是否有切割痕迹均属于真伪不明状态,涉案货物存在多个运输和装箱环节被偷盗的可能。

涉案货物是2017年5月25日装入SEGU1708694号集装箱并铅封完毕,但在案证据不能证明承运人在起运港口接收货物时对集装箱进行了称重,也无证据证明在集装箱进入起运港堆场后托运人有委托第三方称重验箱,九江公司也未提交其与九江金属公司在买卖合同中约定的装运港第三方检测公司的取样、称重和分析报告,即不能证明承运人接收的集装箱的真实总重量如提单记载的20,000千克及货物为钽矿。广州海事法院认为在无证据证明承运人在起运港接受的集装箱真实重量如提单记载的情况下,不能得出货物在海运期间发生了短量的结论,从而不能认定涉案货物的货不对版发生于海运期间,更不能以果为因地推测盗窃行为发生于国内运输区段。

从集装箱到目的港后箱体及铅封来看,涉案载货的SEGU1708694号集装箱在运输途中没有开箱记录,运抵目的港后该集装箱的铅封和箱体完好。综上所述,原告关于涉案货物货不对版是因在保险责任期间发生了盗窃的主张,因缺乏有效证据不能成立。

二、平安公司应否对涉案保险标的货不对版承担赔付责任

据涉案保险单约定平安公司承保的责任范围依据海洋运输货物保险条款,条款约定本保险分为平安险、水渍险及一切险三种,原告主张被告依一切险承担保险责任。一切险为除条款列明的平安险和水渍险各项责任外"被保险货物在运输途中由于外来原因所致的全部或部分损失",因原告未证明货物在平安公司承保的运输途中因外来原因导致运至目的港的集装箱内货物货不

对版,涉案保险条款约定的保险责任尚未成立,原告不能证明货不对版是在被告承保的运输区段由于外来原因所致,应承担不利后果。

广州海事法院于2019年12月11日作出(2018)粤72民初383号民事判决书,判决驳回九江公司的诉讼请求。

宣判后,双方均未上诉。

【典型意义】

本案为海上保险合同纠纷。本案面临的问题是:集装箱整箱运输条件下运抵目的港的集装箱外观及铅封完好,箱内货物并非提单和保单记载的钽矿而是矿渣。被保险人以发生了盗窃为由索赔,保险人以未发生保险事故为由拒赔。投保的是钽矿变成了收到的矿渣,这是保险事故吗?本案的裁判理由围绕保险责任期间是否发生外来原因致货不对版的判定展开论证。

首先,从原告主张发生盗窃事故的证据入手,论述了在案证据不能证明保险责任期间发生盗窃事故。集装箱作为现代海运运输的载体,承运人在提单上签注不知条款时,承运人更多扮演的只是原转原交改变集装箱物理位置的角色,保险人亦是基于此而签发保单。《中华人民共和国海商法》第二百五十一条也规定,保险事故发生后,保险人向被保险人支付保险赔偿前,可以要求被保险人提供与确认保险事故的性质和损失程度有关的证明和资料。本案中九江公司作为原告和被保险人,有责任提交证据证明发生了其所主张的保险事故。原告提交了公估报告作为证据,公估人对集装箱外观进行查勘,未发现该集装箱的有异常或被撬动痕迹,只发现集装箱有一面有刮痕,底部有油漆脱漆现象,推测性分析而认为集装箱被整体切割,且内部货物盗窃事故是发生在国内非港口区域。涉案集装箱在目的港检验时箱封完好,且锁杆、锁条、门板铰链、密封针及紧固螺栓螺母等表面状况良好。集装箱作为高速流转工具,出现刮痕或脱漆亦属正常现象,在未发现外部任何人为损坏痕迹的事实情况下,不能单凭集装箱有一面有刮痕就认定发生了集装箱被整体切割事故。

其次,从货物在起运港装运前的运输事实分析,作为高价值的货物,被保险人只对第一程陆运起运前的取样、称重、装箱进行了监装,并未全程监管多国跨境的陆运或聘请第三方机构对海运前的拆箱换箱封箱进行监装,不能证明换箱后装入的34个铁桶外观良好未发现底部切割痕迹,不能排除装进海运集装箱的物品已非提单和货物保险单上记载钽矿的可能。因原告不能证明货物经过长时间、长路途的跨境陆路运输后装上船的货物为钽矿,法院进而依据集装箱到目的港后箱体及铅封完好，综合判定原告关于涉案货物货不对版是因在保险责任期间发生了盗窃的主张不能成立。

最后，回到对海洋货物运输"一切险"的理解。一般而言，"一切险"为非列明风险，被保险人根据外来原因提出保险索赔，应当按照非列明风险确定举证责任。由于该"一切险"承保风险非常宽泛，被保险人仅需要证明保险事故系某些意外所致即可。而本案原告以承保的运输期间发生盗窃为由提出索赔，其提交的证据不能证明该主张成立的情况下，保险人主张的承保运输期间并未发生"外来原因"导致的货不对版有集装箱箱体、铅封完好的事实支撑。因被保险货物采取的是集装箱运输，基于集装箱运输由托运人装箱、封箱、施封，承运人未监装仅负责整箱交接的特殊性，本案并未将举证责任分配转向由保险人证明"除外责任"。"外来原因"不是一项具体风险，如何定义"外来"，仅就字面无法确定其内涵。但是回到"本保险还负责保险货物在途运输中由于外来原因所致的全部或部分损失"这一条款整体理解，即可知"外来原因"所维系的本体是"被保险货物"，"外来"的参照物就是被保险货物，所谓"外来原因"就是被保险货物内在原因以外的其他原因。本案被保险货物在集装箱箱体、铅封完好的情况下货不对版，证明集装箱内在保险责任期间并未发生货物的偷换事实，应属于被保险货物本身内在原因，即保险责任开始前被保险货物已经被偷换，本案的被保险人也未证明在保险责任起始时集装箱内的货物为钽矿。生效判决以原告未证明货物在被保险人承保的运输途中因外来原因导致运至目的港的集装箱内货物品类与保单记载不符，涉案保险条款约定的保险责任尚未成立，判决驳回原告的诉讼请求。

本案判决后，据原告反馈，其事后对非洲国家陆路段运输的调查，已发现盗窃发生于该区段的证据，对法院的判决表示信服。

涉案货物为国内生产厂家从非洲进口的含放射性物质的矿物，价值高，而非洲进口货物被盗、被换的事件频繁发生，致使国内买家受损严重，所以对于国际买卖合同付款条件、装运条件的限制就显得尤其重要。本案原告因未严格执行买卖合同约定的货到目的港经检验合格后再付款的付款程序，导致钱货两空的损失发生。原告也未就本案货物在非洲国家间的陆路运输期间购买货物运输险，未有效实现运输过程中货物风险的转移分担。该案对于国内进口商防止国际贸易的风险有很好的警示作用。

（杨雅潇　舒坚）

珠海永绅航运有限公司诉中国人民财产保险股份有限公司珠海市分公司通海水域保险合同案

——涉澳门海事案件的法律适用与证据采信

【提要】

人民法院在审理涉及澳门特别行政区的海事案件中,对于所适用的法律应依照《中华人民共和国涉外民事关系法律适用法》及其司法解释予以确定。当事人提交的在澳门形成的证据,如何认定其效力?在澳门与内地分属不同法域的情况下,该问题属于涉澳证据的采信问题,应依照《最高人民法院关于民事诉讼证据的若干规定》的要求,履行相关的证明手续,并经庭审质证综合予以判断和采信。

【关键词】

澳门特别行政区 海事案件 法律适用 证据采信

【基本案情】

原告(上诉人):珠海永绅航运有限公司(以下简称"永绅公司")。

被告(上诉人):中国人民财产保险股份有限公司珠海市分公司(以下简称"人保公司")。

永绅公司诉称:2014年5月3日,永绅公司所有的"博运882"轮在澳门水道14号至15号航标之间航道水域,与案外人所有的"粤肇庆货9028"轮发生碰撞,"博运882"轮随后触碰澳门嘉乐庇总督大桥(以下简称"嘉乐庇大桥")护桥栏及灯桩,造成船体及其他设施的损坏,损失总计2,490,371元。原告就其所有的"博运882"轮与被告签订沿海内河船舶一切险保险合同,其中附加四分之一碰撞、触碰责任险等。根据保险合同约定,本次事故发生的损失和费用,依法应当由被告负责赔偿。请求法院判令:被告赔偿原告因保险事故所造成的损失2,490,371元及利息,本案诉讼费用由被告负担。

人保公司辩称:涉案船舶所触碰的设施是护桥栏,该护桥栏是为了保嘉乐庇大桥的两根桥墩，利用这一既成的结构，涂上航向标识，加上航标灯，但其名称和属性仍然是护桥栏，不属于被告承保风险范围；护桥栏和航标设施是物理上和费用上可分的，本案保险所承保的部分，仅限其中的航标部分，即涂刷漆色的项目；原告所称的各项目没有事实和法律依据，金额不合理。综上所述，请求法院驳回原告的诉讼请求。

广州海事法院经审理查明：2014年5月3日约17时20分，永绅公司所属的自卸砂船"博运882"轮自珠海大桥开往唐家湾途中，在澳门水道14号至15号航标之间航道水域，与广州南沙开往珠海横琴的肇庆粤飞船务有限公司和薛定飞所属的"粤肇庆货9028"轮发生碰撞，随后"博运882"轮船艏右侧触碰嘉乐庇大桥14号灯桩及桥梁警示栏杆。碰撞事故导致"博运882"轮船艏右舷出现小面积凹痕及一道裂口，"博运882"轮触碰14号灯桩相连接的桥梁警示栏杆导致其部分折断落水。珠海海事局湾仔海事处于2014年6月11日出具水上交通事故调查结论书，认定"博运882"轮和"粤肇庆货9028"轮对本次事故负对等责任。

2014年5月4日，澳门海事及水务局发出批示，命令禁止"博运882"轮离开澳门，除非船舶经营人提供银行担保或其他适合的担保或押金。6月19日，永绅公司向澳门海事及水务局提交300万澳门元作为担保后，"博运882"轮（已更名为"永绅368"轮）离开澳门。2015年1月14日，永绅公司收到退回的担保余款143,657澳门元。

碰撞事故发生后，永绅公司向盛航公司维修"永绅368"轮，维修费54,666元。

2015年2月11日，永绅公司向澳门海事及水务局交纳证明书费用945澳门元。永绅公司为解决本案纠纷与广东敬海律师事务所签订委托代理合同，法律服务费为18万元，其中永绅公司于2014年5月26日支付广东敬海律师事务所10万元。永绅公司于2015年5月11日以船舶碰撞损害责任纠纷向广州海事法院起诉肇庆粤飞船务有限公司和薛定飞，于7月16日交纳案件受理费27,010元，产生手续费10元。

2014年4月3日，永绅公司向人保公司就"博运882"轮投保沿海内河船舶一切险，人保公司向永绅公司签发了保险单。该保险单记载：投保险别为沿海内河一切保险，附加四分之一碰撞、触碰责任、螺旋桨等单独损失责任、船东对船员责任、第三者人身伤亡责任；主险以及附加四分之一碰撞、触碰责任的免赔约定均为每次事故免赔5,000元或者损失金额的10%，两者以高者为准；保险期间自2014年4月4日0时起至2015年4月3日24时止，保险金额为 3,500,000 元，保险费为 54,500 元。2015 年 3 月 5 日，永绅公司向人保公司发函，要求对"永绅 368"轮保险事故造成的损失 2,383,353 元进行理赔。人保公司函告永绅公司，本次所触碰的护桥栏，不属于承保风险的范围。

关于"永绅 368"轮触碰的嘉乐庇大桥警示栏杆是否为航标的问题。永绅公司提供的编号为 188/DAM/2015 号的澳门海事及水务局回复函称："1. 根据本局 2013 年 6 月 17 日第 11/2013 号通航通告（见附件）所述，旧 14 号灯桩即为现时的 M18 号灯桩，而上述变更已于 2013 年 7 月 1 日起生效；2. 承上所述，位于嘉乐庇大桥主桥孔南侧护桥栏西端的 M18 号灯桩（装设红灯，灯质见附件）与其护桥栏（红白相横间条）构成航标整体，与北侧护桥栏及 M17 号灯桩相对并对航道边界作出标示，对航行作出导航。"永绅公司提供的澳门土地工务局答复澳门海事及水务局的复函提及，修复嘉乐庇大桥损毁的防护栏并非大桥本身，且嘉乐庇大桥与嘉乐庇大桥防护栏是各自独立的结构。

人保公司主张，被"永绅 368"轮触碰的嘉乐庇大桥警示栏杆的名称和性质是防护栏，其主要的功能是保护桥墩、防止碰撞，虽然其上附有部分的导航设施和功能，但其根本属性和名称不是航标。即使其有航标的功能，护桥栏和航标在物理和费用上也是可分的，航标仅限于灯标。即使按照永绅公司的理解，航标的费用也仅包括灯标和护桥栏上的油漆。澳门海事及水务局系澳门地区水上航行的主管部门，其出具的编号为 188/DAM/2015 号的文件已经明确，被"永绅 368"轮触碰的嘉乐庇大桥警示栏杆西端的 M18 号灯桩与其护桥栏构成航标整体，与北侧护桥栏及 M17 号灯桩相对并对航道边界作出标示，对航行作出导航。故涉案被触碰的嘉乐庇大桥警示设施，符合《中华人民共和国航标条例》关于航标的定义，应认定"永绅 368"轮触碰的嘉乐庇大桥警示栏杆为航标。

【裁判理由及结论】

广州海事法院经审理认为：本案为通海水域保险合同纠纷。永绅公司为被保险人，人保公司为保险人，人保公司向永绅公司签发了沿海内河船舶一切险保险单，成立了以该保险单记载的内容为权利义务的保险合同，双方意思表示真实，不违反法律和行政法规的强制性规定，合法有效，均应依照保险合同行使权利和履行义务。

永绅公司、人保公司提交的《中国人民财产保险股份有限公司沿海内河船舶保险条款（2009版）》的关于碰撞、触碰责任约定，人保公司承保被保险船舶在可航水域碰撞其他船舶或触碰码头、港口设施、航标，致使上述物体发生的直接损失和费用。根据本案查明的事实，"永绅368"轮触碰的嘉乐庇大桥警示栏杆属于航标，该警示栏杆被"永绅368"轮触碰导致永绅公司向澳门海事及水务局支付维修费用的损失，属于人保公司的承保范围。人保公司抗辩"永绅368"轮触碰的嘉乐庇大桥警示栏杆属于护桥栏，不是航标，不属于人保公司承保范围的主张，与查明的事实不符，没有事实与法律依据，不予支持。

根据《中华人民共和国保险法》第二十三条第一款规定，永绅公司有权要求人保公司就船舶修理费54,666元、向澳门海事及水务局支付维修嘉乐庇大桥警示栏杆的费用2,217,950元进行赔偿。永绅公司向澳门海事及水务局支付的调取证明事故和损失所需资料费，属于《中华人民共和国保险法》第六十四条规定的保险人、被保险人为查明和确定保险事故的性质、原因和保险标的的损失程度所支付的必要的、合理的费用，人保公司应赔偿。永绅公司支出的律师费、另案起诉"粤肇庆货9028"轮船舶所有人的受理费均不属于人保公司的保险责任范围，亦不属于《中华人民共和国保险法》第六十四条规定的必要的、合理的费用，永绅公司请求人保公司赔偿，没有法律依据，不予支持。

广州海事法院于2015年10月15日作出（2015）广海法初字第798号民事判决书，判决：一、人保公司赔偿永绅公司船舶修理费54,666元、触碰嘉乐庇大桥航标损失2,217,950元、资料费737元，共计2,273,353元，以及自2015年5月15日起至实际支付之日止按照中国人民银行同期一年期贷款的基准利率计算的利息；二、驳回永绅公司其他诉讼请求。

宣判后，人保公司提起上诉。广东省高级人民法院于2017年3月22日作出（2016）粤民终847号民事判决：驳回上诉，维持原判。

【典型意义】

一、审理涉澳海事案件的法律适用问题

本案保险事故发生在我国澳门水域，是一宗典型的具有涉澳因素的通海水域保险合同纠纷案件。根据《最高人民法院〈关于适用中华人民共和国民事诉讼法〉的解释》第五百五十一条的规定，人民法院审理涉及香港、澳门特别行政区和台湾地区的民事诉讼案件，可以参照适用涉外民事诉讼程序的特别规定。《中华人民共和国民事诉讼法》第二百五十九条规定："在中华人民共和国领域内进行涉外民事诉讼，适用本编规定。本编没有规定的，适用本法其他有关规定。"但是涉外民事诉讼如何确定准据法的法律适用问题，在涉外民事诉讼程序的特别规定一编中并无规定。所以，本案的法律应依照《中华人民共和国涉外民事关系法律适用法》及其司法解释予以确定。《最高人民法院关于适用〈中华人民共和国涉外民事关系法律适用法〉若干问题的解释（一）》第十九条规定："涉及香港特别行政区、澳门特别行政区的民事关系的法律适用问题，参照适用本规定。"本案争议的民事关系属于通海水域保险合同关系，原告、被告均选择适用我国内地法律作为解决争议的法律，符合《最高人民法院关于适用〈中华人民共和国涉外民事关系法律适用法〉若干问题的解释（一）》第八条规定的情形，故本案应适用内地法律。

二、在澳门形成的证据如何采信问题

本案的原告为证明其主张的事实，提供了澳门海事及水务局、澳门土地公务运输局的公函、付款通知书、香港大丰银行支票等证据以证明其损失。以上在澳门形成的证据如何采信，在澳门与内地分属不同法域的情况下，该问题属于涉澳证据的采信问题。2001年，《最高人民法院关于民事诉讼证据的若干规定》第十一条第二款规定："当事人向人民法院提供的证据是在香港、澳门、台湾地区形成的，应当履行相关的证明手续。"原告提供的以上证据，仅提供了原件供核对，并未办理相应的证明手续。但经过庭审质证，被告对以上证据的真实性并无异议，故法院并不因为原告未办理以上证据的证明手续就一概不予采信，而是结合庭审举证质证的情况，综合予以认定。进而言之，关于域外证据的采信问题，目前审判实践中较为一致的观点是，如果该证据系证明诉讼主体资格的证据，则要求当事人必须履行相关的公证认证或者其他证明手续；对于其他证明案件事实的证据，则根据庭审举证质证的情况，综合当事人的质证意见予以审核认定。本案对于在澳门形成的证据如何采信问题，也参照遵循了以上域外证据的采信的主流观点和原则。

三、对有争议的保险合同条款可依法律法规相关规定解释

本案中，人保公司提交的《中国人民财产保险股份有限公司沿海内河船舶保险条款（2009版）》中关于碰撞、触碰责任约定，人保公司承保被保险船舶在可航水域碰撞其他船舶或触碰码头、港口设施、航标，致使上述物体发生的直接损失和费用，上述约定构成原告与被告关于碰撞、触碰责任保险范围的有效约定，双方对此均无争议。有争议的是此处的"航标"应作何解释。与其他案件中保险合同格式条款争议解释规则不同的是，本案中并未出现保险合同条款按照通常理解存有两种以上解释的情况，无须按照《中华人

民共和国保险法》第三十条的规定采取有利于被保险人的解释规则。

本案原告与被告均不否认被损坏的护桥设施具有航标的部分功能，但需要法院认定的是，在护桥设施同时具有航向指示和防止撞击两种功能的情况下，是否可以作物理结构上的区分，从而划分保险赔偿责任。一种观点认为，涉案碰撞标的物为护桥栏，在此结构基础上增加了航标灯和红绿颜色的航向标识，作为主体的护桥栏，与其上附加的航标设施在工程建造上、物理上和费用上可分，因此，保险人的承保范围仅限于其中的航标部分。另一种观点认为，护桥栏主体与航标灯、红绿颜色的航向标识已经融为一体，护桥栏本身就是航标，在物理结构上不可分，故保险人的承保范围应为受损的护桥栏，而不限于作为航向标识的航标灯和彩色油漆。

对此，一审法院采取了参考国家有关法律法规对航标定义的认定规则。对于航标，《中华人民共和国航标条例》第二条第二款规定："本条例所称航标，是指供船舶定位、导航或者用于其他专用目的的助航设施，包括视觉航标、无线电导航设施和音响航标。"本案中被撞的护桥栏，对航行中的船舶起到标示航道边界、对航行作出导航和警示的作用，符合《中华人民共和国航标条例》中关于航标的定义，应该认定被撞的设施在整体上构成航标，而不仅仅是附着于其上的航标灯和油漆。因为如果将航标灯和油漆从物理结构上与护桥栏主体结构分开的话，将失去其存在的物理基础，该航标设施无论从形式上还是功能上都将被根本地改变，无法满足其原来的导航功能。该设施的主管部门澳门特别行政区海事及水务局出具的有关文件的说明，更进一步印证了本案中被撞的设施从整体上构成航标的结论。因此，本案被撞的设施属于航标，本案触碰事故造成的损失属于人保公司的保险责任范围。

（罗春　白厦广）

·第十一编·

海事行政

安徽昌汇运贸有限公司不服中华人民共和国徐闻海事局海事行政处罚案

——对肇事船作出行政处罚不能单独依据水上交通事故责任认定书

【提要】

水上交通事故责任认定书、海事事故调查结论书,并非证明海事行政部门查处的违法行为的直接证据。在行政案件中,海事行政机关对违法行为的证明程度要达到形成完整的证据链。

【关键词】

行政处罚　水上交通事故　责任认定　证据

【基本案情】

原告(上诉人):安徽昌汇运贸有限公司(以下简称"昌汇公司")。

被告(被上诉人):中华人民共和国徐闻海事局(以下简称"徐闻海事局")。

2013年9月14日,在湛江雷州企水对开水域一艘渔船沉没,船上5名渔民全部落水,3人获救、2人失踪。经过徐闻海事局调查认定事发时间途经事故海域并与事故渔船发生会遇的"昌汇88"轮为肇事船,其触碰正在拖网捕捞作业的渔船船艉右侧渔网拖缆,造成事故渔船被掀翻,随后沉没。2014年1月6日,徐闻海事局向原告发出《水上交通肇事船舶认定书》,认为根据《水上交通肇事逃逸案件调查处理规定》,以及AIS[①]数据记录、现场勘查、当班船员陈述、油漆检验鉴定结果等证据确认,"昌汇88"轮为涉案碰撞事故的肇事船舶。2014年1月23日,徐闻海事局经调查作出《湛江雷州"9·14"北海渔船被碰沉船事故调查报告》,详细记录了涉案碰撞事故的调查经过以及证据材料,并对事故原因及事故当事人的责任判定作了划分,通过调

---

① automatic identification system(简称AIS),指船载自动识别系统。——编者注

查询问相关船员、现场勘查事故船舶、扫测沉船及打捞渔网拖缆、进行油漆取样送检鉴定、函查等，共获得证据36份和相片28张、视频9段。2014年1月27日，徐闻海事局制作了《水上交通事故调查结论书》，认定"昌汇88"轮未保持正规瞭望、作为让路船未大幅度为从事捕捞的渔船让路，是事故发生的主要原因，应当对此次事故负主要责任。随后徐闻海事局以事故当时值班的驾驶员未保持正规瞭望，避让措施不当等过失是导致事故的主要原因，应承担主要责任为由，认定上述行为违反了《中华人民共和国海上交通安全法》第十条与1972年《国际海上避碰规则》第二条第1款、第五条和第八条第1、3、4款和第十六条、第十八条第1款第（3）项，以及《中华人民共和国海船船员值班规则》第二十一条第（一）（二）项、第二十九条的规定，根据《中华人民共和国海上海事行政处罚规定》第三十七条第一款第（三）项、第二款第（十三）项的规定，对"昌汇88"轮的经营人昌汇公司作出罚款7,000元的行政处罚。昌汇公司不服，向徐闻海事局提起行政复议，徐闻海事局维持了该行政处罚。昌汇公司遂提起本诉，请求法院撤销海事行政处罚决定书。

【裁判理由及结论】

广州海事法院审理认为：原告提交的拟证明"昌汇88"轮未航经事故位置的证据不足以证明该主张，与AIS数据记录及询问笔录记载的事发当时值班船员陈述的情况不符，原告的举证不能推翻水上交通肇事船舶认定书的结论。被告提交的水上交通肇事船舶认定书、事故调查报告、水上交通事故调查结论书均为被告依据调查搜集的证据结合专业知识所作的分析认定，虽非认定海事行政违法行为的直接、客观证据，但其结论是基于事故调查过程中收集的客观证据结合专业分析得出，结合询问笔录中当事船员对事故发生时段该轮与渔船会遇情况的陈述，以及鉴定报告对于事故渔船拖网缆绳上附着的黑色外来油漆与"昌汇88"轮球鼻艏左侧擦痕旁船舶油漆中的表层黑色油漆的红外光谱图一致、成分一致的鉴定结论，已形成完整的证据链认定"昌汇88"轮为涉案事故的肇事船。再结合海事局对"昌汇88"轮值班驾驶员毛冬根的询问笔录，毛冬根陈述事故发生前后其离开值班岗位几十分钟，没有其他人员代岗的事实，处罚决定书认定事故发生当时驾驶员未保持正规瞭望、避让措施不当等过失是导致事故发生的主要原因有事实依据。

广州海事法院于2015年7月3日作出（2015）广海法行初字第4号行政判决，驳回昌汇公司的诉讼请求。昌汇公司不服一审判决，向广东省高级人民法院提起上诉，请求撤销原判，改判撤销粤湛海事罚字〔2014〕080072 海事行政处罚决定书。

广东省高级人民法院经审理认为：徐闻海事局经过对涉案渔船被掀翻沉没的水上交通事故的调查，通过收集涉案事故发生时间和 AIS 数据记录、对打捞上的渔船拖缆以及"昌汇 88"轮船身擦痕的油漆比对鉴定、询问"昌汇 88"轮当班船员事故发生当日情形等证据，确定"昌汇 88"轮为肇事船舶，且因其船员未正规瞭望、采取的避让措施不当为涉案碰撞事故发生的主要原因，遂依据《中华人民共和国海上交通安全法》等规定作出涉案行政处罚，其罚款额度亦在法定的范围内；徐闻海事局作出的涉案行政处罚事实依据清楚，适用法律正确，符合法定程序；上诉人要求撤销涉案行政处罚的诉讼请求不能成立。

广东省高级人民法院于 2015 年 12 月 8 日作出（2015）粤高法行终字第 551 号行政判决：驳回上诉，维持原判。

【典型意义】

本案系海事行政处罚纠纷，具有典型的海事特色。海事局作为国家海上安全监督管理主管机关，对海上交通事故依法行使行政管理权。沉船事故发生后，肇事船已不知踪影，海事局要通过海事调查寻找并认定肇事船，作出的行政处罚也依据了海事事故调查结论，作为肇事船的船舶经营人的原告提起本诉的真实目的是取得海事局作出海事事故责任认定的基础证据材料，以在受害人诉其民事赔偿的案件中使用。涉案的行政处罚本身仅涉及 7,000 元罚金，原告诉行政处罚的深层动机是不服事故调查结论、不服被认定为肇事船，但是徐闻海事局作出的水上交通事故责任认定书、海事事故调查报告均非具体行政行为，不具有可诉性。① 本案被处罚的违法行为又与肇事行为不可分割，查明事实是否要深入到对肇事船的认定是否准确的问题也一度困扰合议庭。作为被告的海事行政机关在应诉之初举证不积极，认为行政处罚决定书载明的违法行为事实源自事故调查报告、调查结论书认定的违法事实，提交事故调查报告、调查结论书足以完成对于认定违法行为事实清楚的举证。事故调查报告、调查结论书是由主管机关依照法定权限及程序作出的专业结

---

① 2019 年 5 月 20 日，最高人民法院民四庭复函交通运输部海事局，就水上交通事故责任认定书等海调查结论是否属于海事行政诉讼受案范围问题答复如下：依据行政诉讼法及司法解释有关规定，行政机关行使行政职权过程中作出实际影响行政相对人权利义务的行为，均属于行政诉讼受案范围，法律另有规定除外。

论性意见,其合法性无须再证明或审查。法官及时释明后,打消了海事行政机关的错误观念。

海上活动与陆上活动明显不同,在于海水的流动性导致事故现场易变易逝,事故直接证据少,法院审理相关海事案件需要根据证据规则,运用海事专业知识,分析有关间接证据是否形成完整证据链,认定证明被指认的船舶是否为肇事船舶等事实。广州海事法院和广东省高级人民法院在本案中分析认定大量证据,对双方当事人的事实主张进行有理有据的回应,排除合理怀疑,准确认定肇事船,依法支持海事行政机关的处罚决定,积极发挥了专门审判的职能作用。本案审结后,涉案事故引发的对肇事船的民事损害索赔案件在北海海事法院以调解方式得到成功化解。

本案审理的思路明确了对海事行政机关作出类似行政处罚决定认定的违法事实进行法律审查的标准,明确了海事行政处罚案件中行政机关不能单独依据水上交通事故责任认定书、海事事故调查报告来证明查处的违法事实的真实性,水上交通事故责任认定书、海事事故调查报告并非证明被查处违法行为的直接证据,在行政案件中其真实性和合法性也处于待证明的状态,这一点与民事案件的审理思路是不同的。① 是否能在行政案件中被法院采信,合议庭需要结合庭审调查及其他证据的情况,来辨别真伪,即行政诉讼中需要审查行政机关认定的事实是否清楚、证据是否充足,不能简单地就调查报告认定的事实来认定违法事实,需要审查海事行政机关作出海事调查报告的基础性证据,从而作出有完整的证据链支撑的事实判断。有关船舶碰撞的事实证据材料指涉及船舶碰撞的经过、碰撞原因等方面的证据材料。② 为证明被查处违法行为的真实性,海事行政机关还应提交海事事故调查过程中掌握的其他直接或间接证据,以利于形成完整的证据链。

(杨雅潇)

---

① 法民四(2006)第1号最高人民法院民事审判第四庭、中国海事局《关于规范海上交通事故调查与海事案件审理工作的指导意见》第(五)条规定,海事调查报告及其结论意见可以作为海事法院在案件审理中的诉讼证据,除非有充分事实证据和理由足以推翻海事调查报告及其结论意见。

② 参见《最高人民法院关于适用〈中华人民共和国海事诉讼特别程序法〉若干问题的解释》第五十八条。

地中海航运有限公司诉伟航集运(深圳)有限公司等海上货物运输合同及侵权案

——因行政机关查封、扣押行为产生的保管费用应由行政机关承担

【提要】

根据《中华人民共和国行政强制法》第二十六条第三款"因查封、扣押发生的保管费用由行政机关承担"的规定,因海关查封、扣押货物产生的码头堆存费,码头经营人只能向作出行政强制措施的行政机关主张,而不得向货物运输的相关方——承运人、托运人及收货人主张。承运人即使向码头经营人实际支付了查封、扣押期间产生的码头堆存费,也无权向托运人或收货人追偿。

【关键词】

查封 扣押 保管费用 行政强制措施

【基本案情】

原告:地中海航运有限公司(以下简称"地中海公司")。
被告:伟航集运(深圳)有限公司(以下简称"伟航公司")。
被告:图木舒克市托木尔进出口有限公司(以下简称"托木尔公司")。
被告:深圳市港源物流有限公司(以下简称"港源公司")。

原告地中海公司诉称:2011年12月23日,伟航公司委托原告将1批货物从中国盐田港经由海路运输至波兰共和国格丁尼亚港。原告于12月27日向伟航公司提供MSCU9374409号集装箱装载货物,伟航公司于12月28日将已装载货物的集装箱交至盐田港。因涉案货物的经营单位托木尔公司涉嫌虚假申报,箱货被海关扣押至今,产生大量费用。伟航公司仅支付了涉案集装箱2011年12月27日至2012年12月10日的超期使用费和码头堆存费,未向原告支付12月10日之后的费用。请求法院判令伟航公司、托木尔公司以及代理托木尔公司办理报关业务的港源公司连带向原告支付涉案集装箱2012年

12月11日至实际还箱之日止的超期使用费（按每日人民币235元计算）和码头堆存费（按每日人民币450元计算）以及上述费用的利息，并连带承担掏空MSCU9374409号集装箱所装载货物并返还集装箱及支付本案诉讼费用的义务。

被告伟航公司辩称：伟航公司接受惠州市龙邦快递有限公司（以下简称"龙邦公司"）的委托向原告订舱，伟航公司是龙邦公司的货运代理人，与原告不存在海上货物运输合同关系。集装箱处于海关扣押之下，伟航公司无权向相关部门提出掏箱申请并向原告还箱。伟航公司已代龙邦公司向原告垫付涉案集装箱超期使用费人民币81,925元，大大超过集装箱被占用期间的合理损失。原告没有证据证明涉案集装箱2012年12月10日之后的堆存费已实际发生，且原告已向盐田码头公司支付，其无权向伟航公司索赔12月10日之后的码头堆存费。原告在同一诉讼中既要求违约损失又要求侵权损失违反法律规定，应当择一而诉。请求判令驳回原告对伟航公司的全部诉讼请求。

被告港源公司辩称：港源公司和原告及伟航公司不存在合同关系，港源公司仅代理经营单位托木尔公司办理报关手续，不承担按时还箱的义务。原告没有及时处理导致损失扩大，应当自行承担法律后果。请求驳回原告对港源公司的全部诉讼请求。

被告托木尔公司未到庭参加诉讼，也未提交书面答辩意见。

广州海事法院经审理查明：2011年12月23日，伟航公司委托原告将1批货物从中国盐田港经由海路运输至波兰共和国格丁尼亚港。原告于12月27日向伟航公司提供MSCU9374409号集装箱装载货物，伟航公司于12月28日将已装载货物的集装箱交至盐田港。因涉案货物的经营单位托木尔公司涉嫌虚假申报，箱货被海关扣押至今，产生大量费用。伟航公司仅支付了涉案集装箱2011年12月27日至2012年12月10日的超期使用费和码头堆存费，未向原告支付12月10日之后的费用。

2011年12月23日，伟航公司向原告发送1份编号为181SY11CO1A00247的订舱申请，向原告预定1个集装箱的舱位，该订舱申请记载的订舱人为伟航公司，承运人为原告，装货港为中国盐田，目的港为波兰格丁尼亚，预计开船时间为12月31日。原告接受订舱后，向伟航公司出具了订舱确认单。

2011年12月27日，伟航公司根据原告的订舱确认单从盐田码头公司提取了原告所属编号为MSCU9374409的40英尺集装箱，装载货物后于12月28日将集装箱返还盐田码头公司待运。12月30日，港源公司持编号为

167064147 的出口货物报关单向大鹏海关申报出口上述集装箱货物。该报关单记载的经营单位和发货单位为托木尔公司，商品名称为人造花，数量及单位分别为 332,731 支、单价 0.6 美元，总价 199,638.60 美元。2012 年 2 月 24 日，大鹏海关向托木尔公司出具行政处罚决定书和行政处罚告知单，称托木尔公司委托港源公司以一般贸易方式申报出口人造花 332,731 支，经海关查验发现，实际出口货物为人造花 69,264 支，违法货物价值为人民币 1,011,713 元。上述行为已构成违反海关监管规定的违法行为，决定对托木尔处以行政罚款人民币 12 万元。托木尔公司在领取海关处罚决定书后下落不明。

2012 年 3 月 1 日，原告要求伟航公司尽快解决涉案集装箱滞留起运港的问题，原告随附的集装箱超期使用费和码头堆存费计算表记载：1 个 40 英尺集装箱免租期为 3 天，超期使用费前 5 天每天人民币 170 元，之后每天人民币 235 元；码头免堆期为 7 天，堆存费前 5 天每天人民币 300 元，之后每天人民币 450 元。12 月 11 日，伟航公司向原告支付 38,252.14 美元。原告随后向伟航公司出具了书面证明，确认伟航公司支付了被海关扣押的 MSCU937440940 号集装箱从 2011 年 12 月 27 日至 2012 年 12 月 10 日期间产生的费用，包括集装箱超期使用费人民币 81,925 元和码头堆存费人民币 156,300 元。

2014 年 7 月 9 日，盐田码头公司向原告发送 1 份编号为 14045483 的催款单，告知其涉案集装箱从 2013 年 2 月 21 日至 2014 年 2 月 20 日产生码头堆存费共计 10,687.20 美元，计费方式为每日 29.20 美元，计费期间为 366 天。7 月 15 日，原告向盐田码头公司支付人民币 65,750.86 元，汇款单上注明为 14045483 号单据堆存费。

伟航公司主张其是接受龙邦公司委托向原告订舱托运本案货物，原告对此予以认可，但只认可伟航公司是与其成立海上货物运输合同关系的当事人。关于涉案集装箱的状态，到庭的各方当事人在庭审时一致确认集装箱仍被海关扣押，无法使用。

【裁判理由及结论】

广州海事法院经审理认为：本案原告主张其与伟航公司成立海上货物运输合同关系，要求伟航公司承担违约责任，同时要求托木尔公司和港源公司承担侵权责任，故本案是一宗涉外海上货物运输合同和侵权责任纠纷。本院对案件具有管辖权，根据最密切联系原则，适用中华人民共和国法律处理本案纠纷。

被告伟航公司接受龙邦公司代为办理涉案货物运输事宜的委托后，以自己名义向原告订舱，伟航公司没有提供证据证明其在向原告订舱时表明了受托人身份，且庭审时原告明确选择伟航公司作为合同当事人并向其主张权利，应认定原告和伟航公司之间成立海上货物运输合同关系，原告为承运人，伟航公司为托运人。

MSCU9374409号集装箱为原告提供给伟航公司装载涉案货物使用的运输工具，伟航公司应该按照原告订舱确认单的要求，在指定时间内将装载好货物的集装箱运回承运人指定的地点以便承运人投入运营。但由于货物本身原因造成货物及装载货物的集装箱被海关查扣，导致集装箱至今不能正常流转使用必然会给原告造成损失，伟航公司应承担违约赔偿责任。但原告作为涉案集装箱的所有人，在得知因货物涉嫌虚假报关导致连同装载货物的集装箱被海关扣押、其在短期内不能取回集装箱的情况下，可采取重置同类集装箱的方式来避免损失的扩大。且伟航公司已于2012年12月11日向原告支付集装箱超期使用费人民币81,925元，该笔费用足够原告重置同类集装箱投入运营。而原告没有采取适当措施防止集装箱损失的进一步扩大，其无权要求伟航公司赔偿2012年12月11日之后的集装箱超期损失。

原告向伟航公司主张2012年12月11日起至实际还箱之日止的堆存费人民币197,100元，但原告仅向盐田码头公司实际支付了2013年2月21日至2014年2月20日期间的堆存费10,687.20美元，没有证据证明2012年12月11日至2013年2月20日期间以及2014年2月21日之后的费用损失已实际发生，原告无权请求。2013年2月21日至2014年2月20日期间的堆存费属于集装箱被海关扣押期间产生的保管费用，根据《中华人民共和国行政强制法》第二十六条第三款"因查封、扣押产生的保管费用由行政机关承担"的规定，该费用不应由伟航公司承担。在涉案货物被大鹏海关查扣期间，盐田码头公司无权直接向作为承运人的原告收取包括堆存费在内的保管费用，原告亦没有义务向盐田码头公司支付堆存费，即使原告向盐田码头公司实际支付，也没有权利要求伟航公司向其支付。原告要求伟航公司支付码头堆存费及利息的诉讼请求，没有事实和法律依据，也应予驳回。

关于原告要求伟航公司腾空集装箱内货物并返还集装箱的诉讼请求，至本案开庭审理时，尚无证据表明大鹏海关已对涉案货物及载货集装箱解除扣押，原告应另寻途径向大鹏海关申请腾空箱内货物并取回涉案集装箱。

托木尔公司作为涉案货物的经营单位，其虚假报关行为导致原告所属集装箱被海关扣押，托木尔公司应对由此给原告造成的损失承担赔偿责任。由于原告主张的集装箱超期使用费和码头堆存费不在法律规定的合理损失范围内，其要求托木尔公司支付集装箱超期使用费、码头堆存费及利息的诉讼请求，不予支持。原告要求托木尔公司腾空集装箱内货物并返还集装箱的诉讼请求，也应另寻途径解决。

港源公司接受托木尔公司委托代其向海关办理货物出口申报手续，没有证据证明其在接收委托时对托木尔公司的虚假报关行为是明知的。因此，托木尔公司虚假报关行为导致的法律后果不应由港源公司承担。原告对港源公司提出的诉讼请求，均不应予以支持。

广州海事法院依照《中华人民共和国合同法》第一百一十九条第一款、《中华人民共和国行政强制法》第二十六条第三款的规定作出（2014）广海法民初字第403号民事判决：驳回原告地中公司对被告伟航公司、托木尔公司、港源公司的诉讼请求。

一审宣判后，各方当事人均未上诉。

【典型意义】

因托运人原因导致货物连同集装箱被海关扣押，由此产生的码头堆存费是由谁承担？承运人提供的装载货物的集装箱因被扣押无法使用，承运人该采取何种方式挽回损失？在以往的类似纠纷中，码头经营人会将箱货被扣押期间的码头堆存费转嫁给承运人，承运人向码头经营人实际支付后，连同集装箱超期使用费一起向托运人追偿。本案的典型意义在于：一审法院根据《中华人民共和国行政强制法》（以下简称《行政强制法》）和《中华人民共和国合同法》的规定厘清了码头经营人、承运人和托运人之间的责任和权利，明确了箱货被扣押期间发生的保管费用的承担主体。原告的全部诉讼请求最终被全部驳回，但原告服判息诉，反映了判决的公正合理性。

第一，集装箱货物被扣押在码头堆场内的，码头经营人是基于行政机关的委托保管集装箱货物的，只能向实施扣押措施的行政机关主张保管费用。

在航运实践中，由于托运人的走私、装运违禁品等违法行为，可能会导致在码头堆场内还未出运或者运抵目的港尚未提取的集装箱货物被海关、检验检疫局等行政机关扣押。由于行政机关的保管场所有限，货物被扣押后仍然存放于码头堆场内，由码头经营人负责保管。在此期间，存放货物占用了码头堆场的经营场地，影响其营业收入；保管货物又增加了码头经营人的成本。从客观上讲，码头经营人是有权主张保管费用的。关于向谁主张的问题，若说在《行政强制法》施行之前尚存争议的话，那么在2012年1月1日该法施行之后，法律对此问题就有了明确规定。根据《行政强制法》第二十六条的规定，货物在被扣押期间的保管责任是属于行政机关的，行政机关可以委托第三人代为保管，由此产生的保管费用由行政机关承担。对货物尽到保管责任的码头经营人，只能向行政机关主张保管费用，而不得向货物承运人或托运人主张。就本案而言，码头经营人未向作出扣押措施的大鹏海关主张保管费用，而是向作为承运人的原告主张费用不符合法律规定。原告承担了不该托运人即伟航公司承担的保管费用，因此无权向伟航公司追偿该费用。

第二，行政强制措施一经作出，即具有强制力，除非有法定理由经过法定程序予以变更或消灭，任何人不得为或者要求他人为与该行政强制措施不一致的行为。

行政强制措施属于具体行政行为的一种，是行政主体为了实现一定的行政目的，而对特定的行政相对人或特定的物作出的，以限制权利和科以义务为内容的，临时性的强制行为。行政强制措施是国家行政管理的有效手段，其结果直接导致行政相对人有关权利的被限制，故相对其他具体行政行为有更强和更直接的强制性，一经作出，不得擅自改变。除非有法定理由并经法定程序，将已行政强制措施予以变更，例如将扣押期限缩短，或者出现被撤回、撤销、认定无效等使行政强制措施效力消灭的情形。就本案而言，原告所有的MSCU9374409号集装箱连同箱内货物被海关扣押，且扣押措施效力持续有效的情况下，即使扣押措施客观上会给原告造成经济损失，原告只能通过别的途径减少或挽回经济损失，或者通过复议和行政诉讼的救济手段，要求海关变更或撤销扣押行为，而不得直接要求他人将尚处于行政机关扣押状态之下的集装箱归还给自己。原告的该项诉讼请求违反了行政法的基本原则，不能得到支持。

第三，集装箱作为载运工具属于种类物，在商业运营中并不具有不可替代性，因托运人原因导致集装箱连同货物一同被行政机关扣押，集装箱的所有人应尽快寻找替代物拖入运营，避免损失的扩大。

在箱货被海关扣押期间，承运人的集装箱不能投入运营的确会给其造成经济上的损失，承运人往往会根据集装箱超期使用的费率结合集装箱被扣押的天数来主张集装箱超期使用费。集装箱超期使用费的计算标准，运输合同有约定的，按照其约定；没有约定标准时，可采用集装箱提供者网站公布的标准或者同类集装箱经营者网站公布的同期同地的市场标准。但根据《中华人民共和国合同法》第一百一十三条规定的可合理预见规则和第一百一十九条规定的减损规则，集装箱超期使用费的计算应有一个合理的限度。本案中，当集装箱被扣押且承运人清楚短期内不能取回时，承运人就应该积极采取措施减少损失。集装箱并非运输环节不可替代的特定物，承运人可以另行购置同类其他集装箱继续投入运营；如果承运人没有采取购置替代物的方式防止集装箱损失的进一步扩大，其无权要求超过集装箱购置价格之外的损失。以重置一个同类新集装箱的价格认定集装箱超期使用费赔偿上限标准，亦是全国海事审判系统较为统一的做法。

（李立菲）

广东惠州平海发电厂有限公司诉广东省海洋与渔业厅等海洋行政处罚案

——非法占用海域可致行政处罚

【提要】

海域属于国家所有,国务院代表国家行使海域所有权。单位和个人使用海域,必须依法取得海域使用权。原告在未取得海域使用权之前实施用海填海,属于非法占用海域,构成对国家海域所有权的侵占,依法应对原告的违法行为进行处罚。

【关键词】

海域使用　行政许可　违法处罚

【基本案情】

原告(上诉人):广东惠州平海发电厂有限公司(以下简称"华海发电厂")。

被告(被上诉人):广东省海洋与渔业厅。

被告(被上诉人):广东省人民政府。

原告诉称:平海电厂项目是原告负责开发的广东省"十一五"重点电源建设项目,项目地处惠东县大亚湾东岸的稔平半岛,厂址位于惠东县平海镇碧甲村七仙山、洪埔山一带,总规划建设6台100万千瓦燃煤发电机组。项目一期工程1、2号机组分别于2010年10月、2011年4月建成并投产发电。

2016年11月21日,原告收到广东省海洋与渔业厅作出的《行政处罚决定书》(粤海执处罚〔2016〕019号),以原告未经批准,实施了平海电厂场地平整及护岸工程,填海16.3947公顷①,违反了《中华人民共和国海域使用管理法》第三条为由,要求原告退还非法占用的海域,恢复海域原状,并处非法占用海域16.3947公顷的期间内该海域面积应缴纳的海域使用金十倍

---

① 1公顷=0.01平方千米。

罚款，即人民币 172,144,350 元的行政处罚金。原告随即向广东省政府提起行政复议，广东省政府于 2017 年 6 月 16 日作出维持广东省海洋与渔业厅行政处罚的决定。原告认为，广东省海洋与渔业厅未能查明案件事实作出合法合理的行政处罚，在原告陈述申辩后加重处罚，违反《中华人民共和国行政处罚法》的相关规定，适用《财政部、国家海洋局关于加强海域使用金征收管理的通知》作出行政处罚属于适用法律错误，本案已超过行政处罚追诉时效，不应再对原告进行处罚。请求：1. 判决撤销广东省海洋与渔业厅作出的《行政处罚决定书》（粤海执处罚〔2016〕019 号）（以下简称"涉案处罚决定"）；2. 判决撤销广东省政府作出的《行政复议决定书》（粤府行复〔2017〕48 号）；3. 本案诉讼费用由两被告承担。

被告广东省海洋与渔业厅辩称如下。1. 根据《中华人民共和国海域使用管理法》第七条第一款的规定，其有权对原告在惠州市惠东县平山镇华侨城海域未经批准实施的超范围填海行为进行调查并作出涉案处罚决定。2. 在执法过程中，执法人员对现场情况进行拍摄取证、制作现场笔录并提取相关证据材料，对案涉填海面积进行现场测量，依法举行听证，作出涉案处罚决定，程序合法。3. 对于案涉行政处罚所适用的应缴纳海域使用金倍数，已结合原告的违法情节，也已考虑到该工程符合省海洋功能区划、原告积极补办用海手续并能配合执法人员调查、如实提供有关材料等因素，依照《中华人民共和国海域使用管理法》第四十二条的规定，酌情从轻处罚，并适用最低的"十倍"倍率进行处罚。行政处罚适用法律正确，处罚种类和幅度适当。4. 原告从 2008 年开始填海，非法占用海域的行为至今一直持续，为持续状态。因此，原告的违法行为没有超过追溯时效。综上所述，广东省海洋与渔业厅作出的涉案处罚决定，认定事实清楚，证据确凿充分，程序合法，适用法律正确，处罚种类和幅度适当，原告起诉的事由均不能成立，请求法院依法驳回原告的诉讼请求。

被告广东省政府辩称：1. 广东省政府的行政复议受理程序、审查程序和作出行政复议决定程序合法；2. 广东省政府作出的行政复议决定认定事实清楚、证据确凿、适用法律法规正确、程序合法，请求法院依法驳回原告的诉讼请求。

广州海事法院经审理查明：平海电厂项目是广东省"十一五"重点电源建设项目，项目地处惠东县大亚湾东岸的稔平半岛，总规划建设 6 台 100 万千瓦燃煤发电机组。平海发电厂于 2009 年获准建设填海造地 48.1 公顷。

2014 年 6 月 10 日，中国海监广东省惠东大队发现平海发电厂填海总面积已超过获批准的48.1公顷。8月6日,中国海监广东省总队立案调查。9月18日,经测量确认违规填海面积为17.194477公顷。

2016年8月24日,广东省海洋与渔业厅向平海发电厂送达《行政处罚听证告知书》。9月18日,组织听证。10月17日,广东省海洋与渔业厅委托广东邦鑫勘测科技股份有限公司对填海面积再次进行测量,确认违规填海用海面积16.3947公顷。11月14日,广东省海洋与渔业厅作出涉案处罚决定,认定平海发电厂未经批准实施填海16.3947公顷,对平海发电厂作出责令退还非法占用的海域,恢复海域原状,并处非法占用海域16.3947公顷的罚款172,144,350元的行政处罚。

2017年1月16日,平海发电厂向广东省政府申请行政复议。6月16日,广东省政府作出行政复议决定,维持广东省海洋与渔业厅作出的行政处罚决定。平海发电厂不服,于2017年7月18日提起行政诉讼。

【裁判理由及结论】

广州海事法院经审理认为:本案是一宗海洋行政处罚纠纷案件。《中华人民共和国海域使用管理法》第七条规定:"国务院海洋行政主管部门负责全国海域使用的监督管理。沿海县级以上地方人民政府海洋行政主管部门根据授权,负责本行政区毗邻海域使用的监督管理。"第五十条规定:"本法规定的行政处罚,由县级以上人民政府海洋行政主管部门依据职权决定。"《广东省海域使用管理条例》第五条第一款规定:"省人民政府海洋行政主管部门负责全省海域使用的监督管理。"根据上述规定,广东省海洋与渔业厅作为广东省政府海洋行政主管部门,其作出涉案处罚决定主体适格。广东省海洋与渔业厅认定原告未经批准违法填海面积16.3947公顷,原告对此没有异议,本院予以确认。此外,原告除了主张广东省海洋与渔业厅在听证程序后对原告加重处罚持有异议外,对广东省海洋与渔业厅在涉案行政处罚的其他行政程序以及广东省政府在行政复议中的行政程序均没有异议,广州海事法院予以确认。

对本案的争议焦点,广州海事法院认定如下。

一、关于原告的填海行为是否超过行政处罚法规定的追诉时效

《中华人民共和国行政处罚法》第二十九条规定:"违法行为在二年内未被发现的,不再给予行政处罚。法律另有规定的除外。前款规定的期限,从违法行为发生之日起计算;违法行为有连续或者继续状态的,从行为终了之日起计算。"原告认为涉案填海行为于2008年开始,2009年11月11日完成

终了,即便进行处罚,也应从2009年11月11日开始起算追诉时效,显然本案追诉时效已过。广州海事法院认为,《中华人民共和国海域使用管理法》第三条规定:"海域属于国家所有,国务院代表国家行使海域所有权。任何单位或者个人不得侵占、买卖或者以其他形式非法转让海域。"故海域的海洋属性及国家对海域的所有权是《中华人民共和国海域使用管理法》所保护的法益。原告主张于2009年11月完成填海工程的施工行为,但填海工程导致的改变海域属性的违法后果延续至今,即违法行为处于连续或继续的状态。在涉案的违法填海工程未恢复原状或通过用海审批手续之前,均是对国家海域所有权的侵害。因此,涉案的违法填海工程应视为具有违法的继续状态,其行政处罚的追诉时效,应依据《中华人民共和国行政处罚法》第二十九条第二款的规定,从非法行为终了之日计算。涉案填海工程目前并未恢复海域原状,也未通过有权机关的海域使用权审批,其非法行为并未终了,因此并未超过《中华人民共和国行政处罚法》规定的二年的追诉时效。原告关于违法填海行为终了至今已超二年追诉时效,广东省海洋与渔业厅不应再对其进行处罚的主张,于法无据,法院不予支持。

二、关于广东省海洋与渔业厅作出的"涉案处罚决定"依据是否合法、充分

原告以广东省海洋与渔业厅责令退还非法占用海域、恢复海域原状成本过高,且不具有可行性,以及超面积填海行为依附主体工程而存在,有别于无证填海行为,广东省海洋与渔业厅处罚过重为由,主张广东省海洋与渔业厅在未查明案件事实的基础上,依据《财政部、国家海洋局关于加强海域使用金征收管理的通知》(财综〔2007〕10号,以下简称"10号通知")作出的行政处罚属于适用法律错误,应予撤销。广州海事法院认为,广东省海洋与渔业厅责令原告恢复海域原状,符合《中华人民共和国海域使用管理法》第四十二条的规定。主体工程(即平海电厂第一期工程)的海域使用权仅限于海域使用权证上载明的用海范围及类型,依附工程(即广东省海洋与渔业厅认定原告未经批准违法填海面积16.3947公顷)属于新的用海项目,需要按照《中华人民共和国海域使用管理法》的相关规定,另行申请用海许可,在未取得海域使用权证之前进行填海用海,即构成非法占用海域。《中华人民共和国海域使用管理法》第三条第二款规定:"单位和个人使用海域,必须依法取得海域使用权。"原告虽然向涉案工程所在地的惠东县海洋与渔业局提出用海申请,但惠东县海洋与渔业局提出审核意见上报后,至今未得到有权机关批准。因此,原告未经批准违法填海16.3947公顷的事实清楚。《中

华人民共和国海域使用管理法》第四十二条规定："未经批准或者骗取批准，非法占用海域的，责令退还非法占用的海域，恢复海域原状，没收违法所得，并处非法占用海域期间内该海域面积应缴纳的海域使用金五倍以上十五倍以下的罚款；对未经批准或者骗取批准，进行围海、填海活动的，并处非法占用海域期间内该海域面积应缴纳的海域使用金十倍以上二十倍以下的罚款。"10号通知附件3关于用海类型界定，"填海造地是指通过筑堤围割海域，填成能形成有效岸线土地，完全改变海域自然属性的用海"。本案中，原告在未取得海域使用权的情况下，填海16.3947公顷，形成了陆域，改变了海域自然属性，其用海行为属于填海造地。根据10号通知的附件1和附件2，原告违法填海的海域属于第三等别，对应应缴纳的一次性海域使用金标准为每公顷105万元。广东省海洋与渔业厅在作出行政处罚时，已结合原告的违法情节，也考虑涉案工程符合省海洋功能区划、原告正在积极补办用海手续并配合调查，如实提供有关材料等因素，对原告作出"责令退还非法占用的海域，恢复海域原状，并处非法占用海域16.3947公顷的期间内该海域面积应缴纳的海域使用金十倍罚款"的处罚决定，符合《中华人民共和国海域使用管理法》第四十二条的规定。10号通知系中华人民共和国财政部及国家海洋局根据《中华人民共和国海域使用管理法》、针对海域使用金的征收问题进行的专项规定，有关海域使用金征收标准在并无更加上位的规定的情形下，广东省海洋与渔业厅以该通知中有关海域使用金征收方式及标准的规定作为原告罚款基数的认定标准，并无不当。在本案听证程序中，广东省海洋与渔业厅已将10号通知作为处罚依据告知原告。综上所述，广东省海洋与渔业厅适用法律法规正确。

三、关于本案是否存在听证程序后加重对原告处罚的情形

本案查明的事实表明，广东省海洋与渔业厅在发现原告存在未经批准进行违法填海的事实后，委托相关测量机构对违法填海面积进行测量，原告在此过程中予以配合，对违法填海的事实没有异议。通过听证程序，广东省海洋与渔业厅将原来认定原告违法占用海域的面积由原来的17.1944公顷重新核定为16.3947公顷，将处罚金额从人民币180,541,200元变更为人民币172,144,350元。根据上述事实并结合广东省海洋与渔业厅在《行政处罚听证告知书》中关于"未经批准实施了广东平海电厂场地平整及护岸工程，改变了海域属性，占用海域17.1944公顷"的表述，此处"占用海域"的意思就是指"填海"。因此，广东省海洋与渔业厅在涉案处罚决定中以非法"填海"对原告进行处罚，与本案查明的事实一致。原告关于广东省海洋与渔业

厅在听证程序后对其加重处罚的主张,理由不能成立,不予支持。

四、关于广东省政府作出的复议决定是否应予撤销

广东省政府在涉案行政复议中程序合法,原告申请撤销涉案处罚决定的事实和理由不成立,其作出的《行政复议决定书》(粤府行复〔2017〕48号)依法有据,予以支持。

综上所述,广东省海洋与渔业厅作出的《行政处罚决定书》(粤海执处罚〔2016〕019号)和广东省政府作出的《行政复议决定书》(粤府行复〔2017〕48号),认定事实清楚、证据确凿,适用法律法规正确、程序合法。依照《中华人民共和国行政诉讼法》第六十九条的规定,判决如下:驳回原告平海发电厂的诉讼请求。

宣判后,平海发电厂不服提起上诉。广东省高级人民法院于2019年8月23日判决:驳回上诉,维持原判。

【典型意义】

广东省是海洋大省,在发展海洋经济的同时必须做好海洋生态环境保护。对于违法填海行为,人民法院必须坚决予以制裁,积极支持行政机关依法行使职权,将国家关于保护海洋环境的号召与中央和广东省委、省政府对海洋生态环境保护的政策及指示贯彻于司法审判当中。

对于行政案件,法院围绕行政行为的合法性进行审理,最终对被诉行政行为的合法性作出评价。本案中,原告对两被告的主体资格没有提出异议,案件的焦点主要包括被告是否存在因原告的陈述、申辩而加重处罚的情形,适用法律法规是否正确等。

关于被告是否存在因原告的陈述、申辩而加重处罚的情形。《中华人民共和国行政处罚法》第六条规定,公民、法人或者其他组织对行政机关所给予的行政处罚,享有陈述权、申辩权;对行政处罚不服的,有权依法申请行政复议或者提起行政诉讼。该法第三十二条第二款进一步明确规定,行政机关不得因当事人申辩而加重处罚。本案中,被告在作出处罚决定前,通过听证程序,告知原告的违法事实,包括违法填海的面积、所涉海域的等级及罚款的数额等事项,原告对测量机构认定的违法填海面积提出异议后,被告为此重新进行测量,认定面积少于原来认定的面积,处罚金额也作出减少。因此,原告关于被告加重处罚的主张,依法不能成立。

关于适用法律法规是否正确的问题。在行政处罚类案件中,行政机关对公民、法人或者其他组织的违法行为作出认定后,对该违法行为违反了相关的法律法规作出识别，该适用法律法规是否正确，直接影响到当事人的合法权益。对于原告实施的违法填海行为，《中华人民共和国海域使用管理法》第四十二条作出了原则规定，但对于违法填海所适用的海域使用金及海域等级等处罚标准，该法并没有作出具体规定。行政机关在执法实践中，根据大量的部门规章等规范性文件施行，被告在本案件中依据《财政部、国家海洋局关于加强海域使用金征收管理的通知》中有关海域使用金征收方式及标准的规定，作为原告罚款基数的认定标准，并无不当。

本案涉平海电厂项目属于广东省"十一五"重点电源建设项目，未经批准违法填海面积多达16.3947公顷，行政处罚金额超过1.7亿元，具有较大的社会影响。人民法院充分保障行政诉讼当事人各项诉讼权利，对本案争议问题逐一进行审理并依法作出裁决，取得良好的社会效果和法律效果。

（张科雄）

广州市润港物流有限公司诉广州港务局不服港口危险货物安全管理罚款处罚案

——港口作业委托人应根据港口作业委托合同进行识别

【提要】

在涉及港口作业的行政处罚案件中,作为海运的一个环节,港口作业过程中往往会出现各种角色的履约辅助人。如何准确认定行政处罚的行政相对人,对行政机关被诉行政行为的合法性审查至关重要。本案中,作为行政处罚相对人的港口作业委托人,应根据港口作业委托合同进行识别,把港口经营人的合同相对方作为港口作业委托人进行处罚,不应仅仅依据行为人实际从事办理集装箱作业单的事实作为判断依据,而要把与运输有关的主体均作为港口作业委托人加以处罚。

【关键词】

港口行政机关　行政处罚　行政相对人　港口经营人　港口作业委托人

【基本案情】

原告:广州市润港物流有限公司(以下简称"润港公司")。

被告:广州港务局。

润港公司诉称:2017年9月1日,广州港务局以润港公司在进行港口作业委托时,所委托据称为"五金"的普通货物经查实为危险货物烟花,危险性高且数量大,违反了《港口危险货物安全管理规定》第二十七条的规定为由,作出穗港局埔交罚案(2017)HP03号行政处罚决定书,给予润港公司罚款20万元的行政处罚。润港公司对此不服,请求撤销广州港务局作出的穗港局埔交罚案(2017)HP03号广州港务局行政处罚决定书。

广州港务局辩称:广州港务局作出的穗港局埔交罚案(2017)HP03号行政处罚决定依据合法、程序规范,具有法律依据。广州港务局作出行政处罚的过程符合法律要求。从线索移交到立案、调查、处罚告知、处罚听证、处罚决定以及送达的整个过程符合法定程序,并无不当。润港公司为适格被处罚对象。根据《港口危险货物安全管理规定》第二十七条的规定,综合广州港务局的调查情况,可确定涉案集装箱港口作业行为系在润港公司同意情况下且以润港公司的名义申报实施,其应属于被处罚对象。广州港务局为了维护港口的安全形势,依法合规对润港公司作出了的行政处罚,请求驳回润港公司的诉讼请求。

法院经审理查明:2017年3月22日,长沙航想货运代理有限公司委托广州粤洋物流服务有限公司(以下简称"粤洋公司")运输一个集装箱货物。粤洋公司接受委托后,委托广州市挚诚运输服务有限公司(以下简称"挚诚公司")办理其中从广州白云区到广州黄埔老港的陆路运输业务以及集装箱进堆场操作业务。

润港公司与港口经营人广东中外运黄埔仓码有限公司(以下简称"仓码公司")签订有码头装卸协议,而且润港公司在船舶业务、码头作业、进出口业务、集装箱及货物处理、费用结算等方面在港口经营人处享有价格优惠。得知上述情况后,挚诚公司与润港公司签订码头包干费月结协议以及补充协议,约定挚诚公司按照润港公司指定的业务流程办理各项作业委托;润港公司为挚诚公司代垫码头费;挚诚公司应严格按照货物的详细名称及化学名称向润港公司办理码头费托收手续,因危险货物瞒报、漏报或错报造成事故或损失均由挚诚公司承担一切责任。

接到粤洋公司的委托信息后,挚诚公司联系承运人达飞轮船(中国)有限公司深圳分公司(以下简称"达飞深圳分公司")办理提柜单和还柜通知单。挚诚公司将还柜通知单交给员工郝贤奎到润港公司处办理集装箱进场业务,将提柜单交给司机单周平。由单周平持提柜单在3月24日到广州市白云区朝阳村鸦岗大道安发货运市场装货,在集装箱铅封后将货物运到仓码公司码头。

3月23日,郝贤奎持达飞深圳分公司的还柜通知单到润港公司处办理重进业务。润港公司在还柜通知单上加盖其公章,郝贤奎凭此还柜通知单到仓码公司码头办理集装箱作业单。该集装箱作业单记载:委托单位为润港公司,控箱公司为达飞深圳分公司,货物名称为五金。郝贤奎将集装箱作业单交给单周平。单周平将集装箱运至仓码公司码头闸口,凭集装箱作业单放行后将集装箱运至指定位置,后由仓码公司安排吊机将集装箱吊走。

2017年4月1日,广州港务局接到仓码公司报案,称黄埔老港海关经抽查发现柜号为TCLU5029324的集装箱内实际货物和申报货名不符,疑似为烟花。后经广州港务局黄埔分局及海关、公安等部门确认，案涉集装箱装载货物实际为烟花。

广州港务局立案调查后出具违法行为调查报告，认定挚诚公司、润港公司作为案涉集装箱的港口作业委托人，未按规定向港口经营人提供真实的货物名称、数量、危险性分类和应急措施等材料，将危险货物烟花以普通货物"五金"的名义办理了进港手续，违反了《港口危险货物管理规定》第二十七条所述的规定。同时认定案涉集装箱内货物属于爆炸类危险品，危险性大，社会危害性大，造成恶劣影响，建议各从重处罚罚款20万元。广州港务局召开案件集体讨论会，拟同意对挚诚公司、润港公司分别作出20万元行政处罚，并制作案件处理意见书及违法行为通知书，分别送达两公司。两公司均申请听证，广州港务局分别于7月20日、9月19日组织听证会，并于会后出具听证报告书。两份听证报告书认为，挚诚公司、润港公司系作业委托人，未履行《港口危险货物安全管理规定》第二十七条所述义务，应予处罚。广州港务局于9月1日、9月19日制作两份行政处罚决定书并分别现场送达给润港公司、挚诚公司，两公司均交纳了罚款。

【裁判理由及结论】

广州海事法院经审理认为：本案是一宗不服港口危险货物安全管理罚款处罚案件。润港公司对广州港务局作出的行政处罚行政行为不服而提起本案诉讼，请求撤销广州港务局作出的行政处罚决定。本案的争议焦点为：1. 润港公司是否为作业委托人；2. 润港公司是否实施了应受处罚的违法行为；3. 广州港务局作出的行政处罚决定是否合法。

关于润港公司是否构成作业委托人的问题。《港口危险货物安全管理规定》并未对港口作业委托人进行定义，交通部2000年8月28日颁布施行的《港口货物作业规则》第三条第三款规定："作业委托人，是指与港口经营人订立作业合同的人。"虽然该规则已经在2016年5月被废止，但该规则关于作业委托人的定义仍然可以作为本案认定润港公司是否构成作业委托人的参考。根据本院查明的事实，润港公司与港口经营人订立码头装卸协议，约定双方船舶业务、码头作业、进出口业务、集装箱及货物处理、费用结算等方面的权利义务，双方存在委托作业关系，故润港公司系港口作业委托人。本案集装箱系凭盖有润港公司签章的还柜通知单办理港口作业委托，仓码公司只负责核对润港公司的盖章，不清楚本案存在除润港公司之外的包括挚诚公司等其他主体，对持有润港公司签章通知单来办理陆运重进手续的人员均视为润港公司的代表。此外，虽然本案系挚诚公司工作人员郝贤奎到仓码公司码头实际办理集装箱作业单（陆运重进业务），但郝贤奎并未以挚诚公司的名义，亦未向仓码公司披露挚诚公司，没有代表挚诚公司委托作业的意思表示。仓码公司亦将郝贤奎作为润港公司的工作人员对待，办理集装箱作业单的关键环节在于还柜通知单上润港公司的盖章，与是否为挚诚公司员工实际办理并无实际联系，实际操作办理集装箱作业单并不等于实施作业委托行为。本案的作业委托人应为润港公司，并非挚诚公司。故广州港务局关于润港公司系《港口危险货物安全管理规定》第二十七条规定的作业委托人的主张，有事实依据，本院予以支持。润港公司关于挚诚公司是本案的作业委托人、润港公司并非作业委托人的主张，系对《港口危险货物安全管理规定》《港口货物作业规则》的误解。该误解并不影响其系作业委托人主体地位的认定，也不影响法院对其在本案港口作业过程中权利义务的认定。

润港公司在未核实货物名称的情况下以普通货物名称"五金"提供给港口经营人，主观上存在放任的过错，最终导致危险货物以普通货物名称提供给港口经营人，并进入码头作业，造成了港口重大安全隐患，实施了将危险货物谎报为普通货物的行为，违反了《港口危险货物安全管理规定》第二十七条的规定。交通部2013年2月1日施行的《港口危险货物安全管理规定》在广州港务局作出行政处罚时仍然有效，该规定第五十九条规定："在托运的普通货物中夹带危险货物，或者将危险货物谎报或者匿报为普通货物托运的，由所在地港口行政管理部门责令改正，处十万元以上二十万元以下的罚款，有违法所得的，没收违法所得；拒不改正的，责令停产停业整顿。"广州港务局认为润港公司系作业委托人，违反了《港口危险货物安全管理规定》第二十七条的规定，根据《港口危险货物安全管理规定》第五十九条的规定，给予润港公司罚款20万元的行政处罚。《港口危险货物安全管理规定》第二十七条规定了作业委托人不得夹带、谎报、匿报等义务，第五十九条虽然未规定处罚对象为作业委托人，但结合第二十七条与第五十九条之间的内容和法条逻辑关系，以及2017年10月15日施行的《港口危险货物安全管理规定》第八十三条的规定来看，第五十九条的处罚对象亦应为作业委托人。本案润港公司系作业委托人，违反了《港口危险货物安全管理规定》第二十七条所规定的义务，广州港务局以《港口危险货物安全管理规定》第五十九条的规定为由，给予润港公司20万元的行政处罚，具有事实与法律依据。

广州港务局作出本案行政处罚决定前，已经依照《中华人民共和国行政处罚法》第三十一条、第三十七条、第三十八条、第四十二条的规定，进行了调查、集体讨论，告知了润港公司作出行政处罚决定的事实、理由以及依据，告知了润港公司依法享有的权利，组织听证程序听取润港公司的陈述和申辩，并结合案件的重大程度和社会危害性程度，作出了予以罚款20万元的行政处罚决定，行政程序规范、合法。

广州海事法院于2018年3月27日作出（2018）粤72行初9号行政判决，判决驳回润港公司的诉讼请求。宣判后，润港公司提出上诉。广东省高级人民法院于2018年7月16日作出（2018）粤行终1012号行政判决：驳回上诉，维持原判。

【典型意义】

一、行民交叉问题的法律适用

本案系不服港口行政机关的处罚决定而提起的行政诉讼案件，在广东省属首次。本案确立的如何正确认定港口作业委托人的规则，为今后类似案件的审理提供了思路。本案判断行政相对人是否适格最终归结为港口作业委托人的识别，这是一个典型的行民交叉法律问题。港口作业委托人的认定，先是一个事实认定问题，随后才涉及法律适用层面的问题。这个"事实认定"应指的是港口作业委托、受托的事实，它既受民事法律规范的调整，也受行政法律规范的调整。人民法院在认定这个问题的时候，既参考了交通部的有关规定，也参考了合同法的规定，结合港口作业委托合同的订立、履行过程，以及当事人在从事港口作业过程中所作出的意思表示、法律地位等因素，确立了港口作业委托人应根据订立港口作业委托合同的当事人身份进行识别、实际办理集装箱进场业务不等于实施港口作业委托行为的两条裁判规则。

二、合理地界定了港口作业委托人的内涵与行政机关可以处罚的行政相对人的范围

海上货物运输普遍存在货运代理人层层转委托的现象，有的货运代理人仅赚取运费差价，有的货运代理人要负责报关、检验、陆运、进堆场作业等相关业务，往往一单货物的运输过程会出现各种角色的货运代理人或者履约辅助人。如果把这些与运输有关的主体统统作为港口作业委托人加以处罚，既不合理也无必要。本案所确立的规则，以港口作业委托合同为重点，以当事人的意思表示为补充，合理地界定了港口作业委托人的内涵。所以，广州港务局关于挚诚公司在接受委托后实际操作实施了本次处罚案件中涉案集装箱的港口作业行为，其应属于被处罚对象的意见，因缺乏其作为港口作业委

托人意思表示的核心要素而不能成立。换言之，不能仅仅从行为本身推导出行政相对人。否则，就会不当地扩大行政处罚的对象，就会得出"工作人员、司机等实际实施和办理进场委托手续的人员也可以作为行政相对人加以处罚"的不当结论。

三、凸显行政执法与行政审判之间的关系

随着我国对外贸易和海上运输业的蓬勃发展，特别是随着"一带一路"倡议的深入推进，我国陆海一体化、陆海统筹的经济循环和对外开放新局面逐渐形成，港口、码头作为连接陆、海两种运输方式的枢纽地位越来越重要，散装货物、集装箱货物入场作业的需求量越来越大，随之而来的安全隐患也越来越凸显。这给港口、码头的主管行政机关履行安全管理法定职责带来新的问题和挑战。人民法院一方面要支持港口行政机关依法履行港口安全管理行政职责，消除安全隐患，维护社会和谐稳定；另一方面，就相关行政纠纷案件办理过程中发现的问题，人民法院也要依法予以纠正，保护行政相对人的合法权益。本案的审理过程，充分体现了人民法院在促进行政机关依法行政所发挥的上述两方面的作用。

（罗春　白厦广）

·第十二编·

特别程序

참 고 문 헌

丹东港口经济开发总公司诉中国人民财产保险股份有限公司湖北省分公司海事诉讼担保错误扣船纠纷案

——诉讼担保人对海事请求保全错误应承担赔偿责任

【提要】

诉讼担保是诉讼程序过程中的担保,其借用了民事实体法的担保概念,并在承受该概念合理内核的基础上,赋予了一些新的法律内涵。诉讼担保与债的担保既有联系又有区别。有关诉讼担保的纠纷通常情况下不会提起一个新的诉讼,而是由人民法院在相关案件中直接裁定担保人承担或不承担责任。诉讼担保纠纷一旦成讼,则应按照诉讼担保的法律性质进行审判,而不能套用债的担保的规定判决。

【关键词】

诉讼担保　错误扣船　债的担保　赔偿责任

【基本案情】

原告(被上诉人):丹东市沿江开发区丹东港口经济开发总公司(以下简称"丹东公司")。

被告(上诉人):中国人民财产保险股份有限公司湖北省分公司(以下简称"人保湖北公司")。

原告诉称:1996年8月7日,湖北省五金矿产进出口公司(以下简称"湖北五矿")向武汉海事法院申请财产保全,被告人保湖北公司为该财产保全行为提供了书面保证。同日,武汉海事法院裁定扣押"福翔"轮,自8月12日1430时起至9月12日2300时止该轮共被扣押31.35天。原告与湖北五矿的租船合同约定该轮滞期费为每天2,600美元,该轮被扣押期间原告每天遭受损失即为2,600美元。原告与湖北五矿海上货物运输合同纠纷一案,广东省高级人民法院作出的(1998)粤法经二上字第276号终审判决认定:湖北五矿无权根据运输合同申请武汉海事法院扣押"福翔"轮，因湖北五矿错误申请导致该轮被扣押的全部船期应计在滞期内，由湖北五矿负责赔偿。在执行该生效判决时，原告根据《最高人民法院执行工作若干问题的规定（试行）》第85条的规定，请求人民法院执行被告的财产。广州海事法院于2004年6月21日作出（1999）广海法执字第245号民事通知书，驳回了原告的请求。根据《中华人民共和国担保法》第十八条的规定，被告对湖北五矿错误申请财产保全的行为应承担连带担保责任，故请求人民法院判令被告赔偿"福翔"轮被扣押期间给原告造成的船期损失81,510美元及自1996年9月13日起按中国人民银行同期流动资金贷款利率计算至付清之日止的利息，并判令被告承担本案诉讼费用。

被告辩称：人保湖北公司仅在（1996）广海法商字第152号案中对湖北五矿的财产保全申请提供担保。在该案中，认定湖北五矿扣船错误、驳回其全部诉讼请求的生效判决于1998年6月10日作出。原告本应在该判决生效后6个月内向人保湖北公司主张连带保证责任，其未在保证期间内主张权利，故人保湖北公司免除保证责任。原告在（1998）粤经法二上字第276号案执行过程中，于2003年12月18日向广州海事法院执行庭请求追加人保湖北公司为被执行人，该请求是在保证期间届满近5年才提出，且请求的对象和方式错误。根据《中华人民共和国担保法》第二十六条的规定，原告的债权即主张由人保湖北公司承担保证责任，因超过保证期间（除斥期间）而消灭，人保湖北公司已依法免除了保证责任。原告所主张的错误扣船的损失，已有广东省高级人民法院的生效判决判令由湖北五矿承担赔偿责任，该判决已在执行过程中，现原告又通过一个新的诉讼向保证人主张赔偿权利，违反"一事不二审"原则。如果法院通过二次审判，使保证人对同一损害事实再次承担赔偿责任，原告就会通过两个生效判决获得两次赔偿，这显然不符合法律规定。故请求法院驳回原告的诉讼请求。

广州海事法院经公开审理查明：1996年3月14日，湖北五矿与缅甸农业部灌溉局（以下简称"缅甸灌溉局"）签订水泥买卖合同，约定：湖北五矿向缅甸灌溉局出售水泥12,907.61吨，允许分批装运，价格条件CIF FO仰光。

1996年5月8日，原告与福州安泉海运有限公司（以下简称"安泉公司"）签订一份期租合同，约定：安泉公司作为船东，将"福翔"轮期租给原告。5月3日，原告与湖北五矿签订一份租船协议，约定：湖北五矿向原告承租"福翔"轮，该轮为有2个货舱的无吊杆散装货轮，巴拿马籍，载重

7,104吨；最少装载数量为5,700吨袋装水泥，达到满载舱容为止，由承租人选择；装货港青岛，卸货港仰光；晴天工作日，装货率为每天2,000吨，卸货率为每天800吨；滞期费每天2,600美元，速遣费为滞期费的一半；装卸时间的结算根据金康租船合同1976年文本第6条（C）款，船长有权以电报形式递交准备就绪通知书；除协议上载明的条款外，其余条款适用金康租船合同1976年文本。

1996年5月9日，原告接受了湖北五矿托运的114,152包、净重5,707.6吨的袋装水泥，并向湖北五矿签发了L05-1号指示提单。湖北五矿收到缅甸灌溉局支付的货款后，将该提单转让给缅甸灌溉局。该批货物由"福翔"轮从青岛港启运，5月29日1458时运抵仰光港，船长即向有关方面发出了准备就绪通知书。7月4日1408时，"福翔"轮靠仰光港3号泊位；1530时，收货人缅甸灌溉局提供岸上负荷25吨汽车吊进入码头进行开舱作业，但未能吊开舱盖。7月5日1230时，"福翔"轮离开泊位驶入内锚地抛锚；次日，离内锚地进入外锚地抛锚。7月10日，缅甸港务局船务代理部经理给"福翔"轮船长发出开航通知书，责令该轮必须在7月11日0730开航，否则港口当局将对其作出重罚。随后，原告数次向湖北五矿和缅甸灌溉局发传真请求给予指示，在未得到明确答复的情况下，7月23日1606时"福翔"轮抵新加坡港锚地抛锚。7月28日1500时，"福翔"轮离新加坡开往中国黄埔港。8月4日1546时，该轮抵广州桂山锚地抛锚；8月10日1204时靠黄埔洪圣沙码头，1540时开舱卸货。

1996年8月6日，湖北五矿向武汉海事法院提起海上货物运输合同纠纷的诉讼，要求丹东公司赔偿擅自将"福翔"轮驶回国内给其造成的损失。8月7日，湖北五矿向武汉海事法院提出海事诉讼财产保全申请，请求扣押"福翔"轮并查封变卖船上所载5,707.6吨水泥；人保湖北公司向武汉海事法院出具了一份书面担保书，声明"对湖北五矿的财产保全申请，我公司特提供担保，如诉讼保全申请有误，我司愿承担相应法律责任"。同日，武汉海事法院以（1996）武海法商字第100号民事裁定准予了湖北五矿提出的财产保全申请。8月12日1430时，武汉海事法院登轮扣押"福翔"轮及所载水泥；9月12日2300时，武汉海事法院应湖北五矿的申请，解除对"福翔"轮的扣押。

湖北五矿在武汉海事法院对丹东公司提起的诉讼，因丹东公司的管辖权异议成立，武汉海事法院于1996年9月6日将案件移送广州海事法院审理。广州海事法院于1998年6月10日作出（1996）广海法商字第152号民事判决，认定：该案所涉提单已经转让给缅甸灌溉局，湖北五矿已不是该货物提单的持有人，湖北五矿向法院申请扣押"福翔"轮及其所载货物显属错误，驳回湖北五矿的全部诉讼请求。双方当事人均未上诉。

湖北五矿对丹东公司提起上述诉讼后，丹东公司在广州海事法院对湖北五矿提起海上货物运输合同纠纷的诉讼，要求湖北五矿赔偿因违约和错误申请扣船给丹东公司造成的损失。广州海事法院于1998年6月10日作出（1996）广海法商字第137号民事判决，丹东公司不服该判决，向广东省高级人民法院提起上诉。广东省高级人民法院于1999年6月21日作出（1998）粤法经二上字第276号终审判决，认定：丹东公司和湖北五矿签订的租船协议合法有效，双方应严格履行合同约定的义务。丹东公司在合同签订后，依约将合同项下的货物运抵目的港，并在合理的时间递交了准备就绪通知书，履行了承运人应尽的义务。湖北五矿未能尽快安排"福翔"轮靠泊卸货、履行疏港义务，造成"福翔"轮1996年5月29日1458时抵仰光港，至7月4日1408时才靠3号泊位，湖北五矿应对这一段扣除合同约定正常卸货时间之外的滞期损失承担责任。依合同约定，正常的卸货时间为7.13天。"福翔"轮不能启开舱盖、货物不能在仰光被卸下，完全是湖北五矿不能提供适合的岸吊所致。在仰光港口当局一再要求"福翔"轮离开该港水域，湖北五矿和缅甸灌溉局又不给予明确指示的情况下，丹东公司将"福翔"轮驶至新加坡靠泊待命，再驶回中国黄埔港，措施是积极和谨慎的，航程是合理的。由于提单已转让，湖北五矿已不是该提单项下货物的所有人，其无权根据运输合同申请武汉海事法院扣押"福翔"轮，因湖北五矿错误申请而导致"福翔"轮被扣押的全部船期应计算在滞期中。武汉海事法院根据湖北五矿的申请而扣押"福翔"轮的时间为31.35天。从1996年5月29日1458时"福翔"轮抵仰光港至9月12日2300时武汉海事法院解除对"福翔"轮的扣押，扣除正常卸货时间7.13天，"福翔"轮共滞期98天，依合同约定的滞期费每天2,600美元计，共产生滞期费254,800美元。扣除湖北五矿已预付的30,000美元，剩余224,800美元，应由湖北五矿负责赔偿。判决湖北五矿向丹东公司支付滞期费224,800美元及利息（从1996年6月21日起至清还之日止，按中国人民银行同期流动资金贷款利率计）和因诉讼产生的律师费损失10,400元。一审、二审案件受理费共74,160元，丹东公司负担14,832元，湖北五矿负担59,328元。

另查明，1999年8月，丹东公司向广州海事法院申请强制执行（1998）粤经法二上字第276号民事判决。2003年12月18日，丹东公司向广州海事法院执行局递交执行申请书，称：人保湖北公司为湖北五矿错误申请财产保全提供了书面担保，理应承担相应的法律责任，请求法院向人保湖北公司强制执行"福翔"轮被扣押给丹东公司造成的全部损失。2004年6月21日，广州海事法院作出（1999）广海法执字第245号民事通知书，以（1998）粤经法二上字第276号民事判决未认定错误扣船的损失为由，驳回丹东公司关于人保湖北公司承担湖北五矿错误扣船经济损失的请求。

【裁判理由及结论】

广州海事法院经公开审理后认为：本案系湖北五矿与原告因海上货物运输合同纠纷，被告为湖北五矿错误申请扣押船舶提供担保而引起的一宗原、被告之间的海事诉讼担保纠纷。

被告向法院自愿出具的担保，是对海事请求人湖北五矿因申请扣押"福翔"轮这一程序性海事请求权的行使可能错误，并可能给被请求人即原告造成损害而向法院提供的责任保证，属于诉讼程序进行过程中的诉讼担保。因此，本案不能按照《中华人民共和国担保法》的规则处理，而应适用《中华人民共和国民事诉讼法》的有关规定审判。

被告的担保并非向对方当事人即原告提交，而是向行使国家审判权的法院提交。被告担保的对象是扣船申请可能错误并可能产生的损害赔偿法律责任，这一法律责任在提交担保之时并不具有确定性，但在原告要求履行担保以兑现债权时应具确定性。被告尽管是在广州海事法院（1996）广海法商字第152号案诉讼过程中提供担保，但担保的事项却是湖北五矿申请扣押"福翔"轮可能错误而产生的法律责任。广州海事法院（1996）广海法商字第137号案及广东省高级人民法院（1998）粤法经二上字第276号案审判的对象之一正是错误扣押"福翔"轮的赔偿责任问题。因此，被告担保的对象当然及于该后两案所判定的法律责任。被告关于其仅在（1996）广海法商字第152号案中承担担保责任的抗辩理由，不符合法律规定，其抗辩理由不成立。被告担保的期限虽未在担保书中明确，但从诉讼担保本应具有的法律特性理解，该担保的期限理应至扣押船舶所涉及的案件处理完毕，包括执行完毕为止，除非担保书中有明确的相反陈述或扣押船舶所涉及的案件超过诉讼时效而被依法驳回。（1998）粤法经二上字第276号案正在执行过程中，原告要求被告履行诉讼担保法律责任，并未超过被告诉讼担保的责任期间，该诉讼请求依法应予支持。被告所提供的担保，本来就是在诉讼过程中的诉讼担保，当然不存在诉讼时效问题。被告关于其保证期间为6个月、原告已丧失请求权的抗辩理由，系错误理解法律规定，其抗辩理由不成立。

本案所审判的是被告是否承担诉讼担保责任的问题，而不审理错误扣押船舶的法律责任，因此并不违反"一事不再理"原则。虽有《最高人民法院关于人民法院执行工作若干问题的规定（试行）》第85条"即使生效法律文书中未确定保证人承担责任，人民法院有权裁定执行保证人在保证责任范围内的财产"的规定，但因法院并未裁定执行作为诉讼担保人的被告的财产，而法律也未规定此种情况下不得另起诉诉讼担保人。因此，原告提起的本案诉讼符合当事人起诉和法院受理案件的法定条件，不违反最高人民法院关于执行问题的上述司法解释。广东省高级人民法院（1998）粤法经二上字第276号民事判决书认定湖北五矿错误扣押"福翔"轮的期间为31.35天，该扣押期间应计算在滞期中，滞期费以每天2,600美元计。该判决为法院的生效判决，具有法律效力，因此应认定湖北五矿错误扣押"福翔"轮造成的损失为81,510美元。被告作为诉讼担保人，应在该项损失额度范围内与湖北五矿一起共同向原告承担连带赔偿责任及自解除船舶扣押之日起至付清之日止的相应利息，被告在承担赔偿责任后可以向湖北五矿追偿。被告关于原告通过两个生效判决获得两次赔偿的抗辩理由，不符合连带赔偿的法律规定，该抗辩理由不成立。

广州海事法院于2005年12月9日根据《中华人民共和国民事诉讼法》第九十六条、第六十四条第一款之规定，作出（2005）广海法初字第396号判决：被告人保湖北公司连带赔偿原告丹东公司因湖北五矿错误申请扣押船舶的损失81,510美元及其利息（自1996年9月13日起至2000年9月20日止，按中国人民银行同期同币种流动资金贷款利率计算；自2000年9月21日起至本判决确定的付款之日止，以2000年9月21日的国家外汇牌价将赔偿款本金81,510美元换算成人民币，按照中国人民银行流动资金贷款利率计算至本判决确定的付款之日止）。案件受理费18,152元，由被告负担。

人保湖北公司不服该判决，上诉称：丹东公司主张的是错误扣船这一侵权行为的赔偿责任，人保湖北公司在提供担保时知道扣船行为可能侵害丹东公司的权利仍提供担保，属共同侵权，故本案为侵权之诉，应受诉讼时效制度调整。原告起诉已超过法定的诉讼时效期间，请求撤销一审判决，驳回丹东公司的诉讼请求。

被上诉人丹东公司辩称：一审判决认定事实清楚，结论正确，请求驳回上诉人的上诉请求。

广东省高级人民法院经审理确认了一审法院认定的事实和证据。

二审法院认为：讼争的担保发生在民事诉讼及其相关活动中，其担保的对象是诉讼行为，担保的目的是保障当事人的诉讼请求得以实现，是相对于债权担保而言的一种担保方式，其性质为诉讼担保。上诉人主张本案为侵权之诉显然缺乏事实依据，法院不予采信。由于本案诉讼担保的对象是五矿公司扣船的诉讼行为，在法律未规定诉讼担保的期限且当事人也未约定担保期限的情况下，该担保的期限应理解为丹东公司就五矿公司扣船的诉讼行为提起的有关诉讼处理完毕时止，包括了案件的执行阶段。二审庭审中，双方确认丹东公司诉五矿公司的案件至今仍未执行完毕，故本案诉争的担保没有超出担保期限，丹东公司在担保期限内向人保湖北公司主张权利亦未超过法定的诉讼时效期间。原审判决认定事实清楚，适用法律正确，程序合法。人保湖北公司的上诉理由不充分，法院不予采信。

广东省高级人民法院 2006 年 7 月 27 日根据《中华人民共和国民事诉讼法》第一百五十三条第一款第（一）项的规定，作出（2006）粤高法民四终字第 118 号判决：驳回上诉，维持原判。二审案件受理费 18,152 元，由上诉人人保湖北公司负担。

【典型意义】

一、关于诉讼担保的法律性质

明确涉案担保是债的担保还是诉讼担保，这是正确处理本案的关键问题之一。原、被告在此问题上都没有正确的认识，将诉讼担保误以为债的担保，以致纠缠于该项担保的所谓诉讼时效、共同侵权等问题，影响了案件的快速了结。

债的担保是民事实体法上的重要概念，它是指债务人或第三人为实现债权人的债权，依照法律规定或与债权人的约定，向债权人提供的超越债的一般效力的履行债务的物的保证或/和人的保证。依《中华人民共和国担保法》，债的担保有保证、抵押、质押、留置和定金五种形式，而《中华人民共和国海商法》所规定的船舶优先权实质亦是法定的债的担保形式。诉讼担保借用民事实体法的担保概念，并在承受该概念合理内核的基础上，赋予了一些新的法律内涵，因而诉讼担保在立法本意的表达上有了与债的担保有所不同的语境。

与债的担保相比较，诉讼担保具有以下两方面突出的法律性质。

一方面，诉讼担保是诉讼程序过程中的担保。诉讼程序过程，是以原告起诉后、法院判决前的审判程序为主干，向前扩展到起诉前的保全程序，向后延伸至执行阶段的执行程序,亦即广义的凡可纳入程序范围的阶段都囊括在这里所指的诉讼程序范围之中。诉讼担保是这一最广泛的诉讼程序过程中所涉及的担保,而在此之前或之后的任何担保都不属诉讼担保的范畴。诉讼担保在时间上的规定性决定了在其是否成就、如何成就等决策性阶段必然有行使国家审判权的法院介入,且法院在其中以中立者的角色发挥着衡平相对方利益的作用。与诉讼担保不同,债的担保一般是在主债权确定后纠纷发生前成立,目的是预防纠纷,促使债务人积极履行义务,并在债务人不履行义务或丧失履约能力时迅速实行担保以兑现债权。债的担保是否成就、如何成就,完全由双方当事人依契约自由原则自由协商,法院不介入,亦即债的担保乃诉讼外设立,法院不参与其间。

另一方面,诉讼担保是法律责任担保。诉讼担保的对象具有或然性,即所担保的对象不是已经实际存在的明确的债权,而是未来可能产生的法律责任。换言之,诉讼担保不是债的担保,而是一种责任担保。这种责任担保又可进一步细分为两类,一是申请人向法院提供担保,保证因其请求错误而致对方损害的,由其承担损害赔偿法律责任;二是被请求人为解除对其船舶等财产的扣押而提供担保,以其财产或第三人财产或信用来保证承担未来生效裁决中可能由其负担的给付或赔偿之法律责任。而债的担保对象具有确定性,即是对确定的债权的担保。

二、关于诉讼担保的期限及诉讼时效问题

涉案担保是人保湖北公司作为担保人,为湖北五矿在诉讼中申请扣押"福翔"轮可能错误而向法院提供的书面保证,承诺诉讼保全申请有误将承担相应的法律责任。显然,这是一种典型的诉讼担保。无论是当时的法律《中华人民共和国民事诉讼法》,还是2000年7月1日生效的《中华人民共和国海事诉讼特别程序法》,均未规定诉讼担保期限,涉案担保也并未明定担保的期限。因而,根据诉讼担保的法律性质和基本原理,该担保的期限应该至扣押"福翔"轮所涉案件处理完毕,包括执行完毕时为止。

诉讼担保本身是否有诉讼时效,一审、二审法院有不同的主张。一审法院认为,人保湖北公司所提供的担保,本来就是在诉讼过程中的诉讼担保,当然不存在诉讼时效问题。二审法院则认为,"本案诉争的担保没有超出担保期限,丹东公司在担保期限内向人保湖北公司主张权利亦未超过法定的诉讼时效期间",言外之意,诉讼担保有诉讼时效期间。我们认为,从诉讼担保的法律性质上考察,诉讼担保是从起诉前的保全程序到审判程序、执行程序之中所涉及的担保,担保的对象是诉讼程序过程中可能产生的法律责任。

包括执行程序在内的诉讼程序全部终结后，诉讼担保的对象即不复存在，此时提起诉讼担保本身的诉讼毫无意义，为其设定诉讼时效期间是"皮之不存，毛将焉附"。故一审认为诉讼担保不存在诉讼时效的主张似乎更具有合理性。

三、如何实行诉讼担保

诉讼担保是在法院介入的情况下成就的。法院对担保人资格、担保内容进行审查，各方面权利义务关系均较清楚，担保人应否担责及担何责均较明确，故因诉讼担保产生纠纷时，不必经诉讼程序，而由法院径直裁定担保人承担或不承担责任即可。在（1998）粤法经二上字第276号案执行过程中，丹东公司曾向法院申请追加人保湖北公司为被执行人，以执行其保证责任范围内的财产。对此，法院以该生效判决未认定错误扣船的损失为由予以驳回。

何为错误扣船的损失，在学理上认为，错误扣船的损失包括了船舶被错扣期间的费用支出损失，包括船员工资、伙食费、淡水费、港口费等费用支出损失；船舶被错扣期间的期得利润损失；为使错扣船舶获得释放提供担保所产生的损失；依法扣船后，请求人请求担保的数额过高而造成的被请求人损失；船舶被错扣后不能履行下一个预定航次的违约责任损失，但不包括前述的期得利润损失，即不能获得双倍的利润赔偿。从学理的意义上讲，该生效判决的确未认定错误扣船的损失。但是，该生效判决已明确地指出："湖北五矿错误扣押'福翔'轮的期间为31.35天，该扣押期间应计算在滞期中，滞期费以每天2,600美元计。"可见，生效判决并不以学理上的错误扣船损失为依据，而是直接将滞期费的约定认定为错误扣船造成的相应损失。生效判决具有权威性，且诉讼担保因有法院事先的审查而使相关权利义务均清楚明确。因此，可以在（1998）粤法经二上字第276号案执行过程中，直接裁定追加诉讼担保人人保湖北公司为被执行人，以执行其保证责任范围内的财产即可，而不必提起本案诉讼。法院在执行中未如此操作，实可商榷。丹东公司提起本案诉讼，可看作是权利救济的一种途径，弥补了法院未直接裁定执行诉讼担保人的权利真空，因而具有正当性。

（倪学伟）

华夏航运（新加坡）有限公司申请认可和执行香港特别行政区仲裁裁决前申请财产保全案

——在香港特别行政区仲裁裁决认可与执行前申请人享有保全被申请人财产的权利

【提要】

申请人在人民法院受理认可和执行香港特别行政区仲裁裁决申请前申请保全被申请人财产的，可依照《中华人民共和国民事诉讼法》第一百条的规定予以处理，如其已提供充分担保，对其请求应予准许。

【关键词】

区际司法协助　香港特别行政区仲裁裁决　认可和执行　财产保全

【基本案情】

申请人：华夏航运（新加坡）有限公司（Farenco Shipping Pte. Ltd.）（以下简称"华夏公司"）。

被申请人：东海运输有限公司（Eastern Ocean Transportation Co. Ltd.）（以下简称"东海公司"）。

华夏公司于2018年12月18日向广州海事法院申请财产保全并称：2018年9月28日，其与东海公司关于2012年4月21日双方签订的租船合同项下的法律费用纠纷已由香港特别行政区的仲裁庭作出终局裁决，裁决东海公司应向华夏公司支付如下费用。1. 首次仲裁法律费用225,303.90美元和1,016,615港元及其利息；2. 第二次有关法律费用仲裁的仲裁费用90,000港元及其利息。现华夏公司已向广州海事法院申请认可和执行该仲裁裁决，为维护自身合法权益，在广州海事法院受理认可和执行该仲裁裁决申请前，特申请冻结东海公司设立在招商银行某账号内的银行存款，以281,491.70美元为限。华夏公司以某适格保险公司出具的担保函提供担保，保证承担因申请保全错误而给东海公司或任何第三方造成损失的赔偿责任。

【裁判理由及结论】

广州海事法院认为,申请人在人民法院受理认可和执行香港特区仲裁裁决之前请求保全东海公司的相关财产,且已经提供充分担保,其申请符合《中华人民共和国民事诉讼法》等相关法律规定,对申请人的申请应予准许。遂依据《中华人民共和国民事诉讼法》第一百条等规定,裁定准许申请人的财产保全申请,冻结东海公司在招商银行某账号内的银行存款,以281,491.70美元为限,期限为1年。

【典型意义】

人民法院在受理认可和执行粤港澳大湾区境外仲裁机构裁决申请前,准许仲裁当事人依法提出的财产保全申请,扩大了粤港澳大湾区区域司法协作范围。

一、香港仲裁裁决认可和执行案件受理前后,应准许申请人对被申请人财产采取保全措施的申请

《最高人民法院关于内地与香港特别行政区相互执行仲裁裁决的安排》(以下简称《内地与香港安排》)对申请人提起执行仲裁裁决申请时提出的财产保全申请没有处理,但其后施的《最高人民法院关于内地与澳门特别行政区相互认可和执行仲裁裁决的安排》第十一条规定,"法院在受理认可和执行仲裁裁决申请之前或者之后,可以依当事人的申请,按照法院地法律规定,对被申请人的财产采取保全措施"。《最高人民法院关于认可和执行台湾地区仲裁裁决的规定》第十条规定,"人民法院受理认可台湾地区仲裁裁决的申请之前或者之后,可以按照民事诉讼法及相关司法解释的规定,根据申请人的申请,裁定采取保全措施"。

虽然《内地与香港安排》没有明确规定香港特区仲裁裁决认可和执行案件受理前后,申请人是否有申请对被申请人财产采取保全措施的权利,但根据"类似情形可相同处理"的基本法理,内地人民法院在受理认可和执行香港特区仲裁裁决申请之前或者之后,应赋予申请人申请保全被申请人财产的权利,并依据执行地相关法律依法审查。

在司法实践中,最高人民法院于2017年11月20日作出的《关于湖北省高级人民法院就盖特汽车公司(Automotive Gate FZCO)在申请认可和执行香港特别行政区仲裁裁决案中申请财产保全问题的请示一案的复函》[(2017)最高法民他129号]载明,"申请人向人民法院申请认可和执行香港特别行

政区仲裁裁决后,向人民法院提出财产保全申请,目前尚无明确法律规定。参照《中华人民共和国民事诉讼法》第一百条规定确定的原则,在申请人提供充分担保的情况下,对其财产保全申请可予准许"。

本案中,申请人华夏公司已向广州海事法院提交了受理和认可仲裁裁决的申请,虽未经广州海事法院立案受理,但在其提供了中国平安财产保险股份有限公司广东分公司出具的,保证承担因申请保全错误而给东海公司或任何第三方造成损失的赔偿责任的担保函后,仍可根据《中华人民共和国民事诉讼法》第一百条的规定,对华夏公司的财产保全申请应予准许。

二、申请人未及时提请人民法院认可和执行该仲裁裁决,特定情形下,人民法院可依职权解除对被申请人财产的保全措施

本案的情形是申请人在人民法院尚未受理认可和执行香港特区仲裁裁决前申请保全被申请人的财产。实践中,根据申请人的不同选择,可能会出现三种情形。其一,申请人只申请保全被申请人的财产,但未同时申请仲裁裁决的认可与执行。其二,申请人申请认可和执行仲裁裁决,但人民法院尚未正式受理,为确保自身合法权益,申请保全被申请人财产。其三,申请人申请认可和执行仲裁裁决已被人民法院受理,在认可和执行程序中,又申请保全被申请人财产。对于第二、第三两种情形,前已述之,虽然目前法律并无明确规定,但根据对我国现行法律法规的理解与"类似情形可相同处理"的法律原则,仍可根据《中华人民共和国民事诉讼法》第一百条的规定予以审查处理。对于第一种情形,目前我国现行法律法规或司法解释也没有明确规定。有观点认为,此种情形目前并无明确法律规定,可参照《最高人民法院关于适用〈中华人民共和国民事诉讼法〉的解释》(以下简称《民诉法解释》)第一百六十三条"法律文书生效后,进入执行程序前,债权人因对方当事人转移财产等紧急情况,不申请保全将可能导致生效法律文书不能执行或者难以执行的,可以向执行法院申请采取保全措施。债权人在法律文书指定的履行期间届满后五日内不申请执行的,人民法院应当解除保全"的规定予以处理,即使其在认可与执行之间关于保全被申请人财产的请求已被准许,如果申请人在仲裁裁决指定的履行期间届满后不申请认可与执行仲裁裁决的,人民法院应当解除对被申请人采取的保全措施。主要理据是:内地人民法院对香港特区仲裁裁决的司法审查,即该仲裁裁决是否应予认可并被执行,主要审查依据是《内地与香港安排》第七条规定的7种法定情形,在本质上来讲,属于形式审查。香港特区仲裁裁决作出后,基于仲裁"一裁终局"的特性,该裁决即使尚未经司法审查,亦可视为"生效的法律文书"。而为审判效率及对被申请人利益的平等保护,不能容许申请人在被申请人财产被采取保全措施后"躺在权利上睡大觉",申请人亦应在保全申请获准许后积极确认及行使权利即向人民法院提交认可和执行仲裁裁决的申请。

前述观点在价值上有可取之处,既可保证申请人通过保全程序确保仲裁裁决的顺利执行,又能敦促申请人积极行使和实现仲裁裁决确认的权利。但是通过对该法条的深入解读,该法条可能不宜适用于香港特区仲裁裁决申请人申请财产保全的情形。其一,"法律文书生效后"是适用该条的基本前提。但域外仲裁裁决(包括香港特区、澳门特区和台湾地区仲裁机构作出的仲裁裁决)在未经承认(认可)的司法审查程序后,不宜直接认定为"生效",否则可能会使"认可"司法审查在逻辑上难以自洽。其二,《民诉法解释》第一百六十三条第二句话为"债权人在法律文书指定的履行期间届满后五日内不申请执行的,人民法院应当解除保全"亦不宜适用于香港特区仲裁裁决认可与执行前的财产保全事宜。因为香港特区仲裁裁决确定的履行期间可能远在申请人申请认可和执行仲裁裁决之前。其三,在进入执行程序前采取保全的,一般情况下,不需由申请人提供担保。因为当事人之间的债权债务关系已经由生效的法律文书确定,不存在因申请错误而给被申请人造成损失的情况。而香港特区仲裁裁决是否具有最终强制执行力仍需经内地人民法院审查方可确定。

我国民事诉讼法规定的当事人申请的执行期限为从法律文书规定履行期间的最后一日起计算二年。如果申请人虽持有香港特区仲裁机构在香港作出的仲裁裁决,但并未在仲裁裁决书规定的履行期间的最后一日起二年内向内地人民法院申请执行,则香港特区仲裁裁决书确定的法定义务在我国内地不具有可执行性。此时,我们认为受理保全的人民法院可依法解除对被申请人的财产保全。同理,对于涉及澳门和台湾的仲裁裁决也应如此处理。

三、申请人在申请承认与执行域外(港澳台除外)仲裁机构作出的仲裁裁决前后申请对被申请人财产进行保全的,应根据保全的性质区别处理

《中华人民共和国民事诉讼法》第一百零一条规定:"利害关系人因情况紧急,不立即申请保全将会使其合法权益受到难以弥补的损害的,可以在提起诉讼或者申请仲裁前向被保全财产所在地、被申请人住所地或者对案件有管辖权的人民法院申请采取保全措施。申请人应当提供担保,不提供担保的,裁定驳回申请。"虽然此条规定并未区分当事人提起的仲裁程序是国内仲裁还是外国仲裁,似乎为涉外仲裁协议的当事人在向外国仲裁机构申请仲裁前可以请求我国人民法院采取财产保全措施预留了空间。但目前的主流观点仍认为,对该条文应作限缩性解释。当事人向外国仲裁机构仲裁前向我国人民法院申请民事财产保全的不予支持。此一观点在《中华人民共和国民事诉讼法》第二百七十二条得到了印证。该条规定"当事人申请采取保全的,中华人民共和国的涉外仲裁机构应当将当事人的申请,提交被申请人住所地或者财产所在地的中级人民法院裁定"。这间接说明,因有涉外因素的仲裁案件中,只有我国的涉外仲裁机构才可以将当事人的保全申请提交给内地相关人民法院,而域外的仲裁机构并无此项权利。2015年《民诉法解释》第五百四十二条第一款也规定了受理法院审查的具体操作程序。该条文规定,"依照民事诉讼法第二百七十二条规定,中华人民共和国涉外仲裁机构将当事人的保全申请提交人民法院裁定的,人民法院可以进行审查,裁定是否进行保全。裁定保全的,应当责令申请人提供担保,申请人不提供担保的,裁定驳回申请"。

《中华人民共和国海事诉讼特别程序法》则与《中华人民共和国民事诉讼法》的规定不同。《中华人民共和国海事诉讼特别程序法》第十四条规定,"海事请求保全不受当事人之间关于该海事请求的诉讼管辖协议或者仲裁协议的约束"。其后施行的《最高人民法院关于适用〈中华人民共和国海事诉讼特别程序法〉若干问题的解释》(以下简称《海事诉讼特别程序法解释》)第二十一条规定,"诉讼或者仲裁前申请海事请求保全适用海事诉讼特别程序法第十四条的规定。外国法院已受理相关海事案件或者有关纠纷已经提交仲裁,但涉案财产在中华人民共和国领域内,当事人向财产所在地的海事法院提出海事请求保全申请的,海事法院应当受理"。根据《海事诉讼特别程序法解释》第十八条的规定,海事请求保全是指以"船舶、船载货物、船用燃油以及船用物料"为标的的保全。根据对《最高人民法院关于扣押与拍卖船舶适用法律若干问题的规定》第一条第一款"海事请求人申请对船舶采取限制处分或者抵押等保全措施的,海事法院可以依照民事诉讼法的有关规定,裁定准许并通知船舶登记机关协助执行"的解读,如果申请人不申请就地扣押或查封"船舶、船载货物、船用燃油以及船用物料",而是以限制被申请人处分等类似行为保全的方式进行保全的,则亦应适用民事诉讼法的相关规定。由此可知,如果当事人已将海事纠纷提交给域外仲裁机构仲裁,在国内申请扣押被申请人船舶、船载货物的,在其提供充分担保之时,受理的海事法院可予准许。但如果当事人申请查封被申请人的银行账户或者不动产等,则应适用民事诉讼法的规定,而民事诉讼法及其司法解释并未赋予当事人此种申请保全的权利。此时,只因被保全标的的差异,将使同一海事纠纷中的当事人对被申请人财产保全呈现出两种不同样态。由于《中华人民共和国海事诉讼特别程序法》相较于《中华人民共和国民事诉讼法》属于特别法。因此，在涉及域外仲裁前后申请人对被申请人财产进行保全的，应视申请人请求保全的标的是否为需实地扣押的"船舶、船载货物、船用燃油以及船用物料"。如果是，则在其提供充分担保之时，其请求应予准许；如果不是，则其请求同样不能获得许可。

（徐春龙　陈文志）

郑良聪、苏少芬申请宣告公民死亡案

——不可能生还证明开具机关的认定

【提要】

在意外事故中下落不明者的近亲属向人民法院申请宣告死亡,有关机关可以出具下落不明者不可能生还的证明。何为"有关机关",法律没有明确的规定。在认定有关机关的时候,本案把握了两个标准。其一,是看有关机关的设立机构;其二,也是更主要的,是看该机构是否具有相应的管理权限,这两个标准以决定是否属于宣告死亡程序中的"有关机关"。本案合理认定有关机关,填补了实践操作中对有关机关认定标准的空白。

【关键词】

宣告死亡 下落不明 有关机关 不可能生还证明

【基本案情】

申请人:郑良聪,男,1981年1月18日出生。

申请人:苏少芬,女,1955年5月11日出生。

申请人郑良聪、苏少芬称:申请人郑良聪系郑胜忠的儿子,申请人苏少芬系郑胜忠的妻子。郑胜忠随渔船"珠香1746"轮前往珠海万山海域生产作业。2019年4月18日,该轮失去联系,郑胜忠失踪。相关单位派员搜救,确认该轮突遇大暴风雨袭击沉没,但未发现郑胜忠。郑胜忠失踪后,珠海市港澳流动渔民工作办公室出具了推定郑胜忠不存在生还可能的说明。两申请人请求宣告郑胜忠死亡。

广州海事法院经审理查明:下落不明人郑胜忠,男,1950年5月23日出生,汉族,户籍地广西壮族自治区钦州市钦南区沙埠镇下南山村委会下南山村38号,系申请人郑良聪的父亲、申请人苏少芬的丈夫。郑胜忠随渔船"珠香1746"轮前往珠海万山海域生产作业。2019年4月18日,该轮失去联系,郑胜忠失踪。在珠海市海上搜救中心的统一组织下,经多方搜寻,在大万山岛东南面约2海里处发现该轮已沉没,在沉船上未发现郑胜忠。广东省渔政总队珠海支队于2019年5月30日出具事故报告,推测"珠香1746"轮于 2019 年 4 月 18 日 19—21 时之间在珠海大万山岛南面或东南面 1～2 海里位置，遭遇突发大风吹袭致沉，船上 8 人失踪。珠海市港澳流动渔民工作办公室于 2019 年 6 月 4 日出具了关于"珠香 1746"轮沉船事故失踪人员不可能生还的证明，记载：2019 年 4 月 18 日约 21 时发生在广东省珠海万山海域的"珠香 1746"轮沉船事故，失踪人员 8 人，经大规模搜救，发现 4 具尸体并予以认定为船上人员，而失踪人员郑胜忠未寻获；综合广东省渔政总队珠海支队在事故报告中对沉船事故的描述及分析、渔船失事后搜救的情况以及失踪者至今音讯全无等事实，推测郑胜忠等 4 名失踪者不存在生还的可能。

另查，"珠香 1746"轮为香港特别行政区登记渔船，在珠海市香洲港澳流动渔民协会登记的香港流动渔船。

申请人郑良聪、苏少芬申请宣告郑胜忠死亡后，广州海事法院于 2019 年 7 月 15 日在《人民法院报》发出寻找郑胜忠的公告。法定公告期间为 3 个月。公告期限届满后郑胜忠仍然下落不明。

【裁判理由及结论】

广州海事法院认为，郑胜忠因意外事件下落不明，有关机关出具了其不存在生还可能的说明，应视为其不可能生存。申请人郑良聪作为郑胜忠的儿子，申请人苏少芬作为郑胜忠的妻子，系本案的利害关系人，有权依照《中华人民共和国民事诉讼法》第一百八十四条第一款、《中华人民共和国海事诉讼特别程序法》第九条的规定，向人民法院申请宣告郑胜忠死亡。广州海事法院立案受理后进行公告查寻，现法定公告期间届满，郑胜忠并未向广州海事法院申报其具体地址及其联系方式，也无知悉其生存现状的人向本院报告。根据《中华人民共和国民法总则》第四十六条第二款"自然人有下列情形之一的，利害关系人可以向人民法院申请宣告该自然人死亡：因意外事件，下落不明满二年。因意外事件下落不明，经有关机关证明该自然人不可能生存的，申请宣告死亡不受二年时间的限制"的规定，以及该法第四十八条"被宣告死亡的人，人民法院宣告死亡的判决作出之日视为其死亡的日期；因意外事件下落不明宣告死亡的，意外事件发生之日视为其死亡的日期"的规定，郑胜忠已符合法律规定宣告死亡的条件，死亡日期为 2019 年 4 月 18 日。

广州海事法院依照《中华人民共和国民法总则》第四十六条第二款、第四十八条，以及《中华人民共和国民事诉讼法》第一百八十五条的规定，判决：宣告郑胜忠于 2019 年 4 月 18 日死亡。

【典型意义】

《中华人民共和国民法总则》第四十六条第二款"自然人有下列情形之一的,利害关系人可以向人民法院申请宣告该自然人死亡:因意外事件下落不明,经有关机关证明该自然人不可能生存的,申请宣告死亡不受二年时间的限制"。本案的典型意义就在于如何理解上述法律规定中的有关机关及意外事件。

一、关于有关机关的认定

关于何为"有关机关",在《中华人民共和国民法总则》理解与适用中未予以涉及,从其法律规定来看,属于一个赋予法官在审判实践中具体案件具体分析的规定。一般认为,机关应包括行政、司法、监察等国家依法设立的机关及其派出机构。就本案来说有关机关的认定主要涉及珠海市港澳流动渔民工作办公室出具的不可能生还证明是否可以作为有关机关出具的证明作为本案判决的依据。经查明珠海市港澳流动渔民工作办公室是珠海市政府直接管理的事业单位,负责主管珠海市的港澳流动渔民工作。珠海市港澳流动渔民工作办公室的部门职责包括:负责港澳流动渔民的信息管理,情况反映,协助或者组织处理有关突发事件及纠纷。故认为珠海市港澳流动渔民工作办公室履行的职责包含有相应的行政管理职能。本案事故发生之后,珠海市港澳流动渔民工作办公室作为其中的负责机关与珠海海事局、广东省渔政总队珠海支队,共同参与对本案事故的处理。最终,我们认为珠海市港澳流动渔民工作办公室可以作为有关机关出具不可能生还的证明。在认定有关机关的时候,把握两个标准,看有关机关的设立机构,以及更主要的是看该机构是否具有相应的管理权限。两个标准用以决定是否属于宣告死亡程序中的有关机关。

二、关于意外事件的认定

在民事领域,一般而言,意外事件是指非因当事人的故意或过失而偶然发生的事故。《最高人民法院关于适用〈中华人民共和国担保法〉若干问题的解释》第一百二十二条释义中认为,"认定意外事件应当结合不可抗力和第三人原因。凡是不属于不可抗力,又没有第三人原因的情况,致使合同不能履行的,即属于意外事件"。《最高人民法院关于适用〈中华人民共和国担保法〉若干问题的解释》第一百二十二条规定"因不可抗力、意外事件致使主合同不能履行的,不适用定金罚则"。故而在民事领域,并没有法律明确规定意外事件的内涵与外延。

在刑事领域,《中华人民共和国刑法》第十六条规定"行为在客观上虽然造成了损害结果,但不是出于故意或者过失,而是由于不能抗拒或者不能预见的原因所引起的，不是犯罪"。一般认为该条即是关于意外事件的规定。意外事件包含了两种情况：一种是由于不可抗拒的原因而发生了损害结果，如自然灾害、突发事件及其他行为人无法阻挡的原因造成了损害结果；另一种是由于不能预见的原因造成了损害结果，即根据损害结果发生当时的主客观情况，行为人没有预见，也不可能预见会发生损害结果。其中，所谓"不可抗拒"，是指不以行为人的意志为转移，行为人无法阻挡或控制损害结果的发生。如由于某种机械力量的撞击、自然灾害的阻挡、突发病的影响等行为人意志以外的原因，使其无法避免损害结果的发生。"不能预见"是指根据行为人的主观情况和发生损害结果当时的客观情况，行为人不具有能够预见的条件和能力，损害结果的发生完全出乎行为人的意料之外。

在行政法规领域，《民政部办公厅关于如何理解〈军人抚恤优待条例〉第九条第一款第（一）项中"意外事件"的复函》（民办函〔2007〕247号）中认为如下。《军人抚恤优待条例》第一款第一项规定："在执行任务中或者上下班途中，由于意外事件死亡的"为"因公牺牲"情形之一；第二十条第二款规定：因此情形致残的为"因公致残"。其中，"意外事件"是指"无法抗拒或无法预料造成的情形或事故"，关键是强调主观不可预见性。

在经济法领域，《中华人民共和国证券法》第一百一十一条也将不可抗力与意外事件并列作为突发性事件来处理；《最高人民法院关于审理旅游纠纷案件适用法律若干问题的规定》也将不可抗力与意外事件并列作为有关义务人的免责事由。

就意外事件而言，通过整理以上的法律规定、司法解释以及相应的理解与适用来看，刑法领域的意外事件与民法、行政法、经济法领域的意外事件概念并不完全一致。民事领域与经济法领域和行政法领域的意外事件的内涵和外延基本趋于一致，民事领域中意外事件的内涵并不包括不可抗力。而刑事领域的意外事件是包括不可抗力的。但是，总体来看，法律并没有像不可抗力那样明确的规定意外事件的法律概念。我们认为，宣告死亡，既涉及当事人的民事权利义务，也涉及当事人刑事权利与义务。民法总则中宣告死亡程序中规定的意外事件应做广义理解，基本上可以采纳刑法中关于意外事件的理解，其外延应包括不可抗力的情况。故而，我们认为由于不能预见的原因造成的损害结果即属于本案中的意外事件。

本案判决中对于有关机关和意外事件的认定，为以后在海上事故中就宣告死亡程序中如何认定出具不可能生还证明的机关及意外事件提供了一种参考标准。

（刘亮）

新奥海洋运输有限公司诉浙江金程实业有限公司等扣押船舶损害赔偿纠纷案

——错误扣船的认定标准

【提要】

扣押船舶损害赔偿纠纷案件中,在我国现行立法并未明确错误扣船的认定标准的情况下,司法实务中更多地采取了客观归责标准。然而,我们在讨论错误扣船的民事责任时,指向的应该是错误扣船申请行为而非错误扣船结果。人民法院应确立诚信诉讼原则在扣船程序中的主导地位,以当事人的主观恶意作为错误扣船申请行为的认定标准,对"恶意"或"重大过失"申请扣船的,才给予赔偿船方因此遭受的全部损失。

【关键词】

扣押船舶 恶意 重大过失 客观归责 民事责任

【基本案情】

原告:新奥海洋运输有限公司。

被告:浙江金程实业有限公司(以下简称"金程公司")。

被告:上海五洲邮轮管理有限公司(以下简称"五洲公司")。

原告诉称:2009年3月1日,原告与被告五洲公司签署《关于"环球公主"轮合作协议书》,约定被告五洲公司将"环球公主"轮租赁给原告经营,船舶所有权人上海万邦邮轮有限公司(以下简称"万邦公司")对协议予以确认。同日,被告五洲公司将"环球公主"轮移交原告。随后,原告对该轮进行了修理,并进行了其他前期投入。4月17日,被告金程公司因与被告五洲公司的债务纠纷,向广州海事法院提出财产保全申请,扣押了"环球公主"轮。被告金程公司在明知原告租赁并经营管理船舶的情况下,仍然向人民法院申请扣押船舶,侵犯了原告对"环球公主"轮的占有权、使用权、收益权与经营权。被告金程公司应赔偿原告在船舶扣押期间遭受的损失,被告五洲公司应承担连带责任。请求人民法院:1. 确认被告金程公司申请扣押"环球公主"轮的行为对原告构成侵权;2. 判令两被告连带赔偿原告因船舶被扣押而遭受的损失共计 8,735,914.65 元;3. 判令两被告承担本案诉讼费用。

被告金程公司辩称:1. 金程公司申请扣押"环球公主"轮符合法律规定,不存在错误扣船情形,原告主张被告金程公司错误扣船并请求赔偿没有根据;2. 原告主张的损失与船舶被扣押没有因果关系,原告不应向金程公司主张损失。请求判令驳回原告的诉讼请求。

被告五洲公司辩称:五洲公司不是扣押船舶的申请人,没有侵犯原告的合法权益,原告要求五洲公司连带赔偿损失于法无据。请求判令驳回原告的诉讼请求。

广州海事法院经审理查明:"环球公主"轮的英文名称为"Globetrot Princess",船舶登记所有人是万邦公司,光船承租人是被告五洲公司。"环球公主"轮曾使用"假日"轮、"罗马假日"轮、"茗花二号"轮、"茗花女王二号"轮等名称。

2006 年 10 月 7 日,万邦公司将其所有的"环球公主"轮光船租赁给被告五洲公司,租期 3 年,每月租金 100 万元。2008 年 3 月 19 日,万邦公司就上述光船租赁关系到上海海事局办理光租登记。船舶所有权证书记载被告五洲公司为光船租赁人,租赁登记日期为 2008 年 3 月 19 日。

2007 年 11 月 12 日,被告金程公司与被告五洲公司、方万春签订《合作协议书》,约定:双方基于各自优势(金程公司具有资金优势,五洲公司系中国首家从事国内、国际邮轮船舶管理的专业公司),为开展国内国际邮轮旅游市场业务建立紧密型合作关系;双方同意每一邮轮旅游线的启动另行签订具体的合作合同;合作期间,如一方违约,应赔偿对方的损失;鉴于五洲公司和方万春持有金程公司股份,双方同意五洲公司和方万春违约时用该股份折价赔偿等。为履行上述合作协议,被告金程公司、五洲公司与案外人卢建平、石六一等成立了项目公司董事会。董事会的成员包括陆金权、方万春、吴敏琪、卢建平和石六一共 5 人,其中:陆金权是被告金程公司的代表,方万春是被告五洲公司的法定代表人,吴敏琪是被告五洲公司的股东,卢建平和石六一是其他投资方。董事会围绕着合作经营"环球公主"轮开展工作,并形成了《"茗花二号"邮轮合作协议》和多份董事会决议。以上合作协议和董事会决议除了董事会成员的签字,均加盖了被告金程公司的公章,其中《"茗花二号"邮轮合作协议》还加盖了被告五洲公司的公章。根据董事会决议,"环球公主"轮将以被告金程公司的名义承租,方万春和吴敏琪具体操作承租船舶事宜,被告金程公司支付 480 万元给方万春和吴敏琪,用于补偿方万春和吴敏琪的原"茗花公司"及船租金损失。2008年6月17日,被告金程公司按照董事会决议向方万春和吴敏琪支付了480万元赔偿款。2008年10月10日,被告五洲公司和被告金程公司签订租船确认书,约定租期为3年,租金200万元/月,交船地点为北海,交船时间为2008年10月20日。但被告金程公司至今未实际承租"环球公主"轮。2009年3月1日,被告五洲公司以合作经营的模式将"环球公主"轮转租给原告,并于同日向原告交付了船舶。

2009年4月16日,被告金程公司以与被告五洲公司发生船舶租用合同纠纷为由,向广州海事法院提出财产保全申请,请求扣押被告五洲公司光租的、停泊于广州登泰船厂有限公司的"环球公主"轮。广州海事法院于2009年4月17日依法裁定扣押"环球公主"轮,并责令被告五洲公司向人民法院提供1,200万元的担保。2009年5月12日,被告金程公司就扣押船舶涉及的实体争议向杭州仲裁委员会申请仲裁。2009年6月15日,杭州仲裁委员会作出(2009)杭仲调字第162号调解书,案由为合作协议纠纷,确认被告五洲公司和方万春应返还被告金程公司支付的480万补偿款,并赔偿被告金程公司损失520万元。

2009年6月9日,万邦公司向被告五洲公司发出通知,解除"环球公主"轮租赁合同。2009年6月11日,万邦公司与原告签订光船租赁合同,约定由原告光船租赁"环球公主"轮,租期3年(自2009年6月16日至2012年6月15日止),租金每月100万元。

【裁判理由及结论】

广州海事法院经审理认为:本案为扣押船舶损害赔偿纠纷。根据《中华人民共和国海事诉讼特别程序法》的相关规定,海事请求人为保障其海事请求的实现,可以向海事法院提出申请,对被请求人的财产采取强制措施。海事请求人申请扣押船舶的必须符合下列要件:申请人具有海事请求、被申请人必须对海事请求负有责任、被扣押船舶属于可扣押的范围、情况紧急,不立即扣船将会使申请人遭受难以弥补的损害。

被告五洲公司与万邦公司签订租船合同,被告五洲公司系"环球公主"轮的光船承租人。根据被告五洲公司和万邦公司签订的租船合同的约定,被告五洲公司有权将租船合同转让,或将船舶转租,但应书面向万邦公司提出申请,并获得万邦公司的书面同意,万邦公司不得无理地不予同意。被告五洲公司在光租"环球公主"轮期间,与被告金程公司及方万春等人签订合作协议书，约定为开展国内、国际邮轮旅游市场业务建立紧密型合作关系。其后，包括被告金程公司和被告五洲公司在内的各方当事人就合作经营"环球公主"轮达成一系列的协议，直至2008年10月10日，被告五洲公司和被告金程公司签订租船确认书，确认由被告金程公司租用"环球公主"轮。被告五洲公司和被告金程公司之间存在着租赁船舶合作经营的真实意思表示，并且该协议没有违反法律规定。因被告五洲公司将"环球公主"轮转租给原告，并实际交付原告经营，而无法将船舶交付被告金程公司使用，被告金程公司提起涉案扣押船舶申请。其据以提出扣船申请的请求属于《中华人民共和国海事诉讼特别程序法》第二十一条第（六）项规定的与"船舶的使用或者租用的协议"有关的海事请求。被告金程公司提起扣船申请是因被告五洲公司未诚信履行合同所致，并且被告金程公司与被告五洲公司之间的纠纷已经由杭州仲裁委员会调解结案，被告五洲公司和方万春向被告金程公司返还补偿款并赔偿损失。被告五洲公司对被告金程公司的请求负有责任。"环球公主"轮在被扣押当时属于被告五洲公司光租期间，属于我国海事诉讼特别程序法规定的可扣押船舶。因此，被告金程公司申请扣押"环球公主"轮不存在错误。在被告金程公司申请扣押船舶不存在错误的前提下，原告请求被告金程公司承担其因船舶被扣押而遭受的经济损失缺乏法律依据，不予支持。

本案是因申请扣押船舶而提起的损害赔偿纠纷诉讼，属于侵权纠纷。被告五洲公司是广州海事法院扣押"环球公主"轮案中的被申请人，其按广州海事法院的裁定履行义务，并没有实施侵权行为，原告要求被告五洲公司与被告金程公司连带承担侵权责任缺乏事实和法律依据，不予支持。原告与被告五洲公司因履行"环球公主"轮租用协议产生的纠纷属合同纠纷，应另案解决。

综上所述，广州海事法院作出（2009）广海法初字第306号判决：驳回原告新奥海洋运输有限公司的诉讼请求。案件受理费72,951元，由原告负担。

一审宣判后，原告不服，提起上诉。二审审理期间，原告以与被告金程公司达成和解为由，申请撤回上诉。广东省高级人民法院裁定准许原告撤回上诉。

【典型意义】

本案是一种较为典型的扣押船舶损害赔偿纠纷案件。实践中，随着扣船案件的增多，错误扣船现象时有发生。《中华人民共和国海事诉讼特别程序法》第二十条规定:"海事请求人申请海事请求保全错误的,应当赔偿被请求人或者利害关系人因此所遭受的损失。"但是,法律虽然规定了错误扣船的赔偿责任,却没有规定错误扣船认定标准,司法解释对此也没有明确。

一、错误扣船的定性

行使船舶扣押权的行为与被申请人利益之间存在着严重冲突,申请人申请法院扣押被申请人所有的或租用的船舶,将使被申请人的财产权益遭受严重损害。因此,不论是正当的扣押还是错误扣船,申请人的行为都构成了对被申请人合法权益的侵害。然而,对于正当扣押船舶,申请人的行为因缺乏违法性要件而不构成一种违法行为,其行为虽然侵害了被申请人的财产权益而无须承担任何民事责任。但是在构成错误扣船的情况下,由于申请人违反了诚实信用原则从而使其行为具有了违法性。因此,错误扣船行为不但侵害被申请人合法的财产权益,而且该行为违法。同时,错误扣船行为必然地导致被申请人财产权益的损害,而被申请人的此种损害正是由于申请人的错误扣船行为所致,申请人在实施错误扣船行为时主观上存在着非善意行使权利的故意或过失。因此,错误扣船行为完全符合侵权行为的违法性要件、损害要件、因果关系要件和过失要件,是一种民事侵权行为。错误扣船作为一种侵权行为,是由于申请人对保全程序这一诉讼程序利用不当而引起的,从而造成被申请人经济损失的行为。在本案中,对于错误扣船行为就是定性为侵权行为,将案由定为扣押船舶损害赔偿纠纷。

二、错误扣船的认定标准

在司法实践中,各国法院在审理错误扣船的案件时,主要采取两种标准。一是主观归责标准说。主观标准是指申请人的行为是否构成错误扣船,并赔偿被申请人因此所受的损失,取决于申请扣船人是否具有主观上的过错,即恶意或是重大过失,而非依申请人在本诉中的实体海事请求能否成立来确定。二是客观归责标准说。客观标准是指不符合"扣船的实质要件"而申请扣船。

从《中华人民共和国海事诉讼特别程序法》的文义来看,似乎不以申请扣船人主观过失为要件,只要扣船在客观上被证明是"错误"的,申请人就应当赔偿被请求人或利害关系人因此所遭受的损失。在我国现行立法并未明确错误扣船的认定标准的情况下,司法实务中更多地采取了客观归责标准。按照客观归责标准,错误扣船是指不符合"扣船的实质要件"而申请扣押船舶的行为,申请人应该对被申请人因其船舶被扣押而遭受的损失承担相应的经济赔偿责任。所谓"扣船的实质要件"是指诉前申请扣船的条件,即:申请人应当具有海事请求,被申请人应当对该海事请求负有责任,被扣押船舶属于可扣押的范围。如果申请人在扣船之后提起的诉讼被海事法院驳回,即被判定不享有海事请求权,或者被申请人对其海事请求权不负有责任,或是被扣押船舶不属于可扣押的范围,则可断定申请人的扣船申请没有满足上述"扣船的实质要件",申请人不具有船舶扣押权,其诉前申请扣船的行为构成错误扣船。如果被申请人对申请人就此提起诉讼,申请人将须对被申请人因船舶被扣押所遭受的损失承担相应的赔偿责任。本案在审判委员会讨论过程中,部分委员也是按照上述客观归责标准对申请人的扣船行为进行审查的,主要围绕被告五洲公司和被告金程公司等之间的合作协议是否有效,因该合作协议引发的纠纷是否属于海事请求权,以及杭州仲裁委员会作出(2009)杭仲调字第162号调解书对海事请求权是否成立的影响等问题展开讨论,并得出被告金程公司不具有海事请求权的结论,从而认定错误扣船。

  然而,我们在讨论错误扣船的民事责任时,指向的应该是错误扣船申请行为而非错误扣船结果。在我国,追究行为人的民事责任必须满足一定的要件,如行为的违法性、损害结果事实、因果关系和主观过错等要件,而"事实上或法律上的错误结果",既不能代表造成错误结果的行为违法,也不能说明错误结果就是一种损害后果。因此,错误扣船在我国应该被识别为是一种违法行为,而且这一行为只有符合法定要件,行为人才须承担相应的民事责任。如果强调扣船申请人必须取得胜诉的结果,申请人在行使扣船这项权利的时候将无法确知自己的行为是法律所允许的还是法律所禁止的,使法律缺乏确定性和可预见性,无法用以指导当事人的行为,这也不符合扣船实践的习惯。而且,采用客观归责标准判定扣船是否错误,有将船舶扣押这种诉讼辅助行为等同于实体处理行为的嫌疑,并导致我国诉讼制度体系内部的不和谐性:一方面,我国将船舶扣押定位为一种财产保全措施,其从属并服务于本案诉讼程序;另一方面,将它与实体请求权捆绑在一起,如果实体请求权其后被裁决不成立,可因此逆向推理其先的保全申请错误。因此,我们应确立诚信诉讼原则在扣船程序中的主导地位,要求扣船申请人承担善良管理人的注意义务,以申请人的主观恶意作为错误扣船申请行为的认定标准,对"恶意"或"重大过失"扣船的,应赔偿船方因此遭受的全部损失。当然,在确立错误扣船主观归责标准的同时,海事法院在作出扣船裁定前,应对扣船申请进行必要的审查,尤其是重点审查当事人申请扣船的动机,尽可能避免错误扣船的发生。本案在认定申请人是否错误扣船时,充分考虑了"扣船的实质要件",并在判决中做了必要的阐述。但是,主要采用的是主观标准,将扣船保全条件的本义界定为一种可能性而非确定性，即拟扣押船舶的所有人或光租人"可能或非常可能"对海事请求负有责任，更多的是考虑双方当事人是否存在合作协议，合作协议的内容是否涉及船舶，而不是仅仅考虑合作协议的性质，合作协议是否有效等确定性的内容，并最终作出申请人申请扣船没有主观恶意、扣船没有错误的认定。

（程生祥　吴贵宁）

解放军某部诉瓦莱达一号有限公司船舶损坏水下设施损害责任纠纷案

——外籍船舶的网络司法拍卖应恪守程序正义

【提要】

审理外国当事人的涉军涉密案件,要通过要求当事人和委托代理人签订保密承诺书,当庭出示涉密证据供对方当事人质证后立即收回等方式,做好保护国家秘密和维护当事人合法诉讼权利之间的平衡,并在查清事实的情况下,依法作出判决,平等保护中外当事人的合法权益。通过拍卖外国籍船舶"瓦莱达"轮,确保原告的债权得以全部实现,通过司法手段维护了国防利益。网络司法拍卖外籍船舶,要坚持平等保护中外当事人的司法理念,恪守外轮拍卖的程序正义,着力扩大标的物拍卖公告的受众面及在国际航运市场上的知晓度,创造条件吸引更多的境外买家参与网络司法拍卖,处理好线上公开公平交易与线下公正为民司法的关系,以树立中国司法的良好形象,促进国际海事司法中心的建设。针对网络拍卖只能以人民币缴纳保证金和拍卖款的规则,结合拍卖外轮的特殊情况,可以允许境外买家通过线下缴纳外币保证金而在线上竞买方式参与司法拍卖。

【关键词】

涉军涉密　平等保护　网络司法拍卖　人文关怀　保证金

【基本案情】

原告:解放军某部。

被告:瓦莱达一号有限公司(Varada One Pte. Ltd.)。

原告诉称:被告所属的"瓦莱达"轮自2013年8月起停泊在中华人民共和国珠江口桂山锚地。2014年7月18日,"瓦莱达"轮因受台风影响走锚,钩断了原告所属的铺设在海底的通信电缆。原告及时对断缆进行了修复,修复费用为1,633万元。原告还因本案事故遭受通信阻断损失38,810,984.56元。根据广州海事局出具的水上交通事故调查结论书,"瓦莱达"轮对本案事故负全部责任。被告作为"瓦莱达"轮的船舶所有人,应赔偿原告上述损失。原告对上述海底通信电缆修复费用、通信阻断损失的海事请求属于《中华人民共和国海商法》第二十二条第一款第（五）项规定的"船舶在营运中因侵权行为产生的财产赔偿请求"，原告上述债权请求依法对"瓦莱达"轮具有船舶优先权。原告已申请广州海事法院依法扣押"瓦莱达"轮并获准许，也已依法行使了船舶优先权。请求判令被告赔偿原告各项损失50,782,640元及其利息，并确认该债权对"瓦莱达"轮具有船舶优先权，本案诉讼费由被告承担。

被告辩称：没有直接证据证明被告所有的"瓦莱达"轮钩断原告的电缆，原告未能充分举证证明修复的事实和修复费用的合理性，原告作为非营利性机构无权索赔通信阻断损失，原告请求确认船舶优先权并无法律依据。请求驳回原告的诉讼请求。

广州海事法院经审理查明："瓦莱达"轮总吨156,539，净吨108,433，总长332米，型宽58米，型深31米，船体材料为钢质，船籍港为新加坡，IMO编号为9039626，船舶种类为油轮，主机功率为23,477千瓦。被告为登记的船舶所有人。

2013年8月23日，"瓦莱达"轮空载抵达中华人民共和国珠江口，在桂山锚地抛锚。此后该轮一直在桂山锚地抛锚待命。2014年7月，"瓦莱达"轮受较大风浪影响走锚，在走锚中将铺设在海底的通信电缆钩断。事故发生后，原告对中断的海底通信电缆进行维修，产生维修费用1,633万元。原告主张因事故还遭受了通信阻断损失38,810,984.56元。广州海事局进行事故调查后，认定上述事故是一起因疏于船舶防台工作引起船舶走锚，船长在船舶走锚后没有及时采取适当的应急处置措施，以致造成钩断海底通信电缆的责任事故，"瓦莱达"轮应负事故全部责任。

原告为保证其债权得以实现，在提起本案诉讼前申请广州海事法院扣押"瓦莱达"轮。广州海事法院于2015年1月19日作出（2015）广海法保字第4-2号民事裁定，并据此于同日发出（2015）广海法保字第4-3号扣押船舶命令，对被告所属的"瓦莱达"轮予以扣押。原告以船舶扣押期限届满被告未提供担保，且船舶不宜继续扣押为由，于2016年7月12日向广州海事法院申请拍卖被扣押的船舶。

【裁判理由及结论】

广州海事法院经审理认为：本案是船舶损坏水下设施损害责任纠纷。被告注册地在新加坡共和国，本案属于涉外民事纠纷。原告与被告没有达成适用法律的协议,因本案侵权行为发生在中华人民共和国海域,依照《中华人民共和国涉外民事关系法律适用法》第四十四条"侵权责任,适用侵权行为地法律,但当事人有共同经常居所地的,适用共同经常居所地法律。侵权行为发生后,当事人协议选择适用法律的,按照其协议"的规定,本案争议应适用中华人民共和国法律处理。

"瓦莱达"轮因船员疏于防台和采取应急处置措施不当而导致钩断本案海底通信电缆,其船舶所有人应对事故承担全部过错责任。根据《中华人民共和国侵权责任法》第六条第一款"行为人因过错侵害他人民事权益,应当承担民事责任"的规定,被告应对其所有的"瓦莱达"轮钩断本案海底通信电缆造成的损失向原告承担赔偿责任。关于原告主张的修复费用损失,原告提供的证据证明事故发生后,其及时组织了海底通信电缆修复工作,实际发生了修复费用1,633万元。在被告仅提出异议,但未提交相反证据予以证明的情况下,对修复费用1,633万元予以认定。关于原告主张的通信阻断损失,原告仅提供了单方编制的损失计算表,其计算依据是中国电信股份有限公司广东分公司商业用途的宽带价格和固定语音业务单价,对该通信阻断损失不予认定。

原告关于海底通信电缆修复费用的赔偿请求属于"瓦莱达"轮在营运中因侵权行为产生的财产赔偿请求,根据《中华人民共和国海商法》第二十一条"船舶优先权,是指海事请求人依照本法第二十二条的规定,向船舶所有人、光船承租人、船舶经营人提出海事请求,对产生该海事请求的船舶具有优先受偿的权利"的规定和第二十二条第一款的规定,该请求对"瓦莱达"轮具有船舶优先权。

关于原告申请的船舶拍卖问题,广州海事法院经审查认为,"瓦莱达"轮被扣押至原告申请拍卖时已满18个月,被告没有在法院限定的期限内提供担保,且被告经营状况恶化,难以继续管理船舶,该轮不宜继续扣押。原告申请法院拍卖"瓦莱达"轮,符合法律规定,应予以准许。

广州海事法院依照《中华人民共和国侵权责任法》第六条第一款,《中华人民共和国海商法》第二十一条、第二十二条第一款第(五)项,《中华人民共和国民事诉讼法》第六十四条第一款以及《最高人民法院关于适用〈中华人民共和国民事诉讼法〉的解释》第九十条的规定,依法对该案实体纠纷作出判决,判令被告瓦莱达一号有限公司赔偿原告解放军某部修复费用1,633万元及其利息,确认该项债权请求对"瓦莱达"轮具有船舶优先权,驳回原告的其他起诉请求。

广州海事法院依照《中华人民共和国海事诉讼特别程序法》第二十九条、第三十条的规定,裁定将被告所属的"瓦莱达"轮予以拍卖。拍卖裁定作出后,该轮的拍卖事宜在广州海事法院淘宝网司法拍卖网络平台上进行。截至拍卖结束前,该轮共获得3.3万人次围观、74人次关注、6人报名;其中6位报名者分别来自2家内地公司、2家香港公司和2家外国公司。2016年12月31日,该轮经过19次出价(加价幅度为100万元人民币)、3次延时,最终以8,100万元人民币的最高出价,由圣基茨和尼维斯英属联邦国的纳塔利娅航运有限公司(Natalia Shipping Ltd.)成功竞买。

【典型意义】

该案是广州海事法院建院以来第一宗作出判决的涉军涉密案件。原告为解放军某部,被告为外国当事人,涉及国防利益,案件材料涉及国家秘密和军事秘密。案件审理过程中,通过要求当事人和委托代理人签订保密承诺书、当庭出示涉密证据供对方当事人质证后立即收回等方式,既保护了国家利益,又恪守了证据规则和程序法原则。在查清事实的情况下,依法作出判决。支持原告合理的诉讼请求,驳回其不合理的诉讼请求,平等保护中外当事人的合法权益。判决后,双方当事人均未上诉,实体纠纷处理取得较好的政治效果和社会效果。

新加坡籍的"瓦莱达"轮总吨156,539,载重吨307,794,总长332米,型宽58米,型深31米,甲板面积相当于2.5个足球场的大小,满载排水量是"尼米兹"级航母的3倍,辽宁舰的5倍,是名副其实的海上"巨无霸",也是广州海事法院建院30多年来拍卖的最大船舶。该轮以人民币8,100万元成交,创下了广州海事法院建院以来船舶拍卖成交价的最高纪录。该轮拍卖受到国内外媒体的广泛关注,新华社用双语报道该案件,扩大了中国海事司法在国际社会上的影响力。

在该轮拍卖期间,船上的8名印度和巴基斯坦籍船员因长时间滞留船上且部分船员生病,多次请求尽早回国,但船东以经济困难为由不予安排。广州海事法院曾多次与印度共和国驻广州总领馆等机构沟通,并多方协调,最终将留守的8名船员顺利送回国,体现了中国司法对外籍船员的人文关怀。

本次拍卖虽然在淘宝网上进行,但鉴于该轮为外籍船舶,标的额巨大,广州海事法院一开始就决定将拍卖推向国际市场。为增大标的物拍卖公告的受众面,尤其是在国际航运市场上的知晓度,拍卖公告除了在海外报刊、淘宝网、人民法院诉讼资产网、中国扣押与拍卖船舶网公布外,还联合了航运信息网和国际船舶网同时发布。由于淘宝网线上拍卖只能以人民币缴纳保证金和拍卖款,许多境外买家无法在短时间内筹集到保证金人民币600万元,这大大限制了境外买家的竞买。为此,广州海事法院经过与淘宝网反复沟通,针对拍卖外轮的特殊情况,修订了淘宝网的拍卖规则,改变了淘宝网线上拍卖只能收取人民币保证金的固有做法,最终实现了线下缴纳外币保证金90万美元即可在线上报名参拍的竞买方式。通过这一创新,吸引了多家境外买家参与竞拍,并最终通过多轮竞价,由圣基茨和尼维斯英属联邦国买家成功竞买。

"瓦莱达"轮的成功拍卖,充分发挥了司法网拍受众广、操作易、零佣金等特点,充分体现了我国法院一贯坚持的平等保护中外当事人的司法理念,充分保障了外轮扣押与拍卖的程序正义,充分展现了我国海事司法的服务保障水平,是建设国际海事司法中心、扩大海事司法话语权和增强国际竞争力的重要举措。广州海事法院加强海事审判工作机制的创新,争当国际海事司法中心建设排头兵,努力为"一带一路"倡议及建设海洋强国、粤港澳大湾区等国家战略的推进提供良好的司法保障。

(吴贵宁　谭学文)

南京昌源海运有限公司
申请设立海事赔偿责任限制基金案
——对"一次事故一个限额"异议的审查

【提要】

《最高人民法院关于适用〈中华人民共和国海事诉讼特别程序法〉若干问题的解释》规定了海事法院对于异议人对申请人设立海事赔偿责任限制基金提出异议,应当对设立基金申请人的主体资格、事故所涉及的债权性质和申请设立基金的数额进行审查。而异议人对"一次事故一个限额"提出的异议是否属于这类案件的审查范围未予明确。由于该类异议实质上涉及基金数额和基金所指向的海事事故本身及事故造成的特定损失,故应当对该异议作出审查。我国海商法确立的海事赔偿责任限制基金赔偿总额实行"事故责任制度"的计算原则,即"一次事故一个限额"。判断一次还是多次事故的标准,应从事故的因果关系进行分析,如果导致第一个事故的原因一直在起作用,因果关系没有中断,则应认定为一个事故。

【关键词】

海船　海事赔偿责任限制　责任限制基金　事故　限额

【基本案情】

申请人:南京昌源海运有限公司(以下简称"昌源海运公司")。

异议人:天安财产保险股份有限公司厦门分公司。

申请人昌源海运公司称:申请人是"万通158"轮登记的船舶所有人,该轮总吨2,978,钢质干货船,事故航次从天津开往广州,属于从事我国港口之间货物运输的船舶;2018年9月7日,"万通158"轮在汕头勒门列岛赤屿正南约1海里处触礁搁浅,事故造成"万通158"轮及船载约5,000吨钢材一并沉没。申请人就本次事故所造成的非人身伤亡损失向广州海事法院申请设立非人身伤亡海事赔偿责任限制基金,责任限额为290,413特别提款权及其自2018年9月7日起至基金设立之日止的利息。

异议人天安财产保险股份有限公司厦门分公司称:涉案事故为两次事故,

申请人依法应设立两份海事赔偿责任限制基金。2018年9月7日发生的是触礁事故，其后"万通158轮"怠于施救造成2018年9月17日"山竹"台风来袭摧毁船体，发生第二次海事事故。按照"一次事故一个限额"的原则，申请人应当为两次海事事故设立两份海事赔偿责任限制基金，基金数额为580,826（290,413×2）特别提款权。

广州海事法院经审查查明："万通158"轮的所有人和经营人均为昌源海运公司，船舶种类为干货船，总吨2,978，准予航行近海航区。

2018年8月24日，昌源海运公司作为出租人与作为承租人的天津钧天海运有限公司（以下简称"钧天海运公司"）签订航次租船合同，约定由"万通158"轮将5,186吨圆钢、镀锌板、酸洗板、冷板等货物自天津运至广州。异议人作为保险人承保了385.57吨无取向硅钢的国内水路、陆路货物运输保险。

"万通158"轮船长于2018年9月10日在海事报告中陈述：2018年9月7日0047时，装载约5,000吨钢材的"万通158"轮在南澳岛以南约5海里处触礁搁浅，造成船舶首尖舱与前货舱破损进水，船体倾斜；0400时"渔政44667"艇赶到事故现场将船员撤离；1100时船舶搁浅状况基本稳定，船员回到船上，采取搁浅后的自救，开启货舱排水；1800时"四海清1"清污船靠泊"万通158"轮，"鑫宏1"轮靠近准备卸减船载货物，至1900时无法靠近在附近抛锚。9月8日0700时"顺安868"轮靠近"万通158"轮开始抢卸，"四海清1"清污船开始抽油；1100时"金源拖1"拖轮到达触礁搁浅地进行施救；1300时"顺安868"轮共抢卸49卷钢后和"四海清1"清污船同时离开；1447时因风浪太大"鑫宏1"轮无法靠近"万通158"轮而离开；1600时海面风浪逐渐增强，考虑到船舶随时有倾覆、沉没的危险，船员有生命危险，船长做出暂时安排船员离船的决定，并向汕头海事局及公司报告申请；得到同意后，1640时"万通158"轮所有船员做好离船前准备，海事局通知"金源拖1"拖轮协助船员离船，但因风浪太大无法靠近，海事局又派"海巡0920"艇协助；1700时"海巡0920"艇接船员到艇上并返航。

申请人于2018年9月8日向汕头海事局提交《关于"万通158"轮施救计划》，陈述施救计划为：拟通过货物减载使船舶自浮，脱浅后采取措施堵漏，由拖轮拖带至可冲滩水域冲滩；若无法控制进水或下午风力增强脱浅无望，则船员撤离。汕头海事局于2018年9月12日向申请人发出《关于做好"万通158"轮防污工作的通知》。"万通158"轮于2018年9月15日约1413时沉没，事故造成该轮及船载未获救货物一并沉没。"万通158"轮事故航次自天津港驶往广州。

经汕头气象信息网查询记载，2018年9月8日至10日汕头附近海面6～8级东北风，9月11日、12日发布预计台风"百里嘉"将于13日在广东电白到海南琼海之间的沿海地区登陆，惠来县至南澳县沿海各警报站所挂台风信号2号风球不改变。9月13日发布台风"百里嘉"将于上午在湛江吴川市附近沿海地区登陆，汕头附近海面局部有阵雨，东北风5～6级阵风；预计台风"山竹"将于15日移入南海。9月15日发布汕头附近海面将长时间维持大风天气。9月16日发布预计傍晚至夜间汕头附近海面东南风8～9级阵风10级转6～7级阵风9级，惠来县至南澳县沿海各警报站所挂台风信号4号风球不改变，台风橙色预警信号继续生效中。9月17日发布台风"山竹"位于广西南宁境内，强度继续减弱，沿海陆地东南风3级阵风5～6级。

【裁判理由及结论】

广州海事法院经审理认为：本案为申请设立海事赔偿责任限制基金案。本案的关键问题是涉案事故是否分为搁浅和沉没两次事故，申请人是否应分别设立两个海事赔偿责任限制基金。根据《中华人民共和国海商法》第二百一十二条的规定，本法第二百一十条和第二百一十一条规定的赔偿限额，适用于特定场合发生的事故引起的，向船舶所有人、救助人本人和他们对其行为、过失负有责任的人员提出的请求的总额。该条确立海事赔偿责任限制实行事故原则，即"一次事故一个限额，多次事故多个限额"。判断一次还是多次事故的关键是分析两次事故之间是否因同一原因所致。如果因同一原因发生多个事故，但原因链没有中断，则应认定为一个事故。就本案而言，涉案船舶于2018年9月7日在汕头勒门列岛赤屿正南约1海里处触礁搁浅，船舶前舱破损进水、船体右倾，与之后船舶遭遇台风，并在台风影响下散架并最终沉没之间均系触礁搁浅致船体受损的原因所致，原因链并未中断。船舶沉没事故的发生是船舶触礁搁浅事故的自然延续所致，前后之间具有因果关系，所以应该认定为一次事故。申请人主张搁浅后，原因链没有中断的理由成立。依据"一次事故一次限额"的原则，申请人有权就该事故造成的非人身伤亡损失申请设立一个海事赔偿责任限制基金。异议人主张整个事故发生过程中是申请人因怠于施救导致了沉船事故的发生，并未提供证据予以证明，对异议人的该项异议不予支持。

根据《最高人民法院关于适用〈中华人民共和国海事诉讼特别程序法〉若干问题的解释》第八十三条的规定，本案应对设立基金申请人的主体资格、事故所涉债权的性质、基金的数额进行审查。由于昌源海运公司是"万通158"轮的船舶所有人和经营人,"万通158"轮在运输钢材的过程中沉没,根据《中华人民共和国海事诉讼特别程序法》第一百零一条第一款的规定,昌源海运公司具备设立海事赔偿责任限制基金的主体资格。涉案船舶在营运过程中发生船沉货损事故引起的非人身伤亡的赔偿请求,符合《中华人民共和国海商法》第二百零七条规定的限制性债权特征,昌源海运公司有权据此申请设立海事赔偿责任限制基金。关于基金的数额,"万通158"轮总吨2,978,航区为近海,属于从事国内沿海运输的船舶,故根据《中华人民共和国海商法》及交通部《关于不满300总吨船舶及沿海运输、沿海作业船舶海事赔偿限额的决定》的有关规定,"万通158"轮的海事赔偿限额应为290,413特别提款权。

广州海事法院依照《中华人民共和国海商法》第二百一十条、第二百七十七条,《中华人民共和国海事诉讼特别程序法》第一百零六条、第一百零八条,《关于不满300总吨船舶及沿海运输、沿海作业船舶海事赔偿限额的规定》第四条,《最高人民法院关于适用〈中华人民共和国海事诉讼特别程序法〉若干问题的解释》第八十三条,《最高人民法院关于审理海事赔偿责任限制相关纠纷案件的若干规定》第二十条、第二十一条的规定,裁定:一、准许申请人昌源海运公司提出的设立海事赔偿责任限制基金的申请;二、海事赔偿责任限制基金数额为290,413特别提款权及其自2018年9月7日起至基金设立之日止按中国人民银行确定的金融机构同期一年期贷款基准利率计算的利息;三、申请人昌源海运公司应在本裁定生效之日起三日内以人民币或本院认可的担保设立海事赔偿责任限制基金(基金的人民币数额按本裁定生效之日的特别提款权对人民币的换算办法计算),逾期不设立基金的,按自动撤回申请处理;四、驳回异议人天安财产保险股份有限公司厦门分公司的异议。

宣判后,当事人未提出上诉。

【典型意义】

本案为申请设立海事赔偿责任限制基金案。海事赔偿责任限制是指在发生海损事故造成人命和财产的巨大损失时,对事故负有责任的船舶所有人、经营人、承租人和救助人等,可根据法律的规定,将自己的赔偿责任限制在一定范围内的法律制度。这一制度不同于一般的民事损害赔偿制度,它是海商法上一个特有的制度,是基于航运风险的特殊性,为鼓励海难救助、适应海上保险、促进航运业发展的需要而设立的。有关国际组织于1924年、1957年和1976年分别通过了3部海事赔偿责任限制公约及相应的议定书。我国虽然没有加入这些海事赔偿责任限制公约，但是海商法第十一章"海事赔偿责任限制"的规定是借鉴1976年《海事索赔责任限制公约》而制定的。本案重点是对"一次事故一个限额"的异议进行审查。

《中华人民共和国海商法》第二百一十二条规定，"本法第二百一十条和第二百一十一条规定的赔偿限额，适用于特定场合发生的事故引起的，向船舶所有人、救助人本人和他们对其行为、过失负有责任的人员提出的请求的总额"。条款中"特定场合发生的事故"是根据英语"distinct occasion"短语翻译而来，其含义是"一次事故"，该条款确立了事故责任制度的原则，即"一次事故一个限额"的原则。如果是两次事故，就是两个限额。判断一个事故还是两个事故的关键是分析各个事件之间是否因同一原因所致。如果因同一原因发生多个事件，且原因链没有中断，则应认定为一个事故。就本案而言，涉案船舶于2018年9月7日触礁搁浅，导致前舱破损、船体右倾，与之后船舶遭遇台风，并在台风影响下散架并最终沉没均系触礁搁浅致船体受损的原因所致，原因链并未中断。船舶沉没事故的发生是船舶触礁搁浅事故的自然延续所致，前后之间具有因果关系，应该认定为一次事故。人民法院最终在裁定书中对该项异议作出审查和认定，裁定准许设立基金，驳回了异议人的异议。一审裁定作出后，双方均未上诉，该事故引发的后续索赔案也顺利地在海事赔偿责任限制基金内达成了一揽子和解协议。

申请人申请设立海事赔偿责任限制基金是否符合设立的法定条件，取决于申请主体是否符合法律规定、涉案海事事故产生的债权是否属于限制债权、申请设立基金的数额是否符合法律规定。对于此类程序性案件的审查范围，《最高人民法院关于适用〈中华人民共和国海事诉讼特别程序法〉若干问题的解释》第八十三条已经作出了明确规定。异议人提出的涉案事故应分为搁浅和沉没两次事故，申请人应分别设立两个海事赔偿责任限制基金的异议，是否应在该类案件中审查成为本案审理的先决性问题。

该项异议内容明显不属于上述司法解释列明的应当审查的范围，但合议庭认为申请人就海事事故申请设立基金，案件对海事事故本身应该有一个相对明确的界定和表述，这里面包括事故的起因、经过、结果，事故的起始点和终结点。涉案船舶从2018年9月7日发生触礁搁浅到9月15日最终沉没，经历了7天14个多小时的时间，搁浅之后发生了救助作业，天气原因导致救助不能继续开展，经历了"百里嘉""山竹"双台风之后，在大风大浪的作用下船舶最终沉没。合议庭认为《中华人民共和国海事诉讼特别程序法》第一百零四条规定，设立基金申请书必须载明申请设立基金的理由，当事人的请求应当与其责任限制主张的具体抗辩对象相对应。如果请求事项与理由不一致的，人民法院应全部或部分驳回其请求。本案中对于搁浅与其后的沉没究竟是一个事故还是两次事故的认定问题，决定了基金所针对事故的内涵，以及申请人责任限制主张的具体抗辩对象的识别，也涉及本案的关键问题即昌源海运公司能否设立海事赔偿责任限制基金的问题。昌源海运公司的申请理由是将搁浅与沉没表述为一个完整的事故，其主张的事故发生之日是2018年9月7日，即触礁搁浅发生之日，事故的结果是船货沉没。如果将触礁搁浅和船舶沉没分别认定为两次独立的事故，昌源海运公司的申请理由是存在矛盾的，因而本案必须对异议人提出的"两次事故，两个限额"的异议进行审查并作出裁定。

（杨雅潇）

上海孚在道进出口贸易有限公司
与汕头中远物流有限公司等
案外人执行异议之诉案

——案外人对其通过指示交付受让的动产是否享有排除强制执行的民事权益

【提要】

国际货物买卖合同中的贸易术语性质上属于国际惯例，其涵盖范围不涉及货物所有权问题。被执行人将港口保管的等待装船运输的出口货物，通过指示交付方式转让给案外人。在无恶意串通规避执行的情况下，受让货物的案外人因指示交付取得的动产所有权可以排除对该动产的强制执行。

【关键词】

案外人执行异议之诉　动产　指示交付　物权变动

【基本案情】

原告（被上诉人）：上海孚在道进出口贸易有限公司（以下简称"孚在道公司"）。

被告（上诉人）：汕头中远物流有限公司（以下简称"中远公司"）。

被告：广东韩江钢板有限公司（以下简称"韩江公司"）。

2013年12月23日，波利派克贝特西蒙斯米法利（1991）有限公司［Polipach Beth Shemesh Mifalim（1991）Ltd.］（以下简称"贝特公司"）与韩江公司签订购销合同，向韩江公司购买6,000吨钢板。双方约定采购单价为每吨767美元FOB中国汕头散货船，生产商韩江公司。双方还约定，贝特公司足额付款后，韩江公司将上述合同项下货物所有权自韩江公司转移至孚在道公司，待贝特公司通知发运后，再由孚在道公司将货物所有权转移给贝特公司。

贝特公司于2014年4月30日前向韩江公司付清了货款3,281,873.26美元。2014年4月12日至5月8日，韩江公司将合计1,182卷钢板送至汕头港第三分公司（以下简称"汕头港公司"）仓库寄存。汕头港公司出具的出口

(寄存）货物进仓单记载作业委托人为韩江公司。5月8日前，韩江公司向汕头港公司出具货权转让书，通知该公司其已将集结在汕头港公司的1,182卷钢板的货权转让给孚在道公司，转让部分的货物港口仓储费由孚在道公司负责，装卸费、绑扎费和报关费由韩江公司负责。孚在道公司也于同日致函汕头港公司，表示接受韩江公司转来的1,182卷钢板，同意承担仓储费。

2014年7月3日，韩江公司向中国汕头外轮代理有限公司发出托运单，办理1,182卷钢卷板的托运手续，托运单记载托运人为韩江公司，收货人为贝特公司，通知人为贝特公司，目的港以色列海法，特殊条款处记录FOB条款。7月4日，韩江公司作为经营单位和生产单位为1,182卷钢板出口事宜向汕头海关报关。随后，汕头海关对该批货物批准放行。

2014年7月7日，中远公司因与韩江公司运杂费纠纷向广州海事法院提出诉前海事请求保全申请，请求扣押韩江公司所属的存放于汕头港公司的上述1,182卷钢板中的200卷。同日，广州海事法院作出（2014）广海法保字第44-3号民事裁定书，裁定准许中远公司的申请，扣押200卷钢板。7月8日，广州海事法院向汕头港公司送达协助执行通知书，并于同日实施扣押。汕头港公司于扣押现场告知人民法院，该批货物权属已转移，不是韩江公司所有，货物转移给孚在道公司。

2014年7月22日，中远公司向广州海事法院提起诉讼，请求判令韩江公司偿还中远公司垫付的运杂费人民币2,341,183.86元。广州海事法院于8月7日以（2014）广海法初字第764号案立案受理。同日，中远公司还向广州海事法院提起诉讼，请求判令韩江公司偿还中远公司垫付的运杂费人民币999,237.03元。广州海事法院于8月8日以（2014）广海法初字第765号案立案受理。

孚在道公司就广州海事法院（2014）广海法保字第44-3号民事裁定，以200卷钢板的所有权已由韩江公司转让给孚在道公司为由提出异议，申请解除扣押。广州海事法院于2014年8月15日作出（2014）广海法保字第44-10号驳回异议通知书，驳回孚在道公司的异议申请。

2014年9月18日，贝特公司以韩江公司和孚在道公司为被申请人向上海仲裁委员会提出仲裁申请，请求裁决确认存放于汕头港公司的200卷钢板的所有权属于孚在道公司。11月6日，上海仲裁委员会作出调解书，确认存放于汕头港公司的200卷钢板归孚在道公司所有。

2014年11月4日，广州海事法院经审理就中远公司与韩江公司海上货运代理合同纠纷两案作出（2014）广海法初字第764、765号民事判决，分别判令韩江公司偿付中远公司运杂费人民币2,341,183.86元及其利息,韩江公司偿付中远公司诉前海事请求保全申请费人民币5,000元;韩江公司偿付中远公司运杂费人民币999,237.03元及其利息。

2014年11月21日,中远公司向广州海事法院申请拍卖被扣押的200卷钢板。广州海事法院于2015年2月11日以(2015)广海法拍字第1号案立案审查。孚在道公司以对该批货物享有所有权为由向广州海事法院申请解除对该批货物的扣押。2015年2月12日,广州海事法院作出(2015)广海法拍字第1-2号民事裁定,解除对存放于汕头港公司的200卷钢板的保全,不准予拍卖。中远公司不服广州海事法院(2015)广海法拍字第1-2号民事裁定,向广州海事法院申请复议。广州海事法院于2015年4月16日作出(2015)广海法拍字第1-4号复议决定书,撤销广州海事法院(2015)广海法拍字第1-2号民事裁定书,对上述货物继续保全。7月22日,广州海事法院作出(2015)广海法拍字第1-13号民事裁定,撤销广州海事法院(2015)广海法拍字第1-2号民事裁定,对货物继续保全,准予拍卖。200卷钢板于2016年3月18日被广州海事法院变卖,所得价款人民币229万元存入广州海事法院账户。

2016年3月25日,中远公司依据生效的(2014)广海法初字第764、765号民事判决书向广州海事法院申请强制执行,请求广州海事法院将上述货物变卖所得款项扣除必要费用后作为执行款予以划拨。广州海事法院于2016年3月28日立(2016)粤72执130、131号案执行。

孚在道公司对执行标的提出书面异议,请求中止执行广州海事法院(2016)粤72执130、131号案,并将该款项归还给孚在道公司。2016年5月31日,广州海事法院作出(2016)粤72执异3号执行裁定,驳回孚在道公司的异议。

孚在道公司于2016年6月20日提起本案诉讼,请求:1.判决排除对变卖原存放于汕头港公司的200卷钢板所得款项的执行;2.判令将变卖原存放于汕头港公司的200卷钢板所得款项归还给孚在道公司;3.两被告共同承担本案诉讼费用。

被告中远公司辩称:1.涉案货物约定的交易条件是FOB贸易术语,涉案货物的托运单、保证函、经海关审核放行的装货单、代表承运人接收货物的大副收据以及港务公司出具的运抵报告,均显示该批货物由韩江公司托运和出口,涉案货物在办理托运当时直至上船之前,所有权始终属于韩江公司;2.涉案货物已经作为韩江公司所有的出口货物进入海关监管,未经许可的任何交付、转让均因违反强制性的法律规定而无效；3. 孚在道公司就涉案货物未支付过任何对价，不能产生所有权转移的效果，而货物是以韩江公司的名义装船、交付给承运人的，因此所谓"货权转移"，实际上并不是将货物所有权转移给孚在道公司的真实意思表示；4. 确认货物所有权人为孚在道公司的仲裁调解书作为当事人意思自治的产物，对外不具有对抗第三人的任何证明力，本质是以表面合法的形式掩盖非法目的，对抗审判机关的财产保全措施，损害中远公司的合法权益。

被告韩江公司没有答辩。

【裁判理由及结论】

广州海事法院认为：本案为执行异议之诉，标的物为涉案 200 卷钢板的变卖价款。200 卷钢板是诉前海事请求保全程序中被保全的财产，孚在道公司于广州海事法院驳回其执行异议之后，根据广州海事法院执行异议裁定指引的救济途径提起本案诉讼请求排除对变卖价款的执行，其诉讼请求与作为执行依据的"原判决、裁定无关"，其起诉符合《最高人民法院关于适用〈中华人民共和国民事诉讼法〉的解释》第三百零五条第一款规定的条件。

本案各方当事人就 200 卷钢板所有权问题未能协议选择适用法律。根据《中华人民共和国涉外民事法律适用法》第三十七条的规定，涉案货物所在地在中国，本案应适用《中华人民共和国物权法》判定其所有权。韩江公司是购销合同项下负有交付义务的出卖人，韩江公司向贝特公司作出了关于在以色列公司付清货款后同意根据以色列公司的指示将购销合同项下货物所有权转移给孚在道公司的意思表示。200 卷钢板被韩江公司交付给汕头港公司保管后，汕头港公司因履行保管合同依法占有该动产，韩江公司具有请求汕头港公司返还 200 卷钢板的请求权。以色列公司支付了价款后，韩江公司与孚在道公司分别向占有货物的汕头港公司发出函件，韩江公司表示将货物权利转让给孚在道公司，孚在道公司表示同意接受货物权利。在没有相反约定的情况下，此处有关货物权利的表示应视为包括返还货物请求权。就转让返还货物请求权，韩江公司与孚在道公司对汕头港公司作出的意思表示一致，有关指示交付的民事法律行为已经有效成立，据此应认定韩江公司已经根据以色列公司关于向孚在道公司转让货物所有权的指示将请求汕头港公司返还货物请求权转让给了孚在道公司。200 卷钢板的所有权至迟已经于 2014 年 5 月 8 日被韩江公司转让给了孚在道公司。广州海事法院实施扣押措施时，该 200 卷钢板的所有权人为孚在道公司。孚在道公司对于存放在汕头港公司的钢板享有足以排除强制执行的民事权益。

涉案货物虽然被韩江公司以 FOB 的贸易方式出售给以色列公司，但在 FOB 国际贸易术语中并不涉及货物所有权问题。中远公司以韩江公司在运输合同关系中以 FOB 贸易中的托运人身份办理货物出口运输事务并以发货人身份办理货物出口监管、报关事务为由，主张在广州海事法院对货物采取扣押措施时韩江公司为涉案货物的所有权人的抗辩理由不能成立。

广州海事法院于 2017 年 12 月 29 日依照《中华人民共和国涉外民事关系法律适用法》第三十七条，《中华人民共和国物权法》第六条、第二十三条和第二十六条，《最高人民法院关于适用〈中华人民共和国物权法〉若干问题的解释（一）》第十八条第二款，《中华人民共和国民事诉讼法》第一百四十四条和第二百二十七条，《最高人民法院关于适用〈中华人民共和国民事诉讼法〉的解释》第三百一十二条和三百一十四条的规定，作出（2016）粤 72 民初 703 号判决：不得执行广州海事法院以（2015）广海法拍字第 1－13 号民事裁定变卖存放于汕头港公司的 200 卷钢板并扣除必要费用后所得价款。案件受理费人民币 20,231 元、证人出庭作证费用人民币 1,767.60 元，由中远公司和韩江公司承担。

广东省高级人民法院经审理确认了一审法院认定的事实和证据，并认为：1. 孚在道公司根据指示接受韩江公司交付的涉案货物取得所有权的行为符合法律规定，一审法院认定涉案 200 卷钢板的所有权人为孚在道公司正确；2. 中远公司以国际货物买卖中所使用的相关贸易术语等主张涉案货物在被扣押时所有权人为韩江公司的理由不能成立；3. 涉案货物与本案中的执行依据并无直接关联，孚在道公司提起本案诉讼符合法律规定。一审判决认定事实清楚，适用法律正确，依法应予维持。

广东省高级人民法院于 2020 年 3 月 9 日根据《中华人民共和国民事诉讼法》第一百七十条第一款第一项的规定，作出（2018）粤民终 1096 号判决：驳回上诉，维持原判。二审案件受理费 20,231 元，由中远公司负担。

【典型意义】

执行异议之诉的诉讼目的在于通过确认执行标的物的权属，从而判断是否可排除或许可对特定标的物的执行。该类案件争议的标的物多为登记公示的不动产或者特殊动产。本案执行标的为比较少见的、第三人占有的待运出口钢材。该案钢材所有权归属问题经保全异议、仲裁调解、拍卖异议和复议、执行异议、执行异议之诉一审和二审多次审查，最终在执行异议之诉案件中判定案外人因指示交付取得钢材所有权,该权利可以排除强制执行。本案有如下值得关注的裁判要旨。

一、执行异议之诉对执行标的权属进行实质审查而非形式审查

执行异议之诉纠纷是我国 2007 年修改民事诉讼法时规定的一种新类型的诉讼。执行异议之诉作为一种执行救济手段,允许当事人提出阻却或许可对执行标的物强制执行的诉讼。执行异议之诉包括案外人执行异议之诉和许可执行之诉。案外人执行异议之诉最直接的功能在于排除对执行标的的强制执行,具有形成之诉的性质。同时,案外人对执行标的物是否享有权益是案外人执行异议之诉中须先行解决的问题,否则难以做出是否排除执行的判决。故案外人执行异议之诉同时具有确认案外人所主张的实体权益的功能,兼具确认之诉的性质。

我国民事诉讼法中规定的强制执行救济程序有两种。一是程序性执行救济程序,即执行异议和复议程序;二是实体性执行救济程序,即执行异议之诉程序。案外人的执行异议已经被人民法院裁定驳回是案外人提起执行异议之诉的条件之一。就执行标的物的权属问题,执行异议程序与执行异议之诉程序的判断标准是不同的。执行程序的主要目的是迅速实现债权,效率是其基本价值取向,因此执行异议程序中对标的物权属的判断属于形式审查,即根据执行标的的权利外观表象判断权属。而执行异议之诉程序是适用普通程序的民事诉讼,属于实质审查,依据有关物权设立、转让的法律规范对执行标的的权属进行实体裁判。对涉案执行标的前期进行的保全复议、拍卖异议和复议、执行异议等个案审查,均为程序性的形式审查,并非实质审查,故法院根据中远公司提供的托运单、报关单、货物买卖合同的表面记载作出准许扣押、拍卖和驳回执行异议的裁定。但本案为执行异议之诉,需根据物权法的规定,对执行标的的权属进行实体审查,并进行终局判断。

法院认定孚在道公司为扣押之时钢板所有权人的事实依据是扣押前孚在道公司、以色列公司和韩江公司三方之间有效成立的引起所有权变动的民事法律行为,并非孚在道公司提交的仲裁调解书。涉案仲裁调解书是在广州海事法院扣押涉案货物后仲裁委员会应孚在道公司、以色列公司和韩江公司的申请作出的,该调解书中的确权结论不能当然约束非仲裁当事人中远公司,该调解书中关于涉案货物所有权归属的协议内容,对中远公司不产生约束力。

二、指示交付情形下动产所有权权属认定

民事法律行为是民事主体通过意思表示设立、变更、终止民事法律关系的行为。交付是直接引起动产物权变动的民事法律行为。动产交付包括直接

交付和间接交付。指示交付是间接交付的一种类型。指示交付，又称返还请求权的让与，是指让与动产物权的时候，如果让与人的动产由第三人占有，让与人可以将其享有的对第三人的返还请求权让与给受让人，以代替现实交付。根据《中华人民共和国物权法》（以下简称《物权法》）第六条"动产物权的设立和转让，应当依照法律规定交付"，第二十三条"动产物权的设立和转让，自交付时发生效力，但法律另有规定的除外"，第二十六条"动产物权设立和转让前，第三人依法占有该动产的，负有交付义务的人可以通过转让请求第三人返还原物的权利代替交付"，以及《最高人民法院关于适用〈中华人民共和国物权法〉若干问题的解释（一）》第十八条第二款"当事人以物权法第二十六条规定的方式交付动产的，转让人与受让人之间有关转让返还原物请求权的协议生效时为动产交付之时"的规定，动产物权的设立和转让，自交付时发生效力；动产物权的设立和转让前，第三人依法占有该动产的，负有交付义务的人可以通过转让请求第三人返还原物的权利代替交付。涉案钢材为动产，由贝特公司向韩江公司购得，汕头港公司因仓储物理上占有和控制货物。韩江公司依其与贝特公司的约定，就涉案货物向的汕头港公司出具货权转让书，告知汕头港公司该货物权转移给孚在道公司；孚在道公司以函件方式通知汕头港公司表示接受。韩江公司与孚在道公司对占有货物的汕头港公司作出的意思表示一致，有关指示交付的民事法律行为已经有效成立。据此应认定韩江公司已经根据贝特公司关于向孚在道公司转让货物所有权的指示，将对汕头港公司的返还货物请求权转让给了孚在道公司，韩江公司对涉案货物的交付行为已经完成。至此，涉案货物所有权已通过指示交付从韩江公司转移到孚在道公司。此外，在诉前财产保全扣押货物时，港口工作人员于现场告知法院，货物是韩江公司寄仓的，权属已转移孚在道公司，进一步印证孚在道公司为涉案钢材所有人。在无恶意串通和规避执行的情况下，案外人因指示交付取得的动产所有权可以排除以该动产为执行标的的强制执行。

三、出口货物所有权与FOB贸易术语的关系

国际货物买卖合同中所使用的贸易术语性质上属于国际惯例，其涵盖范围仅限于买卖合同当事人权利义务中与已售货物交货有关的事项，而不涉及货物所有权转移、违约责任、免责事由等问题。该等问题须通过买卖合同中的其他条款和合同适用的法律来解决。本案中，贝特公司与韩江公司在涉案货物买卖合同中仅选择使用FOB贸易条件，不能认定双方以FOB术语对所有权转移达成一致，FOB术语与涉案货物所有权无关联。贝特公司与韩江公司

关于货物所有权的约定是双方关于贝特公司付足价款后韩江公司根据贝特公司的指示将货物所有权转让给孚在道公司的一致意思表示。中远公司以韩江公司在运输合同中以FOB贸易中的托运人身份办理运输事务和报关为由，主张涉案钢材被扣押时为韩江公司所有，没有法律依据。

《中华人民共和国海关法》第三十七条第一款"海关监管货物，未经海关许可，不得开拆、提取、交付、发运、调换、改装、抵押、质押、留置、转让、更换标记、移作他用或者进行其他处置"中的"交付""转让"，是指物理意义上的具体行为，与物权法第二十三条和第二十六条规定的"交付"和"转让"意义有别。前述物权法两条文中的"交付"和"转让"与所有权相连，是广义和抽象的，且涵盖着前者。涉案货物发生所有权转移之时尚不是海关监管货物。中远公司关于涉案货物为海关监管货物，未经海关许可转让行为无效的抗辩，不能成立。

案外人对于存放在第三人处的动产是否享有足以排除强制执行的民事权益，是法律适用上的难点，实务中也匮乏可资借鉴的案例。本案通过在当事人复杂的交易行为中准确识别出引起动产物权的设立、转让的指示交付行为，确认了动产所有权归属，妥善平衡了申请执行人、被执行人和案外人之间的利益关系。本案体现的裁判观点对同类案件具有参考价值。

（宋瑞秋　舒坚）

· 第十三编 ·

执 行

华夏航运（新加坡）有限公司申请认可和执行香港特别行政区仲裁裁决案

——正确适用香港特别行政区《仲裁条例》认定仲裁协议的效力

【提要】

保险人赔付被保险人的保险损失后，依法取得代位求偿权。保险人在代位求偿诉讼中的地位及权利义务，应依被保险人在海上货物运输合同中的地位确定。托运人将提单转让给第三人后，托运人仍然是海上货物运输合同的当事人，仍保留着对承运人的权利与义务，并因此当然地享有对承运人的诉权。承运人对集装箱货物在卸货港的责任期间至交付货物时止的规定，应考虑卸货港的法律规定及习惯做法。依我国法律，承运人在卸货港交付货物指的是实体货物的交付，而非指提单换取提货单的单据交付或拟制交付。

【关键词】

仲裁协议的效力审查　电子邮件记载条款　香港仲裁条例

【基本案情】

申请人：华夏航运（新加坡）有限公司（以下简称"华夏公司"）。

被申请人：东海运输有限公司（以下简称"东海公司"）。

2012年2月1日，东海公司作为租船人与作为船东的华夏公司签订包运合同，约定：由华夏公司运载东海公司申报的6批镍矿从菲律宾运往中国，因该包运合同产生的所有争议应提交香港仲裁，适用英国法。4月21日，华夏公司向东海公司发送电子邮件，确认增加一次运输。该邮件作为对前述包运合同的补充，除运费和受载期外的其他条款或条件不变。装船期间，华夏公司以危险货物不适运为由，要求东海公司卸载货物。后华夏公司自行将货物转运至另一船舶完成航程。

华夏公司于2016年2月16日在香港对东海公司提起仲裁，索赔因东海公司指定危险货物不适运所遭受的租金、运费、滞期费、转运费等损失。

2018年3月23日和9月28日，仲裁庭分别作出首次终局裁决和费用终局裁决，裁决东海公司应向华夏公司支付相应赔偿款项以及相关仲裁费用。前述两份仲裁裁决均已生效，但东海公司未履行裁决项下的支付义务。华夏公司根据《最高人民法院关于内地与香港特别行政区相互执行仲裁裁决的安排》（以下简称《安排》）的规定，向广州海事法院申请认可和执行上述两份仲裁裁决。

东海公司抗辩称：涉案运输所涉的租船协议是当事人双方通过电话口头形式达成的。东海公司并未收到华夏公司2012年4月21日的电子邮件，因此不能认定该电子邮件条款并入了2012年2月1日签订的包运合同，从而不能适用该包运合同约定的仲裁条款，因此双方之间未达成仲裁协议。请求驳回华夏公司关于认可和执行仲裁裁决的申请。

【裁判理由及结论】

广州海事法院经审理认为：本案是申请认可和执行香港特别行政区仲裁裁决案件。第一，华夏公司提交申请的文书符合《安排》规定的形式要件。华夏公司提交的两份仲裁裁决书及仲裁协议均附香港律师出具的法律意见书，并办理了相应的公证及转递手续，仲裁裁决书东海公司确认已收到，华夏公司也向本院提交了原本。故仲裁协议有效成立。第二，根据《安排》第七条第一款的规定，有该款第（一）项"仲裁协议当事人依对其适用的法律属于某种无行为能力的情形；或者该项仲裁协议依约定的准据法无效；或者未指明以何种法律为准时，依仲裁裁决地的法律是无效的"情形的，法院可裁定不予执行。双方当事人未对确认仲裁协议效力的准据法作出约定，故应根据仲裁裁决地的法律即香港特别行政区法律对涉案仲裁协议是否成立进行审查。涉案仲裁庭已经认定涉案租船协议通过4月21日电子邮件书面形式订立，且该电子邮件载明的确认书通过提及"其他条款/条件不变"的形式，将载有仲裁条款的包运合同条款纳入了该协议，这种方式使包运合同的仲裁条款成为涉案租船协议的一部分，根据香港特别行政区《仲裁条例》第19条第（4）项和（6）项的规定，足以认定构成了书面形式的仲裁协议。第三，认可和执行涉案两份香港特区作出的仲裁裁决，不违反内地社会公共利益。违反内地法律的规定，一般不应上升至违反内地社会公共利益的高度，除非认可和执行该裁决会造成严重损害内地法律基本原则的后果。在本案中，适用内地法律与香港特区法律的不同后果仅仅是对涉案仲裁协议是否有效成立产生影响，东海公司主张的内地仲裁法对仲裁协议的明示要求和民法总则对意思表示的要求也不属于内地法律的基本原则范围,更不会产生其所担忧的司法实践的混乱。综上所述,华夏公司向广州海事法院申请执行在香港特区作出的两份仲裁裁决,提交了符合法律规定的申请材料,且不具有《安排》第七条规定的可不予执行的情形,应当予以认可和执行。依照《安排》第一条和《中华人民共和国民事诉讼法》第一百五十四条第一款第(十一)项的规定,裁定认可涉案两份仲裁裁决。

【典型意义】

本案双方当事人的争议焦点在于仲裁协议是否成立,而仲裁协议成立是仲裁协议有效的前提,属于仲裁协议效力的审查范畴。根据《安排》第七条第一款规定,仲裁协议依约定的准据法无效或者未指明以何种法律为准时,依仲裁裁决地的法律无效的,法院可裁定不予执行。本案当事人未对确认仲裁协议效力的准据法作出约定,因此应根据仲裁裁决地法律,即香港特别行政区法律对仲裁协议是否成立以及是否有效进行审查。香港特别行政区《仲裁条例》为香港处理仲裁相关事宜的成文法。根据该条例第19条对仲裁协议定义和形式的规定,电子邮件属于电子通信的一种方式,电子通信所含信息可以调取以备日后查用的,即满足了仲裁协议的书面形式要求,且在合同中提及载有仲裁条款的任何文件的,只要此种提及可使该仲裁条款成为该合同一部分,即构成书面形式的仲裁协议。因此,涉案电子邮件记载的条款是否并入了载有仲裁协议的合同这一事实,是认定仲裁协议是否成立并有效的关键。对于该事实,前后两个仲裁庭作出了两种截然相反的认定。广州海事法院对前后两个仲裁庭所作仲裁裁决进行了对比审查并认为,涉案仲裁裁决认定电子邮件记载的条款并入了载有仲裁协议的合同,是通过审查双方提交的书面材料、要求双方披露有关通信往来、召集双方及证人进行听证等程序,在双方当事人确认的事实以及交叉询问内容的基础上作出的。而东海公司提供的前仲裁庭作出的仲裁裁决对上述争议事实仅仅依据书面材料进行判断,作出的相反结论不足以推翻涉案仲裁裁决的认定。因此,广州海事法院最终认定双方之间涉案电子邮件记载条款并入载有仲裁协议的合同,根据香港特别行政区《仲裁条例》关于仲裁协议的要求,双方成立有效的仲裁协议。

本案中,广州海事法院在对仲裁协议效力的审查方面严格依据《安排》的规定适用仲裁裁决地的法律,并正确适用香港特别行政区《仲裁条例》进行审查和判断。所涉争议事实方面,广州海事法院在尊重香港仲裁庭所作裁决认定的基础上,对不同仲裁庭的不同认定结果进行客观公正的对比衡量,认为涉案仲裁裁决证据更加翔实、程序更加完整,故最终采信了其认定的事实。本案不仅体现了内地人民法院对香港仲裁庭所作裁决的尊重,也体现了人民法院在处理所涉争议过程中客观公正、不偏不倚的态度,在为依法有效促进粤港澳大湾区发展和建设提供司法保障上具有典型意义。

(叶柳东　宋伟莉　宋瑞秋　周田甜)

广州中船文冲船坞有限公司与南京顺锦航运有限责任公司船舶修理合同纠纷执行案

——执行中船舶流拍后可以重新启动评估拍卖程序

【提要】

在海事执行案件中,被执行人所有的船舶在诉讼阶段历经拍卖、变卖仍无法成交,申请执行人又不同意以该船舶抵偿债务。按照法律规定,此时法院应当解除船舶扣押并归还船舶于被执行人。实践中,船舶作为重资产,往往是被执行人唯一的财产,绝大多数情况下被执行人并无其他可供执行财产。如果申请执行人为保障其合法权益,申请对该船舶予以重新鉴定评估、拍卖,对此法院应进行综合考量,评判是否可以采取其他执行措施,如市场价格变化,可依法对船舶进行重新评估拍卖。

【关键词】

船舶修理合同纠纷　流拍　重新评估　无底价拍卖

【基本案情】

申请执行人:广州中船文冲船坞有限公司(以下简称"文冲船坞")。

被执行人:南京顺锦航运有限责任公司(以下简称"顺锦航运")。

关于申请执行人文冲船坞与被执行人顺锦航运船舶修理合同纠纷一案,广州海事法院作出的(2016)粤72民初286号民事判决书已发生法律效力。被执行人未履行生效判决确定的义务,申请执行人向广州海事法院申请强制执行,案号为(2017)粤72执311号。

立案执行后,广州海事法院查明:在本案诉讼阶段,即在(2016)粤72民初286号案中,申请执行人于2016年4月19日根据《中华人民共和国海事诉讼特别程序法》规定申请扣押被执行人所有的"锦海岳"轮,法院于4月21日裁定扣押该轮。由于被执行人未按照法院的裁定在规定期限内提供担保,申请执行人在6月12日向法院申请拍卖"锦海岳"轮。法院审理认为,申请执行人的申请符合《中华人民共和国海事诉讼特别程序法》第二十九条的规定，裁定拍卖被执行人所有的"锦海岳"轮，并摇珠选定广东中联羊城资产评估有限公司对该轮进行资产评估。7月20日，广东中联羊城资产评估有限公司出具评估报告评定"锦海岳"轮市场价值为1,808.31万元。10月11日进行第一次拍卖，起拍价为1,450万元；11月9日进行第二次拍卖，起拍价为1,160万元，两次拍卖均以流拍结束。11月24日至次年1月22日对该轮进行公开变卖，变卖起拍价为905万元，但仍未能成交。在执行过程中，申请执行人明确表示不同意以该船舶抵偿其债务。

在执行中，法院依法对被执行人的财产进行了调查，被执行人的银行账户、房产、车辆、证券、股权、网络金融方面均未发现可供执行财产。其后，申请执行人提出申请，要求法院重新评估、拍卖被执行人所属的船舶。

【裁判理由及结论】

《最高人民法院关于人民法院民事执行中拍卖、变卖财产的规定》第二十八条第二款规定："第三次拍卖流拍且申请执行人或者其他执行债权人拒绝接受或者依法不能接受该不动产或者其他财产权抵债的，人民法院应当于第三次拍卖终结之日起七日内发出变卖公告。自公告之日起六十日内没有买受人愿意以第三次拍卖的保留价买受该财产，且申请执行人、其他执行债权人仍不表示接受该财产抵债的，应当解除查封、冻结，将该财产退还被执行人，但对该财产可以采取其他执行措施的除外。"该款规定的"其他执行措施"，可以包括强制管理，以及执行法院根据市场价格变化重新启动（评估）拍卖程序等。本案中，"锦海岳"轮通过网络拍卖两次拍卖、一次变卖仍然不能变卖，申请执行人明确表示不同意以物抵债，且距离上次的船舶变卖程序已过半年时间，船舶市场价格已发生变化，为依法维护和实现债权人的利益，促进涉案财产价值实现，申请执行人提出对"锦海岳"轮进行重新评估和拍卖的申请，法院予以支持。

综上所述，依照《最高人民法院关于人民法院民事执行中拍卖、变卖财产的规定》第二十八条第二款规定，广州海事法院作出（2017）粤72执311号执行裁定：对被执行人顺锦航运所属的"锦海岳"轮进行重新评估和拍卖。

【典型意义】

海事执行中，被执行人所有的财产往往只有船舶，一旦船舶无法处置，债权人的权益就得不到实现。本案是船舶修理合同纠纷，"锦海岳"轮在文冲船坞修理期间，因无法支付有关的船舶维修费用，被申请执行人诉至人民法院。在申请执行人申请执行之前，船舶已在文冲船坞停靠数年之久，其间更是经历多次台风，且为不影响文冲船坞的正常运作，针对该轮共移泊70余次，产生了大量的移泊费用。如果仅是因首次拍卖流拍就放弃对"锦海岳"轮的处置，不仅多位债权人的权益无法得到保障，此后该轮仍在文冲船坞产生大量的保管费用；如果停留时间过长，甚至会出现保管费用高于船舶价值的情形。因此，人民法院为最大限度地维护申请执行人的利益，平衡各方当事人的价值诉求，依法裁定对"锦海岳"轮重新评估、拍卖。

在民事执行中，财产的处置最重要的措施就是拍卖。《最高人民法院关于人民法院网络司法拍卖若干问题的规定》第十条规定起拍价不得低于评估价或市价的70%，第二十六条规定第一次拍卖流拍后应当再次拍卖，再次拍卖的起拍价不得低于评估价或市价的50%。因此，财产评估价格确定后，就确定了每次拍卖的最低起拍价。这样一来，一旦财产的评估价与市场接受价格相差较大时，就会造成流拍；特别是船舶这种高价值财产，一旦与市值偏差较大，更易造成流拍。为提高拍卖变现的成功率，《最高人民法院关于扣押与拍卖船舶适用法律若干问题的规定》第十四条规定船舶在变卖仍不成功后，可以进行无底价变卖，但前提必须征得占三分之二以上份额债权人的同意。无底价变卖是船舶特有的处置方式，但这种处置方式在海事司法实践中往往很难实施。因此，本案提出船舶流拍、变卖失败后的另一种有效处置方式，即对船舶进行重新评估、拍卖。

在民事执行中，财产在流拍后申请执行人能否再次申请启动拍卖程序呢？在实践中，有两种做法。第一种，在财产流拍后，申请执行人不同意以物抵债的，人民法院应当解除对该财产的查封，并退还被执行人。如德宏州中级人民法院（2018）云31执异13号执行裁定书中，认为财产在经过评估鉴定，并通过网络进行拍卖和变卖，仍无法变现，且申请执行人明确拒绝以物抵债，人民法院依法应当解除对该财产的查封，并退还被执行人。云南省高级人民法院在（2018）云执复247号维持了上述裁定。第二种，在财产流拍后，如当事人申请启动第二轮拍卖程序，人民法院可以启动第二轮拍卖程序。如江苏省高级人民法院在（2019）赣执复108号中认为，根据《最高人民法院关于人民法院民事执行中拍卖、变卖财产的规定》第二十八条第二款规定，在财产历经拍卖、变卖流拍，且申请执行人、其他执行债权人仍表示不接受该财产抵债的，应当解除查封、冻结，将该财产退还被执行人，但对该财产可以采取其他执行措施的除外。该条文所指的"其他执行措施"，可包括强制管理和重新启动拍卖程序，由于法律、司法解释并没有禁止性规定，故人民法院启动第二轮拍卖程序并无不当。

在本案中，广州海事法院法院采取了第二种做法，同意申请执行人的重新评估拍卖的申请。"锦海岳"轮第一轮拍卖程序是在诉讼程序中进行且以流拍结束。因申请执行人留置该轮，人民法院因此并未解除对该轮的扣押。在执行程序中，因船舶市场价格发生变化，且鉴定报告、评估报告已过期，可以要求对"锦海岳"轮重新评估拍卖。人民法院认为，在《广东省高级人民法院执行局关于执行程序法律适用若干问题的参考意见》问题十"委托拍卖的不动产及其他财产权经三次拍卖流拍，或者动产经两次拍卖流拍，网络拍卖的财产经两次拍卖流拍，不能依法变卖或者以物抵债的，能否重新拍卖"的答复中，明确指出"委托拍卖的不动产及其他财产经三次拍卖流拍，或者动产经两次拍卖流拍，网络拍卖的财产经两次拍卖流拍，不能依法变卖或以物抵债的，人民法院可以重新委托评估、拍卖"。即人民法院可以根据市场价格变化，重新启动评估、拍卖程序，而非必须立即实施解除查封、冻结措施。对"锦海岳"轮重新进行拍卖有利于最大限度保障债权人的利益，促使涉案船舶价值的实现。实践中，船舶被拍卖往往就是船公司倒闭的体现，因此如何最大限度地保护船员的利益也是海事执行中的重中之重，船舶能否变现更是决定着船员及其他债权人能否得到受偿。船舶顺利变现实现船舶经济价值最大化，也可使得船员的利益得到最大限度的保护。因此，船舶顺利变现是海事执行法律核心价值的体现，是各方债权人合法利益得以实现的基础；本案引入船舶流拍后的重新启动拍卖程序为破解船舶执行问题提供的新的解决思路。

（常维平　林晓彬）

乐昌市农村信用合作联社
与清远市清城区石角镇水上运输船队等
金融借款合同纠纷执行案

——执行中船舶以物抵债实践性探讨

【提要】

在执行案件中，被执行人所有的船舶被法院扣押后，历经拍卖变卖程序后仍未能成交，申请执行人申请以船舶抵偿其债务。法院依法召开登记债权人会议，在确定船舶优先权债权人不申请以物抵债，且申请执行人同意支付具有船舶优先权的债权后，法院依法裁定以最后一次拍卖的起拍价将船舶抵债给申请执行人。

【关键词】

船舶拍卖　以物抵债　船舶优先权　法定受偿顺序

【基本案情】

申请执行人：乐昌市农村信用合作联社。

被执行人：温远辉、侯雪英、清远市清城区石角镇水上运输船队（以下简称"石角船队"）。

关于申请执行人乐昌市农村信用合作联社与被执行人石角船队金融借款合同纠纷一案，广州海事法院作出（2017）粤72民初193号民事调解书已发生法律效力。被执行人未履行生效判决确定的义务，申请执行人向广州海事法院申请强制执行，案号为（2017）粤72执616号，债权总额为6,425,020.50元。

立案执行后，广州海事法院依法对被执行人的财产进行了调查，被执行人的房产、车辆、证券、股权、网络金融方面均未发现可供执行财产。申请执行人提供本案抵押物"粤清远货3628"轮所在位置，法院依法裁定将"粤清远货3628"轮扣押于广东省清远市石角镇乘龙船厂。被执行人未在规定的期限履行上述生效判决确定的义务。因此，法院依申请执行人的申请裁定拍卖"粤清远货3628"轮。

法院依法摇珠选定鉴定机构和评估机构，该轮评估价格为5,347,300元。

2018年5月28日进行第一次拍卖,起拍价为3,750,000元;6月27日进行第二次拍卖,起拍价为3,000,000元;均已流拍结束。7月19日至9月17日对该轮进行公开变卖,变卖起拍价为2,680,000元,但仍未能成交。10月26日,申请执行人向法院申请以物抵债,要求将"粤清远货3628"轮以最后一次拍卖的流拍价,即2,680,000元,交付其抵偿部分债务。法院依法召集已受理登记的债权人,召开债权人会议,明确申请执行人作为"粤清远货3628"轮抵押权人。而受偿顺序比申请执行人优先的债权人均不接受以物抵债,同时申请执行人承诺由其支付法定受偿顺序在先的债权。

【裁判理由及结论】

关于船舶的以物抵债,海事法律并无特殊规定;扣押与拍卖船舶的专门规定《最高人民法院关于扣押与拍卖船舶适用法律若干问题的规定》(以下简称《扣押拍卖船舶规定》)中,也未有规定船舶以物抵债的情形。海事执行实践中,在历经一拍、二拍、变卖程序后,船舶仍然流拍的,按照《扣押拍卖船舶规定》的要求,应当解除船舶扣押并退还船舶所有人。但是,该规定与民事诉讼法关于有财产可供执行案件的有关规定相冲突,从民事执行的角度来看,船舶经变卖仍流拍,还未穷尽所有变现程序,仍然属于有财产可供执行的案件,不得因此而终本结案。船舶变卖仍流拍能否适用以物抵债,由于作为特别法的海事诉讼特别程序法及其相关司法解释未规定,所以按照法律适用的一般原则,应适用《最高人民法院关于人民法院民事执行中拍卖、变卖财产的规定》。根据该规定第十九条"拍卖时无人竞买或者竞买人的最高应价低于保留价,到场的申请执行人或者其他执行债权人申请或者同意以该次拍卖所定的保留价接受拍卖财产的,应当将该财产交其抵债",应继续完成以物抵债程序。

但在船舶司法拍卖中,船舶拍卖款的分配存在其独特的规则体系,那就是债权登记与受偿程序。与船舶有关的海事债权经债权登记程序后,便具有了比其他债权优先受偿的权利。《扣押拍卖船舶规定》第二十二条明确规定了船舶拍卖款的受偿顺序,其中船舶优先权先于船舶留置权受偿,船舶抵押权后于船舶留置权受偿。申请执行人作为抵押权人,在承诺支付拍卖司法费用及其他船舶优先权人的债权后,法院对申请执行人以物抵债的请求予以支持。

综上所述,依照《最高人民法院关于人民法院民事执行中拍卖、变卖财产的规定》第十九条、第二十三条、第二十九条第二款的规定,广州海事法院作出（2017）粤72执616号裁定：一、将被执行人石角船队、温远辉所属的"粤清远货3628"轮作价2,680,000元，交付给申请执行人乐昌市农村信用合作联社，抵偿（2017）粤72民初193号民事调解书所确定的部分债务，"粤清远货3628"轮所有权自本裁定送达申请执行人时起转移；二、申请执行人可持本裁定书到登记机构办理相关产权过户登记手续。

【典型意义】

由于船舶以物抵债立法的不完善，使得船舶以物抵债与船舶优先权无法并存。本案是在法律现有框架内，对船舶以物抵债提出新的尝试和探索，为船舶的顺利变现提供更多的选择途径，而非法律规定的解扣后归还船舶所有人。本案在各债权人一致认可的基础上，探索船舶以物抵债的具体操作方法，奠定以物抵债实现"洗船"的理论与实践基础，充分保障各方当事人的利益。

以物抵债，是实现债权、消灭债务的一种方式。我国现行法律对以物抵债并无明文定义，而是分散规定在诸多法律条款之中。如《最高人民法院关于适用〈中华人民共和国担保法〉若干问题的解释》第五十七条第二款规定："债务履行期届满后抵押权人未受清偿时，抵押权人和抵押人可以协议以抵押物折价取得抵押物。"又如《最高人民法院关于人民法院民事执行中拍卖、变卖财产的规定》第十九条规定，流拍时人民法院可将该财产交申请执行人或其他债权人抵债。《最高人民法院关于适用〈中华人民共和国民事诉讼法〉的解释》第四百九十二条也有关于财产作价抵偿债务的规定。就以上述规定来看，以物抵债其实质是债权人受领其他给付以替代原始给付，从而消灭债务的一种法律行为。

《扣押拍卖船舶规定》并未定义船舶以物抵债的情形。而在《〈关于扣押与拍卖船舶适用法律若干问题的规定〉的理解与适用》一文中，认为《扣押拍卖船舶规定》并未规定以物抵债的原因是，"由于船舶价款应在所有登记债权中按照法定顺序分配，不能简单地交给某一个债权人抵债"①。本案中，在已有债权（船舶优先权）人进行债权登记的情况下，如果简单地将该轮通过以物抵债的方式抵给银行，则明显损害了具有船舶优先权的其他债权人的利益，而且简单地以物抵债，未经过"洗船"，已经完成债权登记而未受偿

---

① 罗东川、王彦君、王淑梅等：《〈关于扣押与拍卖船舶适用法律若干问题的规定〉的理解与适用》，载《人民司法》2015年第7期，第24～31页。

的船舶优先权人、留置权人还可以追及物之所在而行使权利,以物抵债而受领船舶的申请执行人实际上无法行使船舶物权。因此,要想真正落实船舶以物抵债,在本案中必须解决两大问题,一是船舶优先权的问题,二是法定受偿顺序的问题。

船舶优先权是指海事请求人按照《中华人民共和国海商法》第二十二条的规定,向船舶所有人、光船承租人、船舶经营人提出海事请求,对产生该海事请求的船舶具有优先受偿的权利。船舶优先权是以船舶为标的享有比留置权、抵押权优先受偿的权利。船舶优先权不因船舶所有权的转让而消灭,其消灭具有法定情形:1. 具有优先权的海事请求,自优先权产生之日起满一年不行使;2. 船舶经法院强制出售;3. 船舶灭失。以物抵债并不是上述船舶优先权消灭的法定情形之一。因此,船舶以物抵债要想实现"洗船"功能,必然要保障船舶优先权的优先受偿;具有船舶优先权的海事请求在得到清偿后,船舶优先权才因此而消灭,才能"洗出干净的船舶"。当然,清偿并不是无限度的,只需在船舶抵债价款的范围进行清偿即可。本案中,申请执行人已承诺支付有关船舶优先权人的债权,足以成就船舶优先权消灭的条件。

《扣押拍卖船舶规定》第二十二条明确规定了船舶拍卖款的分配顺序,除司法费用等应先行拨付的费用外,剩余船舶拍卖款的法定受偿顺序为:船舶优先权的海事请求,船舶留置权的海事请求,船舶抵押权的海事请求,与船舶有关的其他海事请求。因此,如船舶进行以物抵债,必须在船舶抵债价款的范围对受偿顺序在先的海事请求进行清偿,使得船舶优先权、留置权、抵押权得以消灭,从而实现以物抵债。同时,接受抵债的债权人应受清偿的债权额低于抵债价额的,必须补交差额。如在处置完所有登记的海事债权后船舶拍卖款仍有剩余,则按照民事诉讼法中的执行参与分配规定处理。本案中,申请执行人为抵押权人,为法定受偿顺序的第三顺位,且其债权远远超过船舶变卖的起拍价;涉案船舶未涉及留置权,已登记并经确权诉讼的债权为船员工资,债权数额远低于船舶变卖的起拍价。因此,在法定受偿顺序在先的债权人不申请以物抵债时,申请执行人接受以物抵债,且承诺支付有关司法费用等应先行拨付的费用和船员工资,法院同意其以物抵债申请。

综上所述,船舶的以物抵债在实务操作中并非不可行,而是必须先行解决船舶优先权和法定受偿顺序的问题,才能确保各方当事人的合法利益不受侵害,船舶以物抵债才有适用的可能。但是,必须说明的是以物抵债是财产经拍卖仍无法变现不得已而为之的执行措施,是财产变现的最后方法。船舶不同于一般财产,其价值往往较高,且扣押时间过长会导致船舶贬值较多;

如船舶在拍卖变卖流拍后，如继续扣押或解除扣押退还船舶所有权人，均会导致债权人的利益严重受损。因此，在船舶经拍卖变卖仍无法变现时，申请执行人或其他债权人如有其他途径可实现船舶的利益最大化（如本案申请执行人的意图为修复船舶再度出售从而获利），可依据《最高人民法院关于人民法院民事执行中拍卖、变卖财产的规定》第十九条规定提出以物抵债，使船舶变相得到变现，以充分保障各方当事人的利益。

（常维平　林晓彬）

中船工业成套物流(广州)有限公司等与东莞市金明商贸发展有限公司等仓储合同纠纷执行系列案

——涉危险化合物的执行

【提要】

混合芳烃为危险化合物,其执行具有极大的复杂性,需要法院、消防、港口等多方协调配合。与此同时,案涉利益相关方较多,需在以安全为首要考虑因素的同时平衡并保障各方利益,以达成物理上的消除危险及法律上的顺利执行的目的。

【关键词】

危险化合物混合芳烃 执行

【基本案情】

申请执行人:中船工业成套物流(广州)有限公司(以下简称"中船公司")。

申请执行人:中国石油技术开发有限公司(以下简称"中技开公司")。

申请执行人:中国银行东莞分行。

申请执行人:恒天创业投资有限公司(以下简称"恒天公司")。

被执行人:东莞市金明商贸发展有限公司(以下简称"金明商贸公司")。

被执行人:东莞市金明石化有限公司(以下简称"金明石化公司")。

被执行人:东莞市永安石化有限公司(以下简称"永安石化公司")。

2014年9月3日,中船公司因与金明商贸公司仓储合同纠纷一案向广州海事法院申请诉前财产保全,对金明商贸公司油库10个油罐内的混合芳烃进行查封,随后向广州海事法院起诉。案件经过一审、二审,最终判决金明商贸公司向中船公司交付34,055.132吨混合芳烃并赔偿损失90,987,837元。2018年3月20日,中船公司向广州海事法院申请强制执行。

执行过程中发现,金明商贸公司先后被恒天公司、中技开公司因仓储合同纠纷诉至法院或提交仲裁，法律文书生效后分别在广州海事法院、东莞市中级人民法院（以下简称"东莞中院"）进入执行程序。同时，金明商贸公司、金明石化公司、永安石化公司因向中国银行东莞分行贷款3亿多元无法偿还，也被中国银行东莞分行提交仲裁后由东莞中院强制执行。由于执行标的涉及油库、输油管道、油码头等资产，东莞中院将其执行的涉中技开公司、中国银行东莞分行案件移送广州海事法院一并执行。

被执行人金明商贸公司位于东莞市沙田镇，属于粤港澳大湾区的中心区域，人员密集、水陆交通繁忙。执行标的之中，部分油罐及储存的3万多吨混合芳烃因长期被查封，疏于维护保养，安全隐患突出。东莞市安全生产监督局在安全巡查中发现，被查封油罐由于常年处于承重状态，已出现地基下陷、管线锈蚀等情况，加之混合芳烃属于易燃易爆的危化品，面临夏季持续高温的影响，极易发生重大安全事故，故组织两辆消防警车24小时待命，随时应对可能发生的状况。东莞市委、市政府督促东莞市安全生产委员会办公室（以下简称"东莞市安委办"）协调有关单位务必尽快妥善解决。

与此同时，由于各案查封的油罐互相重合和轮候，各申请执行人利益交织、互不相让，均主张对其保全财产享有优先提货权和优先受偿权，均不同意在没有法律保障的情况下申请解除查封。但排除安全隐患又迫在眉睫，如何既能避免事故的发生，又能依法妥善处理各债权人的合法权益，成为摆在执行工作面前亟须解决的首要问题。

广州海事法院妥善研究应对方案，决定要把安全稳定摆在各方利益诉求的首位，并在这个原则下推进执行工作。为此，广州海事法院连续三次召集东莞市安委办、东莞中院、东莞海事局、东莞市港航管理局、各债权人和债务人代表召开协调会。面对债权人的疑问，广州海事法院指出，必须把东莞人民的生命财产安全和社会稳定放在首位，债权人合法诉求必须服从经济社会公共安全整体利益，只有确保查封财产安全可控，才能维护各方共同利益。同时，要求各有关协助单位积极配合法院工作，当事人之间统一思想、形成共识，依法解除油罐查封，共同协商货物处置，妥善安排货物转移。第一，摇珠选定或共同推选评估机构，立即由评估机构对各油罐存油的质量和价格进行鉴定评估；第二，各债权人根据评估报告对各自主张的油品提供可靠担保，以担保换取提取首次查封油品的权利；第三，加快安排适航船舶运输，在安监、海事部门的监督下迅速提货；第四，各债权人提货后，其合法利益诉求通过各自提供的担保解决。该方案得到全体债权人同意，并迅速进入提油程序。

2018年7月8日，3万多吨混合芳烃在各部门的配合下全部安全转移。

这一长期威胁当地安全的"定时炸弹"得以成功拆除。

执行法官马不停蹄，立即启动对3家被执行人资产的评估工作，评估机构对4幅土地使用权、金明油码头、78个储油罐、输送油罐网、消防、环保、仓储配套设施的资产评估价为3.668亿元。8月16日，法院在淘宝网发出网拍公告，吸引了1.7万人围观，两家竞买人经过440次出价，9月18日最终以5.66亿元人民币成交，溢价率高达120%。

由于执行标的以高价位成交，对于如何分配拍卖款，各方当事人表达了完全不同的利益诉求。债权人之间、债权人与债务人之间提出各种执行异议、不予执行仲裁裁决申请，追加被执行人申请，公司人格混同等诉讼。执行工作一度陷入僵局。

面对疑难法律问题，广州海事法院一方面抓紧审理执行异议案件，一方面向各方当事人提出了银行抵押债权优先、按照各债务人财产构成分担银行债权后，余款在各自执行案下划拨或退还的分配方案，得到各当事人的一致认可。

【执行结果】

7方当事人在法院提出执行方案的基础上达成了债权分配方案，最终在债权分配协议上签字认可，在收到各自款项后均向法院申请结案。分配的拍卖价款连同各自提取的混合芳烃价值共执行到位7亿多元，4个案件申请执行人均申请结案，余款1.3亿多元退回相关权利人。

【典型意义】

第一，本系列案的执行与东莞当地的安全稳定结合、与保护债权人合法利益结合、与保护民营企业正常经营发展结合，体现了执行工作政治效果、法律效果与社会效果的有机统一，体现了执行法院较高的政治站位。

第二，树立了涉危化物执行安全第一的理念，在保证安全利益的前提下保护经济利益，当事人的局部利益服从人民的整体利益。

第三，本案的执行，在东莞市党委、市政府的统一领导下，东莞当地安监部门、海事部门、港航部门、东莞中院与广州海事法院密切配合，召开了多场协调会研究案情和执行方案，并对执行现场、运油船进行了联合安全检查，是党委领导下的跨部门执行工作机制优势的充分体现。

（罗春）

宏杰资产管理有限公司与帝远股份有限公司等金融借款合同纠纷执行系列案

——网络司法拍卖移交中受损船舶的执行

【提要】

涉及网络司法拍卖的异地财产执行具有较多的不确定性。网络司法拍卖船舶更因船舶移交过程较为复杂,易因海上特殊风险导致船舶价值发生较大变化,从而导致执行困难。法院在此过程中应及时对受损船舶进行救助及再评估,协调执行申请人与被申请人及买受人三方,达成新的买卖合同以推进网络司法拍卖的进程。在债权分配过程中需在平衡各方债权人利益的同时,重视保护船员等弱势群体的合法利益,以达到良好的社会效果。

【关键词】

财产异地执行　网络司法拍卖　船舶移交受损　船员保护

【基本案情】

申请执行人:宏杰资产管理有限公司(以下简称"宏杰公司")。

被执行人:帝远股份有限公司(以下简称"帝远公司")。

在宁波梅山保税港区泽天瑞盈投资合伙企业与帝远公司、李某某金融借款合同纠纷执行系列案中,广州海事法院于2018年5月15日扣押被执行人帝远公司所属停泊于山东石岛海域的"帝祥""帝健""帝坤""帝盛""帝和"共5艘船舶。后因债权转让,本案申请执行人变更为宏杰公司。

执行中,申请执行人申请对扣押船舶进行处置。经依法拍卖,"帝坤"和"帝盛"两轮以1.636亿元的总价、91%的平均溢价率成交,"帝和"轮以3,100万元成交。这3艘船舶经扣押、鉴定、评估和拍卖后顺利移交买受人。但"帝健""帝祥"两轮因受台风"温比亚"影响而搁浅,且正处于网拍竞价程序中。一方面,申请执行人要求立即拍卖船舶,尽快偿还债务,以维护其合法权益;另一方面,"帝健""帝祥"两轮搁浅后是否受损不明,拍卖将可能给竞买人造成损失,并产生新的纠纷。是否继续拍卖程序,如何处理执行中船舶搁浅造成的损害,以及如何做好相应的执行风险防范工作,成为本案亟须解决的重大问题。

广州海事法院一边联系当地海事部门了解船舶的现场情况；一边组织各方当事人召开紧急会议，通报搁浅船舶的现状及存在的隐患，要求当事人积极配合海事行政机关对事故的调查工作，加强对船舶搁浅可能造成油污损害等所采取的防控措施；一边立即向社会公开"帝健""帝祥"两轮遭遇台风搁浅的实际情况。为保障所有竞买人获得公开透明的竞拍信息，在距离拍卖结束不到3小时的情况下，果断中止该两轮的司法拍卖程序。同时，召集各方当事人到事故现场所在地石岛海事处召开协调会，配合海事行政机关后续工作，协调制定船舶脱浅施救和清污工作方案，查勘船舶发生油污状况及搁浅碰撞码头造成的损失，启动船舶重新鉴定和评估等工作。

"帝健""帝祥"两轮经施救后重新鉴定、评估和拍卖，其中"帝祥"轮以3,600万元成交，而"帝健"轮在拍卖成交后移交之前又遭遇台风"利奇马"影响，导致其在移交前船体下沉，竞买人以拍卖公告记载的内容与船舶现状不符为由，提出撤销竞拍成交申请。是否准许该撤销申请以及如何避免"帝健"轮进一步扩大损失，又成为摆在执行法官面前一个难题。

广州海事法院经审查，准许"帝健"轮竞买人提出撤销竞拍成交申请，并退回其缴纳的拍卖保证金。同时，要求申请执行人宏杰公司与被执行人帝远公司通过协商，在不损害第三人利益的前提下，以船舶现状确定成交价，依法加快船舶处置进度。之后在执行法官主持下，双方经协商，共同与买受人签订"帝健"轮买卖合同，将"帝健"轮以现状150万元出售，现场移交。最终，被执行人帝远公司所属5艘船舶均成功得以处置，成交价总计2.321亿元。

该系列案的137名船员因帝远公司未兑现船员工资，于2018年12月向广州海事法院请求分配卖船款，由于当时仅有"帝坤""帝盛"轮拍卖成交，因此"帝祥""帝健""帝和"轮的船员无法参与到"帝坤""帝盛"两轮拍卖价款的分配程序中来，这就意味着以上船员必须等待各自服务的船舶拍卖成交后才能兑现工资。时至年关，船员们心急如焚。广州海事法院高度重视弱势群体的诉求，本着船员劳务合同纠纷诉讼"快立、快审、快执"的原则，开启了绿色通道。经反复向债权人释明风险和法律规定，耐心细心做工作，最终债权人同意在"帝盛""帝坤"两轮的拍卖款中一揽子解决帝远公司所有船员的拖欠工资问题。2018年12月7日，涉案137名船员工资共计7,010,005元先予执行到位，船员赶在春节前送来锦旗，写道"广州海事法院心系船员、公正执法"。

与此同时，烟台打捞局完成对"帝祥""帝健"轮的拖带、清污工作后，主张救助人享有优先请求权金额826万元；石岛新港港务股份有限公司、荣成市华东水产养殖有限公司请求防波堤、养殖损失，数额近千万元。针对救助人主张的船舶拖带、清污费用，以及船舶搁浅碰撞防波堤、油污损害养殖造成的损失问题，执行法官坚持以问题为导向，多次前往扣押地、维修地组织各方当事人查看现场和船舶现状，以事实为依据，依法维护救助人和受损方的正当合法权益。通过查明事实、核实损失，耐心寻求利益交汇点。2019年4月16日上午，广州海事法院主持召开协调会，申请执行人与烟台打捞局就"帝祥""帝健"轮搁浅后的救助费用达成一致；石岛新港港务股份有限公司、荣成市华东水产养殖有限公司同意以100万元"一揽子"解决防波堤和海产养殖的损失。至此，债权分配涉及所有问题，经法院依法裁定，案件执行完毕。

【执行结果】

帝远公司的137名船员工资7,010,005元得以兑现。

前述5艘船舶连同申请执行人申请执行其他标的共执行到位近3.7亿元。

【典型意义】

依法有序推进财产异地处置。涉案5艘船舶均停泊在山东沿海港口，扣押、拍卖、看样及移交等程序需与当地海事行政机关等多部门协调配合。本案执行中有效解决了财产异地处置遇到的各种困难和问题，对今后类案执行工作将产生积极作用，具有重要的示范参考意义。

网络司法拍卖得到广泛宣传。本案涉及被执行人帝远公司的4艘船舶的处置均通过网拍进行，吸引了大批网友围观和竞买人的激烈竞争，其中"帝坤"轮更是以1.001亿元成交价创造了广州海事法院拍卖价的最高纪录。

坚持司法为民，注重民生，切实保护船员等弱势群体的合法利益。在执行过程中，巧用执行和解制度，对船员工资予以优先执行和保护，取得较好的社会效果。

坚持依法执行，妥善处理各方利益诉求。面对本案执行过程中陆续出现的新情况新问题以及多部门沟通协调时间紧任务重的实际，执行法官工作耐心细致，制定执行方案依法有据，主持调解妥善平衡各方利益。

（杨良生）

珠海横琴村镇银行股份有限公司与上海申舟物流股份有限公司金融借款合同纠纷执行案

——船员拒绝执行及执行异议阻碍下的船舶执行

【提要】

在船舶的执行过程中,常常出现被拖欠工资的船员拒绝配合执行的情形,执行法官需在船舶所在地的法院及公安机关的配合下,对拒绝配合执行者进行说理并关注船员等弱势群体,保障其合法权益。同时,执行法官需对于执行异议进行材料核实,以切实保障各方合法权益。

【关键词】

船员拒绝执行　异地财产执行　执行异议

【基本案情】

申请执行人:珠海横琴村镇银行股份有限公司(以下简称"横琴银行")。

被执行人:上海申舟物流股份有限公司(以下简称"申舟公司")。

申舟公司与横琴银行金融借款合同纠纷一案,申舟公司以"申舟1"轮作为抵押物向横琴银行借款4,000余万元,因未及时还款被横琴银行诉至广州海事法院,最终法院判决申舟公司偿还借款。因申舟公司未按判决确定的履行期限内偿还债务,横琴银行申请广州海事法院强制执行。

经法院立案并送达执行文书后,被执行人仍未自觉履行债务,且唯一可供执行的财产"申舟1"轮仍在运营中。执行中,执行法官得知该轮正在温州某码头进行卸货,并将在卸货完毕后驶往其他港口。考虑到船舶行踪无法掌握,如不立即采取保全措施将难以推进执行工作,执行法官一边制作扣押文书,请求浙江温州海事局协助对船舶进行监管;一边连夜乘飞机赶往浙江温州,顺利在该轮卸货完毕即将离港前予以扣押。扣押期间,准许船舶停靠指定的锚地待处理。

但当执行法官完成扣押任务离船后,"申舟1"轮全体船员以申舟公司拖欠船员工资为由,采取以船舶强占卸货码头的办法来表达诉求,导致码头无法进行正常作业,当地海事部门、公安机关等执法机构因此介入处理。码头经营人要求申舟公司处理船员欠薪问题无果,请求法院协助解决。

执行法官了解情况后,立即赶回扣押地登轮处理。经过多方查明,证实被执行人通知威胁船员,称如果配合法院扣押,则不再支付船员工资;船员因为担心无法拿到自己的辛苦钱,就采取了罢工强占码头的极端做法。执行法官当即召集船员开会,耐心向船员解释相关法律规定,做好所欠工资的登记工作,告知船员依法维权的程序和途径,并留下电话号码随时提供帮助。同时,执行法官通过船员转告被执行人,采取对抗法院执行的行为将受到法律的严厉制裁。经过执行法官的法律宣讲和耐心说服,船员情绪逐渐稳定下来,表示愿意配合法院的执行工作,随即船舶离开码头驶往锚地待处理。执行法官即时返回扣押地登轮处理的行为,避免了矛盾的进一步激化,也妥善回应了船员的切身利益诉求。码头管理方对广州海事法院干警公正、高效的处理结果表示感谢。

该船舶进入拍卖程序后,执行工作仍面临许多意想不到的问题。有一案外人提出执行异议,主张其对该船舶拥有30%的所有权,要求法院停止拍卖。执行团队高度重视,马上召开会议,分析案情,核实案外人提交的材料,认为案外人的异议并不足以阻却拍卖程序。但为了保障各方当事人的权益,执行法官一方面将案外人异议提交立案部门立案审查,另一方面在要求申请执行人提供足额担保后继续进行拍卖,最终该船舶以 2,715 万元、溢价率 62% 高价成交。与此同时,对案外人提出的执行异议,经审查,法院认为其未提供相应的证据材料证明,缺乏事实和法律依据,依法裁定不予受理。

【执行结果】

"申舟1"轮评估价为 2,420 万元,起拍价为 1,700 万元,成交价为 2,715 万元,溢价率高达 62%。法院的高效执行为当事人节约了大量不必要的看船费用。横琴银行亦最终受偿 25,801,895.52 元。

【典型意义】

财产异地执行和处置。海事执行线长、面广,船舶作为特殊动产,有不同于一般执行标的的变现程序,而且行踪不定,遍及全国。海事案件异地执行面临较多的不确定性,本案就是异地执行船舶的典型案例。对执行法官来说，除了对法律法规熟稔于胸外，还必须考虑突发事件等因素的影响，准备好多套执行方案和预案，掌握好执行的时机与节奏。

妥善处理当事人执行异议的诉求。《中华人民共和国民事诉讼法》第二百五十五条和第二百五十七条赋予了当事人、利害关系人、案外人的执行异议权利，该权利对保障各方当事人合法利益、监督法院规范文明执行起到较大的作用。但在司法实践中，也不乏被执行人为了拖延执行，故意利用或授意他人滥用执行异议制度，故意不履行。对此，执行法官要妥善慎重处理，既要识别和保护真正权利人的利益，又要评估滥用执行异议的风险，通过执行担保等措施推进评估拍卖工作，避免无意义的执行异议阻碍执行。

（邓敏）

刘红军与王伟林海上人身损害责任纠纷执行案

——执行不能案件中的司法救助

【提要】

被执行人自身经济困难，无可供执行财产所导致执行不能，进而导致的执行申请人的合法权益无法得到保障的情况下，执行申请人可在家庭经济苦难符合国家司法救助的情况下向法院申请司法救助。

【关键词】

执行不能　司法救助

【基本案情】

申请执行人：刘红军。

被执行人：王伟林。

刘红军与王伟林海上人身损害责任纠纷案，刘红军受王伟林雇佣，在珠海外伶仃岛捕捞鱼虾，在一次劳作中右眼受伤，被评定为七级伤残，经广州海事法院审理后判决王伟林赔偿刘红军人身损害赔偿金295,272.60元。判决生效后，王伟林未在判决书指定的期限内履行义务，刘红军向广州海事法院申请强制执行。

2017年，广州海事法院立案后向被执行人王伟林发出执行通知书和报告财产令，同时对被执行人进行网络查控，没有发现被执行人有可供执行的财产。2017年6月25日，被执行人向法院报告财产，反映其父亲患了重病，抚养有一子上大学、一女上中学，生活开支较大，其夫妻在珠海外伶仃岛承包渔船捕虾收入不稳定，少有积蓄，唯一的房产早已卖掉，恳请法院给予其时间慢慢偿还。

对上述情况，执行法官一方面委托湖南省沅江市人民法院对王伟林在当地的房产情况予以核实，另一方前往珠海外伶仃岛进行现场财产调查。经调查，被执行人夫妻与他人合租岛上一间民居，生活条件较差，被执行人向执行法官出示租船协议，也表达了不是不愿还，而实在暂时无力偿还的意思。为证实被执行人所说情况的真实性，执行法官随机询问了岛上向其收购捕捞虾的买方，买方证实被执行人王伟林收入确实不高，仅能维持生活。执行法官还走访了周边小卖部，店主也证实被执行人生活拮据并常有欠费情况。

鉴于被执行人也属困难弱势群体，本案确无财产可供执行。执行法官约谈申请执行人，在告知其执行情况后，于2017年12月21日终结本次执行程序。

案件虽然终本结案了，但广州海事法院没有轻易放弃对被执行人的财产调查，时隔一年，执行法官再次与申请执行人一起，到外伶仃岛被执行人的家中开展财产调查。被执行人王伟林仍住在一间破旧的房子里，里面没有一件像样的家具，也没有任何可供执行的财产。随即，执行法官向岛上的渔政大队和其他渔民了解到，王伟林这一年来的收入十分有限，勉强够日常生活开支。刘红军虽然对王伟林财产调查的结果感到有点失望，但也心服口服。

申请执行人刘红军在该案终结本次执行程序后，向广州海事法院提出司法救助申请。广州海事法院于2018年8月22日立案受理，经审查，于2018年9月3日作出国家司法救助决定书，认为救助申请人刘红军在雇佣期间因伤致残，生效民事判决确定的人身赔偿金295,272.60元因被执行人王伟林无可供执行财产，至今未执行到位，家庭经济困难，符合司法救助条件，决定给予救助申请人刘红军司法救助金8万元。

【执行结果】

本案以终结本次执行程序结案。2018年9月26日，广州海事法院将救助金8万元通过银行付至申请人刘红军账户。

【典型意义】

对终本案件结案后如何进行财产调查具有示范意义。执行过程中，被执行人完全丧失履行能力、经核查确无财产可供执行，客观上不具备执行条件，即使法院穷尽一切措施，也无法实际执行到位，一般称之为"执行不能"。对于"执行不能"案件，法院通常以终结本次执行程序的方式结案。该案终本结案后，执行法官仍然不放弃，定期对被执行人的财产情况启动调查，确保终本的案件确实属于无财产可供执行的情形。

终本案件与执行救助相结合，体现司法的温暖。该案件中被执行人无财产可供执行，但申请执行人属于人身伤亡案件的受害人，是社会弱势群体，法院主动担当作为，为其依法提供执行救助，解决其燃眉之急，让人民群众在每一个司法案件中感受到公平正义。

（王强）

善船舶管理私人有限公司等申请执行瓦莱达一号有限公司受偿案

——不同币种的债权应以拍卖成交日的汇率折算后计算债权金额

【提要】

在船舶的拍卖和价款分配过程中,可能会存在拍卖款项是人民币或者其他货币计价的金额,而债权人的债权有可能则是以另外一种货币计价,在涉及财产处置的司法拍卖设计之初并没有考虑到国外竞买人可能会以美元或其他外币出价的情形,且现有海事诉讼特别程序也没有明确在众多海事债权人尤其是存在国外的海事债权人在对分配款的适用汇率达不成一致意见、就如何统一分配款的适用汇率作出规定,在我国不断推进"一带一路"倡议的大背景下,明确在船舶拍卖和价款分配中不同货币的汇率计算问题显得尤为必要。

【关键词】

海事债权分配 受偿协议 拍卖成交日 汇率

【基本案情】

申请执行人:解放军某部。
申请执行人:广东中外运公司。
申请执行人:广州港股份有限公司。
申请执行人:黄埔老港海关。
申请执行人:朱奈德·阿里等8名船员。
申请执行人:善船舶管理私人有限公司。
申请执行人:德意志信托(香港)有限公司。
被执行人:瓦莱达一号有限公司。

2014年7月18日,债务人瓦莱达一号有限公司所有的新加坡籍船舶"瓦莱达"轮受台风影响走锚,钩断了铺设于桂山岛至外伶仃之间的海底光缆。广州海事法院依法扣押涉案船舶，并首次运用淘宝网司法拍卖网络平台予以处置。鉴于该轮为一艘十万吨的外籍油轮，整体拍卖难度较大，广州海事法院在现有规则的框架下，通过修改淘宝网拍卖规则，首次在网络平台上组建船舶拍卖委员会，首次实现现场竞拍和网络出价同步同时进行，首次实现保证金和拍卖款美元缴纳与现场人民币叫价的无缝对接，使得该船舶拍卖吸引了多个不同国家的买家进场参与拍卖。船舶拍卖所得价款人民币8,100万元，由印度买家以拍卖成交日的美元对人民币汇率折算的等值11,672,311美元竞得。由于涉及解放军某部、广东中外运公司、广州港股份有限公司、黄埔老港海关、善船舶管理私人有限公司、德意志信托（香港）有限公司等6个中外单位以及朱奈德·阿里等8个外籍船员等十几个债权人，其中既有主张人民币债权的，也有主张美元债权的，经公告并进行债权登记，广州海事法院对与"瓦莱达"轮有关的债权予以确认。根据发生法律效力的民事判决、调解书，债务人瓦莱达一号有限公司应分别向上述债权人给付修理费用人民币1,633万元及利息，港口规费各为39,932美元、人民币4,884,906.65元，船舶吨税人民币7,416,817.20元，代为垫付的船员工资款403,169美元，拖欠的船员工资总额198,283美元，以及贷款金额人民币5,000万元。除贷款债权5,000万元对"瓦莱达"轮具有船舶抵押权，其余债权对"瓦莱达"轮均具有船舶优先权。经广州海事法院组织召开债权人会议，各债权人充分协商，作出船舶价款分配方案，共同签订受偿协议，一致同意先行拨付在扣押与拍卖船舶期间产生的检验费、评估费、公告费、看船费以及案件受理费等司法费用，其中船舶检验费、评估费按照拍卖成交日中国农业银行公布的外币结售汇牌价的买入汇率折算为21,773.90美元划付，并分配解放军某部人民币18,248,752.32元、广东中外运公司和广州港股份有限公司人民币4,884,906.65元、广东中外运公司39,932美元、黄埔老港海关人民币7,416,817.20元、朱奈德·阿里等8名船员198,283美元、善船舶管理私人有限公司403,169美元，剩余拍卖价款清偿德意志信托（香港）有限公司的债权。

【裁判理由及结论】

广州海事法院经审查认为，以上债权人达成的受偿协议符合法律规定，予以认可。但该协议有关分配款项涉及人民币兑换美元的汇率未达成一致意见，应当作出认定。根据"瓦莱达"轮拍卖成交确认书，所得价款已按照拍卖成交日的外币结售汇牌价的买入汇率折算成美元予以收取，各债权人对该兑换汇率无异议，并同意将船舶检验费、评估费等司法费用按上述汇率折算为美元结算。故以人民币受偿的债权，统一按上述汇率折算为美元进行清偿并无不当，予以确认。综上所述，作出（2017）粤72执271、456－468、474－475、720号执行裁定，对各债权人受偿协议予以认可；对受偿协议中的美元分配款予以执行，将受偿协议中的人民币分配款按照拍卖成交日的外币结售汇牌价的买入汇率折算为美元予以执行。

【典型意义】

一、首次对外轮进行网络司法拍卖

本案执行首次把针对外轮的网络司法拍卖推向国际市场。因淘宝司法拍卖设计之初并没有考虑到国外竞买人可能会以美元出价的情形，为便利国外的适格买家参与到船舶的拍卖中来，扩展涉案船舶的处置途径，广州海事法院通过探索网络拍卖的新模式，允许缴纳美元保证金，允许国外买家以人民币出价，允许按拍卖成交日的等值美元缴纳拍卖款，为网络拍卖处置万吨级船舶提供了重要的参考案例。

二、在执行法院主导下，由债权人达成船款分配方案

受偿程序中，参与分配的6个中外单位以及8个外籍船员在法院组织下成功签订债权受偿协议，约定船舶优先权依法先于船舶留置权受偿，但未能对涉及分配款项的美元兑换人民币汇率达成一致意见，多个债权人即美元债权又存在人民币债权的情形下，如何统一适用的汇率，我国现行的法律与司法实践中均没有规定。考虑到船舶拍卖款以美元形式缴纳，广州海事法院经过审查后认为，将人民币债权统一以拍卖成交日的外汇牌价买入汇率将以人民币受偿的债权折算成美元统一分配，确保了国内外债权人的合法利益，在后续的分配中也取得了较好的社会效果。

三、突出平等保护中外当事人利益的原则

参与分配的债权人众多，既有中国当事人，又有外国当事人，既有企业法人，又有作为自然人的船员。执行法院严格依照《中华人民共和国海事诉讼特别程序法》的有关规定和分配方案，依法保障了外籍船员的工资以及港口规费等具有船舶优先权的债权先行受偿，平等保护中外当事人的合法权益，受到各方当事人的一致认可，产生良好的国际影响，充分体现了我国海事司法的国际公信力。

（王玉飞　张唯权）

第十四编

其他

艾斯克拉温尼斯租船公司与深圳市天佶投资担保有限公司海事担保合同纠纷案

——保证合同无效后,保证期间对判定保证人的责任仍具有法律意义

【提要】

无效保证合同项下保证人承担的赔偿责任性质属于缔约过失责任,被保证人主张的损失仍为担保责任范围内的损失,即担保合同有效的情况下其所能获得的担保利益。无效的连带责任保证合同项下,如被保证人未在法定保证期间内要求保证人承担连带责任,应视为被保证人对保证人所能主张的担保权益已因其未能在保证期间内及时主张权利而丧失。

【关键词】

担保合同　无效保证合同　缔约过失　责任保证期间

【基本案情】

原告(上诉人):艾斯克拉温尼斯租船公司(As Klaveness Chartering)(以下简称"艾斯公司")。

被告(被上诉人):深圳市天佶投资担保有限公司(以下简称"天佶公司")。

原告艾斯公司诉称:2011年11月21日,艾斯公司与日新(中国)贸易有限公司〔Ri Xin (China) Trading Ltd.〕(以下简称"日新公司")签订租船确认书(fixture note)。该确认书约定艾斯公司作为出租人向承租人日新公司提供4个航次的货物运输,货物装货港为印度尼西亚港口,卸货港为中国港口。11月21日,天佶公司向艾斯公司出具担保函,同意基于艾斯公司与日新公司签订的租船确认书,其作为主债务人特此无条件且不可撤销地保证日新公司全面及时履行租船合同每项义务,且如果日新公司在履行过程中发生违约,天佶公司会及时纠正该违约,并赔偿艾斯公司因违约造成的损失。

2012年5月10日，艾斯公司与日新公司签订补充协议，就第三航次运输进行约定。日新公司在履行租船合同过程中，欠付艾斯公司第二航次运费和滞期费，造成艾斯公司第四航次船期损失。为此，艾斯公司根据租船确认书的约定向香港国际仲裁中心提起仲裁。2013年5月7日，该仲裁庭作出仲裁裁决，裁定日新公司应向艾斯公司支付船期损失、运费损失等。但日新公司未按仲裁裁决履行赔偿义务，天佶公司作为连带保证人应赔偿艾斯公司损失。请求判令：1. 天佶公司赔偿艾斯公司第四航次船期损失170,027.73美元及其利息（自2012年9月6日起至实际支付之日止，按年利率4.25%计算）；2. 天佶公司赔偿艾斯公司第二航次运费损失11,080.60美元及其利息（自2012年4月6日起至实际支付之日止，按年利率4.25%计算）；3. 天佶公司赔偿艾斯公司第二航次滞期费损失54,845.03美元及其利息（自2012年6月3日起至实际支付之日止，按年利率4.25%计算）；4. 天佶公司支付艾斯公司仲裁费用28,450港元及其利息（自2013年5月8日起至实际支付之日止，按中国人民银行同期1年期贷款基准利率6%计算）；5. 天佶公司支付艾斯公司法律费用106,790.39挪威克朗及其利息（自2013年5月8日起至实际支付之日止，按中国人民银行同期1年期贷款基准利率6%计算）；6. 天佶公司负担本案受理费。

被告天佶公司辩称：天佶公司从未签发过艾斯公司提交的担保函，艾斯公司与天佶公司之间不成立担保合同关系；艾斯公司提交的仲裁裁决所认定的事实不能作为定案证据，也不能作为确定主债权的依据；艾斯公司提交的担保函担保的主合同英文名称与租船确认书的英文名称不同，且担保函担保的主合同签订时间与租船确认书签订时间不同，故艾斯公司提交的租船确认书与该担保函不具有关联性；艾斯公司主张第四航次的损失不在涉案担保函的保证范围之内；艾斯公司未在6个月的保证期间内要求天佶公司承担保证责任，天佶公司已免除保证责任；艾斯公司的起诉已超过法定的诉讼时效。请求驳回艾斯公司的全部诉讼请求。

广州海事法院经审理查明：2011年11月21日，艾斯公司作为出租人与日新公司签订FN/RX-KLAVENESS 201101121号租船确认书。该确认书第1条约定艾斯公司为日新公司提供4个航次的货物运输，还约定了货物数量、合同期间、受载期、装货港、卸货港、滞期费、仲裁地点及仲裁适用法律等条款。同日，天佶公司向艾斯公司出具担保函。该担保函记载：1. 天佶公司作为保证人无条件不可撤销的保证日新公司全面、及时履行租船确认书义务，如果日新公司在履行合同过程中发生一次或多次违约，天佶公司会及时纠正违约行为，并对艾斯公司因违约遭受的损失承担赔偿责任；2. 天佶公司放弃要求租船合同当事人履行勤勉、违约通知等权利，同意租船合同项下任何时间延展及权利放弃，即使天佶公司未被事先通知，租船合同的任何修改和变更均不影响天佶公司依据担保函所应承担的保证责任；3. 天佶公司保证已获得与该担保函签发、履行、有效性和强制性相关的授权和批准，并承诺完成该担保函所需的任何登记和备案要求，为免生疑，即使该担保函任何部分被任何法律法规认定为无效、可撤销或其他无法生效的情形，天佶公司的保证仍然有效；4. 该担保函适用英国法，并根据英国法进行解释，天佶公司不可撤销的同意，根据担保函向天佶公司或天佶公司财产提起的任何法律诉讼或程序由位于伦敦的高等法院管辖，且高等法院就上述法律诉讼和程序具有排他性的司法管辖权。艾斯公司、天佶公司确认涉案担保函为连带责任保证。天佶公司确认在出具担保函之前未向外汇管理部门申请批准，在出具担保函之后也未向外汇管理部门进行登记备案。

因艾斯公司与日新公司在履行租船确认书及其附录时发生争议，艾斯公司根据租船确认书中约定的仲裁条款在香港提起仲裁，并于2013年2月28日将仲裁申请书抄送给日新公司。2013年5月7日，仲裁员Arthur Bowring就上述争议做出终局裁决。该裁决认定：1. 艾斯公司与日新公司协商将第四航次运输推迟到2012年8月底之前进行，日新公司未按约定指定第四航次运输，应赔偿艾斯公司该航次运费损失170,027.73美元，根据租船确认书约定的运费结算时间，第四航次运费本应在2012年9月6日前支付，故日新公司应支付艾斯公司运费利息自2012年9月6日起至实际支付之日止按照年利率4.25%（该利率为伦敦海事仲裁协会报价的月均美元优惠利率上浮1%）计算；2. 日新公司未在2012年4月6日前付清第二航次的运费，故其应支付欠付艾斯公司的运费11,080.60美元及利息（自2012年4月6日起至实际支付之日止按照年利率4.25%计算）；3. 在第二航次运输过程中，装货港发生速遣费5,533.27美元，卸货港发生滞期费60,378.30美元，装卸两港共产生滞期费54,845.03美元，日新公司未在2012年6月3日前支付上述滞期费，故日新公司应支付艾斯公司滞期费54,845.03美元及利息（自2012年6月3日起至实际支付之日止按照年利率4.25%计算）；4. 日新公司应支付仲裁费用28,450港元；5. 日新公司应向艾斯公司支付因仲裁产生的法律及其他费用106,790.39挪威克朗。

2013年7月2日，艾斯公司向天佶公司的法定代表人宋俊杰及员工郑薇寄送律师函，要求天佶公司承担保证责任。

双方当事人均选择适用中华人民共和国法律处理本案实体纠纷。

广州海事法院根据前述事实认为：本案为一宗涉外海事担保合同纠纷。根据《中华人民共和国涉外民事关系法律适用法》第四十一条当事人可以协议选择合同适用的法律的规定，本案适用中华人民共和国法律。本案焦点问题是：1.担保函的效力及责任分担；2.本案起诉是否超过诉讼时效；3.担保函的保证期间及保证责任承担。

关于担保函的效力及责任分担。根据《中华人民共和国外汇管理条例》第二十四条"提供对外担保，只能由符合国家规定条件的金融机构和企业办理，并须经外汇管理机关批准"，以及《最高人民法院关于适用〈中华人民共和国担保法〉若干问题的解释》第六条第（一）项关于未经国家有关主管部门批准或者登记的对外担保合同无效的规定，涉案担保函违反了法律和行政法规效力性强制性规定，属于无效保证合同。根据租船确认书第3条约定，被告承诺根据相关法律、法规的规定完成担保函的批准和登记备案程序，而被告未完成上述程序，应对担保函无效承担全部过错。根据《最高人民法院关于适用〈中华人民共和国担保法〉若干问题的解释》第七条"主合同有效而担保合同无效，债权人无过错的，担保人与债务人对主合同债权人的经济损失，承担连带赔偿责任"的规定，被告与日新公司应对原告的损失承担连带赔偿责任。

关于本案诉讼时效。由于涉案担保函为无效保证合同，原告的诉讼时效应适用《中华人民共和国民法通则》第一百三十五条和第一百三十七条的规定，本案无效保证合同的诉讼时效期间为二年，应从原告知道或者应当知道权利被侵害时起计算。本案中原告的各项主债权届满之日分别为2012年9月6日、2012年4月6日和2012年6月3日，其诉讼时效应从上述日期的次日起计算二年。因原告于2013年7月2日通过邮寄律师函方式要求被告承担保证责任，根据《中华人民共和国民法通则》第一百四十条"诉讼时效因提起诉讼、当事人一方提出要求或者同意履行义务而中断"的规定，原告的诉讼时效于2013年7月2日中断，从7月3日起重新起算二年。原告于2015年5月6日提起诉讼，未超过诉讼时效。

关于担保函的保证期间及保证责任承担。虽然涉案担保函为无效保证合同，但是担保函约定的或者法律规定的保证期间仍然具有法律意义，债权人在保证期间没有向保证人主张权利的，保证人不再承担无效保证的赔偿责任。因此，如果原告在保证期间没有向被告主张保证责任，则被告对无效保证合同的赔偿责任也相应免除。涉案担保函中未就被告保证期间进行约定，且原、被告均确认担保函为连带责任保证,根据《中华人民共和国担保法》第二十六条第一款"连带责任保证的保证人与债权人未约定保证期间的,债权人有权自主债务履行届满之日起六个月内要求保证人承担保证责任"的规定,被告的保证期间为自主债务届满之日起六个月。涉案租船确认书项下的各项主债务届满之日分别为2012年9月6日、2012年4月6日和2012年6月3日,被告的保证期间应分别截止于2013年3月5日、2012年10月5日和2012年12月2日。根据已查明的事实,原告虽然在诉讼时效内提起诉讼,但并未在上述保证期间内要求被告承担保证责任,根据《中华人民共和国担保法》第二十六条第二款"在合同约定的保证期间和前款规定的保证期间内,债权人未要求保证人承担保证责任的,保证人免除保证责任"的规定,被告保证责任已免除,原告的诉讼请求缺乏事实和法律依据,不予支持。

广州海事法院依照《中华人民共和国民事诉讼法》第六十四条第一款的规定,判决如下:驳回原告艾斯公司的诉讼请求。本案受理费人民币20,334.51元,由艾斯公司负担。

上诉人艾斯公司不服该判决,向广东省高级人民法院上诉称:一审判决对担保函的保证期间及保证责任承担的认定违反相关法律规定。1. 一审判决认定"涉案担保函违反了法律和行政法规效力性强性规定,属于无效保证合同",即涉案担保函的所有内容均不具有法律约束力和法律意义。而之后却认为"虽然涉案担保函为无效保证合同,但是担保函约定的或者法律规定的保证期间仍然具有法律意义"。这种认定毫无法律依据,明显错误。2. 关于保证合同的保证期间。保证合同被认定无效后,保证人是否承担连带责任的约定已没有法律效力或意义,不能作为认定保证合同性质的依据。一审判决引用《中华人民共和国担保法》第二十六条关于连带担保的规定属适用法律错误。3. 无效保证合同不存在约定保证期间的问题,无论是否约定保证期间,均是无效。《中华人民共和国担保法》第二十六条第一款仅适用于债权人要求保证人承担保证责任的情况,而不适用于债权人要求保证人承担因其过错导致保证合同无效而须依法向债权人承担侵权性质的损害赔偿责任的情况。一审判决引用《中华人民共和国担保法》第二十六条第一款的规定,认定请求损害赔偿责任的期间为六个月属适用法律错误。4. 《中华人民共和国担保法》第二十六条第二款规定:"在合同约定的保证期间和前款约定的保证期间,债权人未要求保证人承担保证责任的,保证人免除保证责任",该规定仅适用于有效的保证合同,免除的只是保证人的保证责任,不包括保证人因其过错导致保证合同无效而须依法向债权人承担的具有侵权责任性质的损害赔偿责任。一审判决引用该款的内容免除天佶公司的过错赔偿责任属适用法律错误。5.《中华人民共和国担保法》第五条第二款明确规定:"担保合同被确认无效后,债务人、担保人、债权人有过错的,应当根据其过错各自承担相应的民事责任。"一审判决根据《最高人民法院关于适用〈中华人民共和国担保法〉若干问题的解释》第七条,认定天佶公司未能根据租船确认书第3条约定,依法完成担保函的批准和登记备案程序,应对担保函无效承担全部过错,天佶公司与日新公司应对艾斯公司的损失承担连带赔偿责任。因此,一审判决已经认定天佶公司因其过错导致涉案担保合同无效而给艾斯公司造成的经济损失,就是天佶公司在涉案保证合同有效的情况下所需承担的保证责任数额,艾斯公司对此没有异议。请求撤销一审判决,改判天佶公司依法向艾斯公司承担赔偿责任并由该公司承担本案一审、二审诉讼费用。

被上诉人天佶公司辩称如下。1.合同无效不等于合同的所有内容或条款均不具有法律约束力,艾斯公司主张合同无效就等于所有条款无效,没有法律依据。2.保证期间是双方缔约时对各自权利义务行使期限的唯一合理预期,保证合同无效时,按该期间确定双方利益关系符合缔约本意。保证期间是债权人应主张权利的期间,在该期间内,债权人未主张权利的,保证人将免除责任。3.保证合同被认定无效的情况下,当事人获得的利益不应超过保证合同有效时所能获得的利益。如果主张合同无效反而可以让当事人获得合同之外的额外利益,打破了缔约双方在权利义务上的平衡关系,将违背诚信原则,违反了当事人缔约意思表示。4.即使根据我国担保法的相关规定,保证人应承担连带赔偿责任,本案也已经超过诉讼时效。本案是海事担保合同纠纷,担保函对应的主债权是海事性质的债权,根据《中华人民共和国海商法》第二百六十七条的规定,诉讼时效并不因艾斯公司向天佶公司提出权利主张而中断。艾斯公司于2015年5月6日提起本案诉讼已经超过了诉讼时效。请求驳回上诉,维持原判。

二审中艾斯公司和天佶公司均未提交新证据,二审法院对一审法院查明的事实予以确认。

【裁判理由及结论】

广东省高级人民法院认为:本案为海事担保合同纠纷。艾斯公司为挪威公司,涉案担保为对外担保,本案具有涉外因素,双方当事人在二审中对本案适用中华人民共和国法律进行处理没有提出异议,依法予以确认。

天佶公司为担保艾斯公司与日新公司签订的租船合同履行向艾斯公司出

具担保函，各方之间成立担保合同关系。因该担保为对外担保，未经国家外汇管理机关批准，违反了我国法律的强制性规定，该担保合同无效。双方当事人对此并无异议，依法予以确认。并且，艾斯公司已明确，因涉案担保合同无效，其请求天估公司承担的是因担保合同无效而对其造成的损害赔偿责任，而非担保责任。根据双方当事人的上诉及答辩意见，结合庭审调查，本案的争议焦点为艾斯公司提起本案诉讼是否已经超过诉讼时效，以及如果本案未超过诉讼时效，天估公司是否应向艾斯公司承担赔偿责任。

一、关于艾斯公司提起本案诉讼是否已经超过诉讼时效

本案合同为无效合同，但相关法律规定并未对合同被认定无效后，相关诉讼请求的诉讼时效起算点、诉讼时效期间等问题如何确定作出进一步规定，司法实践中做法不一。对此，广东省高级人民法院认为，合同被认定无效之后所产生的返还财产请求权和赔偿损失请求权均属于债权请求权，应受诉讼时效制度规范。本案中，艾斯公司诉请天估公司赔偿因其过错导致担保合同无效而对艾斯公司造成的损失，属于赔偿损失请求权，应适用诉讼时效规定。鉴于现行法律规定并未对合同无效引发的赔偿请求权适用的诉讼时效作出特殊规定，本案应适用《中华人民共和国民法通则》规定的一般时效进行处理。根据《中华人民共和国民法通则》第一百三十五条以及第一百三十七条的规定，本案诉讼时效为二年，从当事人知道或者应当知道权利被侵害时起计算。虽然艾斯公司请求天估公司承担的是因担保合同无效而对其造成的损害赔偿责任，而非担保责任，但其请求赔偿的内容与担保责任的范围并无二致，故艾斯公司知道或者应该知道该损害产生的时间应为主债务履行期限届满之日。涉案租船确认书项下的各项主债务履行期限届满之日分别为2012年9月6日、2012年4月6日和2012年6月3日，一审判决自上述日期之次日起计算本案诉讼时效并无不当，应予维持。

虽然涉案担保函系为租船合同的履行提供担保，但该担保合同本身并不受我国海商法调整，本案时效亦不受《中华人民共和国海商法》规范，有关诉讼时效中止、中断事由应根据《中华人民共和国民法通则》的相关规定确定。艾斯公司于2013年7月2日通过邮寄律师函方式要求天估公司承担保证责任，符合《中华人民共和国民法通则》第一百四十条"诉讼时效因提起诉讼、当事人一方提出要求或者同意履行义务而中断"的规定，其诉讼时效于2013年7月2日中断，从7月3日起重新起算二年。艾斯公司于2015年5月6日提起本案诉讼，未超过诉讼时效。天估公司援引《中华人民共和国海商法》的相关规定主张艾斯公司的行为不构成诉讼时效中断，不能成立。

二、关于天佶公司是否应赔偿艾斯公司损失

根据天佶公司出具的担保函,天佶公司保证已获得与该担保函签发、履行、有效性和强制性相关的授权和批准,并承诺完成该担保函所需的任何登记和备案要求,涉案担保合同因未经外汇管理机关批准而无效,其过错在于天佶公司。根据《最高人民法院关于适用〈中华人民共和国担保法〉若干问题的解释》第七条"主合同有效而担保合同无效,债权人无过错的,担保人与债务人对主合同债权人的经济损失,承担连带赔偿责任"的规定,艾斯公司作为债权人有权据此请求天佶公司承担由此而产生的责任。

但是,应该注意的是,艾斯公司主张天佶公司应承担的责任为因合同无效而导致的损害赔偿责任,其性质属于缔约过失责任,为特殊的侵权责任。艾斯公司请求天佶公司赔偿损失尚须证明其因涉案合同无效而产生损失,且该损失与天佶公司的缔约过失行为之间具有因果因素。艾斯公司所主张的损失仍为担保责任范围内的主债务损失,即担保合同有效的情况下其所能获得的担保利益。经查,涉案担保函约定的担保责任为连带保证责任,且担保函未就天佶公司的保证期间进行约定。根据《中华人民共和国担保法》第二十六条第一款"连带责任保证的保证人与债权人未约定保证期间的,债权人有权自主债务履行期届满之日起六个月内要求保证人承担保证责任"的规定,天佶公司的保证期间为自主债务履行期届满之日起六个月。艾斯公司并未在上述期间内要求天佶公司承担保证责任,亦即艾斯公司对天佶公司所能主张的担保权益已因其未能在保证期间内及时主张权利而丧失,更遑论被侵害。据此,天佶公司承担缔约过失责任的基础已不复存在。艾斯公司请求天佶公司承担损害赔偿责任缺乏事实与法律依据,不能成立。

【典型意义】

本案生效裁判认定保证合同的无效属于缔约过失责任,而缔约过失责任作为一种特殊的侵权赔偿责任,对责任的认定仍应遵循"过错、损害事实、因果关系"等层面的相关认定规则。前述裁判规则对于涉及无效保证合同类的相关案件的处理具有较重要的指导价值。

关于保证合同无效时保证期间是否仍具有法律意义问题,最高人民法院在2011年曾作出两个完全相反的裁判。在(2011)民申字第167号中国银行(香港)有限公司与新会市涤纶集团有限公司、江门市新会区经济和信息化局、广东新会涤纶厂股份有限公司担保合同纠纷一案中,最高人民法院认为:"在保证合同无效的情况下,保证责任因缔约过失而转换为赔偿责任,依法理,不应适用保证期间,而应适用诉讼时效期间。"而在同年稍后的(2011)

民申字第1209号中国银行（香港）有限公司因与被申请人台山市电力发展公司、台山市人民政府、台山市鸿基石油化工有限公司、台山市财政局担保合同纠纷案中，最高人民法院又认为："虽然案涉保证合同为无效合同，但是保证合同约定的或者法律规定的保证期间仍然具有法律意义，债权人在保证期间没有向保证人主张权利的，保证人不再承担无效保证的赔偿责任。"

生效判决认定保证合同无效时，天佶公司承担责任的性质属于缔约过失导致的损害赔偿责任，而非担保责任，为特殊的侵权责任。艾斯公司所主张的缔约过失损失系天佶公司在担保责任范围内应承担的主债务损失，即担保合同有效之时艾斯公司所能获得的担保利益。依侵权责任成立的要件，艾斯公司的求偿权得以成立仍需在"过错、损害事实、因果关系"三个层面举证证明，即需要同时证明天佶公司存在过失、证明天佶公司的缔约过失行为导致其产生损失、该损失与天佶公司的过错行为存在因果关系。

诉诸本案，过错层面，天佶公司存在缔约过失，要件成立。损害事实层面，艾斯公司担保利益未能实现，存在损害后果，要件成立。因果关系层面，艾斯公司需证明其担保利益未能实现系因天佶公司过错行为所致，而非因艾斯公司未能及时行使权利等其他原因所致。艾斯公司的担保利益未能实现的原因，是通过"由果寻因"的逆向推理方式来判定的。即先确定艾斯公司的损失的性质为保证合同有效时可实现的担保利益，再通过假定保证合同有效来探寻艾斯公司担保利益不能兑现的原因。在具体审查逻辑上，先将合同效力因素排除，将无效视为有效对待。依此审查，涉案担保函约定的担保责任为连带保证责任，且未约定保证期间。根据《中华人民共和国担保法》第二十六条第一款"连带责任保证的保证人与债权人未约定保证期间的，债权人有权自主债务履行期届满之日起六个月内要求保证人承担保证责任"的规定，天佶公司的保证期间为自主债务履行期届满之日起六个月。艾斯公司并未在上述期间内要求天佶公司承担保证责任，也即艾斯公司对天佶公司所能主张的担保权益已因其未能在保证期间内及时主张权利而丧失。也就是说，艾斯公司虽然遭受了担保利益损失，但其遭受损失的"果"之"因"乃是因为其未及时主张权利所致，而与天佶公司缔约过失无涉。在此情况下，天佶公司缔约过失的侵权责任因缺少因果关系这一要件而无法构成。故生效判决最终认定天佶公司承担缔约过失责任的基础不复存在，据此驳回了艾斯公司的诉讼请求。

（徐春龙）

珠海市佑丰企业有限公司诉江苏省苏铁航运有限公司等船舶物料和备品供应合同纠纷案

——保证合同中另行约定的违约责任条款如何认定

【提要】

保证合同中另行约定的违约责任条款,不仅会导致保证人承担的责任超出主债务范围,违反保证债务的从属性原理,而且债权人会因该违约责任条款而重复获利。从公平原则出发,债权人要求保证人在担保范围之外承担违约责任的诉讼请求不宜得到支持。

【关键词】

保证合同 违约责任条款 连带保证责任 担保范围

【基本案情】

原告(被上诉人):珠海市佑丰企业有限公司。

被告:江苏省苏铁航运有限公司(以下简称"苏铁公司")。

被告(上诉人):青岛晟景航运有限公司(以下简称"晟景公司")。

被告:青岛翔景船务代理有限公司(以下简称"翔景公司")。

2014年7月3日,原告为苏铁公司所属的"苏铁3"轮供应燃料油90吨、轻柴油5吨,单价分别为每吨4,450元和每吨7,600元,油款共计438,500元。该次供油的供油单上受油方处加盖有"江苏省苏铁航运有限公司苏铁3"船章。原告和受油方并没有对付款时间和违约责任作出约定。

2014年7月21日,原告为苏铁公司所属的"苏铁1"轮供应燃料油60吨,单价为每吨4,450元,油款267,000元。该次供油的供油单上受油方处加盖"江苏省苏铁航运有限公司苏铁1"船章。原告和受油方并没有对付款时间和违约责任作出约定。

2015年12月30日,原告以苏铁公司欠付油款705,500元为由向青岛海事法院申请扣押"苏铁1"轮。同日,青岛海事法院裁定准许。2016年1月

1日，原告与苏铁公司、晟景公司签订一份和解协议书，约定：苏铁公司确认扣船时尚欠原告油款705,500元并承担利息29,960元、保全费5,000元、律师费及差旅费33,557元，合计774,017元；苏铁公司已经在2015年12月31日支付了30万元，在2016年1月1日支付了5万元，其余424,017元由苏铁公司在2016年1月31日前支付20万元，在2016年2月28日前支付224,017元；原告在收到苏铁公司盖章后的和解协议书扫描件或传真件之日起的1个工作日内向青岛海事法院申请解除对"苏铁1"轮的扣押；如苏铁公司不按时支付款项，苏铁公司须向原告支付违约金10万元并承担原告为主张权利而支付的差旅费、律师费等费用；晟景公司同意为苏铁公司向原告支付424,017元承担连带责任保证，保证期限自主债务履行期限届满之日起满二年。2016年1月2日，青岛海事法院根据原告的申请解除对"苏铁1"轮的扣押。

因苏铁公司、晟景公司未依照和解协议书的约定向原告履行付款义务，2017年5月31日，翔景公司作为担保人与原告签订一份担保书，约定：苏铁公司尚欠原告油款424,017元及其暂计算至2017年4月19日止的利息142,469元，翔景公司自愿为苏铁公司完全履行其与原告已订立的主合同（包括但不限于欠款单、和解协议书、承诺书）项下的全部义务向原告提供连带责任保证；保证责任范围为保证苏铁公司完全履行主合同项下全部义务，包括苏铁公司欠付原告的油款本金424,017元，以及因不履行或不完全履行主合同而应向原告支付的利息、费用、违约金及原告为实现债权而支付的诉讼费、保全费、律师费、差旅费等费用；翔景公司分8期于2018年3月15日前付清苏铁公司欠原告的油款本金424,017元；如翔景公司按本担保书指定的期限按时足额支付款项，则原告不向翔景公司收取利息，如翔景公司未按本担保书约定按时足额支付款项，则翔景公司须向原告支付自原告向各船供油之日起至翔景公司实际清偿之日止按月利率2%计算的利息；如翔景公司违反本担保书，须向原告支付违约金10万元，并需承担原告为实现本担保书的权利而支付的包括但不限于诉讼费、律师费、差旅费、查档费、财产保全责任保险保费等费用。该担保书签订后，苏铁公司、晟景公司、翔景公司均没有向原告支付上述欠付的油款等费用。

据查，苏铁公司于2014年3月18日将其所有的"苏铁1"轮、"苏铁3"轮光船出租给晟景公司经营，并分别签订两份光船租赁合同。后苏铁公司分别于2014年9月、10月收回"苏铁3"轮和"苏铁1"轮。苏铁公司和晟景公司均未提供证据证明对上述光船租赁向船舶登记机关办理过登记手续。另外，原告委托广东伯方律师事务处理本案，并于2018年1月5日支付前期律师费1万元，取得该费用的发票。

原告请求判令：1. 苏铁公司向原告支付油款等费用424,017元及其自2016年1月1日起至实际支付之日止按月利率2%计算的利息；2. 苏铁公司支付违约金10万元；3. 苏铁公司承担本案前期律师费1万元及差旅费等；4. 翔景公司支付违约金10万元；5. 晟景公司、翔景公司对第1至第3项诉讼请求承担连带保证责任；6. 三被告承担本案诉讼费。

苏铁公司辩称：苏铁公司从未与原告签订过任何船舶物料和备用品供应合同。苏铁公司于2014年3月18日将其所有的"苏铁3"轮、"苏铁1"轮光船租赁给晟景公司，双方签订了光船租赁合同。晟景公司在光船租赁"苏铁3"轮、"苏铁1"轮期间欠付原告油款，苏铁公司是在"苏铁1"轮被扣押的胁迫下与原告和晟景公司签订本案和解协议书。对于原告于2017年5月31日与翔景公司签订的担保书，苏铁公司毫不知情。苏铁公司认为，原告所诉债务应由晟景公司、翔景公司和担保人余吓龙承担。

晟景公司辩称：晟景公司不应承担连带担保责任。1. 和解协议书虽然约定晟景公司对苏铁公司的欠款承担担保责任，但翔景公司于2017年5月31日与原告签订担保书，约定苏铁公司对原告的欠款由翔景公司担保偿还，这属于免责的债务承担，债务发生转移，晟景公司的担保付款义务已经被免除，原告请求晟景公司对苏铁公司的欠款承担连带担保责任没有法律依据；2. 晟景公司担保的债权仅为油款本金424,017元，原告请求晟景公司支付油款本金外的其他费用，没有依据。

翔景公司辩称如下。1. 翔景公司于2017年5月31日与原告签订的担保书，属于免责的债务承担，债务已转移由翔景公司承担，免除了苏铁公司和晟景公司的付款责任。原告请求翔景公司承担付款责任，就不应同时请求苏铁公司和晟景公司承担付款责任。2. 原告不能既主张10万元的违约金又主张月利率2%的利息损失，且约定的该违约金明显太高，请求法院依法予以降低。

【裁判理由及结论】

广州海事法院经审理认为：本案是一宗船舶物料和备品供应合同纠纷。本案事实表明，原告为"苏铁3"轮和"苏铁1"轮供应油料，"苏铁3"轮和"苏铁1"轮在供油单上加盖了标明船舶所属关系的苏铁公司"苏铁3"轮和"苏铁1"轮的船章。在"苏铁1"轮因本案所涉油款被扣押后，苏铁公司以本案油款支付主体的身份与原告和晟景公司签订和解协议书，确认原告的债权并承诺支付欠付的油款，即原告和苏铁公司、晟景公司共同确认苏铁公司是与原告达成本案船舶物料和备品供应合同的主体和支付本案油款的主体。尽管苏铁公司辩称原告为"苏铁3"轮、"苏铁1"轮供油发生在其将两轮光船租赁给晟景公司营运期间，但因苏铁公司、晟景公司没有提供证据证明其对该船舶光船租赁办理过登记手续，对原告没有对抗的效力，且苏铁公司光船出租船舶与其作为合同主体为光船出租的船舶供应油料并不矛盾，不影响苏铁公司与原告成立本案船舶物料和备品供应合同的主体资格。苏铁公司根据其与原告的船舶物料和备品供应合同承担责任后，可根据其与晟景公司签订的光船租赁合同和其与晟景公司、翔景公司等签订的协议书另行解决船舶光船租赁期间的油款纠纷。至于苏铁公司关于本案和解协议书是其在原告申请扣押"苏铁1"轮的胁迫下签订的抗辩主张，因原告以欠付油款为由向有管辖权的法院申请扣押"苏铁1"轮，符合法律规定，不存在胁迫，且苏铁公司为尽快解除船舶扣押而与原告协商解决双方之间的纠纷，也不构成胁迫。因此，在苏铁公司没有提供足够相反证据的情况下，根据本案供油单和和解协议书的记载，可认定苏铁公司是与原告达成本案船舶物料和备品供应合同的主体，苏铁公司关于其与原告不存在任何船舶物料和备品供应合同，以及其是在胁迫情况下与原告签订和解协议书的抗辩，缺乏事实和法律依据，不予支持。

原告与苏铁公司达成的船舶物料和备品供应合同和解协议书，是双方当事人的真实意思表示，不违反法律、行政法规的强制性规定，合法有效，双方当事人均应依约享有权利，履行义务。原告已为苏铁公司供应了油料，苏铁公司依照约定应向原告支付油款。原告和苏铁公司在供油单中没有确定油款的支付期限和违约责任，而在和解协议书中对苏铁公司欠付的油款等费用金额、支付期限和违约责任进行了明确约定。苏铁公司没有依照和解协议书的约定向原告支付油款等费用，已构成违约。根据《中华人民共和国合同法》第一百零七条"当事人一方不履行合同义务或者履行合同义务不符合约定的，应当承担继续履行、采取补救措施或者赔偿损失等违约责任"的规定，苏铁公司应承担违约赔偿责任，向原告支付拖欠的油款等费用424,017元，并承担违约造成的其他损失。原告和苏铁公司在和解协议书中约定，苏铁公司不按照和解协议书的约定分别在2016年1月1日和2月28日前分期支付欠付的油款等费用，须向原告支付违约金10万元并承担原告为主张权利而支付的差旅费、律师费等费用。原告请求苏铁公司支付本案违约金10万元和其支付的本案前期律师费1万元，符合和解协议书的约定和《中华人民共和国合同法》第一百一十四条第一款的规定，本院予以支持。在苏铁公司已依照本案和解协议书的约定承担不按时支付油款违约金的情况下，原告另行请求苏铁公司支付所欠付油款自2016年1月1日起至实际支付之日止按月利率2%计算的逾期付款利息，没有合同和法律依据，不予支持。

晟景公司与原告和苏铁公司在和解协议书中约定，晟景公司同意为苏铁公司向原告支付424,017元承担连带保证责任，即晟景公司与原告和苏铁公司通过签订本案和解协议书达成连带责任保证合同。原告是债权人，苏铁公司是债务人，晟景公司是保证人。该保证合同是各方当事人的真实意思表示，不违反法律、行政法规的强制性规定，合法有效。根据本案和解协议书的约定，晟景公司的保证担保的范围为苏铁公司欠付的油款等费用424,017元，原告在约定的保证期间内请求晟景公司承担保证责任。根据本案和解协议书的约定和《中华人民共和国担保法》第十八条"当事人在保证合同中约定保证人与债务人对债务承担连带责任的，为连带责任保证。连带责任保证的债务人在主合同规定的债务履行期届满没有履行债务的，债权人可以要求债务人履行债务，也可以要求保证人在其保证范围内承担保证责任"的规定，晟景公司应对苏铁公司向原告支付油款等费用424,017元承担连带支付责任。因本案和解协议书约定晟景公司保证担保的范围仅为油款等费用424,017元，原告请求晟景公司对原告请求的违约金和律师费承担连带保证责任，没有事实和法律依据，不予支持。

翔景公司与原告签订的担保书明确约定，翔景公司自愿为苏铁公司完全履行其与原告已订立的主合同（包括但不限于欠款单、和解协议书、承诺书）项下的全部义务向原告提供连带责任保证，保证责任范围为保证苏铁公司完全履行主合同项下的全部义务，包括苏铁公司欠付原告的油款本金424,017元，以及因不履行或不完全履行主合同而应向原告支付的利息、费用、违约金及原告为实现债权而支付的诉讼费、保全费、律师费、差旅费等费用。该担保书的约定内容符合《中华人民共和国担保法》规定的连带责任保证的法律特征。因此，原告和翔景公司通过签订该担保书达成连带责任保证合同，原告为债权人，翔景公司为连带责任保证人。该担保书中没有任何免除苏铁公司或晟景公司支付油款责任的内容，因此，晟景公司和翔景公司关于本案担保书的约定属于免责的债务承担，有关油款等费用的支付责任已转移由翔景公司承担，免除了苏铁公司和晟景公司的付款责任的抗辩主张，没有事实依据，不予支持。

原告和翔景公司在担保书中关于翔景公司对苏铁公司的债务向原告提供连带保证的约定，是双方当事人的真实意思表示，不违反法律、行政法规的强制性规定，合法有效。根据本案担保书的约定，翔景公司的保证担保的范围为苏铁公司应支付的油款等费用424,017元及利息、费用、违约金和原告为实现债权而支付的诉讼费、保全费、律师费、差旅费等费用，原告在约定的保证期间内请求翔景公司承担保证责任，根据本案担保书的约定和《中华人民共和国担保法》第十八条的规定，晟景公司对苏铁公司应向原告支付油款等费用424,017元、违约金10万元和前期律师费1万元承担连带支付责任。

原告和翔景公司在担保书中除约定翔景公司对苏铁公司的债务向原告承担连带责任保证外，还约定翔景公司需另行向原告支付逾期付款违约金10万元和按照月利率2%计算的利息损失的违约责任条款，原告据此请求翔景公司另行支付违约金10万元。因苏铁公司逾期支付油款等费用424,017元会造成原告该欠付款项的利息损失，而原告和苏铁公司已对该逾期付款的损失约定了违约金10万元，即原告该油款等费用的逾期付款损失已得到约定赔偿。且保证合同属于主合同的从合同，保证责任在发生、消灭和范围等方面都具有从属性，保证的目的在于担保主债权的实现，只要主债权获得实现，则保证的目的已经达到，保证人无须再承担保证责任。因此，保证人所承担的保证责任应以主债务的范围为限，不得超过主债务的范围。本案担保书中另行约定翔景公司承担的违约责任条款超出了翔景公司承担保证责任的主债务范围，不但违反保证债务的从属性，而且还会导致作为债权人的原告因该违约责任条款重复获利，违反公平原则。因此，对原告要求翔景公司在承担保证责任范围之外另行支付违约金10万元的诉讼请求，不予支持。

广州海事法院依照《中华人民共和国合同法》第一百零七条和第一百一十四条第一款、《中华人民共和国担保法》第十八条、《中华人民共和国民事诉讼法》第六十四条第一款和第一百四十四条的规定，于2018年6月27日作出（2018）粤72民初32号民事判决，判令如下：一、苏铁公司向原告支付油款等费用424,017元；二、苏铁公司向原告支付违约金10万元；三、苏铁公司向原告支付前期律师费1万元；四、晟景公司对上述第一项债务承担连带支付责任；五、翔景公司对上述第一项、第二项、第三项债务承担连带支付责任；六、驳回原告的其他诉讼请求。

宣判后，晟景公司不服，提出上诉，请求撤销一审判决第四项、驳回原告要求晟景公司就424,017元承担连带责任的诉讼请求。广东省高级人民法院经审理认为，晟景公司的上诉没有事实与法律依据，不予支持，于2018年11月22日作出（2018）粤民终1767号民事判决：驳回上诉，维持原判。

【典型意义】

在实务中，我们发现债权人和保证人在保证合同中越来越多地约定了保证人的违约责任；司法实践中，对于保证合同中另行约定的违约责任条款如何认定往往成为双方争议焦点所在。本案中，债权人要求保证人在担保范围之外承担违约责任的诉讼请求不能得到支持是审理的重点和难点。

一、关于保证合同中另行约定的违约责任条款的效力

从本案的裁定思路可以看出，我们并没有否定保证合同中另行约定的违约责任条款的效力。原因是：保证债务的从属性无对应的法律条文，认定专门针对保证人约定的违约责任条款无效缺乏明确的法律规定，且专门针对保证人约定违约责任条款属于当事人之间利益调整的范畴，并未违反社会公共利益，亦未违反法律、行政法规的强制性规定，认定其无效不符合合同法关于无效合同认定的规定。不否定保证合同中另行约定的违约责任条款的效力，亦能够充分尊重合同当事人的意思自治并且维护了契约自由原则。值得提醒的是，本案裁判生效后，《全国法院民商事审判工作会议纪要》第55条作出了"当事人约定的担保责任的范围大于主债务的……均应当认定大于主债务部分的约定无效"的规定，从而使担保责任缩减至主债务的范围。

二、关于保证人是否应在担保范围之外承担违约责任

一方面，《中华人民共和国担保法》第二十一条规定："保证担保的范围包括主债权及利息、违约金、损害赔偿金和实现债权的费用。保证合同另有约定的，按照约定。当事人对保证担保的范围没有约定或者约定不明确的，保证人应当对全部债务承担责任。"保证合同对保证责任范围的约定，虽实行意思自治，但因保证合同是主合同的从合同，保证责任是主债务的从债务，基于从属性原则，保证责任的范围及程度不能超过主债务的范围及程度。另一方面，根据《中华人民共和国担保法》第三十一条"保证人承担保证责任后，有权向债务人追偿"的规定，以及《最高人民法院关于适用〈中华人民共和国担保法〉若干问题的解释》第四十三条"保证人自行履行保证责任时，其实际清偿额大于主债权范围的，保证人只能在主债权范围内对债务人行使追偿权"的规定，由于债权人与保证人在保证合同中另行约定的违约责任只针对保证人，不属于主债务的范围，故保证人承担后将无法向被保证人追偿，保证人额外增大了债务，债权人从保证人处获得从主债务人处不能获

得的利益，由此导致不公平。因此，我们认为，应从民法的公平原则角度出发，否定在保证合同中约定保证人违约责任的合理性。

综上所述，我们认为：保证合同中另行约定的违约金条款因没有明确的法律规定，不宜认定为无效；但从公平原则出发，债权人要求保证人在担保范围之外承担违约责任的诉讼请求，不宜得到支持。

（徐元平　邓非非）

中国平安财产保险股份有限公司北京分公司诉艾派克斯海运船舶经营有限公司海上货物运输合同纠纷案

——网络证据材料的审查与认证规则

【提要】

网络证据是网络时代的新型证据。该证据具有何种特征、应如何审查和采信、怎样正确处理该证据与其他证据的关系等问题，案件审判当时的法律和法理均无现成答案提供给审案法官。本案的审判为这些问题的解决做了积极、谨慎的探索，具有一定的参考价值。航运实务的复杂性，决定了如何正确识别承运人成为原告提起诉讼时首当其冲的一大难题，实践中把假承运人当真承运人诉讼而败诉的案例屡见不鲜。本案原告作为涉案货物保险人，其提起的是保险代位求偿之诉，即原告并非货物运输合同的当事人，却要以该运输合同为依据进行诉讼，其识别承运人的难度显然更大。

【关键词】

海上货物运输合同　保险代位求偿　承运人　网络证据

【基本案情】

原告：中国平安财产保险股份有限公司北京分公司。

被告：艾派克斯海运船舶经营有限公司（Apex Marine Ship Management Co. LLC）。

2002年5月27日，五矿有色金属股份有限公司（以下简称"五矿公司"）作为买方与伦敦标准银行签订5份销售合同，约定：合同标的为伦敦金属交易所注册的"A"级电解铜，价格条件CFR中国黄埔老港每吨1,735美元；电解铜数量分别为5,000吨、5,000吨、8,500吨、2,400吨、7,525吨（卖方可选择±2%）；原产地分别为智利、比利时和瑞典；在货物运抵目的地90日内，若质量、数量等与合同约定不符，除应由保险人或船东负责之外，五矿公司可向伦敦标准银行要求更换或赔偿。

2002年6月3日，原告方签发1份以"中国平安保险股份有限公司"为抬头的货物运输保单，载明：被保险人五矿公司，保险标的5,000吨、5,000吨、8,500吨、2,400吨和7,525吨的电解铜，保险金额54,290,385.60美元，赔款偿付地北京，承保条件为1982年1月1日协会货物条款（A）全险险种，协会战争险条款（货物），协会SRCC条款包括罢工暴乱及骚动险，并受2000年财产险除外条款的约束。该保单盖有"中国平安保险股份有限公司保单专用章No.0318"字样的印章，"保险人地址和电话"为原告的地址和电话。

2002年6月17日，康单米纳斯海运代理公司（Agencia Maritima Condeminas, S. A. P. P.）为涉案5票电解铜中的3票签发了3份提单，编号分别为1、2、3；Wm H. 米勒公司（Wm H. Müller & Co.）为涉案5票电解铜中的2票签发了2份提单，编号分别为001、002。该5份提单载明：托运人为伦敦标准银行，收货人凭指示，通知方五矿公司，承运船舶"塔特"轮；第1、2、3号提单起运港荷兰符利辛根，第001、002号提单起运港西班牙巴塞罗那，目的港均为中国黄埔老港，货物为伦敦金属交易所注册的"A"级电解铜，据称总净重分别为4,994.598吨、4,994.597吨、8,511.372吨、2,393.678吨、7,509.375吨。提单背面均有伦敦标准银行的背书。第1、2、3号提单签名处盖有"AGENCIA MARITIMA CONDEMINAS, S. A. P. P. As Agents only"（"康单米纳斯海运代理公司仅作为代理"）字样的印章；第001、002号提单签名处打印有"on behalf of the Master"（"代表船长"）字样，并盖有Wm H. 米勒公司印章。

2002年6月26日，伦敦标准银行以"国家供给储备调剂中心"为抬头出具5份商业发票，载明："塔特"轮承运的电解铜，单价每吨1,735美元，货物总价款分别为8,665,627.53美元、8,665,625.80美元、14,767,230.42美元、4,153,031.33美元和13,028,765.63美元。同日，伦敦标准银行出具5份装箱单和数量证书，载明：提单号1、2、3、001、002的电解铜，总卷数分别为1,798卷、1,798卷、3,064卷、1,035卷、2,993卷。

2002年7月22日，"塔特"轮抵黄埔港并开始卸货。7月28日，中国外轮理货总公司对"塔特"轮理货完毕后出具货物溢短单和货物残损单各1份。该货物残损单载明：第1、2、3号提单项下电解铜有部分货物表面氧化，213捆货物散捆，710捆货物铁皮部分损坏，10捆货物表面油污；第001、002号提单项下电解铜有部分货物表面氧化，88捆货物散捆，503捆货物铁皮部分损坏，9捆货物表面油污。10月28日，中国进出口商品检验总公司出具1份检验报告证书,载明:第1、2、3号提单项下电解铜的净重短少55.563吨;第001号提单项下电解铜的净重增加5.192吨;第002号提单项下电解铜的净重短少60.53吨。

广州港务局黄埔港务公司收取了"塔特"轮堆存费24,551.90元、港口费29,580元。原告另支出了"塔特"轮电解铜复核人员住宿包干费2,000元,电解铜复核清点劳务费46,800元,电解铜检验费182,600元。

2002年11月29日,五矿公司致函原告,要求将涉案保单项下的赔款1,856,044.81元支付给五矿国际货运有限责任公司(以下简称"五矿货运")。12月6日,原告向五矿货运支付了该保险赔款。12月,五矿公司向原告出具权益转让书,称:五矿公司收到原告支付的保险赔款1,856,044.81元,现将与该保险标的相关的权利和救济转让原告。

为此,原告向广州海事法院诉称:原告已对被保险人五矿公司作了保险赔付并取得代位求偿权。被告签发清洁提单,却未能全部交付提单所载货物,故请求判令被告赔偿货损2,038,644.81元及自2002年12月6日起至判决确定的支付日止按央行同期贷款利率计算的利息。

法院应原告申请于2004年4月16日对停泊在江苏省江阴澄西船厂的"塔特"轮予以扣押。原告向法院预交了海事请求保全申请费5,000元,执行费3万元。

针对原告的起诉,被告辩称:根据"塔特"轮的船舶登记证书,其所有人为塔特航运有限公司(以下简称"塔特航运"),即被告并非涉案货物的实际承运人;被告未签发过涉案的5份提单,即被告并非本案货物的契约承运人。因此,被告与本案无任何关系。原告提起保险代位求偿之诉,但涉案保险单记载的保险人是中国平安保险(集团)股份有限公司(以下简称"平保公司"),原告并无诉权。故请求驳回原告的起诉或诉讼请求。

庭审中,原、被告一致同意适用中华人民共和国法律解决本案纠纷。在庭审中特别查明了以下事实:

2004年4月19日,江苏省江阴市公证处对停泊江苏省江阴澄西船厂的"塔特"轮上的"塔特"轮船舶登记证书进行证据保全并公证。该船舶登记证书载明:"塔特"轮船舶所有人为塔特航运(Tate Navigation Co. LLC),该轮于2000年9月15日在开曼群岛登记。

2004年6月17日,开曼群岛船舶登记注册处出具证明,并称:"塔特"轮船舶登记证书显示该轮于2000年9月15日在开曼群岛船舶登记注册处登记注册,船舶所有人为塔特航运,登记地址为开曼群岛乔治城822信箱;该轮至 2004 年 6 月 17 日止没有船舶所有权变更的记录。该证明办理了相应的公证认证手续。

2004 年 8 月 13 日，北京市西城第二公证处根据原告申请，对域名为 www.sea-web.org 和 www.apexmar.com 两个网站的有关记载进行证据保全并公证，该两个网站均载明"塔特"轮的登记船舶所有人为艾派克斯海运船舶经营有限公司即被告。

原告向法庭提交了一份经公证认证的"融资声明"。该声明载明：债务人为塔特航运，被担保方为通用汽车金融服务公司，债务人下方有"c/o Apex Marine Ship Management Company, LLC"字样的记载，并载明债务人以其所有的"塔特"轮等财产作为担保。原告认为该记载表明被告与塔特航运均为债务人，从而证明被告是"塔特"轮的船舶所有人。

2004 年 5 月 8 日，平保公司出具证明函，称："中国平安保险股份有限公司保单专用章 No.0318"由原告保管、使用并代表原告。平保公司提供的"保单专用章"领用登记表载明：1998 年 4 月 14 日，原告向中国平安保险股份有限公司领用了 No.0318～No.0328 共 11 枚保单专用章。中国平安保险股份有限公司现已更名为"中国平安保险（集团）股份有限公司"。

【裁判理由及结论】

广州海事法院经公开开庭审理后认为：本案是保险人向被保险人支付保险赔款后，根据代位求偿权向海运承运人追偿而提起的海上货物运输合同货差纠纷。原、被告均选择适用中华人民共和国法律处理本案纠纷，根据《中华人民共和国海商法》第二百六十九条之规定，本案适用中华人民共和国法律。

虽然保险单的签发人是"中国平安保险股份有限公司"，所盖印章亦为"中国平安保险股份有限公司"，但该印章的序列号码已示明为原告的保单专用章之一，该专用章由原告保管、使用并代表原告，保险单的签发地点为原告住所地北京（平保公司的住所地在深圳），保险事故发生后亦由原告理赔和实际赔付。因此，在被告未提供充分反驳证据的情况下，可认定原告是涉案保险单所证明的货物运输保险合同的保险人。

关于"塔特"轮的船舶所有人，原、被告分别提供了相反的证据。其中，原告提供的 www.sea-web.org 和 www.apexmar.com 两个网站，载明"塔特"轮的登记船舶所有人为被告；而被告提供的开曼群岛船舶登记注册处的船舶登记证书载明"塔特"轮的船舶所有人为塔特航运。很明显，由于开曼群岛船舶登记注册处是"塔特"轮进行船舶登记的法定机关,而北京市西城第二公证处对上述两个网站所作的证据保全,仅能证明该两个网站上存有"塔特"轮的登记船舶所有人为被告的记载,该两个网站对船舶所有权状况的记载不具有对抗船舶登记证书的法律效力。因此,根据《最高人民法院关于民事诉讼证据的若干规定》第七十七条第一款第一项之规定,船舶登记证书的证明效力明显高于 www.sea-web.org 和 www.apexmar.com 两个网站的记载,且被告也不承认 www.apexmar.com 为其公司的网站。塔特航运与通用汽车金融服务公司的融资声明中的"c/o Apex Marine Ship Management Company, LLC"字样的记载仅表明有关文件由被告转交、转递,而不能说明被告也是债务人从而印证被告是船舶所有人。因此,可以认定"塔特"轮船舶所有人为塔特航运而不是被告。

5 份提单所记载的承运船舶均为"塔特"轮,第 1、2、3 号提单由康单米纳斯海运代理公司签发,第 001、002 号提单由 Wm H. 米勒公司代表船长签发。没有证据表明康单米纳斯海运代理公司是作为被告的代理签发提单。因此,原告关于被告是该 3 份提单所证明的海上货物运输合同中的承运人的主张,不予支持。关于第 001、002 号提单,因为 Wm H. 米勒公司是代表船长签发,根据《中华人民共和国海商法》第七十二条第二款的规定,该 2 份提单视为代表承运人签发,但提单代表承运人签发并不能成为被告就是本案承运人的证据。由于被告既非承运人,也非实际承运人,所以原告以被告系海上货物运输合同当事人为由请求赔偿货差损失,没有事实根据和法律依据,应依法驳回其诉讼请求。

根据《中华人民共和国民事诉讼法》第六十四条第一款之规定,广州海事法院于 2004 年 12 月 24 日做出 (2003) 广海法初字第 372 号判决:驳回原告对被告艾派克斯海运船舶经营有限公司的诉讼请求。

一审判决后,双方当事人均未上诉,判决已发生法律效力。

【典型意义】

一、网络时代的新型证据在案件审判中的适用

网络经济作为知识经济的重要组成部分,不可逆转地影响了人类生活的方方面面,并不断地向人们彰显着它的勃勃生机与无穷魅力。互联网在方便人们交往、使地球成为不受时空限制的"地球村"的同时,对国际航运的发展也发挥了不可低估的作用。而不可置疑的是,网络经济的影响正逐渐波及法律诉讼领域包括海事审判领域,从而使传统的法律规定必须直面新出现的

问题而不断地自我更新和完善,即不断地实现法律的现代化或曰法律的与时俱进。

原告向法庭提交了经过国家公证机关保全并公证的 www.sea-web.org 和 www.apexmar.com 等网络证据材料,试图证明被告是"塔特"轮的所有权人并应承担相应的赔偿责任。毫无疑问,《中华人民共和国民事诉讼法》第六十三条规定的 7 种证据类型并不包括网络证据,亦即网络证据系网络时代才出现的新型证据。① 该证据具有何种特征、应该如何审查和采信、怎样确立该证据与其他证据的关系等问题并无现成答案提供给审案法官,而需要我们在审判实践中积极、谨慎地探索。

我们认为,网络证据的特征有四个方面。第一,强烈的技术性,即网络证据是高度发达的网络技术在诉讼领域的一种表现形式。第二,唯一性特征模糊,易于伪造。这主要导源于计算机网络的开放性特点,任何懂一些网络技术的人都可以在互联网上设立网站或者修改别人网站的数据库,从而为不法之徒留下机会。第三,不能自证其客观真实性。这是前一个特征所必然产生的结果,意味着不能凭借唯一的网络证据认定案件事实。第四,具有易失性,即网络证据表现为一系列的电子数据,可基于技术故障、电脑硬盘或网络服务器损坏、人为因素如电脑黑客的攻击等而使该电子数据丢失。这些特征决定了法官在审查和采信网络证据时,必须根据证据的真实性、关联性和合法性标准,严格把关,既不因为法律没有关于网络证据的规定而贸然否定其证据性质,也不因为其技术含量高而盲目确认。正确的做法是:结合案件的其他合法证据,谨慎审查网络证据的客观真实性,在形成证据链条的基础上采信网络证据。

网络证据与案件审理当时的《中华人民共和国民事诉讼法》第六十三条规定的证据种类之一视听资料有一定的相似性。视听资料就是"利用录音、录像以及电子计算机储存的资料来证明待证事实的证据"②。而网络证据是以计算机互联网中个人或单位的网站上储存的资料来证明待证事实的证据。视听资料的主要特点在于可连续地反映案件事实的动态过程,具有直观感受性,即可以通过人的听觉、视觉等直接感受到案件事实的发生、发展及变化情况。网络证据虽说也是表现为计算机储存的资料,但它与视听资料中电子计算机储存的资料相比,最大的不同在于,它通过互联网来连接,在世界任何一个

---

① 案件审判当时民事诉讼法的规定。2017 修订的《中华人民共和国民事诉讼法》第六十三条规定"电子数据"是与"视听资料"并列的一种新型证据,使证据类型增加为 8 种。

② 谭兵主编:《民事诉讼法学》,法律出版社 1997 年版,第 271 页。

地方，只要与互联网相连，即可在任何一台计算机上看到该网络证据，而不须在特定的唯一的一台计算机中才能获得该资料。由于网络技术的高度发展，网络证据已经可以表现为文字资料、图像资料、声像资料、声像文资料等，其形式的多样化也表明了它所含的巨大信息量，因而在证明案件事实方面具有较大优势。但是，互联网的开放性特点，却在一定程度上影响到网络证据的客观真实性：且不说当事人出于私利，故意在互联网上散发不实信息，从而使网络证据客观真实性蒙受影响，单是说电脑黑客的恶意攻击，就使得人们不敢从容相信网络信息。可以这样认为，网络证据比视听资料更易伪造，鱼目混珠、真假难辨的情形更为常见。这是法官在审查网络证据时需要特别注意之处。

具体到本案而言，原告提交的网络证据材料经过了国家公证机关的保全和公证，但这只能证明在互联网上的确有这些网络证据材料。因被告基于网络证据的"唯一性特征模糊、易于伪造"的特点而否认 www. apexmar. com 是其拥有的网站域名，原告又无其他证据证实 www. apexmar. com 就是被告的网站域名，因而该案件事实仍然处于真伪不明状态，负有举证责任的原告对此应承担不利后果。

退一步讲，就算 www. apexmar. com 是被告的网站域名，其网络证据材料是真实和合法的，www. sea-web. org 域名上的网络证据材料亦予采信，即该两份网络证据表明"塔特"轮所有权人为被告，对此仍然还存在一个网络证据与其他证据的关系认定问题。被告向法庭提交了经我国公证机关保全和公证的"塔特"轮船舶登记证书，并提交了经过公证认证的开曼群岛船舶登记注册处的证明，该两份证据都证明"塔特"轮所有权人为塔特航运。面对原、被告提出的上述相反证据，审案法官必须做出正当的价值判断和合理的取舍安排。

船舶作为特殊的动产，各国法律都要求必须向法定登记机关履行所有权登记手续，以此向社会公示所有权及其他权利的归属。各国法律均赋予了法定机关的这种登记具有公信力，即具有使社会公众相信其正确、全面的效力。鉴此，当船舶登记证书上记载的所有权人与网络证据表明的船舶所有权人相矛盾时，基于证据的证明效力考虑，我们只能以登记机关的记载为准，即塔特航运才是"塔特"轮的所有权人，被告并非其所有权人。《最高人民法院关于民事诉讼证据的若干规定》第七十七条"人民法院就数个证据对同一事实的证明力，可以依照下列原则认定：（一）国家机关、社会团体依职权制作的公文书证的证明力一般大于其他书证；（二）物证、档案、鉴定结论、勘验笔录或者经过公证、登记的书证，其证明力一般大于其他书证、视听资料和证人证言"的规定，对本案证据的采信极具针对性。法官可依此规定作出认定，即船舶登记证书是国家法定机关依职权制作的公文书证，同时它又具有档案的性质，因而其证明力一般大于其他证据，包括大于网络证据。审案法官正是基于这一思路进行证据取舍判断的，且无疑是正确的。

二、单独根据提单记载无法识别本案货物承运人

《中华人民共和国海商法》第四十二条借鉴《汉堡规则》[①]的规定，明确了承运人和实际承运人的定义："本章下列用语的含义：（一）'承运人'是指本人或者委托他人以本人名义与托运人订立海上货物运输合同的人；（二）'实际承运人'，是指接受承运人委托，从事货物运输或者部分运输的人，包括接受转委托从事此项运输的其他人。"仅从字面上看，法律关于承运人的规定不可谓不清楚明白，然而，复杂的航运实务及其他可预见或不可预见的原因，使得如何正确识别承运人成为权利人行使权利或进行诉讼时首当其冲的一大难题，实践中把假承运人当真承运人诉讼而败诉的案例屡见不鲜。原告作为涉案货物保险人，其提起的是保险代位求偿之诉，即原告并非货物运输合同的当事人，其诉讼主体地位是基于法律的规定在赔偿被保险人货物损失后依法取得的。原告并非货物运输合同当事人，却不得不以该合同为依据进行诉讼，其识别承运人的难度显然更大。

从理论上讲，识别承运人的途径很多，如根据货物运输合同、光船租赁合同、船舶所有权人、提单等来识别货物的承运人。《中华人民共和国海商法》第七十二条规定："货物由承运人接收或者装船后，应托运人的要求，承运人应当签发提单。提单可以由承运人授权的人签发，提单由载货船舶的船长签发的，视为代表承运人签发。"该规定为通过提单识别承运人提供了法律依据。实践中凭提单识别承运人是较为可靠的一种方法，但也不排除不能识别的"意外"情况，本案即属此种"意外"。

根据提单的抬头如"某某航运公司提单"来认定该公司就是提单项下货物的承运人，这在一般情况下是正确的。但如果真承运人是借用该公司的提单，则根据提单抬头识别承运人就南辕北辙了，无疑将在诉讼中承担不利的结果。倘若提单直接由承运人本人签发，则签发人就是承运人。这是最简单、最直接的识别方法。然而，在现代海运实务中，直接由承运人本人签发提单的现象几乎绝迹，大多数情况下都由承运人授权的人签发提单。涉案第1、

[①] 1978年《联合国海上货物运输公约》简称《汉堡规则》。——编者注

2、3号提单签名处盖有"AGENCIA MARITIMA CONDEMINAS, S. A. P. P. As Agents only"("康单米纳斯海运代理公司仅作为代理")字样的印章,这种情况即属于由承运人授权康单米纳斯海运代理公司作为代理人签发提单。然而,问题在于这三份提单只表明了被授权的签发人是谁,未表明授权人是谁,即仅根据签发人的签字仍然不能识别出承运人。船长在航运习惯中被视为承运人的当然代理人,《中华人民共和国海商法》尊重并传承了该航运习惯,在第七十二条中规定:"提单由载货船舶的船长签发的,视为代表承运人签发。"涉案第001、002号提单签名处打印有"on behalf of the Master"("代表船长")字样,并盖有Wm H. 米勒公司印章。显然,这种由Wm H. 米勒公司代表船长签发提单,并进而代表承运人签发提单的签发形式是合法有效的。但它同样只表明了提单的签发人是谁,而无法识别出何人为承运人。

由此可见,单独根据涉案提单的记载,不能识别出本案货物的承运人。由于原告未完成相应的举证,必须承担败诉的结果。这一教训值得我国海运、保险等企业深思。

(倪学伟)

蔡明诉广东省渔业互保协会海上保赔合同纠纷案

——渔业互助保险只针对入会渔船上发生的事故进行赔偿

【提要】

渔业互助保险是由互保协会组织渔船所有人和渔业生产者作为会员，通过缴纳会费方式参加的相互保险，共同应对因意外事故所致的保险列明船舶的潜在责任风险。渔业互助保险承保的应当是互保人员在保赔合同中列明的特定船舶（入会渔船）上发生的风险。发生事故时，原告工作的渔船并非其作为会员投保、被告承保的入会渔船。在原告未能提供证据证明其与被告之间存在其他约定情况下，根据法律规定，被告无须向原告承担赔偿责任。

【关键词】

合同法 海上保赔合同 入会渔船 相对性 列明风险

【基本案情】

原告：蔡明。

被告：广东省渔业互保协会。

原告诉称：原告向被告投保了渔民人身意外伤害险。2017年7月，原告在广州远洋渔业公司（以下简称"渔业公司"）工作时不慎被缆绳打中受伤，经鉴定为八级伤残。被告拒绝向原告赔偿，故向法院提起诉讼，请求判决被告赔偿原告人身意外伤残补偿金180,000元，并承担本案的诉讼费。

被告辩称如下。1. 根据本案渔民人身意外伤害互助保险凭证和广东省渔业互保协会渔民人身意外伤害互助保险条款的约定，只有该互助保险凭证上列明的被保险人在列明的渔船上出现人身伤亡，会员在因此承担赔偿责任后，才有权在其赔偿的范围内向被告索赔。对于原、被告之间的合同，原告并非在合同上列明的原告所有的"粤遂渔93157"船上受伤。因此，原告即使作为会员也无权针对被告提出索赔；而对于被告和渔业公司之间的合同，只有渔业公司有权提出索赔，理赔权利和款项归属渔业公司所有，与原告无关。

原告并非该合同项下的会员，无权以自己的名义针对被告提出索赔。2. 尽管原告无权基于其与被告之间的合同或者渔业公司与被告之间的合同向被告索赔，被告仍然基于人道主义向原告支付了 8,000 元的慰问金。就被告和渔业公司之间的合同，被告已经因为原告受伤而按照约定向渔业公司支付赔款，并且双方已经书面约定被告的赔偿义务终止。被告已尽赔偿义务，原告无权向被告提出索赔。

广州海事法院经审理查明如下。2016 年 9 月 9 日，被告签发 P1522160700 号渔民人身意外伤害互助保险凭证，记载：会员名称为蔡明，会员类别个人，入会船名"粤遂渔 93157"，互保有效期 2016 年 9 月 10 日 0 时起至 2017 年 9 月 9 日 24 时止，险种名称为渔民人身意外伤害险，人数为 1，每人死亡保额 45 万元，每人伤残保额 30 万元，应收会费 1,200 元，补贴金额 200 元，实交会费 1,000 元，被保险人明细为蔡明，保额 45 万元。互助保险凭证签发单位盖章处盖有被告遂溪代办处的公章。底部有一段加黑加粗的打印文字，内容：本会员兹声明，本互保凭证所填内容属实，入会人已悉知被告渔民人身意外伤害互助保险条款及有关规定，并同意按约定交付互保会费，作为订立补偿合同的依据。该互助保险凭证背面的互助保险条款第二条参保资格约定：凡身体健康、年龄在 16～65 周岁之间的全省范围内从事渔业生产的渔民，均可参加本项互助保险。参加本项互保的人员称为互保人员。凡在全省范围内从事渔业生产的单位或个人均可为其本人、从业人员办理互保，成为协会会员。第三条互保责任约定：互保人员在互保有效期内，因工作遭受意外伤害造成身亡或伤残的，协会依照约定给予补偿。其中第 2 项约定互保人员遭受意外伤害，并自该意外伤害发生之日起 180 日因该意外伤害导致身体伤残，协会按人身意外伤残补偿比例简表的规定，按被保险人的伤残互保金额乘以伤残对应的给付比例予以补偿。第四条除外责任约定：由于下列原因造成互保人员身亡或伤残的，协会不承担补偿责任，其中第 2 项为船舶不适航或不具备安全生产条件。第九条理赔事宜第一款约定：互保人员在互保有效期内发生意外事故，会员或受益人应在事故发生后 48 小时内，就近报告协会代办单位。第二款约定：发生意外事故造成损失，由会员向投保的协会代办单位申请补偿，并附送相应的资料和证明。其中船员伤残的，应有劳动部门的伤残鉴定或镇级以上医院的诊断证明。第三款约定：会员向协会代办单位提交规定的资料和证明后，经协会代办单位审查核实和双方认定，并报协会核准。对确定属于互保责任的，在协会作出理赔决定之日起 10 个工作日内履行互保赔偿金给付义务；对不属于互保责任的，向申请人发出拒赔通知书。在互助保险条款右中下方附有人身意外伤残补偿比例简表，列明了不同的伤残程度对应不同的补偿比例。第五款约定：会员自意外事故发生之日起，一年内不向协会代办单位提出补偿申请；或不提供本条第二项规定的各种资料和证明；或自协会代办单位书面通知之日起，一年内不领取应得的补偿款，视作自动放弃权益处理。

2017年6月6日，被告签发P0901170111号互助保险凭证，记载：会员名称为渔业公司，会员类别单位，入会船名"粤穗渔30035"，互保有效期2017年6月7日0时起至2017年9月6日24时止，险种名称为渔民人身意外伤害险，人数为13，每人死亡保额60万元，每人伤残保额40万元，应收会费5,200元，补贴金额975元，应交会费4,225元，被保险人明细包括原告在内的13人，保额60万元。

原告为渔业公司职工。2017年7月24日，原告在渔业公司"粤穗渔30035"船在南沙作业时不慎受伤。10月16日，广州市海珠区人力资源和社会保障局作出穗海人社工伤认〔2017〕010289号工伤认定决定书。该决定书记载：用人单位为渔业公司，受伤害职工为蔡明，2017年7月24日19时25分左右，原告在"粤穗渔30035"船上作业时不慎被缆绳打中受伤，后去往美济医院、中国人民解放军第四二五医院、中国人民解放军第四二一医院治疗，被诊断为"1. 右肱骨中段骨折；2. 右侧第4～11肋骨骨折；3. 右侧液气胸；4. 双肺挫伤；5. 右肺创伤性肺炎（创伤性湿肺）；6. 神经性耳鸣（左）"。经本局查核，原告于2017年7月24日19时25分左右受伤情形，符合国务院工伤保险条例第十四条第（一）项规定，认定为工伤。

2017年11月30日，原告向被告报险，提交索赔报告书。该报告书的出险事故报告一栏记载：2017年7月24日19时25分，渔业公司"粤穗渔30035"船在南沙中北部渔场（N10°57′，E115°57′）进行正常作业。当时，海面有7～8级风浪，无法投网。为了固定船位，减缓船舶漂流速度，进行了抛海锚作业。其间，一条海锚缆绳被拉断，拉断的缆绳后坐力打倒正在甲板作业的船员三副蔡明，伤及右手臂，表面被打部位出现红肿，蔡明连说疼痛难忍，初步判断伤及手臂骨头。事故发生后，船上船员即对蔡明受伤手臂进行紧急处理，并将情况紧急报告公司领导，同时请示将伤者送往最近的美济岛解放军医院进行治疗。后辗转三亚市中国人民解放军第四二五医院、广州市中国人民解放军第四二一医院及广东省中医院进行检查、手术、治疗。医院最终诊断为：1. 脓胸（右侧）；2. 肺部感染；3. 肋骨骨折（右侧多发）；4. 手术史（右侧肱骨骨折内固定术后）等（详情见2017年11月20日广东省中医院胸外科证明）。报告书底部渔业管区（意见）一栏由渔业公司写明：请渔业互保协会根据渔民人身意外伤害互助保险条款规定给予理赔，底部盖有渔业公司公章和负责人签名。

2017年12月22日，根据原告申请，广州市劳动能力鉴定委员会作出穗劳鉴〔2017〕0513913号劳动能力鉴定结论，记载如下内容：被鉴定人为蔡明，用人单位为渔业公司，受伤时间2017年7月24日，工伤认定的受伤部位或诊断：1.右肱骨中段骨折；2.右侧第4～11肋骨骨折；3.右侧液气胸；4.双肺挫伤；5.右肺创伤性肺炎（创伤性湿肺）；6.神经性耳鸣（左）。申请项目：医疗康复。鉴定结论为原告属于工伤康复对象（医疗康复），工伤康复期从2017年12月8日起至2018年2月7日。2018年1月4日，根据原告再次申请，广州市劳动能力鉴定委员会作出穗劳鉴〔2017〕0112737号劳动能力鉴定结论，记载申请项目为：1.劳动功能障碍程度的鉴定；2.生活自理障碍程度的等级鉴定；3.停工留薪期确认。鉴定结论为劳动功能障碍程度八级，生活自理障碍程度未达级，停工留薪期从2017年7月24日至2017年12月12日。

2017年12月14日，渔业公司（甲方）与蔡明（乙方）签订船员意外伤害理赔款项归属协议，协议约定：1.甲方从乙方参加工作之日起出资为乙方在被告处投保渔民人身意外伤害险。甲方接到乙方发生人身意外伤害的报告后，立即向广东省渔业互保协会报告，并办理相关理赔事项；2.乙方发生人身意外伤害诊治期间，先后辗转了四家医院，所有的医疗费用均由甲方垫付，甲方并按劳动法的有关规定支付工资待遇及住院期间伙食等；3.乙方有义务配合甲方办理理赔事项，并提供所有的医疗费用发票、病历资料、鉴定结论和相关证件等资料，由甲方向投保保险公司进行理赔，保险理赔权利和款项归甲方所有；乙方保证所有的赔偿与乙方无关，不得以任何理由向甲方或其他相关第三方（被告）主张任何赔偿权利，甲方不再负任何赔偿责任；4.本协议为理赔款归属的最终协议，经双方签名盖章之日起生效。该协议底部甲方处加盖渔业公司公章，法定代表人或委托代理人处有签名，乙方处有原告签名并摁手印。

2018年6月5日，被告向渔业公司发出案件审理通知书。该通知书记载：已收到贵司"粤穗渔30035"渔船船员蔡明于2017年7月14日在船上工作受伤的索赔材料，经审核，属于被告渔民人身意外伤害互助保险条款理赔范围。根据条款，被告决定对本次事故赔偿78,000元。因贵司与受伤船员签订了船员意外伤害赔款归属协议，故本次赔款的收款方为渔业公司。自渔业公司收到被告赔款78,000元之日起，对于本次事故的互保责任中止。渔业公司于2018年6月6日向被告回复同意。6月20日，被告通过中国银行网上银行向渔业公司汇款78,000元，并注明用途为赔款。

2018年10月18日，在广州市劳动人事争议三方联合调解中心组织下，原告和渔业公司签订劳动人事争议调解协议书。协议约定：确认双方劳动关系于2018年10月18日解除；渔业公司于2018年10月31日前以银行转账方式一次性支付原告一次性伤残补助金差额、一次性医疗补助金差额、一次性就业补助金、解除劳动合同经济补偿金，共计133,987.68元；双方劳动关系存续期间所有争议就此解决，互不追究。同日，根据原告申请，广州市劳动人事争议仲裁委员会依据前述协议作出穗劳人仲案〔2018〕6912号仲裁调解书。

庭审中，原告明确其在本案中是依据编号为P1522160700的互助保险凭证向被告索赔。

另查明，被告为在广东省民政厅依法登记的社会团体法人，业务范围包括互助保险、法律咨询、技术服务和人才培训，注册资金3万元，业务主管单位为广东省海洋与渔业局。

【裁判理由及结论】

广州海事法院认为，本案是一宗海上保赔合同纠纷。海上保赔合同是由船舶所有人或船舶经营人或承租人对其所有或占有、管理、经营或租用的船舶的潜在责任风险向互保协会投保订立的合同。原告主张其系依据原、被告之间的P1522160700号互助保险凭证提起本案索赔。原告作为被告的会员购买了渔民人身意外伤害互助保险，被告作为依法登记的社会团体法人进行承保并签发了互助保险凭证，该互助保险属于海上保赔合同范畴，故原、被告之间成立海上保赔合同关系。该海上保赔合同由互助保险凭证及互助保险条款构成，不违反法律、行政法规的强制性规定，合法有效。渔业互保协会不属于保险法规定的商业保险公司，其与会员之间签订的海上保赔合同不属于商业保险合同，为无名合同，与该合同最为类似的合同是海上保险合同。根据《中华人民共和国合同法》第一百二十四条"本法分则或者其他法律没有明文规定的合同，适用本法总则的规定，并可以参照本法分则或者其他法律最相类似的规定"的规定，本案纠纷应适用《中华人民共和国合同法》总则的规定进行处理。

关于原告是否属于有权向被告主张赔偿的主体。原告主张其依据

P1522160700号互助保险凭证向被告索赔，该互助保险凭证背面的互助保险条款规定只有会员才是有权向互保协会申请补偿的主体，互保协会履行互保补偿金给付义务的对象是有权提出补偿申请的会员。在P1522160700号互助保险凭证项下，原告作为已向被告投保渔民人身意外伤害险的会员，被告向其签发了互助保险凭证，故原告有权向被告主张赔偿，为本案的适格主体。

关于被告是否应向原告承担赔偿责任。被告确认原告是在互保有效期内工作时意外受伤，但认为原告无权依据P1522160700号互助保险凭证向被告主张本案事故导致的渔民人身伤害赔偿。理由是原告并非在该互助保险凭证中列明的入会渔船"粤遂渔93157"船上受伤，而是在其他船舶"粤穗渔30035"船上发生事故，故原告即使作为会员也无权向被告提出索赔。法院认为，渔业互助保险是由互保协会组织渔船所有人和渔业生产者作为会员通过缴纳会费的方式参加相互保险，共同应对因意外事故所致的保险列明船舶的潜在责任风险，即渔业互助保险承保的应当是互保人员在保赔合同中列明的特定船舶（入会渔船）上发生的风险。本案P1522160700号互助保险凭证已载明，原告作为会员投保、被告承保的入会渔船为"粤遂渔93157"船，而非发生事故时原告工作的"粤穗渔30035"船。且案外人渔业公司将"粤穗渔30035"船作为入会渔船、原告作为被保险人之一向被告投保，被告依据其签发的P0901170111号互助保险凭证已向渔业公司赔付78,000元。因入会渔船"粤遂渔93157"船未发生保险事故，原告也未能提供证据证明其与被告之间就人身意外伤残补偿金的索赔存在其他约定，根据《中华人民共和国民事诉讼法》第六十四条第一款和《最高人民法院关于适用〈中华人民共和国民事诉讼法〉的解释》第九十条规定，原告应承担举证不能的法律后果，其无权向被告请求保险赔偿，被告无须向作为会员的原告承担赔偿责任。原告的诉讼请求缺乏合同和法律依据，法院不予支持。

广州海事法院依法作出（2019）粤72民初928号判决：驳回原告蔡明的诉讼请求。

【典型意义】

渔业属于高投入、高风险行业，海上各种不确定因素会给渔民带来重大损失；渔民的出海作业历来被商业保险行业定位为高危承保范围，渔民的人身伤害意外险更是为职业风险中的最高级别，保费极高。因此，商业保险在客观上并不能满足渔民分散风险的需要，因而在政府的推动下，渔业互助保险应运而生。什么是渔业互助保险呢？渔业互助保险是由互保协会组织渔船所有人和渔业生产者作为会员通过缴纳会费方式参加的相互保险，共同应对因意外事故所致的保险列明船舶潜在责任风险的一种互助保险形式；渔业互保协会与其会员签订的海上保赔合同，不同于一般的商业保险模式，也不以商业盈利为目的，不属于保险法规定的商业保险合同范畴。因此，其并不适用我国保险法规定，应适用合同法等有关法律的规定。这一观点最高人民法院在〔2003〕民四他字第34号《关于中国船东互保协会与南京宏油船务有限公司海上保险合同纠纷上诉一案有关适用法律问题的请示的复函》及（2017）最高法民申3702号再审裁定中，均有过明确阐述。

  本案中，原告依据P1522160700号互助保险凭证，向被告主张本案事故导致的渔民人身伤害赔偿。但P1522160700号列明的入会船舶为"粤遂渔93157"船，而原告发生事故时作业的船舶为"粤穗渔30035"船。法院认为，渔业互助保险作为一种互助性质的保险形式，其承保的应当是互保人员在保赔合同中列明的特定船舶（入会渔船）上发生的风险。本案P1522160700号互助保险凭证已载明，原告作为会员投保、被告承保的入会渔船为"粤遂渔93157"船，而非发生事故时原告工作的"粤穗渔30035"船。因此，由于在原告投保的入会渔船"粤遂渔93157"船并未发生保险事故，且原告也未能提供证据证明其与被告之间就人身意外伤残补偿金的索赔存在其他约定，法院依法不予支持原告的诉讼请求。

（常维平　林晓彬）

苏流等诉广东省渔业互保协会等海上保赔合同纠纷案

——渔业互助保险合同纠纷的性质及法律适用

【提要】

渔业互助保险是由各级渔业合作保险组织在渔业行业内开展的,以互助共济为目的的非营利性保险形式。我国从事渔业互助保险的机构是各级渔业互保协会,其性质为社会团体法人,这一特点使得渔业互助保险合同无法纳入商业保险合同范畴,也无法直接适用保险法。渔业互保协会的非营利性、通过会员互助方式达到保险效果的功能性、投保人兼协会会员的双重身份等特点与海上保赔合同类似,可定性为海上保赔合同,为无名合同。根据合同法,审理渔业互助保险合同纠纷案件,应适用合同法总则的规定,与该合同最为类似的合同是海上保险合同,故也可以参照适用海商法和保险法的规定。

【关键词】

渔业互助保险　非营利性　海上保赔合同　法律适用　无名合同

【基本案情】

原告(上诉人):苏流、陈琴、苏甩、苏文鑫、苏舒婷、苏文旭(以下简称"六原告")。

被告(被上诉人):广东省渔业互保协会。

第三人:邱久。

六原告诉称:原告苏流为包括苏流胜在内的五位船员向被告投保渔民人身意外伤害互助保险。2016年4月21日,苏流胜随"粤陆渔29921"轮出海作业时失联,公安部门已证实苏流胜死亡。原告苏流是本案互助保险的投保人,其余五原告是被保险人苏流胜的法定受益人,根据互助保险条款约定和海商法、保险法的规定,被告应向六原告支付死亡补偿金30万元及其利息,并承担本案诉讼费。

被告辩称:苏流胜未经法院宣告死亡,保险事故不成立,被告无须承担互助保险赔偿责任;原告苏流不是本案互助保险合同项下的受益人,也不是被保险人苏流胜的法定继承人,无权向被告主张互助保险赔偿金;原告陈琴、苏甩、苏文鑫、苏舒婷、苏文旭已将对被告的互助保险赔偿金请求权转让给第三人邱久,被告也已将保险赔偿金30万元支付给第三人邱久。原告陈琴、苏甩、苏文鑫、苏舒婷、苏文旭无权再向被告请求本案互助保险合同项下的保险赔偿金。

第三人述称:原告苏流不是苏流胜的法定继承人,故苏流不是本案适格原告;第三人已根据约定支付了30万元安抚金和9万元补偿款。

经审理查明:2015年12月31日,苏流作为被告广东省渔业互保协会的会员,在被告处为苏流胜等人购买了渔民人身意外伤害互助保险,入会船名为"粤陆渔12085",被保险人员明细为苏流胜等5位船员,每人死亡保额为30万元,保险期限自2016年1月1日0时起至2016年12月31日24时止。互助保险条款约定,互保人员在互保有效期内发生意外事故,会员或受益人应在事故发生后48小时内,就近报告协会代办单位;发生意外事故造成损失,由会员向投保的协会代办单位申请补偿并应提交相关资料和证明。会员自意外事故发生之日起,一年内不提出补偿申请;或不提供相关资料和证明;或自协会书面通知之日起,一年内不领取应得的补偿款,视作自动放弃权益处理。

2016年4月20日,苏流胜随第三人邱久实际经营的"粤陆渔29921"轮出海作业时发生失联事故,陆丰市公安局瀛东派出所于11月16日出具苏流胜户口注销证明。

2016年6月9日,苏流胜的法定继承人陈琴、苏甩、苏文鑫、苏舒婷、苏文旭与邱久签订倡明书和具结书,约定苏流胜死亡的互保赔偿金由邱久所有,邱久共向苏流胜的法定继承人支付39万元赔偿金,其中包括30万元渔业互保赔偿金。6月23日,邱久向被告提交索赔报告书。被告于10月13日向邱久支付了苏流胜死亡的渔业互保赔偿金30万元。

【裁判理由及结论】

广州海事法院认为:本案是海上保赔合同纠纷。被告是在我国民政部门依法登记的社会团体法人,原告苏流作为被告会员,为船员苏流胜向被告购买了渔民人身意外伤害互助保险,被告承保并出具了互助保险凭证,原告苏流与被告成立海上保赔合同关系,苏流胜是该合同的被保险人。该海上保赔合同由互助保险凭证和互助保险条款构成,其约定不违反我国法律、行政法规的强制性规定,合法有效。海上保赔合同属于无名合同,与该合同最为类似的合同是海上保险合同，根据《中华人民共和国合同法》第一百二十四条的规定，本案纠纷应适用合同法总则的规定，并可以参照适用海商法和保险法的规定。

本案被保险人苏流胜于2016年4月21日随"粤陆渔29921"轮出海作业期间失联，事故发生在本案互助保险约定的责任期间，陆丰市公安局瀛东派出所已于2016年11月16日出具苏流胜因死亡的户口注销证明，本案事故符合互助保险条款对被保险人死亡时理赔的约定，属于被告承保的责任范围。本案事故自2016年11月16日已具备互助保险的理赔条件，互保金额为30万元。

根据本案互助保险凭证和互助保险条款的约定，本案保赔合同是以被保险人苏流胜的寿命和身体为标的，属于人身保赔保险。本案保赔合同并未约定受益人，被保险人苏流胜已由陆丰市公安局瀛东派出所因死亡注销户口，参照保险法第12条第5款和第42条第1款的规定，原告陈琴、苏甩、苏文鑫、苏舒婷、苏文旭作为苏流胜的法定继承人，对苏流胜在被告处的互助保险享有死亡补偿金请求权。

根据互助保险条款约定，被保险人发生意外事故造成损失，可以由会员向投保的协会代办单位申请补偿，原告苏流作为会员，可以根据该约定向被告申请补偿。但是，苏流胜死亡后，本案互助保险的死亡补偿金请求权已作为苏流胜的遗产由法定继承人陈琴、苏甩、苏文鑫、苏舒婷、苏文旭继承。在陈琴、苏甩、苏文鑫、苏舒婷、苏文旭已作为本案原告提起诉讼的情况下，原告陈琴、苏甩、苏文鑫、苏舒婷、苏文旭是本案死亡补偿金的最终受偿人，应由原告陈琴、苏甩、苏文鑫、苏舒婷、苏文旭向被告请求死亡补偿金，原告苏流不能再请求被告向其支付死亡补偿金。被告提出的关于苏流不是本案保赔合同的受益人，也不是苏流胜的法定继承人，无权向被告主张死亡补偿金的抗辩有理，予以支持。

根据倡明书和具结书的约定，原告陈琴、苏甩、苏文鑫、苏舒婷、苏文旭与邱久已就转让本案互助保险的死亡补偿金请求权达成合意，该死亡补偿金请求权转让已生效并实际履行。原告陈琴、苏甩、苏文鑫、苏舒婷、苏文旭已将本案互助保险的死亡补偿金转让给邱久，上述五原告不再具有本案互助保险的死亡补偿金请求权。被告关于已向邱久支付30万元死亡补偿金，无须向原告陈琴、苏甩、苏文鑫、苏舒婷、苏文旭支付死亡补偿金的抗辩有理，应予支持。

综上所述，广州海事法院依法判决：驳回原告苏流、陈琴、苏甩、苏文鑫、苏舒婷、苏文旭的诉讼请求。

六原告不服该判决,向广东省高级人民法院提出上诉。

广东省高级人民法院经审理认为:本案系海上保赔合同纠纷。本案的争议焦点归纳为:渔业互保协会是否应向苏流、陈琴、苏甩、苏文鑫、苏舒婷、苏文旭支付保险赔偿金30万元。

本案中,苏流作为渔业互保协会的会员,向渔业互保协会投保了渔民人身意外伤害互助保险,渔业互保协会向其签发了渔民人身意外伤害互助保险凭证。苏流与渔业互保协会之间成立海上保赔合同。海上保赔合同是指船东或船舶经营人或租船人对其所有或占有、管理、经营或租用的船舶的潜在责任风险,向船东互保协会投保,订立的保险合同。在该合同关系中,已成为会员的船东作为被保险人向船东互保协会(即保险人)交纳保险费。发生保险事故时,会员向船东互保协会提出索赔,协会赔付并取得相关权益。本案互助保险条款关于理赔事宜的规定也进一步证明,会员为有权向渔业互保协会提起保险赔偿的主体。苏流胜不是渔业互保协会的会员,故其不具有向渔业互保协会申请保险赔偿的主体资格。由此,苏流胜的家属即陈琴、苏甩、苏文鑫、苏舒婷、苏文旭无权请求渔业互保协会支付保险赔偿30万元及其利息。至于苏流,因其入会船舶未发生保险事故,无权向渔业互保协会请求保险赔偿,故其诉讼请求亦应予驳回。综上所述,一审判决认定事实清楚,适用法律正确,应予维持。广东省高级人民法院判决:驳回上诉,维持原判。

【典型意义】

本案是广州海事法院审理的第一宗渔业互助保险合同纠纷。渔业互助保险合同纠纷是新类型的案件,法律对此没有具体规定,各法院对该类案件的合同性质、案由、法律适用等问题认定不一,在审判实践中争议很大。本案对上述问题一一作出认定,可为以后审理类似案件提供参考,具有一定的示范意义。

渔业互助保险是由各级渔业合作保险组织在渔业行业内开展的以互助共济为目的的非营利性保险形式,我国从事渔业互助保险的机构是各级渔业互保协会,其性质为社会团体法人。关于渔业互助保险合同的性质,一种意见认为渔业互助保险合同是海上保险合同,主要理由是渔业互助保险也是一种保险,具有保险所承担的分摊风险、填补损害的作用,合同约定的主要条款也与商业保险合同条款类似;第二种意见认为是海上保赔合同,主要理由是从承保机构身份、相互性和法律关系双重性等主要特征看,渔业互助保险与保赔保险类似，故应将其定性为海上保赔合同；第三种意见认为不能归入海上保赔合同，主要理由是虽然渔业互助保险的主要特征与保赔保险类似，但在承保机构、保费支付方式、政府是否注入资金等方面有所不同，且海上保赔合同在法律上并没有确切的定义，实践中都习惯将船东互保协会提供的保险称为保赔保险，这已是一种约定俗成的称谓，故不能轻易将渔业互助保险合同定性为海上保赔合同。

第一种观点认识到了渔业互保协会所提供的互助保险具有商业保险特征，但没有注意到渔业互助保险与商业保险的区别：前者承保机构为非营利性的社会团体法人，后者为以盈利为目的的保险公司；前者投保人具有双重身份，既是投保人，也是会员，而后者仅为投保人，与保险人没有其他关系；前者目的是分摊风险、填补损害，后者除此之外，保险人还希望利用保险的射幸特点盈利。从现有法律规定看，保险法第二条明确规定其调整范围为商业保险行为，渔业互助保险不符合这一规定，渔业互助保险合同也不是保险法规定的保险合同。因此，无论从承保主体、保险特点、保险目的还是法律规定看，渔业互助保险合同都不是商业保险合同，不能认定为海上保险合同。第二种观点和第三种观点认识到了渔业互助保险的商业保险特征，也突出了渔业互助保险自身的特点，但对其是否属于海上保赔合同存在争议。虽然目前法律上对海上保赔合同没有明确的定义，但一般认为海上保赔合同是指船东或船舶经营人或租船人对其所有或占有、管理、经营或租用的船舶的潜在责任风险，向船东互保协会投保，订立的保险合同。我国保赔保险的承保机构是中国船东互保协会，是非营利性质的社会团体法人；保赔保险的投保人也具有双重身份，既是投保人，也是中国船东互保协会的会员，船东与中国船东互保协会之间既存在保险合同关系，也存在会员合同关系；也是通过会员互助的方式达到保险的效果。当然，保赔保险与渔业互助保险也有区别，如保费支付方式不同。保赔保险一般无固定费率，通常须于保险年度开始时向协会交纳预付保费，其后视年度核算情况，有可能交纳特大事故追加保费。后者的费率是固定的，不存在是否追加的情形。但这些差别是细枝末节的，并不会影响保险的主要性质。渔业互助保险的主要特征是相互性，是以互助的方式达到保险的效果，并反映在合同的双重法律关系上。保赔保险与此类似，也是通过会员互助的方式达到保险的效果，保赔合同也具有双重法律关系，即船东与中国船东互保协会之间既存在保险合同关系，也存在会员合同关系。因此，可以认定渔业互助保险合同的性质为海上保赔合同。考虑到上述因素，一审法院认定本案为海上保赔合同纠纷，二审法院予以维持。本案通过两审判决界定渔业互助保险合同为海上保赔合同，是无名合同，应首先适用合同法总则，并可以参照适用海商法和保险法，对以后审理类似案件具有规则指引作用。

本案在界定为海上保赔合同纠纷后，一审法院和二审法院虽然对本案的最终判决结果一致，但对本案纠纷处理的思路却有所不同，主要体现在互助保险赔偿金请求权主体的认定问题上。两审法院均认定原告苏流与被告成立海上保赔合同关系，但因为本案渔业互助保险条款对有权请求赔偿的是作为船东的会员还是受益人，受益人是谁，苏流胜是否为互保人员，互保人员是否为会员等主体身份地位约定不明，导致两审法院审理思路不同。一审法院首先根据互助保险凭证列明苏流胜为被保险人的情况，认定苏流胜是该合同的被保险人；再参照保险法第十二条第五款"被保险人是指其财产或者人身受保险合同保障，享有保险金请求权的人。投保人可以为被保险人"的规定，认定苏流胜享有互助保险赔偿金请求权；最后根据继承法的规定，在苏流胜死亡的情况下，陈琴、苏甩、苏文鑫、苏舒婷、苏文旭作为法定继承人对苏流胜在被告处的互助保险赔偿金享有请求权。二审法院则根据海上保赔是为了保障船东或船舶经营人或租船人的潜在责任风险的特性，认定作为会员的船东才具有互助保险赔偿金请求权，苏流胜不是渔业互保协会的会员，故其不具有向被告申请互助保险赔偿金的主体资格。一审法院以渔业互助保险条款约定的具体内容为基础，按照合同法，并参照适用保险法相关规定，最终认定苏流胜的法定继承人陈琴、苏甩、苏文鑫、苏舒婷、苏文旭有权向被告主张互助保险赔偿金。二审法院高屋建瓴，抛开互助保险条款的具体约定，整体把握本案法律关系，从海上保赔合同特性出发，认定苏流胜不具有向被告申请互助保险赔偿金的主体资格。在法律没有明确确定的情况下，两种思路均值得参考，亦均是解决此类案件的有效路径。

（吴贵宁　张蓉）

潮州市枫溪区雅圣陶瓷制作厂
与绥芬河市盛源进出口有限责任公司
海上货运代理合同纠纷案

——当事人仅有业务联络而无要约、承诺不能认定成立货运代理合同关系

【提要】

当事人的意思联络不包括合同法上的要约、承诺,整个过程并无订立合同的意思表示,也不涉及标的、价款、履行方式等具体明确的合同内容,不能仅因当事人有过业务联系而认定存在合同关系。

【关键词】

货运代理合同　邀约　承诺　意思表示　合同成立

【基本案情】

原告:潮州市枫溪区雅圣陶瓷制作厂。

被告:绥芬河市盛源进出口有限责任公司。

原告诉称:2014年8月27日,原告向阿塞拜疆商人出售一批价值31,096美元的货物,被告作为买卖双方共同委托的货运代理人负责安排租船订舱和货物到港后的陆路运输。被告未按照承诺将提单上的托运人记载为原告,在货物到港后又擅自清关并将货物交付买方,导致原告遭受22,096美元损失,依法应予赔偿。

被告辩称:原、被告之间不存在货运代理合同关系,承运人没有对涉案货物出具过正本提单,原告没有索赔的权利基础,也没有提交任何能证明货物价值的证据;货物实际仍处于被告控制之下,原告应该在30日内查看货物状况并提出合理解决办法。请求驳回原告诉讼请求。

广州海事法院经审理查明:2015年1月初,原告向阿塞拜疆商人Jabbarov Azer出售一批陶瓷制品,Jabbarov Azer委托被告办理货物从中国盐田港至俄罗斯符拉迪沃斯托克港(Vladivostok, Russia)的海上运输。1月5日,被告向原告发送一份达飞(中国)航运有限公司中山分公司出具的编号为

ZSN0175403 的订舱确认单。该订舱单记载的订舱日期为 1 月 4 日，托运人为深圳瑞航达国际货运代理有限公司，订舱人为义乌蔡东进出口有限公司，装货港为中国盐田，卸货港为俄罗斯符拉迪沃斯托克，开舱日期为 1 月 7 日，截关时间为 1 月 13 日 1730 时，预计离港时间为 1 月 15 日 2031 时，提柜地点和还柜地点均为盐田国际码头，集装箱型号为 40 英尺高箱，数量 3 个。1 月 6 日，原告要求被告代收货人 Jabbarov Azer 支付 1 万美元货物定金，表示收到定金后当日装货，并询问出货提单上的托运人是不是自己，强调该票货物没有收齐货款，被告回复称是的。1 月 8 日，被告得到收货人指示后向原告支付 5,000 美元货款，随后原告凭订舱确认单提取集装箱装载货物并交付运输。1 月 12 日，原告向被告发送了提单补料，记载托运人为原告，货物包装为 790 纸箱，装载货物的集装箱编号为 CMAU4752696。被告发给原告的提单草稿记载的托运人、货物数量、集装箱编号等信息与原告要求的一致。

2015 年 1 月 26 日，原告向被告询问货物是否到港，并告知被告其尚未收到货款。被告回复称预计 29 日到港，同时强调原告应就货款问题催促收货人，自己只是收货人的代理。原告要求被告没有原告许可不放货，被告则表示只能帮忙向收货人催款。货物到达目的港后，被告办理了货物的进口清关手续及铁路运输事宜。3 月 4 日，被告告知原告货物已到莫斯科，并询问能否交付收货人，原告回复称不能交付。3 月 6 日，被告提出在原告向其支付运费和关税等费用的前提下，其可以联系仓库存放货物，否则货物装在集装箱里在铁路场站等待交付，产生的费用太高。原告询问运费和关税的具体金额，被告回复称共计 14,176 美元，并告知如果收货人向自己支付了运费和关税的话，货物将交付收货人。原告表示自己没有收到货款，被告不能放货，除非被告向自己支付货款。被告回复其并不是货物的买方，没有理由付货款。3 月 31 日，原告指责被告私自放货，表示要追究被告的法律责任。

【裁判理由及结论】

广州海事法院认为：本案系涉外海上货运代理合同纠纷。原、被告在庭审中均直接援引中华人民共和国法律且未提出法律适用异议，本案纠纷应适用中华人民共和国法律处理。

根据《中华人民共和国合同法》第十三条"当事人订立合同，采取要约、承诺方式"的规定，原告主张其与被告存在货运代理合同关系，必须举证证明其与被告通过要约、承诺方式订立了以办理本案货物运输事宜为主要内容的货运代理合同。根据本案已查明的事实，被告是接受收货人 Jabbarov

Azer的委托办理本案货物从中国盐田港至俄罗斯符拉迪沃斯托克港的海上运输事宜。在本案货物被装船运输之前,没有证据显示原告向被告发出过就委托办理货物运输事宜的要约,原、被告之间就货物运输和交付方式、承运人选任、代理费用等事宜没有任何意思联络。被告将订舱确认单发送给原告,只是安排货物装箱上船以便顺利完成收货人委托的货运事宜,并非基于原告的委托行事。货物被装船运输后,双方仅就货物到港时间、货物存放地点及产生的堆存费用等事宜有过意思联络,原告虽基于不能收回货款的风险向被告提出过不要放货、由被告代收货人支付货款等要求,但并不涉及货运代理合同当事人的权利和义务,且被告未作出过任何承诺。相反,被告在与原告的往来中一直强调其是收货人的代理,其是基于收货人委托办理货物运输事宜。除此之外,原告也没有对收货人已经提取了本案货物、其与收货人约定的货物价格以及收货人拒付货款等事实提供有效证据予以证明,原告关于其与被告之间存在货运代理合同关系、被告未按指示放货导致其货款损失的主张不能成立。

广州海事法院于2017年3月15日作出(2015)广海法初字第985号判决:驳回原告对被告的诉讼请求。宣判后,双方当事人均没有提出上诉。

【典型意义】

依照国际贸易中的FOB价格条件,国外的买方负责租船订舱,国内的卖方按照买方的要求将货物交至买方指定的船上。在实际业务中,国外买方通常委托国内货运代理企业代为订舱。为操作便利,国内卖方也会委托国外买方指定的货运代理企业向承运人交付货物,以及办理货物在起运地的报告、报检、仓储等事宜。在这种情况下,国外买方为海上货物运输的契约托运人,卖方为实际托运人。从保护我国出口贸易的角度出发,法律赋予了实际托运人优先于契约托运人的某些权利,如《最高人民法院关于审理海上货运代理纠纷案件若干问题的规定》第八条规定,货运代理企业在分别接受契约托运人和实际托运人委托的情况下,应将其取得的提单首先交付给实际托运人。但这并非意味着,国外买方委托的代为办理海上货物运输的国内货代企业,只要与国内卖方有过业务联络,货代企业与国内卖方就一定成立货运代理合同关系。根据《中华人民共和国合同法》第十三条的规定,当事人订立合同要采取要约、承诺方式。要约、承诺可以书面形式作出,也可以口头形式作出,也可以如行为表示等其他方式作出,但必须包含当事人同意订立合同的意思表示和具体明确的合同内容,如合同标的、价款、履行方式等。

就本案而言，原告主张与被告成立海上货运代理合同关系，必须证明曾向被告作出过委托其代办货物运输事宜的意思表示。被告根据国外买方的委托，向原告提供了承运人的订舱确认单，其目的是便于办理国外买方购买的货物的海上运输，而非基于国内卖方的委托。没有证据证明原告曾委托被告订舱，原告收到订舱确认单后，未将货物交给被告办理运输，而是自己去承运人指定的提柜地点处提取集装箱，装箱完毕后再送回由承运人装船运输。本案没有任何证据证明原告曾委托被告办理《最高人民法院关于审理海上货运代理纠纷案件若干问题的规定》第一条概况和列举的任何货运代理事宜，双方也没有关于货运代理报酬的约定或支付记录；相反，被告代国外买家向原告支付部分货款，并向原告表明其是国外买方的代理而非原告。在原、被告不成立合同关系的情况下，原告对被告作出的提单记载内容和货物交付的要求，只是原告的单方主张，被告并无合同义务和法定义务，即使被告作出的相应允诺，也无强制执行力。

本案的审理给国内出口企业敲响了警钟，建议出口企业在按照货代企业指示将货物交付承运人前，要与货代企业订立货运代理合同，明确约定权利义务，以保证自己在未收齐货款前对运输中的货物享有控制权。

（李立菲）

东莞市建华疏浚打捞航务工程有限公司诉香港恒荣船务有限公司等债权人代位权纠纷案

——在债权人代位权诉讼中次债务人可主张法定抵销

【提要】

在已进行的债权人代位权诉讼中，次债务人可就其对债务人享有的到期债权向债务人主张法定抵销。次债务人在法定抵销的要件成立时或成立后，可就进行抵销的意思表示通知债务人，在通知到达债务人时生效。法定抵销发生后，债权人能否继续向次债务人行使代位权，取决于主动债权与被动债权的金额比较。若主动债权的金额大于或等于被动债权的金额，则次债务人的债权（主动债权）与债务人的债权（被动债权）在对等额内消灭，代位权的基础已不复存在，债权人不得再行使代位权；若主动债权的金额小于被动债权的金额，则债权人在扣除已抵销的部分债权后对次债务人仍可行使代位权。法定抵销即为次债务人对债务人的抗辩，该抗辩可以向债权人主张，债权人不得以其已提起代位权诉讼为由主张法定抵销无效。

【关键词】

代位权诉讼　法定抵销　形成权　债权人代位权诉讼　法定抵销权

【基本案情】

原告（上诉人）：东莞市建华疏浚打捞航务工程有限公司（以下简称"建华公司"）。

被告（被上诉人）：香港恒荣船务有限公司（以下简称"恒荣公司"）。

被告（被上诉人）：中国再保险（集团）股份有限公司（以下简称"中再保公司"）。

第三人：谭鼎钊。

第三人：谭鼎城。

2013年5月8日，"和兴888"轮与"恒荣"轮在广州珠江口水域发生碰撞，导致"和兴888"轮沉没、"恒荣"轮受损。就"恒荣"轮的船舶损失等纠纷，广州海事法院作出（2014）广海法初字第340号民事判决书，确定恒荣公司对本案所涉碰撞事故承担40%的过失赔偿责任，该判决已经生效。就"和兴888"轮的船期损失，谭鼎钊、谭鼎城以恒荣公司为被告，向法院提起诉讼。广州海事法院作出（2015）广海法初字第697号民事判决书，判令恒荣公司向谭鼎钊、谭鼎城赔偿船期损失11.2万元及其利息，该判决已生效。谭鼎钊、谭鼎城在该案中未向恒荣公司主张"和兴888"轮的打捞费损失。

广州海事法院作出（2015）广海法初字第56号民事判决，认定建华公司与谭鼎钊、谭鼎城之间成立海上打捞合同法律关系，判令谭鼎钊、谭鼎城向建华公司支付打捞费230万元及其利息。建华公司、谭鼎城不服一审判决，提出上诉。广东省高级人民法院作出（2016）粤民终82号民事判决，驳回上诉，维持原判。谭鼎钊、谭鼎城未履行该生效判决确定的义务，建华公司申请执行。广州海事法院在执行过程中划扣了谭鼎钊的银行存款50,968元。在扣除申请执行费28,632元后，将余款22,336元划拨给建华公司。广州海事法院于2017年8月3日向中再保公司、恒荣公司发出履行到期债务通知书，通知其自收到该通知后的15日内向建华公司履行谭鼎钊、谭鼎城到期债务1,052,784.62元，并不得向谭鼎钊、谭鼎城清偿；逾期不履行又不提出异议的，将强制执行。中再保公司、恒荣公司在法定期间内提出异议，广州海事法院未强制执行其财产。广州海事法院于2018年1月15日作出（2017）粤72执298号之三执行裁定，终结本次执行程序。

2013年6月8日，中再保公司作为"恒荣"轮船舶所有人和/或光船租船人的担保人向"和兴888"轮船舶所有人和/或光船租船人、船舶保险人出具担保函该担保函内容为：就"和兴888"轮与"恒荣"轮于2013年5月8日在珠江伶仃水道发生碰撞事故所引起的索赔，中再保公司为"恒荣"轮船舶所有人保证向"和兴888"轮船舶所有人和/或光船租船人、船舶保险人支付因碰撞纠纷而产生的，经书面协议或由有管辖权法院或其上诉法院作出的生效判决书所确定的应由"恒荣"轮船舶所有人向"和兴888"轮船舶所有人和/或光船租船人、船舶保险人支付的对已经被书面确认为推定全损的"和兴888"轮的残骸进行打捞的费用，但在本担保项下的全部责任包括利息和费用不超过人民币230万元；担保函自签发之日起生效，有效期至本案解决时为止；由其引起的任何纠纷适用我国法律，受我国法院管辖。

广州海事法院于2016年5月6日作出（2015）广海法初字第840号民事

判决,判令谭鼎钊、谭鼎城向恒荣公司赔偿船期损失和维持费用1,084,872.82元及其利息。谭鼎钊、谭鼎城不服该判决,提出上诉。广东省高级人民法院于2017年12月29日作出(2016)粤民终989号民事判决:驳回上诉,维持原判。谭鼎钊、谭鼎城未履行生效判决确定的义务,恒荣公司申请执行。广州海事法院于2018年4月3日向谭鼎钊、谭鼎城发出执行通知书,责令谭鼎钊、谭鼎城向恒荣公司支付赔偿金等1,393,988.19元,并负担申请执行费16,340元。恒荣公司于2018年5月4日申请中止执行,中止执行前没有财产执行到位。

2018年4月17日,恒荣公司通过短信、微信等形式将债务抵销通知发送给谭鼎钊的委托诉讼代理人谭春秀,并将该通知邮寄给谭鼎钊、谭鼎城。该债务抵销通知载明:根据(2015)广海法初字第840号民事判决及(2016)粤民终989号民事判决,谭鼎钊、谭鼎城应向恒荣公司支付以下赔偿:1.船期损失和维持费用共计1,084,872.82元及其利息276,430.55元;2.迟延履行期间的债务利息13,652.82元;3.财产保全申请费5,000元;4.应由谭鼎钊、谭鼎城承担的诉讼费14,032元。以上款项共计1,393,988.19元。根据《中华人民共和国合同法》第九十九条以及其他相关法律法规的规定,恒荣公司向谭鼎钊、谭鼎城发出债务抵销通知,就恒荣公司对谭鼎钊、谭鼎城负有的、经依法认定为有效成立的到期债务在上述款项1,393,988.19元范围内进行抵销。

谭春秀于2018年4月17日通过微信回复确认收到上述通知。邮寄给谭鼎钊的EMS(邮政特快专递服务)邮件于4月19日被签收,邮寄给谭鼎城的EMS邮件于4月20日被签收。恒荣公司确认上述通知的到达时间为2018年4月20日。

中再保公司未答辩,也未提供证据材料。

到庭当事人均援引我国内地法律进行诉讼,中再保公司出具的担保函亦选择适用我国内地法律。

【裁判理由及结论】

广州海事法院经审理认为:本案是一宗具有涉港因素的债权人代位权纠纷案。因各方当事人均选择援引和适用我国内地法律解决本案纠纷,参照《中华人民共和国涉外民事关系法律适用法》第四十一条"当事人可以协议选择合同适用的法律。当事人没有选择的,适用履行义务最能体现该合同特征的一方当事人经常居所地法律或者其他与该合同有最密切联系的法律"的规定，本案应适用我国内地法律作为解决纠纷的准据法。

关于恒荣公司能否主张法定抵销的问题。根据《中华人民共和国合同法》第九十九条第一款"当事人互负到期债务，该债务的标的物种类、品质相同的，任何一方可以将自己的债务与对方的债务抵销，但依照法律规定或者按照合同性质不得抵销的除外"的规定，恒荣公司主张法定抵销应具备须双方当事人互负债务、须双方债务的给付种类、品质相同、须主动债权已届清偿期、须双方债务均为适合抵销的债务等要件。恒荣公司对谭鼎钊、谭鼎城享有（2016）粤民终989号民事判决及（2015）广海法初字第840号民事判决确定的债权（主动债权），而谭鼎钊、谭鼎城对恒荣公司享有"和兴888"轮打捞费债权（被动债权），双方当事人互负债务，且均为金钱给付债务，种类及品质相同，主动债权已届清偿期，且双方债务均非不得抵销等债务，恒荣公司具备主张法定抵销的条件。本案中的主动债权为无担保的债权，被动债权为由中再保公司担保的债权，但均为金钱之债，恒荣公司可主张法定抵销。因而对建华公司关于打捞费的债权是有担保的债权，船期损失债权为无担保的债权，两个债权的品质不同，恒荣公司不得主张抵销的抗辩，不予支持。法定抵销权作为一种形成权，因抵销人的单方意思表示发生效力，即抵销人在抵销适状时向相对人作出抵销意思的通知，自该通知到达相对人时发生抵销的法律效力。根据《中华人民共和国合同法》第七十三条及第九十九条规定，法定抵销仅凭抵销人的单方意思表示就促使双方所负等额债权债务归于消灭，而代位权的行使须经债权人向人民法院起诉并经诉讼确认才能最终实现，法定抵销的实现途径优于债权代位权。因而原告关于被告恒荣公司在原告提起代位权诉讼后不得向第三人主张法定抵销，以及抵销会损害代位权人合法权益及损害代位权诉讼制度的实际功能的抗辩于法无据，不予支持。根据《最高人民法院关于适用〈中华人民共和国合同法〉若干问题的解释（一）》第十八条第一款"在代位权诉讼中，次债务人对债务人的抗辩，可以向债权人主张"的规定，被告恒荣公司有权在本案中提出主张抵销的抗辩并实际行使法定抵销的权利。

关于原告主张的代位权是否成立的问题。根据《中华人民共和国合同法》第九十九条第二款规定，法定抵销自抵销通知到达对方时生效。本案中，恒荣公司将债务抵销通知送达谭鼎钊、谭鼎城的时间即为抵销通知的到达时间，法定抵销自2018年4月20日起生效。根据（2015）广海法初字第840号民事判决及（2016）粤民终989号民事判决，谭鼎钊、谭鼎城应向恒荣公司赔偿船期损失和维持费用1,084,872.82元及其利息、案件受理费

14,032元、财产保全申请费人民币5,000元,此为本案中的主动债权金额。根据(2015)广海法初字第56号民事判决及(2016)粤民终82号民事判决,谭鼎钊、谭鼎城应向建华公司支付打捞费230万元及该款项从2014年10月10日起至二审判决确定支付之日止按中国人民银行同期贷款利率计算的利息。因此,谭鼎钊、谭鼎城在上述打捞费及其利息的40%范围内享有对恒荣公司的追偿权,即本案被动债权的金额为92万元及相应利息。由于主动债权的金额大于被动债权的金额,抵销发生后,谭鼎钊、谭鼎城对恒荣公司享有的打捞费及其利息债权归于消灭。根据《中华人民共和国合同法》第七十三条第一款及《最高人民法院关于适用〈中华人民共和国合同法〉若干问题的解释(一)》第十一条规定,代位权的成立应以债务人享有对次债务人的到期债权为前提。本案中,因债务人谭鼎钊、谭鼎城对次债务人恒荣公司的债权已归于消灭,原告作为谭鼎钊、谭鼎城的债权人行使代位权的基础已不存在,故原告不能行使代位权。

关于中再保公司是否应承担连带支付责任的问题。由于谭鼎钊、谭鼎城对恒荣公司享有的打捞费及其利息债权因抵销而消灭,中再保公司作为"恒荣"轮船舶所有人和/或光船租船人的担保人,因被担保的主债权归于消灭而免于承担保证责任,因而中再保公司不应承担连带支付责任,原告的该项诉讼请求应予驳回。

广州海事法院于2018年9月29日依照《中华人民共和国合同法》第七十三条、第九十九条,《最高人民法院关于适用〈中华人民共和国合同法〉若干问题的解释(一)》第十一条、第十八条第一款,以及《中华人民共和国民事诉讼法》第六十四条第一款、第一百四十四条的规定,作出(2017)粤72民初486号民事判决:驳回原告建华公司的诉讼请求。

建华公司不服一审判决,提起上诉,并补充提交了情况说明、中国人民财产保险股份有限公司广东省分公司出具的担保函、(2014)广海法初字第341号民事判决及(2015)广海法执字第439号执行裁定等证据材料。

广东省高级人民法院认为,因恒荣公司系在香港特别行政区成立的企业,本案为涉港债权人代位权纠纷。建华公司、恒荣公司及谭鼎钊、谭鼎城均选择适用我国内地法律解决本案纠纷,中再保公司出具的担保函亦载明适用我国内地法律,应以我国内地法律作为处理本案争议的准据法。

本案中,债权人建华公司对债务人谭鼎钊、谭鼎城享有的打捞费债权已由(2016)粤民终82号生效民事判决确定。债务人谭鼎钊、谭鼎城对次债务人恒荣公司享有的债权即92万元及其利息,系建华公司以上述判决为据,主张恒荣公司按照另案生效判决就船舶碰撞事故认定的责任比例而应向谭鼎钊、谭鼎城支付的上述打捞费总金额及其利息的40%。恒荣公司对建华公司主张其应按该责任比例承担打捞费92万元及其利息的债务金额并无异议，但其于本案诉讼期间向谭鼎钊、谭鼎城发出债务抵销通知，主张将其所负上述该债务与（2016）粤民终989号民事判决认定恒荣公司对谭鼎钊、谭鼎城享有的债权予以抵销。

本案中，恒荣公司对谭鼎钊、谭鼎城享有的金额为1,393,988.19元的主动债权，已经（2016）粤民终989号生效判决确定；建华公司在本案中主张的谭鼎钊、谭鼎城对恒荣公司享有的打捞费92万元及其利息的被动债权，当事人对其金额亦无异议。上述两项债权债务均为金钱之债，其种类、品质相同，且并无法律规定或按照合同性质而不得抵销之情形。恒荣公司于本案诉讼期间主张行使抵销权，不违反上述法律规定。建华公司以情况说明和人保广东公司出具的担保函等为据提出恒荣公司不得在本案中行使抵销权的主张欠缺相应的法律依据，不予支持。

依照《中华人民共和国合同法》第九十九条的规定，当事人主张抵销的应当通知对方，通知自到达对方时生效。当事人行使法定抵销权，无须征得对方的同意。本案中，恒荣公司发出的债务抵销通知已于2018年4月20日到达谭鼎钊、谭鼎城一方。广州海事法院据此认定谭鼎钊、谭鼎城与恒荣公司之间的债权债务在打捞费92万元及其利息的范围内部分抵销并无不当。抵销后谭鼎钊、谭鼎城对恒荣公司享有的上述被动债权已归于消灭，建华公司行使代位权的基础不复存在，故其关于恒荣公司支付打捞费及利息的诉讼请求不能成立。现建华公司于本案二审期间提交的（2014）广海法初字第341号民事判决，系广州海事法院就谭鼎钊、谭鼎城与维港公司船舶租赁合同纠纷一案作出的裁判文书，恒荣公司并非该案当事人。该判决判令维港公司向谭鼎钊、谭鼎城赔偿船舶价值损失及利息，亦无法证明涉案债权债务抵销后谭鼎钊、谭鼎城对恒荣公司仍然享有打捞费债权。建华公司以此为由主张行使代位权，要求恒荣公司支付打捞费及利息的依据不足，不予支持。上述债权债务部分抵销后，恒荣公司与谭鼎钊、谭鼎城之间的其他未结债权债务，当事人可另循法律途径予以解决。

本案中，中再保公司出具的担保函约定，该公司就"和兴888"轮与"恒荣"轮碰撞事故而产生的，经双方船舶所有人书面协议或由法院生效判决所确定的打捞费用提供保证。现建华公司以该函为据主张中再保公司向其支付款项，但其未能提供符合函件约定的确定打捞费用的协议或判决等书面文件。上述函件约定的中再保公司支付费用的条件尚未成就，故建华公司主张中再保公司依据该函向其支付款项的诉讼请求亦不能成立。

广东省高级人民法院于2019年3月22日作出（2018）粤民终2613号民事判决：驳回上诉，维持原判。

【典型意义】

本案的争议焦点为在债权人代位权之诉中次债务人能否主张法定抵销。

抵销是指二人互负债务场合，依一方意思表示或者双方的合意，使彼此债务全部或者部分地归于消灭。① 根据发生的依据不同，抵销可分为法定抵销与约定抵销。法定抵销是指符合法律规定的构成要件时，依一方当事人的意思表示而使当事人互负的到期债务归于消灭。抵销人的债权为主动债权，被抵销的债权为被动债权。抵销权为形成权，依单方意思表示即可发生法律效力。

在债权人已提起债权人代位权之诉的情形下，次债务人能否在诉讼中主张法定抵销，对此审判实践中存在两种意见。

第一种意见认为次债务人可以主张法定抵销，代位权的基础因抵销而消灭，债权人不得行使代位权。理由如下：1. 当事人进行法定抵销的权利是一种形成权，只要满足法定抵销的条件即抵销适状时，一方当事人通知对方，在通知到达对方时生效；2. 抵销即为次债务人对债务人的抗辩，该抗辩可以向债权人主张，债权人不得以其已提起代位权诉讼为由主张法定抵销无效；3. 债权人代位权行使的基础是必须存在真实合法的债权，在债务人对次债务人的债权消灭后，代位权的基础已经不存在了，债权人不得行使代位权。②

第二种意见认为，在债权人已提起代位权诉讼后，次债务人不得主张法定抵销。理由如下。1. 债权人行使代位权后，对于被代位行使的权利，债务人的处分权能受到限制，债务人丧失主动处分对次债务人债权的权利，代位权行使后果直接归属于债权人，次债务人如履行义务，只能向代位权人履行，不得向债务人履行。2. 若允许次债务人在债权人提起代位权诉讼后主张抵销，将严重损害代位权人的合法权益。因此，次债务人仅能在代位权诉讼提起前向债务人主张抵销。代位诉讼过程中，次债务人与债务人的清偿处分行

---

① 参见韩世远《合同法总论》，法律出版社2011年版，第545页。
② 参考案例：最高人民法院（2017）最高法民申1392号民事裁定，即哈尔滨银行股份有限公司重庆分行、重庆神龙峡旅游开发有限公司债权人代位权纠纷再审审查与审判监督民事裁定书。该案中，次债务人于二审庭审时将债务抵销通知书当庭送达给债务人，产生抵销后果，双方债务等额范围内消灭。

为不具有法律效力。3. 如允许次债务人在法庭辩论结束后又主张抵销，违反民事诉讼的诚实信用原则和禁止反言原则。4.《最高人民法院关于适用〈中华人民共和国合同法〉若干问题的解释（一）》第十八条第一款规定的抗辩指的是对债务人对其享有债权的真实性、诉讼时效等抗辩，法定抵销不属于次债务人可以向债权人主张的抗辩内容。参考案例：最高人民法院（2004）民二终字第53号民事判决。该判决认为代位诉讼中次债务人可以向债权人主张的其对债务人的抗辩，是指关于债务人享有债权真实性的抗辩。

本案裁判采纳了第一种观点。除上述支持第一种观点的理由外，合议庭还基于我国法律关于法定抵销的规定、法定抵销及代位权制度的功能、平衡保护各方当事人利益等考虑，认为代位权之诉中次债务人有权主张法定抵销。

首先，我国法律下并无禁止次债务人在代位权之诉中行使法定抵销权的相关规定。依据《中华人民共和国合同法》及理论界通说，除了依照法律规定不得抵销、依债务的性质不得抵销、依当事人约定不得抵销外，债务原则上可以抵销。本案中，次债务人对债务人的债务（被动债权）和债务人对次债务人的债务（主动债权）均非上述禁止抵销的债务。根据民法"法无禁止即自由"的精神，应允许次债务人在代位权之诉中主张法定抵销。

其次，允许次债务人主张法定抵销不违背代位权制度的功能。民法学界对代位权的行使是否应当遵守"入库规则"存有争议。"入库规则"即行使代位权取得的财产先加入债务人的责任财产，不能直接作为对债权人自己债权的清偿。有学者认为，虽然合同法在字面上没有直接反映"入库规则"，但立法过程中的诸多草案一致认为有这一规则。[1]《最高人民法院关于适用〈中华人民共和国合同法〉若干问题的解释（一）》第二十条规定："债权人向次债务人提起代位权诉讼经人民法院审理后认定代位权成立的，由次债务人向债权人履行清偿义务，债权人与债务人、债务人与次债务人之间相应的债权债务关系即予消灭。"对于该规定，有观点认为代位权的行使不遵守"入库规则"，行使代位权的结果直接地归属于债权人，代位权制度本质上是"自己债权的保全"[2]；有观点认为该规定仅使债权人与债务人之间借助抵销制度使债权债务消灭，代位权制度发挥了简易的回收手段的功能，代位权制度本质上是"共同担保的保全"以实现"自己债权的保全"，仍应遵守"入

---

[1] 参见韩世远《合同法总论》，法律出版社2011年版，第342页。
[2] 王闯：《最高人民法院关于适用〈中华人民共和国合同法〉若干问题的解释（一）的解释与适用》，见李国光主编《经济审判指导与参考》（第2卷），法律出版社2000年版，第48页。

库规则"。① 如认为代位权的行使应遵守"入库规则",代位权所回收的财产不能直接用于债权人的清偿,次债务人的法定抵销并未直接当然地侵害债权人即代位权人的权益,因而法定抵销并未直接损害代位权制度的功能。

再次,现行法设计对法定抵销的权利实现途径优于代位权,体现了立法对法定抵销权的优位考量。根据合同法及其司法解释的规定,债权人行使代位权需以向人民法院提起代位权诉讼的方式行使,代位权是否成立及能否行使代位权需要经过司法审查,权利实现途径较为严格;而法定抵销权人在满足抵销的要件时根据其单方意思表示即可发生债务消灭的法律效果,权利实现途径较为宽松。法律制度如此设计,也体现了对法定抵销的权利不宜多加限制,体现了立法对法定抵销权的优位考量。债权人行使代位权的前提是必须有合法、有效的债权,因次债务人行使法定抵销权,债务人与次债务人之间的债权债务在对等额内消灭,导致代位权的基础已不存在,债权人不得再行使代位权。因此,次债务人在代位权之诉中亦可主张法定抵销,其法定抵销权不应受代位权制度的限制。

最后,允许次债务人行使法定抵销权有利于彻底解决纠纷,节约司法资源,平衡保护债权人、债务人与次债务人的利益。本案诉讼的各方当事人缠讼多年,相互之间提起了多起诉讼,消耗了大量司法资源。相关纠纷产生的根源在于"和兴888"轮与"恒荣"轮之间的船舶碰撞纠纷。允许次债务人恒荣公司就其对债务人谭鼎钊、谭鼎城享有的债权在92万元及其利息的范围内部分抵销,可以促使各方当事人就该部分损失不再争讼,进一步简化纠纷处理。鉴于恒荣公司已申请强制执行,因本案审理中止执行程序,恒荣公司与谭鼎钊、谭鼎城之间的其他未结债权债务可在恢复执行程序中解决。如此处理,有利于平衡保护各方当事人的合法权益,节约司法资源,实现案结事了、定分止争。

在互有过失引发的船舶碰撞案件中,法院在计算碰撞损失时,通常将双方损失两相抵销的金额作为最终需要赔付的金额,以实现清偿之简化。本案生效判决允许次债务人在代位权之诉中主张法定抵销,亦可实现清偿简化、债之担保和债权回收之功能。本案审理涉及代位权与法定抵销权之间的冲突与平衡,平衡保护了各方当事人的合法权益,兼顾了司法的公正与效率,对类似案件审理具有一定的借鉴意义。

(尹忠烈 谭学文)

---

① 参见韩世远《合同法总论》,法律出版社2011年版,第342页。

番禺珠江钢管有限公司诉深圳市泛邦国际货运代理有限公司确认涉外仲裁协议效力案

——对涉外仲裁协议效力内审报告制度的改革探索

【提要】

涉外仲裁协议效力的内审报告制度，其优点是保证了最高人民法院能够有效控制随意推翻和否定涉外仲裁协议效力、损害仲裁的做法，缺点是程序烦琐、效率低下、缺乏透明度，因而取消内审报告制度，代之以二审终审，是可以思考的一个方向。租船合同中的涉外仲裁协议应当具备请求仲裁的意思表示、仲裁事项、选定的仲裁委员会等三方面内容，否则，该仲裁协议不具有法律效力。

【关键词】

仲裁协议　内审　租船合同　改革　涉外仲裁效力

【基本案情】

原告（被上诉人）：番禺珠江钢管有限公司（以下简称"钢管公司"）。

被告（上诉人）：深圳市泛邦国际货运代理有限公司（以下简称"泛邦公司"）。

原告钢管公司作为租船人，与作为承运人的被告泛邦公司于2007年5月31日签订一份租船合同，约定：由泛邦公司委派船舶承运钢管公司的货物即钢管，从中国广州莲花山港至智利的科罗雷（Coronel）港，运价为每计费吨121美元；装卸港由承运人指定代理，并通知租船人，有关货物的税款、费用、码头费由租船人支付，有关船舶的税款、费用由承运人支付；承运人确保签发6月25日前装船的代理提单，以供租船人结汇；合同传真签订生效，签订后任何一方单方面取消合同的，应支付违约金5万美元。该合同第21条约定"仲裁地点：北京，引用中国法律"。

2007年7月30日，被告泛邦公司的律师赖晨野向原告钢管公司发出粤广律函字（2007）第36号律师函，记载：钢管公司与泛邦公司签订租船合同后，没有实际履行，已构成违约。鉴于租船合同第21条约定的仲裁机构指定不明确，现泛邦公司认为，应将本案提交在北京的中国海事仲裁委员会，按照该会现行有效的仲裁规则进行仲裁。如钢管公司对此表示异议，可在收到律师函的3日内向泛邦公司或赖晨野律师来函或来电提出，否则，视为默示同意提交上述仲裁机构仲裁。钢管公司于次日收到该律师函，但未作答复。

原告钢管公司诉称：钢管公司与泛邦公司于2007年5月31日在广东签订了关于从广州莲花山港到智利科罗雷港的租船合同。合同第21条约定的"仲裁地点：北京"，因北京市有3个仲裁委员会而导致该仲裁条款约定的仲裁机构不明确，双方又不能达成补充协议，故请求法院判决确认该仲裁条款无效。

被告泛邦公司辩称：原、被告由于对北京市目前存在3个合法仲裁机构这一事实不了解或对仲裁机构的具体名称不了解，以致在租船合同中未明确指定具体仲裁机构。但泛邦公司已向钢管公司发出律师函，指出租船合同的该约定不明确，合同纠纷应提交中国海事仲裁委员会，并要求钢管公司在收到该律师函后3日内答复，否则视为默示同意提交该机构仲裁。该律师函实际上是具体选择仲裁机构的补充协议。钢管公司收到律师函后一直不予答复，该行为已表明其默示同意将本案提交中国海事仲裁委员会仲裁。中国海事仲裁委员会对本案具有管辖权，请求法院依法判决驳回原告的无理诉求。

【裁判理由及结论】

广州海事法院经公开开庭审理后认为：原告钢管公司请求法院确认仲裁协议无效，而被告泛邦公司认为该协议有效，因而本案为确认涉外仲裁协议效力纠纷案。

原、被告签订的租船合同第21条仅约定"仲裁地点：北京，引用中国法律"。关于"引用中国法律"的本意，是指仲裁机构仲裁当事人实体权利义务时应适用中国法律，还是指确认仲裁条款效力时应适用中国法律，并不明确，因而应认定双方未约定确认仲裁协议效力应适用的法律。在该条款中，双方明确约定了仲裁地点，根据《最高人民法院关于适用〈中华人民共和国仲裁法〉若干问题的解释》第十六条"对涉外仲裁协议的效力审查，适用当事人约定的法律；当事人没有约定适用的法律但约定了仲裁地的，适用仲裁地法律；没有约定适用的法律也没有约定仲裁地或者仲裁地约定不明的，适用法院地法律"的规定，本案应适用当事人约定的仲裁地法律即中华人民共和国法律来审查涉案仲裁协议的效力。

北京市目前有3个仲裁机构，即北京市仲裁委员会、中国国际经济贸易仲裁委员会和中国海事仲裁委员会。租船合同第21条并未约定由北京的哪一个仲裁委员会仲裁，对此，泛邦公司的律师函亦认为仲裁机构指定不明确。问题在于，该律师函关于选择中国海事仲裁委员会的内容以及钢管公司对该律师函不予回应的做法，是否表明双方对仲裁机构的选择达成了一致的协议？

所谓协议，就是一方要约和另一方对该要约无条件承诺的结果。泛邦公司在律师函中指出，"应将本案提交在北京的中国海事仲裁委员会，按照该会现行有效的仲裁规则进行仲裁"。这可视为泛邦公司对选择仲裁机构的要约。但对该要约，钢管公司并未作出任何书面或口头的承诺。泛邦公司关于在收到律师函的3日内未提出异议即视为默示同意提交上述仲裁机构仲裁的说法，本身仅是单方面的要约，需要有受要约人的事前明确承诺关于默示的效力，才产生默示同意的效果。《最高人民法院关于贯彻执行〈中华人民共和国民法通则〉若干问题的意见（试行）》第66条规定："一方当事人向对方当事人提出民事权利的要求，对方未用语言或者文字明确表示意见，但其行为表明已接受的，可以认定为默示。不作为的默示只有在法律有规定或者当事人双方有约定的情况下，才可以视为意思表示。"显然，没有证据显示钢管公司承诺了关于仲裁机构的选择可基于不作为的默示同意而成立，我国法律亦未有这方面的规定。因此，钢管公司未对律师函做出回应本身，并不是默示同意，即绝不表明双方就仲裁机构的选择达成了一致协议。根据《最高人民法院关于适用〈中华人民共和国仲裁法〉若干问题的解释》第六条"仲裁协议约定由某地的仲裁机构仲裁且该地仅有一个仲裁机构的，该仲裁机构视为约定的仲裁机构。该地有两个以上仲裁机构的，当事人可以选择其中的一个仲裁机构申请仲裁；当事人不能就仲裁机构选择达成一致的，仲裁协议无效"的规定，租船合同第21条仲裁协议条款无效。

根据《中华人民共和国仲裁法》第十八条之规定，广州海事法院2009年9月18日作出（2008）广海法初字第236号判决：原告与被告2007年5月31日租船合同第21条的仲裁协议条款无效。案件受理费400元，由被告泛邦公司负担。

泛邦公司不服该判决，向广东省高级人民法院上诉称：租船合同第21条关于"仲裁地点：北京，引用中国法律"的约定，表明了双方的真实仲裁意愿，只要任何一方选择除中国国际经济贸易仲裁委员会之外的中国海事仲裁委员会或北京市仲裁委员会提起仲裁，即符合双方通过仲裁解决争议的本意，因而该约定是明确而可执行的。泛邦公司的律师函是对双方通过仲裁解决争议意愿的进一步确认和对选择具体仲裁机构的进一步明确，并非对钢管公司新要约，根据双方的仲裁意愿及一般行业惯例认定钢管公司的默示意思表示并无不当，即该默示意思表示是对双方仲裁意愿的进一步确认，并非对新要约的承诺。请求二审法院撤销一审判决，确认租船合同第21条仲裁协议的法律效力。

被上诉人钢管公司辩称：租船合同关于仲裁机构的约定不明确，且双方不能达成补充协议。钢管公司对律师函不予答复，既不构成法律上的自认，也不是默认，钢管公司至今不同意将争议提交中国海事仲裁委员会仲裁。一审判决结论正确，且确认仲裁协议效力的案件应为一审终审，当事人无上诉权，请求二审法院直接驳回上诉，维持原判。

广东省高级人民法院经审理确认了一审法院认定的事实和证据，并经审理认为：本案为确认涉外仲裁协议效力纠纷，争议焦点是租船合同关于纠纷解决方式的仲裁条款是否有效。该条款约定"仲裁地点：北京，引用中国法律"，而北京有三个仲裁机构，双方对选择哪一个仲裁机构没有明确约定，泛邦公司关于约定在北京仲裁当然意味着由中国海事仲裁委员会仲裁的主张，没有事实和法律依据，法院不予支持。泛邦公司以律师函形式要求钢管公司选择中国海事仲裁委员会进行仲裁，并单方约定未提出异议即为默示同意。根据我国法律，承诺一般通过通知的形式作出，即通过语言或文字的形式表明同意要约的意思，而默示作为对要约承诺的例外方式，是指通过承诺人积极履行合同的行为而推断其同意要约的意思表示，不作为的默示仅在法律有明确规定或当事人有约定的情况下才能作为承诺的意思表示。因此，泛邦公司的律师函关于对方未提出异议即表明同意对仲裁机构选择的内容，没有法律依据，对钢管公司不具有约束力。在仲裁机构约定不明的情况下，是否必须进行补充协议，我国法律未作强制性规定，故钢管公司拒绝进一步协商选择仲裁机构的行为不违反法律规定，泛邦公司无权强迫对方对仲裁机构作出选择。

综上所述，泛邦公司未能举证证明双方就仲裁机构的选择达成了补充协议，涉案仲裁条款不具法律效力，泛邦公司不能依该条款要求钢管公司就租船合同纠纷仲裁解决。原审判决认定事实清楚，法律适用正确，应予维持；泛邦公司上诉理由不成立，应予驳回。

2009年11月30日，广东省高级人民法院根据《中华人民共和国民事诉讼法》第一百五十三条第一款第（一）项之规定，作出（2009）粤高法民四终字第 403 号判决：驳回上诉，维持原判。二审案件受理费 400 元，由上诉人泛邦公司负担。

【典型意义】

仲裁是与司法诉讼并行的解决商事纠纷的重要方式。通过仲裁解决商事纠纷，具有仲裁程序灵活、专业性强、尊重商人自治、一裁终局等显著特点。海事仲裁是商事仲裁的一个门类，中国海事仲裁委员会是海事仲裁方面的专业机构，在国际上享有盛誉。本案为涉外仲裁协议效力纠纷，人民法院处理本案所依据的规则和制度颇具特色，体现了我国仲裁自主性与司法监督的平衡关系，可资类似案件处理时借鉴、参考。

一、关于涉外仲裁协议效力审查的内审报告制度

合法有效的仲裁协议是任何一方当事人将争议提交仲裁的依据，同时又是仲裁机构对案件享有管辖权并作出具有法律拘束力的裁决的基础。1985 年《联合国国际贸易法委员会国际商事仲裁示范法》第 7 条第 1 款规定："仲裁协议是指当事人各方同意将他们之间确定的不论是契约性或非契约性的法律关系上已经发生或可能发生的一切或某些争议提交仲裁的协议。仲裁协议可以采取合同中的仲裁条款形式或单独协议的形式。"仲裁协议是否合法有效，关乎可否启动仲裁程序、仲裁裁决能否被承认和执行等诸多问题，即它是一个通过仲裁解决争议的前置性、先决性的问题。

对仲裁协议效力的审查，既可以由仲裁机构进行，也可以由人民法院通过司法程序进行。根据司法对仲裁适度监督的原则，并基于尊重仲裁的自主性、契约性的理念，我国于 1995 年建立了涉外仲裁协议效力审查的内审报告制度。《最高人民法院关于人民法院处理与涉外仲裁及外国仲裁事项有关问题的通知》规定，对人民法院受理具有仲裁协议的涉外经济纠纷案建立报告制度，即：凡起诉到人民法院的涉外、涉港澳和涉台经济、海事海商纠纷案件，若合同中订有仲裁条款或事后达成仲裁协议，而人民法院认为该仲裁条款或仲裁协议无效、失效或者内容不明确无法执行的，在决定受理一方当事人起诉之前，须报所属高级人民法院审查，高级人民法院同意受理的，应将其审查意见报最高人民法院；在最高人民法院答复前，可暂不予受理。

内审报告制度仅针对否定涉外仲裁协议效力的案件，对于认可涉外仲裁协议效力的案件，则不需内审报告。可见，我国建立内审报告制度的初衷，就是要从严控制通过司法权否定涉外仲裁协议的效力，以尊重双方当事人的意思自治，使尽可能多的涉外商事纠纷通过仲裁途径解决。

内审报告制度是对诉讼案件中因存在涉外仲裁协议而考量人民法院对该案是否受理与立案的问题，即先内审、后立案；而本案原告的诉讼请求是直接要求人民法院确认涉外仲裁协议无效，不存在因仲裁协议有效、无效与案件是否立案受理的关系问题。从内审报告制度从严控制否定涉外仲裁协议效力的初衷来看，基于法律的类推适用原理，凡需否定涉外仲裁协议效力的诉讼案件，均应该层报最高人民法院内审。本案原告请求人民法院确认租船合同中的涉外仲裁条款无效，本案系确认之诉。人民法院经初步审查，认为原告的诉讼请求成立，应予支持，遂根据内审报告制度，层报最高人民法院，经最高人民法院答复后，作出了确认仲裁条款无效的判决。

本案的处理无疑是正确的，但由于确认涉外仲裁协议无效属程序性问题，根据《中华人民共和国仲裁法》第二十条"当事人对仲裁协议的效力有异议的，可以请求仲裁委员会作出决定或者请求人民法院作出裁定。一方请求仲裁委员会作出决定，另一方请求人民法院作出裁定的，由人民法院裁定"之规定，似应以裁定而不是判决的形式确认该仲裁协议无效。该裁定是否可以上诉，法律没有明文规定，《中华人民共和国民事诉讼法》第一百四十条第（九）项仅规定"不予执行仲裁裁决"的裁定不能上诉，故可以类推确认涉外仲裁协议无效的裁定为终审裁定，当事人不得提起上诉。另外，从已经有最高人民法院的内审结论来看，对该裁定提起上诉也没有意义，即不可能产生与最高人民法院内审结论冲突或矛盾的二审裁定。值得一提的是，以判决形式处理裁定的内容，且以二审终审代替一审终审，这是用牛刀杀鸡，实现了案件处理的实质公正，因而难说有明显的不妥。

我国特有的对涉外仲裁协议认定无效的内审报告制度，保证了最高人民法院能够有效控制随意推翻和否定涉外仲裁协议效力、损害仲裁的做法，但缺点是程序烦琐、效率低下、缺乏透明度，因而取消内审报告制度，代之以二审终审，由二审法院决定涉外仲裁协议的效力似更妥当。故本案通过判决结案且二审终审，从法律的应然状态即立法论的角度看，体现了正当程序和能动司法的要求，具有先行一步的探索性意义，或许可以为内审报告制度的改革提供一个参考、启发与批判的难得样本。

2018年1月1日起施行的《最高人民法院关于仲裁司法审查案件报核问题的有关规定》（法释〔2017〕21号）对仲裁协议效力的内审制度作出改良，如第七条关于一审法院拟认定仲裁协议无效的，可不再逐级内审，而直接作出裁定，但二审法院认为仲裁协议无效的，则仍要逐级报核，待上级法院审核后，方可依上级法院的审核意见作出裁定。

二、关于涉外仲裁协议效力审查的具体标准

《中华人民共和国仲裁法》第十六条第二款规定,"仲裁协议应当具有下列内容:(一)请求仲裁的意思表示;(二)仲裁事项;(三)选定的仲裁委员会"。这即是审查涉外仲裁协议效力的具体标准,只有当有关的仲裁协议同时符合这三个标准时,才能确认仲裁协议有效,否则即不具有法律效力。那么,涉案仲裁协议"仲裁地点:北京,引用中国法律"是否符合这三个标准呢?

双方当事人在租船合同中约定了仲裁条款,即表明愿意将有关纠纷提交仲裁,因而可认定双方均有请求仲裁的意思表示。在租船合同中订立的仲裁条款,没有约定哪些事项可以仲裁或不能仲裁,故凡与该合同有关的所有纠纷均属可仲裁的范围,即基于合同成立、效力、变更、转让、履行、违约责任、解释、解除等产生的纠纷都可以认定为仲裁事项。涉案仲裁协议没有选定仲裁委员会,那么,是否可以如泛邦公司所言,推定在北京仲裁租船合同纠纷即意味着当然选定中国海事仲裁委员会?

根据《最高人民法院关于适用〈中华人民共和国仲裁法〉若干问题的解释》的规定,在四种情形下可以认定为仲裁协议选定了仲裁机构。

第一种情形是仲裁协议约定的仲裁机构名称不准确,但能够确定具体的仲裁机构的,应当认定选定了仲裁机构。2001年《中国海事仲裁委员会仲裁规则》第83条规定,凡当事人在仲裁协议中约定由中国海事仲裁委员会或其旧名称中国国际贸易促进委员会海事仲裁委员会或中国贸促会、中国海商法协会仲裁的,均视为双方当事人一致同意由中国海事仲裁委员会仲裁。遗憾的是,涉案仲裁协议根本就未规定仲裁机构的任何名称,故不能认为选定了仲裁机构。

第二种情形是仲裁协议仅约定处理纠纷适用的仲裁规则的,视为未约定仲裁机构,但当事人达成补充协议或者按照约定的仲裁规则能够确定仲裁机构的除外。显然,本案双方当事人未达成补充协议,未约定仲裁规则,因而不能据此认定双方选定了仲裁机构。

第三种情形是仲裁协议约定两个以上仲裁机构的,当事人可以协议选择其中的一个仲裁机构申请仲裁;当事人不能就仲裁机构选择达成一致的,仲裁协议无效。显而易见的是,涉案仲裁协议未约定任何一个仲裁机构,故不能确定双方选定了仲裁机构。

第四种情形是"仲裁协议约定由某地的仲裁机构仲裁且该地仅有一个仲裁机构的,该仲裁机构视为约定的仲裁机构。该地有两个以上仲裁机构的,当事人可以协议选择其中的一个仲裁机构申请仲裁；当事人不能就仲裁机构选择达成一致的，仲裁协议无效"。本案租船合同第21条的约定基本可归属于此种情形，需由双方当事人在北京市的三个仲裁机构中协商选择一个机构进行仲裁。但双方纠纷业已产生，再协商选择仲裁机构已不现实，因而根据"仲裁地点：北京，引用中国法律"的协议，无法推定出"在北京仲裁租船合同纠纷即意味着当然选定中国海事仲裁委员会"的结论，该协议因没有选定仲裁委员会而无效。

（倪学伟）

中国外运股份有限公司工程设备运输分公司诉深圳市联力国际货运代理有限公司海上货物运输合同案

——网络文件作为仲裁条款的效力问题

【提要】

当合同中约定以某种网络文件作为仲裁条款的情况下,应首先识别网络文件的内容是否确定,然后判断根据网络文件能否确定仲裁地,再进一步认定仲裁条款的效力。而在识别仲裁条款效力的过程中,需准确识别仲裁条款效力的准据法,是否适用法院地法需谨慎处理。

【关键词】

仲裁条款　网络文件　法院地法

【基本案情】

原告:中国外运股份有限公司工程设备运输分公司。

被告:深圳市联力国际货运代理有限公司。

原告与被告于2011年10月20日以班轮订舱单形式签订涉案合同,包括正面、背面及附则。在正面条款第13项中规定:"附则条款全部并入本订舱单正面及背面内容,如有任何冲突,应以附则条款为准而非本订舱单第1、2页印定条款。"关于"仲裁"的内容在该订舱单的附则部分。该班轮订舱单附则中关于"仲裁"的条文内容为:"BIMCO/LMAA Arbitration Clause as published on the official site of the London Maritime Arbitrators Association – http://www.lmaa.org.uk – to be fully applicable to this contract and any bill of lading issued hereunder English law. [伦敦海事仲裁委员会官方网站(http://www.lmaa.org.uk)公布的波罗的海国际航运公会/伦敦海事仲裁委员会仲裁条款(以下简称'波/伦仲裁条款')全部适用于本合同以及任何根据英国法律签发的提单]。"

前述伦敦海事仲裁委员会(London Maritime Arbitrators Association,LMAA)

的官方网站内仅有一种仲裁条款名为波/伦仲裁条款,其篇首部分原文为:"Arbitration Clause. This contract shall be governed by and construed in accordance with English law and any dispute arising out of or in connection with this contract shall be referred to arbitration in London in accordance with the Arbitration Act 1996 or any statutory modification or re-enactment thereof save to the extent necessary to give effect to the provisions of this Clause. The arbitration shall be conducted in accordance with the London Maritime Arbitrators Association (LMAA) Terms current at the time when the arbitration proceedings are commenced. [仲裁条款。本合同受英国法律管辖并依英国法律进行解释,由本合同引起或与本合同相关的任何争议,均应根据英国1996年仲裁法及其任何与本仲裁条款内容有关的生效修订或重新制定的法规,于伦敦提交仲裁。仲裁应根据在仲裁程序启动时有效的伦敦海事仲裁委员会(LMAA)规则进行]。"

英国1996年仲裁法(Arbitration Act 1996)第六条规定:"6. Definition of arbitration agreement. In this Part an 'arbitration agreement' means an agreement to submit to arbitration present or future disputes (whether they are contractual or not). The reference in an agreement to a written form of arbitration clause or to a document containing an arbitration clause constitutes an arbitration agreement if the reference is such as to make that clause part of the agreement. [第六条 仲裁协议的定义。本编中,'仲裁协议'系指将现有或将来之争议(无论其为契约性与否)提交仲裁的协议。在协议中援引书面形式的仲裁条款或包含仲裁条款的文件,均构成仲裁协议,只要该援引旨在使上述条款成为协议的一部分]。"

【裁判理由及结论】

广州海事法院经审理认为:涉案海上货物运输是从中国上海至巴西伊塔基,存在涉外因素,故本案是一宗涉外海上货物运输合同纠纷。原、被告以班轮订舱单形式订立运输合同,在该合同附则部分约定仲裁条款,虽然该仲裁条款并未直接指定仲裁内容,但通过该条款中有关网站的指引能够确定涉案合同所适用的仲裁协议条款和内容,即波/伦仲裁条款作为原、被告双方自愿选择的合同仲裁协议内容,成为涉案合同的组成部分。波/伦仲裁条款规定根据英国1996年仲裁法于伦敦提交仲裁,仲裁地应为伦敦,根据《最高人民法院关于适用〈中华人民共和国仲裁法〉若干问题的解释》第十六条"对涉外仲裁协议的效力审查,适用当事人约定的法律;当事人没有约定适用的法律但约定了仲裁地的,适用仲裁地法律;没有约定适用的法律也没有约定仲裁地或者仲裁地约定不明的,适用法院地法律"的规定,波/伦仲裁条款规定的仲裁地为英国伦敦,故应适用英国法律作为确认仲裁条款效力的准据法。

根据英国法的规定,只要纠纷双方达成书面仲裁协议,或者在协议中援引书面形式的仲裁条款或包含仲裁条款的文件构成仲裁协议成为合同的一部分,包含将合同争议提交仲裁的意思表示,仲裁协议即为有效。涉案合同附则中援引了波/伦仲裁条款,并将之并入合同成为组成部分,原、被告双方将合同争议提交仲裁的意思表示一致。因此,该仲裁条款应认定合法有效,根据《中华人民共和国民事诉讼法》第二百七十一条第一款"涉外经济贸易、运输和海事中发生的纠纷,当事人在合同中订有仲裁条款或者事后达成书面仲裁协议,提交中华人民共和国涉外仲裁机构或者其他仲裁机构仲裁的,当事人不得向人民法院起诉"的规定,原、被告之间的合同纠纷应通过仲裁解决,本院对本案没有管辖权。原告在向本院起诉时未声明涉案合同中存在有效的仲裁协议,根据《中华人民共和国仲裁法》第二十六条"当事人达成仲裁协议,一方向人民法院起诉未声明有仲裁协议,人民法院受理后,另一方在首次开庭前提交仲裁协议的,人民法院应当驳回起诉"的规定,对原告的起诉应予驳回。

广州海事法院依照《中华人民共和国民事诉讼法》第一百五十四条第一款第(三)项、第二百七十一条第一款及《中华人民共和国仲裁法》第二十六条,作出裁定:驳回原告中国外运股份有限公司工程设备运输分公司的起诉。

裁定作出后,双方当事人均未提出上诉。

【典型意义】

随着网络时代的到来,网络信息越来越多的渗透入社会生活的各个方面,所占的地位也变得越来越重要。而对于追求效率的海运领域来说更是如此,联系、交易均越来越多地通过网络和电子数据进行。本案则反映了一种以网络文件作为仲裁条款内容的适用模式。本案合同中约定进行仲裁,但没有直接约定仲裁机构、仲裁地,而是约定以伦敦海事仲裁委员会网站上公布的波/伦仲裁条款作为仲裁规则,这种约定能否构成有效的仲裁条款就是本案所面临的争议问题。

必须指出的是,此类约定以网络文件作为仲裁规则的仲裁条款,是一种全新的情况。迄今为止,最高人民法院关于仲裁条款效力的全部请示与答复均没有涉及此类仲裁条款。对于如何认定以网络文件作为仲裁规则的仲裁条款的效力，我国最高司法审判机关尚未给出明确的处理意见。

在审理本案过程中，法院首先面临的问题就是要判断合同所指的波/伦仲裁条款是否为特定且唯一的。合同中列明了伦敦海事仲裁委员会网站的网址，但实际上该网址所指向的网页里并不能直接显示条文中所列的波/伦仲裁条款，而是必须通过该网页上的链接打开多个下级菜单方可找到，而且在伦敦海事仲裁委员会网站上公布有多个标准仲裁条款，因此在本案审理过程中对于应如何看待合同中的约定条文的性质曾有过较大争议。有一种意见认为该条文内容只是一个仲裁指引，并不能指向唯一的仲裁规则，同时网络上的文件还存在着时效性和可修改性的特性，因此该合同条文不具有仲裁条款的性质。但法院最终认定，由于在合同条文中已经明确指出了仲裁条款的名称，且在伦敦海事仲裁委员会的网站内仅有一种仲裁条款的名称与其一致，故合同条文的指引是明确而且唯一的，已经指明了波/仲裁条款适用于涉案运输合同，属于合同的组成部分。通过本案我们可以认为，在当事人约定引用某份网络文件作为仲裁条款的情况下，只要有关合同条文中有足够明确的指引，能指向网络上某份确定且唯一的文件，即使在合同条文中没有具体写明该网络文件的完整发布网址，也应该认为该网络文件已经被合同所引用，成为合同的组成部分。

法院面临的第二个问题是，在仅约定了仲裁规则的情况下，应如何认定合同仲裁条款的效力。此时应首先确定适用什么法律的规定来判断仲裁条款的效力。本案中当事人并未约定审查仲裁条款所适用的法律，那么根据《最高人民法院关于适用〈中华人民共和国仲裁法〉若干问题的解释》第十六条"对涉外仲裁协议的效力审查，适用当事人约定的法律；当事人没有约定适用的法律但约定了仲裁地的，适用仲裁地法律；没有约定适用的法律也没有约定仲裁地或者仲裁地约定不明的，适用法院地法律"的规定，应首先适用仲裁地法律来审查，在无法确定仲裁地的情况下，方可适用法院地法律即中国法律。本案中，当事人仅选定适用于合同的仲裁规则而未约定仲裁地，此时必须根据仲裁规则本身的规定内容并结合相关的各种因素进行推定。根据波/伦仲裁条款的规定，仲裁地为英国伦敦，如前所述，波/伦仲裁条款作为涉案合同的组成部分，其内容应视作合同当事方的约定内容，因此法院认定涉案运输合同当事方即原、被告双方，已经约定仲裁地为英国伦敦，应适用英国的法律对合同仲裁条款的效力进行审查。法院进一步查明，英国1996年仲裁法是原、被告约定的仲裁地英国的现行法律，根据该法第六条第一款关于仲裁协议定义的规定，只要纠纷双方约定了仲裁的意向，仲裁协议即为有效。该法第六条第二款则规定，在协议中援引书面形式的仲裁条款亦构成仲裁协议。原、被告在涉案合同中援引了波/伦仲裁条款，并将作为合同的组成部分，那么根据英国法律，原、被告之间已经达成了有效的仲裁协议。通过上述审理过程我们应该注意到，在审查合同仲裁条款的有效性时，必须准确适用法律。特别是在当事人没有直接约定审查合同仲裁条款有效性的法律或者仲裁地的时候，不能简单地适用法院地法律，而应该根据合同仲裁条款的内容，包括其引用的内容去推定仲裁地。只有在根据合同仲裁条款的内容仍无法推定仲裁地的情况下，方可适用法院地法律来审查合同仲裁条款的效力。此外，在外国法律的查明问题上，法院在本案审理过程中也采取了一种较为新颖的方式，即通过英国国家档案馆开设的官方法律发布网站（http://www.legislation.gov.uk）查询得知英国1996年仲裁法的内容。其效率相比过往通过外交机构、外国的公开出版物等方式进行查询有了明显提高。

当前，在海运领域，约定仲裁是合同中普遍具有的内容。随着电子商务的发展，海运合同与电子数据和网络文件的交互也越来越多，仲裁条款也不例外。由于具有公开、便捷等特性，将来会有更多的合同采用在互联网上发布的文件作为其仲裁条款。对于这一新类型合同仲裁条款，法院在审查时不能一刀切式地否定其效力，而应该根据有关法律的规定，结合网络文件本身的内容进行审查。"一带一路"倡议恰逢电子商务和互联网建设的蓬勃发展时期，可以预期，电子数据形式的合同越来越多地出现在深化"一带一路"建设的各个领域，其中也必然伴随着更多类似本案的以网络文件为合同仲裁条款的情况的出现。为适应这一发展趋势，我国法院需以国际化的思维来予以应对，准确运用国内外各种规则。

（平阳丹柯）

广州长江制衣印染有限公司诉广州中远国际航空货运代理有限公司东莞分公司等涉外保证合同案

——无效保证合同中保证人的先诉抗辩权

【提要】

一般保证的保证人在主合同纠纷未经审判或者仲裁，并就债务人财产依法强制执行仍不能履行债务前，对债权人可以拒绝承担保证责任。这就是一般保证合同中保证人的先诉抗辩权，又称为检索抗辩权。先诉抗辩权是一种在后履行的顺序利益，其落脚点是对主债务人经强制执行仍不能履行债务前，保证人可以拒绝承担保证责任。主合同有效而保证合同无效，债权人和保证人对保证合同无效均有过错，则保证人享有先诉抗辩权，其承担民事责任的部分不应超过债务人不能清偿部分的二分之一。分公司提供的保证无效后应当负赔偿责任的，由分公司经营管理的财产承担，不足部分则由公司承担补充清偿责任。

【关键词】

保证合同　保证人　先诉抗辩权　赔偿责任

【基本案情】

原告（被上诉人）：广州长江制衣印染有限公司（以下简称"制衣公司"）。

被告（上诉人）：广州中远国际航空货运代理有限公司东莞分公司（以下简称"东莞公司"）。

被告（上诉人）：广州中远国际航空货运代理有限公司（以下简称"中远空运"）。

被告（被上诉人）：陈氏（德国）有限公司（Chens GmbH）（以下简称"陈氏公司"）。

中远空运具有法人资格；东莞公司是中远空运的分公司，不具法人资格。

被告东莞公司为原告运输运单号为 SNLEU250004844B、柜号为 TGHU7741430 的一批货物给原告的客户陈氏公司。2002 年 10 月 4 日，东莞公司向原告出具保函一份，承诺：运单号 SNLEU250004844B、柜号 TGHU7741430，内有价值 70,304.35 美元的货物；如陈氏公司在 20 天内不付或拒付该款项，其责任由东莞公司承担。

2002 年 11 月 7 日，原告复印上述保函并将复印件交东莞市公证处公证。该公证处出具的（2002）东证内字第 2505 号公证书记载："兹证明前面的影印件与原件相符。原件上的东莞公司印章属实。"

2003 年，制衣公司以东莞公司和中远空运为共同被告，向东莞市人民法院提起诉讼，要求两被告清偿担保款项 70,304.35 美元及利息。生效的东莞市人民法院（2003）东民二初字第 217 号民事判决书，以保证合同未经东莞公司的法人中远空运授权为由，认定该保证合同无效，"制衣公司依据无效保证合同要求东莞公司和中远空运承担担保责任，于法无据，不予支持。由于制衣公司未在本案中主张无效合同的过错赔偿责任，故不予处理，制衣公司可另行诉讼。"该判决驳回了制衣公司的诉讼请求。

原告于 2003 年 8 月 28 日以东莞公司和中远空运为被告，向东莞市人民法院起诉，称：保函已被生效判决认定为无效合同，东莞公司和中远空运对保证合同无效均有过错，故请求判令两被告赔偿货款损失 70,304.35 美元及利息。该法院以海商合同纠纷属广州海事法院管辖为由，于 2004 年 1 月 2 日将案件移送广州海事法院。

广州海事法院经公开审理后认为：制衣公司和东莞公司作为保证合同的当事人，应当知道陈氏公司为外国公司，且应当清楚我国相关法律关于涉外保证合同签订的法律规定，却仍然签订该无效的保证合同，两公司对此均有过错。故制衣公司向东莞公司索赔的数额，不能超过陈氏公司不能清偿部分的二分之一。但制衣公司未提供任何证据证明陈氏公司不能清偿货款，其应承担举证不能的不利后果。遂根据《中华人民共和国担保法》第五条的规定，判决驳回原告制衣公司的诉讼请求。案件受理费 10,630 元，由原告负担。

制衣公司对该判决不服，提出上诉。广东省高级人民法院经审理认为：本案是一起债权人仅起诉保证人的保证合同纠纷，原审法院在主债务未经裁判、范围不明的情况下，以制衣公司不能证明债务人对主债务不能清偿部分为由，对制衣公司要求保证人中远空运、东莞公司承担相应民事责任的诉讼请求不予支持是正确的，但直接判决驳回制衣公司的诉讼请求欠妥。为避免因驳回债权人的诉讼请求而加大诉讼成本，可以中止本案审理，给予制衣公司一个合理的期间，告知其先就主债务向具有管辖权的法院提起诉讼或申请仲裁，待主债务得到确认后，再恢复本案审理。综上所述，为减少诉累，广东省高级人民法院依照《中华人民共和国民事诉讼法》第一百五十三条第一款第（四）项之规定，裁定：撤销广州海事法院（2004）广海法初字第20号民事判决，发回广州海事法院重审。诉讼费待重审后依责任确定。

原告制衣公司在重审时，以陈氏公司作为货物买卖合同的买方，在接收货物后应当履行支付货款义务为由，向法院申请追加陈氏公司为本案共同被告。制衣公司诉称：原告是基于东莞公司的保证才同意在未收到货款之时先将提单交给陈氏公司，涉案保证合同被认定无效，原告无法收到货款，东莞公司和中远空运均有过错。请求判令三被告连带赔偿因其过错造成的货款损失70,304.35美元及自2002年10月12日起至清偿之日止的利息，并由三被告承担本案诉讼费用。

被告东莞公司、中远空运辩称：原告已将东莞公司出具的保函退还，双方已不存在担保关系。原告公证的保函是复印件，只能证明曾经存在保证事实，不表明东莞公司现在仍然有担保责任。原告追加陈氏公司为本案被告，却未提供能说明涉外被告主体资格现状的证据，不符合法定的起诉条件。无法按照法律规定确定主债务，也就不能确定东莞公司和中远空运应承担的责任。东莞公司已向原告支付货款80万元。原告主张的损失不能采信，其货款损失应按2002年9月22日出口商品报关单上记载的报关总价50,011.80美元予以核定。

广州海事法院对发回重审的案件经公开开庭审理后认为：本案是一宗涉外保证合同纠纷。当事人没有约定处理合同争议所适用的法律，由于该合同当事人东莞公司和制衣公司的住所地均在中国，且保函是在中国境内出具，根据最密切联系原则，本案应当适用中华人民共和国法律。

东莞公司主张的涉案货值为出口货物报关单记载的50,011.80美元，但该报关单显示的经营及发货单位、运抵国、指运地等均与涉案货物不同；而原告主张涉案货物金额有东莞公司保函确认，故涉案货值为70,304.35美元。

东莞公司作为涉案货物的代理人，对陈氏公司的现状应该更为清楚，且更具条件了解或查明陈氏公司的现状，而原告无进出口经营权，其货物出口陈氏公司均通过东莞公司代理完成，因而对陈氏公司现状的举证责任由东莞公司负担更为合理。在涉案货物交易之时，陈氏公司合法存在；法院通过合法途径向陈氏公司送达的司法文书该公司业已签收，在东莞公司未举证证明陈氏公司不再具备相应资格的情况下,理应确认陈氏公司的诉讼主体资格。

涉案保函已经东莞市人民法院的生效判决认定无效。《中华人民共和国担保法》第十条明确规定:"企业法人的分支机构、职能部门不得为保证人。"《最高人民法院关于适用〈中华人民共和国担保法〉若干问题的解释》第六条亦明确规定:未经国家有关主管部门批准或者登记,为境外机构向境内债权人提供担保的对外担保合同无效。原告与被告东莞公司作为在我国依法登记成立的企业,应当清楚我国法律的相关规定;其作为保证合同的当事人,应当知道陈氏公司是外国公司。原告与被告东莞公司置法律规定及相关事实于不顾,导致保证合同被认定无效,因此,原告与被告东莞公司均有过错。没有证据证明中远空运知道而放任东莞公司未经授权出具涉案保函,因此,中远空运对保证合同无效没有过错。

保函的无效为自始无效,即从一开始就不具有法律约束力。根据《中华人民共和国担保法》第五条第二款"担保合同被确认无效后,债务人、担保人、债权人有过错的,应当根据其过错各自承担相应的民事责任"的规定,以及《最高人民法院关于适用〈中华人民共和国担保法〉若干问题的解释》第七条"主合同有效而担保合同无效,债权人无过错的,担保人与债务人对主合同债权人的经济损失,承担连带赔偿责任;债权人、担保人有过错的,担保人承担民事责任的部分,不应超过债务人不能清偿部分的二分之一"的规定,因原告和被告东莞公司对保证合同无效均有过错,故原告向东莞公司索赔的数额不能超过陈氏公司不能清偿部分的二分之一。保函无效的法律后果从保函一成立就已产生。2002年11月8日原告将保函原件退还东莞公司,但该原件的退还与否均不影响无效保函先前业已产生的法律后果。

涉案货物的价值为70,304.35美元,被告认为原告应举证证明其未收到该笔款项。根据《最高人民法院关于民事诉讼证据的若干规定》第五条第二款"对合同是否履行发生争议的,由负有履行义务的当事人承担举证责任"之规定,应由被告陈氏公司承担其已支付该笔货款的举证责任,其无正当理由拒不到庭亦不提供证据的行为,表明其放弃了有关的诉讼权利,举证不能的不利后果由其承担,故可以认定陈氏公司未支付该笔货款。陈氏公司作为买受人,其收到货物后未支付货款,是为违约,理当承担相应违约责任,即应向原告清偿货款70,304.35美元。因没有证据证明陈氏公司应付款的时间,故可将保函约定的20天作为付款的期限。自2002年10月25日起,陈氏公司应向原告支付相应利息。东莞公司作为有过错的保证人,其承担的民事责任为陈氏公司不能清偿部分的二分之一,该不能清偿部分是指对陈氏公司财产依法强制执行后仍不能履行的债务。根据案件发生时的生效法律即1999年12月25日修正的《中华人民共和国公司法》第十三条"公司可以设立分公司，分公司不具有企业法人资格，其民事责任由公司承担"的规定，因东莞公司不具法人资格，其民事责任应由被告中远空运承担。中远空运因无效保证合同向原告承担赔偿责任后，可以向债务人陈氏公司追偿。

广州海事法院依照《中华人民共和国担保法》第五条第二款、1999年12月25日修正的《中华人民共和国公司法》第十三条、《最高人民法院关于适用〈中华人民共和国担保法〉若干问题的解释》第七条之规定，于2006年11月27日作出（2005）广海法重字第1号判决：一、被告陈氏公司向原告制衣公司清偿货款70,304.35美元及其利息（以2002年10月25日的国家外汇牌价将70,304.35美元换算成人民币，按央行流动资金贷款利率计算至判决确定的支付之日止）；二、被告中远空运向原告制衣公司赔偿陈氏公司经强制执行债务后仍不能清偿部分的二分之一；三、驳回原告的其他诉讼请求。案件受理费10,630元，由被告陈氏公司负担。

中远空运、东莞公司不服该判决，向广东省高级人民法院上诉称：原审判决认定保证合同无效正确，但应适用《最高人民法院关于适用〈中华人民共和国担保法〉若干问题的解释》第十七条第四款"企业法人的分支机构提供的保证无效后应当承担赔偿责任的，由分支机构经营管理的财产承担"的规定，不能判决中远空运承担担保赔偿责任。制衣公司将保函原件退还东莞公司，表明保证已被撤回，原审判决以保函无效为由否定撤回的法律效力，实际是认定无效保证不能撤回，请二审法院予以纠正。

被上诉人制衣公司辩称：分公司不完全等同于分支机构，具有法人资格的分支机构如子公司可以独立承担民事责任，不具有法人资格的分公司不在分支机构之列，故中远空运应承担民事赔偿责任。在中远空运执意讨回保函，并由东莞公司负责人辛艺力亲笔致函制衣公司承诺履行保证义务的特定情况下，制衣公司才退还保函，且制衣公司采取公证方式进一步确认了保证关系的存在，故东莞公司应承担无效保函的赔偿责任。

广东省高级人民法院确认了一审查明的案件事实，并根据东莞市人民法院（2003）东民二初字第217号民事判决书查明：东莞公司共向制衣公司出具两份担保书，除本案所涉2002年10月4日保函外，还于10月25日向制衣公司出具担保书，为柜号WSDU4905980、价值12万美元的货物货款作担保。该担保书明确约定：陈氏公司先将此柜即柜号WSDU4905980中的80万元货款给东莞公司，由东莞公司转付制衣公司，制衣公司收到此款后，同意中远空运将提单转交陈氏公司。2002年11月8日，东莞公司把陈氏公司转交的货款80万元扣除银行手续费50元后，实付799,950元给制衣公司，制衣公司遂将保函、担保书原件交给东莞公司。

【裁判理由及结论】

广东省高级人民法院经审理认为：本案系涉外买卖保证合同纠纷。各方当事人未约定处理合同争议所应适用的法律，而债权人制衣公司、担保人东莞公司的住所地均在中国境内，保函也在中国境内出具，故原审法院确定中国与本案争议有最密切联系、适用中华人民共和国法律进行实体审理，于法有据。

关于涉案保证是否撤回的问题。设置保证的目的是为担保主债权的实现，保证债务从属于主债务，只有当主债务因清偿、提存、抵销、免除、混同及其他原因而消灭时，保证债务才随之消灭。东莞公司未提供证据证明陈氏公司应向制衣公司支付货款70,304.35美元的主债务已清偿，在主债务未获清偿时，制衣公司有权要求东莞公司按其承诺履行保证责任。制衣公司将保函原件退还，并不代表其同意免除东莞公司的保证责任，否则制衣公司就不会将保函公证并提起本案诉讼。东莞公司转交制衣公司的80万元，已查明是支付另一份担保书项下的货款，与本案东莞公司担保的70,304.35美元无关。在东莞公司未证明主债务已清偿，也未证明制衣公司同意放弃担保之情形下，制衣公司退还保函原件的行为不能等同于撤回保证，制衣公司与东莞公司的保证合同仍然存在。

东莞公司是中远空运的分公司，不具有法人资格。东莞公司向制衣公司出具保函，未经中远空运书面授权同意，亦未经追认。根据《中华人民共和国担保法》第十条"企业法人的分支机构、职能部门不得为保证人"及《最高人民法院关于适用〈中华人民共和国担保法〉若干问题的解释》第十七条第一款"企业法人的分支机构未经法人书面授权提供保证的，保证合同无效。因此给债权人造成损失的，应当根据担保法第五条第二款的规定处理"的规定，该保证应认定为无效保证。制衣公司明知东莞公司不具有法人资格、未经企业法人授权无权对外出具担保仍然接受，担保人东莞公司明知其没有对外提供担保权限仍向制衣公司提供担保，可见制衣公司和东莞公司对担保无效均有过错。根据《最高人民法院关于适用〈中华人民共和国担保法〉若干问题的解释》第七条"主合同有效而担保合同无效，债权人无过错的，担保人与债务人对主合同债权人的经济损失，承担连带赔偿责任；债权人、担保人有过错的，担保人承担民事责任的部分，不应超过债务人不能清偿部分的二分之一"的规定，对于债务人陈氏公司不能清偿的债务，东莞公司应在50%范围内承担赔偿责任，其余损失由制衣公司自行承担。

没有证据证明中远空运对担保无效具有过错。虽然1999年12月25日《中华人民共和国公司法》第十三条规定："公司可以设立分公司，分公司不具有企业法人资格，其民事责任由公司承担"，但本案保函出具于2002年10月4日，其时《最高人民法院关于适用〈中华人民共和国担保法〉若干问题的解释》已生效，根据特别法优于一般法的原则，本案应优先适用该司法解释。根据该司法解释第十七条第四款"企业法人的分支机构提供的担保无效后应当承担赔偿责任的，由分支机构经营管理的财产承担"的规定，应先由东莞公司以其经营管理的财产对陈氏公司经强制执行后仍不能清偿的部分在二分之一范围内承担赔偿责任；东莞公司不足以清偿的部分，由中远空运承担补充清偿责任。中远空运该上诉理由，于法有据，法院予以支持；原审法院此部分适用法律错误，法院予以纠正。

东莞公司向制衣公司出具的保函中明确记载"内有价值70,304.35美元的货物"，中远空运未能合理解释为何保函记载担保物价值70,304.35美元与其现在主张货物价值50,011.80美元之间存有差距。原审法院认定涉案货物价值70,304.35美元，法院予以维持。陈氏公司未到庭应诉，保证人东莞公司有权行使主债务人陈氏公司对主债务的抗辩权，但东莞公司未能提供证据证明货款已支付，原审法院认定陈氏公司收货但未支付货款的行为构成违约并承担违约责任，于法有据，法院予以维持。

广东省高级人民法院于2009年11月5日根据《中华人民共和国民事诉讼法》第一百五十三条第一款第（一）项、第（二）项的规定，作出（2008）粤高法民四终字第26号判决：一、维持原审法院第一判项及第三判项；二、变更原审判决第二判项为东莞公司应以其经营管理的财产向制衣公司承担陈氏公司经强制执行债务后仍不能清偿部分的二分之一的赔偿责任；不足部分，由中远空运负补充清偿责任。二审案件受理费10,630元，由中远空运和东莞公司各负担5,315元。

【典型意义】

一、关于减少诉累

本案经一审、二审、发回重审和终审，因涉外案件送达等原因，历时六年有余，诉讼时间较长，但彻底解决了纠纷，当事人特别是原告对诉讼过程与结果深表满意。

本案的处理，较好地协调了诉讼时间较长与减少诉累看似矛盾的关系，其特别之处是发回重审的理由并非案件实体处理不正确，而在于"减少诉累"的考量，即审案法官对减少诉累的关注优先于诉讼时间长短的考虑，甚至优先于纯法律技术的实体处理正确与否的考虑。法官的审案思路是：通过司法审判解决矛盾与冲突不应该是阶段性的，对于由"一个"法律关系引发的纠纷应力争通过"一个"判决了断，而不是通过若干个"没有错误的"诉讼与判决解决。减少诉累可能导致单个案件审判时间延长，但从彻底解决纠纷的角度看，该审判时间的延长肯定短于若干个"没有错误的"诉讼与判决所需时间的总和，因而从本质上讲减少诉累的考量符合效率原则。

减少诉累的目的，是促使法官去追求案件审判全面的、最终的、实质意义的公正，纯法律技术的或曰表象的公正应该退居法官视野的次席，从而通过案件审判实现"比阳光还要明亮"的社会公平与正义。根据二审裁定，本案减少诉累的途径是中止审理，让制衣公司在合理期间内就主债务诉讼或仲裁，待主债务确认后再恢复审理，以使原告债权尽可能得到法律保护。《中华人民共和国民事诉讼法》第一百三十六条关于中止诉讼的第（五）项情形是"本案必须以另一案的审理结果为依据，而另一案尚未审结"，即另一案已经在诉讼或仲裁过程之中，其裁决结果不论早迟，是必然会到来的。而本案情况有所不同，保护制衣公司债权所必须依据的审理结果的"另一案"根本就不存在，还需告知制衣公司提起该"另一案"的诉讼或仲裁并等待其裁决结果。因之，本案为减少诉累而中止诉讼，突破了《中华人民共和国民事诉讼法》第一百三十六条第（五）项的规定，或许可以归入其第（六）项"其他应当中止诉讼的情形"这一兜底性情形。

一审重审时，审案法官根据《最高人民法院关于适用〈中华人民共和国民事诉讼法〉若干问题的意见》第53条"债权人仅起诉保证人的，除保证合同明确约定保证人承担连带责任的以外，人民法院应当通知被保证人作为共同被告参加诉讼"的规定，向制衣公司释明追加陈氏公司为被告的必要性，从而在一个诉讼中彻底解决了纠纷。

二、关于无效保证合同保证人的先诉抗辩权

《中华人民共和国担保法》第十七条第二款规定："一般保证的保证人在主合同纠纷未经审判或者仲裁，并就债务人财产依法强制执行仍不能履行债务前，对债权人可以拒绝承担保证责任。"这就是一般保证合同中保证人的先诉抗辩权，又称为检索抗辩权。先诉抗辩权是一种在后履行的顺序利益，其落脚点是对主债务人经强制执行仍不能履行债务前,保证人可以拒绝承担保证责任。

那么,无效的一般保证合同,保证人是否也可以享有先诉抗辩权?保证合同被认定无效后,无论是一般保证还是连带责任保证,保证人都不再承担保证责任,而应根据过错情况承担赔偿责任,因此,无效的一般保证合同,保证人不能依《中华人民共和国担保法》第十七条第二款的规定享有先诉抗辩权。

根据《最高人民法院关于适用〈中华人民共和国担保法〉若干问题的解释》(以下简称《担保法解释》)第七条的规定,主合同有效而担保合同无效,债权人无过错的,担保人与债务人对主合同债权人的经济损失承担连带赔偿责任,即担保人不享有先诉抗辩权,债权人可以单独对担保人或被担保人提起诉讼,也可对其共同诉讼。对主合同有效而担保合同无效,债权人、担保人有过错的,担保人承担民事责任的部分,不应超过债务人不能清偿部分的二分之一,即在这种情况下,担保人享有先诉抗辩权。而本案的情况是,已有东莞市人民法院的生效判决认定主合同有效、保证合同无效,但债权人制衣公司对保证合同无效有无过错尚需审判,因而在制衣公司提起本案诉讼之时,不能确定保证人东莞公司是否享有先诉抗辩权。当一审判决认定制衣公司对保证合同无效有过错后,即凸显出保证人东莞公司的先诉抗辩权,该判决以制衣公司未提供任何证据证明陈氏公司不能清偿货款为由,驳回其诉讼请求的依据,实际就是该无效保证合同的先诉抗辩权,二审裁定认定该判决正确的法律根据亦如此。

三、关于无效保证合同企业法人分支机构的赔偿责任

1999年12月25日修正的《中华人民共和国公司法》第十三条规定:"公司可以设立分公司,分公司不具有企业法人资格,其民事责任由公司承担。"而《担保法解释》第十七条第四款规定:"企业法人的分支机构提供的担保无效后应当承担赔偿责任的,由分支机构经营管理的财产承担。企业法人有过错的,按照担保法第二十九条规定处理。"一审、二审法院的分歧,即在于确定无效保证合同的赔偿责任时,是应适用法律还是应适用司法解释,从而确定分公司的民事责任由其自己承担还是由公司承担。以最高人民法院对司法解释的热衷和偏爱,以法官对司法解释的习惯性依赖,最初级、最简单的做法即是按该司法解释,本案应由分公司即东莞公司承担无效保证合同的赔偿责任。从这个意义上讲,二审改判无疑是正确的。

然而,对一审、二审法院的上述分歧,可以在法理上深层次探讨如下。

第一，若严格按上述司法解释第十七条第四款的规定，企业法人中远空运在无效保证合同中没有过错，则不应承担任何责任，哪怕是补充的清偿责任。二审判决中远空运承担"补充清偿责任"显然不是本款司法解释的本意。

第二，企业法人的分支机构不具备自主经营、独立核算、自负盈亏的法人资格，其经营管理的财产所有权属于企业法人。上述《中华人民共和国公司法》第十三条、《中华人民共和国担保法》第二十九条、《中华人民共和国商业银行法》第二十二条第二款均规定，分支机构的民事行为导致的法律责任，由企业法人承担，这是与分支机构没有财产所有权的属性吻合的，显然不是立法疏漏。由分支机构经营管理的财产承担责任，实质上最终还是财产的所有权人企业法人承担了责任。因此，上述司法解释既与法律规定相矛盾，又存有多此一举之嫌。

第三，关于司法解释的效力层次。宪法是国家的根本大法，具有最高的法律效力，全国人大制定的法律如《中华人民共和国民法通则》《中华人民共和国物权法》《中华人民共和国合同法》等是仅次于宪法的二级大法，全国人大常委会制定的法律如《中华人民共和国海事诉讼特别程序法》等则位居三级大法，而最高人民法院司法解释的效力应位于全国人大及其常委会制定的法律之下。

第四，立法权由全国人大及其常委会行使，最高人民法院是司法机关，不享有立法权。因此，司法解释的内容应仅限于填补法律空白、释明法律含义、规范法律的具体应用，显然不应该制定出与法律明显矛盾甚至于抵触的司法解释。

第五，与法律明显抵触的司法解释，若赋予其特别法的地位并优先于全国人大及其常委会制定的法律得到适用，则有司法权凌驾于立法权之上的嫌疑。若认为法律的规定欠妥，也应该由立法机关修法，而不应通过司法解释来排除法律的适用。

（倪学伟）

卡德莱化工（珠海）有限公司诉珠海国际货柜码头（高栏）有限公司港口货物保管合同纠纷案

——港口货物保管合同关系的认定

【提要】

在国际海上货物运输中，在目的港货物未提离码头的情况下承运人的交付义务没有完成；提货单不足以证明收货人与港口经营人之间成立货物保管关系；货物在港口堆存期间发生损害，收货人以其与港口经营人成立港口货物保管关系为由向港口经营人主张赔偿，不予支持。

【关键词】

港口货物保管合同　港口经营人　提货单　交付

【基本案情】

原告（上诉人）：卡德莱化工（珠海）有限公司（以下简称"卡德莱公司"）。

被告（被上诉人）：珠海国际货柜码头（高栏）有限公司（以下简称"珠海码头公司"）。

2014年6月，卡德莱公司从印度进口树脂溶液22,200千克到珠海。2014年6月10日，卡德莱美国公司（Cardolite Corporation）与卡德莱公司签订的买卖合同记载，货物总价为70,116美元，价格条件成本加运费（C&F）珠海，付款方式为60日内电汇。货物报关单记载货物价值为70,116美元。卡德莱公司于2014年11月3日向卡德莱美国公司支付1,162,362.60美元。卡德莱公司提供的买卖合同与报关单记载的合同号、集装箱号、货物名称数量等内容可以相互印证，可认定涉案货物价值为70,116美元。

上述货物装载于SCZU8757836号集装箱。承运人丹马士印度航运公司于2014年6月12日开具了DMCQMAAH003522号不可转让海运单。托运人为卡德莱美国公司，收货人为卡德莱公司，装货地印度芒格洛尔（Mangalore），卸货港中国高栏,承运船舶"芒果"(Tiger Mango)轮,航次124S,货物为4个20尺集装箱树脂溶液,箱号分别为 TMLU2240225、GESU8066035、GESU8050764、SCZU8757836。

丹马士印度航运公司委托古瑞海运公司承运涉案货物。古瑞海运公司签发的编号为CTSMAAGLN000001号电放提单记载:托运人为丹马士印度航运公司,收货人为丹马士环球物流(上海)有限公司深圳分公司。古瑞海运公司转委托马士基(印度)航运公司运输涉案货物。马士基(印度)航运公司签发的编号为864757092的海运单记载,托运人是古瑞海运公司,收货人为胜远国际物流(上海)有限公司(以下简称"胜远公司"),货物名称、承运船舶、运输起止地与DMCQMAAH003522号海运单记载一致。

2014年7月,因在马来西亚卸货时SCZU8757836号集装箱受到碰撞,留在马来西亚港口。2014年10月,SCZU8757836号集装箱货物运到香港;10月25日,由"惠海龙18"船运到珠海高栏港。卡德莱公司提供的作业记录显示,涉案集装箱于11月19日被放行,12月4号被扣留,2015年5月26日位置被更改。9月2日失踪箱申报。

2014年11月6日深圳亚联利成富港服务有限公司珠海分公司集装箱设备交接单记载,营运人为新柏泓公司,提单号为RHKGOZX191043,航次"惠海龙18"船578001410230,从香港到珠海高栏。卡德莱公司确认新柏泓公司为涉案运输香港至珠海区段的实际承运人。

卡德莱公司给胜远公司出具箱罐担保函。卡德莱公司在担保函中称,卡德莱公司委托该公司承运由芒格洛尔至高栏罐箱货物,提单号CTSMAAGLN000001A,船名航次为"艾尔伯特"(Albert Maersk)轮A94N,卡德莱公司对箱罐的归还、损坏、赔偿等事项作出了保证。胜远公司发给卡德莱公司的律师函称,胜远公司承运的海运货物由于需要内陆运输于2014年10月25日提离珠海高栏国际码头,至今未退回堆场,要求卡德莱公司支付集装箱超期使用费,并称截至2016年2月18日集装箱超期使用费总计18,160美元。

珠海码头公司提供的新柏泓公司2016年4月27日的律师函称,2014年12月1日,该公司委托珠海码头公司将MAEU3431842号集装箱装载到"惠海龙7"轮,珠海码头公司在操作中错误地将绑扎在该集装箱上的SCZU8757836号集装箱装船。

卡德莱公司提供了2014年9月至11月码头费用明细表,拟证明其向珠海码头公司缴纳保管费用,因涉案货物未提取,故本案所涉SCZU8757836号集装箱未产生收费信息。珠海码头公司在一审提交其与新柏泓公司签订的

"珠海高栏港至香港定期集装箱班轮码头费率表",拟证明珠海码头公司与新柏泓公司之间签订作业合同,珠海码头公司依据新柏泓公司的指示装卸、接收和释放货物,该合同有效期为2014年1月1日至2014年12月31日。二审庭审中,珠海码头公司主张其向卡德莱公司或其他收货人收取相关费用的依据是其与新柏泓公司签订的码头作业合同中约定由第三方承担义务。

就SCZU8757836集装箱,珠海外轮代理有限公司(以下简称"珠海外代")签发的提货单记载收货人为卡德莱公司,发货人为马士基香港有限公司,已办妥手续,运费结清,准予交付收货人。珠海码头公司主张珠海外代为新柏泓公司的代理。

卡德莱公司和珠海码头公司对SCZU8757836集装箱在码头存储期间被错误出运至香港没有异议,但对错误出运的责任有异议。

【裁判理由及结论】

广州海事法院经审理认为:本案是港口货物保管合同纠纷。本案的争议焦点为:卡德莱公司与珠海码头公司之间是否成立保管合同关系。

《中华人民共和国合同法》第三百六十七条规定:"保管合同自保管物交付时成立,但当事人另有约定的除外。"承运人运输海运集装箱货物到港后通常会将集装箱货物存放在集装箱码头。在交付货物之前,集装箱货物委由码头经营人保管。本案中,向码头经营人交付货物的不是卡德莱公司,卡德莱公司与珠海码头公司之间不成立保管合同关系。卡德莱公司关于双方成立保管合同关系的事实主张,不能成立。卡德莱公司依据保管合同关系请求珠海码头公司返还集装箱和货物并承担逾期交付的责任,或者赔偿损失并承担不能交货的责任,均没有法律依据和合同根据,不予支持。

广州海事法院于2016年11月8日作出(2016)粤72民初353号民事判决:驳回原告卡德莱公司的诉讼请求。

宣判后,卡德莱公司不服一审判决,向广东省高级人民法院提起上诉。

广东省高级人民法院认为:卡德莱公司以其与珠海码头公司之间存在港口货物保管合同关系而提起本案诉讼,故本案为港口货物保管合同纠纷。

在国际海上货物运输中,货物运抵目的港后卸载并堆存于码头,由港口经营人负责保管,收货人换领提货单并办理清关、报检等手续后,凭提货单向港口经营人请求提取货物。在收货人未就货物堆存与港口经营人另行签订合同的情况下,就货物在港口的堆存、仓储,港口经营人是否与提货人之间成立事实上的保管合同关系,此即本案所涉法律问题。本案中,卡德莱公司与珠海码头公司之间未成立货物保管合同关系,主要理由如下。1. 珠海码头公司接受涉案货物并非基于卡德莱公司的委托或者交付。根据本案查明的事实,涉案SCZU8757836号集装箱货物由承运人新柏泓公司自香港承运至珠海高栏港,并卸载于高栏港码头。珠海码头公司系根据其与新柏泓公司之间的港口作业合同关系而接受涉案集装箱货物,并提供相关的码头作业服务。卡德莱公司并未直接向珠海码头公司交付货物,也未授权其他人向珠海码头公司交付货物。2. 提货单并非收货人与港口经营人之间成立保管合同的证明。卡德莱公司作为涉案货物的收货人已经换领了涉案货物的提货单。国际航运实践中,提货单是收货人凭正本提单向承运人或其代理人换领的,据以向港口经营人提取货物的凭证。涉案提货单由珠海外代签发,而非港口经营人签发。港口经营人向提货单持有人交付货物的根据是其与承运人之间的港口作业合同并接受承运人的指令,其并不因此形成与收货人之间的事实合同关系。因此,仅凭卡德莱公司持有提货单,不足以认定卡德莱公司与作为港口经营人的珠海码头公司之间成立港口货物保管合同关系。3. 收货人向港口经营人缴纳码头堆存费也并非必然使二者之间成立保管合同关系。卡德莱公司提供了其向珠海码头公司缴纳其他批次的货物在高栏港码头产生的堆存费的证据,拟证明双方之间存在事实上的保管合同关系。但是,珠海码头公司向卡德莱公司收取相关费用系基于其与新柏泓公司签订的码头作业合同的约定,收货人在收取货物时径行向港口经营人支付相关费用,此种操作模式亦符合目前航运实践的操作习惯,故不能以珠海码头公司收取码头堆存费用为由即认定其与作为收货人的卡德莱公司成立保管合同关系。

广东省高级人民法院于2018年12月10日作出(2017)粤民终418号判决:驳回上诉,维持原判。

【典型意义】

本案中争议的焦点是:收货人与港口经营人是否成立事实上的港口货物保管合同关系。这一问题的认定关系到海上货物运输承运人、收货人、港口经营人等各方当事人关于港口货物损害赔偿等争议的认定与纠纷解决,故港口货物保管合同关系的认定问题具有重要意义。

一、收货人是否向港口经营人交付货物

《中华人民共和国合同法》第三百六十五条规定:"保管合同是保管人保管寄存人交付的保管物,并返还该物的合同。"该法第三百六十七条规定:"保管合同自保管物交付时成立,但当事人另有约定的除外。"成立保管合同需要交付保管物。本案中，卡德莱公司并未向珠海码头公司交付货物，也未授权其他人向珠海码头公司交付货物。珠海码头公司系根据其与新柏泓公司之间的港口作业合同关系而接受涉案货物，并提供相关的码头作业服务。港口经营人取得和保管货物的是基于其与承运人的港口作业合同，并非基于收货人与港口经营人的保管合同关系。

二、提货单是否证明港口货物保管合同关系

提货单是收货人凭正本提单向承运人或其代理人换领，承运人或其代理人指令港口经营人向收货人交付货物的凭证。港口经营人向提货单持有人交付货物是根据其与承运人之间的港口作业合同并接受承运人的指令，并不因此形成收货人与港口经营人之间的事实保管合同关系。

三、缴纳堆存费是否证明港口货物保管合同关系

航运实践中，通常是收货人在向港口经营人缴清堆存费等相关港口费用后提取货物，但收货人缴纳堆存费等相关港口费用并不能证明收货人与港口经营人之间成立港口货物保管合同关系。港口经营人向收货人收取堆存费等相关费用系基于其与承运人签订的港口作业合同的约定，港口作业合同中一般约定港口经营人按照约定的费率向收货人径行收取堆存费等相关港口费用，此为约定由第三人履行的合同。收货人在收取货物时径行向港口经营人支付堆存费等相关港口费用，此种操作模式符合目前航运实践的操作习惯，故不能以港口经营人收取码头堆存费等相关港口费用为由即认定其与收货人成立保管合同关系。

四、货物在港口堆存期间发生损害的索赔途径

《中华人民共和国海商法》第四十六条第一款规定："承运人对集装箱装运的货物的责任期间，是指从装货港接收货物时起至卸货港交付货物时止，货物处于承运人掌管之下的全部期间。承运人对非集装箱装运的货物的责任期间，是指从货物装上船时起至卸下船时止，货物处于承运人掌管之下的全部期间。在承运人的责任期间，货物发生灭失或者损坏，除本节另有规定外，承运人应当负赔偿责任。"集装箱货物运至目的港尚未交付收货人之前，仍属于承运人的责任期间，在此期间，承运人承担管货义务。货物在港口堆存期间发生损害，收货人可以依据海上货物运输合同关系向承运人索赔。

综上所述，在海上货物运输中，货物抵达港口后堆存在码头，在承运人交付货物之前，港口经营人保管货物只是港口作业的一部分，港口经营人取得和保管货物是基于其与承运人之间的港口作业合同关系，并非基于收货人与港口经营人的保管合同关系。在收货人与港口经营人未就货物保管另行订

立合同的情况下，仅凭提货单、缴纳堆存费等相关港口费用不足以证明双方之间成立港口货物保管合同关系。货物在港口堆存期间发生损害，收货人不能依据其与港口经营人成立港口货物保管合同关系向港口经营人索赔。

（韩海滨　刘肖君）

山东鑫海科技股份有限公司
诉广州港股份有限公司等港口作业纠纷案

——"原来、原转、原交"作业规则的适用

【提要】

"原来、原转、原交"的作业规则适用于承运人或港口经营人没有法定计量手段对委托作业的大宗散装货物进行计重的情况,在"原来、原转、原交"的作业规则下,港口经营人不承担在任何环节对其受委托作业的货物进行称重的义务,因而对受委托作业的货物重量也不承担责任。但有充分的证据证明港口经营人在作业前后均对货物重量进行重量确认的,港口经营人应负责赔偿港口作业环节中产生的货差。

【关键词】

港口作业合同 "原来、原转、原交" 货差损失 赔偿责任

【基本案情】

原告(上诉人):山东鑫海科技股份有限公司(以下简称"鑫海公司")。

被告(被上诉人):广州港股份有限公司(以下简称"广州港公司")。

被告(被上诉人):广州港股份有限公司新港港务分公司(以下简称"新港分公司")。

2011年6月24日,联众(广州)不锈钢有限公司(以下简称"联众公司")向鑫海公司订购含镍生铁,预估数量为3,000吨,以10.5%镍含量预估,总价约51,975,000元,具体重量依订购方地磅实算。

随后,鑫海公司与日照港股份有限公司(以下简称"日照港公司")签订港口作业合同,委托日照港公司进行港口作业。合同约定作业货物名称为生铁块,数量为3,000吨,港口费以装船过磅为准按每吨33元计收。岚山港货物进场数据显示进场货物重量为3,040.76吨,日照港公司开具的港口作业费用发票显示本案货物为生铁块,重量为3,040.76吨。2011年7月4日,鑫海公司与深圳市捷通三创物流有限公司(以下简称"捷通公司")签订航次

租船合同。合同约定由捷通公司承运本案货物，货名为镍铁，起运港为日照岚山港，到达港为广州黄埔新港。后本案货物在日照港岚山港区装上"金泰阳1"轮，由"金泰阳1"轮实际运输，运单记载货名为生铁，重量为3,040.76吨，收货人为孙景锋和鑫海公司。

2011年6月29日，鑫海公司与广州港公司签订《港口作业长期合同》。该合同约定鑫海公司就2011年6月26日至12月31日期间内贸进口生铁在广州港口装卸、仓储、转运至联众公司等事宜委托广州港公司办理；货物交付按"原来、原转、原交"的原则，由广州港公司将本方库场货物全部交付给鑫海公司即完成货物交付；货物"卸船入库后再装至提货工具"或"卸船直装至提货工具"，港口作业包干费为每吨26元，计费数量以实际出库过磅数量为准；合同未尽事宜，按交通运输部《港口货物作业规则》的有关规定执行。

2011年8月3日，孙景锋签署作业联系单，委托广州港公司的分公司——新港分公司对"金泰阳1"轮装载的3,040.76吨散装生铁进行港口作业。2011年8月10日，孙景锋与新港分公司补签一份《内贸货物港口作业合同》。该合同约定作业包干费用每吨26元，计费数量以运单记载的货物数量为准；卸入库场散装货物的交接交付原则是新港分公司按"原来、原转、原交"将卸入库场的货物全部交还给孙景锋，即完成了交货义务，货物的损耗由孙景锋自行负责；合同未尽事宜，按交通运输部《港口货物作业规则》的有关规定执行。

2011年8月4日，本案货物由"金泰阳1"轮运抵广州新港。8月5日，卸货完毕。在新港分公司与"金泰阳1"轮的货物交接清单中记载卸下的货物重量为3,040.76吨。2011年8月31日，新港分公司出具一份卸货证明，内容为："船名金泰阳1，到验BDY111202272，货名生铁，单号B/L 1，在8月5日已卸货完毕，本港实际卸货共3,040.76吨。特此证明"。落款为新港分公司"生产业务部计检组"，并加盖了新港分公司的检算专用章。

2011年8月5日至8月7日，新港分公司对本案货物进行出场过磅，总重量为3,004.94吨。新港分公司根据该出场过磅计得的重量3,004.94吨向鑫海公司收取港口作业包干费78,129元。联众公司在货物入库时对上述货物进行了地磅称重。根据联众公司向鑫海公司出具的验收单和结算单显示，入库总净重为3,007.3吨。鑫海公司根据联众公司的地磅重量进行了货款结算，鑫海公司开具的增值税发票显示本案含镍生铁的总数量为3,007.3吨，总价为54,763,810.60元。据此可计算出货物单价为每吨18,210.29元。

鑫海公司请求：2011年8月4日，3,040.76吨含镍生铁全部卸入新港分公司码头，8月7日新港分公司向鑫海公司交付货物3,007.3吨，货物短缺33.46吨，价值609,316.30元，请求广州港公司和新港分公司承担连带赔偿责任。

广州港公司和新港分公司共同辩称：1. 新港分公司与孙景锋而非鑫海公司建立港口作业合同法律关系；2. 依据港口作业合同的约定，涉案货物的交接交付原则是"原来、原转、原交"，新港分公司将卸入库场的货物全部交给作业委托人孙景锋即完成了交货义务而孙景锋将涉案货物卸入新港分公司库场时，没有过磅衡重，无法判断出库时货物重量的损益情况；3. 鑫海公司申报的货物品名为生铁，即使需要承担责任也应按照生铁的价格进行赔偿。综上所述，鑫海公司起诉的理由不充分，没有事实依据，请求驳回其诉讼请求。

【裁判理由及结论】

广州海事法院经审理认为：本案是一宗港口作业纠纷。鑫海公司与广州港公司签订的包括本案货物在内的港口作业长期合同是双方当事人真实一致的意思表示，且不违反我国现行法律、行政法规的强制性规定，合法有效。鑫海公司与广州港公司之间成立港口作业法律关系，鑫海公司是作业委托人，广州港公司是港口经营人，双方当事人均应按合同约定履行义务。广州港公司接受鑫海公司委托后，交由新港分公司具体实施本案货物的港口作业；新港分公司签订本案货物的作业联系单、内贸货物港口作业合同，以及对本案货物进行卸货、仓储、转运等港口作业，均是履行广州港公司签订的港口作业长期合同的行为，其不是本案港口作业合同的当事人，其在履行本案港口作业长期合同的民事责任，应由广州港公司承担。鑫海公司请求新港分公司承担本案货物短少的赔偿责任，缺乏法律依据，不予支持。孙景锋是鑫海公司的职员，在鑫海公司与广州港公司签订有本案港口作业合同的情况下，虽然其与鑫海公司作为本案货物运输运单上载明的共同收货人，以自己的名义与新港分公司联系本案货物港口作业，签订作业联系单和内贸货物港口作业合同，但其上述行为均是履行鑫海公司与联众公司的买卖合同及鑫海公司与广州港公司港口作业合同的行为。根据《中华人民共和国民法通则》第四十三条"企业法人对它的法定代表人和其他工作人员的经营活动，承担民事责任"的规定，在没有相反证据证明孙景锋在本案港口作业中的行为属于其个人行为的情况下，孙景锋的行为应认定为代表鑫海公司的职务行为，鑫海公司应对其职员孙景锋的经营活动承担民事责任。因此，两被告提出的本案港口作业委托人为孙景锋的抗辩，缺乏事实根据和法律依据，不予支持。

根据查明的事实，鑫海公司与广州港公司签订的港口作业合同约定，货物交付按"原来、原转、原交"的原则，由广州港公司将本方库场货物全部交付给鑫海公司即完成货物交付，货物的损耗由鑫海公司自行负责。根据上述合同约定，只要广州港公司将从"金泰阳1"轮卸下的本案货物按现状全部交付给鑫海公司，即完成货物交付义务，被告广州港公司并不对货物重量和短少承担责任，除非有证据证明因被告广州港公司的原因造成货物短少。本案货物从"金泰阳1"轮卸入广州港公司码头仓库时并没有过磅衡重，被告新港公司出具的卸货证明中载明的卸货重量只是运输单证载明的重量，并非广州港公司接受并保证交付的实际重量。根据鑫海公司与广州港公司的港口作业长期合同的约定，广州港公司出库过磅的货物重量为港口作业费用的计费重量，并不构成对港口作业合同中约定的"原来、原转、原交"交付原则的变更，本案货物仍应按照约定的"原来、原转、原交"原则进行交付。本案货物已由广州港公司交付给鑫海公司，在鑫海公司没有提供证据证明广州港公司没有全部交付货物，或者因广州港公司的原因造成本案货物短少的情况下，应认定广州港公司已按照"原来、原转、原交"将本案货物全部交付给了鑫海公司，广州港公司已经依约履行了交货义务。因此，鑫海公司请求广州港公司承担货物短少的赔偿责任，缺乏事实根据，不予支持。

广州海事法院根据《中华人民共和国民事诉讼法》第六十四条第一款的规定，于2012年12月4日作出（2012）广海法初字第334号民事判决，驳回鑫海公司的诉讼请求。

宣判后，鑫海公司不服，提起上诉，请求撤销原判、改判支持鑫海公司的诉讼请求。

广东省高级人民法院对除"新港分公司卸货时没有对涉案货物进行过磅称重"之外、广州海事法院查明的其他事实予以确认。

广东省高级人民法院经审理认为：虽然新港分公司称其未对2011年8月5日卸入其库场的货物进行过磅称重，但2011年8月31日新港分公司的生产业务部计检组出具卸货证明称"8月5日卸货完毕，实际卸货共3,040.76吨"。广州港公司和新港分公司均确认该份证明的真实性。新港分公司是专司港口作业业务的商事主体，其生产业务部计检组是专司计量检测业务的部门，应当知晓出具卸货证明给作业委托人将使得作业委托人信赖卸货证明中的陈述，也应当知晓出具卸货证明的法律后果，确认此卸货证明对广州港公司和新港分公司的约束力，两者应当依照卸货证明中记载的货物重量向鑫海公司交付货物。此外，新港分公司盖章确认的作业（配载）联系单和货物交接清单均载明鑫海公司委托新港分公司作业的货物重量是3,040.76吨。据此确认，新港分公司卸入其库场的涉案货物重量是3,040.76吨。

广州港公司和鑫海公司签署的《港口作业长期合同》第八条约定了"原来、原转、原交"的港口作业规则。"原来、原转、原交"规则适用于承运人或港口经营人没有法定计量手段对委托作业的大宗散装货物进行计重的情况。在"原来、原转、原交"的作业规则下，港口经营人不承担在任何环节对其受委托作业的货物进行称重的义务，因而对受委托作业的货物重量也不承担责任。但新港分公司出具的卸货证明是新港分公司对2011年8月5日卸入其库场的涉案货物重量的确认，8月5日至7日新港分公司对涉案货物又进行了出场过磅，即新港分公司先后对卸入其库场和离开其库场的涉案货物重量都进行了确认。据此，确认在新港分公司作业期间涉案货物短少35.82吨。广州港公司违反了港口经营人负有的"妥善保管和照料作业货物"的义务，应向鑫海公司承担货物短少的赔偿责任。鑫海公司确认联众公司按照3,007.3吨的重量向其结算涉案货物货款，因此确认广州港公司应当向鑫海公司赔偿货物短少33.46吨的损失。

由于鑫海公司委托广州港公司作业的货物为"生铁"，鑫海公司未能证明其在双方订立合同时曾明确告知广州港公司委托作业的货物是"含镍生铁"，也未能证明双方在合同履行过程中就委托作业的货物种类进行过变更，故广州港公司在港口作业委托合同订立之时无法预见到其违约行为引致的损失将超过以生铁价格计算的损失。因此，根据《中华人民共和国合同法》第一百一十三条第一款关于违约损害赔偿"合理预见原则"的规定，广州港公司应当按照生铁的价格向鑫海公司承担违约赔偿责任。广州港公司提交了关于2011年8月广州地区炼钢生铁价格的说明，主张生铁市场价格约为3,850元/吨，鑫海公司未在合理的期间内对广州港公司主张的上述生铁价格提出意见，故确认此生铁市场价格。

广东省高级人民法院根据《中华人民共和国合同法》第一百一十三条第一款、《中华人民共和国民事诉讼法》第一百七十条第一款第（二）项的规定，于2014年3月6日作出（2013）粤高法民四终字第22号民事判决：撤销原判，广州港公司向鑫海公司赔付128,821元及利息。

【典型意义】

散装货物的交接一直是海运业务中的难题。本案的争议焦点在于港口作业合同约定货物交接方式为"原来、原转、原交"的情况下,港口经营人出具的卸货证明中载明的卸入库场货物重量只是运输单证载明的重量,还是港口经营人接受并保证交付的实际重量?如果是港口经营人接受并保证交付的实际重量,那么在有出库过磅重量的情况下,港口经营人是否要承担数字之差的短少赔偿?即港口经营人在卸入库场和出库场时对货物重量都予以确认,是否改变了港口作业合同中约定的"原来、原转、原交"的交接方式?

一、有关散装货物交接方式的规定

"原来、原转、原交"的规定最早见于《水路货物运输规则》[原交通部(79)交水运字1090号,有效期间1979—1987年],该规则第9条第3款规定"承运人对散装货物,应在保证质量的前提下,负责原来、原转、原交。对整船散装货物,承运人可根据发货人的要求提供船舶水尺计量的吨数,作为发货人确定的重量"。其后,《水路货物运输规则》(原交通部[87]交河字325号,有效期间1987—1995年)第26条第1款规定"承运人对大宗散装货物,在运输全过程不具备适应连续、快速作业的法定计量手段时,应在保证货运质量的前提下,负责原来、原转、原交。发生重量溢短时,运输费用互不退补"。《水路货物运输规则》(原交通部[95]交水发221号,有效期间1995—2000年)第31条第1款规定同上述原交通部[87]交河字325号《水路货物运输规则》第26条第1款一样。

由此可见,2000年之前适用的《水路货物运输规则》规定,对于散装货物,承运人不按货物重量进行交接,而是采用"原来、原转、原交"的货物交接方式,承运人不承担货物发生短损的赔偿责任。

从2001年1月1日起施行的《国内水路货物运输规则》第63条、第64条以及《港口货物作业规则》第32条、第33条不再明确采用"原来、原转、原交"的货物交接方式,而是赋予当事人自由约定的权利。具体而言,对于散装货物,当事人可以自由约定交接方式;如果没有约定,则按照重量进行交接。按重量交接时也可以约定计量方式,没有约定时,重量以船舶水尺数(《国内水路货物运输规则》第64条规定)或经技术监督部门检验合格的计量器具计量数(《港口货物作业规则》第33条规定)为准,运单等有关单证中载明的货物重量对承运人或港口经营人不构成其交接货物重量的证据。

二、"原来、原转、原交"作业规则的具体适用

本案中双方约定"原来、原转、原交",属于《港口货物作业规则》第32条的"另有约定"不按重量交接的情况。那么,港口经营人出具的《卸货证明》中的货物重量是否表示港口经营人接受并保证交付的实际重量?"原来、原转、原交"的交接方式是否发生改变？

一方面，从举证责任的角度来分析。"原来、原转、原交"的交接方式下，港口经营人没有对受委托作业的货物进行称重的义务，对受委托作业的货物重量不承担责任，除非作业委托人证明重量短少是由于港口经营人的过错造成的。本案中，作业委托人鑫海公司举证了新港分公司盖章确认的卸货证明作业（配载）联系单和货物交接清单等。我们认为，在卸货前签署的文件上的货物重量，比如8月3日孙景锋与新港分公司签署的作业（配载）联系单上的货物重量，仅仅是作业委托人申报的数字，并无法律认可的器具可以对其加以核实，具有不确定性；同理，在没有其他证据支持下的货物交接清单同样对港口经营方并不构成其交接货物重量的证据。但是，卸货证明的证明力如何认定？一审和二审之间产生了争议。广州海事法院认为，卸货证明如果是实际卸货的重量证明，因是大宗散货运输，卸下的货物重量（即卸货证明记载的卸货数量）不可能与运单记载的重量完全一致。因此，从更接近事实真相的角度，认定新港分公司并未对货物进行过磅称重，其出具的卸货证明中载明的卸货重量只是运输单证载明的重量，并非广州港公司接受并保证交付的实际重量。广东省高级人民法院则认为，卸货证明是由专司计量检测业务的部门在货物卸货完毕26天后出具的，其应当知晓出具卸货证明给作业委托人将使得作业委托人信赖卸货证明中的陈述，也应当知晓出具卸货证明的法律后果，因此确认卸货证明对广州港公司和新港分公司的约束力，两者应当依照卸货证明中记载的货物重量向鑫海公司交付货物。于是，卸货证明中记载的货物重量与出库重量之间的数字之差成为货物在港口作业期间短少的初步证据。举证责任转移到港口经营人。除非港口经营人提出反证，证明卸入库场时并未称重，或虽然称重了但重量并非经技术监督部门检验合格的计量器具计量，或虽经合法计量但应扣除一定合理损耗的数量。而广州港公司未围绕货物没有短少进行充分举证，最终承担了赔偿责任。

另一方面，从货物交接方式的变更角度来分析。广州海事法院在认为卸货证明只是一个空仓证明的基础上，得出出库过磅并不构成对港口作业合同中约定的"原来、原转、原交"的交接方式的变更。而广东省高级人民法院则认为在"原来、原转、原交"的交接方式下，港口经营人不承担在任何环节对其受委托作业的货物进行称重的义务，因而对受委托作业的货物重量也不承担责任。在认定港口经营人在货物卸入其库场时进行了确认的情况下，在出库时也进行衡重，那么已经通过行为的方式变港口经营人与作业委托人合同中约定的"原来、原转、原交"的交接方式为按照重量进行交接的方式。

因此，广东省高级人民法院的认定更为合理，更能通过一则司法案例对港口经营人起到引导的作用，提醒其注重谨慎出具港口作业中交易单据以及更加细致地约定交易方式。

三、如何确定港口经营人的赔偿标准

本案中另外一个值得注意的问题，是港口经营人负责赔偿港口作业环节中产生的货差时，是按照当事人委托时声称的货物价格还是货物的实际价值进行赔付。本案中，二审法院根据合同法关于违约损害赔偿"合理预见原则"，认定应按照当事人委托时声称的货物价格（较货物实际价值低）进行赔付。我们认为，根据《港口货物作业规则》第十八条"作业委托人委托货物作业，可以办理保价作业。货物发生损坏、灭失，港口经营人应当按照货物的声明价值进行赔偿，但港口经营人证明货物的实际价值低于声明价值的，按照货物的实际价值赔偿"的规定，港口作业人负责赔偿港口作业环节中产生的货差时，应按照货物的声明价值赔偿为原则，按照实际价值赔偿以港口经营人自证为前提。

（吴贵宁　邓非非）

广西振海船务有限公司诉广州市番禺区石楼镇恒兴油库有限公司海上货物运输合同纠纷案

——传真件签订海上货物运输合同的证据效力

【提要】

通过传真签订合同是通信发达时代的常见形式。何为传真的原件,何为传真的复印件,应确立一个可行的标准。在诉讼中,对传真原件证据效力的认定,应参照复印件的标准进行。如果传真的原件是一份孤证,对方当事人又予以否认,则应谨慎认定其证据效力。对一方当事人陈述的事实,另一方当事人既未表示承认也未否认,经法官充分说明并询问后,其仍不明确表示肯定或者否定的,视为对该事实的承认。

【关键词】

传真 复印件 原件 证据效力

【基本案情】

原告(被上诉人):广西振海船务有限公司(以下简称"振海公司")。

被告(上诉人):广州市番禺区石楼镇恒兴油库有限公司(以下简称"恒兴公司")。

2006年1月4日,原、被告通过传真签订了一份编号为HH060104的租船运输合同。合同约定:以原告的"浩航2"船承运被告的非标柴油1,000吨自广东万顷沙至海南洋浦;卸货前,原告应通知被告派人到船上验收油舱,并在货物运输交接签订单的"卸清验收人"栏签收;卸货后,从拆管起2小时内,被告派人到船验舱确认是否干舱,否则视为被告确认装货数量、质量及干舱;船舶在装港和卸港作业停留时间分别不能超过24小时和12小时,以船舶抵港或抵锚地时起算,到装、卸完毕拆除油管之时止,以船舶航海日志记录为准,如超过上述期限,被告按每天1万元支付滞期费;2006年1月4日至5日在万顷沙受载,目的港海南洋浦,全程运费每吨72元,不足1,000吨按1,000吨计,超过1,000吨按实际数量计算;船抵目的港经双方在船上验收油量，无异议后，被告向原告一次性结算全部运费；本合同未尽事宜，依交通部有关规定办理。该合同有原告方代表陈志、被告方代表曾伟平的签名，并盖有原告的公章、被告的合同专用章。被告以该租船运输合同是传真的复印件为由，不予认可。

根据航海日志的记载，合同签订后，"浩航2"船于2006年1月6日1100时抵达广州番禺万顷沙奇美码头，1200时开始装油，1730时装油完毕，2145时离开奇美码头；1月9日1032时备车起锚进港，1128时在洋浦锚地抛锚；1月10日1045时在洋浦港靠好"桂油囤1号"船并报告洋浦海事处，1440时开始卸油，1745时卸油完毕；1月13日1700时起锚离开洋浦"桂油囤1号"船，2250时起锚出港；1月14日1950时在广西北海港抛锚，2000时开始清舱，至1月16日1500时清舱完毕。

在"浩航2"船的油量计量确认单上记载，起始港万顷沙奇美油库，到达港洋浦港，货油重量984.096吨。该确认单上有收货人的签名及船方签名，落款日期均为2006年1月10日。

根据船舶签证簿的记载，"浩航2"船涉案航次的前一个航次是自大鹏湾港至深圳机场油码头，承运的货物为800吨汽油。

中国船级社实业公司的验船师张梦祥于2006年1月18日在湛江出具了一份编号ZJ06N017的检验报告，记载：受船东委托，署名验船师于1月13日在海南洋浦港登上"浩航2"船，对No.2左、右舱和No.3左、右舱检查，发现均在舱底凝结一层蜡和油泥的混合物，严重污染船舱，如不清舱，该轮不能继续装运其他成品油类；经测量四个舱底部凝结的蜡和油泥混合物约4.193吨，清除干净该混合物需3天时间，所需费用24,000元。

2006年1月13日，原告与吴必根签订一份清舱协议，约定由后者承担"浩航2"船货油舱被所载万顷沙至洋浦航次货油污染的清舱工作，清舱费26,000元；清舱标准为回复到装载汽油而不影响汽油质量和颜色为止；清舱时间为船抵北海港锚地起算，连续不超过72小时。1月23日，吴必根收到原告支付的"浩航2"船清舱费26,000元。

原告振海公司诉称：根据原、被告订立的租船运输合同，原告派"浩航2"船将被告984.096吨柴油运抵目的港海南洋浦，但被告拒不支付运费等费用。特请求法院判令被告清偿拖欠的运费72,000元、清舱费26,000元、滞期费67,500元及自2006年2月1日起至10月31日止的利息7,708.16元，并支付利息至实际付款日止；由被告承担诉讼费及相关费用。

被告恒兴公司辩称：未与原告签订过合同；原告提交的租船运输合同是

传真的复印件，不清楚该合同上的印章是否是恒兴公司的，也不清楚在合同上签字的人是否为公司职员，该复印件完全可以伪造。请法院驳回原告的诉讼请求。

【裁判理由及结论】

广州海事法院经公开开庭审理后认为：本案是一宗海上货物运输合同运费纠纷。原告提交的航海日志、船舶签证簿系原件，是船舶在航行过程中形成的法定文件，有国家海事主管部门的签章或需要随时接受国家海事主管部门的查验，应确认其真实性与合法性。通过传真往来签订合同，是通信技术发达时代的常见形式，《中华人民共和国合同法》第十一条"书面形式是指合同书、信件和数据电文（包括电报、电传、传真、电子数据交换和电子邮件）等可以有形地表现所载内容的形式"的规定，即确认了传真签订合同的合法性。原告提交的证据材料租船运输合同虽说是传真的复印件，但其内容与"浩航2"船的航海日志、签证簿等法定文件能相互印证，足可证明其真实性、合法性、关联性，因而该租船运输合同可以作为本案的证据。

原、被告在平等自愿基础上签订之租船运输合同，是双方的真实意思表示，其内容不违反国家法律强制性规定，故合法有效，双方均应善意履行合同约定义务，并享受合同所规定的权利。原告已按合同约定将被告的货物安全运抵目的地，其有权收取相应的合同对价，即双方所约定的运费。被告接受了原告船舶承运其货物，即有义务向原告支付运费，其拒不支付运费的行为构成违约，应承担违约责任。故原告关于判令被告支付72,000元运费的请求，符合法律规定，依法应予支持。

"浩航2"船涉案航次的前一个航次承运的货物为汽油，这表明了该船货油舱的清洁程度，而涉案航次承运被告货物非标柴油后造成货油舱污染。双方的租船运输合同规定"本合同未尽事宜，依交通部有关规定办理"，即意味着双方同意对合同的未尽事宜，将交通部的有关规定并入合同中且对双方均具有约束力。根据交通部2001年1月1日起施行的《国内水路货物运输规则》第二十六条第（二）项"装运特殊液体货物（如航空汽油、煤油、变压器油、植物油等）需要的特殊洗舱"，洗舱费用由托运人或收货人承担的规定，被告的货物非标柴油污染了"浩航2"船的货油舱，被告有义务清洗该货油舱以恢复其原状，即恢复到能装运汽油的状态。就履行合同的诚意方面考察，被告尚且拒绝履行合同明确规定的基本义务即支付运费，可见其更不可能自动履行有关清舱的义务。因此，原告自行委托他人清舱至能装运汽油的状态是正当的,有关的清舱费用理应由负有清舱义务的被告负担。故原告诉请判令被告支付26,000元清舱费,符合法律规定,予以支持。

"浩航2"船在启运港未发生滞期。该船自2006年1月9日1128时在洋浦港锚地抛锚至1月10日1745时卸油完毕,但因被告未自动履行清舱义务,该船至1月13日2250时才起锚出港,在洋浦港共停留107小时22分,扣除合同约定的12小时卸船作业时间,"浩航2"船在洋浦港滞期95小时22分,该滞期损失按合同约定应由被告负担。1月14日2000时"浩航2"船在北海港开始清舱,至1月16日1500时清舱完毕,因清舱滞期43小时。根据交通部2001年1月1日起施行的《国内水路货物运输规则》第二十七条"在承运人已履行本规则第三十条规定义务情况下,因货物的性质或者携带虫害等情况,需要对船舱或者货物进行检疫、洗刷、熏蒸、消毒的,应当由托运人或者收货人负责,并承担船舶滞期费等有关费用"的规定,因被告未举证证明原告的船舶不适航,即可推定原告已履行了《国内水路货物运输规则》第三十条规定的船舶适航义务,因而"浩航2"船在北海港因清舱造成的滞期损失,亦应由被告负担。"浩航2"船在洋浦港和北海港共滞期138小时22分,合计5.7654天,按每天1万元滞期费的约定,被告应向原告支付57,654元滞期费。

被告应支付运费的时间为2006年1月10日,应支付清舱费的时间为1月23日,应支付滞期费的时间为1月16日;逾期未支付的,应承担相应的利息。原告诉请该三项费用的利息起算日为2006年2月1日,均后于被告应付款的时间,该诉讼请求应予支持。

广州海事法院于2006年12月14日依照《中华人民共和国合同法》第六十条、第二百九十二条之规定,作出(2006)广海法初字第382号判决:被告恒兴公司向原告振海公司清偿运费72,000元、清舱费26,000元、滞期费57,654元以及该三项费用自2006年2月1日起至付清之日止按中国人民银行同期流动资金贷款利率计算的利息。案件受理费4,974元,由原告负担295元,被告负担4,679元;诉前财产保全申请费1,570元及其执行费1,000元,诉前证据保全申请费5,000元及其执行费500元,由被告负担。

一审判决后,恒兴公司不服,向广东省高级人民法院提出上诉,称:振海公司在一审中提交的关键证据(租船运输合同)是传真的复印件,未提交原件。传真件的可伪造性很强,而传真的复印件可仿造性就更强。振海公司提交的航海日志、签证簿等只能反映船舶日常工作和航行情况,不能反映船舶航行与恒兴公司有关,因此不能必然证明两公司之间签订过租船运输合同。

振海公司没有证据证明是恒兴公司将柴油交付其运输，也不能证明其将柴油交付给第三人是恒兴公司指定的，恒兴公司与振海公司之间并不存在海上货物运输合同关系。请求二审法院依法改判。

被上诉人振海公司辩称：一审判决认定事实清楚，结论正确，请求驳回上诉人的上诉请求。振海公司在二审中提交了以下新证据：联营协议、恒兴公司与李成文签订的"桂油囤1号"船租赁合同、李成文的书面证明、租船运输合同传真的原件。

广东省高级人民法院经审理确认了一审法院认定的事实和证据，并确认了振海公司提交的新证据。

广东省高级人民法院经审理认为：振海公司在一审已提交了双方签订的租船运输合同传真的复印件，二审提交的该传真的原件是对复印件效力的补强，不影响该证据的效力。在一审、二审的庭审中，当问及恒兴公司代理人在租船运输合同上的印章是否为该公司所盖、签字人"曾伟平"是否为该公司职员、该公司的传真标志及号码是否为"HENG XING 02034860098"等问题时，其代理人均回答"不清楚"，既不表示承认，也不表示否认。由于恒兴公司完全知悉自己传真机标志和号码以及"曾伟平"是否为本公司职员，其特别授权的代理人完全可以明确地作出承认或者否认的回答，而代理人在一审中回答"不清楚"，在二审的回答仍然是"不清楚"，这在客观上不符合情理，应是主观上的消极回避，因而应认定恒兴公司对上述事实予以承认。恒兴公司在一审、二审均以传真的复印件和传真的原件极易伪造为由而否认该合同的真实性，但未提供该合同系伪造的证据，其主张不予采信。

振海公司二审提交的"桂油囤1号"船租赁合同系一审庭审结束后从案外人李成文处发现取得，依法为新证据，恒兴公司确认该租赁合同的真实性。租赁合同上加盖有"广州市番禺区石楼镇恒兴油库有限公司合同专用章，开户行：莲花山农村信用社，账号：801022268，地址：广州市番禺区石楼镇海心工业区，电话：84650966"字样的印文原件，与原告提交的租船运输合同传真原件上的印文一致，印证了该租船运输合同的真实性。航海日志、签证簿是船舶在航行中形成的法定文件，该两份文件记载"浩航2"船从万顷沙装运非标柴油到海南洋浦，印证了该租船运输合同所约定的航线。上述多个证据的相互印证，足以证明该租船运输合同的真实性、合法性和关联性，因而可以作为认定本案事实的证据。

振海公司据租船运输合同将恒兴公司货物安全运抵目的地，其有权按合同约定向恒兴公司收取运费、滞期费和清舱费，恒兴公司拒不支付，应承担违约责任。原审认定本案事实清楚、适用法律和处理结果正确，予以维持；恒兴公司上述理据不足，应予驳回。

广东省高级人民法院2007年10月24日根据《中华人民共和国民事诉讼法》第一百五十三条第一款第（一）项的规定，作出（2007）粤高法民四终字第86号判决：驳回上诉，维持原判。二审案件受理费4,974元，由上诉人恒兴公司负担。

【典型意义】

《中华人民共和国合同法》第十一条规定，"书面形式是指合同书、信件和数据电文（包括电报、电传、传真、电子数据交换和电子邮件）等可以有形地表现所载内容的形式"，这就意味着法律确认了通过传真签订合同的合法性、有效性。本案即是通过传真签订合同并进而产生纠纷的典型案件。何为传真的原件、复印件，传真件的证据效力如何，这不仅是本案争议的关键问题，也是类似案件当事人通常争执的焦点。这些问题在本案判决中都得到了合乎技术进步和合乎法律规范的解决。因而，其判决具有一定的典型性和代表性。

一、何为传真的原件、复印件

在法庭诉讼中，要求当事人出示书证、视听资料的原件，或者与原件一致的复印件。振海公司在一审中提交了租船运输合同传真的复印件，在二审中提交了该传真的原件。那么，什么是传真的原件？什么是传真的复印件？

传真机的工作原理是，在发出传真一方的传真机上扫描需要发送的文件，并转化为一系列黑白点信息，该信息再转化为声频信号并通过传统电话线进行传送。接收方的传真机接收信号后，将相应的点信息打印出来，从而收到一份原发送文件的复印件。传真机主要有四类：热敏纸传真机、热转印式普通纸传真机、激光式普通纸传真机、喷墨式普通纸传真机，而市场上最常见的就是热敏纸传真机和普通纸喷墨、激光一体机。

什么是传真的原件，有两种观点。一种观点认为发出传真一方放入传真机的文件才是传真的原件，其特点是所盖印章为红色、蓝色等本色，文字、图像等亦为本色；另一种观点认为接收传真一方的传真机上直接出来的文件为传真的原件，其特点是在黑白传真机的条件下，印章、签字等失去本色，在彩色传真机的条件下，印章、签字等虽为原来的颜色，但明显地具有复印的痕迹。

第一种观点实际上是抹杀了传真的特征，以这种观点认定传真的原件，与一般书证的原件并无二致,因为文件经过发出方的传真机后在该文件上并没有已发传真的记载,即并无任何传真的印痕。从法律的角度讲,如果发传真一方试图否认传真的存在,这一观点将帮助其获得轻而易举的成功,因为传真的"原件"永远在发出传真一方的手中。显然,该观点如果成立,则法律没有必要特别规定可以传真形式签订合同。

第二种观点赋予了传真的原件以"传真"的特性,因而具有法律上的合理性,但在认定传真件是否为接收方传真机上直接出来的文件却存在一定的技术方面的困难。如果使用热敏纸传真机,则以纸质、纸型即可确定传真的原件,但由于热敏纸传真件保存的时间仅为3~6个月,而有关纠纷涉讼上法庭可能在一两年之后,因而能够提交原件者为数十分有限。如果使用普通纸传真机,基于接收方传真机上直接出来的文件本身就是一份复印件的技术特点,故很难将第一份从传真机上出来的复印件(即传真的原件)与其后在复印机上复印的文件区别开来。因此,以第二种观点认定传真件的原件,只具有相对合理性,且对提交该传真原件的当事人有很高的道德要求。

二、传真件的证据效力及其认定方法

确定传真件是原件还是复印件所遇到的技术难题和道德风险,实际上隐含了这样一个法律问题:如果传真的原件是一份孤证,对方当事人又予以否认的,则判决应十分谨慎。振海公司在二审时提交了租船运输合同传真的原件,尽管二审法院无疑义确认其为原件,但审案法官在潜意识里仍然把该传真原件区别于普通书证的原件,十分谨慎而周详地论证了该传真原件的真实性、关联性、合法性,而不是像普通书证原件那样理所当然地直接采信。

确认传真件的证据效力,首要的方法是询问对方当事人对传真件的质证意见。如对方当事人认可该传真件,则直接予以采信,对此并无异议。若对方当事人不予认可,则应进一步询问传真件上的传真标志、传真号码等是否属于该当事人所有。本案一审、二审庭审中,审案法官都询问了恒兴公司同样的上述问题,但其特别授权的代理人均回答"不清楚",既不否认,也不承认。根据《最高人民法院关于民事诉讼证据的若干规定》第八条第二款"对一方当事人陈述的事实,另一方当事人既未表示承认也未否认,经审判人员充分说明并询问后,其仍不明确表示肯定或者否定的,视为对该事实的承认"的规定,可以判断恒兴公司拟制自认了双方当事人签订租船运输合同的事实。

确认传真件证据效力的第二个方法,是用其他已经采信的证据来印证传真件本身及其内容的真伪。振海公司在二审中提交的新证据"桂油囤1号"

船租赁合同，盖有恒兴公司的合同专用章印文，而印文的内容与租船运输合同传真原件上印文的内容一致，恒兴公司认可该租赁合同的真实性，因而可以推断租船运输合同传真原件本身是真实的。另外，航海日志与签证簿等法定文件上记载的起运港、目的港、货物名称等，也印证了租船运输合同中所约定的航线、货物等内容，从而可以推断租船运输合同传真原件内容的真实性。

确认传真件证据效力的第三个方法，是查询电信部门发出传真方的电话机在特定时间传真的档案记录，并与传真件上的自动时间标记等内容相对照，以此判断是否为某方当事人发出的传真。需要注意的是，电信部门的档案记录只保存较短的时间，超过时间即自动清除。

总之，确认传真件的证据效力，是与日益发达的通信技术吻合的，是司法审判符合技术进步的表现。传真件作为科技发展的产物，具有自身的独特性。传真的原件与普通书证的原件有着明显的区别，在司法审判中对传真原件证据效力的审查标准应参照复印件的有关标准进行，并综合全案证据所证明的事项予以审查和确认，以确保案件审判的公正性。

（倪学伟）

龚明诉广州集装箱码头有限公司人身损害赔偿纠纷案

——劳动者可在工伤赔偿外向第三人主张侵权赔偿

【提要】

劳动者因工伤事故遭受人身损害,如果该工伤事故是因用人单位以外的第三人侵权造成的,该劳动者既是工伤事故中的受伤职工,又是侵权行为的受害人,有权同时获得工伤保险赔偿和人身侵权赔偿;用人单位和侵权人均应当依法承担各自所负的赔偿责任,即使劳动者已从其中一方先行获得赔偿,亦不能免除或减轻另一方的赔偿责任。

【关键词】

工伤事故　工伤保险赔偿　人身侵权赔偿

【基本案情】

原告:龚明。

被告:广州集装箱码头有限公司。

原告龚明诉称:2004年9月14日晚,龚明受广州市黄埔区伟联贸易运输有限公司(以下简称"伟联公司")指派,驾驶粤A37766半挂车到广州集装箱码头有限公司码头卸集装箱。因广州集装箱码头有限公司码头龙门吊司机起吊时操作不当、疏忽安全,致使原告连集装箱带车一起吊至6米高时,从高空坠落。原告受伤后随即被送往医院救治,于2004年11月25日出院,事后经鉴定为八级伤残。

被告广州集装箱码头有限公司辩称:本案事故的发生是由于拖车上固定集装箱的螺丝栓没有解开造成的。根据原告所在的伟联公司和被告签订的外来集装箱拖车进港协议、被告制定的操作规程及港口生产惯例,拖车进入码头作业位置前打开拖车所有锁头是拖车司机的义务。因此,本案事故的发生是原告重大过失和违规操作所致。被告按章操作,不存在过失,不应承担赔偿责任。退一步说,即使被告对事故的发生有责任,也只应承担次要责任,且原告已获得工伤赔付，相关诉讼请求不应得到支持。

广州海事法院经审理查明：原告龚明系伟联公司所雇集装箱拖车司机。2004年9月14日晚10时左右，原告受该公司指派，驾驶粤A37766半挂车到被告广州集装箱码头有限公司码头卸柜。码头龙门吊在起吊该半挂车装载的集装箱时连车和集装箱一同吊起，集装箱和半挂车在空中分离，坐在驾驶室内的原告和车辆一同坠落地面。原告随即被送往医院治疗。医院出具的诊断结果为：T12椎体屈曲爆炸骨折，伴上关节突骨折。2005年3月16日，广州市劳动和社会保障局认定原告所受伤害为工伤。同年6月9日，广州市劳动能力鉴定委员会认定，原告劳动功能障碍程度为八级伤残等级。

穗埔劳仲案字（2005）第067号裁决书认定：原告与伟联公司形成事实劳动关系，原告在工作中受伤，已经劳动行政部门确认为工伤并已评定残疾等级，应依享受相应的工伤待遇。该仲裁裁决生效后原告获得工伤赔付。2005年9月20日，原告对被告提起侵权之诉，要求赔偿其医疗费、误工费、住院伙食补助费、伤残鉴定费、护理费、残疾赔偿金、后期手术费、精神损害抚慰金、被抚养人生活费等共计人民币19万余元，并由被告承担本案诉讼费用。

另查明：2004年4月20日，被告与伟联公司签订的外来集装箱拖车进港协议约定，被告同意伟联公司牌号为粤A37766和粤A35564的集装箱拖车进入码头拖运集装箱，并为其核发外来集装箱拖车进港证；持外来集装箱拖车进港证的车辆进入被告码头作业必须严格遵守被告制定的《集装箱拖车进港守则》和《集装箱拖车安全操作规程》。《集装箱拖车进港守则》第3条规定："拖车进入码头作业位置前必须打开拖卡所有锁头。"《集装箱拖车安全操作规程》第5条规定："卸车时车辆在进入作业位置前必须确保所有锁头打开。"

【裁判理由及结论】

广州海事法院审理后认为，本案是一宗港口吊卸作业所引起的人身损害赔偿纠纷。双方当事人确认龙门吊在吊卸放置于拖车上的集装箱的过程中，吊具与拖车并无接触，也均无提交证据证明本案事故的发生存在其他外力因素。依据《最高人民法院关于民事诉讼证据的若干规定》第九条规定，根据上述已知事实和日常生活经验，可以合理推定本案事故的发生是由于连接集装箱和拖车的锁头没有全部打开所致。伟联公司与被告签订的外来集装箱进港协议，是合同双方当事人在平等自愿基础上的真实意思表示，不违反法律、行政法规的强制性规定，合法有效，对合同当事人均有约束力。按照该协议的约定，原告作为伟联公司的雇员，驾驶持外来集装箱拖车进港证的拖车进入被告码头作业，必须严格遵守被告制定的《集装箱拖车进港守则》和《集装箱拖车安全操作规定》。《集装箱拖车进港守则》和《集装箱拖车安全操作规程》规定，集装箱拖车在进入码头吊卸作业位置前确保打开拖车所有锁头是拖车司机的义务。原告违反这一义务是本案事故发生的主要原因。被告龙门吊司机在起吊原告拖车所载集装箱时忽视安全注意义务，未能在集装箱吊离承载面一定距离时确保集装箱稳固无异常后起吊，对本案事故的发生也有过错。综合分析原告和被告的过错程度，酌定原告和被告应对本案事故分别承担60%和40%的责任。

本案事故造成原告受伤致残，被告应承担侵权给原告造成损失的民事赔偿责任。原告获得的工伤赔付是用人单位基于劳动关系对劳动者进行的经济补偿，被告承担的是因侵权行为所产生的民事赔偿责任，两者分属不同的法律关系。根据《最高人民法院关于审理人身损害赔偿案件适用法律若干问题的解释》第十二条"因用人单位以外的第三人侵权造成劳动者人身损害，赔偿权利人请求第三人承担侵权民事赔偿责任的，人民法院应予支持"的规定，不能因为受害人获得工伤赔付而免除侵权行为人的侵权责任。被告关于原告已获工伤赔付、无权再要求被告予以赔偿的抗辩主张应予以驳回。

依照《中华人民共和国民法通则》第一百零六条第二款、第一百三十一条和《最高人民法院关于审理人身损害赔偿案件适用法律若干问题的解释》第十七条的规定，广州海事法院于2006年6月15日作出（2006）广海法初字第39号判决：被告广州集装箱码头有限公司一次性赔偿原告龚明医疗费、误工费、护理费、住院伙食补助费、残疾赔偿金、被抚养人生活费、后续治疗费、伤残鉴定费、精神损害抚慰金合计72,634.20元，驳回原告龚明的其他诉讼请求。

宣判后，原、被告均没有上诉。

【典型意义】

本案原告是以侵权为由提起诉讼的，审理本案第一步就是要确定侵权责任，而原、被告均未提交能证明涉案事故发生之原因的直接证据，此时就需要运用经验法则和逻辑规律推论出侵权事实，进而确定侵权责任，也就是事实推定。事实推定是以合法理由为前提，运用逻辑和价值选择方法，结合实践经验认定事实的过程。本案中的已知事实是集装箱拖车连同集装箱一起被龙门吊吊到空中，拖车和集装箱在半空中分离，坐在驾驶室中的原告连同拖车一同坠地，导致原告八级伤残。双方当事人均确认龙门吊只卡住了集装箱，与拖车没有接触。拖车与龙门吊并无接触，又无任何外力因素造成拖车与龙门吊相互吸引，从取得结果的概率上分析，存在的可能就是连接集装箱和拖车的锁头没有全部打开。按照被告和原告雇主之间签订的有效协议之规定，集装箱拖车在进入码头吊卸作业位置前确保打开拖车所有锁头是拖车司机的义务。是否已经完全履行了该项义务当由原告来证明，但原告并无证据证明其已经确保打开了拖车所有锁头，因此应认定其违反了这一义务，而其违反这一义务是本案事故发生的主要原因。此外，《龙门吊操作规程》规定，龙门吊司机在集装箱吊离承载面一定距离时确保集装箱稳固无异常后再起吊。如果被告的龙门吊司机在距离地面较低距离时履行了注意义务，可能就会发现该次吊卸作业的异常情况，那么就不会造成原告八级伤残这么严重的后果。应推定被告龙门吊司机在起吊原告拖车所载集装箱时忽视安全注意义务，对本案事故的发生亦有过错。广州海事法院最终确定原、被告的责任比例是6∶4，那么被告须对此次事故承担40%的责任。

本案中的另一个争议焦点是：原告已获工伤保险赔偿，是否还能就同一事故要求侵权人承担民事赔偿责任，即工伤事故与第三人侵权竞合时的法律适用问题。本案判决认为，工伤职工完全可以分别依照《工伤保险条例》和《中华人民共和国民法通则》等相关法律的规定，获得工伤保险待遇和侵害人的民事赔偿，即可以得到双重赔偿。

一、法律并未规定在工伤事故与第三人侵权竞合的情况下当事人只能选择一种救济方式

根据《中华人民共和国民法通则》的有关规定，公民享有生命健康权，侵害公民身体造成伤害的，应当赔偿医疗费、因误工减少的收入、残废者生活补助费等费用。因此，第三人侵权造成他人身体伤害的应当承担赔偿责任，被侵害人依法享有获得赔偿的权利。根据《工伤保险条例》的规定，职工在工作时间和工作场所内，因履行工作职责受到暴力等意外伤害的；或者因工外出期间，由于工作原因受到伤害的；或者在上下班途中，受到机动车事故伤害的，都应当认定为工伤。在这几种情形下发生的工伤，大多数是由第三人侵权引起的。因此，即使工伤是由第三人侵权引起的也应当认定为工伤。但是《工伤保险条例》以及其他法律法规并没有规定当事人只能选择其中一种救济方式，所以工伤职工当然有权同时选择两种救济方式，维护自身的合法权益。

二、法律承认第三人侵权与工伤事故能够竞合

《最高人民法院关于审理人身损害赔偿案件适用法律若干问题的解释》第十二条第一款规定："依法应当参加工伤保险统筹的用人单位的劳动者，因工伤事故遭受人身损害，劳动者或者其近亲属向人民法院起诉请求用人单位承担民事赔偿责任的，告知其按《工伤保险条例》的规定处理。"第二款规定："因用人单位以外的第三人侵权造成劳动者人身损害，赔偿权利人请求第三人承担民事赔偿责任的，人民法院应予支持。"第一款是规范劳动者与用人单位之间的工伤保险关系，因此发生争议的应当按照《工伤保险条例》的规定处理。另外，该规定从另一个角度明确了发生工伤的职工不能向用人单位提出人身损害赔偿，只能按照《工伤保险条例》的规定要求工伤保险待遇，不能再以人身损害请求用人单位承担民事赔偿责任。第二款是规范用人单位以外的侵权第三人与被侵害职工之间的民事法律关系，非常明确地规定劳动者向第三人提起的人身损害赔偿应当支持。所以，当工伤事故与第三人侵权发生竞合，受害职工可以分别依照不同的法律获得救济。

三、工伤保险赔偿和侵权赔偿虽然基于同一损害事实，但存在于两个不同的法律关系之中，互相并不排斥

国家设置工伤保险制度的是为了保障因工作遭受事故伤害或者患职业病的职工获得医疗救治和经济补偿。只要客观上存在工伤事故，就会在受伤职工和用人单位之间产生工伤保险赔偿关系。确认该法律关系成立与否，无须考查工伤事故发生的原因，即使工伤事故系用人单位以外的第三人侵权所致，或者是由于受伤事故本人的过失所致，都不影响受伤职工向用人单位主张工伤保险赔偿。同时，法律并没有赋予工伤保险机构和用人单位对侵害人享有代位求偿权，因此不得要求劳动者先向侵害人索赔后才能申请工伤保险待遇。侵权责任是基于侵权事实的存在而产生的，受伤职工作为被侵权人，与侵权人之间形成侵权之债的法律关系。侵权之债成立与否，与被侵权人是否获得工伤保险赔偿无关，即使用人单位已经给予受伤职工工伤保险赔偿，也不能免除侵权人的赔偿责任。

最后需要指出的是，实际操作中有这样一个值得引起注意的现象，即工伤职工在申请工伤待遇和人身损害赔偿时，工伤保险机构或者用人单位和侵害人往往都要求被害人提供医疗费用和其他费用的原始票据，否则仅凭复印件不予赔偿。这实际上是一种错误的做法，侵害人的赔偿责任和保险机构支付保险待遇均属于法定义务，只要工伤职工实际发生了相应的费用和经济损失，侵害人和用人单位就应该承担赔偿责任，而不能以没有提供发票原件为

由予以拒绝。尤其是工伤保险经办机构和用人单位在其内部操作规程中应当明确劳动者可以凭经核实无误的发票复印件申请工伤保险待遇,以保障工伤职工的救治权和经济补偿权。当然,作为受害职工应证明其发票的复印件的真实性(如在复印件加盖原医疗单位的公章证明与原件一致,或者出示原件由对方核实后提供复印件)。

(李立菲)

伟航集运（深圳）有限公司诉深圳市中亿货运代理有限公司海上货运代理合同纠纷案

——集装箱超期使用费的法律定性

【提要】

货运代理人以自己的名义向承运人订舱托运，货物在目的港因无人提货而产生集装箱超期使用费，承运人有权选择向货运代理人主张权利。因无人提货产生的集装箱超期使用费等不属于额外产生的非正常费用，而是属于为完成委托事项而支出的合理、必要的费用，因此货运代理人有必要向承运人垫付该笔集装箱超期使用费。依我国法律，在垫付该笔合理费用后，货运代理人作为受托人有权要求委托人偿还该笔费用。

【关键词】

货运代理人　无人提货　集装箱超期使用费　必要费用　赔偿责任

【基本案情】

原告（二审被上诉人、再审申请人）：伟航集运（深圳）有限公司（以下简称"伟航公司"）。

被告（二审上诉人、再审被申请人）：深圳市中亿货运代理有限公司（以下简称"中亿公司"）。

原告诉称：2012年12月，原告接受被告委托，办理了1票货物自中国深圳赤湾港至阿尔及利亚的阿尔及尔港（Alger, Algeria）的海上货物出口运输事宜。原告将涉案货物交由地中海航运有限公司（以下简称"地中海公司"）承运，提单号为MSCUDI791056，集装箱号分别为MSCU9235002、CAXU9726132。涉案货物被运抵目的港后一直无人提取，集装箱被超期使用。截至2013年9月30日产生集装箱超期使用费25,536美元和卸柜费1,051美元，共计26,587美元（折合人民币163,510.05元，以下无特指均为人民币）。原告作为被告的货运代理人已向地中海公司垫付上述费用，但被告一直拒绝向原告偿付。请求判令被告向原告偿付目的港集装箱超期使用费和卸柜费共163,510.05元，并承担本案受理费。

被告辩称：1. 被告从未以邮件或传真方式向原告发送涉案货物的托运单，根据被告提交的证据显示，涉案货物的托运人应为香港世锦长青国际集团有限公司（以下简称"世锦公司"），被告不是涉案货物的托运人；2. 被告向法院提交本案书面材料时，虽提交了张静为被告职员的证明，但并不代表张静为被告职员；张静来法院领取材料，故签写了带有被告授权委托格式的证明，张静为世锦公司的法定代表人；3. 本案中张静使用的电子邮箱（kelly@chinawinline.com）确为被告的电子邮箱，是因为张静原来的雅虎邮箱停用后，张静借用了被告的电子邮箱作为业务联系的工具；4. 原告提交的托运单上显示的被告印章与被告使用的印章不符，被告向原告提交的保函中并未包含涉案货物，该保函与本案不具有关联性；5. 被告没有向原告支付涉案货物运费等费用，与原告不构成货运代理合同关系；6. 涉案集装箱到达目的港后超过60日无人提取，承运人地中海公司负有及时止损义务，原告未提供集装箱超期使用费的计算依据，而卸柜费应由承运人自行承担，不应向被告收取。综上所述，请求驳回原告的诉讼请求。

广州海事法院经审理查明：2012年9月29日，张静通过QQ向原告发出托运单，委托原告将2个40英尺集装箱货物从中国黄埔运至阿尔及利亚阿尔及尔，托运单上记载的托运人为被告，预配船名和航次为MSC Bettina 1241R，截关日期为10月17日，并盖有被告公章。原告接受委托后以自己的名义向地中海公司订舱，地中海公司出具的订舱单号为181MGG2TC01A83619。2012年10月11日，181MGG2TC01A83619号订舱单项下的MSCU9235002号集装箱被提取，装载货物后未能装船付运。10月19日，张静又与原告联系181MGG2TC01A83902号订舱单项下的CAXU9726132号集装箱出运，但该货物未能装上10月31日的MSC Livorno轮。2012年10月30日，张静建议将上述MSCU9235002、CAXU9726132号2个集装箱货物做成1单，并继续通过被告的电子邮箱（kelly@chinawinline.com）与原告的电子邮箱（alexlai@sczs.casalogistics.com）等联系涉案货物运输事宜。

由于涉案货物运抵后滞留目的港，地中海上海公司深圳分公司通过电子邮件告知原告货物在目的港无人提取所产生的费用，原告多次向地址为kelly@chinawinline.com的电子邮箱发送邮件告知货物在目的港无人提货及产生的费用，并要求提供托运人信息。2013年9月11日，地中海上海公司深圳分公司发电子邮件告知原告截至9月30日，2个集装箱超期使用费为

25,536美元、卸柜费为1,051美元,原告于9月16日将上述情况通过电子邮件发送到地中海kelly@chinawinline.com的电子邮箱。

2013年10月,原告向中航公司出具付款委托书,委托中航公司向地中海公司的代理人地中海航运(香港)有限公司(以下简称"地中海香港公司")支付在目的港因无人提货而产生的集装箱超期使用费等共计26,587美元。10月8日,中航公司向地中海香港公司开出金额为26,587美元的143489号恒生银行支票,地中海香港公司签收上述支票。10月11日,地中海上海公司深圳分公司就装载涉案货物的2个集装箱出具2份证明,记载涉案货物于2012年12月28日到达目的港,因至今无人提货,货物仍然滞留在目的港,截至2013年9月30日,2个集装箱共计产生集装箱超期使用费25,536美元、卸柜费1,051美元(每个40英尺集装箱的超期使用费计算方式为2013年1月4日至1月11日,共8天,每天每柜24美元;2013年1月12日至9月30日,共262天,每天每柜48美元),原告已委托中航公司在香港向地中海上海公司深圳分公司指定的地中海香港公司支付了上述费用。

2013年6月8日,被告向原告出具1份保函,对被告委托原告订舱托运的所有货物,保证如实申报货物;承担因货物不当描述、货差、弃货或无人提货给原告、原告雇员或原告代理人造成的一切损失或其他责任;原告、原告雇员或原告代理人如因货物不当描述、货差、弃货或无人提货等遭遇诉讼,被告保证承担所有诉讼费用、律师费用及公证费用;因货物不当描述、货差、弃货或无人提货,导致原告船舶、任何其他船舶或原告的财产遭受扣押或留置,被告承担因此给原告造成的一切经济损失;保函保证期限从主债务履行期限届满之日起两年,适用中国法律并依中国法律解释,与保函有关的当事人有权向中国法院提起诉讼。

广州海事法院认为:本案是货运代理合同纠纷。本案货物从中国黄埔经深圳赤湾通过海路运至阿尔及利亚的阿尔及尔港,原、被告因货物在目的港无人提取产生费用争议,本案具有涉外因素。根据《中华人民共和国合同法》第一百二十六条第一款的规定,涉外合同的当事人可以选择处理合同争议所适用的法律。原、被告在诉讼中选择适用中华人民共和国法律处理涉案实体争议,本案适用中华人民共和国法律处理。

张静以被告名义向原告发送了托运单,托运单上的托运人及托运人盖章均为被告,且使用被告的电子邮箱与原告联系涉案货物运输事宜,并支付涉案货物的运费和改单费。原告根据托运单的记载、张静所使用的邮箱地址及往来电子邮件内容,有理由相信张静作为被告职员的代理权及发送的托运单的真实性。被告虽否认托运单上被告印章的真实性,并主张张静托运货物行为是个人行为,与被告无关,但没有具有证明力的证据支持,该主张不能成立。根据法律规定,原、被告之间依法成立货运代理合同关系。被告向原告出具保函保证承担因货物不当描述、货差或弃货给原告造成的一切经济损失或责任,并无条件与托运人或其他有关人承担连带责任。该保函是被告自愿出具,被告未证明存在可撤销、无效的情况,亦未表明该保函为运输特定批次货物所出具,即应视为包含在本案海上货运代理合同之中。双方均应按照合同约定和相关法律规定行使权利和履行义务。

关于集装箱超期使用费 25,536 美元的诉讼请求。根据原、被告就涉案货物在目的港无人提取及补充托运人信息进行沟通的往来邮件、地中海公司网站的集装箱动态查询结果,在被告未提供相反证据的情况下,可以认定涉案载货集装箱因无人提取仍滞留在目的港。地中海公司作为提供涉案集装箱的承运人,因集装箱被超期占有,遭受损失,享有索赔权利。地中海公司可向就涉案货物运输向其订舱的原告主张索赔,也可以依据法律规定通过留置和拍卖涉案货物实现债权,上述选择属于地中海公司的权利而非义务,原告向地中海公司赔付涉案货物在目的港产生的费用并无不当。本案原告已向承运人垫付了因目的港无人提货所造成的集装箱超期使用费损失,根据《中华人民共和国合同法》第三百九十八条"受托人为处理委托事项垫付的必要费用,委托人应当偿还该费用及其利息"的规定,原告为处理被告委托事项所垫付的集装箱超期使用费,被告作为委托人应当偿还。但集装箱超期使用费的合理金额应根据集装箱被占用期间给集装箱提供者造成的损失进行判断,集装箱提供者在集装箱被长期占用的情况下,可以通过重置新箱的方式避免损失扩大,集装箱超期使用所造成的实际损失累计上限不应超过市场上同期同等规格的新集装箱重置价格。结合航运实践,广州海事法院酌情认定承运人地中海公司因涉案集装箱被长期占用所遭受的损失为每个 40 英尺集装箱 3 万元,2 个集装箱的超期使用费损失共计 6 万元,原告请求的超过此数额的部分不予支持。

综上所述,广州海事法院依法作出(2014)广海法初字第 102 号判决:一、被告中亿公司支付原告伟航公司集装箱超期使用费 6 万元;二、驳回原告伟航公司的其他诉讼请求。

中亿公司不服该判决,向广东省高级人民法院上诉。广东省高级人民法院经审理认为:本案是涉外货运代理合同纠纷。根据双方当事人的诉辩主张,本案二审争议焦点在于:1. 伟航公司与中亿公司是否就涉案货物运输事宜成立货运代理合同关系；2. 伟航公司是否实际垫付了涉案集装箱超期使用费；3. 伟航公司垫付的集装箱超期使用费是否属于为完成委托事项而支出的合理、必要的费用。

涉案货物由张静以中亿公司的名义向伟航公司托运；托运单记载托运人为中亿公司，并加盖了中亿公司的公章；中亿公司已确认张静在涉案货物托运过程中所使用的邮箱确为其公司邮箱；伟航公司有理由相信张静有权代理中亿公司签订涉案货运代理合同。中亿公司主张托运单上的印章系伪造，但并未提供相关证据予以证明，故本案应认定张静的行为构成表见代理，中亿公司与伟航公司就涉案货物运输事宜成立货运代理合同关系。

涉案货物由地中海公司承运，装载涉案货物的集装箱为承运人地中海公司所有，若集装箱被超期使用，则相应的超期使用费应由地中海公司收取。本案既无证据证明地中海公司曾委托地中海香港公司或其他公司代为收取涉案集装箱超期使用费，亦无证据显示地中海公司已经收到涉案集装箱超期使用费，故上述证据不足以证明伟航公司通过其他方向地中海公司支付了涉案集装箱超期使用费，伟航公司应对此承担举证不能的不利后果。一审判决关于伟航公司已垫付了涉案集装箱超期使用费的认定不当。

伟航公司主张的集装箱超期使用费并非中亿公司与伟航公司之间货运代理合同所约定的费用，伟航公司亦确认该费用属于垫付费用。根据《中华人民共和国合同法》第三百九十八条的规定，在货运代理合同中，委托人应当预付处理委托事务的费用，在委托人没有预付的情况下，受托人垫付费用必须是为了委托人的利益，也是完成受托事项所必须。货运代理人垫付费用必须以完成货物进出口事宜所发生的合理费用为限，对于非正常费用和额外费用，货运代理人代为垫付之前，应当征得委托人的同意，否则委托人有权予以拒绝。就本案而言，涉案货物经伟航公司安排订舱出运，已经运抵目的地，本案相关的货运代理事项已经履行完毕。因目的港无人提货而产生的集装箱超期使用费，性质上属于海上货物运输合同项下的违约金，不属于为完成货运代理事项而垫付的必要费用，货运代理人支付该项费用必须另行征得委托人的同意。伟航公司未征得委托人的同意即支付该集装箱超期使用费并向中亿公司追偿缺乏依据，不予支持。一审判决认定中亿公司应向伟航公司支付该垫付费用，适用法律错误。因涉案集装箱超期使用费不属于伟航公司可主张的费用或损失范围，且伟航公司亦未根据中亿公司向其出具的保函的承诺内容提出诉请，故该保函的效力问题不影响本案的责任认定。二审法院对中亿公司出具的保函效力问题不作审理。

综上所述，广东省高级人民法院依法作出（2015）粤高法民四终字第138号判决：撤销一审法院（2014）广海法初字第102号民事判决，驳回伟航公司对中亿公司的诉讼请求。

再审申请人伟航公司不服二审判决，向最高人民法院申请再审。最高人民法院经审理查明：除二审判决没有认定地中海公司委托地中海香港公司收取运输费用和伟航公司实际支付26,587美元的事实，已由伟航公司在再审中补强证明外，一审、二审判决查明的其他事实有相关证据予以佐证，法院予以确认。

另查明：地中海公司于2012年9月13日书面声明地中海香港公司为其在中国（不含澳门地区）的指定代理人，从1998年4月1日起有权代表地中海公司在中国内地及香港地区接受订舱、收取运费、港杂费、集装箱超期使用费等相关费用。恒生银行于2013年10月10日支付了涉案支票（编号143489）项下的26,587美元。

【裁判理由及结论】

最高人民法院认为：本案为具有涉外因素的海上货运代理合同纠纷，一审、二审法院根据双方当事人的一致选择适用中华人民共和国法律处理本案纠纷正确。根据伟航公司的再审申请与中亿公司的答辩，本案再审审理重点是伟航公司支付涉案集装箱超期使用费的真实性、必要性与合理性。

伟航公司接受中亿公司的委托，安排涉案集装箱货物运输。伟航公司主张其已支付涉案集装箱超期使用费，但称其并非直接向承运人地中海公司支付，而是委托中航公司向地中海公司的代理人地中海香港公司支付。伟航公司通过补充证据，使其证明的付款事实达到确实充分的证明程度，伟航公司委托中航公司向地中海香港公司支付涉案集装箱超期使用费、卸柜费共计26,587美元的事实应予以认定。鉴于地中海香港公司受地中海公司委托可以代为收取该费用，应认定伟航公司已完成向地中海公司的支付行为。

尽管涉案货物提单上载明的托运人为米林公司，但该提单系基于伟航公司的订舱托运要求而签发，经转让依法在承运人与持有提单的第三人之间形成提单所证明的运输合同关系，承运人根据由订舱托运所形成的运输合同关系向订舱的托运人主张权利并不受签发提单的影响。本案也没有证据表明米林公司真实存在及其准确的联系方式；伟航公司以自己名义向承运人地中海公司订舱托运，地中海公司选择向伟航公司主张权利，而不选择向米林公司主张权利，理据充分。在地中海公司选择伟航公司作为运输合同的相对人主张权利的情况下，伟航公司应当根据《中华人民共和国合同法》第四百零三条第二款的规定直接向地中海公司支付涉案集装箱超期使用费。伟航公司在发现集装箱货物抵达目的港而无人提取、集装箱超期使用费发生及支付前后，均及时通知了中亿公司，尽到了通知义务。地中海公司为涉案货物所签发的提单正面已经载明承运人收取集装箱超期使用的标准，中亿公司主张涉案集装箱超期使用费属于处理意外情况而额外产生的非正常费用，与事实不符。伟航公司及时通知中亿公司支付集装箱超期使用费，而中亿公司怠于支付，伟航公司确有必要向地中海公司支付合理费用，中亿公司主张伟航公司无权擅自为中亿公司垫付集装箱超期使用费，没有事实和法律依据。中亿公司在事后于2013年6月8日向伟航公司出具保函，承诺对其委托伟航公司订舱托运的所有货物承担因无人提货等原因给伟航公司造成的损失和责任，中亿公司违反承诺不向伟航公司偿付涉案集装箱超期使用费，亦没有事实和法律依据。伟航公司请求中亿公司偿付其合理垫付的集装箱超期使用费，应予支持。

一审法院认为集装箱提供者可以通过重置新箱的方式避免损失扩大，集装箱超期使用造成的损失累计上限不应超过市场同期同类规格新集装箱的重置价格，结合航运实践，酌情认定涉案集装箱超期使用费为6万元，对伟航公司超出该数额的诉讼请求不予支持。伟航公司不持异议，并在再审申请法院予以维持，本院照准。

综上所述，伟航公司已经提供新的证据补强证明其已实际支付涉案集装箱超期使用费的事实，二审判决认定相关事实有误，应予以纠正。一审判决认定中亿公司承担责任适当，应予维持。最高人民法院依照《中华人民共和国合同法》第三百九十八条，《中华人民共和国民事诉讼法》第一百七十条第一款第二项、第二百零七条第一款之规定作出（2017）最高法民再104号判决如下：一、撤销广东省高级人民法院（2015）粤高法民四终字第138号民事判决；二、维持广州海事法院（2014）广海法初字第102号民事判决。

【典型意义】

本案是一宗典型的货运代理合同纠纷案件。委托人（货主）委托货运代理人办理订舱等委托事务，货运代理人又以自己的名义委托承运人承运货物；而后因目的港无人提货而产生集装箱超期使用费，承运人要求货运代理人赔偿；货运代理人在向承运人支付该费用后，应如何向委托其办理该事务的委托人追偿呢？一审、二审法院对此的法律定性截然不同，最高人民法院在再审中肯定一审法院对集装箱超期使用费的认定，同时提出货运代理人有权依据合同法第四百零三条第二款的规定向承运人赔偿的观点。最高人民法院在再审中的观点同时也明确了在这种海上货运环境中，各方当事人在合同法律关系中的地位及权利。

一、货运代理人向承运人赔偿集装箱超期使用费的法律基础

集装箱超期使用费，目前比较统一的观点就是最高人民法院在案例中提及的，"集装箱超期使用费属于海上货物运输合同项下托运人迟延履行归还集装箱而给承运人造成的违约损失"。该损失一般为集装箱预期正常使用预期利益损失，同时集装箱提供者可以通过重置新箱的方式避免损失扩大，实际损失累计上限不应超过市场上同期同等规格的新集装箱重置价格。因此，承运人是超期使用费的权利主体，而与承运人成立海上货物运输合同关系的托运人（实际托运人）为承担超期使用费的义务主体。

如最高人民法院在再审判决中所述，货运代理人向承运人支付集装箱超期使用费的法律依据是根据合同法第四百零三条第二款的规定。该规定赋予了承运人的法定选择权，其性质是一种形成权。形成权是指依据权利人单方意思表示就可以使已经成立的民事法律关系发生变化的权利，即仅因权利人单方意思表示，就足以使得既成法律关系发生变更。因此，形成权来源于法律的直接规定，不因当事人的约定为前提，也不因当事人的相反约定而得以排除。故在承运人选择向货运代理人作为运输合同的相对人主张权利的情况下，货运代理人向承运人支付集装箱超期使用费是合法有效的，其依据的是合同法第四百零三条第二款规定。最高人民法院认为，此时并不需要委托人的同意或特别授权。

二、集装箱超期使用费的法律定性

在货运代理人向承运人支付集装箱超期使用费后，其如何向委托人追偿呢？这涉及集装箱超期使用费的法律定性问题。最高人民法院在再审判决中认为，集装箱超期使用费不属于处理意外情况而额外产生的非正常费用，是合理费用；而后根据《中华人民共和国合同法》第三百九十八条"委托人应当预付处理委托事务的费用。受托人为处理委托事务垫付的必要费用，委托人应当偿还该费用及其利息"的规定，作出判项。因此在本案中，集装箱超期使用费应当界定为受托人为完成委托事项垫付的合理、必要费用。但这种法律定性必须具备一个前提：委托人与货运代理人之间的委托关系必须没有特别注明具体的委托事项，其委托内容应视为货运代理人应处理货物运输过程中的一切货运代理事宜，即《关于审理海上货运代理纠纷案件若干问题的规定》第九条规定的概括性委托。

但如果委托人与货运代理人之间明确约定了具体的委托事项，如明确指出委托事项不包括代为支付集装箱超期使用费的问题，在此种情形下，委托人方可免除偿还该垫付费用的义务。

（常维平　林晓彬）

遨蓝实业（深圳）有限公司诉广州忠进国际货运代理有限公司深圳分公司等海上货运代理合同纠纷案

——货运代理人未尽到按委托人指示谨慎处理委托事务的义务，导致委托人遭受损失的赔偿责任

【提要】

在海上货运代理纠纷中，受托人未按委托人指示，擅自将货物交付案外人的，属于受托人未尽到按委托人指示谨慎处理委托事务的义务，主观上存在过错，客观上也直接造成委托人货款等损失，应当承担违约的赔偿责任。在确定货运代理人责任时适用过错推定原则，即由货运代理人对其不具有过错承担举证责任。在确定损失赔偿额时，如果有证据证明委托人已经收到部分或全部货款的，并相应扣除其已收回的货款。

【关键词】

海上货运代理　谨慎义务归责原则　举证责任　赔偿责任

【基本案情】

原告（被上诉人）：遨蓝实业（深圳）有限公司（以下简称"遨蓝公司"）。

被告（上诉人）：广州忠进国际货运代理有限公司深圳分公司（以下简称"忠进深圳公司"）。

被告（上诉人）：广州忠进国际货运代理有限公司（以下简称"忠进公司"）。

原告遨蓝公司诉称：2018年4月13日，原告委托忠进深圳分公司运输一批货物到美国，5月5日到达目的港，因境外客户一直未付款，所以原告未通知忠进深圳公司放货，但忠进深圳公司后来告知原告货物已被客户提走。该货物价值为74,070.08美元。忠进深圳公司作为承运人，擅自放货，导致原告未能收到货款，又因其为忠进公司的分公司，两被告应承担连

带赔偿责任。请求判令被告忠进深圳分公司、忠进公司连带赔偿原告货物损失 74,070.08 美元及其利息,并承担本案诉讼费。

被告忠进深圳分公司辩称:忠进深圳分公司作为美国 Meadows Wye Container Groupage Ltd.(以下简称"Meadows 公司")代理人,协助 Meadows 公司与原告订立海上运输合同,在原告安排电放的指示下,将 Meadows 公司的电放单交给原告。忠进深圳分公司与原告不存在直接法律关系。根据忠进深圳分公司与原告以往的交易惯例,对于原告与收货人以往的国际海上货物运输,原告均是安排直接电放,无须凭托运人指示放货。本案争议货物仍是采用以往直接电放收货人的惯例。本案忠进深圳分公司与原告也未就另行约定须凭托运人指示才能放货,忠进深圳分公司在得知原告未收到收货人货款时主动将相关情况传达给 Meadows 公司请求不要放货,已尽到货运代理人的谨慎义务。美国 CBFANC 证书证明货物在目的港的操作符合美国加利福尼亚州的法律及港口操作常规,无论是 Meadows 公司还是电放单载明的通知方和收货人都不应承担责任。原告已收回了货款,原告的证据不能证明其遭受的损失数额。

被告忠进公司辩称:其同意忠进深圳分公司的答辩意见,此外,忠进深圳分公司作为忠进公司的分支机构,已经进行了工商登记,可以独立承担业务,忠进公司不需承担连带责任。

广州海事法院经审理查明:2018 年 4 月,原告向美国客户 Gavrieli 公司出售一批塑料板。4 月 13 日,原告工作人员通过 QQ 和电子邮件的方式联系忠进深圳分公司的工作人员,委托忠进深圳分公司订舱,将该批塑料板运至美国。在 QQ 联系中,原告向忠进深圳分公司发送编号为 18013 的订舱委托书(booking),将委托运输信息发送给忠进深圳分公司;忠进深圳分公司接受委托,向承运人订舱,并将提单草稿发送给原告,供原告核对。4 月 18 日,原告要求忠进深圳分公司修改提单中的通知方(notify party),在询问了改单费之后,向忠进深圳分公司发送文件"18013 补料",确认修改提单内容。4 月 27 日,忠进深圳分公司询问原告"你要安排电放吗",原告回复"嗯"。4 月 28 日,忠进深圳分公司继续询问原告"如果美国的柜子要电放的话,请发邮件给我,费用你还没有支付",原告回复"好的,客户还没有付款我们,财务那边要等收到客户款了才安排",忠进深圳分公司紧接着回复"那我就等你通知再放了"。5 月 15 日,忠进深圳分公司告知原告,原告的客户已经于 5 月 10 日把集装箱提走。5 月 30 日,原告告知忠进深圳分公司,涉案货款还没有收回,并索要涉案运输的电放提单;忠进深圳分公司将"18013 电放提单"发送给原告。忠进深圳分公司 QQ 回复原告关于涉案货物的电放问题时称,"是我们安排的电放,放货给了代理,然后通知代理要等我们确认才能放货给收货人;代理通知了船公司等他们通知再放货给收货人,但收货人直接在船公司那里把柜子提走了。因为以前一直是这么操作的,也没有出现过问题,这次确实是个意外"。庭审中,忠进深圳分公司确认其从未收到原告有关涉案货物的电放通知。

原告提交的抬头为忠进深圳分公司的订舱单(shipping order)记载,托运人为原告,收货人Gavrieli公司,通知人Tri Dang,装货港深圳,卸货港洛杉矶,运输条款FOB深圳,运费到付。忠进深圳分公司在庭审中陈述称,原告委托其订舱,该订舱单是由忠进深圳分公司先把(空白)模板发给原告,原告填写后再发回,供其代为订舱使用。

长荣海运股份有限公司(以下简称"长荣海运公司")向Shine International Transportation (Shen Zhen) Ltd. 出具的订舱确认书(booking confirmation)记载,订舱号及提单号均为010800384994,承运人长荣海运公司,船名/航次为APL Esplanade 301TXE,装货港中国盐田,卸货港美国洛杉矶,托运人Shine Shipping Ltd,货物为1个20尺集装箱。

忠进深圳分公司于2018年5月30日通过QQ发送给原告的电放提单记载,提单抬头公司为Meadows Wye Container Groupage. INC,提单号CTXSZ1804034,托运人为原告,收货人Gavrieli公司,通知人Paul Lwitner Oceanland Service INC,装船时间2018年4月20日,提单于2018年5月24日在深圳出具。该提单上还特别注明"TELEX RELEASED"(电放)。

忠进深圳分公司向原告出具的账单(debit note)记载,涉案货物运输,原告需向忠进深圳分公司支付改单费、文件费、集装箱码头操作费、电放费、封条费等共计人民币2,779元。2018年5月16日,原告向忠进深圳分公司转账支付前述金额的费用。

原告提交的编号为531620180165741813的出口货物报关单记载,发货人为原告,申报单位深圳市以利亚国际货运代理有限公司,合同协议号18013,集装箱号为DRYU2270970,货物名称为塑料镜板,成交方式FOB,单价53.5963美元,数量1,382张,总价74,070.08美元。

在长荣海运公司网站根据订舱号010800384994查询到的集装箱跟踪信息显示,涉案集装箱于2018年4月21日在盐田港装上APL Esplanade轮,执行301TXE航次,5月6日被卸在美国洛杉矶,5月9日被收货人提取,5月10日空柜返还。

另查明,Meadows公司以及涉案电放提单上的抬头公司Meadows Wye

Container Groupage. INC 在出具该电放提单时，均不具有在中华人民共和国交通运输部备案的从事无船承运业务经营资格。

【裁判理由及结论】

广州海事法院经审理认为：本案是一宗海上货运代理合同纠纷。本案主要争议焦点为：1. 原告与被告忠进深圳分公司之间的法律关系；2. 两被告是否应对原告的货物损失承担赔偿责任；3. 原告的损失赔偿金额。

原告以海上货物运输合同纠纷为诉由向广州海事法院起诉，并在庭审中明确以法院认定的法律关系为准，其诉讼请求不作变更。忠进深圳分公司则主张，其只是无船承运人 Meadows 公司在中国的代理，与原告不存在直接的法律关系。从本案查明的事实来看，原告与忠进深圳分公司之间不存在书面的、明确的权利义务条款，原告接受美国客户的订单出口涉案货物，并委托忠进深圳分公司具体处理相关的出运事宜。忠进深圳分公司接受原告委托后，负责订舱，安排本案货物运输到美国洛杉矶，以及在货物抵港后按照原告的指示与承运人联系安排电放等事宜，并向原告收取了文件费、电放费、改单费等货运代理费用。可见，忠进深圳分公司按照原告的委托要求，从事了订舱、安排目的港交货等货运代理事务。忠进深圳分公司关于其与原告不存在直接法律关系的抗辩与事实不符，法院不予采信。原告与忠进深圳分公司有效建立了以订舱为主要内容的海上货运代理合同关系，原告是委托人，忠进深圳分公司是受托人。该合同系双方当事人的真实意思表示，不违反我国法律和行政法规的强制性规定，合法有效，双方均应依约定和法律规定行使权利和履行义务。货运代理合同属于《中华人民共和国合同法》分则中没有规定的无名合同，依照《中华人民共和国合同法》第一百二十四条的规定，应适用该法总则，并参照该法分则中与货运代理合同最相类似的委托合同的有关规定处理。

涉案货物到港前，原告已向忠进深圳分公司明确要做电放，表达了控制货物的意思表示；忠进深圳分公司也回复"那我就等你通知再放了"，并向原告收取了相应的电放费。因此，双方就目的港需等候原告的通知才放货达成了一致。但是，忠进深圳分公司在未收到原告电放通知的情况下，将涉案货物交给收货人，违反双方之间的电放约定，造成原告丧失了对涉案货物的控制，亦不能收回涉案货物的货款。根据《中华人民共和国合同法》第四百零六条"有偿的委托合同，因受托人的过错给委托人造成损失的，委托人可以要求赔偿损失"，以及《最高人民法院关于审理海上货运代理纠纷案件若干问题的规定》第十条"委托人以货运代理企业处理海上货运代理事务给委托人造成损失为由，主张由货运代理企业承担相应赔偿责任的，人民法院应予支持，但货运代理企业证明其没有过错的除外"的规定，忠进深圳分公司作为受托人，未履行约定义务，没有举证证明涉案货物在目的港被收货人提取的原因，也没有举证证明其对原告的损失没有过错。原告据此要求其赔偿货物损失，有事实和法律依据，应予支持。

从本案查明的事实来看，长荣海运公司出具的订舱确认书上记载的订舱人并非忠进深圳分公司，也不是其在庭审中所称的 Meadows 公司。忠进深圳分公司未经原告同意，将订舱事务转委托给第三人，已违反了《中华人民共和国合同法》第四百条关于亲自处理委托事务的规定。涉案货物在目的港被收货人提走后，忠进深圳分公司向原告提供了以 Meadows Wye Container Groupage. INC 为抬头的电放提单，并据此主张原告与 Meadows 公司之间成立海上货物运输合同关系。但是，Meadows 公司以及电放提单上的该抬头公司均未在我国交通主管部门办理提单登记。根据《最高人民法院关于审理海上货运代理纠纷案件若干问题的规定》第十一条"货运代理企业未尽谨慎义务，与未在我国交通主管部门办理提单登记的无船承运业务经营者订立海上货物运输合同，造成委托人损失的，应承担相应的赔偿责任"的规定，忠进深圳分公司作为受托人，代理原告与未在我国交通主管部门办理提单登记的公司订立海上货物运输合同，应属未尽谨慎义务，由此导致原告遭受的货款损失，忠进深圳分公司亦应承担赔偿责任。

忠进深圳分公司是忠进公司依法设立并领取营业执照的分支机构。根据《中华人民共和国公司法》第十四条第一款"分公司不具有法人资格，其民事责任由公司承担"的规定，忠进公司应在忠进深圳分公司经营管理的财产不足以承担赔偿责任时，承担补充清偿责任。

关于原告的损失赔偿金额问题。原告主张涉案货物的价值为报关单记载的 74,070.08 美元，在忠进深圳分公司未提供足以反驳的相反证据的情况下，本院确认涉案货物的价值为 74,070.08 美元。两被告主张原告已从国外买家收取了货款，但其提供的电子邮件和 QQ 聊天记录不足以证明该主张，两被告应自行承担举证不能的后果。原告主张的货物损失具有事实和法律依据，法院予以支持。

广州海事法院依照《中华人民共和国合同法》第四百零六条，《最高人民法院关于审理海上货运代理纠纷案件若干问题的规定》第十条、第十一条的规定，于 2019 年 4 月 19 日作出（2018）粤 72 民初 815 号民事判决：

一、被告忠进深圳分公司赔偿原告邀蓝公司货物损失74,070.08美元及其利息（前述美元按照中国人民银行公布的2018年5月9日美元对人民币的中间价折算为人民币作为本金，自2018年5月16日起至实际支付之日止，按中国人民银行同期贷款基准利率计算）；二、被告忠进深圳分公司经营管理的财产不足以承担赔偿责任的，由被告忠进公司承担补充清偿责任。

忠进深圳分公司、忠进公司不服一审判决，向广东省高级人民法院提出上诉称：一审审判程序违反法律规定。邀蓝公司系以海上货物运输合同纠纷为由提起本案诉讼，一审法院径行确定本案为海上货运代理合同纠纷，代替原告行使起诉的权利且剥夺了被告举证答辩的权利，审判程序违反法律规定。一审判决关于涉案货物价值的认定有误，认定邀蓝公司损失的证据不足。

广东省高级人民法院经审理确认了一审法院认定的事实和证据，并认为本案二审争议焦点在于：1. 忠进深圳分公司、忠进公司是否应向邀蓝公司赔偿货物损失及其应赔偿的金额；2. 一审审判程序是否符合法律规定。

邀蓝公司与忠进深圳分公司、忠进公司成立海上货运代理合同法律关系。忠进深圳分公司、忠进公司违反电放事宜的约定，在未收到邀蓝公司通知的情况下径行将货物交付收货人，其行为构成违约，应对邀蓝公司的货物损失承担赔偿责任。

一审法院采纳能够与其他证据相互印证的报关单并确认涉案货物的价值为74,070.08美元，认定事实并无不当。现经二审查明，邀蓝公司曾就涉案货物向中国出口信用保险公司深圳分公司（以下简称"中信保深圳分公司"）投保短期出口信用保险。中信保深圳分公司已向邀蓝公司支付保险赔款58,976美元。邀蓝公司收到该款后出具了权益转让书，同意将该赔款项下的一切权益转让给中国出口信用保险公司。中信保深圳分公司向邀蓝公司支付上述保险赔款后，邀蓝公司无权再就已获保险赔付的部分向忠进深圳分公司主张赔偿。就上述货物价值损失中未获保险赔付的部分即15,094.08美元，忠进深圳分公司应当向邀蓝公司予以赔偿。

邀蓝公司系以海上货物运输合同纠纷为由提起诉讼。邀蓝公司在一审庭审中确认以法院认定的法律关系为准，其诉讼请求不作变更。一审法院依据查明的案件认定当事人争议的法律关系性质并确定本案案由并无不当，并未妨害或剥夺当事人行使诉讼权利。忠进深圳分公司、忠进公司以一审法院确定本案为海上货运代理合同纠纷代替原告行使诉权并剥夺被告举证答辩权利为由，主张一审审判程序违反法律规定的依据不足，不予支持。

忠进深圳分公司、忠进公司的上诉请求部分有理，予以支持，对其他诉讼请求予以驳回。广东省高级人民法院于 2020 年 8 月 19 日依照《中华人民共和国民事诉讼法》第一百一十七十条第一款第二项的规定，作出（2019）粤民终 1544 号判决如下。一、维持广州海事法院（2018）粤 72 民初 815 号民事判决第二项；二、变更广州海事法院（2018）粤 72 民初 815 号民事判决第一项为：忠进深圳分公司于本判决生效之日起 10 日内向邈蓝公司赔偿货物损失 15,094.08 美元及其利息（按照中国人民银行公布的 2018 年 5 月 9 日美元对人民币的中间价将美元折算为人民币作为利息计算基数，自 2018 年 5 月 16 日起至款项实际支付之日止，2018 年 5 月 16 日至 2019 年 8 月 19 日的利息按照中国人民银行同期同类贷款基准利率计算，2019 年 8 月 20 日至款项实际支付之日的利息按照同期全国银行间同业拆借中心公布的贷款市场报价利率计算）；三、驳回邈蓝公司的其他诉讼请求；四、驳回忠进深圳分公司的其他上诉请求。

【典型意义】

一、海上货运代理人的责任和义务

在国际海上货运代理业务中，货运代理人通常负责选任承运人及订舱，安排报关、报检，交付有关单证及安排费用结算，通知收货人及安排目的港交货，报告货物动态等。货运代理人的具体业务随代理合同的具体约定不同而不同，但当代理合同约定货运代理人需按照委托人的指示再进行交货时，则其应尽谨慎处理委托事务义务，以及在选任无船承运人时，严格审查无船承运人资质等。《中华人民共和国合同法》第四百零六条第一款"因受托人的过错给委托人造成损失的，委托人可以要求赔偿损失"，该条款确认了有偿委托合同中受托人过错致委托人损失的赔偿原则。《最高人民法院关于审理海上货运代理纠纷案件若干问题的规定》第十一条"货运代理企业未尽谨慎义务，与未在我国交通主管部门办理提单登记的无船承运业务经营者订立海上货物运输合同，造成委托人损失的，应承担相应的赔偿责任"的规定，是关于货运代理人不当选任无船承运人法律责任的具体规定。忠进深圳分公司在未收到原告电放通知的情况下，将涉案货物交给案外人，违反双方之间的电放约定，造成原告丧失了对涉案货物的控制，亦不能收回涉案货物的货款。另外，忠进深圳分公司作为受托人，代理原告与未在我国交通主管部门办理提单登记的公司订立海上货物运输合同，应属未尽谨慎义务。

二、海上货运代理人承担责任的归责原则

《最高人民法院关于审理海上货运代理纠纷案件若干问题的规定》第十

条规定:"委托人以货运代理企业处理海上货运代理事务给委托人造成损失为由,主张由货运代理企业承担相应赔偿责任的,人民法院应予支持,但货运代理企业证明其没有过错的除外。"根据该条规定,我国目前对从事国际海上货运代理业务的货运代理人承担责任的归责原则为过错推定原则,即委托人需要对委托关系、委托事项、货运代理人处理了委托事务、委托人有实际损失承担举证责任,并可就损失向货运代理人提出赔偿请求;货运代理人应就其处理委托事务中没有过错承担举证责任。如果货运代理人不能证明其没有过错,则应推定其负赔偿责任。

具体到未按照委托人指示放货的行为来看,忠进深圳分公司在庭审中确认其从未收到邀蓝公司有关涉案货物的电放通知。忠进深圳分公司既可能在明知邀蓝公司未作出电放指示的情况下而故意放货,也可能怠于履行谨慎业务,未进行询问即放货。无论是前者的故意,还是后者的过失,都可视为货运代理人的过错。

三、货运代理人未按照指示放货后的赔偿责任应以委托人遭受损失为前提

在海上货运代理合同纠纷案件中,货运代理人擅自将货物交付第三人,作为受托人未尽到按委托人指示谨慎处理委托事务的义务,主观上存在过错,在客观上也直接造成委托人货款等损失,应当承担违约的赔偿责任。但审查委托人是否已经收回部分或者全部货款是认定赔偿损失的前提。如果有证据证明委托人已经收到部分或全部货款,在确定损失赔偿额时应当扣除其已经收回的相应货款。那该如何确定委托人收回货款的数额呢?首先,在确定侵权或违约责任的基础上,坚持"谁主张、谁举证"的原则,由委托人就未按照指示交货的事实及其遭受的损失承担初步举证责任。如货运代理人以已收回货款进行抗辩,由货运代理人承担托运人或提单持有人收回货款数额的举证责任。本案二审审理期间,忠进深圳分公司向二审法院申请律师调查令,调取了邀蓝公司向中信保深圳分公司投保的短期出口信用保险、索赔申请书、保险赔款收据及权益转让书等新证据材料,证明委托人已经收到部分货款。故在确定损失赔偿额时,二审法院扣除了其已经收回的相应货款。其次,鉴于未按照指示交货纠纷涉及国际贸易,货款有可能以外币进行支付,而我国又是实行外汇管制的国家。因此,为了确定货款是否已收回,法院也可以依申请或自行调取委托人相关资金账户。

(谢辉程、骆振荣)

深圳海利华国际货运代理有限公司诉深圳市长帆国际物流股份有限公司海上货运代理合同纠纷案

——海上货运代理合同纠纷中重大误解和胁迫的认定

【提要】

民事诉讼中,当事人对胁迫事实的证明要求高于一般高度盖然性的证明标准,须达到排除合理怀疑的程度。货运代理合同约定货运代理企业交付处理海上货运代理事务取得的提单以委托人支付相关费用为条件的,货运代理企业以委托人未支付相关费用为由拒绝交付提单的行为,不构成胁迫。在货运代理合同的订立和履行过程中,当事人应本着诚实信用的原则,对意思表示不真实的明显偏离市场行情的重大误解行为及时做出善意提醒和纠正,公平维护货代市场参与者的合法权益。

【关键词】

海上货运代理合同　重大误解　胁迫　诚实信用

【基本案情】

原告(上诉人):深圳海利华国际货运代理有限公司(以下简称"海利华公司")。

被告(被上诉人):深圳市长帆国际物流股份有限公司(以下简称"长帆公司")。

原告海利华公司诉称:2017年11月20日,原告通过QQ向被告订舱,要求代为办理10个20英尺集装箱从中国黄埔港运至泰国林查班(Leam Chabang)港的货运代理事宜,被告向原告报价26美元/柜。11月30日,被告向原告发送的账单却与双方议定的价格不符,账单记载费用为260美元/柜。被告以拒绝签发正本提单的方式,胁迫原告按照260美元/柜的标准向被告支付人民币18,880元后,才向原告交付了涉案货物的正本提单。原告因此多支付了人民币15,912元。遂向法院诉请判令：被告向原告返还人民币15,912元及利息，并由被告承担本案的诉讼费用。

被告长帆公司辩称：1. 被告在接受原告的订舱时由于业务员的操作失误，误将运费260美元/柜报为26美元/柜，并在随后寄送的账单上对该费用作出了及时修正；2. 原告在知悉被告报价错误后，已按照账单上记载的正常运费标准即260美元/柜的价格向被告支付了运费，且该合同已经履行完毕；3. 原告与被告均属于从事货运代理业务公司，其对国际货物运价的标准应当有合理的预见；4. 为完成原告的委托，被告已经向承运人日本邮船株式会社支付了运费，该承运人针对该票货物（共10个集装箱）的收费总计2,400美元、人民币750元。综上所述，请求法院依法驳回原告的诉讼请求。

广州海事法院经审理查明：2017年11月20日，原告通过QQ向被告询问黄埔至泰国林查班港的集装箱海运费价格，被告报价为26美元/柜、文件费、铅封费。在询问提单的出具、集装箱的种类、承运船舶、到港时间之后，被告向原告发送了出口货运委托书，原告填写确认后，以电子邮件的方式回传给被告。出口货运委托书记载，发货人Xinyuan Industrial Material Co. Ltd.，收货人凭指示，船公司NYK，收货地/装货地黄埔，交货地/卸货港Leam Chabang，柜型柜量10个20尺，货名converter slag，毛重为240,000千克，原告在该委托书上加盖公司印章。

2017年11月30日，被告以电子邮件方式向原告发送账单，载明订舱号HKGT72822700，集装箱数量10个，海运费单价260美元，合计2,600美元（折合人民币为17,680元，以下均按照美元对人民币汇率1∶6.8计算），封条费人民币300元，文件费人民币450元，以上费用共计人民币18,430元。原告收到账单后，向被告反馈称，"账单金额错误，跟业务员报价有出入，请修改账单"，并把11月20日被告的QQ报价记录截屏发给被告。12月1日，原告电子邮件联系被告，要求处理账单与报价不一致问题。12月4日，被告邮件回复称，"公司不允许亏损，此票我也没办法承担这么多，现在给的方案200美元/柜，我承担60美元/柜"。12月6日，原告向被告送达律师函，敦促被告尽快协商解决账单和报价单不一致问题并交付正本提单。12月7日，原告向被告账单上的收款账户转账人民币18,880元，并向被告发送电子邮件称"由于贵我双方未达成一致，请按贵司账单开出发票，我司迫于拿单放货压力，先安排支付运费"。

另查明，2017年11月30日，日本邮船深圳分公司就已收取提单号HKGT72822700项下的10个集装箱海运费，向被告出具发票，发票总金额人民币16,998元。2018年3月14日,日本邮船深圳分公司出具证明,确认被告已于2017年11月30日为提单号HKGT72822700项下的10个集装箱抵扣支付海运费2,400美元、人民币750元。

【裁判理由及结论】

广州海事法院根据上述事实和证据认为:本案是一宗货运代理合同纠纷。涉案货物运输目的地是泰国,因而属于涉外民事纠纷。当事人均选择适用中华人民共和国法律解决合同争议,根据《中华人民共和国合同法》第一百二十六条之规定,处理本案纠纷应适用中华人民共和国的法律。

关于原、被告之间货运代理合同的订立。《中华人民共和国合同法》第十三条规定,当事人订立合同,采取要约、承诺方式。本案中,被告通过QQ方式告知原告集装箱的运费价格和种类、提单、承运船舶等信息,并向其发送出口货运委托书,这些行为的内容具体确定,是被告希望和原告订立合同的意思表示,已经构成要约。原告作为受要约人,未对要约的内容表示异议,并在出口货运委托书上加盖本公司的公章,表明其同意要约的内容,应视为承诺。原告将包含出口货运委托书的电子邮件发送至被告的邮箱,应视为原告的承诺到达要约人被告,此时,双方的货运代理合同成立。该合同采用数据电文的书面形式订立,不违反法律和行政法规的强制性规定,合法有效,双方均应依约履行。

原告提出被告最初的报价是26美元/柜,双方以该价格成立了海上货运代理合同,应按照该价格来履行。被告对该报价予以确认,但其认为是由于业务员的操作失误,误将运费260美元/柜报为26美元/柜。为了证明海运费的真实市场价格,被告提交了与涉案运输近期黄埔港至林查班港,MCC公司和YML公司的报价邮件及报价单,该证据显示,MCC公司的海运费收费标准为150美元/柜、人民币690元/柜(码头操作费),共计约人民币1,710元/柜;YML公司的海运费收费标准为50美元/柜、人民币890元/柜(码头操作费),共计约人民币1,230元/柜。被告的海运费报价包含了码头操作费为26美元/柜,明显低于MCC公司和YML公司的报价。故,被告报价26美元/柜并非其真实意思表示,应属操作失误,该报价与市场价格相差甚远,构成了重大误解。《中华人民共和国合同法》第五十四条第一款规定,"下列合同,当事人一方有权请求人民法院或者仲裁机构变更或者撤销:(一)因重大误解订立的;(二)在订立合同时显失公平的"。据此,被告有权向人民法院或仲裁机构申请变更或撤销涉案货运代理合同,但其并未按照法律的规定提出申请，而是直接向原告发送账单的方式，单方将合同约定的海运费26美元/柜变更为260美元/柜。在法律明确规定因重大误解签订的合同要由人民法院或仲裁机构进行变更或撤销的情况下，被告的单方变更行为没有法律依据。但是，原告作为货运代理企业，应当知道黄埔港至泰国林查班港的海运市场的价格，对被告的报价明显低于市场价格，从诚实信用的原则，应当提醒被告，并以当时的市场价履行合同义务。

关于原告按照被告账单进行的支付行为。原告按照被告出具的账单要求向被告支付了人民币18,880元，但原告提出被告以拒绝签发正本提单相胁迫，其才先行按照账单中的标准支付了运费。根据《最高人民法院关于适用〈中华人民共和国民事诉讼法〉的解释》第一百零九条"当事人对欺诈、胁迫、恶意串通事实的证明，以及对口头遗嘱或者赠与事实的证明，人民法院确信该待证事实存在的可能性能够排除合理怀疑的，应当认定该事实存在"、《中华人民共和国民事诉讼法》第六十四条第一款"当事人对自己提出的主张，有责任提供证据"，原告应当对其受到胁迫的事实进行举证，但在案的证据并不能证明被告通过拒绝签发正本提单胁迫其支付运费。另外，根据出口货运委托书的注意事项第7项"托运人拒付运费、码头操作费及其他相关费用给其受托人，受托人有权扣押、留置其货物及所有相关运输单证"的约定，在原告未支付海运费的情况下，被告有权留置提单等运输单证，拒绝签发正本提单并不属于胁迫行为。故原告提出被胁迫支付运费的主张缺乏事实依据，不予支持。原告委托被告订舱，被告作为受托人完成了原告的委托事务，有权向原告收取费用，被告要求原告以260美元/柜的价格，支付涉案10个集装箱的运输费用，且承运人日本邮船深圳分公司实际向被告收取的涉案10个集装箱海运费共计2,400美元，其差价应视为被告作为完成货运代理事务所应获得的报酬。原告收到被告的账单后，虽然对其中的海运费明确提出了异议，但其最终仍按照该账单中的标准进行了支付，应视为其以自己的支付行为表明同意被告对海运费价格作出变更，并实际履行了变更后的货运代理合同。原告请求被告支付多收取的费用人民币15,912元及利息，缺乏事实和法律依据，理由不够充分，不予支持。

广州海事法院依照《中华人民共和国民事诉讼法》第六十四条第一款以及《最高人民法院关于适用〈中华人民共和国民事诉讼法〉的解释》第九十条的规定，判决驳回原告的诉讼请求。案件受理费100.19元，由原告海利华公司负担。

海利华公司不服该判决，提起上诉。广东省高级人民法院作出（2018）粤民终1315号民事判决：驳回上诉，维持原判。

【典型意义】

海上货运代理行业中,数量众多的货运代理企业凭借着对海上货物运输信息的及时掌控,广泛运用专业、便捷、高效的电子手段接受委托,代理进出口企业从事进出口运输相关事务。业务人员在沟通联系过程中一个小小的失误就可能导致纠纷的产生。本案就是货代企业的业务员在通过电子方式发送报价信息时漏掉一个"0"引起的诉讼。案件涉及民事诉讼领域重大误解和胁迫的认定两个传统的法律问题。

一、关于重大误解的认定和处理

所谓重大误解,是指合同一方当事人在作出意思表示时,对涉及合同法律效果的重要事项存在着认识上的显著缺陷,其后果是使该方的利益受到较大的损失,或者达不到其订立合同的目的。重大误解直接影响到当事人所应享有的权利和承担的义务,同时,虽然同行为人原来的真实意思不相符合,但这种情况的出现,并不是由于行为人受到对方的欺诈、胁迫或者对方乘人之危而被迫订立的合同,而使自己的利益受损,而是由于行为人自己的大意、缺乏经验或者信息不通而造成的。因此,对于这种合同,不能与无效民事行为一样处理,而应由一方当事人请求变更或者撤销。

合同法对重大误解的规定,为因自己原因造成但并非出于故意的意思与表达不一致提供了救济的机会。但为了维护市场交易秩序,保护善意相对人的利益,避免善意相对人因他人过失承担过于繁重的纠错成本,又对上述救济加以限制。根据《中华人民共和国合同法》第五十四条的规定,基于重大误解订立的合同,当事人有权请求人民法院或者仲裁机构变更或者撤销。重大误解的一方当事人在发现重大误解事项后,首先应及时通知合同相对方,并积极与对方协商变更重大误解内容,争取就变更合同达成一致,保障合同的继续履行。若当事人不能就重大误解事项的变更达成合意,单方的行为并不能达到变更合同的效果,则应依法诉诸人民法院或仲裁机构予以变更。货运代理企业接受进出口企业的委托,与承运人联系运输事宜,垫付相关费用,其合法权益理应得到保护。作为善意合同相对人,委托人应本着诚实信用的原则,对货代企业意思表示不真实的明显偏离市场行情的重大误解行为及时做出善意提醒和纠正,公平维护货代市场参与者的合法权益。

二、关于胁迫的认定

所谓胁迫,是指行为人以将要发生的损害或者以直接实施损害相威胁,使对方当事人产生恐惧而与之订立合同。在司法实践中,作为认定胁迫的构成要件之一，胁迫行为必须是非法的，即胁迫人的胁迫行为是给对方施加一种强制和威胁，但这种威胁必须是没有法律依据的。如果一方有合法的理由对另一方施加压力，则就不构成合同订立过程中的威胁，从而不被法院认定为胁迫。

民事诉讼案件中一般的待证事实，适用高度盖然性的证明标准，而对于胁迫等特殊待证事实，司法解释提高了其证明标准，当事人的举证需达到排除合理怀疑的程度。当事人的单方胁迫主张或一般的举证程度，均不足以使法院确信胁迫事实的存在，继而应当承担举证不能的法律后果。提单作为货代企业处理海上货物运输代理事务取得的运输单证，鉴于其关系到进出口双方国际贸易的顺利进行，货代企业一般应当履行及时向委托人交付提单的义务，而不得以委托人未支付费用为由拒绝交付，否则将构成违约并应承担相应的赔偿责任。但是，如果海上货运代理合同中对于货运代理企业交付单证和委托人支付费用互为给付条件做了明确约定，货运代理企业以委托人未支付相关费用为由拒绝交付提单的行为，具有合同依据，也不违反法律的规定，不构成胁迫。

本案通过对重大误解和胁迫这两个传统法律问题在海事海商司法领域的认定和说理，并经由一审、二审两级法院的生效判决，为国际货运代理行业中当事人诚信订立和履行货运代理合同，维护公平的国际货运代理市场秩序提供了一定的司法指引。

（谢辉程 孙校栓）

深圳市燕加隆实业发展有限公司申请海事强制令案

——FOB买卖下国内卖方有权要求承运人交付提单

【提要】

国际贸易术语FOB条件下的海上货物运输合同案件中,货运代理企业往往是由国外收货人(货物买方)指定,但名义上又接受国内托运人(货物卖方)的委托安排货物运输事宜。在货物卖方尚未收到货款的情形下,货物卖方要求货运代理企业交付提单,法院予以支持。货运代理企业不得以其与货物卖方不存在合同关系为由,损害货物卖方作为托运人合法的提单权利。

【关键词】

正本提单 托运人 货运代理企业

【基本案情】

请求人:深圳市燕加隆实业发展有限公司(以下简称"燕加隆公司")。

被请求人:广东华光国际货运代理有限公司(以下简称"华光公司")。

货物卖方燕加隆公司将一批瓷砖卖给非洲买方贝宁共和国的法度公司(Sonaec Villas Cen Sad Fadoul,以下简称"法度公司")。由于采用的是FOB价格条款,实际上是由非洲买方代理B&D公司负责租船订舱及指定装货港。华光公司经B&D公司指定后,委托马士基(中国)航运有限公司(以下简称"马士基航运公司")承运该批瓷砖。马士基航运公司签发了全套提单,记载托运人分别为B&D公司、Vernal公司和燕加隆公司,收货人为法度公司。由于燕加隆公司没有收到货款,向华光公司索要提单,但遭华光公司拒绝。

请求人燕加隆公司申请称:燕加隆公司是855808820号提单项下所有30个集装箱货物的所有人和托运人。承运人已经签发了上述集装箱货物的全套提单。根据提单签发人的陈述,该提单现由被请求人华光公司控制和保管,华光公司拒绝将提单交付给请求人。因此，请求法院责令被请求人立即向请求人交付上述全套提单。

被请求人华光公司辩称：涉案货物是由案外人B&D公司委托其安排运输的，华光公司向马士基航运公司订舱。B&D公司支付了全部海运费，而燕加隆公司未与华光公司和马士基航运公司发生任何关系，货物也不是由燕加隆公司交付给马士基航运公司或其代理人的。故华光公司应将涉案提单交付给B&D公司。

【裁判理由及结论】

广州海事法院认为，请求人作为上述集装箱货物的所有人和托运人，有权要求被请求人交付上述集装箱货物的正本提单。请求人申请海事强制令符合法律规定，应予准许。广州海事法院依法作出（2008）广海法强字第18－23号裁定：一、准许请求人燕加隆公司提出的海事强制令申请；二、责令被请求人华光公司立即向请求人燕加隆公司交付编号为855808820号提单项下30个集装箱货物的全套正本提单；三、被请求人或者利害关系人在海事强制令发布后15日内，可以就相关的海事纠纷提起诉讼或仲裁。未提起诉讼或者仲裁的，本院可以应请求人的请求，返还请求人提供的担保。

【典型意义】

广州海事法院作出的这一海事强制令裁定及其复议决定书被英国王座法院的法官在判决中引用，并被载入国际航运界权威法律杂志之一的《劳氏法律报告》(Lloyds lawreports)。从《劳氏法律报告》披露的本案来看：一是在海事领域，我国已经从被动接受规则逐步过渡到主动制定规则，影响着国际贸易和航运实践。我国作为"世界工厂"，主张FOB买卖条件下，国内卖方作为托运人有权持有提单。法院作出海事强制令，这一裁定影响了承运人的行为，也是承运人在英国王座法院得以有效主张、抗辩的决定性因素。二是我国的海事审判已经具有了一定的国际影响力，得到了国外同行的充分尊重和认可。在之后的系列诉讼中，英国王座法院基于我国法院的海事强制令确认了提单项下合同相对方是我国国内卖方，从而支持了承运人的主张，确认承运人提交正本提单并将货物交于后手买家行为的合法性。可以说，英国王座法院间接承认了我国法院海事强制令相关裁定的主张和效力。

在《最高人民法院关于审理海上货运代理纠纷案件若干问题的规定》（以下简称《货运代理规定》）施行之前，FOB条款下，国内卖方能否要求承运人或货运代理企业交付提单，在理论界和司法实践中并未有定论。货运代理企业接受国外买方的委托办理订舱等事务，又接受国内卖方的委托向承运人交付货物，表面上具有"双方代理"的特征，但鉴于货运代理企业接受双方委托事项并不相同，应不属于代理人滥用代理权的范畴。因此，此种情况下货运代理企业的行为并不构成民法禁止的双方代理行为，是合法且有效的行为。那么，在此基础上，如何认定国内卖方的托运人法律地位呢？《中华人民共和国海商法》第四十二条规定，"托运人是指1. 本人或者委托他人以本人名义或者委托他人为本人与承运人订立海上货物运输合同的人；2. 本人或者委托他人以本人名义或者委托他人为本人将货物交给与海上货物运输合同有关的承运人的人"。因此，在肯定货运代理企业代理国内卖方向承运人交付货物的代理行为有效基础上，认定国内卖方应为实际托运人的法律地位。

根据《中华人民共和国海商法》，提单不仅是承运人收到货物的证明，而且是国际海上货物运输合同的证明以及在卸货港收货人凭以提货的依据。因此，在FOB术语下，不论是卖方还是买方，都会出现向承运人主张提单的可能。本案中，承运人将正本提单交给货运代理企业，国内卖方在未收到货款时，要求货运代理企业向其交付正本提单。依照《中华人民共和国海商法》第七十二条的规定，国内卖方作为托运人，有权要求承运人签发提单。在承运人签发提单后，货运代理企业拒绝向托运人交付提单，损害了国内卖方的提单权利。如不及时依法作出海事强制令，国内卖方将因为无法占有提单而丧失对货物的控制权。在国内卖方提供了担保的情况下，人民法院依法发布海事强制令，命令货运代理企业向国内卖方交付全套正本提单，妥善地保护了国内货物卖方的合法权益。同时，因为实体问题必须通过案件审理或仲裁方式才能查明，告知货运代理企业或其他利害关系人可以通过提起诉讼或者申请仲裁的方式，维护自己的权益。

此裁定被《劳氏法律报告》收录后，《人民法院报》在头版位置进行报道。此后最高人民法院在2012年5月1日施行的《货运代理规定》中，对此争论作出了明确界定。《货运代理规定》第8条中明确指出，"货运代理企业接受契约托运人的委托办理订舱事务，同时接受实际托运人的委托向承运人交付货物，实际托运人请求货运代理企业交付其取得的提单、海运单或者其他运输单证的，人民法院应予支持"。并在该条第三款中定义了实际托运人为"本人或者委托他人以本人名义或者委托他人为本人将货物交给与海上货物运输合同有关的承运人的人"。要求承运人签发提单是法律赋予托运人的一项权利。本条规定项下，FOB条款里，买方为契约托运人，卖方为实际托运人。因此,依据《中华人民共和国海商法》第七十二条的规定,国内卖方作为实际托运人亦有权请求承运人签发提单。这一结论虽然突破了合同相对性原则,即承运人应当将提单交付给与其订立海上货物运输合同的契约托运人,而非与其不具有运输合同关系的实际托运人。但该结论并不违反《中华人民共和国海商法》的规定,实际托运人的地位正是海商法基于海商业务的特殊性而特别设定的。更为重要的是,如此规定并未损害国外买方的利益,却能有效地保护国内卖方的合法权益,为我国的对外出口提供有力的保障。

(常维平　林晓彬)